一頁

始 于 一 页 ， 抵 达 世 界

THE

通往1914年之路

WAR THAT

和平戛然而止

ENDED

PEACE

The Road to 1914

[加拿大] 玛格丽特·麦克米伦———→著　王兢———→译

MARGARET MACMILLAN

GUANGXI NORMAL UNIVERSITY PRESS
广西师范大学出版社
·桂林·

图书在版编目(CIP)数据

和平戛然而止：通往1914年之路 /(加)玛格丽特·麦克米伦
著；王兢译. —— 桂林：广西师范大学出版社，2022.11
书名原文: The War That Ended Peace: The Road to 1914
ISBN 978-7-5598-5323-3

Ⅰ.①和… Ⅱ.①玛… ②王… Ⅲ.①第一次世界大战－历史
Ⅳ.①K143

中国版本图书馆CIP数据核字(2022)第157406号

著作权合同登记号桂图登字：20-2022-104号

HEPING JIARAN ER ZHI: TONGWANG 1914 NIAN ZHI LU
和平戛然而止：通往1914年之路

作 者：［加拿大］玛格丽特·麦克米伦
责任编辑：谭宇墨凡
特约编辑：王韵沁 夏明浩 张旖旎
封面设计：陈威伸
内文制作：燕 红

广西师范大学出版社出版发行

广西桂林市五里店路9号 邮政编码：541004
网址：www.bbtpress.com
出 版 人：黄轩庄

全国新华书店经销

发行热线：010-64284815

北京九天鸿程印刷有限责任公司

开本：635mm×965mm 1/16

印张：46 字数：578千字

2022年11月第1版 2022年11月第1次印刷

定价：148.00元

如发现印装质量问题，影响阅读，请与出版社发行部门联系调换。

目 录

导论　战争还是和平？

> 人世间流行过多少次瘟疫，不下于频仍的战争；然而，无论闹瘟疫还是爆发战争，总是出乎人的意料，猝不及防。
>
> ——《鼠疫》，阿尔贝·加缪

> 凡这世上已发生之事，甚至是已切盼之事，已筹谋之事，已展望之事，都不能说是毫不相干。战争并非意外事件：战争是必然结果。你不能一边回顾久远历史一边发问：战争因何而起？
>
> ——《鲍恩的庭院》，伊丽莎白·鲍恩

鲁汶本是一个不甚光鲜的地方，1910 年的一本导游手册如是说，但时候到了，它便燃起一场盛大的火焰。没有哪个鲁汶居民会想到，他们美丽文明的小镇家园会遭此厄运。几个世纪以来，这座繁荣平静的小镇以一座座瑰玮的教堂、古色古香的屋宅、精绝的哥特式市政厅，以及 1425 年创办的一所知名大学饮誉世界。那所大学的图书馆位于镇上久负盛名的老纺织会馆内，藏书 20 万册，其中包括许多杰出的神学和人文经典著作，还有丰富的手稿藏品，从公元 9 世纪一位修士写下的诗歌集，到中世纪修士们辛劳数年完成的彩绘抄本，应有尽有，不一而足。然而，1914年8月末，空气中满是硝烟的味道，摧毁鲁汶的阵阵烈火在数公里之外都清晰可辨。包括这座大学图书馆在内，小镇的大片街区都在战火中消失了。绝望求生的小镇居民带上了一切可以携带的行李冲进乡下避难，而此情此景将在20世纪反复上演，人们将会对此习以为常。

与比利时很多地方一样，鲁汶不幸落在了大战中德国入侵法国的进军路线上，而这场爆发于1914年夏天的大战一直延续到1918年11月11日才告结束。德国的计划是一套两线作战策略：一边对俄国进行防御作战，拖住这股东线敌军；一边快速入侵，在西线击败法国。比利时本是中立国，希望在德军一路南下进攻时保持沉默以免于战争；但就像后来在大战中反复上演的戏码一样，这些设想被证明是大错特错。比利时政府决定抵抗德军——这是在第一时间对德军的作战计划说不。英国在短暂犹豫之后也加入战团，与协约国一起对抗德国。8月19日，当德军抵达鲁汶，他们已对比利时人不可理喻的抵抗颇为恼怒，与此同时，他们也感到不安，担心遭受比利时军队和英国军队的攻击，而平民也可能拿起武器抵抗。

头几天里一切正常：德国人没有什么出格的行为，可担惊受怕的鲁汶平民甚至不敢对入侵者表露丝毫敌意。8月25日，鲁汶又来了一支德军，是在遭受比利时人反攻后撤下来的。一时间城内流言四起，都说英国人也要来了。小城响起了枪声，最有可能开枪的就是紧张兮兮、或许还喝醉了的德国士兵。恐慌情绪在德国人之间蔓延激化，他们确信自己遭受了攻击，随即开展了第一波报复行动。当晚和此后几天时间里，平民被拖出屋宅，包括鲁汶市长、大学校长和几名警官在内的要人都被枪杀。最终，鲁汶大约一万的总人口里有250人死于非命，更多的人则被殴打、羞辱。有1500名鲁汶居民（有婴儿，也有老者）被押上火车运往德国，那里的人用嘲弄和羞辱迎接了他们。

　　德军士兵——时常和他们的军官一起——洗劫城市，抢夺战利品，抄掠财物，纵火焚烧建筑物。鲁汶的 9000 座房子里有 1100 座惨遭摧毁。一座建于 15 世纪的教堂被大火焚毁，屋顶坍塌。8 月 25 日午夜，德国士兵闯进图书馆，四处泼洒汽油。清晨，图书馆已是一片瓦砾，藏书化为乌有。烈火又接着烧了好几天。数日之后，当地一名学者将这一切告诉了美国驻比利时大使；在描述城市毁灭、朋友被枪杀，以及可怜的难民时，这个比利时人的语调还算平静。但当重返已是残垣断壁的图书馆时，他还是忍不住掩面痛哭。[1]“城市中心简直就是一堆冒火的废墟，”一个去而复返的教授说，“城中各地一片死寂，市民四散奔逃；在地下室的窗户前，我看到一张张惊恐的脸。”[2]

　　这只是欧洲按下自毁键的开始。第一次世界大战让欧洲千疮百孔。有着 700 年历史的兰斯大教堂是法国最美丽也最重要的教堂，绝大多数法国国王都在这里加冕，但就是这么一座美轮美奂的教堂，却在鲁汶劫难之后毁于德军的炮火。教堂里一尊华丽的天使雕像惨遭“斩首”，头颅滚到地上，面容上的笑容依然完整。伊普尔，同它的宏大纺织会馆，化作了一片碎石瓦砾。意大利北部小城特雷维索的市中心也被炸弹摧毁。尽管这些侵门踏户的毁城行为不可能都是德国人干的，但它们叠加起来还是大大影响了美国的公众舆论，推动美国最终在 1917 年参战。正如某个德国教授在终战时不无悔恨的说法：“今天我们也许可以说，鲁汶、兰斯、卢西塔尼亚——这三个名字几乎同等程度地消除了美国人对德国的同情。”[3]

　　鲁汶的损失相比之后发生的事情来说的确不算大——在那之后，有超过 900 万士兵阵亡，还有 1500 万人负伤；不仅鲁汶，比利时的许多地区，以及法国北部、塞尔维亚、俄罗斯帝国与奥匈帝国的部分地区也都毁于战火。但鲁汶成了一个象征，成了这场无意义毁灭的符号，提醒欧洲人自己对世界上曾经最繁荣、最强大地区所造成的破坏，也反映了在有诸多共通之处的民族之间，不理智和不受控制的仇恨是如何蔓延的。

欧洲另一端，在与鲁汶隔山距水、地处巴尔干半岛的萨拉热窝，随着奥匈帝国皇储弗朗茨·斐迪南大公遇刺，第一次世界大战拉开序幕。正如那场席卷鲁汶的大火，这次暗杀行动引燃了一场遍及欧洲绝大部分地区的战火，世界许多地方也受波及。那些规模最大、死伤最多的战役，既在东西两线进行，也在巴尔干半岛打响，还在意大利北部地区上演，在中东和高加索等地蔓延，更在远东、太平洋和非洲延烧。全球各地的士兵涌入欧洲，他们来自英属殖民地印度、加拿大、新西兰以及澳洲，也来自阿尔及利亚和撒哈拉以南非洲的法属殖民地。中国派出大批劳工，帮助协约国运输军需品、挖掘壕沟；身为协约国成员的日本也出兵巡逻世界各地水道。1917年，被德国挑衅得忍无可忍的美国，参加了大战。在这场战争中，美国有114,000名士兵阵亡，并在参战之后痛感自己被骗进了一场没有胜算的大赌局。

1918年，和平终于以某种方式到来；但是，这时的欧洲和世界已经面目全非。大战之后，四大帝国土崩瓦解：曾经统治西及波兰、东达格鲁吉亚等诸多臣属民族的俄罗斯帝国，拥有波兰和海外领土的德意志帝国，欧洲中部的庞大多民族帝国——奥匈帝国，以及奥斯曼帝国。当时的奥斯曼帝国仍然占据着欧洲的一小块领土、今天的土耳其全境以及中东阿拉伯的绝大部分地区。布尔什维克在俄罗斯成功夺权，他们的梦想是创建一个焕然一新的共产主义世界，由西向东，推动革命洪流滚滚向前：先是在匈牙利，然后在德国，再后来是在中国。旧有的国际秩序一去不复返了。欧洲比之前更加贫弱，再也不是无可争议的世界主宰。在欧洲的殖民地，民族主义运动风起云涌，新的世界大国也在亚欧大陆的边缘地带先后崛起，东边有日本，西边有美国。第一次世界大战并非催化了西边那个超级大国的崛起——美国在大战之前就已经崛起——而是加速了"美国世纪"的到来。

在许多方面，欧洲都为自己酿就的这场大战付出了惨重代价：退伍老兵再也没能从生理或是心理上的打击中恢复过来；战争制造了大量孤儿寡母；年轻女性找不到丈夫，因为太多男人死掉。和平降临的头几年里，欧洲社会又经受了新一轮的惨痛折磨：西班牙大流感（也许这是法国北部和比利时地区富含细菌的土壤被炮火反复蹂躏的结果）带走了全球范围内约 2000 万人的生命；饥荒降临，因为没有足够的男性劳动力去耕种或从事食品运销工作；还有政治动荡，左和右的极端主义者使用武力达成他们的目标。在一度是欧洲最富有城市的维也纳，红十字会工作者看到的是伤寒、霍乱、佝偻病、坏血病，他们本以为这些灾祸早都从欧洲消失了。更糟糕的是，1920 年代和 1930 年代都只不过是"欧洲最后一场三十年战争"之间的短暂间歇。1939 年，大战以一个新的名字再次爆发：第二次世界大战。

第一次世界大战仍然以各种形式留存在我们的身体和想象之中。成吨的未爆弹还潜伏在战场之下，总是不断有人——也许是一个不幸的正在犁地的比利时农民——被加进伤亡名单。每年春天冰雪消融之后，法国军队和比利时军队都要派兵前去清理这些重见天日的未爆弹弹壳。大战在我们的记忆里仍然占据重要位置，这既要归功于不断涌现的回忆录、小说和绘画作品，也因为我们之中很多人的家族与这场大战关系紧密——这场战争仍是我们家族历史里灰暗可怕的一章。我的祖父母都曾参战，一个在中东与印度军队并肩作战，另一个则是西线野战医院的加拿大医生。我的家族仍然保存着在大战中赢得的奖章、一把在巴格达由某个心怀感激的病人赠送的宝剑，还有一枚手榴弹——我们孩提时代在加拿大的时候就曾把玩这枚手榴弹，后来才有人意识到，这枚手榴弹恐怕还没拆除引信。

这场大战之所以让我们久久难忘，一大原因在于它本身还是个谜。欧洲怎么会对自己和世界犯下这桩罪行？对此有很多种可能的解释；的确，要从中选出令人信服的解释太难了：首先是军备竞赛，严格的军事计划，经济竞争，贸易战，争抢殖民地的帝国主义，还有就是将欧洲划分成两大敌对阵营的同盟协约体系。各种理念和情绪往往是跨国界的：民族主义及其令人厌恶的鼓吹者，浑身散发着对别国的仇恨和蔑视；恐惧，对失败或革命的恐惧，对恐怖分子或无政府主义者的恐惧；希望，希望改变，或是打造一个更好的世界；对荣誉和男子气概的渴求，这就意味着毫不退缩和绝不示弱；还有社会达尔文主义，这种思潮将人类社会当作自然界的物种一般划分等级，不只是推崇、信仰"进化"和所谓的"进步"，还使人们相信人类之间的残酷斗争不可避免。此外，各个国家以及它们各自的动机又在推动大战中起到了什么样的作用呢？国力日强的日本和德国野心勃勃；衰落如大英帝国满眼恐惧；法国和俄罗斯的复仇怒火熊熊燃烧；奥匈帝国垂死挣扎。各国内部同样存在种种压力：愈演愈烈的劳工运动，或是公开活动的革命势力；争取女性投票权的运动，或是附属国的独立运动；又或者是阶级之间的冲突、信徒与反教权人士的对决、军方与平民的龃龉。那么，无论是在维持欧洲的长期和平，还是推动走向战争的进程中，这些内部压力又起到了什么作用？

国力、观念、偏见、制度、冲突，这些因素的确非常重要。然而，事情到了最后还是要由不多的几个个体决定，他们要么不得不点头同意并继续发动战争，要么表示反对，并停下脚步。他们中有德意志皇帝、俄国沙皇、奥匈帝国皇帝这样大权在握的世袭君主；还有法国总统、英国首相、意大利首相这些受制于宪政体制的政治领袖。现在回想起来，在1914年，那些关键人物里没有一个是伟大而富于想象力的领导人，没有一个有胆量站出来对抗那些日增月累、最终导致战争的压力，这真是欧洲乃至全世界的悲剧。无论如何解释这场大战的到来，我们都必须兼顾历史的洪流与在洪流中上下翻动但有时也会改变潮水方向的人。

举手投降并说大战是不可避免的，这很容易，但也很危险，尤其是在我们今天这个时代，它在一些（并非所有）方面酷似1914年之前的那个昨日世界。我们的世界正在面临相似的挑战，一些是革命性的和意识形态层面的，比如激进宗教和社会抗议活动的兴起；另一些则来自新兴国家与衰落国家之间的冲突压力。我们需要小心思考战争如何爆发以及和平如何维系的问题。今天，各国仍然像1914年以前那样，在各国领导人设想的恫吓与反恫吓的可控游戏中对峙；然而，在斐迪南大公遇刺之后的五周时间里，欧洲是多么轻易而又突然地从太平盛世堕入战争深渊啊！在那之前也有过几次严重性堪比1914年的危机，但当时的欧洲并没有走到悬崖边上。欧洲各国领导人——还有支持他们的大批国民——选择的是解决问题以维系和平。那么问题来了，是什么让1914年与众不同呢？

让我们先开始设想一幅人们穿行其中的风景。风景里有土地、植被、山谷和溪流，这些全都相当于组成欧洲的关键的经济和社会结构，而吹拂的微风则是影响了欧洲人观念和意见的各种思潮。想象你走在这样的风景中，前路有许多选择，即便你能看到天边飘着几朵阴云，可天气还算不错。面前有一条通往开阔平原的大路。你知道你得不停走，因为一方面锻炼身体是好的，一方面你最终也想抵达安全的目的地。你还知道，只要选择继续前行，你就得加倍小心。前方也许会有虎视眈眈的野兽，会有需要涉水而行的溪流，也会有崎岖坎坷的山岩。但你不会想到，你有可能会因为其中一样而走向毁灭。作为一个行者，你过于理智、过于有经验了。

但在1914年，欧洲的确跌下悬崖，卷入了一场灾难性的冲突。

这场冲突杀死了数百万人，掏空各国经济，将各大帝国和各国社会碾为粉末，致命地打击了欧洲的世界领袖地位。那些欧洲各大首都街头人们兴高采烈的照片影像有相当的欺骗性。突如其来的战争让绝大多数欧洲人都颇为吃惊，他们最初的反应是怀疑和震惊。当时的欧洲人已经习惯了和平；他们出生成长于拿破仑战争结束之后的一个世纪，那是欧洲自罗马帝国以来最为和平的时段。诚然，这百年之间也有战争，但要么是边远之地的殖民地战争（如非洲南端的祖鲁战争），要么就是欧洲边缘地带的局部战争（如克里米亚战争），要么就只是短暂而迅速决出胜负的战争（如普法战争）。

从1914年6月28日奥匈帝国皇储斐迪南大公在萨拉热窝遇刺，到8月4日欧洲大战全面爆发，通往战争之路的最后一步只走了一个多月。最终，数周之内的一系列关键决策将欧洲带入战争，而这些决策却是由寥寥数人做出的（而且他们都是男性）。为了理解他们如何那样作为，我们必须往回追溯，看看那些影响了他们的各种力量。我们需要理解"打造"了他们的社会和制度。我们必须试着理解那些对他们认识世界有影响的价值观、理念、情感和偏见。我们还要提醒自己，除了一两个例外，这些领导人其实对于自己正在将国家和整个世界带向何方一无所知。就这一点而言，他们与自身所处的时代非常合拍；绝大多数欧洲人都认为，一场全面战争要么绝不可能发生，要么即使发生也会迅速结束。

如果我们试图理解1914年夏天发生的事情，在急于谴责之前，我们必须设身处地把自己放在一百多年前当时人所处的情境里思考问题。现在的我们，无法质问那些决策者在一步一步将世界带上毁灭之路的时候心里在想些什么，但我们可以从后来写就的一篇篇回忆录和当时留下的诸多史料中获得一些启发。有一个事实已经越来越清楚，那些做出选择的人都对之前的几次危机心知肚明，知晓过往那些做出决策或没有做出决策的时刻。

　　俄国的领导人绝不会忘记、也不会原谅奥匈帝国1908年吞并波斯尼亚和黑塞哥维那的事实。不但如此，塞尔维亚是俄国的保护国，而无论是在1908年对抗奥匈帝国时，还是在1912—1913年间的巴尔干战争中，俄国都未能保护好它。1914年的奥匈帝国变本加厉，甚至已经威胁要摧毁塞尔维亚。如果俄国再次坐视不管，这对俄国又意味着什么？同样地，在之前的几次巴尔干冲突里，德国并没有全力支持奥匈帝国；如果这次德国还是视若无睹，它会不会失去自己唯一可靠的盟友？一个事实是，早先列强之间因争夺殖民地或因在巴尔干彼此相左而爆发的较为激烈的危机都得到了和平解决。这一事实也成为1914年各国领导人考虑的因素。战争威胁在之前不是没有过，但最终，压力都转嫁给了第三方，各方做出让步，召开危机会议，成功解决了危险议题。实施走到战争边缘又不卷入战争的边缘政策均得到了回报。1914年这一回，重复的也的确是同样的流程。只是这一次，边缘政策没有奏效。这一次，奥匈帝国在德国的支持下向塞尔维亚宣战；俄国决定支持塞尔维亚，于是与奥匈帝国和德国爆发了战争；德国攻击了俄国的盟友法国；英国站到了协约国一边。他们都越线了，踏入了战争那一边。

　　1914年战争的爆发有如平地一声惊雷，但在此之前并非晴空万里。乌云在此前的二十年里已经密布，许多欧洲人都已心神不宁，深知战争阴霾已经临近。雷电交驰的场景已隐约可见，千里堤坝有溃决之虞，雪崩就要开始，此类比喻遍布当时的文字记录。此外，无论是各国领导人还是普通大众，他们之中的许多人都有解决威胁的自信，也认定他们可以创建更好更强的国际组织，和平解决纠纷，远离战争。欧洲战前最后的黄金年代也许在很大程度上只是后来人的构想，但当时的文字材料里也写满了这样的意象：阳光的德泽普照全球，人类会通往更繁荣、更幸福的未来。

　　历史上很少有什么是不可避免的。欧洲并非必须在1914年走向战争；直到最后一刻，也就是 8 月 4 日英国最终决定参战之前，一场全面战争本可避免。回望历史，我们当然可以看到是哪些力量推动着战争，让战争越来越有可能爆发：彼此争夺殖民地的列强，经济竞争，撕裂奥匈帝国和奥斯曼帝国这些衰落帝国的族裔民族主义，或是日甚一日的民族主义舆论——正是这些舆论给各国领导人施加了新的压力，迫使他们站出来捍卫各自国家所主张的权利与利益。

正如当时的欧洲人一样，我们可以看到，国际秩序在重压之下出现了种种问题。比如，"德国问题"。1871 年的德国统一使欧洲中心突然出现了一个新的大国。德国会是欧洲其他国家围着转的支轴，还是团结起来对抗的威胁？欧洲以外的新兴强国——日本与美国——又将如何适应欧洲主宰的世界体系？进化思维的孽子社会达尔文主义，与它的兄弟军国主义，共同催生了这样一种信念，即国家之间的竞争是自然规律的一部分，最终只有最适者才能生存。而且，这大概意味着战争。19 世纪末的人们普遍尊奉军事，认为军事乃是国家的一个最崇高的属性。军事价值观向平民社会的扩散也强化了人们心中的假设，即战争是伟大生存斗争必不可少的一部分，战争也许的确对社会有利，甚至能让社会变得更好。

科学和技术在 19 世纪为人类带来了太多的好处，但也制造了更骇人的新式武器。国家间的对抗助长了军备竞赛，而这又加剧了各国的不安全感，反过来又加剧了军备竞赛。各国都在寻找盟友弥补自身缺陷。他们的各项决策逐步将欧洲推向战争边缘。输掉与德国人口竞赛的法国决定与俄国结盟，部分原因就是看上了俄国保有的大量人力资源。作为回报，俄国也得到了法国的资金和技术。然而，法俄联盟使德国感到自己被围困；作为回应，德国加强了与奥匈帝国的联系，如此便在巴尔干地区与俄国展开了对抗。德国本想依靠自身海军实力逼迫英国对德友好，结果事与愿违，反而驱使英国与德国竞争，并使英国摈弃了最初对欧洲大陆的疏离态度，与法国和俄国走得更近。

随军备竞赛而来的各国军事计划以及各国之间的军事同盟，被后世认为是打造了那架末日机器的罪魁祸首。这架机器一旦开动就绝不会停止。19 世纪末，英国以外的欧陆大国实行的都是征兵制。接受训练的军人之中只有很小一部分身着军装，其余大都作为预备役回归民间社会。战争威胁来临之时，各国可以在数日之内集结大批军队。大规模动员有赖于详细缜密的计划，以便让所有人都可以带着合适的装备赶赴正确的军事单位，然后，这些军事单位按照正确的编制集结，一般会通过铁路运送到指定的营区。军事动员的时间规划是一门艺术，但这种规划往往缺乏弹性，无法只在一条战线上做部分动员——1914 年的德国便是一个例子，它不得不与法国和俄国同时开战，而非仅仅与俄国。而且，动员不够迅速的话也很危险。如果敌军压境，而你的人还在火急火燎地赶往各自单位或是刚刚登上运兵火车的话，你或许已经输掉了这场战争。严格的动员时间表和军事计划恐怕会从文官政府领导人手中夺取最后的决策权。

有关大战起因的一系列解释中，各国的军事计划只是其中一端，另一端则是人们对荣誉和威望的考虑，这虽朦胧不清却有相当的说服力。德皇威廉二世处处以腓特烈大王自比，却因为在第二次摩洛哥危机中的退让而被大家嘲笑为"胆小者威廉"。他想要再次面对这样的讥讽吗？适用于个体的荣誉感，也适用于国家。1904—1905 年败给日本蒙受屈辱之后，俄国也急切需要重新确立自身的强国地位。

恐惧也在各国对彼此的态度中起到了重要作用，刺激各国领导人和公众接受把战争作为对外政策的工具。奥匈帝国担心，如果自己不做点儿什么来压制国境之内的南斯拉夫民族主义，自己的大国地位恐将不保，而这意味着对一个凝聚的南斯拉夫和一个独立的塞尔维亚下手。法国恐惧自己的邻居德国，后者无论在经济上还是军事上都要比自己强大。德国也满怀忧虑地望向东方。俄国正在快速发展、重整军备；如果德国不尽快与俄国作战，那可能再也没有机会了。英国能从和平延续中赢得很多利益，但它也一如既往地担心欧洲大陆出现一个支配全欧的强国。列强不仅对彼此感到恐惧，也惧怕自己的人民。社会主义思潮已经蔓延全欧，劳工组织与社会主义政党正在挑战旧统治阶级的权力。这是不是正如许多人所想的是暴力革命的先兆？族裔民族主义同样也是一股毁灭性的力量。它不但困扰着奥匈帝国，也在俄国和英国掀起波澜。1914年的头几个月里，相比于外交事务，爱尔兰问题对英国政府来说更为重要。战争能成为弥合国内分歧并在爱国主义浪潮中团结公众的一种方式吗？

最后，即便在当今这个时代，我们也永远不应该低估错误、混乱或仅仅是时机不佳在人类事务中所起的作用。德国政府和俄国政府的复杂低效意味着文职领导人不完全了解军事计划，即使这些计划会影响他们的仕途。在萨拉热窝遇刺的斐迪南大公一直以来都反对以武力解决奥匈帝国的种种问题。讽刺的是，他的死带走了一个本可以阻止他的国家向塞尔维亚宣战进而能阻止整个连锁反应的人。刺杀事件发生在1914年夏季假期之初。危机升级之时，许多政治家、外交官和军事统帅却都已经离开了自己国家的首都。英国外交大臣爱德华·格雷爵士正外出观鸟；法国总统和总理都在俄国和波罗的海进行六月最后两周的长途旅行，旅途中往往与巴黎不通音书。

我们的研究也存在另一种危险，那就是过度聚焦于那些推动欧洲走向战争的因素，而忽视了那些促进和平的因素。19世纪涌现了大量的会社和协会，他们都宣称战争不合法，并倡导采用仲裁等替代方式解决国家间的争端。像安德鲁·卡内基、阿尔弗雷德·诺贝尔这样的富人就捐出了巨款，意在促进国家间的相互理解。全球范围内风起云涌的劳工运动和各国社会主义政党组建了第二国际，一再通过反战动议，威胁一旦有战争爆发就会发动总罢工。

19 世纪是一个非比寻常的进步时代，科学、工业、教育都飞速发展，进步大部分集中在日益繁荣和强大的欧洲。借助更快的通信技术、贸易、投资、移民，以及官方和非官方的帝国扩张，欧洲各民族彼此联结在一起，并与世界相连。1914 年以前世界的全球化程度，大概只有"冷战"结束之后我们当今所处的这个时代可以比拟。当然，人们普遍相信，这个相互依存的新世界将孕育新的国际组织，各国会日益接受普遍的行为准则。国际关系不再像 18 世纪那样被认为是一场零和游戏。相反，若和平继续维持，所有人都是赢家。国家之间越来越多地使用仲裁解决纠纷，欧洲各个大国联手解决问题的情况也很频繁，如处理衰败的奥斯曼帝国危机和组建国际仲裁法庭，这一切似乎都表明，一步一步地，一种全新而高效的管理世界事务的方式已经打下了基础。人们希望战争成为过去时。可以说，战争在处理纠纷时非常低效。此外，战争也在变得越来越昂贵，无论是从交战方的资源消耗，还是从新式武器和技术可能造成的破坏规模来看，都是如此。银行家警告说，即便爆发一场全面战争，这场战争也会在数周之后慢慢停下来，而这仅仅是因为筹不到军费。

谈论 1914 年一系列事件的文献汗牛充栋，而绝大部分都在问大战为何会爆发。这是可以理解的。但也许我们应该问的是另一类问题：为什么长久的和平没有继续下去？为什么那些推动和平的力量——它们还都是强劲的力量——没有占据上风？毕竟，在此之前，这些力量都成功地维系了和平。为什么维护和平的体系这次失败了？要想找到这些问题的答案，一个办法就是去看看欧洲在 1914 年之前的几十年里是怎样把路越走越窄的。

让我们再想想之前风景里的那些行者。像欧洲一样，他们也是从阳光普照的广阔平原出发，但走到岔路口时，必须要选择走哪条路。尽管他们在当时可能还意识不到自己的选择会有何种影响，但他们发现自己正走进一座越来越窄的深谷，这条路可能不会带领他们去往自己本来要去的地方。我们也许可以试着找到一条更好的路，但那势必要付出大量努力——我们也不清楚，山谷另一边矗立的座座小丘又藏着什么。或许，原路返回仍然是可能的选项，但那势必代价高昂，耗费时间，可能还很丢脸。举例而言，德国政府难道可以向自己和德国人民承认，与英国进行海军军备竞赛不但是一条歧路，而且还会浪费大量金钱吗？

本书意在回溯欧洲走向 1914 年第一次世界大战的历程，找出那些缩小选择余地的关键转折点。法国决定与俄国建立攻守同盟反制德国是其中一个，德国在 1880 年代末决定与英国大打海军军备竞赛又是另一个。英国则小心翼翼，先是与法国，之后又及时地与俄国改善了关系。另外一个关键时刻出现在 1905—1906 年，当时的德国正试图在第一次摩洛哥危机期间破坏英法协约。这一举动适得其反，英法之间的联系反而更加紧密，并且开始进行秘密的军事会谈——英法之间又多了一条关系纽带。欧洲后来的几次严重危机——1908 年的波斯尼亚危机，1911 年的第二次摩洛哥危机，还有 1912—1913 年间的巴尔干战争——又为欧洲局势加上了一层层新的愤怒、怀疑和不堪记忆，而这些又影响了列强之间的关系。以上就是 1914 年那些决策所处的历史背景。

摆脱过去、重新开始也是有可能的。毕竟，中美两国领导人在 1970 年代之初断定，若两国可以结束二十多年的敌对关系，双方都能获益。国家之间的友谊会改变，同盟也随时可以毁于一旦——意大利在大战之初就是这么做的，当时它拒绝与同盟国奥匈帝国和德国并肩作战——但随着时间推移，国家间的相互义务和私人关系日益牢固，破坏同盟就变得越来越难。1914 年，号召支持英国干涉大陆战争的人就提出过一个有说服力的论点：英国毕竟曾让法国期待自己会出手帮助，如果临阵退缩会名誉扫地。尽管如此，迟至 1913 年，列强仍做了诸般努力，试图打破这两个联盟体系。德国与俄国之间就不时为解决纠纷举行会谈，英德之间、俄奥之间甚至是德法之间也是如此。然而，不论是出于惯性、过往冲突的记忆，还是对背叛的恐惧，这些努力最后都无济于事。

尽管如此，我们最终遇到的还是那几位将领、皇室成员、外交官和政治家，1914年的那个夏天，他们既有权力也有权威在是与否之间做出选择。是否要动员军队，是否要妥协，是否要实施军方已经拟订的作战计划。诚然，若要理解他们当时行动背后的原因，我们必须考察他们所处的历史背景。但是，我们不能小看他们的个性特质。德意志帝国首相贝特曼—霍尔韦格刚刚痛失爱妻，这是否让他在考虑开战时多了一分宿命论的色彩？俄国的尼古拉二世生性软弱，这必然会使他更难阻止手下那些希望俄国尽快动员起来的将领。奥匈帝国总参谋长赫岑多夫希望为国家带来荣耀，但更多是为他自己，这样他就能迎娶一个离异的女人了。

战争，当它最终到来之时，所有人都惊骇莫名，乃至从战争开始直到今天，人们都没有停止寻找战争的罪魁祸首。依靠宣传和审慎的档案开放，每个参战国都宣称自己是无辜的，并指责他国。左派斥责资本主义和军火生产交易商，称他们是"死亡贩子"；右派或指责左派，或指责犹太人，又或者同时指责两者。1919年在巴黎和会上，胜利者们议论着要审判罪魁祸首——德皇，还有他手下的将军和外交官——最后却不了了之。战争责任的问题一直都很重要，因为如果德国要为战争负责，那么该国缴纳战争赔款就是合理正当的。如果德国没有责任——这在德国以及越来越多地在英语世界成为一个普遍看法——那么德国人承担的赔款和其他惩罚就是极不公平乃至非法的。在两次大战之间的年代里，人们普遍的想法，用英国首相劳合·乔治的话来说就是："各国在战争这口沸腾的大锅边缘游走，看不出有任何的惊慌和忧虑。"[4] 大战不是某一个人的错，也不是所有人的错。

第二次世界大战结束后，以弗里茨·费舍尔为首的几位大胆的德国历史学家重审档案，认为德国确实难辞其咎，而且，从第一次世界大战之前德国的最后一届政府再到阿道夫·希特勒，这之间的战争意图有着罪恶的连续性。他们的结论受到质疑，这场争论还在继续。

寻找罪魁祸首的行动可能永远不会停止，而我认为，一些强国和他们的领导人确实比其他人更应当被追责。在我看来，奥匈帝国在 1914 年要摧毁塞尔维亚的疯狂决心，德国以最大限度支持这一行动的决定，以及俄国鲁莽的军事动员，所有这些都要为战争爆发负最大责任。英法两国都不想打仗，尽管人们大可以说他们本该为阻止战争做出更多努力，但最后我发现，更有趣的问题是，欧洲是如何走到 1914 年夏天那个战争比和平更有可能的境地的。那些决策者行事时都在想什么？为什么这一次他们没像之前那样把局势往回拉一下？或者，换句话说，为什么和平戛然而止？

第一章　1900 年的欧洲

1900 年 4 月 14 日，法国总统埃米尔·卢贝在巴黎世界博览会开幕式上发言，赞颂了正义和人性之善。然而当时的法国媒体可没那么友善。他们报道说，展会还没准备好，会址还是个尘土飞扬的建筑工地，而且几乎所有人都讨厌会址入口那尊以女演员萨拉·伯恩哈特为原型、身着当时最时髦晚礼服的巨大雕像。尽管如此，博览会还是取得了成功，吸引了超过 5000 万游客来访。

无论从内容还是风格来看，博览会都在某种程度上颂扬了过去的荣光。各国都在展示各自的稀世珍宝，举凡绘画、雕刻、珍本、卷轴，不一而足，并举办国家活动。加拿大馆展出的是成堆的皮草，芬兰馆展示了许多木材，葡萄牙人则用观赏鱼装饰展馆。许多欧洲国家的场馆都模仿了哥特式或是文艺复兴时期的大型建筑，尽管瑞士搭建的是一座牧人小屋。中国人复制了北京紫禁城的一部分，暹罗（今天的泰国）则筑起一座宝塔。奥斯曼帝国——虽然日益衰退，但仍然庞大，从南欧的巴尔干一直延伸到土耳其和中东阿拉伯地区——的场馆则是各式风格的杂糅，就像帝国治下的民族一样，包含了基督徒、穆斯林、犹太人，还有其他诸多不同的族裔。流光溢彩的瓷砖和石砖、拱形门、塔楼、哥特式窗户、清真寺和君士坦丁堡（今天的伊斯坦布尔）的大巴扎集市元素，可以说，最后的总体效果在某种程度上仍然很像圣索菲亚大教堂——它一度是一座基督教大教堂，却在奥斯曼帝国征服之后成了一座清真寺。

德国馆的屋顶是一尊吹奏号角的使者雕像，也许这与其新晋欧洲大国的地位很相称。德国馆内有精确还原的腓特烈大王的图书馆；德国人很机智，没有着重展现这位大王的军事胜利，要知道他打的许多胜仗都是针对法国的。不过，尽管如此，德国馆西侧立面暗示了一场新的竞赛，这场竞赛正在德国与世界最强的海上霸主大英帝国之间展开：立面上是一块镶嵌板，波涛汹涌的大海上，汽笛长鸣，板上有一句据说是德皇威廉二世亲自写的警句："幸运之星邀请勇敢的人起锚远航，投身劈波斩浪的征服大业。"博览会的其他地方也提醒着参观者这个1871年才诞生的国家正如何狂飙突进；电力宫中展有一台来自德国的巨型起重机，可以托起25,000公斤的重量。

德国在欧洲最亲密的盟友奥匈帝国有两个展馆，分别代表的是这个所谓的二元君主制帝国的一半。代表奥地利的展馆，堪称"新艺术运动"的集大成者，这种新艺术风格当时正风靡欧洲。用大理石雕刻的小天使和海豚在馆外的喷泉四周玩耍，巨大的雕像支撑着楼梯，每一寸墙壁都被金叶、奇石、快乐或悲伤的面具还有花环覆盖。展馆为哈布斯堡家族成员留出了一间豪华的接待室，他们已统治这个从欧洲中心延绵到阿尔卑斯山和亚得里亚海的大帝国数百年。展馆也对外炫耀着波兰人、捷克人和达尔马提亚海岸的南斯拉夫人的作品，而他们只不过是这个二元君主制国家诸多族群中的一部分。紧挨着奥地利馆并将其与匈牙利馆分隔开来的地方则有一个更小的展馆，代表的是波斯尼亚这个小行省，从法理上，它仍是奥斯曼帝国的一部分，但从1878年开始就已归维也纳管理。波斯尼亚馆布置了首都萨拉热窝的能工巧匠打造的迷人装饰，正如阿歇特出版社出版的博览会导览册所说的，展馆看起来就像是久处深闺而第一次被父母带到外面世界的小姑娘。[1]（而且，就此而言，这对父母看上去并没有特别开心。）

匈牙利馆透着一股强烈的民族主义情绪。（奥地利批评家酸刻地说，匈牙利人展出的民间艺术粗俗不堪，色彩明艳浮丽。）展品中还包括北方重镇科马罗姆的复原模型。科马罗姆曾在 16 世纪抵挡了奥斯曼帝国北进欧洲的兵锋。就更近的历史而言，1848 年，此地被匈牙利爱国者盘踞，起义反抗哈布斯堡王朝，但在 1849 年又落入奥地利军队之手。另有一间展厅特别展示了匈牙利轻骑兵的风采，他们在与奥斯曼人的多次作战中表现英勇，声名远播。然而，展品几乎没有关注数以百万计的非匈牙利人，比如生活在匈牙利边境之内的克罗地亚人和罗马尼亚人。

意大利和德国一样是一个新兴国家，但它的大国地位更多存在于场面话中而不是真实世界里。其展馆建得像一座庞大且装饰华丽的教堂。金色穹顶上站着一只巨鹰，耀武扬威地展开双翼。展馆内满是中世纪和文艺复兴时期的艺术品，但这过去的荣耀对于一个新生的贫弱国家而言更像是沉重的负担。相比之下，英国人更为低调，尽管他们仍然控制着世界贸易和制造业的大头，拥有世界上最庞大的海军和最大的帝国。英国的展览是在一座温暖舒适的乡间别墅中举行的，别墅的设计者是刚刚崭露头角的年轻建筑师埃德温·勒琴斯。别墅采用了都铎式房屋的砖木结构，展出的主要是 18 世纪以来的英国油画。有些英国私人收藏家拒绝出借他们的藏品，因为本就棘手的英法关系在 1900 年格外紧张。[2]

作为法国所青睐的盟友，俄国在博览会上占据了重要位置。俄国展品规模宏大，散见于各处，从献给西伯利亚的克里姆林宫式的大型宫殿，到以沙皇母亲玛丽亚太后命名的豪华展馆，不一而足。除了这些，游客还可以看到一幅由宝石拼成的法国地图，这是沙皇尼古拉二世赠给法国的国礼，足以让来访者对罗曼诺夫家族财产的分布之广啧啧称奇。法国人自己没有设立国家馆；整个博览会园区说到底都是为展现法国文明、法国国力、法国工业、法国农业和法国殖民地而设计的杰作。特别展厅里，一个接一个的房间赞颂着法国人的成就。导览手册上说，艺术展馆的法国部分自然是上佳品位和奢华的标杆。巴黎世界博览会标志着法国对自身大国地位的再度确认，即便仅仅就在三十年前，他们还试图阻止德国统一，并在普法战争中一败涂地。

　　法国人还是宣称博览会是人类全体"和谐与和平的象征"。虽然出现在展会现场的四十多个国家主要是欧洲各国，但美国、中国，还有几个拉美国家，也有自己的国家馆。博览会上有很大一块留给了殖民地，但欧洲列强无非是用这些殖民地展馆炫耀他们的领地，提醒人们他们国力的投射范围。参观人群大可以惊叹异域的植物和野兽，漫步于非洲村镇的复制品之间，观看法属印度支那工匠的艺术品，或是在北非国家打造的露天市场中豪购一番。"身段柔软的舞娘，"一位美国访客严苛地说，"跳出缪斯女神忒尔普西科瑞的追随者们所知的最糟糕的身体扭动。"[3] 各国游客离开的时候都心满意足，确信他们的文明更为优越，而且正惠及全球。

　　这场博览会似乎很适合当作 19 世纪结束的标志，这个世纪虽以战争和革命开始，如今却象征着进步、和平与繁荣。欧洲在 19 世纪并非完全免于战祸，但是那些战争完全没法与 18 世纪绵延不断的战争相比，也没法与法国大革命战争以及之后几乎把每个欧洲大国都卷入其中的拿破仑战争相提并论。19 世纪的战争，要么一般都很短暂，比如普鲁士与奥匈帝国之间的那场战争只持续了七周，要么就发生在远离欧洲大陆的海外殖民地。（欧洲人本该更留意美国内战，这场战争不但打了四年之久，而且早早地就警示人们，现代技术加上简陋的有刺铁丝网和铁铲正将战争优势转移到防守一方。）尽管

19 世纪中叶的克里米亚战争牵涉了四个欧洲大国，但这是一个例外。在普奥战争、普法战争和俄土战争中，其他大国都明智地避开冲突，尽其所能重建和平。

在某些特定情况下，如果各国没有其他达成目标的途径，战争仍被视为合理选择。普鲁士并不准备与奥地利一同控制德意志各邦国，而奥地利也决不让步。随之而来的战争以对普鲁士有利的结果解决了问题。诉诸战争固然代价高昂，但也并非不可承受。战争在时间和范围方面都受到了限制。职业军人在战场上血拼，平民和财产受到的损失极小——当然，这是与随后到来的大战相比。发动攻击并赢得决定性胜利仍然是可能的。不过与美国内战相似的是，1870—1871 年间的普法战争也使我们窥见武装冲突的形态正在变化：义务兵役制使得军队规模更大；性能更好也更精准的武器和增强的火力意味着，普鲁士人和他们的德意志盟友会在法国人发动第一波攻击时承受更多伤亡。而且，法军在色当投降也并未终结战事。相反，法国人，或者说他们中的大部分，选择打一场人民战争。即便如此，普法战争最终还是结束了。法国与新出现的德国握手言和，两国关系也逐步改善。1900 年，柏林工商界还向巴黎工商会致信祝贺博览会开幕，预祝这项"伟大的事业圆满成功，其定将让世界上的文明国家走得更近，为了共同的事业携手共进"。[4] 德国的许多人希望更多的德国游客可以去巴黎观展，这有助于让两国人民建立更好的联系。

阿歇特出版社的特别导览手册宣称，世界各国人民都为博览会做出了贡献："他们集聚了本国的奇迹与珍宝，让我们领略了不曾知晓的艺术、被忽视的发现。我们以和平的方式相互竞争，进步不会因胜利征服而放慢脚步。"从新式的自动人行步道到环形银幕，"进步"和"未来"的主题贯穿整个博览会。在水堡展馆，我们能看到多级瀑布、喷泉和水上灯光秀，而巨大水池中的中心装饰品堪称一组寓言群像，代表"人类"在"进步"的引领之下向"未来"大踏步行进，同时摒弃了"陈腐"和"仇恨"这对奇特的组合。

博览会是各个国家的秀场，也是当时西方文明在工业、商业、科学、技术和艺术等领域取得非凡成就的纪念碑。你可以看到新的 X 光射线机，或者像亨利·詹姆斯一样被发电机大厅的壮观场景所折服，但最激动人心的发现还要数电。意大利未来派艺术家贾科莫·巴拉后来就给两个女儿取名为卢塞（Luce）和艾丽特里西塔（Elettricità）（意大利语意分别为"光"和"电"），以纪念他在巴黎博览会上的所见。[三女儿名为艾丽卡-普罗佩勒（ELica-Propellor），同样来自他所仰慕的现代机器螺旋桨。]卡米勒·圣塞恩斯特别创作了一首康塔塔，赞颂博览会上的电：这首名为《天空之火》（*Le Feu céleste*）的康塔塔，由管弦乐队、独唱者和合唱队在一场免费音乐会上协作演出。博览会电力宫安装了 5000 个电灯泡，屋顶最高处站着的是"电力仙女"，她坐在一架由骏马与飞龙拉着的马车之中。博览会还有数十座宫殿场馆旨在展现现代社会的各项重要活动，包括但不限于机械、采矿、冶金、化学工业、公共交通、医疗卫生，以及农业。

博览会的精彩还远远不止于此。第二届现代奥运会作为博览会的一部分，在附近的布洛涅森林公园举行，项目包括击剑（法国人很擅长）、网球（英国人的强项）、田径（美国人制霸）、自行车和槌球。在文森的附属博览会，你可以仔细观看新式机动车，观摩气球竞赛。拉乌尔·格里莫因·桑松，他是最早的一批电影导演，就在自己的热气球上，从空中摄录了这次博览会的盛况。正如导览手册所说，巴黎世界博览会"大获成功，它是这一整个世纪非凡成就的顶峰——这是一个发现最多、科学最为发达的世纪，彻底革新了世界的经济秩序"。

考虑到 20 世纪后即将发生的事情，这些吹捧和自满在我们看来似乎有些可怜，但对1900年的欧洲人而言，他们绝对有理由对眼前的历史感到愉悦，并对未来抱有信心。1870年之后的三十年，生产和财富爆炸式增长，社会和人们的生活方式有了革命性转变。受益于更好更廉价的食品、卫生条件的改善和医学的巨大进步，欧洲人的寿命越来越长，生活也越来越健康。尽管这三十年间欧洲人口从1亿左右增长到了4亿，它还是有能力负担增长的人口，这归功于其工业、农业的产出增长和从全球各地进口而来的商品。（同时，对外移民也成为人口快速增长的安全阀——19世纪的最后二十年里，光是美国就吸收了大约2500万欧洲人前去寻找新的机会，还有数百万人去了澳洲、加拿大或者阿根廷。）

欧洲的城镇规模也在扩大，因为越来越多的人，为了能在工厂、商铺和办公室里找到机会而搬离了乡下。1789年法国大革命前夕，巴黎有大约60万居民；而到博览会时，这个数字涨到了400万。匈牙利首都布达佩斯的人口增幅最大：1867年，该市只有28万居民，而到大战爆发时这个数字已达933,000。欧洲的农业人口连年下降，产业工人阶级和中产阶级人数应声上涨。工人们组成工会，而工会在19世纪末的绝大多数欧洲国家都是合法的。在法国，工会工人数量在1900年前的15年间增加了四倍，到第一次世界大战爆发前夕已经涨到了100万。博览会认识到了这个阶级日益提高的重要性，于是推出了一系列展览，向世人展示工人阶级的样板住房，以及那些有助于提高工人道德水准和思想水平的组织。

负责组织巴黎博览会的工程师阿尔弗雷德·皮卡德建议，游客可以从教育宫开始游览。皮卡德表示，教育是一切进步的源头。这座场馆展示了法国还有其他国家从幼儿园到大学的各种课程和教学方法。导览手册说，美国展值得一看，游客可以领略美国人推崇的那些有趣的教育方法。（手册并没有说明具体是些什么方法。）教育宫也特别呈现了科学教育和技术教育，还有成人夜校。随着欧洲经济的变迁，政界和商界都意识到他们需要教育程度更高的人口。19世纪末见证了全民教育和读写能力的普及。到大战前夕，哪怕是人们普遍认为的欧洲后进国家俄国，也实现了城镇儿童50%的初级中学入学率、乡村儿童28%的入学率——俄国的目标是让这个数字在1922年达到100%。

越来越多的公共图书馆和成人教育班鼓励人们阅读。出版商推出连环漫画册、低俗小说、惊险小说和冒险故事（比如西部故事）以回应这个新兴的大众市场。大众报纸用炫目的大号标题和浮夸的插图抓人眼球。1900年，伦敦《每日邮报》的发行量超过100万。各式各样的新兴文化产品拓宽了欧洲人的眼界，而且与他们的祖辈相比，这些也使他们自觉身处更大的社群之中。此前，大多数欧洲人倾向认为自己只是所在村或镇的一员，而现在，他们日益觉得自己是德国人、法国人或者英国人，是所谓国民的一部分。

巴黎世界博览会没有任何旨在展示政府统治技艺的展览，但仍有不少展品呈现了政府正在做的越来越多的事，从各种公共工程到国民福利，无所不有。在这个新的欧洲，相较于三十年前，统治国家变得更加复杂，因为社会本身更复杂了。民主的普及和投票权的扩大也意味着公众规模不断扩大，要求也越来越多。没有政府希望自己统治的是大批心怀不满的公民。欧洲人对历史上出现的多次革命仍记忆犹新。不仅如此，除英国以外的欧洲各国军方都在向常备军方向改革，征召年轻人在固定的年限服役。这一改变也意味着，统治阶级必须仰赖普罗大众的合作和善意。正如俄国最博学多智的贵族特鲁别茨科依亲王所说，"如果需要动员人民去保卫俄国，就不可能再以拂逆民意的方式统治"。[5]

各国政府日益发现，他们要为人民大众提供的不仅仅是基本安全保障。这部分是因为希望避免社会冲突，也是因为更健康、受教育程度更高的劳动力无疑也对经济和军事大有好处。俾斯麦在1880

年代的德国开创了失业保险和养老金等现代福利国家制度，这套做法也很快为全欧洲效仿。各国政府也意识到，有效的统治需要更好的信息——统计学在 19 世纪末成为重要工具。现在，统治需要依靠训练有素的公务员。无论是在军中还是在官僚政治里，过去那种任人唯亲的业余方式已不再足够。不能阅读地图、不能理解战术和后勤事务的军官，根本无法指挥庞大的现代军队。外交机构不再是那些喜欢涉足外交事务的绅士们愉快的庇护所。公众舆论中新出现的和不可预测的因素意味着，各国政府再也不能随心所欲地处理外交事务。

包括最新出现的快速、廉价的公共邮局和电报在内，更好的通信技术不仅能使欧洲人互通消息，还可以培养国民认同感，也能让大众知道其他国家正在发生什么。更便宜也更便利的旅行方式同样有所助益。城市中，马车正逐渐让位于更新的运输形式，比如有轨电车。第一条巴黎地铁线也在博览会前如期开通。（同时，第一批地铁扒手也开始活动了。）铁路与运河网络遍布全欧，轮船航线在大洋上纵横交错。1850 年，欧洲大陆只有 14,000 英里长的铁路；截至 1900 年，已经超过了 18,000 英里。巴黎博览会的访客来自全欧各地，甚至更远的地方——那年夏天有数千美国人在巴黎。一个新的现象出现了，这便是大众旅游。旅游一度只是富人与有闲阶级的专属活动，想想 18 世纪英国贵族青年的"壮游"；而现在，中产阶级，甚至富裕的工人阶级也可以负担得起。1840 年代，极富进取心的英国人托马斯·库克开始利用新的铁路系统帮各个禁酒协会组织远足活动。到 19 世纪末，托马斯·库克和他的儿子每年都要为数千人组织旅游活动。1900 年，不出所料，他们的公司推出了游览巴黎和世界博览会的特别旅游项目。

欧洲开始变得更像我们如今所熟知的那个世界。城市正在摆脱过去的贫民窟和狭窄街巷，建设了更宽敞的大道和公共空间。在维也纳，政府开始开发大片曾用来保护旧城城墙通道的土地。环城大道及道路两侧的大型公共建筑和优雅的联排公寓，成为这座现代新城的象征。与欧洲其他城市一样，19 世纪末的维也纳也变得更干净、更宜居，而且电灯取代了过去的气灯，这也让城市变得更加明亮。奥地利著名作家斯蒂芬·茨威格在他的自传中回忆说，你在任何时候重访一座欧洲名城都会感到惊喜和愉悦。"街道更宽更好了，公共建筑更壮观了，商店也更雅致了。"[6]一些细碎、平常的改进，比如更好的排水系统、室内盥洗室和干净的供水，意味着那些一度很普遍的疾病，比如斑疹伤寒和霍乱也开始消失。在 1900 年的博览会上，卫生宫也向世人展示了用于医院之类公共建筑的新式供暖和通风系统，而且有一个房间专门展示对疾病的征服，其中还为伟大的路易斯·巴斯德竖立了一座半身像以表敬意。（一名加拿大游客表示，"如果周围没有那么多可怕的法国人"，她会更享受这些展览。）[7]

在另一场以纺织和服装为主题的展览里，法国人不仅炫耀着他们最佳女装设计师的作品，也展出那些将时尚带给中产阶级消费者的成衣样品。新的消费品——自行车、电话、油毡、便宜的报纸和图书——正成为人们日常生活的一部分，而新出现的大型百货公司和按目录购货服务也使负担得起的人都能买得到。而且，能负担得起的欧洲消费者人数还在不断增长。由于实现了大规模生产，一度奢侈的商品现在也飞入了寻常百姓家。1880 年代，德国工厂每年能生产 73,000 架钢琴。公共文化娱乐活动也比以前更便宜、更精致。电影这个新媒介的出现促成了新式影剧院的兴建，它们大都装饰华美。法国人还发明了咖啡音乐会，顾客只需花上一杯饮品的钱就能观赏一两名歌者，或是喜剧演员，或是舞者的表演。在不列颠，酒吧里明亮的灯光、闪耀的黄铜器、垫得又厚又软的椅子和有浮雕纹样的墙纸，让晚上出门寻乐子的较低阶层之人也能感受到一丝奢华迷醉。

　　欧洲人的饮食也要比以前好得多。巴黎博览会的一座宫殿骄傲地展示了法国农业和食品方面的辉煌成就（其中还有一尊雕像，以赞颂之情，雕刻了一瓶香槟），而在其他场馆，比如外国园艺宫，展示的是全球各地的食品。欧洲人日益习惯了亚速尔群岛的菠萝、新西兰的羊肉、羔羊肉或阿根廷的牛肉，它们要么是用新式冷冻船运来的，要么就是做成了罐头。（金宝罐头汤在巴黎博览会赢得了金奖。）农业进步和全球范围内新农地的开垦，加上更廉价更快捷的运输系统，都让食品价格在 19 世纪最后三十年里下降了 50%。生活是美好的，尤其对中产阶级而言。

　　斯蒂芬·茨威格已经为我们描绘了他那无忧无虑的青少年时代——1900 年时，他十九岁。茨威格出身富裕家庭，备受溺爱的他在维也纳大学就读期间可以随心所欲做自己想做的事情。他对学业投入甚少，但阅读广泛。当时他已经开始了自己的写作生涯，发表了几首诗和几篇文章。在他最后一本著作《昨日的世界》里，茨威格将大战之前自己度过的青年时代称为"太平的黄金时代"。对于中产阶级而言，这种感受尤其深刻，他们的世界就像哈布斯堡王朝，似乎会永享安稳。储蓄是安全的，财产也可以安全地代代相传。人类，尤其是欧洲人，显然进入了一个更高的发展阶段。各国社会不但日益繁荣而且组织有序，社会成员也更温和理性。对茨威格的父母和朋友而言，过去令人惋惜，未来光明灿烂。"人们宁可相信有鬼神和女巫，也不相信有重回野蛮的可能，比如欧洲各国之间的战争；我们的父辈坚信宽容与和解具有绝对的约束力。"[8]（1941 年初，流亡巴西的茨威格将手稿给了出版商。数周后，茨威格与他的第二任妻子一同自尽。）

　　茨威格笔下的太平黄金时代，还有大战之前的进步证据，在西欧（包括新统一的德国）还有奥匈帝国的发达地区，比如日耳曼和捷克地区，体现得最为明显。那些集财富、领土、影响力和军事力量于一身的列强仍然还都是欧洲国家：英国、法国、德国、奥匈帝国、意大利。而且，在欧洲东部的边缘地带还有俄国，这个常常被认为不那么欧洲的国家，正在世界舞台上迅速崛起。西方世界不少人还是认为，俄国是个或多或少停留在 16 世纪的国家，但事实上，俄国已经处在经济腾飞的边缘——也许在政治上也是如此。在巴黎博览会上，俄国的展品包括了惯常的对俄国历史与文明之荣光的致敬，但也展示了火车头、机器和武器。在专门呈现俄国亚洲部分的特殊展馆里，游客可以坐在火车车厢里，车厢前后轻轻摇晃，给人一种运动的错觉，同时一幅描绘俄罗斯东部广袤新土地的全景画会从车窗外滚动而过。这里想传达的是，活力十足的俄国正在占领新的殖民地，通过西伯利亚大铁路将它们连接起来，给它们带去现代文明的种种好处，其中包括可以使那里的丰富自然资源得到更好开发的技术。

这不仅仅是俄国人的一厢情愿。1880 年代以来，俄国的发展以绝大多数标准来衡量都堪称非凡。如同后来许多国家的成功案例，譬如第二次世界大战后的"亚洲四小龙"，19 世纪末的俄国正在从一个初级的农业国变成工业国。俄国的经济增长率——平均每年 3.25%——已经与世界的领导者，诸如英国和美国在处于相似发展阶段时的增长率相同甚至更高。尽管日俄战争以及后来 1905 年的革命阻碍了俄国的发展，但在第一次世界大战爆发前的最后几年里，俄国又再次迅速发展起来。到 1913 年，俄国已经是欧洲最大的农业生产国，工业生产方面也在快速追赶其他工业大国。大战前夜，俄国的工业产值位居全球第五。[9] 而且，有各种证据表明，俄国的社会与政治都在朝着更自由的方向迈进。

如果第一次世界大战没有爆发，俄国会如何？或者说，如果俄国成功置身事外呢？ 1917 年是否还会有一场革命？如果没有战争，旧政权也没有倒台，布尔什维克这个革命中的少数派是否还能夺权并推行他们的政策？对于这些问题，我们永远不会知道答案。但是，对于俄国的现代化，我们不难设想一条不同的路径，没那么血腥也不那么具有破坏性。同样地，我们也禁不住会去畅想一个有着不一样未来的欧洲。1900 年，欧洲和欧洲的其他大国有太多值得庆祝的东西。英国仍然安全繁荣，即便它在欧洲乃至全球都有对手。法国似乎已经把数十年的革命与政治动荡岁月抛诸脑后，而且已经从1870—1871 年普法战争的耻辱失败中恢复了元气。德国经济是全欧洲增长速度最快的，它也在通过贸易和投资快速扩展其在东方和南方的影响力。德国似乎注定要成为欧洲核心地带的强国——这一切完全无须动用它强大的军队——就像它最终在 20 世纪末做到的那样。奥匈帝国幸存了下来，这本身就是一种胜利，如此，帝国境内的诸民族，作为一个更大的经济和政治实体的组成部分，便可享受各种好处。意大利也在逐步实现工业化和现代化。

　　博览会上的各殖民地展览也表明，世界上的一小部分地区在过去几个世纪里积聚了非凡的力量。欧洲国家支配了地球表面的大片土地，无论是通过正式的帝国，还是借助其经济、金融与技术实力对世界其他大部分地区实行的非正式控制。全世界的铁路、港口、电报线缆、轮船航线和工厂都是用欧洲的专门技术和资金建造的，而且通常也是由欧洲公司运营的。欧洲的统治地位在 19 世纪快速上升，因为科学和工业革命至少在一段时间内使欧洲相对于其他社会具有优势。在 1830 年代末的第一次中英鸦片战争中，面对还配备着延续了几个世纪的旧式器械的清廷海军，英国人派出的则是一艘装甲蒸汽船（名为"复仇女神"号）。1800 年，在实力差距扩大之前，欧洲控制着大约 35% 的世界；到 1914 年，这个数字已经飙升到了84%。[10] 的确，这一过程并不总是和平的，欧洲列强在争夺战利品时也几度走到战争边缘。然而，到 1900 年，帝国主义引发的国际紧张局势似乎得到了一定程度的缓和。非洲、太平洋与亚洲已经没多少可供瓜分的土地，而且，至少看上去，列强之间达成了共识，那就是不应突然抢占如大清和奥斯曼帝国这些衰落大国的土地，尽管它们的虚弱对帝国主义者而言十分诱人。

既然有如此的力量与如此的繁荣，而且考虑到过去一百年在诸多领域取得的明显进步，欧洲为什么还要抛弃这一切呢？像茨威格的父母一样，许多欧洲人认为那种鲁莽和愚蠢根本不可能发生。欧洲内部是那么相互依赖，经济也特别紧密地交织在一起，根本无法想象欧洲会分裂并进入战争。战争是不理性的，而在当时，理性是备受推崇的品质。

当时的人们普遍认为，整个 19 世纪，从地质学到政治学等许多领域的知识进步，为人类事务带来了更强的理性。人们懂的越多，不管是对自身、社会，还是自然世界，就越会根据事实而不是情绪来做决策。随着时间的推移，科学——包括社会学和政治学这些新的社会科学——将揭晓我们需要知道的一切。"人类历史是自然历史的一部分，"现代人类学奠基人之一的爱德华·泰勒写道，"我们的思想、意志、行动都符合各种自然规律，与那些支配海浪波动、酸碱结合和动植物生长的规律一样。"[11] 与这种对科学——或者是那个时代通常所说的实证主义——的信念密不可分的，是对进步——欧洲人通常会把这个词大写——的同等信念。所以当时人们设想，人类发展是线性的，即便不是所有社会都达到了相同的发展阶段。赫伯特·斯宾塞是那个时代拥有最广泛读者的英国哲学家，他指出，进化法则既适用于自然界的物种也适用于人类社会。不但如此，人们普遍认为进步是全方位的：先进社会在艺术、政治和社会制度、哲学和宗教等各个方面都更好。欧洲各国明显处于领先地位（尽管各国彼此之间的先进程度还有讨论的空间）。至于其他国家，大英帝国古老的白人自治领也颇有希望，最终也会迎头赶上。导览手册说，巴黎博览会上，日本的展览引发了游客极大的兴趣，因为日本已经以惊人的速度适应了现代世界。而且，日本现在也是国际关系的参与者，即便不是在全球范围内，但在亚洲肯定如此。

欧洲统治地位面临的另一大挑战来自西面的新世界。一开始，美国不在塞纳河沿岸重要的外国展馆之列，该国博览会首席代表、一名富有的芝加哥商人在提出异议时是这么说的："美国如此发达，不但已在全球各国占据卓越地位，并且可以位居顶级发达文明之列。"[12] 时至 1900 年，美国已经从内战中恢复过来。美国政府刚刚镇压了印第安人的最后一次反抗，美国人已经彻底统治了北美的这块大陆。移民大量涌入美国农场、工厂和矿场，美国经济迅速扩张。19 世纪初，英国基于煤炭、蒸汽动力和铁矿领导了第一次工业革命，而在 19 世纪末，美国凭借其电网和近乎无限的技术创新能力站在了第二次工业革命的最前沿。1902 年，美国工厂出产的钢铁已经超过了英德两国的总和。从香烟到机械，美国的出口额在 1860—1900 年间翻了三倍。到 1913 年，美国贡献了世界贸易总额的 11%，而且这个数字每年都在增长。

最后，美国馆被安排在了塞纳河沿岸的黄金地段，仿照华盛顿的国会大厦而建，屋顶处有一尊巨大的雕塑，自由女神正高坐在四匹马拉着的进步战车上。《纽约观察家》特派记者向读者描述了美国的展品：奥古斯都·圣高登等美国雕塑家的杰出作品，蒂芙尼公司出品的绚丽珠宝，还有完全不输给任何一家瑞士作坊的手表和时钟。这位记者还不无轻蔑地表示，只有伦敦和巴黎的几件展品"接近美国展出的金银制品的完美标准"。此外，还有美国技术的代表——胜家缝纫机、打字机、巨大的发电机，以及原材料——黄铜、小麦、金子，都大量涌入全球市场。他得意地写道："这些已经足够让数百万游客对美国的国力、财富、资源和雄心留下深刻印象。"[13] 他还认为，与 1893 年的芝加哥世界博览会相比，巴黎博览会相形见绌。[14] 他的看法既反映了新美国人的自信心，也让我们看到美国日渐高涨的民族主义和想要在世界舞台扮演更大角色的雄心。

正如弗里德里克·杰克逊·特纳等历史学家所主张的那样，现在是时候走出美国海岸，将美国的影响力传播到附近的岛屿和其他国家了。有关美国在世界舞台扮演天选角色的讨论已经有了许多热忱的听众，其中既有寻找新市场的商人，也有寻求灵魂得救的福音派。尽管美国人并不认为他们的扩张是帝国主义的——与欧洲列强不同，但美国还是以某种方式获取了领土和势力范围。在太平洋地区，美国在日本和中国都有一定的势力，也夺取了一系列的小岛，而这些小岛的名字——关岛、中途岛、威克岛——将在之后的第二次世界大战中扬名。1889年，美国卷入了英德两国就分割萨摩亚群岛而产生的复杂纠纷之中；1898年，美国吞并了夏威夷群岛。在同一年的美西战争之后，美国控制了菲律宾、波多黎各和古巴。随着美国的投资流向南方，中美洲与加勒比地区也日益成为其举足轻重的后院。到1910年，美国人拥有的墨西哥比墨西哥人自己还要多。北面的加拿大，对美国的并吞主义者而言，仍然诱惑满满。

美国在世界上的影响力越来越大，这让人们开始意识到，美国将不得不花钱建立一支现代化的海军，而且，它还能在大西洋和太平洋作战。这在一开始是不受欢迎的。1890年，就连小小的智利也有强于美国的海军，有鉴于此，美国国会勉勉强强地批准同意制造三艘现代战列舰。就美国自身而言，军事力量的逐渐建立也伴随着一种日益强烈的意愿，即对抗其他国家，主张自己的权利。1895年，新任国务卿理查德·奥尔尼将美国驻外代表的等级提升到大使级，这样他们就可以与其他国家的外交官平等议事。同年，刚愎好战的奥尔尼在英国殖民地圭亚那的边界问题上插手了英国与委内瑞拉之间的领土纠纷，以此向英国首相索尔兹伯里发出警告。"今天的美国事实上已经是这块大陆的主宰，美国的法令就是美洲臣民的法律，美国据此对干涉行为加以限制，"奥尔尼写道，他还补充说，"无穷无尽的资源和隔绝的地理位置使美国在对抗任一或所有其他强国时，都能够掌控局势，几乎无懈可击。"索尔兹伯里对此大为光火，但是英国在别的地方有太多麻烦，因此他也乐得将纠纷交由仲裁解决。当美国在 1898 年从西班牙手中夺取古巴和波多黎各时，英国还是无所作为。在之后的几年时间里，英国放弃了在巴拿马地峡修建运河的一切权益，并且将加勒比舰队撤回到了国内水域，此举也在实质上将这一地区的主宰权让给了美国。

最能代表美国这种新的民族主义情绪的人就是西奥多·罗斯福，他的第一个也是最成功的工程就是他自己。他出身于一个古老的贵族家庭，体弱多病，相貌平庸，但凭着自己的意志，他成为一名勇敢无畏的牛仔、探险家、户外爱好者和猎人（泰迪熊的名字就来自他）。他也因为在圣胡安山冲锋陷阵而成为美西战争的英雄，尽管不少批评人士都指出，他的回忆录给人的印象是他单枪匹马赢得了那次战役。亨利·詹姆斯说他是"史无前例的巨大噪声的可怕化身"，并给他起了个绰号叫西奥多·雷克斯（Theodore Rex）。野心、理想和虚荣驱使着罗斯福。正如他女儿的著名评论："我的父亲总是想成为每一场葬礼的尸体，每一场婚礼的新娘，每一场洗礼仪式的婴儿。"1901 年 9 月，一名无政府主义者刺杀了威廉·麦金莱总统，西奥多·罗斯福顺势成为美国总统。老罗斯福热爱他的总统大位——称它为"天字第一号讲坛"——而且特别喜欢管理美国的外交政策。[15]

像他的许多美国同胞一样，老罗斯福也相信，美国应当成为世界的一股崇善力量，推动民主、自由贸易与和平的传布，而且他认为，这三者密不可分。1901 年，在给国会做的第一次国情咨文讲话中，罗斯福表示，"不论我们乐意与否，从今天起，我们都必须认识到，美国承担的国际义务不比享有的国际权利少"。他还明确表示，在他的领导之下，美国会以武力支持自己的良好意图，这意味着要建立一支强大的海军。"对于我们的荣誉与物质福利，尤其是对和平以及国家的未来而言，我们的政策中，无论是外交还是内政，没有哪一点比这更重要了。"罗斯福一直都对舰船和海洋迷恋不已（这一点与同时代的德皇威廉二世并无不同），而且也的确实现了承诺。1898年罗斯福出任副总统时，美国海军还只有 11 艘战列舰，而到 1913年就有了 33 艘，成为仅次于英德的世界第三大海军。美国的经济增长和日益强大的军事力量让欧洲人忧虑不已。虽然英国选择了容忍，德皇威廉二世却一再谈及欧洲各国应该联合起来，直面日本与美国带来的各项挑战——美日的挑战可能各自出现，也可能一起到来。不过德皇是出了名的前后不一，他也在其他场合说过要与美国合作来对抗日本。无论是德皇，还是绝大多数欧洲人和美国人自己，都绝难想到，美国会在之后的世纪里频繁插手欧洲事务，还两次参与欧洲的大战。这在当时简直是天方夜谭。

的确，刚刚逝去的 19 世纪表明，世界，尤其是欧洲，正在远离战争。除少数例外，自拿破仑战争结束以来，欧洲强国就在"欧洲协调"中一同处理欧洲的国际事务。各国政要之间已经养成了彼此协商的习惯，各国大使组成的委员会也经常会面处理紧急问题，例如奥斯曼政府的外债问题。自 1815 年以来，"欧洲协调"成功维系了欧洲的长期和平，保障各项条约的执行，坚持尊重各国权利，鼓励和平解决纠纷，也在必要的时候要求小国遵守国际秩序。"欧洲协调"不是一个正式制度，而是一个行之有效的处理国际关系的方式，好几代欧洲人都从中受益。

进步与和平携手并进，因此，1900 年的欧洲与一个世纪之前大为不同，繁荣得多，而且明显更加稳定。巴黎博览会期间在国会宫举办的几次会议反映了人们的普遍希望，即未来会更加光明。举行的 130 多次会议广泛关注了各项不同议题，包括女性的境况和权利、社会主义、消防、素食主义和哲学。[16] 在国会宫召开的第九届世界和平大会以其出色工作赢得了博览会组委会颁发的大奖。"外面的世界有一种奇妙的无忧无虑的气氛，"茨威格写道，"的确，有什么能阻止这种增长，有什么能阻止这种从自身的动力中不断汲取新力量的活力呢？ 欧洲从未如此强大、富饶、美丽过，从未如此热切地相信一个更美好的未来……"[17]

当然，我们现在知道，很遗憾，这种对进步和理性的信念是错误的，1900 年的欧洲人正在通向 1914 年那场他们无力处理的危机，而这场危机也带来了可怕的后果：两次世界大战与许多局部战争，左右皆有的极权主义运动，国族之间的野蛮冲突，还有规模超出想象的种种暴行。这不是理性的胜利，而是理性对立面的胜利。然而，当时绝大多数欧洲人都不知道自己正在玩火。我们必须摒弃历史的后见之明，并且要牢记，当时的绝大多数欧洲人并未认识到他们和他们的领袖做出的一个个决定正一步一步逼他们走上狭路，最终摧毁了他们的和平。我们必须试着理解一百多年前的那些人。我们需要尽可能了解他们内心的想法：他们记得的、恐惧的和希冀的。他们未说出口的假设是什么？那些因人们习以为常所以并未被特别谈起的信念与价值观是什么？他们为什么没有看到那些正在累积，并将在之后一步一步将他们推向 1914 年的危险？

公平地说，在 1900 年那个逝去的世界，并非所有欧洲人都对人类的未来或人类的理性抱有那种普遍的信心。巴黎博览会也许颂扬了 19 世纪末思想潮流的两大支柱，即对进步的信念和相信科学可以解决所有问题的实证主义理念，但是此类假设遭到了攻击。科学宣称宇宙的一切都依照有序的规律运行，但这些主张日益瓦解。阿尔伯特·爱因斯坦与其同侪物理学家对原子和亚原子等粒子的研究表明，不可预测性与随机事件仍然潜藏在可见的物质世界之下。现实并非人们唯一质疑的东西。理性亦然。心理学家与新的社会学家都在告诉人们，人类比想象中更容易受到无意识力量的影响。在维也纳，年轻的西格蒙德·弗洛伊德发明了新的精神分析法，深入探究了人类的潜意识，而且就在巴黎博览会的同一年，他出版了《梦的解析》。古斯塔夫·勒庞研究群体非理性行为的著作给当时的人们留下了深刻印象，至今依然为人所用，特别是在美国军方。勒庞1895年有关群体心理的著作大获成功，一经出版，就立刻被译成英文。

巴黎博览会也赞颂了物质进步，但也有人对此表示怀疑。尽管卡尔·马克思乐于承认资本主义的创造性破坏，认为资本主义将旧社会一扫而空，带来了新的社会组织形式和对被压迫者和穷人有益的新工业生产方法，但是左右两派的许多人仍然对这个过程大加谴责。法国大社会学家埃米尔·涂尔干担心，随着人们向大城市流动，过去稳定的社区将会消失。其他社会学家，比如勒庞，则担心理性与人性是否还能在大众社会中存活。现代奥运会之父顾拜旦之所以十分重视体育运动，主要原因就是他认为体育可以让个体得到更大发展，帮助每个人对抗现代民主文明的平庸与灰暗。[18] 还有，生活节奏是不是变得太快了？医生发现了一种新的疾病——神经衰弱，这是一种精神衰竭与崩溃的病症。医学界将这种疾病怪罪于现代生活的忙乱节奏和压力。[19] 博览会上，一位美国游客对巴黎大街上如此之多的新式汽车感到震惊，"它们在道路上飞驰，在街道上像闪电一样呼啸而过，有可能取代马车，尤其是在交通拥挤的时候"。[20] 就在博览会上，一些游客小心翼翼地在自动人行道上走上走下，另一些则聚在一起围观不时跌下来的人。

欧洲社会真的就比其他社会更优越吗？比如说，熟悉印度与中国历史的学者就质疑了欧洲处于世界文明最前沿的假设，指出印度与中国在过去都达到了很高水准，只不过后来明显衰落了。因此，进步也许根本就不是线性的。事实上，可能正相反，各个社会可能要经历一个进步和衰退的循环过程，并不必然变得更好。那究竟什么才是文明？西方的价值观和取得的成就真的空前优越、无可匹敌吗？博览会的导览手册以屈尊俯就的语气解说日本艺术小展，说日本艺术家是如何顽固坚守传统，而新一代的欧洲艺术家是如何从其他非欧洲文化中汲取灵感的。无论是凡·高在画作里运用日本版画风格时，还是毕加索吸收利用非洲雕塑艺术时，他们都没有将这些艺术视为迷人的原始技艺或过时之物，而是认为它们有着欧洲艺术所缺少的洞见。雍容文雅的德国伯爵哈里·凯斯勒在 1890 年代访问日本后大受触动，这使他以新的且略带不认可的眼光看待欧洲："我们在智识水平上更胜一筹，也许还有——尽管我对此表示怀疑——更强的道德力量，但如果要说真正的精神文明，日本人已经领先我们太多。"[21]

回想起来我们更容易看到，巴黎博览会也有对冲突局势的警示，这些冲突不久之后就会将欧洲文明撕成碎片。各个殖民地与国家的展览，归根结底是在炫耀，暗示了各大强国之间的竞争关系。当时一位著名的德国艺术评论家嘲笑法国想要领导欧洲文明的野心。"法国，"他在报告自己到访博览会的经历时表示，"对那些惊世骇俗的大变革根本毫无贡献，这些大变革是在其他国家，尤其是在法国长期的危险近邻英国和德国，由商业和工业创造的。"[22] 法国人在园区修建了一座巨型建筑，专门纪念让-巴普蒂斯特·马尔尚上尉的非洲远征，这场两年前的远征差点引发了一次英法战争，而在开幕式上大谈公平与人类良善的法国总统卢贝之所以决定在 1900 年举办博览会，部分原因是想赶在德国人之前举办世界博览会，当时德国人已经计划在柏林举办一场。[23] 巴黎博览会总干事皮卡尔表示，巴黎博览会不仅会展现法国人的天才，还要"向世人表明，我们美丽的国家，从过去到现在一直都是进步先锋"。[24]

其中一些进步出现在军事艺术中。陆海军宫是一座酷似中世纪要塞的建筑，导览手册介绍说，这座展馆呈现了过去十年来在制造更具破坏性武器方面的重大进步。手册还指出，作为有效的制衡，防御能力也随着更强的装甲板之类的技术而有所增强。在为外国保留的展区里，英国人修建了一座马克西姆厅（Maison Maxim），立面装饰有炮弹与炮管，正是为了纪念同名的新式机枪。俄国人也带来了一些新式武器，德皇则展出了他最喜欢的制服。馆外，法国施耐德公司建造了一座独立展馆，展出他们的火炮。博览会官方名录上说，战争是"人的天性"。[25]

巴黎博览会上也出现了联盟体系的危险征兆，该体系迫使欧洲大国在1914年之前的几年站队选边。开幕式当天，法国总统还启用了塞纳河上的一座新桥，这座桥被冠以已故沙皇亚历山大三世之名。导览手册介绍说，毕竟，俄国政府在博览会"这一和平的伟大事业"中已经竭尽全力去配合了。法俄联盟是新的——1894年才缔结，而且达成这样的盟约也需要技巧，因为联盟的一方是独裁的俄国，而另一方则是共和制的法国。法俄联盟被认为是一个防御性同盟，尽管两国协约的细节仍不为人知，不过，这纸协约让德国感到不安，即便德国也与奥匈帝国结成了自己的防御性同盟。新任德国陆军总参谋长施利芬伯爵开始制订两线作战计划，以便同时与德国东部边界上的俄国和西部边界上的法国开战。

当时最强大的大英帝国没有与任何国家结盟，这在1900年还不算什么严重的事。但1900年可不是个好年份。就在之前一年，英国漫不经心地在南非卷入了一场战争，对手是两个小得多的阿非利卡共和国：奥兰治自由邦与德兰士瓦。显而易见的优势——以大英帝国之力对付两个蕞尔小邦——本应让结果在开战之前就可预料，但事实上英国在当时所谓的布尔战争中表现糟糕。尽管阿非利卡人在那年夏天就开始弃城奔逃，但他们直至1902年春天才最终承认失败。同样令人担忧的是，这场战争表明，英国在世界大部分地区是多么不得人心。在马赛，一群来自马达加斯加的游客在前往博览会的路上被当地人误认作阿非利卡人，受到了热烈欢迎。在巴黎，一家独具魄力的时装店用灰毛毡做了一顶"布尔式的"帽子。博览会上，

图 1　在 1899—1902 年大英帝国与南非两个独立的阿非利卡共和国（或布尔共和国）之间的战争中，世界上大多数人都同情阿非利卡人。基奇纳勋爵是国际社会特别谴责的对象，因为他的野蛮政策挫败了阿非利卡人的抵抗，而且是通过恶劣的手段，如摧毁了他们的农场和牲畜，迫使他们的妇女和儿童进入集中营

简朴的德兰士瓦馆上飘着自豪的旗帜，导览手册说，这吸引了大批热情观众竞相"表达他们对这个在非洲南部争取独立的英雄小国的支持与同情"。无数致敬"英雄""爱国者"和"自由热爱者"的鲜花堆在该国前任总统保罗·克鲁格胸像的四周。[26]

当英国军队遭遇一次又一次的失败时，这种同情与喜悦交织在一起的情绪在整个欧洲引发了共鸣。人们在评论欧洲大陆时常常会使用大卫与歌利亚的比喻。德国周刊《傻大哥》画了一幅漫画：一头死象正被食腐鸟啄食，蚂蚁蜂拥而至，配的说明文字是"他们摔得越惨……"。英国人对付阿非利卡游击队的残酷手段也令人震惊。英军统帅基奇纳将军将当地妇女儿童聚集起来安置在集中营里，这样他们就不能再给当地战士提供食物和庇护了。由于英国人的无能，这些集中营成为疾病和死亡的肆虐之地。在一幅法国漫画中，基奇纳被画成一只大癞蛤蟆，蹲在阿非利卡人的尸体上。此外，还有一些关于维多利亚女王的淫秽漫画在流传。结果，女王的儿子也是继承人的爱德华王子拒绝出席博览会。[27]

对大国来说，与军事和经济这类物质因素一样不可或缺的，还有它们享有的声望，以及其他国家对它们强国地位的认知。1900年的英国看起来已经逐渐衰弱，且处在危险的孤立状态。在一次完全是防御性质的行动中，它开始修复与其他大国的关系，寻找盟友。然而，这也可视为迈向大战的其中一步。欧洲正逐步陷入一个同盟体系，分裂成两大阵营，彼此生疑，武装防备日盛。同时，也有人，虽然是少数，并不讳言战争前景，甚至欢迎战争到来，因为他们视战争为神圣的和必需的，是人类历史不可或缺的一部分，或者干脆指望战争解决其国内问题。站在另一边的是几乎所有的欧洲人，包括许多国家领导人，他们很难想象在现代世界会打一场全面战争。这种自信同样危险，因为它使人们假定，所有危机都可以安全解决，而就英国而言，就是它自觉可以一如既往地远离欧洲大陆。

第二章 大不列颠与光荣孤立

　　就在三年前，也就是 1897 年，英国为维多利亚女王举办了加冕六十周年的钻禧庆典，那时的不列颠空前强盛。这场庆典在全球范围内铺开，从加拿大到澳大利亚，从南非的开普敦殖民地再到亚洲的印度和锡兰，庆祝活动在众多米字旗飘扬的地方举行，从学童游行、焰火表演到军事演习，不一而足。在缅甸仰光，600 名囚徒被特赦；在塞得港，水上派对与一系列水上运动好不热闹。致辞与贺电从帝国各处涌入伦敦。《观察家报》写道："仿佛一股赞颂与忠诚的轰鸣从全世界传来。"《纽约时报》记者说，美国人也加入了尊崇女王的队列，并且应该对英美两国当前关系如此热络感到愉悦。[1]

　　制造商开足马力，确保有足够的纪念品：纸牌、金属杯、盘子、领带、纪念奖章、《圣经》。在英国本土，大大小小的城市都安排了大量晚宴和舞会，2500 堆篝火从不列颠岛的这一头延绵到那一头。在曼彻斯特，10 万名儿童应邀参加了一场特别的早餐会；在伦敦，威尔士王妃亚历山德拉举行了一场钻禧盛筵，任何人，不管多穷、穿得多破，都可以来吃牛肉，喝啤酒。40 万伦敦人参加了这场宴会。

各大教堂举行了特别的礼拜仪式，唱诗班高唱亚瑟·萨利文爵士撰写的特别赞美诗《哦，万王之王！》。

在精力过人的新任殖民地大臣约瑟夫·张伯伦的建议下，女王与首相索尔兹伯里爵士做出决策，钻禧庆典应当展示帝国风采。尽管没有邀请欧洲各国君主，但各个自治领的首相以及印度的王公都纷纷应邀出席。（这样就不用邀请女王那个难对付的外孙德皇威廉二世了。英国方面担心，他的出席只会带来麻烦。）威尔士亲王为各个殖民地的首相举办了一场特别晚宴。6月21日，女王本人在白金汉宫主持国宴，向世人展现了她七十八岁高龄还有的惊人体力。女王坐在意大利和奥匈帝国的王储中间，他们分别是后来的意大利国王维克托·伊曼纽尔三世和弗朗茨·斐迪南大公，其中只有一个人得以活着继承王位。24名巴黎大厨前来伦敦张罗这场宴会，餐桌中央的装饰是一尊比人还高的巨型王冠，由六万朵遍布帝国每一个角落的兰花构成。

第二天，也就是6月22日，绵延6英里的盛大游行队伍从白金汉宫出发，横穿整个伦敦到达圣保罗大教堂。《泰晤士报》评论说，这是"无可匹敌的壮观景象"。这次游行就是为了庆贺维多利亚女王的漫长统治并赞颂她那庞大的帝国。这也是一次令人印象深刻的英国国力大展。一段早期新闻短片中展示着一排又一排的水手、陆战队士兵、重装骑兵与陆军士兵。加拿大人带领着殖民地游行队伍，队伍中包括印度的弓箭手、罗德西亚的战马、特立尼达的轻型马，还有开普敦的重装步兵。

敞篷马车载来了英国王室成员、外国王公和大公，其中，绝大多数人彼此之间以及和女王都有亲戚关系。最后出现的是八匹白马拉着的御用马车，里面坐着身材娇小的维多利亚女王，自从36年前她的一生挚爱阿尔伯特亲王去世后，她便一直着黑衣、戴黑色软帽。她并不总是能博得臣民的拥戴，但在这一天，女王还是获得了响亮、雀跃的喝彩。当晚的日记里，女王写道："我相信，没有人受到过这样的欢呼，欢呼声穿过 6 英里的街道……那声音震耳欲聋，但每张脸都写满了真正的喜悦。我备受触动，也感到满足。"[2]教堂礼拜仪式上演奏了已故亲王谱写的一首赞美颂。礼拜在露天举行，因为女王无力走过通往大教堂的台阶，也拒绝被抬上去（她也拒绝出钱补贴钻禧庆典的花费）。

钻禧庆典里最为壮观的景象，也是对英国实力最令人震撼的展示，要数之后那个周六在斯皮特黑德海峡的海军阅兵。在英格兰南海岸与怀特岛之间的索伦特海峡的掩蔽水域上，165 艘舰船盛大登场——其中有 21 艘战列舰、53 艘巡洋舰和 30 艘驱逐舰——列队接受检阅。公众对此热情满满。来自全英格兰的观礼者挤满了当地城镇，他们沿海岸排列成行，甚至租用了数十艘观光船。[3]德国轮船也带来了大量德国人，他们对英国海军的军力展示很着迷。现场有 200 多名记者，海军部第一次安排了官方新闻船。[4]新兴海军强国日本和美国也各自派出一艘战舰躬逢盛典。德国则派来了一艘老式战列舰。"我深感遗憾，没法给你用更好的船，"德皇威廉二世给他出任舰船司令的弟弟说，"而其他国家的上佳舰船闪闪发亮。"[5]

当皇家游艇载着代表他的母亲出席的威尔士亲王爱德华进入这片水域时，舰队鸣礼炮致敬。这艘名为"维多利亚与阿尔伯特"的皇家游艇沿着舰队缓慢移动，后面跟着满载贵客的"女巫"号舰队司令快艇，以及英国上下院议员乘坐的轮船。[6]威尔士亲王身着海军上将制服，向军舰甲板上成千上万的水手敬礼。当发明家查尔斯·帕森斯一脸得意地驾着他的新船"透平尼亚"号现身时，现场爆发一阵骚动。这艘新船凭借特制的快速涡轮发动机在水面高速驰骋颠簸，派出去抓他的海军舰船没它快，根本追不上。（舰队司令不得不仔细研究帕森斯的新发明，那些涡轮发动机后来也将为司令那些巨大的无畏级战舰提供动力。）出席检阅仪式的鲁德亚德·吉卜林说，他"从未梦想过天底下会有这么壮观的景象。这是无法用文字描述的——甚至根本无法描述！"[7]太阳落山之时，舰船再度闪入视野，新的电灯映照出它们的轮廓，探照灯打在舰船之上，岸边依然观者如堵。正如英国首相在钻禧庆典期间所说，"一场盛大的海军检阅仪式会是最合适的庆祝方式"。[8]

如果说维多利亚女王代表长寿和秩序、皇家海军代表英国国力，那当时的英国首相、第三代索尔兹伯里侯爵罗伯特·塞西尔，无论就英国还是英国的地主阶级而言，都堪称冷静自信的典范。数百年来，几乎在所有欧洲国家，农地所有权都是财富与势力的主要来源。在英国，大约7000个家族，从占有1000英亩地产的小绅士到有超过30,000英亩地产的大贵族，不仅拥有绝大多数农地，往往还拥有城市土地、矿场和实业。尽管他们内部的财富等级不同，但他们集体构成了简·奥斯丁与安东尼·特罗洛普妙笔下的上流社会。财富与身份也为他们带来了权力。高阶文官、教会、军队、议会下院，当然还有议会上院，都被地主阶级掌控。哪怕在1897年，也就是一连串改革扩大了选民规模并让新的社会阶层进入政治之后，下议院60%的议员仍然来自这些阶层。像索尔兹伯里这样的人就认为，事情理应如此。"每个社群都有天然的领导者，"他在1862年《评论季刊》的一篇文章里说，"如果人们没有被追求'平等'的疯狂热情冲昏头，他们便会本能地遵从这些领导者。在健全状态下，财富，或者在某些国家是出身，以及在所有地方是智力和文化，总是能标记出一些人，而社群正希望由他们来治理。"特权阶层有义务去管理那些不幸的人。[9]

比起这篇文章，索尔兹伯里本人还要受到更多质疑。即使以他所处的阶级标准来衡量，他的童年也缺乏关爱而且颇为清苦。六岁时，他被送往第一所寄宿学校，后来他形容那是"生活在魔鬼之中"。伊顿公学并没有好到哪里去，索尔兹伯里在这里惨遭霸凌，他的父亲最终将他带离伊顿，为他请了私人教师。也许正是因为这些早年经历，索尔兹伯里对人性及其作恶的倾向极度悲观。他一生饱受"神经风暴"之苦，抑郁情绪的袭击会使他消沉数日。

作为补偿，生活赋予他智慧和坚毅的性格，还让他成为世界最强大国家统治阶级的一员，赢在了起跑线上。当他决定要以政治为业时，他的社会关系会确保他在下议院有一个席位。（他甚至不需要费力去竞选，因为这个议席无人竞争。）他还有一段长久美满的婚姻，妻子也和他一样智慧与坚毅。去过他哈特菲尔德乡间别墅拜访的人都会发现，这一家其乐融融，孩子们也都顽皮活跃，与维多利亚时代的许多儿童不一样，他们会被鼓励畅所欲言。

索尔兹伯里对上流社交感到乏味，常常忘记别人的名字，但他还是彬彬有礼，只不过心不在焉罢了。在一场为政党支持者举办的晚宴上，索尔兹伯里保证会和每一位客人聊聊他们特别感兴趣的话题，但在宴会结束后，他会与私人秘书说，"有个人我还是认不出来是谁，就是你说的那个喜欢做芥末酱的人"。[11] 他不太喜欢英国贵族通常会有的那些消遣活动，比如射击和打猎。对他而言，马只是一种代步工具，而且不那么方便。晚年，为了健康他开始骑三轮车。身着紫色天鹅绒斗篷的他会骑车在白金汉宫附近转悠，或是在哈特菲尔德为他修建的特别道路上骑行。在那里，一名年轻的男仆会推他上小丘，然后跳上车一起下坡。（他的孙辈们喜欢拿着装满水的水壶躲起来"伏击"他。）[12]

他很快就对科学深信不疑、着迷不已。他的乡间别墅里本有一间小礼拜堂；现在，他将其改建为实验室。据他的女儿格温德琳说，首相夫人"和自学成才的化学家的亲戚一样，也有痛苦的经历"。一次，首相大人因为吸入过多自制氯气而晕倒在妻子身边。还有一次，实验室里甚至传出巨响，索尔兹伯里"浑身是血，面部与双手严重割伤，他向吓坏了的家人解释——他的满足感溢于言表，认为自己准确验证了化学定律——他刚刚在不够干燥的曲颈瓶里用钠做实验"。[13]

　　他改做电实验的时候，家人松了一口气，尽管结果并不总让人开心。哈特菲尔德有英国最早一批的私人电力系统，也出现了第一起致命的电力事故，当时一名工人不慎触电身亡。[14]有那么一段时间，在哈特菲尔德，他的家人还有来客都不得不在两盏技术不怎么成熟的弧光灯下共进晚餐。这两盏灯可是首相大人一系列最新发明的成果。女儿格温德琳回忆说："有那么一些夜晚，全家人都要在半黑暗中四处摸索，只能靠着一片很暗的红光照明，就像是那种还没完全熄灭的火焰发出的光；还有几次，在屋里小型的电闪风暴中，会突然发出一道极其刺眼的危险亮光，最后又突然陷入黑暗。"第一批电话出现的时候，哈特菲尔德的客人必须小心翼翼，以防被全楼上下的电线绊倒。电话装置颇为原始，说话时必须非常清楚而且要说得很慢。照格温德琳的说法，索尔兹伯里的声音在整座房子里回荡，他会"用不同的重音和情绪重复那首儿歌，'摇啊摇，摇啊摇，小猫拉着小提琴，母牛跳过了月亮'"。[15]

　　索尔兹伯里身形魁梧，留着大胡子，一些人认为，他长得像与他同时代的著名板球运动员 W. G. 格雷斯。还有人将他比作"米开朗琪罗笔下的一版上帝"。[16]索尔兹伯里本人一向不关心别人对他的看法。他做首相的时候拒绝住在唐宁街。当他父亲抱怨他娶了个地位不如自己的妻子而且会因此被同阶层的人所不容时，索尔兹伯里只是简单地回应说："那些因为我娶了奥尔德森小姐而和我断绝关系的人，他们那个圈子恰恰就是我巴不得要逃离的。"[17]

　　不论如何，他都是塞西尔家的人，出身英格兰的显赫家族。他最有名的祖辈威廉·塞西尔，即第一代伯利勋爵，在伊丽莎白一世执政的绝大多数时间里都是女王最亲近的顾问。他的儿子罗伯特也是女王本人和继任者詹姆斯一世在位期间的国务大臣。数百年来，这个家族不断积累着财富和地位。詹姆斯一世敕封罗伯特·塞西尔为第一代索尔兹伯里伯爵，还将哈特菲尔德的那座王室宅邸赐予了他。获赠之后罗伯特立即将其拆毁，用拆下来的砖石重建了一座又大又老气且结构不怎么规则的新宅，至今还在。英王乔治三世赐予了索尔兹伯里祖父更高的头衔，条件只有一个："好了，我的勋爵大人，我相信你将成为一名英国侯爵，而不是法国侯爵。"[18] 第一代索尔兹伯里侯爵的儿子娶了一名年轻多金的贵族，这就确保家族能持续富有。虽然索尔兹伯里本人不乐安逸，并且出了名的穿着邋遢（他有一次因为衣衫不整而被蒙特卡洛的赌场拒之门外），[19] 但每年拥有 5 万到 6 万镑收入的他仍是一方巨富。哈特菲尔德别墅虽然在规模上不及布莱尼姆宫或是查茨沃斯庄园，但也堪称富丽堂皇，不仅有长廊、大理石厅、图书馆、会客厅，还有数十间卧室。此外，他在伦敦还有一栋房，有独立舞厅，而且在法国迪耶普郊外还有一间塞西尔木屋。

　　不论他有多么离经叛道，索尔兹伯里爵士对他的同胞和对外国人而言都真实地代表了世界上那个最令人艳羡的阶层。在欧洲各地，上流社会都引入了英式的保姆和马夫，身着格子呢，早餐的时候吃柑橘酱。米克洛什·班菲的小说《他们彼此分裂》(*They Were Divided*) 的故事背景就是战前的匈牙利上流社会，小说中，一个景仰英格兰已久的匈牙利贵族青年终于有机会访问伦敦，他告诉驻英大使，自己只有一个愿望，就是成为伦敦最高档男性俱乐部，即圣詹姆斯俱乐部的临时会员。所以，有两周时间，他都坐在该俱乐部的窗前。"这是天堂般的感觉。"尽管他根本没看到伦敦的其他东西，也没有同任何人交谈，因为他的英语太差。[20]

　　英国贵族的声望也部分得益于他们的财富。英国显赫之家与最有钱的德国或俄罗斯家族一样富有，而且数量更多。不仅如此，繁荣还向下流入了小地主家中，间接惠及了新兴的工商业阶层。正如维多利亚女王之女、未来的德皇威廉二世之母在 1877 年从德国给母亲的信里说道："你知道吗？德国的财富太少了；还没什么人能习惯奢华和上流时髦社交圈的生活方式。"然而与此同时，欧洲各地的上层阶级，尤其是收入主要来自乡下地产的那些，已经对周围世界的各种变化感到担心了。工业化与欧洲强国的全球扩张的结合使农业在欧洲变得不那么重要和赚钱了。美洲还有世界各地（比如澳大利亚）的廉价食品对工人阶级及其雇主有利，却对地主不那么有利。欧洲的农业收入在 19 世纪最后二十年陡然下滑，农业用地的价值也相应下跌。

有些地主还算足够幸运，他们拥有城市资产，而这些资产正在升值。索尔兹伯里只有四分之一的收入源自农业地产，其余都源于城市资产或投资。更大的地主也通过做生意、投资实业，或与自身圈子以外的新贵联姻来自救，比如法国的德波利尼亚克亲王就迎娶了胜家缝纫机集团的千金。未能幸免的地主则越来越多。无论是契诃夫的小说《樱桃园》，还是米克洛什·班菲的"特兰西瓦尼亚三部曲"，其中都描写了地产全部被抵押、古老家族行将没落的情节。这些也都反映了当时的现实。

第一次世界大战爆发前的几十年里，地产贵族与小乡绅们在阶层经济地位上节节败退；在欧洲许多地方，他们也在其他方面失势。新兴的中产阶级和工人阶级，还有新富阶层挑战了他们的特权，并与他们争权。旧阶级不再像以前那样在社会上占主导地位。依靠工商业致富的新贵们，想想英王爱德华七世的朋友名录——罗斯柴尔德、利普顿、卡斯尔斯，也都衬上了漂亮的宅邸和奢侈的娱乐活动。在政界和政府中，土地利益也不再像以前那样重要，甚至在德国也是如此。选举权的扩大——在英国，选民人数在经历 1884 年和 1885 年的议会改革之后从 300 万扩大到了近 600 万——和选区重划打破了不少过去舒适的安排，将以往那些送给地方巨头的议席收了回去。[21]

索尔兹伯里不喜欢这些变化，即便他是其中较为幸运的那些。"几百年来一直安稳无虞之事，"他说，"现在也岌岌可危了。"大众民主正在侵蚀传统的上层阶级，而这在索尔兹伯里看来显然对社会不利。"他的所思所为都是为了他所述的那个阶层，"他的政治同僚乔治·汉密尔顿勋爵表示，"他并不是要保卫他们的特权或是豁免权，而是他认为上层社会的确能为健全可靠的政府提供最好的人才。"汉密尔顿因此相信，索尔兹伯里谋求公职，完全是为了国家的福祉。[22]

如果是这样的话，索尔兹伯里无疑大获成功。到钻禧庆典时，索尔兹伯里已经三度出任首相，三度出任外交大臣，两次出任印度事务大臣。幸运的是，他不仅吃苦耐劳，而且有很强的抗压能力。索尔兹伯里告诉他的一个侄女，说他不会因为忧虑而失眠，而且他还告诉家人，每次需要决策的时候，即便只是要不要穿上大衣散步这样的事情，他都会倾尽全力做到最好。"当我写一份事关战争还是和平的电报时，我感觉也是一样的。或战或和取决于所能获得的用于决策的资料，而几乎不受决策可能结果的影响。结果与我无关。"[23]

1895年最后一次出任首相时，索尔兹伯里一如既往地选择由自己兼任外交大臣。他在钻禧庆典数月之后告诉一名听众："我们的首要职责是为这个国家的人民服务，维护他们的利益和权利；其次是为全人类。"索尔兹伯里深信，英国在世界的霸权大体而言是温和良善的，因此他不认为这两个职责之间有什么矛盾。他在外交事务中秉持一个很简单的战略：保护大不列颠、保障其世界地位和国际利益，并最好避免不必要的瓜葛，比如同盟和秘密协定。索尔兹伯里并不喜欢他向女王提及的所谓"积极举措"。[24]他也许是在影射劲敌威廉·格莱斯顿及他的自由党，后者坚持干预欧洲事务，而且认为有必要的话，可以人道主义的理由介入。索尔兹伯里认为，英国至多也就是用自己的影响力组织起欧洲邻国"自相残杀"罢了，因为这对所有人都不利。[25]在英国利益面临威胁时，索尔兹伯里也做好了重拳出击的准备，甚至不惜以军事行动相威胁。随着苏伊士运河投入使用，埃及对于英国与印度、远东的联系而言至关重要。无论其他国家怎么想，英国都要控制这条运河，而且为了进一步的安全，尼罗河上游也应当由英国牢牢掌控。至 1890 年代末，索尔兹伯里发现，他已经在尼罗河上游与法国发生了军事冲突。

与许多英国同胞一样，索尔兹伯里倾向于认为外国人普遍比英国人更自私也更不可靠，而如果是拉丁人，他们恐怕更感情用事。希腊人则是"欧洲的敲诈者"，而法国进军突尼斯"恰恰符合法国人一贯的荣誉准则"。[26] 1880 年代，当英德两国在东非争夺势力范围时，索尔兹伯里警告即将前往桑给巴尔赴任的年轻领事："桑给巴尔问题既困难又危险，因为虽然我们现在和德国人是伙伴关系，但他们的政治德行与我们在许多方面都大相径庭。"[27]尽管他反思过帝国扩张的"虚荣"，但他还是坚持认为，无论未来局势怎样变化，英国都应在其中得到属于自己的利益："如果看着邻国贪婪地瓜分战利品而自己一无所得，那就是压制了这个国家的天性。"[28]

他似乎不会特别厌恶任何一个国家——美国是个例外。他在美国人身上找到了他所讨厌的现代世界的一切：贪婪、物质、虚伪、庸俗，还相信民主是最佳的政府体制。美国内战期间，索尔兹伯里是南方邦联的热忱支持者，部分原因就是他认为南方人是绅士而北方人不是。除此之外，他也害怕美国实力的增长。正如他在 1902 年沮丧地写道："这非常令人难过，但我恐怕美国注定要继续突飞猛进，没有什么能让英美国力重新平衡了。如果我们介入美国内战，那我们是有可能将美国国力削弱至可控程度的。但是对于一个蒸蒸日上的强国而言，这样的机会不会有两次。"[29]

负责外交事务时，他对外国人的看法并不妨碍他为了特殊目的而与其他国家共事。比如，他在 1880 年代末与意大利和奥地利达成协议，维持地中海及周边地区现状。法国人还没有原谅英国在 1882 年接管埃及的做法，但为了保护埃及的安全，他与德国保持着良好关系。有时候，虽然他不乐意看到公众舆论在外交事务中的影响日益增强，但也发现舆论有助于他拒绝那些不想要的承诺和联盟。1890 年代，德国建议与英国一起打造抵抗法国的共同战线，索尔兹伯里很遗憾地表示，自己被捆住了手脚，"即便英国政府几年前签订了开战的秘密协定，可议会和人民无论如何都不会被这个事实所影响"。[30] 也许多亏了英国的不成文宪法，索尔兹伯里还进一步说，英国宪法禁止在和平时期签订可能导致战争的协议。[31] 更重要的是，皇家海军——世界上最庞大的海军——和身为岛国享有的地理优势意味着不列颠可以自由选择在国际事务中保持相对的独立。

　　索尔兹伯里竭力让英国置身国际纷扰之外，也曾设法阻止各大强国串通一气对抗英国。正如他 1888 年在卡那封郡的演说中解释的那样，各国应当像通情达理的户主那样与邻居相处。

　　　　如果你想和生活在一起的人相处融洽，你就不应该一直找能占他们便宜的机会；你必须以公正和友好的精神看待你自己的和他们的诉求：一方面，永远不要牺牲任何你认为有人企图压迫或侵犯的重要和真正的权利，另一方面，避免把小的争议变成严重的争端，不要把每一个差异当成严重的原则问题来处理。

　　对于那些不够谨慎、未能表现得理智睦邻的人，索尔兹伯里接着说，"他们会遭到那些邻里的联合反对……"[32]

　　索尔兹伯里相信，如果真有这样的联合的话，它们最好是两个或是更多的联盟相互对抗，而非对抗不列颠。这也是英国一直以来的国策。当英国与尽可能多的其他国家保持友好关系时，当欧洲大陆上的力量大致平衡时，当英国可以在不同的集团之间周旋时，英国与欧洲的关系通常是最好的。就算不能说服欧洲其他国家，索尔兹伯里也成功说服了自己，英国正在以这种方式为全世界的利益做出贡献。正如他在卡那封郡的演说中所讲的："在这个世界上，为了与邻居和睦相处而做出的善良、和悦的努力，与被冠以'不干涉'之名的傲慢、阴郁的'孤立'精神，二者是完全不同的。我们是欧洲的一分子，我们必须尽我们的责任。"[33]

尽管索尔兹伯里本人并不喜欢他口中所谓的"孤立主义的术语"[34]，但其外交政策的特点就在于此。1896 年 1 月，维多利亚女王当面抗议说英国似乎有些被孤立了，而索尔兹伯里厉声回道，孤立"的危险总比被拖入一场根本与我们无关的战争的危险小得多"。他的观点得到了保守派同僚的响应。"我们的孤立，"时任海军大臣戈申勋爵在 1896 年的一场保守派集会上表示，"并不是一种软弱的孤立，也不是对自己的轻视；这是有意选择的，意在让英国在任何可能的情况下都能自由行动。"[35]就在同一年，先是一名加拿大政客，然后是约瑟夫·张伯伦，在"孤立"前加上了"光荣"。这一概念迅速传播开来。有人认为，"光荣孤立"与英国长袖善舞的均势政策不仅是深思熟虑的政策选择，而且也有传统依据——这种传统至少可以追溯到伊丽莎白一世本人，她就曾在对手法国和西班牙之间周旋，以确保英国的安全。"欧洲大陆的均势，"女王在位期间的一名历史学家表示，"正是适合她的国策，因为这大体适用于这个国家。"[36]牛津大学奇切利近代史教授蒙塔古·伯罗斯几乎给这一政策赋予了神圣性，将"均势"一词大写，还语带赞许地引用埃德蒙·柏克的话说，英国是所有强国中最适合维系均势格局的那个国家。"可以毫不夸张地说，"蒙塔古自豪地说，"英国拯救了欧洲。"[37]

事后来看，这番表态多少显得些自满。即便在当时，也有不少事实可以反驳这个说法。1897 年，正在庆祝钻禧庆典的英国确实处在孤立状态，但它在世界的地位并不那么光荣。英国在欧洲没有稳固的盟友。它也在全球范围内卷入了多场冲突和竞争：在委内瑞拉问题上与美国有龃龉，在世界几个地方同法国较劲，在非洲和太平洋与德国争斗，在中亚和中国则杠上了俄国。英帝国本身也是好坏参半。确实，帝国为大英带来了威望，为英国制造业带来了受保护的广阔市场，也在理论上让英国有了更强的国力。当时《笨拙》杂志上刊登了一幅描绘那次海军阅兵的漫画，其中一头英伦老狮子带着四头幼狮——澳大利亚、加拿大、新西兰和开普敦——划船出海检阅舰队。[38] 然而，年轻的狮子们并不总是热衷于承担保卫自己的重任，更不用说整个帝国了。

　　英国在全球范围内仍在建立更多的殖民地和保护国，帝国持续扩张，而这部分是因为要保护既有利益。其他大国也日益加入对领土的争夺，于是英帝国变得越来越脆弱。英国外交部常任副大臣托马斯·桑德森男爵在数年之后表示："我有时候觉得，对于一个阅读我国报章的外国人来说，大英帝国肯定像是一个庞大的巨人，这个巨人在全球都伸展着手脚，患有痛风的手指和脚趾向各个方向伸展开来，只要碰一碰就会引发疼痛的尖叫。"[39] 彼时"帝国过度扩张"这个术语尚未发明，但是英国早在 1890 年代就深受其害了。吉卜林在看过斯皮特黑德海峡海军检阅仪式之后写下了《退场赞美诗》，其中就有这样的警告：

> 我们的舰队在远洋消失——
> 火光在沙洲、海角熄灭——
> 看我们盛极一时的昨日，
> 归入了亚述、腓尼基之列！
> 万国的主宰，宽恕我们，
> 教我们默记，默记在心！

　　尽管英国仍是世界领先的制造业大国，但它的工业已被更新且更有活力的德国和美国同行超越，而它们也在积极开拓海外市场。

英国儿童玩的玩具士兵都产于德国的故事或许并不为真，但无疑反映了英国人日甚一日的焦虑，比如，担心英国是否具有自卫能力。

不列颠是个在地理上与其他国家隔绝的岛屿，因此可以只保留一支很小的常备陆军，依靠海军保卫本土和殖民帝国。技术上的进步意味着海军越来越贵，预算上的压力也水涨船高。"疲累不堪的泰坦巨人，"约瑟夫·张伯伦说，"跄跄跄跄地在对他来说太过庞大的命运之球下蹒跚。"[40] 不但如此，不少英国人都担心，皇家海军的全球驻防义务会让英伦本岛疏于防范。从 1880 年代末期以来，军界的悲观主义者就一直在警告，如果法国人想的话，他们可以轻易击败英吉利海峡的英国海军，发动对英格兰本土的入侵行动。索尔兹伯里本人在 1888 年提交给内阁的一份备忘录里描述了这么一个场景，法国人"在那批历经革命的精锐之师的引领下"，于周六晚上趁英国人欢度周末时登陆英格兰。在"两到三个爱尔兰爱国者"的帮助下，入侵者可以切断电报线，在英国军方作出任何反应之前进军伦敦。[41] 我们并不知道索尔兹伯里自己有多相信他所描述的这番场景，但这并没有妨碍首相本人继续到法国度假。

与法国的糟糕关系持续困扰着索尔兹伯里，直到他的最后一届政府。事实上，1898 年的英国还面临另一场骇人的战争危险。法国与另一个帝国敌人俄国之间崭新又蒸蒸日上的友谊令英国人头疼不已。索尔兹伯里优先与三国同盟（德国、奥匈帝国、意大利）合作的政策不再被视为合适的反制措施。缔结三国同盟的作用越来越小，这从 1890 年代中叶发生在今天土耳其东部地区的亚美尼亚大屠杀中就可见一斑。

奥斯曼帝国治下的那些不幸的基督教臣民惨遭穆斯林邻居和奥斯曼政府杀害。政府或者有意为之，或者就是完全不作为，根本不去阻止暴行。英国在 19 世纪的大部分时间里都在支持奥斯曼人，以保证从黑海进入地中海的水道不被俄国人控制。然而，国家的自利考虑并不总是与其公共舆论合拍。英国公众对奥斯曼帝国感到愤怒，尤其是看到他们如此虐待某个基督教社区时。格莱斯顿确实在竞选时把重心都放在了保加利亚暴行和国际社会是否应当进行干预的议题上。尽管索尔兹伯里讨厌干预别国内政，但他一直不赞成奥斯曼人的作风，如果不是英国需要在东地中海尽头有一个盟友的话，他会很乐意早点甩掉奥斯曼帝国。1895 年，索尔兹伯里尝试另找伙伴来向奥斯曼人施压，迫使他们停止虐待亚美尼亚人，这伙伴可以是奥地利或意大利，也可能是德国，甚至俄国。然而并没有列强愿意加入。索尔兹伯里为此失眠多日，但也不得不承认英国在此事上无可奈何。索尔兹伯里还得出结论，他宁愿寻求以其他方式保卫英国在地中海的利益，保障连接印度的战略要地苏伊士运河的安全，也不要支持那个垂死不堪又腐败透顶的奥斯曼帝国。问题在于，今后数年里英国要如何做到这一点。借助更多（也更昂贵的）驻扎在埃及和地中海地区的军事力量？通过与该区域其他强国的结盟，比如法国或俄国？考虑到其他地方仍有竞争对手，这两个选项似乎都不合适。

　　奥斯曼帝国也从另一个角度为自己担忧，因为在帝国主义时代，它对外界充满了诱惑力。各大强国与各国公众都以拥有的殖民地数量为标准衡量自身的重要性，但是无主土地正在逐步减少。到 1890 年代，非洲差不多已被瓜分完毕，远东与太平洋岛屿亦然。在世界其他地区，旧的秩序正在崩塌，比如在中国、波斯和奥斯曼。1898 年，索尔兹伯里在伦敦皇家阿尔伯特音乐厅做了一场极为著名的演说。"你可以将世界各国大体分为'活着的'和'垂死的'两种，"他告诉保守派选民，"一边是拥有强盛力量的大国，国力、财富、领地，每年增长，他们的国家组织也在持续完善。"在另一边，是这些强国铁蹄之下的天然受害者，他们正因腐败弊政而摇摇欲坠。索尔兹伯里认为，这个可能就要发生的过程危机四伏。"'活着的'国家会一步一步侵蚀那些'垂死'国家的领土，同时，文明国家之间冲突的种子和冲突爆发的导火索也会迅速产生。"[42]

冲突已经浮现。英法两国在埃及事务上吵个不停，尽管 1880 年代埃及在名义上仍然是奥斯曼帝国的一部分。法国与意大利也将突尼斯含在嘴里争个不停。奥斯曼政府就像一条落网之鱼，却没想到网线越收越紧：从欧洲政府和银行所借贷款越来越超出自己的财政能力；向欧洲出让利益、修建铁路的举措确实对发展商业有利，但也打开了欧洲势力深入本土的方便之门；欧洲人以人道主义之名要求自己善待基督徒臣民，还提出了种种改革要求。事情再演化下去，奥斯曼人就无法招架了。包括巴尔干与阿拉伯中东在内的奥斯曼领土，势将成为列强的刀俎之肉。

俄罗斯帝国向东南方向的扩张，也将波斯带入了英俄两国在中亚地区的角力。俄国人在北波斯的影响力与日俱增，英国则试图巩固在南波斯和印度洋沿岸的地位。两国都向波斯沙阿抛出了橄榄枝。这场游戏在阿富汗（英属印度与俄罗斯领土之间）和更远的中国继续了下去。

欧洲列强在亚洲发现，孱弱不堪的清廷几乎毫无抵抗之力。欧洲列强与美国一起加入了染指中国的队列，尽管美国有着根深蒂固的反对帝国主义的历史和态度；在 1880 年代中叶和 1893—1897 年间任美国总统的格罗夫·克利夫兰是坚决反对美国攫取殖民地的代表人物，他在第一次任总统的就职演说中有一句名言，大意是说这个国家应当保留当年革命的初心，对其他大陆不抱野心。但美国其实早已有干预自家在加勒比地区后院的意向，没过多久就占领了菲律宾、夏威夷和波多黎各。在中国问题上，美国政府坚持认为，唯一正确的办法是所谓"门户开放"政策，让所有国家都能进入中国，而不是让某个国家独占利益。

让西方人感到意外和抱有一丝敬意的，是日本。这个国家摆脱了沦为世界强权快速扩张之下又一个殖民地的命运，甚至向外界展现出自己对中国的帝国野心。列强威逼垂垂老矣的清廷做出一个又一个让步：开放通商口岸，让外国人可以在本国法律和本国政府统治下生活工作；修建铁路，当然，中国境内的铁路要归外国军队保护；以及在特定区域进行采矿和贸易的特许权。中国人已看到了自己的命运：他们的国家会像西瓜一样被分食。

在中国，英国舒舒服服地占据了商业贸易上的垄断地位，尤其是在长江流域，但其实它并非特别想要瓜分中国的领土，因为那会给自己增加行政管理的负担。可它又真的能作壁上观，看其他大国步步进逼中国，甚至吞并其领土吗？1895年索尔兹伯里出任首相时，俄国已在中国东北与英国争夺利益。同时，在中国竞争势力范围的比赛也愈演愈烈，包括德国在内的玩家都想加入这场游戏。

让索尔兹伯里的忧虑雪上加霜的还有英国与美国的关系。这一向微妙的关系进入了一个尤为糟糕的时段。英国与委内瑞拉就英属圭亚那边界问题争论不休，没想到格罗夫·克利夫兰政府却突然接下这个议题。1895年6月，也就是索尔兹伯里上任一个月后，美国国务卿理查德·奥尔尼递交了杀气腾腾的照会，表示美国有权干涉这场领土纠纷。在这份极模糊且无比宽松的声明中，奥尔尼引用了"门罗主义"的权威话语，警告说，任何外部势力不得干涉新世界事务。这次外交事件在大西洋两岸炸开了锅，人在伦敦的美国大使向索尔兹伯里宣读了一封长长的外交照会，宣示美国政府支持委内瑞拉对英属圭亚那的大片领土主权，要求英国人同意仲裁。索尔兹伯里花了四个月时间才做出答复。他拒绝接受门罗主义，也不承认美国对新世界的英国殖民地享有任何主权。索尔兹伯里还认为，美国人对英国殖民地与另外一个国家之间的边界纠纷"并没有什么明显、实际的利害关系"。克利夫兰总统说他已对此"出离愤怒"，有关英美之间开战的讨论也在两国引发热议。英国人在世界其他地方已有足够的地盘，也不乐见与美国再生事端。在美国，舆论则各执一词。最终双方达成了一项妥协案，索尔兹伯里不再反对美国人对门罗主义的延伸解释，双方在 1899 年的仲裁中对委内瑞拉的边界做了较小的更改，美国驻英大使蔑称的"杂交国家"委内瑞拉在这场纠纷中收获甚微。（委内瑞拉前总统乌戈·查韦斯至死都在声索这块争议领土，他的继任者也在继续努力。）[43]

索尔兹伯里在其他外交纠纷中也做出了让步。1896 年，法国吞并了马达加斯加，而在这里有着巨大利益的英国，选择默不作声。尽管如此，索尔兹伯里还是对任何主张"英国应当寻求更多长期伙伴关系"的提议表示抗拒。一如既往，他拒绝对地球上每个角落都施以不必要的担忧和精力。索尔兹伯里更愿意关注那些对大英帝国至关重要的地域。正如后来出现红海安全恐惧时，他对英国驻埃及总领事伊夫林·巴灵爵士（后来的克罗默伯爵）说的那番话："我对士兵们和你所说的那些地方有多大的战略重要性不太担心。如果他们把目光放到全地段，恐怕就会觉得驻守月球对于保护我们自己免于火星入侵也很重要了。"[44]索尔兹伯里的同僚担心，首相有些太过漫不经心，没有明晰的外交政策。但如果他确实有，他也根本没打算透露。首相大人对于秘密外交的钟爱随着年岁增长而更加明显。曾经出任外交部常任副大臣的寇松勋爵后来形容说，索尔兹伯里是个"古怪、精力过人、不可理解、睿智，又非常碍手碍脚的身居高位者"。[45]寇松认为，索尔兹伯里太喜欢把肉骨头丢给狗吃，这在处理与法国和俄国的关系时尤为明显，结果就是吃到骨头的狗更加贪得无厌。尽管并不是所有同僚都这么批评索尔兹伯里，绝大多数同僚还是担心他在首相与外相的位子上坐不久了。1890 年代末的索尔兹伯里已经老态毕露，妻子的长期染病也让他怀忧丧志——他的妻子在 1899 年离世。

即便是在 1900 年最终正式卸下外交大臣职务之前，索尔兹伯里也已将大量外交事务交到了他的外甥、下议院领袖亚瑟·贝尔福和殖民地事务大臣约瑟夫·张伯伦手中。这两人的风格大相径庭。贝尔福是索尔兹伯里的外甥，也是英国上流社会闲适社交圈中的一员，英俊聪慧，魅力十足，尽管也有不少人认为他冷酷且捉摸不定。有熟人表示，贝尔福的笑容"就像是墓碑上的月光"。[46] 据说，贝尔福曾在挚爱女性死于斑疹伤寒后为之断肠，但也有某密友揣测，贝尔福"在那方面花光了精力"，以至于此后他都更青睐与已婚女人交往。贝尔福对哲学有着莫大热情，而且令人费解的是，他在大战期间对犹太复国主义产生了极大热情。尽管他努力工作，但并不对外显摆。他会在白天溜出议会下院打高尔夫，然后换上礼服跑回来参加晚上的会议。《笨拙》杂志写道，他向后躺在议会的长凳上，"若有所寻"，"几乎可以说是坐在自己的肩胛骨上"。[47]

索尔兹伯里眼中的张伯伦是个有趣但冷漠的人。"乔〔张伯伦〕，尽管我们都很喜欢他，"索尔兹伯里写信给某个心爱的情人说，"但我们的气场并不完全契合，或者说完全不契合，我们之间没法有化学反应。"[48] 张伯伦是个白手起家的工业家，也是索尔兹伯里贬斥的那种暴发新贵。出身中产阶级家庭的张伯伦十六岁辍学，后来去了伯明翰生产金属螺丝钉的家族作坊工作。与贝尔福不同的是，张伯伦结了三次婚。第一任和第二任妻子都死于难产。长子奥斯汀·张伯伦与次子内维尔·张伯伦会在之后成为1930年代末期著名或臭名远扬的绥靖首相。张伯伦的第三任妻子是个美国人，岳父是克利夫兰总统的战争部长，这在当时人看来是一场非常成功的婚姻。

张伯伦精力充沛、有上进心又野心勃勃，虽还很年轻，但已将事业做到全英格兰的顶尖水平——六十三岁退休时，已经是个富翁了。张伯伦不喜欢体育运动，也没什么业余爱好，但对兰花有着异乎寻常的热情，为此还搭建了特别的温室。（张伯伦的纽扣孔上总是别着一朵兰花。）张伯伦以经商的手法从政并成为伯明翰的市长。他关心所有市民的初等教育和排水净水以及贫民区清拆和图书馆建设问题。即便以自由党候选人进入议会下院之后，张伯伦仍然是伯明翰无可争议的统治者。张伯伦在议会的表现也让同僚们非常意外：他并不是剑走偏锋的政治煽动家，而是彬彬有礼的雄辩家，所发表的演说逻辑清晰，条理分明。"他的表现，"英国记者斯本德表示，"如果硬要形容的话，那就是完美。'太棒了，太棒了，张伯伦先生，'当张伯伦向一位老议员寻求建议时，他答，'但是议会还是会认为你这是在恭维，你可以不时地提起这些然后具体展开。'"[49]

张伯伦始终是个提倡社会改革的激进社会主义者，大肆攻击地产所有者和英格兰教会等特权组织。但他热忱推戴大英帝国，相信这个帝国是世界上的良善力量。正是出于这番信念，张伯伦在1886年与自由党分家，因为他反对自由党推出的爱尔兰自治规则（Home Rule）；张伯伦及其支持者认为，爱尔兰自治会摧毁大英帝国的联合。在当时，以"自由党联合主义者"（Liberal Unionists）自居的人已向保守党靠拢。[50]张伯伦本人并未在自由党前同僚面前为自己辩护，他只是挪移了立场。照斯本德的说法，张伯伦已"全身心聚焦"于他正在做的事情，而且主要是政治事务："在他眼里一切都是非黑即白，有着清楚明白的轮廓，没有什么中间的灰色地带。"[51]

出任殖民地事务大臣的最初几年里，张伯伦手忙脚乱地处理全球各地的挑战和危机，从纽芬兰的鳕鱼到南非的金矿。张伯伦深知不列颠有多么孤立于世，也知道不列颠有多脆弱。张伯伦认为，孤立主义已经不再对英国有利，贝尔福也倾向于同意他的观点；考虑到近年来在非洲的冲突和两国多年的历史积怨，法国不会成为英国的盟友。就俄国而言，张伯伦在1898年的一篇演说中说，"招待魔鬼时，用一根长勺"。慢慢地，张伯伦的目光日益转向德国，毕竟英德之间相对来说没有什么纠纷。张伯伦并非唯一这么想的人；其他头面人物，诸如内阁大臣、海军将领、外交部的官员、有影响力的作家，也都在考虑与德国结盟。[52]

　　得到索尔兹伯里半心半意的首肯后，张伯伦开始与在伦敦的德国大使商谈签署条约的可能。1899 年，张伯伦与德皇本人、德国外交大臣伯恩哈特·比洛在温莎城堡进行会谈。这次会谈使他进一步思考英德间的结盟，并认为，也许将美国一同纳入其中是个可行的方案。德国代表团离开英国的次日，张伯伦在莱斯特演说中勾勒了这样一幅愿景："条顿民族与大西洋两岸的盎格鲁－撒克逊民族之间的三国同盟会成为未来世界的强势霸权。"[53] 此外，还有一些其他积极的信号。1898 年，英国与德国就葡萄牙殖民地莫桑比克、安哥拉、帝汶的事务达成协议。考虑到三地宗主国近乎破产的现状，此举无疑将三地推向了"国际市场"。英德两大签约国（未征求葡萄牙的意见）都同意，他们应当把局外人赶出这三个地方，独力分割葡萄牙殖民帝国。第二年，英国人结束了与德国人之间就南太平洋萨摩亚群岛展开的无谓争吵，决定将主岛的控制权交予德国。

　　1901 年，张伯伦告诉德国驻伦敦使馆某外交官，他非常有兴趣加深与德国的合作，英国也许有望成为德国、奥匈帝国、意大利三国同盟的一员。[54] 贝尔福也同意此论。对贝尔福来说，英国似乎最有可能与法俄同盟为敌。"这对我们而言是个极为重要的时刻，意大利不应被消灭，奥地利不应解体。同时，我认为，德国也不应当被俄国锤子和法国铁砧挤死。"[55]

　　德国人并不排斥这个主意，但他们也不急于签署一项全面协议，或是让英国成为三国同盟的一员，尤其是，在他们看来，相比他们对英国的需求，英国人应当更需要他们。声势浩大的钻禧庆典仅仅过去了两年，1899 年 10 月，布尔战争爆发，严重损毁了大英帝国的威望与自信。战事进行的头几个月里，耻辱性的败仗一个接一个，英国国内出现了真实的恐惧，他们担心法国会利用这个机会入侵英国本土，或者法俄两国可能会威胁英国在印度洋的地位。[56]1901 年

1月，维多利亚女王去世，这也许是旧秩序一去不返的另一个信号。

布尔战争之后的相关调查显示，英军统帅并不称职。他们在没有确切命令，也缺少合适地图和足够情报的情况下，就将英军士兵投入了战场，而且武器装备也一度不敷使用。《泰晤士报》战地记者莱奥·阿莫里这样记述了斯皮恩山战役："战争打响之前，军队统帅没有弄清楚要占领阵地的地形，也没有向受命攻取这些阵地的军官提供这些信息。军官们自己也没有努力在挖掘壕沟之前勘察山势走向。"[57]战争的教训促使英国在军事上进行了大幅改革，但是改革要想见效，还是要花上一段时间。

19世纪末这些年，中国局势持续不稳定，大英帝国在中国的巨大利益备受威胁。这让帝国的状况雪上加霜。1897年，德国借口两名传教士遇害，强迫屡弱的清政府出让多项权利，其中包括天津的一个港口和胶州湾的铁路利权。德国这一连串行动似乎开启了列强瓜分中国的狂潮。俄国单方面抢占了以英国海军上尉威廉·亚瑟命名的旅顺不冻港。英国内阁一度曾考虑从驻华海军中队抽调兵力北上驱逐俄国人，但是出于对俄国盟友法国可能行动的担心，皇家海军还是三思而未行。几个月后，俄国夺取了旅顺港东北方向的另一个港口，强迫清政府将两个港口租给俄国，为期二十五年。

新闻界和包括张伯伦在内的人都呼吁，英国应当做点什么，什么都行。索尔兹伯里沮丧地表示："'公众'在中国需要看到的是领土上、地图上的慰藉。但那不会有什么用，而且代价昂贵；可单纯出于民族情感，我们就得做这件事。"基于这一点，英国要求租借山东半岛北端、位于旅顺港正南方的威海卫港。（这座港口本身没多大用处，却是游泳度假的理想沙滩。）[58]1900年至少还称得上好消息的是，英德两国在中国问题上达成协议。两国同意携手用各自的影响力维护中国的"门户开放"政策，这项政策允许列强势力自由进入中国。从英国人的角度看，门户开放政策着实是针对俄国在东北的

图 2 到 19 世纪末，欧洲列强已经为各自帝国攫取了世界的大部分土地，而帝国间的竞争有时会使他们接近战争。衰落的清廷勉强控制的中国成了他们的下一个猎物。当欧洲人趴在名为中国的鸡蛋上时，梦想在中国建立自己帝国的日本和反对帝国主义并试图坚持在中国实行"门户开放"政策的美国不安地在一旁看着

势力；德国与俄罗斯在欧洲有很长的陆地边界，最不希望发生的事情就是与邻国发生冲突。这一点在义和团运动之后变得很明显。

1900年，义和团运动爆发，北中国的西方传教士、外交官与商人遭到了攻击，驻京的各国公使在1900年夏天也遭到围攻。列强匆忙组织了一支多国联军，这是唯一的一次，列强有了并肩作战的理由。列强镇压了义和团，洗劫了北京，清政府被迫支付巨额赔款，接受外国对本国事务的更多干预。俄国人借此机会派兵进入中国东北，并在义和团运动后找到借口拒绝撤军。一时间谣言四起，说俄国正在与清政府协商永久占领中国东北的条款。英国政府设法将俄国人赶了回去，却在恳请德国人支持的时候碰了钉子。1901年3月15日，比洛在帝国议会发言说，英德两国就中国问题上的协议"与中国东北地区的事务没有任何关联性"。[59]

一切都非常明显，德国并不准备以在欧洲给自己惹麻烦为代价，帮助英国维护其帝国利益。同时，也有不少英国人扪心自问：英国是不是真的希望介入德国与法俄两国在欧洲的争执？不过德国人仍然认为，英国会最终认识到与德国友好是他们的最佳选择，到时就会与他们再度携手。"我们不应当表现出任何不安或焦虑急促，"1901年10月，比洛告诉他的下属弗里德里希·冯·荷尔斯泰因，"我们必须让地平线上重新显现希望。"[60]

此时已经取代索尔兹伯里成为外交大臣的兰斯当勋爵试图维持与德国人之间的商议，最终却失败了。兰斯当也慌忙向俄国人示好，但同样收效甚微。尽管如此，兰斯当也与不少同僚一样深信，英国可以回到索尔兹伯里那个与欧洲若即若离的政策中。在当时已是印度事务大臣的乔治·汉密尔顿勋爵，记述了一段1901年夏天与贝尔福之间令人沮丧的对话：

他说，他不得不相信，就目前的实际情况而言，我们只是一个三流的大国，而这个三流大国又与欧洲列强有着纵横交错和冲突的利益关系。从这一基本形势判断，大英帝国目前存在的弱点是显而易见的。如果我们能集中力量，就能有巨大的实力，包括实际的和潜在的，但帝国利益实在太分散，使这一切都变得不可能。[61]

那年秋天，海军大臣谢尔本勋爵向他的内阁同僚们指出，英国在远东地区只有 4 艘战列舰，而俄罗斯和法国加起来很快就会有 9 艘。[62]

然而，到这个阶段，两国的公众舆论已成为一个重要因素。例如，在 1901—1902 年的秋天和初冬，时任德国总理比洛和约瑟夫·张伯伦之间的一场愚蠢的公开争论在两国都激起了愤怒。张伯伦在爱丁堡发表演讲，为英国军队辩护，驳斥了他们对阿非利卡平民过分苛刻的指责。张伯伦接着说，其他国家表现得更差，比如普法战争中的普鲁士。德国的民族主义者揪住这一点大做文章，认为这是严重的侮辱。比洛也向英国外交部提出正式抗议。英国人试图解释这些言论，但拒绝正式道歉。比洛随后在 1902 年 1 月于帝国议会发表了一篇挑衅性的演讲，以唤起德国舆论。他引用了腓特烈大王的一句名言，大意是说，任何胆敢批评德国军队的人都会发现他在"咬花岗岩"。三天后，张伯伦在他的大本营伯明翰发表了同样热烈的讲话："话说出去了，就说出去了。我不会收回说过的话。不会解释辩护什么。我不想给一位外国首相上课，也不会想从他那里得到什么。"他私下里对德国驻伦敦大使馆的赫尔曼·冯·埃卡德施泰因男爵说："我已经受够了这种待遇，以后英国与德国之间没有所谓联合了。"[63]

英国政府已经得出结论，他们应当另找盟友。在日渐疲惫的索尔兹伯里的默许之下，英国人着手考虑与日本签订防御同盟的可能性。这并不像表面上看起来那么奇怪。日本是个蒸蒸日上的新兴强国；1890 年代，日本轻而易举地击败了中国。熟稔亚洲事务的寇松在

1897 年写信给索尔兹伯里说："如果欧洲列强在远东联合对付我们，那么我们迟早得与日本联合起来。十年之后的日本会成为远东地区最强大的海上力量……"[64] 这对英国的海军工业很有吸引力。英国的海军工业一直是个强大的游说团体，他们喜欢日本海军发出的订单。1898 年，从海军生涯中抽出时间成为国会议员和海军联盟负责人的海军上将查尔斯·贝里斯福德，在伦敦日本协会的年度晚宴上说："我们两国之间很有亲和力，两国之间的联盟将大大有助于世界的和平。"[65] 此外，日本的利益恰好局限在远东地区。因此，英日同盟不会存在英德联盟那样将英国拖进一场欧洲战争的危险。英国可以利用日本来对抗俄罗斯，尤其是在中国，或许还能让对手在进一步向印度进军之前三思。

在日本看来，英国是欧洲大国中最友好的国家。1895 年，甲午战争结束时，俄国、德国和法国联合起来反对日本，迫使日本放弃从中国获得的部分领土，特别是在中国东北。不久之后，俄罗斯采取了自己的行动，占领了东北的两个南部港口，并开始为横贯北方的西伯利亚大铁路修建捷径。在义和团运动期间，英国和日本合作得很好。与英国一样，日本也曾与俄德两国接触，寻求结盟。就像英国一样，它得出的结论是，这些都不会有任何进展。

1901 年圣诞节前夕，伊藤博文，这位 1868 年后见证了日本转型的资深政治家从俄国出发，在伦敦停留。他同索尔兹伯里一样，曾三度出任首相。（与索尔兹伯里不同的是，他还是一个臭名昭著的花花公子。）据说他访问英国纯粹是为了他的健康。尽管如此，爱德华七世还是接见了他，并授予他巴斯大十字勋章。伦敦市长为他举行了盛大的宴会。据《泰晤士报》报道，当伊藤站起来回答祝酒词时，在座宾客向他致以"长时间的欢呼"。在他的演讲中，伊藤谈到了日本和英国之间"近一个世纪"的长期友好关系，以及他自己对这个他年轻时曾来学习的国家的快乐回忆。他继续说道："我自然由衷地希望，我们之间的友好感情和相互同情在今后继续下去，并且希望一天比一天更加牢固（干杯）。"[66] 伊藤博文在哈特菲尔德拜访了索尔兹伯里，也在博伍德的兰斯当家宅拜见了兰斯当，与后者进行了尤其有趣的会谈。

1902 年 1 月 30 日，英日同盟签订。尽管英国人希望其能适用于印度，但日本人坚持认为它只能适用于中国。两国承诺遵行门户开放政策（尽管日本在朝鲜的特殊利益得到了承认）；在受到第三方攻击时保持中立；受到两个或两个以上的国家攻击时要互相帮助。还有一项秘密条款涉及远东地区的海军力量。英国和日本海军将开始讨论合作对付太平洋上的潜在敌人，如法国或俄罗斯。日本国内民众对签订该同盟条约感到异常激动，还公开游行支持该条约。在英国，人们的反应比较平淡，政府也希望如此。

英国放弃了一项曾使其受益颇多的政策，这项政策如果不是严格意义上的孤立政策，也是奉行了很久的政策。在 19 世纪的大部分时间里，英国都能轻松地建立起自己的贸易和帝国，而不必过多担心各种势力的联合对抗。然而世界已经改变，法俄联盟成了令人生畏的对手。德国、美国和日本等新兴强国也在削弱英国的全球霸权。英国与日本的条约是一次试水，看看自己是否想进一步陷入联盟的纠缠中。1902 年，英国的情况有所好转。布尔战争终于在 5 月结束了，德兰士瓦和奥兰治自治邦现在是大英帝国的一部分。当然，把德国变成一个更坚定的朋友的希望并没有完全消失。在德国，最初的反应是一种温和的喜悦。由于与日本结盟，英国离与俄罗斯在亚洲的对抗又近了一步，也许和法国也是如此。英国驻柏林大使告知德皇这项新的英日同盟条约时，威廉二世对此的回应是："那群笨蛋似乎也有清醒的时候。"[67]

第三章 "顽童为王，国家之祸！"

"我的心快要碎了"，维多利亚女王在 1859 年春天写信给舅舅、比利时国王利奥波德一世说，"没能目睹我们第一个孙辈的受洗！我从来没有如此失望过！而且，这也是让两国都欢欣鼓舞的大事，让两国如此密切地走到一起，这可能是最最让人感到难为情的事了！"[1] 这个由维多利亚女王长女在普鲁士诞下的婴儿，就是未来的德皇威廉二世。这位自豪的外祖母对这个孩子寄予的厚望及对两国人民未来友好关系的期盼，都将有望实现。

英德的伙伴关系意义重大。德国是陆上强国，英国是海上强国。德国的利益主要在欧洲，英国则在海外。1890 年代，在俾斯麦仍然掌权之前，德国满足于自己陆权大国的地位，因此两国不会为争抢帝国头衔而竞争。同样有利的是，两国拥有法国这个共同敌人，也都对法国人的野心忧心忡忡。毕竟，普鲁士与英国曾并肩打败拿破仑。当 1870 年普鲁士在俾斯麦高超的领导才能下将德意志各邦统一成新德国时，英国也是以善意的中立态度在观望。大知识分子托马斯·卡莱尔（他曾写了一本赞美腓特烈大王的传记）曾公开说出许多同时代知识人的心声："高贵、坚忍、虔敬、可靠的德意志最终会成为一个国家，成为欧陆女王，而不是让那个傲慢自负、装腔作势、聒噪、不安分又过度敏感的法国跃居高位，这件事在我看来，是我这个时代最有希望发生的公共事件。"[2] 德国日益繁荣——这随后会在战前英国的各个圈子里成为人们关切的话题——最初人们乐见这种繁荣，因为两国间的贸易也增加了。

当然，德国人与英国人之间的种种相似之处也证明，两国人民都同属条顿民族，有同样清醒理智的价值观，或许他们一向如此。一些历史学家认为，英德两国——条顿民族的岛屿分支和大陆分支——在过去的数百年中都坚决地抵抗过罗马帝国，都各自发展出了健全的政治和社会制度。宗教，这在 19 世纪仍然很重要，是另一个联系纽带，如果你是其中占大多数的新教徒的话。此外，两国精英阶层也大多是新教徒。[3]

两国都能彼此欣赏。英国欣赏德国的文化和科学。德国的大学和高等技术学校是英国教育者心中的典范。医学等相关领域的英国学生必须要学习德语才能阅读最新的科学著作。德国人也在圣经学、考古学这样的重要学术领域占主导地位。德国历史看重档案、史料积累和证据运用，这让人觉得德国历史学呈现的就是"过去真正的样子"。德国崇敬英国的文学，尤其是莎士比亚，也向往英国人的生活方式。即便是在第一次世界大战期间，为德国皇储在波茨坦修建的塞琪琳霍夫宫也是以英国都铎时代宅邸为蓝本的，那里的书架至今都摆满了英国受欢迎作家的作品，从伍德豪斯到多恩福德·耶茨都有。

从城市中的各种商会到各种姻亲关系，两国之间在个人层面上也有诸多联系。最具英伦风的诗人罗伯特·格雷夫斯的母亲是德国人。后来在外交部以对德强硬著称的埃尔·克劳出生在德国的一个混血家庭，从小接受的几乎都是德语教育。社会地位更高的英国女性，如伊夫琳·斯特普尔顿-布雷瑟顿，她生于萨塞克斯郡，嫁给了伟大的普鲁士元帅的后裔布吕歇尔侯爵；北威尔士的黛西·康沃利斯-

韦斯特后来成了普勒斯王妃，丈夫是德国一方巨富，来自德国其中一个最古老的贵族。最上层的就是皇室家族。维多利亚女王本人出身两大德国贵族家庭，即父系那边的汉诺威家族和母亲那边的萨克森-科堡家族。女王之后嫁给了萨克森-科堡家族的一位表亲阿尔伯特亲王。这两大家族实际上与德国所有统治家族都有亲戚关系（在欧洲大部分地区也是如此）。1858年，当维多利亚的长女嫁给未来的普鲁士王储时，英德之间相互联系的大网似乎又增添了一条重要纽带。

为什么之后的英德关系会变得这么糟糕？政治科学家也许会说，英德两国在大战中成为对头是早就注定的事，这是两股势力之间冲突的结果，一方是深感势力下滑的全球帝国，一方则是蒸蒸日上的挑战者。这种霸权转换很少可以和平进行。老牌大国往往非常傲慢，热衷于教导全世界应当如何处理自己的事务，又对比自己弱小的国家的恐惧和忧虑极不敏感。大英帝国就是当时的一个老牌大国，今天这个位子上坐的是美国，它们毫无例外都对自己消亡的种种迹象视而不见，而正在崛起的强权则迫不及待地想要拿到属于自己的那一份，不管是殖民地、贸易、资源，还是影响力。

19世纪，不列颠拥有世界最庞大的帝国，支配了各大海洋和全球贸易。也许可以理解的是，它对其他国家的雄心和关切没表现出什么同情。正如温斯顿·丘吉尔这位历史感很强的政治家在大战快要爆发之前写的：

> 当其他强国因他国的野蛮行径或内战而瘫痪之时，我们自己却不成比例地独享了世界的财富和贸易。我们在领土上得到了想要的一切，我们要求不受干扰地享有巨大而丰盛的财富，这些财富主要靠暴力取得，也主要靠强力维系，对此，我们觉得很合理，但似乎对别人来说并非如此。

此外，英国还经常会因其自信的优越感而激怒其他欧洲国家，比如，由于相比于欧洲大陆国家的制度和政治而言所具有的优越感，它不愿支持欧洲协调，而且只有看到明显利益时才会小心介入各国之间的冲突。在争夺殖民地的斗争中，英国的政治家们往往声称，他们占领更多的领土仅仅是为了现有领地的安全，或者可能是出于对臣民的仁慈，却说其他国家则完全是出于贪婪。

相比之下，德国则同时展现了自身的不安全感和作为新兴强国的野心。它对批评很敏感，无休止地担心自己没有得到足够的重视。德国是欧洲心脏地带的大国，与法国、俄国和奥匈帝国这几个大国邻居相比，无论在经济还是军事上都更强，而且更有活力。然而在其较为悲观的时刻，它认为自己被包围了。它在世界范围内的贸易激增，逐渐蚕食了英国的份额，但这还不够。德国人没有殖民地，也没有随之而来的海军基地、装煤港口和电报站点，而这些都被视为全球帝国的标配。此外，每当德国试图攫取海外殖民地时，无论在非洲还是在南太平洋，英国似乎都会提出反对意见。这就是为何当德国新任外交大臣比洛在1897年的帝国议会发表措辞尖锐的演说，称德国应该得到"阳光下的地盘"时，他会博得本国人的热烈喝彩。

就像之前和之后的世界霸主一样，当时的英国深知世界正在变化，自己也面临新的挑战。大英帝国实在太过庞大，也铺得太开——这也促使英国本土的帝国主义者得出结论，认为他们需要占领更多的海外领土来保护已有的领地以及关键的航线和电报线路。英国的工业产量尽管还很庞大，但它占世界总量的比重越来越小，因为美国和德国这样的新兴强国正在快速追赶，俄国和日本这样的老牌国家也在高速进入工业化时代。世界霸主的地位从长期来看也会给英国带来麻烦。英国的工业基础设施太过老旧，更新速度也不够快。教育系统培养了太多古典学家，而工程师与科学家则嫌不足。

但是这个问题依然有待回答：为什么英国发现自己的主要敌人

是德国，而不是其他那些当时更可能的国家？毕竟，德国只是威胁英国世界霸主地位的劲敌之一，其他强国也想要在太阳底下争夺自己的地盘。1914 年之前的那几年，英美之间、英法之间、英俄之间都有可能因为殖民地问题爆发战争——而且每一次冲突都接近战争。但这些可能的危险关系都得到了巧妙的应对，冲突的缘由也得以成功化解。

诚然，英德之间多年以来的确存在一些龃龉，彼此都会怀疑对方的动机，也都太容易感到被冒犯。1896 年的克鲁格电报就激怒了英国。当时，德皇威廉二世急不可耐地向那个独立小国德兰士瓦的总统拍发贺电，恭喜阿非利卡人成功击退了詹姆森突袭（一群英国冒险家试图夺取德兰士瓦）。"德国皇帝迈出了非常严重的一步，"《泰晤士报》表示，"这无疑将被视为对英国的非常不友善之举。"[4] 英国公众舆论被激怒。索尔兹伯里收到消息时正在出席晚宴，据说他闻讯后告诉邻座女王的一位女儿说："厚颜无耻，女士，厚颜无耻！"[5] 威廉二世当时刚刚成为英国皇家龙骑卫兵的荣誉上校；这个电报一发，同僚军官立即就将他的画像撕成碎片，投于火中。[6] 德国驻伦敦大使保罗·哈茨费尔特向柏林报告说："我毫不怀疑，人们的大体感受是这样的，就是如果英国政府昏了头，或是出于任何理由想要开战的话，那也会赢得全体公众的支持。"[7] 大战爆发前夕，英国驻柏林大使爱德华·戈申也对同僚表示，在他个人看来，克鲁格电报就是英德两国裂痕的起点。[8]

即使两国达成了诸多协议，但协商过程也留下了痛苦和不信任的后遗症。1898 年，当两国讨论葡萄牙殖民地问题时，英国在其中制造障碍，德皇就此写了一封怒气冲冲的备忘录："索尔兹伯里侯爵的行径实在是阴险狡诈、可恶至极、粗野傲慢！"[9] 英国人也深深恼怒，因为自己深陷南非事务的险恶处境时，德国人却伺机迫使他们主动发起谈判。索尔兹伯里不像张伯伦那样热衷于扩大与德国的同盟，他直截了当地告诉德国驻英大使："你对友谊的要求太高了。"[10]

1899 年，德国一度威胁召回驻英大使，起因是索尔兹伯里不情愿在萨摩亚群岛的问题上对德国的各项要求让步。德皇本人情急之下给外祖母写了一封极其粗鲁的信件，批评她所任用的首相："此人对待德国利益和德国感情的方式就像是给德国人民来了次电击，给人的印象就像是索尔兹伯里阁下更关照葡萄牙、智利或是巴塔哥尼亚人的利益，而不是德国。"此外，他还在信中威胁说："如果索尔兹伯里阁下领导的政府继续采用这种高压手段对待德国事务的话，我害怕两国之间将就此陷入无休无止的误解和争吵，最终相看两厌。"[11] 年迈的女王在征询了索尔兹伯里之后写下了措辞坚定的复信："你信中对索尔兹伯里爵士的措辞语调，我只能归结为你的一时气愤。我没想到你竟会用这种语气写信，我怀疑有没有过任何一位君主以这样的措辞写信给另一位君主，何况还是写给自己的外祖母、谈论外祖母的首相。"[12]

布尔战争造成了新的紧张局势。德国政府在其中其实发挥了有益的作用，他们拒绝加入那个迫使英国与两个布尔共和国媾和的列强联盟。不过，德国并没有得到应有的赞誉，部分是因为比洛对英国以及其他国家的态度倨傲无礼、专横。正如当时德国外交部的实际首脑弗里德里希·冯·荷尔斯泰因后来说的："因为行事友善但是说话口气不友善，我们陷入了两难（因为'比洛'代表了'我们'）。"[13]

此外，从皇后开始，德国公众大部分都支持布尔人，这一点证实了英国人的一个看法，即德国积极促成了英国的失败。有谣言说德国军官也加入了布尔人的军队，但事实上，德皇禁止军官参与这场战争。在战争打响的头几个月里，英国扣押了三艘涉嫌向布尔人运送战争物资的德国邮轮（后来证明信息有误。根据德国外交官埃卡德施泰因的说法，其中一艘船上最危险的货物也只不过是几箱瑞士干乳酪。）当英国人迟迟不释放这些船只时，德国政府指控英国违反国际法，还使用了威胁的语言。当时希望与张伯伦保持对话的比洛写信给当时的德国总理霍恩洛厄："德国对英国那令人遗憾的厌恶是如此深重而剧烈，这对我们来说是最危险的事。如果英国公众清楚地认识到当前在德国占主导的是一股反英情绪，那么英国公众对英德之间关系的看法会出现大的负面转变。"[14]事实上，英国公众深知弥漫在德国的那种情绪，因为英国媒体对此有过详细报道。伦敦的雅典娜神庙俱乐部举办了一场特别展览，细数德国人创作的反英漫画和反英文章。[15]

那个年代还没有民意调查，很难衡量各方意见，但是在20世纪之初，各国精英，不管是在外交部、议会，还是在军方，他们对别国的看法都日趋强硬。[16]对许多身在统治阶层的人而言，还出现了一个新的不安因素，即公共舆论的重要性日增。接替哈茨费尔特出任德国驻英大使的保罗·梅特涅伯爵在1903年向柏林报告说："对我们最没有敌意的主要是上流圈子，或许还有人口中的下层，也就是广大的工人。但所有那些处于中间的人，以及那些靠笔杆子和脑瓜子工作的人，他们中的大部分都对我们有敌意。"德国公众强烈希望政府对英国做点什么，而英国公众也要求政府对德强硬，这不但给两国的决策者带来压力，也阻碍了他们的进一步合作。

在萨摩亚群岛上发生的事就是一例，这场危机本没有必要发生，因为那里并没有什么大的国家利益受到威胁。然而，这场危机证明，由于公众的躁动情绪，问题的解决变得不必要地棘手，尤其是在德国。"即便我们国内那些酒馆政治家中的绝大多数都不知道萨摩亚是条鱼还是只鸟，或者外国的某个女王，"埃卡德施泰因说，"他们也都会越来越大声地说，不管萨摩亚是个什么，那都是德国的东西，也必须永远是德国的。"[18]德国媒体似乎突然之间发现了萨摩亚的价值，认为其对德国的国威和国防至关重要。[19]

但公众舆论往往易变。想想美国民意在1972年的突然转变，尼克松总统访问北京后，中国即从宿敌成了新朋友。当维多利亚女王罹患重病行将就木之际，德皇迅速冲到女王床榻边侍奉，即便当时布尔战争仍在持续，德国政府担心德皇会被敌视。在女王弥留之际，威廉二世搂着她两个半小时之久，后来他宣称，是自己帮舅舅——现在的爱德华七世——将女王放入了棺椁。威廉二世回忆说，外祖母"如此之小——又如此之轻"。[20]《每日邮报》称威廉为"患难之交"。《泰晤士报》说威廉会"一直留在他们的回忆和情感中"。《电讯报》则提醒读者，德皇也是半个英国人："自腓特烈大王始，任何欧洲王座上最引人注目和最有天赋的人，大部分都有英国血统，对于这样一个事实，我们从未失去我们内心深处的骄傲。"在德皇的告别午餐宴会上，威廉二世也呼吁深化英德两国的友谊："我们理应打造一个英德同盟，你们占据海洋，我们负责支配陆地；如果有这样一个联盟，哪怕是一只老鼠也无法不经我们同意而在欧洲兴风作浪。"[21]

经济竞争、相互猜疑且偶尔公开敌对的糟糕关系，还有公共舆论的压力，所有这些都有助于解释德皇的愿望为何未能实现，以及为什么英德两国在1914年之前的岁月里渐行渐远。不过，如果德国与奥匈帝国再次为敌（就像1866年之前那样），或者英国同法国开战，找到起作用的类似因素也同样容易。而且，如果英德两国真的结盟，要找到结盟的解释同样不难。所以，即使说了这么多，问题依然没有得到解答。为什么英德两国变成了这样的敌对关系？

一部分原因在于德国的统治模式，其将太多的权力给了一个复杂而令人迷惑的人物，他从1888年即位到1918年被迫退位期间一直处在权力顶峰。在协约国的宣传中，威廉二世一直被指责为开启第一次世界大战的元凶，在巴黎和会上，战胜国一度考虑过要将德皇送交法庭审判。这大概是不公平的：威廉本人并不希望开启一场欧洲的全面战争，无论在1914年还是在之前的那些危机中，他都倾向于维护和平。第一次世界大战前，巴伐利亚在柏林的代表、敏锐的莱兴费尔德伯爵认为，德皇是出于善意的——"威廉皇帝犯了错，但他并没有罪"——然而，德皇激烈的语言和离谱的表述给了观者错误的印象。[22] 尽管如此，他的行为实际上大大加速了欧洲分化为两大全副武装的敌对阵营的进程。当他决定建设一支海军去挑战英国海权时，他就相当于在英德之间敲进了一根楔子，并由此在别处引发了更多问题。不但如此，威廉本人的古怪行为、变幻无常的热情、口不择言的习性，给人造成了一种德国很危险的印象，认为德国特立独行、不会遵守国际游戏规则，还下决心要征服世界。

作为德意志皇帝、普鲁士国王、德意志诸君主中的首位、腓特烈大王的后裔、德意志第二帝国缔造者威廉一世的长孙，威廉二世想要的不止统治德国，还想要站上世界舞台。他天生焦躁不安，容貌生动，表情多变。"与他交谈，"第一次世界大战前比利时驻德大使拜恩斯男爵表示，"意味着扮演一个倾听者的角色，给足他时间，让他生动阐述自己的想法，而且，在他贪婪地在各种话题之间来回跳跃时，你还要时不时地发表自己的看法。"[23] 他开心时大笑，恼怒时目露寒光。

威廉英俊帅气，有一头金发，皮肤娇嫩，还有一双阴郁的双眼。在公众场合，他穿着各种各样的军装，戴着华丽的戒指和手镯，表现着军人的挺拔风度，很好地扮演了统治者的角色。与腓特烈大王及祖父威廉一世一样，威廉二世会吼叫着发出命令，在文件上潦草地写下简洁且经常是粗鲁的批阅语——"老掉牙""垃圾""一派胡言"。他面孔严肃，目光冷峻；他的私人理发师每天早上都要把他的胡子固定好。"我们带着一丝焦虑问自己，"拜恩斯评论说，"我们刚刚见到的这位先生是不是真的相信他自己说过的话，或者他是不是我们这个时代政治舞台上最引人注目的那个男演员。"[24]

威廉是一个演员，私下里，他怀疑自己不能胜任他必须扮演的这个要求很高的角色。长期被派驻柏林的法国大使朱尔·康邦认为：

"陛下必须努力，甚至非常努力地摆出一副君主应有的威严态度。当正式的觐见结束后，他感到极大宽慰，可以放松下来，沉浸在愉快的甚至幽默的谈话中。他认为这更符合自己的真实本性。"[25] 喜欢阿谀奉承的海军侍从官阿尔伯特·霍普曼认为，他的"性格有点女性化，因为他缺乏逻辑，举止无条理，也缺少真正内在的男子气概"。[26] 智慧敏锐的德国实业家瓦尔特·拉特瑙第一次觐见德皇时，也惊讶于这个男人在公开场合和私下里表现出的形象反差。拉特瑙看到的是一位努力展现强势但并不那么自然的男人："毫无疑问，他的本性与他的角色冲突。除了我，还有很多人也看出了这一点：在他健壮的体格、高度的精神紧张以及高调的行为背后，明显还潜藏着依恋、软弱、渴望合群和孩子般的本性。"[27]

就这一点而言，威廉二世酷似腓特烈大王。二人都有绅士、敏感和理智的一面，都觉得自己所处的环境迫使他们把这些面掩藏起来。虽然威廉并没有腓特烈那样的好品位，却也热爱设计建筑（诚然，他的那些设计既粗陋又浮夸）。晚年的威廉迷上了考古，会拉上不幸的随从花上好几个星期前往科孚岛，在那里开始挖掘。另一方面，他并不喜欢现代艺术和文学。"那是我怀里养的一条好蛇啊！"他在理查德·斯特劳斯第一次在柏林演绎《莎乐美》之后惊呼。[28] 德皇更偏爱响亮刺耳的音乐。[29]

他很聪明，记忆力很好，喜欢接触各种观念。一名饱受其害的宫廷官员写道："一次又一次，人们不禁感叹，皇帝是如此密切地关注着每一项新的潮流和所有进步成果。今天是镭；明天又是巴比伦的考古发掘；也许后天他将谈论自由和公正的科学研究。"[30] 德皇还是个虔敬的基督徒，心情好的时候还会布道。霍普曼说他的布道充满了"神秘主义和迂腐的正统"。[31] 威廉身上有一种周知天下事的冲动，而他的君主身份让这种冲动几乎不受抑制。威廉告诉舅舅爱德华七世英国应当如何发动布尔战争，并把战列舰的草图送到他的海军办公室。（他还主动给英国海军提了不少建议。）[32] 他告诉指挥师应当如何指挥，告诉画家该如何画画。正如爱德华七世那句刻薄的评价，威廉可谓是"史上最出色的失败者"。[33]

威廉不喜欢被人反驳，而且尽量避开那些与自己意见相左或会给他带来不愉快消息的人。正如外交官阿尔弗雷德·冯·基德伦－韦希特尔在1891年对荷尔斯泰因所说，"他很有主见……赞成的人会被他捧为权威；违逆他的人则是'被愚弄的傻瓜'"。[34] 在很大程度上，那些德皇宫廷中人和御前顾命大臣都学会了迎合他。曾做过德皇七年管家的罗伯特·策德利茨－特吕奇勒伯爵说："我们的职位升得越高，这种关系和这种卑屈态度就会变得越糟糕，因为身处高位，才有了更大的恐惧和更多的希望。最终，皇帝身边的每一个人，在各种意义上，都成了他的奴隶。"[35]

他的仆从不得不哄他开心，同时忍受他的捉弄。终其一生，威廉的幽默感都非常孩子气。他会拿别人身体上的怪异之处开玩笑，比如，嘲笑在柏林的巴登州的代表是秃顶。[36] 每年夏天去北海巡航时，他都会强迫同行游客出早操，而且还会从背后推他们或剪断他们的背带来寻开心。他会故意用强壮的右手和别人使劲握手，右手的手指上还戴着会硌到别人的戒指，而且，他还会戳别人的肋骨，扯他们的耳朵。[37] 据策德利茨说，他用陆军元帅司令棒"重击"俄国大公弗拉基米尔时，当然只是在开玩笑，但"谁都能看出来，这种没轻没重的行事作风绝不会让那些皇室要人感到开心，而且我不禁担心皇帝这种胡闹已经严重惹恼了王室贵族，他们恐怕不会喜欢这种玩笑"。[38] 事实上，保加利亚国王就一度带着"满腔仇恨"离开了柏林。德国可是希望和保加利亚结盟的，而威廉却当众拍了这位国王的屁股。

尽管女性在场时，威廉很正经，但和男性同伴在一起时，他喜欢粗俗的故事和低俗的闹剧，并认为让强壮的士兵打扮成女人的样

子是最滑稽的。有一次，基德伦陪同威廉外出，之后他说："我演了
个侏儒，还把灯关了，这让皇帝陛下特别开心。在一次即兴歌咏会
上，我和 C. 一起演了一对连体儿；我俩被一根巨大的香肠连在一
起。"1908 年，他的军事内阁首脑在穿着蓬蓬裙和羽毛帽跳舞时因
心脏病发作而死亡。

　　一直有传言说威廉二世是同性恋，这部分是因为，他与显然就
是同性恋的菲利普·奥伊伦堡之间的深厚友谊。但这个说法很值得
怀疑。年轻时，他就与多名女性有染，而后专情于他的妻子，也就
是德意志的女公爵奥古斯塔·维多利亚。妻子在第一次世界大战后
去世，然而他很快就再婚了。奥古斯塔强烈反英，极端保守，而且
是严格的新教徒，比如，她不会让任何天主教教徒进入她的宅邸。
她也不允许任何有一丁点儿流言蜚语的人出现在宫廷之中。柏林人
民日益习惯了皇室成员突然离开剧院的场景，那一定是她在舞台上
看到了自己觉得不雅的东西。比利时驻柏林大使拜恩斯的话虽然刻
薄但也很准确，他说："她的伟大目标是让皇家宅邸的家庭生活变得
和谦卑的普鲁士地主的家庭生活一样惬意温馨。"[40] 而且，尽管威廉
二世使尽了法子想让皇后变得更优雅，为她挑选衣服、购置昂贵炫
目的珠宝，可皇后本人还是像个普鲁士乡绅的夫人。一位观察人士
刻薄地说，当她穿着一件带有红色饰带的金色连衣裙参加宫廷舞会
时，她看起来"就像一个廉价的派对彩包拉炮"。[41] 皇后爱慕威廉并
给他生了七个孩子，但并不会取悦他。正因如此，德皇才会和他的
男性扈从一起坐邮轮出海或组队打猎。他似乎并没有注意到，奥伊
伦堡还有他圈子里的其他男性都对女人没什么兴趣，所以，当丑闻
爆出来时，他感到非常震惊。

　　德皇，正如奥伊伦堡丑闻案中清楚展示的那样，性格中缺乏敏
锐的洞察力。他也没什么同理心。奥伊伦堡，这个也许是德皇最亲
密的朋友和爱慕者，在 1903 年写道："皇帝陛下完全从个人立场出发

评断一切人和事。完全没有什么客观性，而主观好恶凌驾一切，就像一头暴躁跺脚的公马。"[42] 威廉总是轻易感到被冒犯，却也总喜欢羞辱别人。德意志帝国从理论上讲还是一个各邦国组成的邦联，威廉只是在各邦国君主中排名第一，但他实在喜欢居高临下，欺侮其他邦国君主，后者唯恐避他不及。

威廉更喜欢说而不是听。在位的头十二年里，威廉发表了四百多次官方演说和许多非官方演说。[43] 莱兴费尔德说，如果德皇准备演讲，整个宫廷都会忧心忡忡，因为不知道他会说什么。[44] 他经常说一些非常愚蠢或带有偏见的话。他喜欢说他要"粉碎""摧毁""歼灭"那些挡着他自己或德意志前进道路的人。即位第一年在法兰克福为一座军事纪念碑揭幕的时候，威廉表示他不会放弃祖先曾经取得的任何一块领地："我们宁愿将 18 个军团和 4200 万居民放到战场上，也不会放弃哪怕一块石头……"[45] 也许，德皇最为臭名昭著的一次演说就是 1900 年的那次了，当时威廉决定派兵远征去镇压义和团运动。德皇表示，德国的士兵将面对一个残暴的敌人，绝不能心软。"凡落在你手里的，必落在你的剑下！"德皇曾说过一句曾一直萦绕在德意志人心头的话，他告诉将士们要像古老的匈人一样："你们应当让德意志之名深深印刻在中国人那里一千年，让中国人即使是眯着眼睛也不敢看德意志人的脸。"[46]

尽管他敬佩那种坚韧的品格，也努力培养这种品格，但威廉的情感相当脆弱。用德国外交官威廉·舍恩的话说，威廉总是被"怀疑和自我谴责"撕扯着。他的扈从一直担惊受怕，害怕他的神经质、容易激动和突如其来的坏脾气。[47] 当遭遇无法处理且通常是自己酿成的局面时，他往往会崩溃，并说要退位，甚至自杀。"每当这些时候，"舍恩说，"就需要皇后出马，用尽全力劝说他恢复勇气，诱导他继续履行自己的职责，并承诺做得更好。"[48] 柏林的一位奥地利使馆随员想知道，威廉是不是"如坊间传言那样精神不正常"？这正是许多与他共事之人所担心的。1903 年，奥伊伦堡参加了德皇例行的北海巡航。这段时间，威廉通常很放松，会和他忠实的扈从轻松地打牌，但他也越来越喜怒无常。奥伊伦堡绝望地写信给比洛说："他很难应付，他的一切都令人费解。"威廉的想法一会儿一变，然而还常常固执己见。奥伊伦堡继续写道："他脸色苍白，疯狂咆哮，不安地四下张望，谎话连篇，给我留下了至今难以忘怀的糟糕印象。"[49]

要理解威廉——这是他的同代人和子孙后代都花了不少时间尝试去做的事——我们有必要回到他的童年，事实上也许还要从他出生开始说起。威廉的母亲薇姬怀他的时候只有十八岁，分娩过程极其漫长而痛苦。也许，还是婴儿的威廉经历了短暂的缺氧——或许是脑损伤。当意识到威廉还活着时，医生就把注意力集中在那位可怜的年轻母亲身上了。几个小时以后，大家才发现这个婴儿的左手脱白了。[50]尽管用上了从电击到把手臂绑在野兔骨头上等一系列治疗办法，但手臂始终没有正常生长。为掩饰这一缺陷，威廉的正装和制服都经过精心剪裁，但是，无论是他自己还是外界，都希望他能在马背上表现出风度翩翩的军人风采，而这样的着装很尴尬。

威廉的母亲曾向维多利亚女王承认，自己一开始没有对她的孩子太过关心（她一共生了八个孩子），但之后又做了过度的补偿，事无巨细地插手威廉的教育。维多利亚女王如此告诫自己的长女："我一直认为，过度关心、迟迟不放手会导致父母本想避免的危险。"[51]女王是对的。威廉不喜欢他那刻板而缺乏幽默感的导师，也不喜欢被别人培养成一个思想开明的人。威廉的父母，在他们还是王储和王储妃的时候，就梦想德意志可以彻底变成一个君主立宪制国家。但薇姬并不能帮助推进这一梦想，因为她认为德意志在绝大多数事情上都不如英国。这使他们与古板保守的普鲁士宫廷格格不入，更重要的是与威廉一世和他极有权势的大臣俾斯麦意见相左。尽管年轻的威廉和母亲关系亲密，但他对母亲的厌恶之情也越来越深。他与英国的关系也是如此。

令母亲失望的是，威廉恰恰倾向于普鲁士社会中她最不喜欢的那些因素：拥有大量土地的容克贵族，他们观点反动，对现代世界充满怀疑；军事贵族，他们抱持狭隘和等级制的价值观；以及威廉一世高度保守的宫廷。威廉还是王子时就非常崇拜他的祖父，正是这位君主统一了德意志，为霍亨索伦家族带来了荣耀。威廉还曾利用父母与祖父之间的矛盾。年轻时，每当他不想与父亲出门旅行时，威廉就会求祖父出面。在俾斯麦的鼓动下，威廉的父亲被排除在所有政府事务之外，而威廉则被允许执行外交任务，并于1886年被派往外交部积累经验，这是他父亲从未允许的。在一个难得的反思时刻，威廉告诉俾斯麦的儿子，他和他的祖父，也就是国王的良好关系，让他的父亲感到"不愉快"："他不受他父亲管，他没有从他父亲那里得到一分钱；因为一切都来自一家之主，所以他不依赖父亲。"[52]

十八岁时，威廉加入了一支精锐兵团，他后来声称，在那里，他立刻就有了家的感觉。"过去的日子太可怕了，我的天性不被赏识，他们嘲笑那些对我来说最崇高、最神圣的东西，也就是普鲁士、军队和我在这个军官团中第一次遇到的所有令人有成就感的职责，它们给我带来了尘世的快乐、幸福和满足。"[53]他热爱军队，喜欢和军官同伴们在一起（经常把他们全都邀请到家中），尤其希望有一天这一切都将属于他。这一天来得比任何人想象的都要快。

1888年3月，老国王威廉一世去世。已经罹患严重喉癌的儿子也在三个月后撒手人寰。这个时间点是现代历史上其中一个最伟大的"如果"时刻。如果腓特烈三世在妻子薇姬的帮助下统治德国，比如说二十年的话，之后的历史会怎样？他们是不是会坚定抛弃绝对君主制，彻底转向君主立宪制？他们是不是会将军队牢牢置于文官控制之下？德国是不是会在国际事务中走出另一条道路，也许，会与英国建立更友善的关系，甚至是结盟？随着威廉二世即位，德国有了另一种统治者，有了一个不同的命运。

如果威廉像他的外祖母、舅舅、表弟这些英国世袭君主一样的话，他的即位便不会带来很大的影响。这些英国君主虽然有影响力，通常还很大，却没有威廉那样的权力。比如，威廉可以随心所欲地任命内阁大臣、指挥军事、影响德国外交政策。英国君主要与对强势议会负责的首相和内阁打交道，而威廉却可以依照自己的意愿任命或是罢免自己的首相和内阁大臣。尽管威廉不得不向帝国议会要求资金，但他——实践中是他的大臣——通常都能成功弄到想要的经费。事实上，这些首相和大臣学会了如何应付威廉（丑闻爆发之前的奥伊伦堡尤擅于此），而且他们并不总是让他充分了解敏感问题。尽管如此，他仍然能够并且确实干涉了决策和任命。

如果威廉像他的远亲、阿尔巴尼亚国王维德的威廉亲王一样，也没有什么关系。但威廉是世界上最强大国家之一的统治者。正如策德利茨在威廉某次精神崩溃之后所说："他是个孩子，也将永远是个孩子——但他是一个有权力的孩子，只要有可能，就会让一切变得棘手。"而且，他还继续引用《圣经·传道书》的话说："顽童为王，国家之祸！"[54] 德国既强大又复杂，被交到威廉这样的人手里是很危险的。这让人想到儿童文学经典《柳林风声》里，将一辆马力强劲的汽车交给蛤蟆先生一样。（有趣的是，汽车最开始出现时，威廉很厌恶，因为汽车会让马匹受惊；但在威廉本人得到一辆汽车后，用比洛的话说，威廉就成了个"狂热的驾驶者"。[55]）

随着 1871 年德意志各邦统一为德意志第二帝国，德国成为俄罗斯以西欧洲人口最多的国家，这意味着德国在征兵方面也有潜在优势。不但如此，德国军队也被普遍认为是世界上最训练有素、军官素质最高的。到 1911 年，德国已经有接近 650 万公民，相较而言法国只有 390 万人，英国也不过 400 万人。（俄国有 1.6 亿人，这也是法国如此看重这位盟友的其中一个原因。）德国也在快速成为欧洲最具活力的经济体。1880 年，英国还是世界第一大出口国，占据了世界贸易额的 23%，德国仅占 10%。到 1913 年，德国已有望赶上英国：此时的德国拥有世界贸易额的 13%，英国则滑落到了 17%。这一时期，在衡量经济实力的某些经济部门，德国已经领先英国。1893 年，德国的钢产量超过了英国，而到 1913 年，德国已是世界最大的机械出口国。

随着工业化的发展，工会出现了，甚至在社会福利领先于大多数其他国家的德国，也出现了劳资纠纷和罢工。1896—1897 年，汉堡港发生了一起大罢工，而从那时开始直到第一次世界大战之前，全国各地又有多次定期罢工。大多数情况下，罢工的目的都是经济上的，但有政治诉求的罢工也日益增多，要求德国社会做出改变。德国工会会员人数大幅上升，从 1900 年的不到 200 万飙升到了 1914 年的 300 万。让德国统治阶级更担忧的是出现了一个强劲的社会主义政党。到 1912 年，社会民主党成为帝国议会中最大的政党，拥有近三分之一席位，而且拥有三分之一的选票。

德国并不是唯一感受到时代剧变压力的国家，但它的政治制度尤其无力应对这些危机。尽管俾斯麦无愧于伟大的政治家，但他打造的那套制度和宪法华而不实，这套体制只在他掌权的时候才能发挥作用，况且也并不总是有效。理论上，根据宪法，德意志帝国是由十八个不同邦组成的邦联。德国有一个邦联议会，也就是帝国议会，由男性普选选出，负责批准邦联预算。帝国另有一个参议院，由各邦代表组成，这些代表在外交事务和陆海军务之类关键领域有监督权。但理论是理论，现实是现实。参议院从未变得重要；俾斯麦一丝一毫也没有想过要同别人分享自己的或者普鲁士的权力。他将德意志帝国首相与普鲁士首相的职位合二为一，这项举措也一直延续到了第一次世界大战结束之前。俾斯麦本人还兼任外交大臣，往往绕开普鲁士外交部开展外交。由于管辖范围的重叠，人们从来都没能搞清具体的权责归属。

　　然而，俾斯麦和他的继任者无法完全按照自己的意愿管理德国；随着时间的推移，他们不得不面对一个有理由声称代表德国人民意愿的帝国议会，这个议会可以通过威胁不批准预算的方式对政府的政策提出强大挑战。1871—1914年这几十年间，德国出现了一系列政治危机，有时还会陷入僵局，无论是俾斯麦还是威廉二世和他的顾问们，都曾认真考虑过废除宪法，重新回到绝对君主制。"傻瓜""笨蛋""蹩脚货"，这些都是威廉谈论帝国议会议员时用的形容词，他还喜欢说，让他们知道谁才是德国真正的主人，这对他们有好处。

　　且不论此举可能会给德国带来政治骚乱，此项动议是否会让德国产生一个更协调、更统一的政府也是非常值得怀疑的。俾斯麦和他的继任者不相信敲定政策并达成一致的内阁，甚至，他们显然也不相信政府不同部门之间的基本协作。举例而言，他们认为外交部不会知道军方正在筹划什么，反之亦然。事实上，在威廉即位之后，这种情况变得更糟而非更好，因为威廉试图通过自己的内阁大臣直接掌控陆海军，坚持让大臣们直接向他报告。结果是，无论是部门间的协调还是信息的共享都更不如前了。

　　新的邦联还像是一位试图控制烈马的拙劣骑手。普鲁士拥有德意志帝国65%的领土和62%的人口，超越并支配了从南方的巴伐利亚王国到北方的汉堡城邦的帝国其他成员。而且，由于有受到限制的选举权和精心管理的投票制度，普鲁士的州议会由保守派主导，如此，普鲁士在温和保守派、自由派和社会主义势力不断壮大的德意志帝国之中（普鲁士自身也是如此），仍然是一个强大的右翼反对势力。不但如此，普鲁士容克贵族在普鲁士社会享有特权，支配着德意志的各路机构，尤其是军方和外交部。他们的价值观，忠诚、虔敬、责任、奉献家庭、尊崇传统和既有秩序，以及强烈的荣誉感，在某种程度上值得敬佩，但也很保守——如果不是反动的话，而且日益偏离现代德国的发展步调。[57]

威廉最亲密的伙伴都来自那个容克贵族的世界，与他们共享许多价值观。然而，即位初期，也许是由于母亲的影响，他确实关心改善社会中贫穷阶层的命运。这使他与首相俾斯麦发生了冲突。威廉希望改善工作条件，俾斯麦却想摧毁新兴的社会主义运动。1890年，俾斯麦失去了帝国议会的控制权，于是他竭尽所能挑起一场政治危机，如此就有借口摧毁帝国议会，撕毁宪法。威廉一世也许会赞同这个计划，但是他的孙子并不准备这样做。威廉二世越来越警惕俾斯麦的强硬，无论如何都不准备再听从他（或者任何别的首相人选）的指导。君臣之间最后的摊牌发生在1890年3月，当时德皇批评俾斯麦没有及时如实上报包括外交和国内事务在内的各项信息，并且明确表示他才是德国的最终权威。俾斯麦辞职，离开柏林，回到他的乡村庄园，过着满腹怨恨的退休生活。

至此，威廉成为他自己和德国的主人。正如人们所预料的那样，他对于德国君主的定义非常浮夸。正如他即位之后不久在柯尼希斯山的一次演讲中所说："我们霍亨索伦家族受命于天，而对于我们所承担的重任，我们只向上天负责。"[58]正如他与俾斯麦的争执所显示的那样，他不打算把他的职责委托给他的首相或内阁。事实上，威廉增加了直接向皇帝本人报告的官员人数，还创设了直接掌控军事的皇家司令部。然而，问题是，他想要权力、荣耀和掌声，却不想要辛苦工作。就像《柳林风声》中，蛤蟆的朋友鼹鼠说的："他坚持自己驾驶，但他又不称职得无可救药。如果他能雇用一个正派、稳健、训练有素的动物，给他开出高额工资，并且将一切事物都托付给他的话，那么就会一切顺利。但他偏不这样做；他坚信自己是个天选的驾驶员，没有人可以教他做任何事；其他人只能逢迎上意。"

威廉既懒惰又无法长时间专注于一件事。俾斯麦把他比作气球：

图 3　铁血宰相俾斯麦是一位完美的普鲁士政治家，他巧妙地同时运用外交手腕和军事力量促成了德国在 1871 年的统一。之后几十年，他让德国成为欧洲政治的中心，挑拨各国互相对抗，并确保德国的死敌法国保持孤立。1888 年即位的德皇威廉二世不满俾斯麦大权在握，于 1890 年罢免了他，结果德国的外交政策落入庸才手中

"如果你不紧紧抓住绳子,你永远不知道他会跑到哪里。"[59] 尽管威廉也曾抱怨自己如何地过度工作,但他还是大大减少了与军事统帅、帝国首相、部会大臣之间的定期会谈,有的大臣甚至每年只能见到他一两次。许多人相当不满,说德皇心不在焉,而且如果他们的报告太长,还会听到威廉的抱怨。[60] 他拒绝读报纸,恼怒地把冗长的文件扔到一边。尽管他坚持亲自负责新组建海军的年度舰队演习,但当他发现需要与军官们协商并制定细节时,他大发脾气:"见鬼去吧!我才是至高无上的战争之主。我不做决策。我只下命令。"[61]

在位期间,他有一半的时间都不在柏林,也不在波茨坦附近的宫殿。正如他的表亲英国国王乔治五世所描述的那样,不安者威廉喜欢旅行,也许正如一位近臣所怀疑的那样,这部分是为了摆脱妻子令人窒息的家庭生活。[62] 威廉四处巡游其他行宫(他有几十个行宫),跑到朋友的狩猎小屋消遣,还乘坐自己其中一艘游艇进行长时间的巡航。威廉手下的大臣只得疲惫地追着他跑,即便如此他们也经常见不到皇帝,因为众所周知,突变者威廉会在最后一刻改变计划。威廉的臣民开玩笑说,德国人不会唱"向征服者威廉致敬",而是唱"向坐在专列上的陛下致敬"。[63]

德国人拿他们的统治者开了不少玩笑。讽刺周刊《傻大哥》曾在封面上刊登了一幅有损威廉形象的漫画,而皇帝对编辑和漫画作者的怒火反而增加了这期杂志的发行量。1901年,他在柏林开辟了一条胜利大道,并在大道两旁竖立了巨大而俗气的雕像,柏林人随即将其称为"木偶巷"。但若说德皇是个笑话,那也不总是个好笑话。1894年,年轻的古典学者克维德出版了一本论卡利古拉的小册子,在其中,他描述这名罗马皇帝在一项项国务之间疲于奔命,讲他的"神经兮兮","对军事胜利的贪恋",还有征服海洋的"奇特想法"。"戏剧性,"册子里说,"是帝国精神错乱的一个构成要素。"[64] 这个小册子在1914年前卖出了25万本。

在他肩负的所有职责中，威廉对他与军队的关系尤为自豪。根据德意志帝国宪法（威廉不无炫耀地说他从没读过这部宪法）[65]，威廉是德国武装力量的最高统帅，军官都要向他而不是德国宣誓效忠。"我们属于彼此，"威廉在即位之后不久的一次行动中向军方表示，"我们为彼此而生，并将坚定不移地团结在一起，无论上帝赐予我们平静还是风暴。"[66]威廉及其大臣成功抵制了帝国议会要求检视军事事务的绝大多数请求，他们也倾向于以怀疑的态度对待民选政治家和多数公众。他们一定记得，威廉曾在一个场合告诉新兵，他会在某一天征召他们来维持国家的秩序："考虑到近来社会主义者制造的麻烦，我完全有可能要求你们射杀自己的亲人、兄弟，甚至是父母……"[67]

威廉打心里崇敬"我的军队"，偏爱士兵更甚于平民。只要有机会，他就把他们安排到政府和外交部门。威廉几乎总是一身戎装，也喜欢骑着高头大马出现在军队最前面，接受致敬。他坚持参加军事演习，这意味着这些演习几乎没什么训练价值，因为他总是要赢。他并非不知道要停止一切，以便从一方夺取力量并将其加入另一方（通常是他自己）。[68]他对军队制服特别上心（从1888年到1904年，他对军队制服做了37次修改）。他还试图保护他心爱的军队免受现代世界的腐败影响。他的一条命令就说："陆海军的绅士们，特此要求，不要穿着制服跳探戈、一步舞或两步舞，并且要避开表演这些舞蹈的家庭。"[69]

根据德意志帝国宪法，威廉在外交事务上也拥有很大权力；他可以任免外交官、缔结条约。威廉对威廉大街上的外交部或是外交工作的热情，远远不像他对军队那样上心。外交官都是些懒散的"讨厌鬼"，眼里只有困难。他曾对一位高级官员说："我要告诉你，你们这些外交官都是屎，整个威廉大街都臭气熏天。"[70]尽管如此，但威廉自视外交高手，坚持亲自与其他君主打交道。结果往往是不幸的。

遗憾的是，除了模糊的愿望，他就没有什么明确的政策能让德国和他自己变得重要，以及如果可能的话，避免战争。"他是个爱好和平的人，"巴伐利亚驻柏林公使莱兴费尔德说，"威廉希望与列强和平共处，多年来，他一直试图与俄国人、英国人、意大利人、美国人，甚至是法国人结盟。"[71]

威廉罢免俾斯麦的时候，英国讽刺杂志《笨拙》刊载了一幅名为《开除领航员》的漫画。威廉本人得意扬扬地拍电报给萨克斯－魏玛大公说："德国这艘大船的驾驶员现在已经是我了……全速前进。"[72]不幸的是，这正是他要做的，而且是用真正的海军。

第四章　德国的"世界政策"

　　1897 年夏天，德皇是快乐的。他写信给朋友奥伊伦堡说："一想到要和一位对自己全情投入的人打交道，而且这个人还能理解你，也想要理解你，这是多么令人愉悦的事啊！"[1]让德皇抱以如此热情的人就是伯恩哈德·冯·比洛，他的新任外交大臣。威廉希望，比洛会是他的俾斯麦，推动自己和国家进入他们本就该在的世界事务的中心（或许还要解决德国混乱的内政问题）。俾斯麦去位之后的这些年里，威廉的日子并不好过。内阁大臣联合起来反对他，不同意他的政策；其他德国王公在他和普鲁士的统治下也颇为恼火，而且帝国议会曾大胆地要求在德国政府中分一杯羹。

　　威廉和他的大臣们进行了反击，敦促德国人放下歧见，一起建设一个更伟大的德国，毫无疑问，一个以普鲁士为核心的德国。1890 年，普鲁士教育部颁布法令，要求学校教授的历史必须展示普鲁士及其君主的伟大："小学教育最重要的目标之一是要向儿童指出他们所享有的种种福祉，这些福祉离不开国家的统一、独立和文化，而这些正是靠着光荣的霍亨索伦家族历代统治者的艰苦斗争和自我牺牲才得以复兴的。"威廉完全同意。他在一次校长大会上表示："我们必须培养民族主义的年轻德国人，而不是年轻的希腊人或罗马人。"[2]

对外战争的胜利有助于将德意志诸邦捏合成一个强大的帝国。威廉公开且热情地宣扬了他本人和他对德国的雄心壮志。在他治下，德国会开创新的征程，他对母亲说："世界上永远只有一个真正的皇帝，那就是德国皇帝……"[3]他和德国都应该在世界范围内拥有相称的影响力。正如威廉1893年对奥伊伦堡所说："不能成为世界性人物的人就不过是个形貌鄙俗之人。"[4]德国必须在对世界剩余部分的瓜分中拥有发言权，而这些部分似乎是可以被拿走的。"在那些遥远的区域，"他在1900年新式战列舰下水时说，"重大决策都不应该缺少德国和德皇的身影。"[5]威廉还形容自己是"世界仲裁者"——当然也就是欧洲的仲裁者。前去看望临终之际的外祖母时，他向英国新任外交大臣兰斯当勋爵保证："我是欧洲的势力均衡者，因为德国宪法将外交政策的决定权授予了我。"[6]

现实情况是，从1890年开始，德国的外交关系就没有得到很好的管理，这在威廉即位的头几年令他颇为难堪。俾斯麦过去的做法是努力与其他列强保持良好关系，而且通常很成功，而他的继任者们则让德国在不知不觉中陷入了一方阵营，即与奥匈帝国和意大利组成的三国同盟。德国所犯的第一个代价高昂的错误，就是未能与俄国续签《再保险条约》，根据该条约，如果受到第三国的攻击，条约中的每个国家都有义务保持中立。这个错误在一定程度上揭示了1890年之后执掌德国外交政策的人对世事漠不关心的态度。新任帝国首相莱奥·冯·卡普里维出身行伍，尽管聪明睿智，但在外交方面没什么经验。他听从了外交部，尤其是其头号人物弗里德里希·冯·荷尔斯泰因不再续签的建议，后者历来反对与俄国亲善。结果这鼓励俄国把目光投向了别处，尤其是法国。1894年，俄国与法国签署了一份秘密军事协定。

此外，荷尔斯泰因及其同僚所希望的都没有发生，既没有同与法俄两国交恶的英国恢复友好关系，与三国同盟中其他盟友的关系也没有更进一步。英国已经与奥匈帝国和意大利达成理解，共同维护地中海地区的安全（此举在很大程度上遏制了俄国和法国，前者努力迫使奥斯曼帝国放弃对从黑海到地中海航路要道的控制权，后者则想不断扩张自己的帝国）。由于《再保险条约》终止，俄国更担心的是自己的边境问题，它对英国在地中海的利益威胁较小。德国还发现，随着自身地位衰弱，三国同盟中的其他盟友也日益独断。

1890 年到 1897 年的那几年里，德国的政策在英国与德国之间摇摆不定，而且德国领导人也因逢迎谄媚或言辞威胁而反复打转，这一切都对德国不利。此外，在某些特定问题上，德国的政策往往也不连贯。1894 年，卡普里维向德国驻伦敦大使讲述了所罗门群岛对德国的至关重要性；可两个月后，柏林又对此失去了兴趣。[7] 在欧洲，并非只有英国发现德国的政策是个谜。同样不利的是，自诩为外交大师的德皇越来越爱插手外交事务，而这往往造成灾难性的后果。尽管克鲁格电报的因由仍存争议，但这封 1896 年德皇发出的表明支持布尔共和国德兰士瓦反抗英国的电报，似乎是德国政府为防止德皇做出更糟糕之事而作出权宜的结果。（威廉最初的建议包括在德兰士瓦建立一个德国的保护国，并向非洲派遣德国军队，考虑到当时英国在海上的统治地位，这会是一个很困难的任务。）[8]

1897 年，德国的内政外交出现了决定性的转折，进一步推动德国走上了与英国对抗的道路。在奥伊伦堡和其他保守派头面人物的支持下，威廉二世认为是时候将自己的人弄到德国政府的关键位置上了。除此之外，他还让被派往中国的海军上将阿尔弗雷德·冯·蒂尔皮茨回来担任他的海军大臣，而我们将看到，这开启了英德之间的海军军备竞赛。德皇还提拔德国驻意大利大使伯恩哈德·冯·比洛做了外交大臣。比洛对德国政策的影响也许并不如蒂尔皮茨那么大，但他也在将德国从和平推向战争的过程中发挥了一定作用。

比洛，这个本应解决德国外交难题的人，是个有趣、有魅力、有教养且仕途通达的外交官。他同样野心勃勃，而且同他的新主人一样，也很懒。"他会是个了不起的人，"比洛的兄弟曾说，"如果他的努力能配得上他的野心就好了。"[9] 比洛的家族原本来自丹麦，但他的父亲在 1873 年坐上了新任德国外交大臣的位置，并且作为伟大的俾斯麦的下属，他恪尽职守。俾斯麦很喜欢这位下属的儿子，比洛也因此在外交系统稳步爬升，在欧洲各国首都大出风头，为自己博得了风流浪子的名声。比洛也娶了一位门当户对的妻子，罗马一位名门望族的千金。尽管她当时已经结婚，丈夫也是一位德国外交官，但她还是离了婚嫁给了比洛，支持比洛的事业。

荷尔斯泰因最初视比洛为朋友，可后来他说，多年来，比洛在同僚中获得了狡诈、不可信和油滑如鳝鱼的名声。荷尔斯泰因在日记中写道："伯恩哈德·冯·比洛，他的脸刮得干干净净，脸色苍白，表情狡黠，几乎永远带着微笑。说话似是而非，而非深刻犀利。他没有任何可以应付突发事件的想法，只是盗用他人的想法，巧妙地转述，却不承认出处。"[10] 比洛既善于让人们觉得自己说了些聪明的话，又善于给人一种他正在与他们分享重要信息的印象。他的岳母说："伯恩哈德把一切都弄得神秘兮兮的。""他会拉着你的胳膊，带你到窗户边上然后说：'别出声，那里有只小狗正在撒尿。'"[11] 一位熟悉他的女性说，他就像一只猫，抓老鼠时会把它们最喜欢吃的奶酪放在外面。[12]

1897 年之后，比洛的注意力全部转到了如何俘获他的新主人上。他一直给威廉戴高帽，说他"睿智""杰出""百分百正确"，而且说的话总是正确的。1900 年，比洛告诉德皇，要想搞定英国人相当困难，需要无与伦比的技巧："但就像霍亨索伦雄鹰将奥地利双头雄鹰扫出战场，并剪除了高卢雄鸡的羽翼一样，在上帝的帮助下，借助陛下的力量和智慧，这只雄鹰也能对付英国豹。"[13] 为了强化这些信息，比洛反复在奥伊伦堡面前对德国进行过分的赞扬，毫无疑问，他非常清楚这些话会被转述到威廉那里。"历数史上的伟大君王，"比洛上任之后不久写道，"威廉是迄今为止最为杰出的霍亨索伦。"[14] 比洛还在德皇面前拍胸脯说，他会成为威廉的"工具"，帮助德皇建立对德国的个人统治。1900 年，心怀感激的威廉任命比洛为帝国首相。

上任的头几年里，比洛相当成功地应付了德皇。他发送简短的备忘录，里面再加上一些小道消息，而且避免正式的会议，因为在那里威廉会感到无聊。他还养成了每天早上和威廉一起散步的习惯。比洛一家会与德皇共进午餐和晚餐，想法子逗德皇开心。尽管如此，"殷勤的伯恩哈德"——一位批评者如此称呼他——总是准备在可能的情况下无视或修改德皇更为狂野的政策，尤其是因为德皇经常忘记他在激动时说过的话。比洛也不是真的想发动政变反对德国的议会机构，尽管这是皇帝所希望的。他想做的是像管理他们的统治者一样管理德国人民，并尽可能弥合他们的分歧。他的政策得到了威廉及其保守派顾问的大力支持，他把德国民族主义者和保守派力量聚集在一起，支持德皇，同时削弱了不断发展的社会主义运动和强烈的地区情感，比如在南方，那里从未承认普鲁士的统治。

所谓的"共识政策"需要一个核心的组织原则，而这原则就是身处德国的自豪感。比洛认为，德国政府必须采取"一项勇敢而慷慨的政策，知道如何维持［我们］当前国民生活的幸福欢乐，一项能够动员国民能量的政策，一项能够吸引大量且日益增长的中产阶级的政策"。[15] 要做到这一点，积极的外交政策显然至关重要。比洛坦率地说，在萨摩亚问题上小题大做"于我们而言，完全不是出于什么实质利益，而是关乎理想和爱国"。他也给德国报纸下命令，要他们本着"在国内加强对我们外交政策信任"的原则报道这一事件。[16] 他在外交事务上的关键策略是设法确保德国在世界强国中的地位继续上升。这很可能意味着在其他国家之间挑起冲突。1895年，他曾告诉奥伊伦堡："我认为，英俄之间的冲突并非什么悲剧，而是'我们热切盼望的目标'。"[17] 让英俄两国各自消耗，而德国可以悄悄变强。

至于具体的政策，比洛相信要维持与奥匈帝国和意大利的三国同盟，私下里对与英国达成协议的想法表现得很冷漠。他觉得，对德国来说，在英俄持续冲突中保持中立要好得多。"我们必须在两者之间保持独立，"他写道，"做平衡的舌头，而不是来回摆动的钟摆。"[18] 如果说比洛有所偏向的话，那大概会是俄国，他认为从长远来看俄国会是英俄两强中更强的一方。至于英国，他认为英国迟早会认识到，由于英国对俄国和法国都怀有敌意，它必须与德国友好相处。比洛似乎从未想过，英国人会想出别的方案走出孤立处境。

在主导德国外交政策时，他得到了外交部其中一个最聪明、最强大也是最奇怪人物，即政治部门的弗里德里希·冯·荷尔斯泰因的支持，至少在最初是这样。奥伊伦堡称荷尔斯泰因是"迷宫怪兽"，这个名号流传至今。这个绰号是不公平的，因为荷尔斯泰因不是怪兽，而是一个非常聪明和敬业的德国公仆，竭尽全力在国际上促进德国的利益。不过，就像所有的绰号一样，它也有真实的成分。他行事诡秘，眼中无处不是阴谋。俾斯麦之子赫伯特形容他有"一种近乎病态的被害妄想"[19]。尽管荷尔斯泰因对别人很残忍、刻薄，他自己却非常敏感。他住在三间简朴的小房间里，生活极其简朴，除了打靶，他似乎对工作之外的事情没有任何兴趣。他很少参加社交活动，尽量避免与威廉二世这位他越发不喜欢的皇帝见面。德皇想要去威廉大街与荷尔斯泰因会面，后者却独自去散步了。[20] 1904年，两人在一次盛大的晚宴上相遇，据说只谈到了猎鸭。[21]

荷尔斯泰因一直拒绝出任德国外交部的最高职位，他宁愿在幕后行使权力，追踪那些进出的报告，运筹帷幄，回馈朋友，惩罚敌人。他的办公室紧挨着外交大臣的办公室，他还养成了只要高兴就从门口溜达进去的习惯。尽管荷尔斯泰因一度与俾斯麦亲近，俾斯麦也非常倚重他，但他还是与这位老首相、老首相的儿子及其支持者们在俄国问题上分道扬镳。荷尔斯泰因反对《再保险条约》，也不认为德国与俄国可以建立友谊。也许是因为他非常厌恶自己年轻时在俄国首都圣彼得堡出任外交官的日子，对俄罗斯的仇恨和恐惧是他外交政策中为数不多的一致之处。[22] 不久之后，他和比洛就会因为同一个问题分道扬镳。

1897 年 12 月，在帝国议会第一次发表演说时，比洛阐述了他对德国外交政策的设想，特别提到了当时的中国可能即将分裂。他的演讲旨在吸引德国的广泛舆论。"我们必须要求，德国传教士、德国企业家、德国商品、德国国旗和德国船只在中国受到与其他大国一样的尊重。"德国愿意尊重其他大国在亚洲的利益，只要自己的利益也得到尊重。"总而言之：我们不想让任何人处于阴影之下，但是我们同样要求取得阳光下的地盘。"比洛接着说，世界必须认识到旧有的秩序已经变了："德国人把土地留给邻国，把海洋留给邻国，把纯粹教义统治的天堂留给自己的时代已经结束了。"[23]（比洛的演说获得了良好反响；用符腾堡驻柏林代表的话说，演说里那些措辞"几乎已经家喻户晓，所有人嘴边都挂着那些话"。[24]）两年之后，同样在帝国议会发表的演说里，比洛第一次使用了"世界政策"（Weltpolitik）这个概念。说来奇怪，尽管这个词语在今天往往被译为"周边政策"，但在当时指的是全球政策或世界政策。此外，德国以外的许多人都带着深深的怀疑看待这个说法。与之有关的是"世界强国"这一概念，同样含糊不清。

这些概念反映了爱国的德国人普遍的看法，即德国经济取得了显著的进步。德国在世界各地的投资和贸易迅速扩张，德国在科学等领域也有大的进步，这一切都要求德国在世界上的地位要相应提高；其他国家必须认可德国的成就，承认德国国际地位的变化。对于自由派来说，这意味着德国要提供道德领导。正如他们中的一个人在 1940 年代的有利位置上满怀渴望地写道："我的思绪经常回到那个［我们］团结协作的美好时光：致力于更伟大德国的建设、和平的扩张，以及在近东地区的教化活动……一个和平的德国，伟大、光荣、备受尊重。"[25] 然而，对于右翼民族主义者，包括德皇和他最亲密的顾问，以及众多爱国团体成员来说，这意味着政治权力和军事权力，如果必要的话，还意味着与其他大国斗争。

那些年，当新皇帝和德国还在感受自己的力量时，一位上了年纪的历史教授在柏林大学的讲座吸引了满座的听众。海因利希·冯·特赖奇克是新德国民族主义思想的其中一个缔造者，他同样渴望德国在阳光下拥有一席之地。通过演讲和著作——其中包括一部非常受欢迎的多卷本的德国历史，他影响了整整一代德国领导人，让他们对伟大的德国历史，以及对普鲁士和普鲁士军队在建立德意志国家方面的卓越成就感到自豪。特赖奇克认为，爱国主义是一切价值中最高的，战争不仅是人类历史的必要组成部分，而且是其中高尚和令人振奋的那部分。只要德国抓住机会，它就会崛起，成为世界霸主，这是它应得的。[26] 比洛最喜欢的作家就是特赖奇克，他说特赖奇克是"民族国家思想的先知"。[27] 后来成为德军总参谋长的小毛奇年轻时一读到特赖奇克写的书就被"迷住"了，他之后写信给妻子说："爱国主义精神和对祖国的热爱贯穿了整部作品，而且没有违反历史事实；堪称杰作。"[28] 令人意外的是，德皇本人对此倒是不温不火；尽管他喜欢特赖奇克著作的整体主旨，但这位历史学家对霍亨索伦家族的赞扬还不够。[29]

所谓的"世界政策"落实到具体政策上究竟意味着什么那就是另外一回事了。正如在这个想法开始广泛传播时，指挥欧洲军队镇压义和团运动的陆军元帅瓦德西于日记中所写的那样："我们本应追求'世界政策'。我要是知道那是什么就好了；目前，它只是一个口号。"[30] 不过，这似乎确实暗示了德国应当获得相当一部分殖民地。特赖奇克的确也是这么认为的。"历史上的所有国家，"他在讲座中说，"都有一种冲动，想在自己足够强大的时候，给野蛮国家打上自己的权威印记。"德国现在已经足够强大，高出生率亦证明了德国的活力。然而，与英帝国和其他帝国相比，德国表现不佳："因此，对德国来说最重要的问题就是展现自己的殖民动机。"[31]

　　绝非只有像特赖奇克这样的德国人认为殖民地是个好事情。在当时的欧洲，人们普遍认为殖民地为其所有者带来了有形的财富与无形的声望和利益。1873—1895 年间的农产品价格下滑与商业下行周期的到来，使德国的政商领袖与其他国家的领导人一样，敏锐地意识到扩大出口与保障海外市场的必要性。帝国的批评者可以指出，而且确实指出了一个尴尬的事实，即管理和防御殖民地的成本通常远远超出殖民地能给宗主国带来的利益，同时，投资、贸易和移民倾向于流向诸如美国、俄罗斯和拉丁美洲这些非殖民地。卡普里维就是其中一个批评者，他认为德国的天然市场在中欧。一如既往，信念本身并不会被不可忽视的证据所动摇。观察一幅地图，看到所有的彩色碎片都属于一个人的国家，那是一件多么令人兴奋的事情啊。确实，领土和人口，无论多么贫穷或多么分散，加总起来都会提升一国在世界中的地位。而且，正如当时的英国外交大臣罗斯伯里勋爵在 1893 年所说，获得新殖民地是"为未来争取权利"。[32]

　　在德国，殖民地是一个敏感问题。德国是个强国，而且是世界顶级强国之一，却没有自己的印度或阿尔及利亚。诚然，德国已经在非洲和太平洋地区零星捞到了一些地方，但与法国和英国相比，它的帝国是微不足道的。哪怕是小富即安的比利时，都拥有幅员辽阔的刚果。德国人越来越想要迎头赶上，拥有大国气派。无论是在威廉大街的外交部还是在德国军方，帝国雄心都得到了强有力的支持。正如外交部殖民事务部的负责人早在 1890 年指出的，"无论是政府还是帝国议会，只要它放弃殖民地，就必然会在德国人民和欧洲面前丢尽颜面。如今，殖民政策在全国各地都有支持者……"[33] 在德国公众内部，泛德意志联盟与殖民协会也许并没有那么多成员，但他们提出的要求足够激烈，也足够响亮。

当然，无论左右都不乏怀疑者，他们指出了殖民地的代价和通常来说有限的回报。俾斯麦本人从来就对殖民地没有多少兴趣（也没有兴趣动用海军保护殖民地）。就像他在 1888 年对一位试图让他对非洲感兴趣的探险家说的那样："'我的非洲地图就在欧洲。这里有俄国，同时'——他指向左边——'这里是法国，我们正好夹在中间；这就是我的非洲地图。'"[34] 他的继任者卡普里维大致也持相同态度："我们越少关心非洲越好！"[35]

虽然比洛最初并不是殖民地政策的热情支持者，但他很快就把殖民地纳入了自己的愿景。在 1899 年 12 月对帝国议会所做的演说中，比洛提出了一项挑战："我们不能容忍任何外部势力或哪个外来的神告诉我们：'你们还能干什么呢？世界已经分割完毕了'。"比洛还加了一句不祥的预言："在下一个世纪，德国不为刀俎，就为鱼肉。"[36] 一个棘手的问题是，去哪里找殖民地呢？要知道世界上的大部分地区已经被其他大国瓜分。日渐衰弱的奥斯曼帝国是个可能的选择，于是德国开始寻求在该国境内修筑铁路，并借钱给奥斯曼政府。1898 年，德皇在中东进行了长时间的访问，而且不知道怎的被冲昏了头脑，在大马士革做了一场夸张的演讲："愿苏丹与全球三亿尊奉他为哈里发的臣民放心，德国皇帝永远是他们的好朋友。"[37] 另一个衰落的帝国，即当时的大清帝国，看起来也很有希望，夺取位于胶州湾的青岛港口和山东半岛的其他租界似乎是很好的第一步。德国殖民政策的热情支持者有过一个匪夷所思的计划，还得到了蒂尔皮茨的首肯，即要秘密地逐步在加勒比地区的丹麦维尔京群岛中的其中一座岛屿上购买土地，一直买到德国人拥有了此岛绝大部分土地为止。到那个时候，德国政府就要介入，然后可以从丹麦手中买下整座岛屿，用于建立海军基地。幸运的是，威廉反对这个计划，因为这将使德国与美国，以及很大可能还会与英国卷入一场完全不必要的争端。[38]

然而，德国已有的那些言论和行动，足以让已经倾向怀疑德国的英国政府和英国公众感到震惊了。不仅如此，无论在德国政府圈子还是在德国公众中，人们愈来愈公开地倾向于认定，英国是德国"世界政策"之路上的主要障碍。学生们在特赖奇克的课堂上记录的笔记显示，他多次攻击英国。1890年代，特赖奇克问道，为什么德国"必须以如此不体面的方式向英国女王屈服，要知道在英国，甚至连小婴儿都决心欺骗我们"。（不出所料，特赖奇克对英国的一次访问仅仅是强化了他的看法，在他看来，伦敦"像是一场醉酒恶魔的梦"。[39]）1900年，奥匈帝国驻德国大使给维也纳发回了一封冗长而有洞察的备忘录，在其中，他指出，德国政治的头面人物认为，毫无疑问，许多年后，他们的国家将接替英国成为世界头号强国，此处，他还评论了德国"普遍存在且有强烈影响的恐英症"。[40]威廉本人也期待未来能看到德国崛起、英国衰落。正如他1899年在汉堡发表的那通演说所讲的，"旧帝国会消亡，新帝国正在孕育"。

然而，他对英国的态度，就像他与自己一半的英国血统的关系一样，比他的许多臣民更加矛盾。他的母亲不明智地把英国的一切都当作榜样，而且可以理解的是，威廉对此很反感。母亲希望威廉成为一名英国绅士，威廉却成了普鲁士军官。母亲是自由派，威廉是保守派。威廉一度对母亲怀有恨意，也确实在父亲死后对母亲很差，但儿时和父母一起去英国的经历，也是他最快乐的童年记忆。他曾和他的表亲们在怀特岛的奥斯本宅邸玩耍，还参观过英国的海军造船厂。他曾经常登上纳尔逊的旗舰"胜利"号，还一度在"圣文森特"

号（以纳尔逊的同时代将领命名）上亲手发射炮弹。在威廉登基之后不久，维多利亚女王就授予他英国海军荣誉上将的称号，当时他非常高兴。"想象一下穿着与圣文森特和纳尔逊一样的制服。这太令人激动了。"[41] 威廉送了外祖母一幅自己身着新制服的画像，也在一切可能的场合穿着这身衣服，据说在瓦格纳的歌剧《漂泊的荷兰人》上演的时候也是如此。[42]（他还凭自己的荣誉军衔，对英国海军提出了许多不必要的建议。）

成年后，他多次抱怨英国那"该死的家族"，但也仍然深爱着他的外祖母维多利亚女王。事实上，女王是世界上少数几个他愿意听从的人之一。他厌恶他眼中英国人的傲慢和屈尊俯就的态度，但仍然可以在 1911 年对西奥多·罗斯福说："我崇敬英格兰。"[43] 后来成为普勒斯公爵夫人的黛西·康沃利斯-韦斯特认为，威廉对英国的喜爱和崇敬之情都是真诚的，而他对英国的频繁批评更像是家庭中感到自己被误解之人所说的话：

> 真的很委屈。这位皇帝觉得无论是维多利亚女王、爱德华国王、乔治国王，还是英国人民，都没有彻底理解他或重视他。威廉自认真诚，也对自己有信心，所以他企图把他的个性强加给我们。就像实力派演员在饰演一个自己喜欢的角色时，常常会努力以魅力或细节赢取观众一样，这位皇帝经常试图通过会激怒我们的，或者更糟糕，仅仅是令我们觉得无聊或好笑的行为，来影响英国的公众舆论。[44]

当威廉带着他一贯的热情在考斯岛参加帆船比赛时，情况当然也是这样。1890 年代初，德皇成为英国皇家帆船俱乐部的一员（由他的舅舅爱德华提议），买了一艘帆船，而且每年夏天都会出现在帆船大赛上。一开始，英国人倍感荣幸。维多利亚女王不得不把他和他的随从们安排在奥斯本,虽然她说"这种一年一度的访问不太可取",但这对威廉来说没什么影响。[45] 不幸的是,威廉不善于运动;他经常抱怨比赛规则,并认为这对他的帆船"流星"号不公平。舅舅爱德华抱怨说,威廉总认为自己是"考斯岛的老大",而且1895年他还对朋友说:"考斯岛的帆船赛对我而言一度是个惬意的假期,现在却是德皇在那里发号施令,这就成了个麻烦事儿。"[46] 此外,还有其他一些事情破坏了夏日的气氛:显然,索尔兹伯里没有收到前往威廉那艘镀金汽艇"霍亨索伦"号进行重要会谈的消息;威廉还坚持要与爱德华王子进行帆船竞赛,尽管这导致他们与女王共进晚餐时迟到。

德皇与舅舅爱德华的关系尤为紧张。威廉或许对这样一个事实感到十分不满,即爱德华王子这个"又老又胖的威尔士人"不仅富有魅力、自信满满,还广受爱戴。威廉生性拘谨,妻子无疑也强化了他的这一性格,因此舅舅对美女和酒肉朋友的偏爱也令其感到冒犯。而且,当舅舅这个老男人身陷一桩特别棘手的丑闻时,威廉竟然给他写了一封劝诫信,这显然也让自己不受欢迎。还有更荒谬的,威廉会说舅舅是撒旦,是"一只老孔雀",是"欧洲顶级的阴谋家兼麻烦制造者"。[47] 在爱德华看来,他这位更年长也更自信的男人无法理解这位复杂的年轻人,后者常常口出狂言,掩藏自己的不安全感。爱德华王子与其丹麦妻子亚历山德拉从未原谅普鲁士从丹麦手里夺取石勒苏益格-荷尔斯泰因的举动,他们认为,威廉就是普鲁士军国主义的象征。"威廉是个恶霸,"他曾说,"而绝大多数恶霸在被擒时都成了懦夫。"[48] 1909年,已经是国王的爱德华最后一次见到威廉,他写了这样一段并非全然正确的话:"我知道德国皇帝恨我,他从不放过任何一个在背后说我坏话的机会,而我一直对他很好。"[49] 西奥多·罗斯福认为,威廉的情绪要复杂得多,他"对爱德华国王有着真实的情感与尊重,对他的厌恶也是非常积极和充满妒忌的,这两种情绪一前一后出现，最后反映在他的谈话里"。[50]

二人之间的矛盾可能始于威廉父亲即将去世，而爱德华赶赴德国支持他挚爱的姐姐维多利亚长公主之际。爱德华诸如"威廉大帝需要知道他生活在 19 世纪末而非中世纪"这样的评论，或许也传到了德皇耳中。即位两个月后，威廉明确表示，他不会去维也纳见他的舅舅，尽管他们分别计划在同一时间去那里。爱德华不得不在外甥抵达维也纳之前先行离开。俾斯麦试图向英国人解释这次事件，并把此事归咎于爱德华对威廉的态度："爱德华王子对待威廉就像舅舅对待外甥一样，而没有把他当作皇帝，尽管皇帝还年轻，但毕竟也已经成年一段时间了。"索尔兹伯里认为，德皇一定是"有点儿疯了"。维多利亚女王对此大为光火，她写信给首相说："这实在是太粗俗、太荒谬、太不真实了，简直难以置信。我们一直以来都与这位外孙非常亲密，而假装认为他在私人场合会像在公开场合一样被当作'皇帝陛下'来对待。这完全是疯了！"[51]女王告诉索尔兹伯里，她希望英德关系不会因此受损。"女王非常同意，英德关系不应被这些不幸的私人争吵影响（如果可能的话）；但是女王也相当担心，有这么一个头脑发热、骄傲自大、刚愎自用，而且毫不顾忌感情的年轻人，想让两国关系不受损几乎不可能。"[52]

如果两个国家都是君主立宪制国家，家庭争吵只会暂时搅乱局势，产生许多流言蜚语，但不会造成持久的损害。这件事的问题在于，德国统治者确实拥有相当大的权力，并准备利用这些权力来实现他的目标，让德国成为世界强国。在威廉本人和他周围的许多人看来，这意味着要拥有一支远洋海军，能够在远海投射德国的力量，保护德国的贸易和投资，重要的是，保护德国的殖民地，包括现有的和未来要取得的。1896 年，威廉在一次广为流传的演讲中，呼吁德国人民"帮助我把这个更大的德意志帝国与我们自己的本土帝国紧密结合起来"。[53]这种观点并非德国独有；这一时期逐渐被广泛接受的看法是,海军力量是世界力量的一个关键组成部分。不然的话,英国、荷兰或法国要如何建立和维护他们那个庞大的海外帝国呢?

有时需要一个人把直觉已经猜到的东西用语言表达出来;研究海洋重要性的伟大理论家是美国海军学院一位不知名的指挥官,而美国本身还不是一个海军强国。1890 年,时任海军上校阿尔弗雷德·马汉出版了他的经典作品《海权对历史的影响》。他当时五十岁,身材修长,向来没那么喜欢出海。从很多方面来看,马汉的形象都是喧嚣吵嚷水手的对立面。他沉默寡言,不爱社交,为人冷淡,谨小慎微。(他拒绝让自己的女儿阅读左拉的小说。)他还格外高洁,甚至不让自己的孩子使用政府配发的铅笔。[54]

他第一次有了那个使他成名的想法是在阅读罗马历史的时候,他意识到,如果汉尼拔从海上而不是从陆路越过阿尔卑斯山入侵,情况会有多么不同,而且最关键的是,他能够从水路得到迦太基的支持。马汉认为:"控制海洋是一项从未得到系统认知或阐述的历史因素。"[55] 马汉的确阐释了海权的概念。在他的几本著作里,他认为,回顾历史,无论是 17 世纪的英荷战争,还是 18 世纪的英法七年战争,海上力量几乎总是决定因素。海权在和平时期确保繁荣,也在战争时期带来胜利。马汉写道:"有三件事对研究临海国家的历史和政策来说尤为关键:生产,以及产品交换的必要性;航运,产品交换赖以进行的媒介;还有殖民地,可以促进和扩大航运业务,并通过增加安全点来保护航运。"[56] 一支强大的海军可以保护横跨大洋的贸易和通信要道,同样重要的是,使占领和维系殖民地成为可能。海军的战斗舰队可以起到威慑作用,特别是如果它们位于关键的战略位置。马汉和其他人所说的"服役中的舰队"并不一定要参与战斗;在和平时期,它可以用来向敌对大国施加压力,让这个大国在拿自己的舰队冒险之前三思,即使其舰队规模更大。[57] 然而,在战争中,在决战中消灭敌人是战斗舰或舰队的职责。

马汉和后来被称为"海军至上主义者"的那些人并没有主宰整个海权领域。还有另一种关于海军战略的思想流派最初得到了威廉海军内阁的支持，他们认为，削弱敌人并赢得战争的方法是攻击其商业。在19世纪末那个相互依存度越来越高的世界，很少有国家可以在没有海上贸易的情况下长时间生存，更不用说发动战争了。因此，与投入巨资打造庞大而昂贵的战列舰相比，更有用的做法是建造快速巡洋舰、鱼雷艇和新的潜艇来攻击敌人的商船。事实上，大型战列舰有着厚重的装甲和武器装备，如此也容易成为更小、更快的船只、水雷和潜艇的理想目标。法国人所说的"商业袭击"（guerre de course），英国人在伊丽莎白一世时就用过，而且发挥了相当大的作用——当时，英国政府授权给实质是海盗的人，鼓励他们劫掠载有新世界金银的西班牙大帆船。当第一次世界大战最终到来时，这被证明是德国对抗协约国最有效的武器之一：这场由德国海军中一支在和平时期被忽视和贬斥的部队发动的潜艇战，几乎切断了英国继续战争所需的物资供应。

然而，马汉的理论有很大的优势，它显然被历史证明了，并唤起了民族自豪感。一艘鱼雷艇根本无法与一艘伟大的战列舰相比，而商业袭击也不像巨舰之间的冲突那样具有战争的高度戏剧性。他的著作在美国有着巨大的影响力，激励了罗斯福等人建立美国殖民地和海军的雄心。在英国，他的著作似乎解释了英国在世界上的统治地位。在德国也是如此。德皇扑向了《海权对历史的影响》这本书；1894年，德皇在致友人的信件中说："我现在不是阅读而是如饥似渴地吞噬马汉上校的著作，我想用心学习它。"在政府的支持下，这本书被翻译成德语并在杂志上连载，每艘德国军舰上都有一本。在那之前，德国的主要军事力量是陆军，而海军规模较小，主要发挥海岸警卫队的作用。此时，威廉二世执着于这样一个想法，即德国需要一支强大的海军，配备大型战列舰，在公海作战。1897年，在克里特岛，希腊和奥斯曼帝国之间爆发了危机，英国凭借其海军力量结束了这场争端，而德国却只能在一旁观望。威廉抱怨说："这再一次证明，德国因为缺少强大的舰队而遭受了多大的损失。"[58] 根据德国宪法，他已经拥有海军的最高指挥权，并对海军的组织结构进行了几次调整，使海军的各个部门越来越多地处于他的直接控制之下，因此，德皇有能力采取一些补救措施，当然前提是他能从帝国议会获得必要的资金。

马汉提供了思想上的支持，但威廉对强大海军的渴望还有其他原因。从孩提时代起，他就近距离地观看并欣赏英国海军。这情景对他的影响，就像《柳林风声》里的蛤蟆第一次看到汽车一样："辉煌，激动人心！"1887 年，年轻的威廉代表家人出席了维多利亚女王登基五十周年庆典，海军检阅的场面进一步点燃了他对海军的热情。1904 年，当他的舅舅爱德华七世访问位于基尔的德国海军基地时，德皇在基尔游艇俱乐部（仿照考斯岛的俱乐部而建）的晚宴上向他敬酒："当我还是个小男孩的时候，我就有幸与善良的舅母和友好的海军将领携手访问朴次茅斯和普利茅斯，我钦佩那两个一流港口里令人自豪的英国舰船。当时，我心中突然产生了一个愿望，希望有一天也能造出这样的船，等我长大了，也能拥有一支和英国人一样优秀的海军。"威廉几乎被自己的口才感动得热泪盈眶，并为国王欢呼三声。爱德华的回应相当克制："亲爱的威廉，你总是对我那么好，那么友善，我觉得无论如何表达我对你的感激都不够。"比洛禁止一家著名新闻机构的代表将德国皇帝的溢美言论电告柏林："像以往在这种场合一样，我又写了一篇同样友好但更冷静的帝国演说……"对此，德皇很受伤——"你把最好的部分都漏掉了"——但比洛很坚决："如果陛下您把我们耗资巨大，有时甚至冒着危险建造的舰队，描述为你个人的爱好和童年记忆的结果，那么再想从帝国议会要来几百万用于海军建设就不容易了。"德皇明白了比洛的用心："啊，那该死的帝国议会。"[59]

"那该死的帝国议会"确实是个问题。它并不热衷于更大的海军。人数不断增加的社会主义者、各种各样的自由派和温和派，甚至一些保守派，都不准备批准这笔必要的资金，尤其是在威廉和他的海军内阁无法明确说明为什么需要这笔资金的情况下。1895年，德皇开口要造36艘巡洋舰，帝国议会只批准了4艘；1896年，帝国议会干脆拒绝了德皇的所有要求。1897年初，帝国议会再次质疑德皇的海军预算。此时的德皇只得转而求助那个有望帮助他得到海军的男人。

阿尔弗雷德·蒂尔皮茨身处世界的另一端，指挥着德国的东亚舰队，此外还要在中国北方的海岸线上找到一处理想的港口。（蒂尔皮茨选择了胶州湾，德国也在当年秋天拿下了这个地方。）尽管蒂尔皮茨最初不愿放弃指挥权回到德国，但他还是屈从于德皇的意愿，成为海军大臣。（他在这个职位上待了十八年。）这是通往1914年的另一个关键步骤：德皇得到了他想要的海军，而德国也改换了海军战略。如此，德国就走上了与英国冲突的道路。

1897年，蒂尔皮茨四十八岁，比威廉年长十岁。与德皇身边的许多人不同，他并非出身贵族，而是来自受过良好教育的职业阶层。他的父亲是个温和自由派律师，后来成为一名法官，他的母亲是个医生的女儿。蒂尔皮茨生长在普鲁士东部——那里现在是波兰的一部分——自小就对普鲁士有着深沉的爱，对国王和国家有着强烈的责任感，这是那个时代和环境的典型特征。

蒂尔皮茨儿时和余生的偶像都是腓特烈大王，而且反复阅读托马斯·卡莱尔为腓特烈大王写的那本传记。不过，在早年，这位未来的海军上将并没有表现得很有前途。他是个资质平庸的学生，展现的主要天赋就是在街头斗殴。如果没有良好的人际网络，他不大可能在普鲁士陆军里表现良好，因此，他也许默认选择了对人才更

图 4　美国海军理论家阿尔弗雷德·马汉认为海权对世界霸权来说至关重要，受马汉的强烈影响，德皇威廉二世开始打造自己的大海军。因此，他与大英帝国展开了代价高昂的海军军备竞赛，结果这促使英国确信自己需要寻找盟友以对抗德国

包容的海军，并以此为志业。

他于 1865 年加入时，普鲁士海军规模还较小，许多船只都已过时，必须依赖外国船坞来维修。普鲁士陆军拥有光辉的历史、迷人的魅力，也享有普鲁士国防预算的大头。在普鲁士拉拢其他德意志邦国建立德国的过程中，海军还无足轻重。不过，随着德国海军逐步扩大并走向现代化，蒂尔皮茨的军衔也稳步上升，获得了既精通技术细节又了解更广泛战略问题的名声。1888 年，他被任命为一艘装甲巡洋舰的舰长，对于一个如此年轻的人来说，这是一次令人印象深刻的晋升。到 1892 年，他已是柏林海军参谋总长，有了"大师"和"无敌"的绰号（因为他能在别人无法生存的地方生存下来）。

蒂尔皮茨总是抽出时间广泛阅读，不过最喜欢的还是历史。他参加了特赖奇克在柏林的讲座，吸收了其关于德国不可避免的崛起以及英国不可避免的敌意的观点。他还阅读了马汉的著作，坚定认同海上力量的重要性以及各国拥有舰队的必要性。[60]1877 年，他告诉自己的上司："在公海上作战有一个特点，即唯一的目标就是消灭敌人。陆战提供了其他的战术可能性，如占领地形，这在海上战争中是不存在的。只有歼灭才算是海上的成功。"[61]1894 年，他写了一份重要的备忘录，其中"舰队的天然职责就是战略进攻"一节很有名。在这篇文章中，他驳斥了海军应当发挥防御作用的主张，其中包括建立沿海防御系统，并断言，制海权"将像所有时代一样，主要由战斗决定"。此外，蒂尔皮茨也日益确信，德国已经卷入了一场争夺阳光之下地盘的生死斗争。争夺地球剩余无主之地的竞赛开始了，那些没有得到他们那一份的国家将在严重的不利条件下进入 20 世纪。[62]

蒂尔皮茨是一个令人印象深刻的人物。他目光锐利，额头宽阔，有一个大大的鼻子和一大撮有两个尖头的络腮胡。贝恩斯说："在威廉二世的所有大臣中，没有一个给人留下如此强大和权威的印象。"[63]

奇怪的是，蒂尔皮茨对大海并没有什么特别的爱好，他宁愿在黑森林的房子里度过漫长的暑假，制订计划。他也比看上去更加情绪化。虽然在与同事和政客的斗争中，他可以冷酷无情，意志坚定，但有时也会遭遇巨大压力——他的秘书有时发现，他下班后会坐在办公桌前哭泣。[64] 他的回忆录和其他著作充满了自我辩解和对任何曾经反对过他的人的抱怨。

据某个非常了解他的人说，蒂尔皮茨"精力充沛。特别自负，不当领导都可惜。野心勃勃，手段果决，天性乐观。自己的快乐可以直通云霄，但该运筹帷和干活的时候也从不懈怠，不管看上去多么崩溃"。[65] 他的儿子后来说，蒂尔皮茨的座右铭是："如果一个人没有勇气做某事，他必须要渴望拥有这份勇气。"[66] 他本可以在商业上取得同样的成功，因为他懂得组织、管理与团队建设。在他即将成为海军大臣的时候，一名高级官员对他做出了一番更加矛盾的评价："他在所负责岗位上的其他成功表现，显示出一种片面看待问题的倾向，他会把自己的全部精力用于实现某一特定目标，而没有对一项事业的总体要求给予足够的关注，结果就是，他的成功是以牺牲其他目标为代价的。"[67] 德国在 1914 年以前的国际政策可能也是如此。

蒂尔皮茨在德皇手下就职前，二人已经见过几次面了。第一次似乎是在 1887 年，当时蒂尔皮茨是陪同年轻的威廉王子参加维多利亚女王登基五十周年庆典的随行人员。两人显然有过长谈。不过，之前的关键会谈还要属 1891 年在波罗的海基尔港的那次，当时，在对海军的未来进行了一场没有结果的广泛讨论之后，德皇询问了蒂尔皮茨的意见。"于是，"蒂尔皮茨在回忆录里写道，"我描述了我对海军发展的设想，由于我一直以来都在记录我对这个问题的想法，所以我能够毫无困难地描绘出一幅完整的蓝图。"[68]

1897 年 6 月，蒂尔皮茨抵达柏林，几乎立即就与德皇进行了长时间的会面。新任海军大臣对德国海军现有的想法做了严厉的批评

（包括德皇本人的）。蒂尔皮茨表示，德国需要的是进攻战略，而不是他的前任和其他人所提倡的商业袭击或防御措施，这意味着更多的大型装甲战列舰与装甲巡洋舰，和更少的快速、轻型装甲巡洋舰、鱼雷艇。这样的海军会激起德国人的自豪感——德皇和比洛都乐见于此——有助于新的国家团结。而且，正如蒂尔皮茨所言，德国在海上的主要敌人只能是英国。

与特赖奇克等同胞不同的是，蒂尔皮茨并不憎恨英国。事实上，他还将自己的女儿送到了知名的英国私立学校切尔特纳姆女子学院。蒂尔皮茨全家都说着一口流利的英语，也很照顾他们的女家庭英语教师。他认同社会达尔文主义，认为历史是由一系列生存斗争决定的。德国需要扩张；英国作为现任霸主也必将阻止德国崛起。所以，会有斗争；当然会有经济上的，但最可能的是军事上的，而且斗争会一直持续，直到英国承认它无法继续反对德国。

第一次与德皇会面时，蒂尔皮茨就指出，新海军法案的中心目标必须是"针对英国，强化我们的政治势力与政治重要性"。德国不可能在世界各地都与英国作对，但德国可以在北海的德国基地对英伦诸岛施加重大威胁。幸运的是，根据1890年的英德协议，德国用它在桑给巴尔的权利换取了赫利戈兰岩石岛，这座岛屿对守卫德国在北海的港口很有用。按照蒂尔皮茨的设想，如果英国试图在战时攻击德国海岸或是德国海军本身，英国的战列舰队也会蒙受重大损失。蒂尔皮茨的战略多年不变：摧毁赫利戈兰以西100英里的英国舰队。德国还有更大的优势，即可以集中舰队，而英国必须把舰队派到世界各地。"英国海军军官和上将等人都完全清楚这一点，"他告诉德皇，"那么即便从政治角度看，在赫利戈兰和泰晤士河之间也会有一场战列舰大战。"[69]蒂尔皮茨似乎根本没有认真考虑过英国海军有可能选择避免与德国全面交战，而是仅仅远程封锁德国、防止德国人从海上获得补给；或者，英国海军也可能封锁多佛尔海峡与挪威苏格兰之间的水道，而不是主动向德国海岸或是德国海军发动攻击——而这一切都出现在第一次世界大战中。[70]更重要的是，蒂尔皮茨也误判了英国对德国海军建设计划的反应。

此后几年，蒂尔皮茨向德皇、比洛及御前近臣陈说了他那个臭名昭著的风险理论。该理论既简单又大胆。他的目标是大幅提高英国在海上攻击德国的代价。英国拥有世界上最大的海军，其目标是保持其海军实力优于任何两个海军强国的实力总和，即众所周知的两强标准。德国并不试图与英国海军匹敌；德国的战略是建设一支足够强大、英国人不敢接战的海军。如果英国人胆敢接战，他们就要有蒙受重大损失的危险。那样一来，英国就会给其他敌人留下被严重削弱的印象。

按照蒂尔皮茨的理论，如果英国真的决定与德国进行海战，那它将为自己的衰落做好准备，因为无论输赢，它都将遭受损失。这将鼓励英国的其他敌人来攻击被削弱的英国，最有可能的是法国和俄罗斯，它们也拥有强大的海军。正如蒂尔皮茨1899年第二部海军法案的序言所言："德国本土的战列舰队没必要向世界最强大的海军看齐。总体而言，英国不会集中全部兵力对付我们。即便他们在遭遇战中以优势兵力赢了我们，摧毁德国舰队也会给敌人带来重大损害，甚至英国作为世界强国的地位也将受到质疑。"[71]这说明蒂尔皮茨眼光狭窄，他似乎希望英国人不会注意到自己已经被德国人盯上了。蒂尔皮茨并非孤军奋战。他的同僚，如比洛，还有德皇都希望能及时建立起自己的海军，使其强大到足以实施这一战略。在这个"危险地带"，德国必须小心谨慎，因为它还比英国弱得多，不能惊动它的对手。正如比洛所说，"鉴于我们海军的劣势，我们必须小心行事，就像毛毛虫在长成蝴蝶之前那样"。二十年后，当他的海军终于准备就绪时，德皇对法国大使说："我将会说另一种语言。"[72]但若是德国人不加小心的话，英国人也许会先发制人。德国决策者尤其担心的是出现另一个哥本哈根——1807年，英国海军先发制人，轰炸了丹麦首都，并夺取了丹麦舰队的大部，以防止其被用来支持拿破仑。[73]

尽管如此，在蒂尔皮茨、德皇本人与身边近臣更加乐观之时，他们希望自己能占得上风，不战而屈英国之兵。这种风险战略与"冷战"时期的核威慑并无二致，即众所周知的确保相互摧毁策略。阻止苏联和美国用远程核武器攻击对方的原因是，他们都知道敌人的核武库中有足够多的核武，无论是在陆地上加固的飞弹发射井中、远程轰炸机上还是潜艇中，其都可以给对方造成无法承受的报复性伤害。事实上，蒂尔皮茨的言行表明，他似乎从未真正打算使用德国的战列舰；在1914年之前的几次欧洲危机期间，每当出现英德之间即将一战的议论，蒂尔皮茨都会说德国海军还没准备好。莫不如说，他似乎希望可以不战而屈人之兵，仅仅凭借德国海军存在这一事实就让英国人妥协。

一旦德国的海军实力达到一定水平，让英国海军感觉自己前景堪忧，那么英国肯定就会意识到他们别无选择，只能接受这一不可避免的结果，并与德国达成谅解，甚至可能加入三国同盟。出于这一原因，蒂尔皮茨与比洛都对张伯伦在1890年代末抛出的结盟橄榄枝态度冷漠。他们认为这太快了。第一次世界大战之后（为了论证德国对于大战爆发并无责任），蒂尔皮茨宣称："鉴于世纪之交英国人盛行的思维方式，我不相信约瑟夫·张伯伦可能会被这种仁慈理解的海市蜃楼迷惑住，但肯定也有一些德国人在做无边大梦。根据英国人的统治欲望缔结的条约，永远不会符合德国人的需要。因此，平等将是前提条件。"[74]

1897年夏天，回到柏林之后没过几周，蒂尔皮茨就起草了一份全新的海军法案，重点关注那些通常被称为第一线作战军舰或主力舰的军舰——这些战列舰和重型巡洋舰将在全面海战中发挥关键作用。在接下来的七年里，德国将建造 11 艘战列舰，从长远来看，这个数字未来将增加到 60 艘。值得注意的是，该法案既确定了海军的实力，又规定如果舰艇型号过时有碍作战时，应当自动更换，法案中也规定了替换时间表。这就是蒂尔皮茨所谓的"钢铁预算"。正如他向德皇承诺的那样，他打算消除"帝国议会对陛下关于海军发展意图的干扰"。[75] 正如蒂尔皮茨在回忆录里所说，有了这部与之后的几部海军法案，"帝国议会就不再可能拒绝为这些日益庞大和昂贵的新型战舰提供资金了，除非它准备承受因建造劣质舰艇而招来的指责"。[76]

蒂尔皮茨的第一部海军法案是一场豪赌，尽管有德皇与比洛的热情支持，但他仍不清楚帝国议会是否会同意他的提议。事实证明，他是游说和公关的大师。刚一任职海军大臣，他就首先设立了一个"新闻和议会事务科"，这成了调动公众舆论的有效工具。在他筹备海军法案的几个月以及后面的一二十年里，蒂尔皮茨的办公室刊发了海量的备忘录、声明书、图书、照片与影片。该机构也筹划了一些特别事件，比如 1900 年派出一百艘鱼雷艇沿着莱茵河巡游，还有越来越复杂的战列舰下水仪式。在 1898 年 3 月海军法案投票的筹划阶段，海军部的代表走访德国各地，直接向商界和学界的意见领袖陈说利害。海军部组织了 173 次演讲，印发了 14 万份小册子，四处分发马汉有关海权的经典著作。他们还邀请记者到海军舰船上游览，同时特别关注在各个学校里的宣传工作。

公共团体，如有两万会员的殖民联盟或泛德意志联盟，都被邀请来配合海军部的宣传——他们以极大的热情分发了数千份小册子。[77] 这不仅仅是一种来自上层的民意操纵；建立海军的想法触动了德国各阶层民族主义者的心弦。海军梦也许尤其反映了正在壮大的中产阶级的心声，他们认为海军相比陆军而言更适合他们的孩子，这里的职业生涯更加开放也更加自由。尽管 1898 年成立的海军联盟一开始只是一群实业家成立的精英组织，但到 1914 年已有超过百万会员。

蒂尔皮茨本人一心扑在工作上。他安排一群重要的实业家和商人发表一项支持海军法案的决议，甚至勉强得到俾斯麦的支持。他拜访了德国的其他统治者；巴登大公就是其中之一，他在写给德国首相卡普里维的信中说："[蒂尔皮茨] 是多么优秀的一个人啊，一个品格与经验都一样出色的人。"[78] 在柏林，蒂尔皮茨也会花上几个小时，在办公室里与新当选的帝国议会议员亲切交谈。

当帝国议会在秋天重新开议时，德皇、蒂尔皮茨还有比洛都像情人一般发表了柔声细语的讲话。威廉表示，这部法案仅仅是一个防御措施。"冒险政策远不在我们的考虑范围之内。"比洛补充说（尽管他在演说里也提到了德国在阳光之下的地盘）。"我们的舰队是保护性质的舰队，"蒂尔皮茨宣称，"这部法案丝毫没有改变这种性质。"蒂尔皮茨的法案会让帝国议会的工作难度在未来几年里大幅降低，原因就是摆脱了过去那种"漫无止境的舰队方案"。[79] 1898 年 3 月 26 日，第一部海军法案以 212 比 139 的优势轻松通过。德皇欣喜若狂，说蒂尔皮茨"确实是个强悍人物！"除此之外，威廉还因为此后再也不需要获得帝国议会批准而感到高兴——并把功劳揽在自己身上。1907 年，当另一部海军法案通过时，德皇就向宫廷总管大吹大擂。这位总管回忆说："德皇说他完全愚弄了帝国议会的那些议员。还补充说，当他们通过这项法案时，他们根本不知道它会带来什么后果，因为这项法律实际上意味着，德皇想要的任何东西都必须得到批准。"威廉还接着说，这就"像是个开瓶器，我随时都能用它来开瓶。即便泡沫喷上了天花板，这群蹩脚货也要在脸气得发紫之前为此买单。我已经拿捏住他们了，这个世界再没什么可以阻止我喝干这瓶酒。"[80]

蒂尔皮茨立即开始着手下一步的工作。早在 1898 年 11 月，他就提出要从每年建造三艘开始，加快主力舰的建造速度。一年之后，在 1899 年 9 月的一次觐见中，蒂尔皮茨告诉德皇，更多的舰船"对德国来说是绝对必要的，否则德国将遭毁灭"。他遍数世界四大强国——蒂尔皮茨指的是俄国、德国、美国和英国——认为英美两国只能通过海路抵达。因此，海权至关重要。他还提醒德皇，人类对权力的竞争是永恒的。"索尔兹伯里的演讲就说：强国恒强，弱国恒弱。这也是我的观点。"德国必须迎头赶上。"如果德国不想居于下流，那么海军力量就是关键。"他希望在 1903 年第一份海军法案到期之前，通过一份新的海军法案，将舰队规模扩大一倍。这样，德国就会拥有 45 艘一线作战的主力舰。诚然，英国的舰船数量只会更多。"但是，"他补充说，"借助地理位置、军事体系、鱼雷艇、战术训练、有计划的组织发展和君主的统一领导，面对英格兰，我们无疑也有一些优势。我们的战斗条件绝非毫无希望，在此之上，英格兰也会失去［任何］攻击我们的兴趣，结果就是屈从于陛下手中充足的海军力量……陛下也可以运用这支海军推行一套宏大的海外政策。"[81]

德皇不仅举双手赞成，而且兴奋地跑到汉堡发表演说，公开宣布他将颁布第二部海军法案。蒂尔皮茨不得不在原定计划之前制定出这部新法案，但事实证明这是更好的时机。1899 年 10 月爆发的布尔战争以及当年年底英军扣押德国轮船事件激怒了德国舆论。第二部海军法案于 1900 年 6 月通过，适时地将德国海军的规模扩大了一倍。同年晚些时候，心存感激的德皇将蒂尔皮茨提拔为海军中将，并授予他和他的家庭贵族地位，抹去了他的中产阶级背景。在德国人看来，前途一片光明，他们将继续穿越"危险地带"，抵达它在世界上应该处于的位置。

然而，为了取得这一胜利，德国政府将付出高昂的代价。政府赢得了德国保守党中重要的土地利益集团的支持，代价则是承诺设立高昂关税以将廉价的俄国谷物拒之门外，并在 1902 年适时地采取了保护措施。俄国人因失去了一个重要的海外市场而恼怒不已；而在此之前，他们已对德国人占领胶州湾、染指奥斯曼感到愤怒。在德国，反对英国、支持强大海军的舆论也起到了一定作用，但舆论一旦被煽动起来，就很难平息。最重要的是，所有英国人，无论是决策者还是公众，都开始注意到这一点。"如果他们乖乖待在德国，"德国驻英大使哈茨费尔特抱怨说，"那么煮熟的鸭子很快就会飞进我们的嘴里。但威廉二世的这种持续的歇斯底里式的反复无常，以及蒂尔皮茨先生冒险的海军政策，将把我们引向毁灭。"[82]

蒂尔皮茨做了三个关键的假设：英国人不会注意到德国正在建设一支强大的海军；英国不会也不能以建立更强大的海军来回应德国（除此之外，蒂尔皮茨认为英国无法负担海军预算的大幅增加）；还有，在被迫与德国交朋友的情况下，英国不会决定在其他地方寻找盟友了。他的这三条假设全错了。

第五章 无畏战舰：英德海军竞赛

1902 年 8 月，另一场海军大阅兵在英国南部港口朴次茅斯和怀特岛之间的庇护水域斯皮特黑德海峡举行，这次是为了庆祝爱德华七世的加冕礼。由于国王本人在那年夏天患了阑尾炎，加冕礼和一切相关的庆祝活动都推迟了。结果，绝大多数外国海军的舰船（除了英国最新盟友日本的），还有英国海外舰队的舰船都在此前先行离开了。尽管最后是一个较小规模的阅兵仪式，但《泰晤士报》还是自豪地说，这强有力地展示了英国海军的实力。出现在斯皮特黑德海峡的都是现役舰船，也都来自那些随时待命保卫英国本土水域的舰队。"也许与五年前我们在同一水域目睹的那场盛大的海上兵力展演相比，这次的检阅没有那么壮观。但这次也清楚地展现了英国的海上力量到底几何，人们会记得，与之前相比，我们如今向海外派驻的现役战列舰要多得多，而且这里没有一艘战列舰是从预备服役的船队里调动的。"《泰晤士报》还提醒人们："我们的一些对手，在这五年间可没有懈怠，他们也在不断扩充海上兵力。"他们应该知道，英国仍然随时警戒，枕戈待旦，而且准备花费一切必要的资金来维护其海洋主权。[1]

尽管《泰晤士报》没有点明英国的对手都有谁，但读者很容易就能想到，德国很快就会成为英国的头号敌人。尽管英国仍将法国与俄国当成假想敌，但舆论，无论是在统治精英圈子里还是在普罗大众中，都越来越担心他们在北海的邻国。1896 年，记者 E. E. 威廉斯撰写的畅销小册子《德国制造》描绘了一幅不祥的图景："一个巨大的商业国家正在崛起，威胁我们的繁荣，并与我们争夺世界贸易。"[2] 他敦促读者好好看看自家情况。"你的孩子在托儿所里蹂躏的玩具、娃娃和童话书都是德国制造；不但如此，就连你们最爱的（最有爱国心的）报纸的原材料也是德国产的。"从瓷器装饰品到生火用的拨火棍，大部分家具可能都是德国制造的。更糟糕的是："午夜时分，你的妻子回到家中，她刚听完一场德国制造的歌剧，这场歌剧是在德国制造的乐器和乐谱的帮助下，由德国制造的歌手、指挥和演奏者演出的。"[3]

人们日益感受到在欧洲政治和欧洲的国际关系中出现了一个新的影响因素，即公共舆论，它给欧洲各国领袖带来了前所未有的压力，也限制了他们的行动自由。由于民主和新型大众传媒方式的扩展和普及，加之识字率的大幅提高，公众不仅得到了更好的信息，而且感觉彼此之间以及与国家之间都有了更多的联结。（由于互联网和社交媒体的发展，我们今天在获取信息以及如何与世界相联系方面也面临着自己的革命。）1914 年之前，铁路、电报线，还有之后的电话和广播，都以史无前例的速度传播着国内外新闻。驻外记者成为受人尊敬的职业，报纸也愈来愈倾向于派出本国记者前往海外，而不是依赖当地人提供的信息。俄国人、美国人、德国人或英国人，可以在早餐时阅读自己国家最近发生的灾难或取得的胜利，形成自己的意见，并且还能让政府听到他们的这些看法。有些人对这样的变化非常不满，尤其是过去的统治精英。德国外交部新闻处负责人表示，国际关系不再由"彬彬有礼而有外交手腕的个人组成的封闭

图5 1914 年之前的几年里，无论是在陆军还是海军，欧洲各国都卷入了日益激烈和成本高昂的军备竞赛。新的和经过改良的技术带来了更快、更强的战列舰，其中就包括显赫一时的无畏级战舰。图中，威廉二世、他的舅舅爱德华七世，以及法国总统埃米尔·卢贝正在运用自己的高额赌注的力量，而新兴强国日本和美国也开始加入牌局

小圈子"管理了。"各国舆论在政治决策过程中都产生了此前无法想象的影响。"[4] 德国有一个专门管理新闻的官僚机构，这表明政府认为自己有必要操控和利用国内外舆论，会控制提供给记者的信息，向报社老板施压或者直接贿赂以报道对自己有利的新闻。德国政府试图收买英国媒体，以获取舆论上的支持，但因为它只能贿赂那些规模小且不怎么重要的报纸，所以基本没什么用，反倒让英国更加怀疑德国。[5]

1897 年，北岩勋爵名下发行量甚大的《每日邮报》发表了一系列社论，敦促读者"在未来十年里，瞪大眼睛密切注视德国"。德国的威胁，英国的骄傲，爱国主义的呼吁，更强海军的号召，这些都是北岩勋爵名下报纸的常见主题（到 1908 年，其名下已有《每日镜报》与更精英化的《观察家报》和《泰晤士报》）[6]，而且事实上还有其他一些报纸也是如此，如《每日快报》和左翼的《号角报》。这些报纸的编辑与其说是在制造公众舆论，不如说是在迎合民意，但新闻宣传活动和威廉斯等人危言耸听的文章所要达到的效果就是煽动公众情绪，将爱国主义提升为有强硬外交色彩的民族主义。[7] 索尔兹伯里抱怨说，这就像是"背后有个巨大的疯人院"。[8]

20 世纪初，英德关系进入了自德国统一以来的最低谷。张伯伦与德国驻英大使会谈失败、德皇在公私场合情绪爆发、德国公众的反英情绪与亲布尔人情绪被广泛报道，甚至围绕张伯伦是否羞辱了普鲁士陆军这一问题还展开了愚蠢的争议，而这些都在英德两国民众心中留下了不信任和怨恨的种子。1896 年以来一直出任《泰晤士报》驻柏林记者的瓦伦丁·奇罗尔在 1900 年初给友人的信中表示："在我看来，德国比法俄两国从根本上来说都更有敌意，但她还没有准备好……她看我们，就好像在看一颗要被一片一片撕开来的洋蓟。"[9] 此外，英国政治家有理由怀疑，柏林会乐见英国牵涉进法俄两国的冲突中，甚至还会尽其所能加快事态发展。1898 年，当英法两国为了争夺非洲领土差点爆发战争时，威廉则宣称，他就像在大火边拿着一桶水的旁观者，尽力平息事态。英国外交部常务副大臣托马斯·桑德森评论说，德皇更像某个"拿着黄磷火柴四处跑，并在火药桶上刮火柴的人"。[10]

虽然早在 1890 年代，英国就有人担心一个新兴的强大德国会对海上均势格局带来影响[11]，但真正让英国对德国倍感不安的还是蒂尔皮茨 1898 年和 1900 年的两部海军法案。即使德国人的真实意图还不明朗，但和蒂尔皮茨同等级别的英国第一海军大臣谢尔本勋爵还是在 1902 年秋天正告内阁同僚："德国海军正在小心建设中，目的是同我们展开一场新的战争。"[12]1903 年，备受尊敬的公务员蔡尔德斯撰写了他唯一的小说《沙岸之谜》，这部扣人心弦的谍战冒险故事就意在警告英国同胞德国入侵的危险。《沙岸之谜》一经出版便大获成功，如今还在刊印。（蔡尔德斯在第一次世界大战后加入了爱尔兰反叛军，后被英国行刑队射杀；他的儿子在 1973 年成为爱尔兰总统。）建议对德国舰队进行预防性攻击的文章也频繁见诸英国媒体。

因为得天独厚的地理位置，英国对欧洲大陆陆地强权的扩张大体上能够泰然处之。但若这扩张发生在海上，英国可就没法那么冷静了。海军是英国的盾牌，是展示力量的手段，也是其全球扩张的命脉所在。每个英国学童都会学习英国海军是如何在 16 世纪击退西班牙无敌舰队的（要感谢天时和西班牙人的无能），以及如何在 19 世纪初帮助击败拿破仑的。依托海军力量，英国在世界范围内的七年战争中击败了法国，并将帝国控制范围从印度延伸到魁北克。英国需要海军来保护帝国及其在世界各地庞大的非正式贸易和投资网络。

发展海军，这是从统治精英到大多数英国公众都支持的政策。在英国，无论政治派别或社会阶层，所有人都为他们的海军和两强标准感到自豪。在 1902 年的加冕典礼上，从托马斯·库克的旅行公司到历史悠久的牛津剑桥俱乐部，再到公务员互助合作社的各种团体租用了超过一百艘观礼船。1909 年，英国海军在伦敦举行了一场为期一周的展演，包括模拟格斗、焰火表演和特殊的儿童节目，据估计当时有近 400 万观众。[13] 蒂尔皮茨、威廉二世，以及和他们一样热衷于建立一支庞大德国海军以挑战英国海军的同道们，从未明白皇家海军对英国来说可谓性命攸关，而这种理解力的缺失不仅让他们自己，也让欧洲付出了沉重的代价。

"大英帝国乘着皇家海军游走全球。"海军元帅杰基·费舍尔如此说道。这一次他可不是夸张。[14] 许多人认为，英国的持续繁荣与英国社会的长久稳定都仰赖皇家海军。英国在 19 世纪成为第一个工业国，这既是它的成功，也是它的阿喀琉斯之踵。英国经济的持续稳定，取决于其从海外获得原材料并对外出口工业产品的能力。如果英国没有控制海洋，不就永远都要受制于那些控制海洋的人吗？不仅如此，到 1900 年，英国已经要依赖进口供养其不断增长的人口；英国人消费的卡路里有大约 58% 来自海外，而且，正如之后的第二次世界大战将会说明的，增加国内生产根本不足以满足日益增长的需求。[15]

1890 年，早在德皇威廉二世与蒂尔皮茨开始实施新的德国海军建设计划之前，伦敦的皇家三军联合研究所就发起了一项讨论，强调了另一个担忧。皇家海军有能力保护英国的贸易吗？比如，它是否有足够的快速巡洋舰在世界最重要的贸易路线上巡逻，或者在战时侦察敌人的舰队并突袭其商业活动？到 1890 年代中期，一个新成立的海军联盟开始吵吵嚷嚷地要求增加海军开支。[16] 1902 年，《每日邮报》，也就是当时新近出现的大量发行的报纸，甚至在海军阅兵典礼上也发现了令人担忧的问题：

　　　乍一看，这支伟大的舰队安然地停泊在那历史悠久的港口，展示着它的英勇。但要想获得真正的智慧，必须去看表面之下的东西，我们应当考虑的问题是，这支舰队在多大程度上能够实现当初打造它的目的。令人震惊的是，它比 1897 年为女王钻禧庆典组建的舰队要弱得多。尽管毫无疑问，我们的各个分舰队是要比当时强大……但是同样值得注意的是，与此同时，一支强大的海军已在北海崛起，对均势格局构成威胁。[17]

正如战前更加称职的第一海军大臣之一谢尔本所言："与其他强国相比，我们的风险畸高。对我们而言，海上战争的失败将意味着近乎史无前例的灾难。那可能意味着我们的商船倾覆、制造业停滞、粮食短缺、敌国入侵，以及帝国的崩坏。"[18]

如果依靠航运的食物供应被切断，社会将会发生什么？据推测，粮食短缺甚至饥荒会首先冲击穷人。1914 年之前的二十年里，统治阶层中有许多人，无论文官还是武将，都设想过一个悲惨的景象，英国四面楚歌，遍地暴乱，甚至还有革命。他们真的认为上层阶级在战时会安全吗？ 1890 年代末，一位陆军将军在皇家三军联合研究所的一次会议上如此问道。"大众会从伦敦东区一路走到西区，他们将洗劫我们的宅邸，从我们孩子的嘴里抢走面包，然后说：'如果我们会饿死，那只有我们一起饿死才是公平的。'"[19] 发动战争立刻会变得不可能，这是海军情报处主管、巴腾贝格的路易亲王（也是爱丁堡公爵的外祖父）在 1902 年得出的结论："在战争的早期阶段，由于海运贸易的混乱，英国居民会倍感恐慌，这可能足以使任何决心结束战争的政府一败涂地。"[20]

饥荒，或者说对饥荒的恐惧，越来越多地给海军的战争计划蒙上阴影，也逐渐渗透到公众的意识中。[21] 到 19 世纪末，有影响力的团体和个人就鼓动政府采取行动保护和储存粮食。1902 年，五位侯爵、七名将军、九位公爵、二十八位伯爵、四十六名海军上将，以及一百零六位议员，聚集起来成立了"敦促正式调查我国战时粮食供应协会"。(他们成功获得委任并成立了皇家调查委员会,该委员会承认粮食供应存在问题,但没有给出任何令人印象深刻的建议。)

有趣的是,这个协会的成员里还有工会领袖,这么做也许是为了拉拢这个日益重要且问题多多的群体。没有人质疑工人阶级的坚定。"他们的爱国热忱,他们的勇气,或者还有他们的坚韧",协会的宣言写道,"但若是一群人总是处于饥饿之中,那么就会出现非常危险的状况,如果这一切继续,国家将面临一场无法逃避也无法推迟的灾难。"[22] 当然,1914 年之前,英国中上阶层的许多人都会怀疑工人阶级的忠诚和可靠。维多利亚时代伟大的社会改革家,如查尔斯·布思等,研究并揭示了穷人骇人听闻的生活条件,以及那种糟糕的条件对他们健康的影响,而且令人担心的是,这些也会影响他们对自身所处社会的信念。下层社会的人会为保卫英国而战吗?他们有这个能力吗?英国不实行义务兵役制,布尔战争期间,大部分志愿兵的身体素质都达不到陆军应有的标准,政界对此忧心忡忡,担心若英国陷入重大冲突,是否有足够的人力资源可堪利用。

还有其他令人担忧的迹象表明,随着时间的推移,英国社会正在变得更加分裂。爱尔兰问题再次爆发,爱尔兰民族主义者正在推动自治,甚至是独立。各大工会正在发展;截至 1900 年,工会会员已有 200 万之多(1914 年再次翻倍),而且工会集中关注那些对英国经济至关重要的领域,如采矿与造船。罢工时间更长,而且经常发生暴力事件。随着选举权的扩大,工人和他们的中产阶级支持者现在似乎也能分得政治权力的一杯羹。到 1906 年大选结束后,正式成立的工党在议会下院赢得了 29 个议席。备受欢迎的小说家威廉·勒·奎出版了那部大获成功的小说《1910 年的入侵》,其中就写道:德国入侵英国,英国的社会主义者争取和平,伦敦街头的抗议人群高呼"停止战争"。《每日邮报》连载了这部小说,还派人穿戴普鲁士钉盔和铁蓝制服,举着广告牌,在伦敦大街小巷奔走。(在北岩勋爵的坚持下，勒·奎贴心地改写了德国人的入侵路线，以便赢得更多读者。）[23]

无论是保守党内阁还是 1905 年末上台的自由党内阁，都发现自己身处一个尴尬却似曾相识的境地，即要在国防需求和财政需求之间作出平衡。人们普遍认为，德国的威胁越来越大，海军必须足够强大，以应对这种威胁，以及来自法国和俄罗斯的长期威胁。（英国陆军拿到的国防预算只有海军的大约一半。）然而，技术上的进步——更坚固的装甲板、更好的发动机、更大的火炮——同样昂贵。1889年到 1904 年的这十五年间，英国人用在战列舰这个海军舰船里最重要的舰种上的成本增加了一倍，而更快更轻便的巡洋舰的经费则增加了五倍。此外，广布全球的帝国还意味着英国必须在全世界设置军事基地。1914 年之前的二十年里，英国国防总支出约占政府支出的 40%，比其他任何一个大国都要高，而且英国的人均税负明显也更高。[24]

与此同时，政府在社会项目上的支出也在增加。与欧陆其他国家一样，英国政府担心国内动荡，并把失业保险或养老金等政策视为缓解社会矛盾的手段。1906 年成立的自由党新内阁中包含了像大卫·劳合·乔治这样的激进分子，对他们来说，在社会福利上花钱不仅是明智的预防措施，而且是一项道德义务。英国经济可以同时负担得起新军舰和养老金吗？历任财政大臣都对此表示怀疑。如果政府试图提高税收，很可能会引发动乱，尤其是在贫困阶层。正如1903 年的保守派财政大臣 C. T. 里奇所说："我担心，最大的危险之一就是，一个先令的所得税，艰难时世里的低就业率，或者面包价格的略微增长，都会引发激烈的反应……"[25]

为了努力在增税和削减国防开支之间找到一条中间道路，1914年之前，历届政府都在开源和节流两方面下功夫。1904 年，新成立的帝国防务委员会将协调防卫计划，以及他们所希望的预算；布尔战争结束后，英国陆军也展开了急需的各项改革；海军也进入了现代水平。海军大臣谢尔本也许并非最聪明的那个人；塞西尔家的小姨子（谢尔本娶了索尔兹伯里的长女）提到他时表示，"他身上有种人们所说的那种早期英式幽默感……简单，热心，不知疲倦"。[26] 但他精力过人，致力于改进海军，而且最重要的是，他还准备支持改革者，尤其是海军上将杰基·费舍尔。

正如人们一贯所知，杰基·费舍尔就像失控的转轮烟花，在英国海军史上以及战前岁月里飞驰而过，火花四溅，一些旁观者惊慌失措，另一些人则赞叹不已。在第一次世界大战前的几年里，他从上到下彻底动摇了英国海军，不断向他的上级文官提出要求，直到他们让步——而且还会压制他在海军中的对手。他用别人无法效仿的措辞畅所欲言，说他的敌人都是些"臭鼬""皮条客""顽石"或是"受惊的兔子"。费舍尔坚忍、顽强，基本上不在乎别人的批评；对于一个出身相对平凡、从小就在海军里闯出自己道路的人来说，这并不奇怪。他也极度自信。爱德华七世一度抱怨说，费舍尔不会从不同角度来看一个问题。这位海军上将回应说："如果我知道我这个角度是正确的，我为什么还要浪费时间从别的角度看？"[27]

费舍尔可能很有魅力；他曾让维多利亚女王开怀大笑——这可不是一件容易的事，而且还被女王频频邀请前往怀特岛上的奥斯本宫度假。年轻的俄罗斯公爵夫人奥莉加写信给他说："亲爱的司令，我愿意去英国和您再跳一次华尔兹。"[28] 违逆他也很危险，而且可能让他心生怨恨。著名记者阿尔弗雷德·加德纳曾说："他会开怀大笑，会讲笑话，开玩笑，也会与人谈笑风生，但在这位水手轻快外表的背后则是他的'战争3R原则'——'残忍，冷酷，无情'（Ruthless, Relentess, Remorseless），和他的'3H枪炮原则'——'先打，猛打，一直打'（Hit first, hit hard, keep on hitting）。"[29] 费舍尔并不主动寻求战争，无论对政敌还是敌国，但一旦敌人找上门来，他就主张发动全面战争。与许多英国海军军官一样，费舍尔心中的大英雄是霍拉肖·纳尔逊，那个在海战中击败拿破仑的男人。事实上，费舍尔 1904 年接任第一海务大臣（海军作战统帅）时就有意将上任时间推迟到了 10 月 21 日，这一天正是纳尔逊在特拉法尔加海战中阵亡的纪念日。他屡屡引用纳尔逊的名言："如果可以以百对一，却以十敌一，那就是个傻子。"[30]

纳尔逊的这位继任者于 1841 年出生在锡兰，一开始他的父亲在那里任陆军上尉，后来则成了不成功的茶叶种植商。根据费舍尔的说法，尽管他对自己的父母知之甚少，但知道他们都长相俊美："我为什么长得丑，这是生理学上的一个谜题，目前还无法解答。"[31] 的确，他的脸上有一种奇怪的、不可思议的，甚至野蛮的神情。加德纳说他"大大的眼睛有着小小的瞳孔，嘴巴宽厚，嘴角无情向下，下巴微凸，似乎在向世界发出幽默的挑战，所有这一切都在向外界宣告，这个男人既无所求，也无所予"。多年来一直有传言说费舍尔有部分马来人血统，一位德国海军武官认为，这可能解释了他为什么如此狡猾和无所顾忌。[32]

上帝和国家，这是费舍尔主要的信仰。他认为英国应当统治世界，这既正确又恰当。上帝保护了他的国家，就像保护了传说中以色列那虽然失踪但终将凯旋的十支派一样。他有一次问："你知道打开世界的五把钥匙吗？它们是多佛尔海峡、直布罗陀海峡、苏伊士运河、马六甲海峡，还有好望角。而且这五把钥匙都在我们手里。我们不就是那失踪的以色列十支派吗？"[33]《圣经》，尤其是《旧约》里记载的诸多战役，是他最爱读的内容，而且他一有机会就去听布道。有一次，一个星期天的早晨，一位访客到他的城中宅邸拜访，却被告知："上尉去贝克莱礼拜堂了。""那么他下午回来吗？"来访者问。"不，他说他会去圣保罗大教堂听卡农·里登主教布道。""好的，那么晚上呢？""晚上的话他会去司布真牧师的礼拜堂。"[34] 费舍尔也喜欢跳舞，疼爱妻子与家人，但他最钟情的还是海军。

以海军之名，费舍尔向低效、怠惰和各种阻碍宣战。人们都知道他会当场解雇不称职的下属。某个下属曾说："没人能知道自己还能不能干到第二天。"[35] 成为第一海务大臣之后，费舍尔收到一大份文件，涉及与英国陆军部的纠纷，争议谁该为高地人那些被海军登陆掀起的海水冲毁的蚝卵买单。他把所有的文件都扔进了办公室的炉火里。[36] 他还决定要在白厅的海军部顶楼装一部无线电报机；虽然邮局认为这有困难，但有一天，六名水手突然爬进圆屋顶，安装了所需的设备。[37]

无可避免地，费舍尔无论在海军内部还是在他的支持者那里都饱受争议。他被指控徇私，也在改革中走得太快太远。变革无疑是必需的。就算丘吉尔没有真的讽刺说皇家海军的传统就是"朗姆酒、鸡奸与皮鞭"，但事实离这也不太远了。在漫长的几十年和平岁月中，海军变得自满和墨守成规。它固守着旧的方式，因为那是纳尔逊时代的行事方式。

海军纪律严明；众所周知，九尾鞭只需挥动几下就能打烂后背的衣服。1854 年，在入伍海军的第一天，十三岁的费舍尔在目睹八名水兵挨打后就晕倒了。[38]（这种做法最终在 1879 年被废除。）普通水手仍然睡吊床，主食只有压缩饼干（其中往往还有象鼻虫）和不知道是什么的肉（而且用手吃）。军事训练急需改革和革新；毕竟，当时的船只几乎都是蒸汽动力，花那么多时间训练风帆操控没有多大意义。教育，即使对军官来说，也都被当成了走过场，仅仅传授基本的知识。年轻的军官没有受到适当的教育，也没有被鼓励去关注诸如射击练习这样的日常事务，更不用说战术和战略了。"马球、赛马及其他娱乐活动，"一位海军上将回忆起自己服役初期的经历说，"比枪炮训练更重要……"许多高级军官都讨厌操作舰炮，因为烟尘会让船上的油漆变脏。[39] 海军没有军事学院教授战争艺术，更不用说国际关系或政治了。他们的高级指挥官通常不会多花心思考虑作战计划，虽然他们很擅长指挥舰船进行海军检阅或精心安排的演习（尽管在维多利亚时代的一桩重大丑闻中，海军上将乔治·特赖恩爵士将他的旗舰"维多利亚"号直接撞到了"坎珀当"号的一侧，导致其和 358 名船员一起沉没）。

　　费舍尔对海军进行的各项改革早在他出任第一海务大臣以前就开始了。在担任地中海舰队总司令以及之后出任第二海务大臣期间，他不仅为改进海军教育做了很多工作，还为建立一所正规的军事学院奠定了基础；他坚持进行持续的射击练习；提拔勉励了一批聪明的年轻军官。他曾告诉自己的上级："我们海军上将不断增长的平均年龄令人震惊！""不出数年你们就会看到，他们都穿着痛风鞋、端着热水袋到处走！"[40]1904 年，在担任海军最高指挥职务以后，他推动了更彻底的变革。他写信给另一位改革同道说："我们不能再小修小补了！我们不要再照顾谁的情绪！不要再考虑谁脆弱敏感的神经！不要再怜悯任何人！"[41]尽管有军官抗议，他还是无情地报废了 150 多艘过时的舰船。他修正并重组了造船厂，使其更有效率（也更节省成本）。他出手重振了被忽视的海军预备舰队，要求舰船上要有核心船员随时待命，以便他们能在危机发生时迅速在海上就位。他最大胆的一项重组是将大部分海军从遥远的驻地撤回，并将其舰船尤其是最新的舰船集中在不列颠群岛附近。他把分散的舰队合并，组建了一支强大的东方舰队驻扎在新加坡，还有一支在好望角，一支在地中海，以及另外两支在身边的大西洋和英吉利海峡附近。费舍尔对海军的重新分配意味着，如果有必要，四分之三的海军可以用于对抗德国。费舍尔也谨遵纳尔逊"战场应当是训练场"的原则，经常让大西洋舰队与海峡舰队在北海进行大规模演习。

　　刚一出任第一海务大臣，费舍尔就成立了一个委员会来研究他最伟大的创新，一艘新的超级战舰。（它还草拟了新的重型巡洋舰

"无敌"号的设计方案。）打造一艘兼具航速、重甲、长射程重炮战舰的设想已经快要成为现实，这部分是因为技术现在已经足够进步。比如说，新的涡轮发动机能够高速带动更重的吨位。（1904 年，丘纳德公司决定在当时最大的客轮"卢西塔尼亚"号和"毛里塔尼亚"号上安装涡轮发动机。）1903 年，一名意大利船舶设计师发表的一篇文章大概描述了一个可能的设计，称其为"皇家海军的理想舰船"，而且据悉，日本、德国、美国和俄罗斯的海军也在考虑建造新型超级战舰的可能性。[42]1905 年 5 月，日本在对马海峡对俄罗斯海军取得了令人震惊的胜利，这似乎证明了海战的未来取决于快速战列舰、新型高爆弹和发射炮弹的大炮。（日本舰队使用炮口直径为 30.5 厘米的舰炮；这意味着可以发射非常巨大的炮弹。）[43] 尽管费舍尔有时会被批评，说他建造的船只淘汰了所有其他类型的船只，将海军军备竞赛带到了新的高度，但这种跳跃几乎是必需的。

费舍尔的那个委员会非常迅速地完成了工作，而且在 1905 年 10 月 2 日，皇家海军舰艇"无畏"号的龙骨业已打造完成。1906 年 2 月，国王在大批热情的民众面前正式宣布"无畏"号下水。到年底，这艘船就可以服役了。"无畏"号是第一艘全新级别的战列舰，是海上的拳王阿里——巨大、快速、致命。当时最大的战列舰吨位是 14,000 吨，而"无畏"号达到了 18,000 吨。顶级蒸汽船的航速是 18 节，"无畏"号可以达到 21 节，因为装备了涡轮发动机（由查尔斯·帕森斯设计，他在钻禧庆典的海军检阅式上展示了自己装有这一发动机的"透平尼亚"号，令海军大为震惊）。费舍尔认为，比起重甲，速度是更好的防护，但"无畏"号在装甲上也不遑多让，水线上下的装甲加起来有 5000 吨重。与拳王阿里一样，"无畏"号也可以像蜜蜂一样蜇人。它携带十门炮口直径为 30.5 厘米的火炮以及一组更小的火炮，由于这些火炮安装在炮塔上，"无畏"号和她之后的迭代型号几乎可以向舰船周围的整个水域开火。如 1905 年《简氏战舰年鉴》所写的："考虑到她的速度、火炮威力、射程和重型炮弹集中力量的粉碎效果，在战斗能力上，'无畏'号应该可以轻易地与目前大多数现役舰艇中的任何两艘，甚至三艘相对垒。"[44]

　　尽管向无畏舰和重型巡洋舰发展的直接动机似乎是出于对法国和俄罗斯海军联合力量的担忧，但英国海军的规划者们越来越把德国海军视为未来的主要敌人。[45]英国与法国、俄罗斯的关系开始改善，但与德国的关系继续恶化。英国的规划者认为，无论德国的官方路线如何，德国舰队都是为在北海作战而设计的；例如，它的巡航半径有限，而且船员宿舍狭窄，这使得长途航行很困难。同样无济于事的是，德皇不小心在给他的二表弟俄国沙皇的信上署上了大西洋海军上将的名号。[46]费舍尔对此毫无怀疑，就像1906年与德国的海军军备竞赛白热化时他所说的："我们唯一可能的敌人就是德国。德国总是把整个舰队集中在离英国只有几个小时航程的地方。因此，我们必须把一支战力翻倍的舰队集中在离德国只有几小时航程的地方。"[47]从1907年开始，这位海军上将的作战计划几乎全部聚焦于在英国近海与德国发生的海战上。负责协调英国战略并为首相提供建议的帝国防务委员会对此表示赞同，正如其在1910年所说："为了让我们的舰队避免被各个击破，远水域的军事行动不得不先推迟，等到近海水域局势明朗，我们的海军力量足以对抗后，再继续。"[48]

　　为了缓解海军的财政负担，英国政府将目光投向了整个帝国。新舰船下水时喝的是"殖民地的酒"，而且舰船经常被命名为"印度斯坦"或"好望角"。[49]令人奇怪的是，"白人"自治领，如加拿大、澳大利亚、新西兰和后来的南非对此却无动于衷。[50]1902年，他们总计贡献了约15万英镑，即使有英国政府大力施压，在接下来的几年里，这一数字也只上涨到了32.8万英镑。[51]加拿大，这个高级自治领，根本不想贡献任何东西，认为它目前没有敌人。"一群不爱国又贪婪的人，"费舍尔说，"只有能从我们身上得到好处时才会支持我们。"[52] 只有看到与德国的海军军备竞赛日益激烈，帝国的想法才能改变。1909 年，澳大利亚与新西兰开始修建自己的无畏级战舰，加拿大也在 1910 年开始谨慎地自建海军，并从英国买入了两艘巡洋舰。

在英国本土，政府的另一个关键部门外交部也开始同意海军的观点，认为德国是个威胁。在"光荣孤立"的日子里成长起来的老一辈人仍然希望让英国与所有其他国家保持友好关系，而年轻一代的反德情绪越来越浓。1894 年至 1906 年间担任外交部常务副大臣的桑德森，在 1902 年写给英国驻柏林大使弗兰克·拉塞尔斯爵士的信中说，他的同事中间有一种令人担忧的倾向，就是把德国人想得很糟糕："他们对德国的厌恶有些根深蒂固——好像德国人已经准备好，迫不及待地想对我们开一个卑鄙的玩笑。这可是个不利的状况，在许多问题上，我们应该真诚合作，这对两国都很重要。"[53] 英国外交部的后起之秀，如日后将在 1905 年至 1918 年间任驻法大使的弗朗西斯·伯蒂、在 1906 到 1910 年间任外交常务副大臣的查尔斯·哈丁，还有与前者在同一时间段里出任驻俄大使后又任外交常务副大臣的尼顾逊（他是哈罗德·尼科尔森的父亲），都对德国有很深的怀疑。[54]1914 年之前十年，不反德的人逐渐被边缘化，或者干脆被踢出了外交部。1908 年，在一次关键变化中，从 1895 年以来就出任英国驻德大使而且强烈支持与德国友好的弗兰克·拉塞尔斯爵士遭到撤换，接替他的是高慎爵士，后者深信德国对英国抱有敌意。[54]

奇怪的是，外交部中对德国担忧最甚的人本身就是半个德国人，并娶了一个德国人。艾尔·克劳，他崇敬伟大的德国历史学家，热爱音乐——钢琴弹得极好，还是个很有天赋的业余作曲者，有轻微的德国口音，而且很多人觉得他工作能力出色。一直以来，这些都让他在主要由英国上层阶级组成的外交部显得格格不入。他的父亲是英国的领事，母亲是德国人，他在德国长大，成长在一个有教养的中上层阶级世界——这样的世界也培养出了蒂尔皮茨。他的父母认识注定会失败的腓特烈三世和他的英国妻子维多利亚长公主，和他们一样对德国抱有自由主义的希望。克劳本人对德国和德国文化的感情颇深，但谴责对那些被他视为普鲁士主义的胜利的东西，即独裁主义和对军事价值的看重。不仅如此，克劳也强烈抨击被他视为"反复无常、专横跋扈，以及常常是毫无保留的好斗精神"的那些特征，他认为正是这些鼓动着德国的公共生活。德国正在世界上寻找一个与它的新实力相称的位置；克劳理解并同情这一点。但他强烈反对德国领导人的做法，例如从其他强国手里夺取殖民地，并以其军事力量作为威胁。正如他在 1896 年写给母亲的信中所说，德国已经习惯于认为它可以恶劣地对待英国，"就像踢一头死驴一样。可这只驴竟然活了过来，还像雄狮一样，这让那些人有点儿讶异"。[55] 克劳自认为，他在外交部的使命就是敦促上级抵挡住他所谓的德国讹诈。

　　1907 年新年那一天，刚刚在外交部就职、负责处理与德国及其他西欧国家事务的克劳，向外交大臣爱德华·格雷爵士提交了一份后来颇为著名的备忘录。这份备忘录，无论是在论证力度、对历史的把握，以及对德国动机的理解上，都可与乔治·凯南在"冷战"初期写给华盛顿的"长电报"媲美，后者列出了苏联行为的根源和相应的遏制政策。正如凯南后来所做的那样，克劳认为，必须遏制英国正面临的这个敌人，否则它会不断增强优势，"向讹诈者的威胁让步会养肥他，类似经验都表明，让步虽然可以让受害者得到暂时的和平，但一定会在不断变短的友善期过后引来讹诈者新一轮的骚扰与更多要求。如果第一次就坚决反对讹诈者的敲诈勒索，决心不再无限妥协而是勇敢面对一切不利局面的风险，那讹诈者的算盘就会被打翻在地。但是，如果没有这样的决心，双方之间的关系很可能会不断恶化"。[56]

克劳认为，英国的外交和国防政策是由地缘决定的，一方面身处欧洲边缘，另一方面坐拥庞大的海外帝国。英国会偏爱欧陆均势政策近乎一项"自然法则"。[57]英国也无法在不危及自身生存的情况下将海洋控制权让给另一个强国。德国建立海军的政策可能是挑战英国世界霸权的总体战略的一部分，但也可能是"一种模糊、混乱、不切实际的政客作风，没有完全意识到自己偏航了"。[58]但在英国看来，这并不重要。无论哪种情况，英国都必须坚定而冷静地应对德国海军的挑战。(四十年后,凯南就围绕苏联问题提出了相似的建议。)克劳写道："没有什么比这种糟糕的印象更有可能在德国出现的了，那就是无休止且耗资巨大的海军计划带来的实际绝望要比其能给人的信念更加强烈，要知道人们肉眼可见，德国每造一艘战舰，英国就必然会接着造两艘以维持英国在当下的相对优势地位。"[59]

一旦英国开始建造第一艘无畏战舰，蒂尔皮茨和德皇，还有他们的支持者就会面临一项明确的抉择：要么放弃军备竞赛，试着修复与英国的关系，要么试图追赶，建造与无畏舰相当的战舰。如果他们选择后者，德国就将面临急剧增长的军费支出：新的原材料与军工科技、更高的维修与保养费用、更多的船员，而所有这些加起来是现有战列舰所需经费的两倍。不仅如此，德国还需重新修建船坞才能应付更大的舰船，而且基尔运河也必须拓宽加深才行，正是凭借这条运河，德国人才得以在波罗的海海岸的船坞安心造舰，然后安全地将船只开到北海的德国港口。[60]此外，海军军费的上升会让陆军拿到的军费相对变少，然而陆军正在面临俄国越来越大的威胁。德国人必须尽快做出抉择，否则英国就会走得太远了。

1905年初，也就是"无畏"号龙骨搭好之前数月，德国驻英的海军武官在给柏林的报告中说，英国人正在筹划一种新型战列舰，比现有所有舰种都要强大。[61]1905年3月，谢尔本向议会提交了未来一年的海军预算。预算中就包括一艘新的战列舰，但他未提供任何细节，而且尽管他提到了费舍尔的那个委员会，但也表示公开报告对公众无益。这年夏天，蒂尔皮茨和以往一样躲到他位于黑森林的宅邸。在那里，在松树和杉树的环绕中，他咨询了一些自己最信任的顾问。同年秋天，他做出了决定：德国将建造战列舰和巡洋舰来与英国的新式巡洋舰相抗衡。正如研究德国海军军备竞赛的顶尖历史学家霍尔格·赫维希所观察到的，"这充分说明了威廉治下德国决策过程的性质，完全不需要听取使领馆、外交部、财政部、两个直接对海军战略规划负责的机构以及海军军官和公海舰队的建议，就可以接受英国提出的挑战！"[62]蒂尔皮茨呈递了一份新的海军法案，提出增加海军预算——相较于1900年的海军法案上浮35%——以负担无畏级战舰和六艘新式巡洋舰的开销。德国每年会建造两艘无畏级战舰和一艘重装巡洋舰。

并非所有德国人都有同样的担忧，或者认可德国需要一支庞大而昂贵的海军。即便在海军内部，也有人抱怨说，蒂尔皮茨把重心放在扩充更多的舰船上，这意味着没有足够的钱用于人员和培训。[63]在帝国议会，不仅中间派与左派反对日益增长的财政赤字，右派也对海军预算带来的财政亏空非常不满。比洛首相已在努力填补预算的亏空，并应付不愿增加税收的帝国议会。巧的是，在新海军法案，也就是所谓的"修改案"提交帝国议会之时，摩洛哥爆发了危机，引发了战争恐慌，这让新法案在1906年5月以大比数通过。[64]尽管如此，他还是越来越担心德国即将面临的金融危机，以及自己与帝国议会打交道时遇到的困难。而且，海军开支似乎看不到尽头。比洛在1907年质询蒂尔皮茨："你的舰队什么时候才算足够先进……能让这令人窒息的政治处境有所缓解？"[65]蒂尔皮茨所谓走出危险区计划（让德国不动声色地发展足以向英国施压的海军）的时间表无限地向未来推迟。

德皇与蒂尔皮茨把将海军军备竞赛提高到一个新水平的责任，

归咎于威廉所说的"费舍尔爵士与英王陛下那彻底疯狂的无畏舰政策"。德国人倾向于认为爱德华七世决意包围德国。在蒂尔皮茨看来，英国人打造无畏舰与重装巡洋舰的做法是个错误，他们对此非常生气："他们要是看到我们立即去追赶他们，那这种令人恼火的事就有增无减。"[66] 这并没有阻止德国领导层对不远未来的焦虑。蒂尔皮茨的"危险区"变得更大，而英国人没有任何想与德国达成协议的迹象。荷尔斯泰因冷嘲热讽地对比洛说："目之所及没有盟友。"[67] 谁能告诉我们英国人会做什么？他们的历史不正反映了他们的虚伪、狡猾和残忍吗？海军军备竞赛开始时，德国领导层心中的"哥本哈根恐惧"从未远去：1807 年，英国皇家海军发动突然袭击，轰击哥本哈根的同时俘虏了丹麦舰队。1904 年平安夜，当时日俄战争使国际局势很紧张，比洛告诉大使拉塞尔斯，德国政府非常恐惧与日本结盟的英国会攻击德国，毕竟，此时的德国向俄国提供了相当大的支持。幸运的是，刚刚受召回国的德国驻英大使成功说服了他的那些上级，其中也包括焦虑不已的德皇本人，说英国没有发动战争的意图。[68]这种恐惧也蔓延到了德国社会，引发了一阵恐慌。1907 年初，波罗的海基尔港的父母都让孩子待在家里不去上学，因为他们听说费舍尔即将入侵。当年春天拉塞尔斯写信给英国外交大臣爱德华·格雷爵士："就在前天，柏林彻底疯了。德国证券交易所的股票下跌了六个点，人们普遍认为英德之间的战争即将爆发。"[69] 在英国，一些人确实想到了给德国舰队来一次突然袭击，尤其是费舍尔，他曾在几个场合提出过这个建议。这个计划不了了之，国王说："哦天啊，费舍尔，你一定是疯了！"[70]

然而，在德皇身边的文武官员圈子里，与英国开战的可能性被当成一种未来的现实而被越来越多地讨论。如果战争不可避免，加快德国的战争准备至关重要，此外，还要处理那些"不爱国"的德国人，比如一直抵制增加军费预算的社会民主党人，以及那些鼓吹与其他欧洲强国睦邻友好的人。德国海军联盟对即将到来的危险发出了越来越尖锐的警告，并要求增加海军开支，甚至还指责蒂尔皮茨行动不够迅速。确实，一些右派的领导人认为，一石二鸟是有可能的：政府应当向帝国议会提出一份数额更大、远超蒂尔皮茨所求的海军预算，挑战左派和温和自由派。如果议员们拒绝，那么就给德皇解散议会提供了绝佳的机会，大可以试着争取更有利的民族主义多数派，甚至可以发动一场他曾提过的政变，摆脱诸如言论自由、男性普选、选举或帝国议会本身等种种不便。1905 年末，在准备海军法案修改案时，蒂尔皮茨越来越担心自己心爱的海军会被当作推动德国政治与宪法改革的"攻城槌"。他不反对打压左派，但担心此举无论是否成功，都会引发严重的国内动荡，并可能让英国人最终注意到德国海军正在迅速扩张。[71]

　　到 1908 年，因为波斯尼亚危机，欧洲的紧张局势再度升级，比洛也越来越怀疑蒂尔皮茨海军的价值和德国在欧洲的孤立地位。比洛质问蒂尔皮茨，德国能否"冷静且自信地面对一场来自英国的攻击"？[72] 蒂尔皮茨后来说，他觉得自己被遗弃了。他回答说，英国目前不太可能发动攻击，因此对德国来说，最好的政策是继续建设海军。"我们的战列舰队每增添一艘新的舰船，就意味着英格兰攻击我们的风险又增加了一分。"蒂尔皮茨没有理会德国驻伦敦大使保罗·梅特涅伯爵的警告，后者说正是德国的海军计划疏远了英国。英国敌视德国的主要原因是与德国在经济上的竞争，而且这种竞争不会消失。[73] 如果德国让步，那只会在国内引发严重的政治麻烦。1909 年他写信给他忠诚的副官说："鉴于整体形势，海军法案本就处于极大的危险之中，如果我们现在动摇法案，我们不知道接下来要往何处去。"[74] 蒂尔皮茨就继续进行海军军备竞赛给出的最后一个论点，之后也被频繁用于为后续的计划和战争辩护：德国已经投入了如此多的资源，后退将使已做出的牺牲付诸东流。他在 1910 年写道："如果英国舰队能够永远强大到攻击德国时不会有任何风险，那么从历史的角度来看，德国海军的发展将是一个错误。"[75]

1908 年 3 月，蒂尔皮茨向帝国议会提交了一份新的补充海军法案，也就是第二修改案，缩短了德国海军现役舰船的服役时间，因此也就加快了更新换代的速度（小船也会被大船替换）。在接下来的四年里，战列舰的数量会从之前的每年三艘增加到四艘，之后就会像蒂尔皮茨所希望的那样，维持在每年三艘。帝国议会也将再一次批准一项他们无法再加控制的海军计划。这样的话，到 1914 年，德国就会有 21 艘与无畏舰级别相当的战列舰，这将大大缩小德国与英国之间的差距，而前提是英国对此无动于衷。[76]蒂尔皮茨向德皇保证，有了这样的扩张，德国将会成功："我已按照陛下的心愿拟订了修改案，无论在国际还是国内，它看上去都不太重要也不会引起不快。"[77]威廉写了一封很长的亲笔信来安抚崔德默勋爵，他现在是英国海军部第一大臣："德国海军法案并非针对英格兰，也不是'对英国海上霸权的挑战'，要知道这样的霸权即使未来几代也无人能敌。"[78]爱德华七世对他外甥给一位英国大臣写信的做法很不满，认为这是极不寻常的干预。英国的许多人也持同种看法。[79]

肩负为蒂尔皮茨的新海军建设计划筹集资金这样一个不值得人羡慕职责的比洛，开始有了这样的想法，即德国无法同时负担欧洲最强陆军和第二大海军。"我们不能削弱陆军，"他在 1908 年写道，"因为我们的命运终将由陆地决定。"[80]比洛的政府面临严重的财政危机。从 1900 年以来，德国的国债几乎翻了一番，而且事实证明，要增加收入已经非常困难。大约 90% 的中央政府开支都流向了陆军和海军，而且，在 1896 年到 1908 年的十二年里，很大程度上因为海军的开支，军事总开支翻了一番，且在可预见的未来还会增长。当比洛试图提及限制海军开支的议题时，威廉身边的一名随员乞求他不要说，因为这只会让德皇"非常不高兴"。[81]比洛在整个 1908 年都在努力制订一项可能会被帝国议会通过的税收改革计划，但他扩大遗产税的建议激怒了右翼，而新的消费税对左翼也产生了类似的影响。最终在1909年7月，因为无力解决征税问题，比洛向威廉递交了辞呈。蒂尔皮茨之所以大获全胜，是因为他的背后有德皇撑腰。

与此同时，英国开始留意到，德国的海军建设速度正日益加快。如蒂尔皮茨所希望的那样，英国人在一开始确实没有对1906年的第一份海军修改案做出反应。事实上，1907年12月，英国海军部还提议减缓建造新战列舰的速度，因此在1908年到1909年间，英国只新造了一艘无畏舰与一艘重装巡洋舰。这也符合自由党政府的要求——自由党政府曾承诺既要节省开支，又要把钱花在社会项目上。但在1908年夏天，英国公众与政界还是紧张了起来。德国舰队此时正在大西洋巡航。这意味着什么？备受尊重的《季度评论》在当年7月登载了一篇匿名文章《德国的危险》，警告说，如果英德两国发生冲突的话，德国人很有可能会成功入侵。"它的海军军官已经探测并绘制了我们港口的草图，研究了我们海岸的每一个细节。"根据作者（《观察家报》的编辑 J. L. 加文）的说法，大约五万名假扮成侍应生的德国人已经潜入英国，一旦收到信号就会展开行动。这篇文章发表后不久，知名的德国飞行员齐柏林伯爵就乘着他的新飞艇前往瑞士，使得如今用本名在《观察家报》上发表文章的加文开始对英国周遭的威胁做出了新的预测。[82]

这一年8月，爱德华七世前往小城克龙堡与他的外甥威廉见面。尽管这位国王已经拿到了英国政府的一份文件，其中概述了对德国海军开支的担忧，但他认为更明智的做法是不在威廉面前挑起这个话题。爱德华认为，这么做"也许会破坏二人之间快乐的谈话气氛"。午餐后，心情依然愉快的德皇邀请英国外交部常务副大臣查尔斯·哈丁爵士一起抽雪茄。两人并排坐在桌球桌边。威廉表示，他认为英德关系相当良好。对此，哈丁，正如他在他们的讨论备忘录中所写的，不得不提出相反的看法:"一个无法遮掩的事实是,英国人对德国建造大型舰队背后的原因和意图的确有许多担忧。"哈丁警告说,如果德国的海军计划继续,英国政府将不得不要求议会批准一项大规模的造舰计划,而且议会无疑也会同意。在哈丁看来,那样的话,事态会往最不幸的方向发展:"毫无疑问,两国之间的海上竞争将使彼此之间的关系更加恶化,而且若干年后,如果两国之间发生了严重的或者哪怕只是微不足道的争端,可能也会导致非常危险的局面。"

威廉对此的回应很尖锐——虽然不准确——他说,英国人的疑虑毫无道理,德国又不是第一次提出造舰计划,而且德国舰队与英国舰队的相对实力也没有变化。(德皇对比洛所做的叙述很夸张,他说自己问哈丁:"这实在是太愚蠢了。谁一直在愚弄你?")不仅如此,威廉还说,造舰计划对德国人而言已经成了一项荣耀国家的事业。"在此议题上,外国政府不容置喙;如果政府接受这一建议,将有损于民族尊严,并会引起内部动乱。他宁愿上战场也不愿屈服于这种命令。"哈丁只能无奈地坚持自己的立场,说他只是建议两国政府可以友好地讨论这一问题,不存在谁屈服谁的问题。

他还质疑德皇关于1909年英国战列舰数量将是德国三倍的判断。"我说,我无法理解国王陛下是如何得出1909年两国海军战列舰相对实力方面的结论的,我只能认为英国舰队的62艘一流战列舰得算上所有能在英国港口找到的、没有被当作废铁出售的废弃船只。"在哈丁的转述里,威廉还对哈丁说:"我也是英国皇家海军上将,我非常清楚——比你还清楚,因为你只是个文官,根本什么都不知道。"德皇当场让副官拿来一份德国海军部每年公布的海军军力概要,证明他给出的数据是正确的。哈丁冷冷地说,德皇给了他一份概要文件,"让我本人受惠良多,启发良多",而且他还告诉德皇,希望自己可以相信这些数据是正确的。

威廉转述的版本与哈丁的非常不同:哈丁一脸"说不出话来的

惊讶"，而拉塞尔斯，据威廉说，完全接受德国方面的数据，还"禁不住大笑"。会谈结束后，德皇告诉比洛，哈丁还哀怨地问："你们就不能停止吗？或者少造一些舰船？"威廉对此的回应是："那么我们只能战斗，因为这事关国家荣耀与尊严。"德皇直直地看着哈丁的脸，后者的脸涨得通红，还深深地鞠了一躬，请德皇原谅他"欠考虑的发言"。德皇自鸣得意："我对待查尔斯爵士的方式是不刚刚好？"比洛很难相信这一说法，而且他的怀疑得到了同僚的证实，他们当时都在场，都说那次的谈话相当友好。哈丁直率而恭敬，德皇的脾气一直很好。

不幸的是，这次会谈并未让英德两国对彼此有更好的理解。这并不令人意外。哈丁警告说，如果德国继续加快海军建设的步伐，那么英国政府迫于公共舆论就不得不推行"大规模建设海军的反制计划"。但这一警告被德皇无视了。事实上，根据比洛的说法，克龙堡的一系列会面结束后，威廉坚信自己已经说服了来访的英国人接受德国做法的正当性。更重要的是，他的陆军总参谋长毛奇向他保证，德国已经做好了充分的军事准备。因此，德国就更没有理由处处谨慎，或是放慢造舰速度了。威廉二世想让比洛相信："与英国人打交道，唯一有效的策略就是坦率；无情甚至是残忍的坦率——这是对付英国人最好的办法！"[83]

现实中，英国人的怀疑更深了，而同一年夏天德国海军支持德国船坞的无心之举进一步加深了英国人的疑虑。但泽市的大型造船厂希肖（Schichau）要求提前签订合同，预定于次年建造一艘大型战列舰。否则，正如工厂管理层所担心的那样，它可能不得不解雇熟练工人，而但泽的整个经济将受到影响。（但泽，也就是格但斯克，在1945年以后归属波兰，希肖船厂成为列宁船厂的一部分，后来还是1980年代团结工会运动的重要据点。）德国海军同意了，尽管战列舰的完工日期没变，但这一决定在无意中引起了英国的警觉。这年秋天，英国驻德海军武官告诉伦敦政府，德国正在额外制造一艘战列舰，而英国人得出结论——尽管基于错误的证据但无疑是正确的——认为德国人加快了海军建设的速度。[84]

在这个阶段，发生了一件似乎很能反映 1914 年之前英德关系的不幸事件。10 月 28 日，《每日电讯报》发表了一篇据说是德皇专访的报道。但其实这只是一名记者对前一年威廉二世和一位英国地产主会谈的叙述。这名英国地产主是爱德华·斯图亚特-沃特利上校，他曾将自己的宅邸借给德皇暂住。两人在一些场合交谈过，或者更确切地说，是威廉大谈特谈他如何一直希望德国和英国保持良好关系，以及英国如何不感激他为他们所做的一切。德皇批评了英法之间新建立的友谊。英日同盟也是一个巨大的错误，并暗指了"黄祸"："尽管我可能会被误解，但我已经建立了我的舰队来支持你。"斯图亚特-沃特利轻信了这一切，他认为只要英国人能理解威廉二世的真实想法，而不是被恶意的反德媒体误导，两国关系就会在一夜之间修复。1908 年 9 月，斯图亚特-沃特利将他的会谈笔记寄给了《每日电讯报》的一名记者，被其整理成一篇专访稿，并呈递威廉确认。

德国这次很不寻常地表现得当，把采访稿发给了威廉的首相。也许因为比洛很忙，就像他后来自己说的，或者像他的政敌指责的那样，他太过奉承，不能挑战他的主人，他只是浏览了一下稿件就把它送到外交部征求意见了。这篇"采访稿"又一次在未经适当审核的情况下流出外交部，这无疑又反映了德国政府运转之混乱。这一整个过程中本应该有人仔细把关，要知道德皇是出了名的口无遮拦。德国当局不止一次被迫动用自己的影响力，甚至不惜重金压下德皇那些可能令人尴尬的言论。[85]正如后来人们所看到的，这份"采访稿"登上了《每日电讯报》的版面，同时刊登出来的还有威廉对赢得英国人支持的殷切希望。[86]

要知道威廉经常喜欢和手下官员说自己比他们更懂英国，但"采访稿"中的威廉，无论是说话的语气（自怨自艾且喜欢指责别人）还是所说的内容，都与人们熟知的威廉相差甚远。"采访稿"中，威廉抱怨英国人"疯了，完全疯了，疯得像发情的兔子"。英国人怎么就不能把威廉当朋友呢？难道他们不知道，威廉想要的不过就是和英国和睦相处？"我的行动应该能说明一切，但你们只听那些误解和曲解这些行动的话。这是对我个人的侮辱，我对此感到愤怒。"[87]在这方面又大发议论后，威廉二世转向了他在布尔战争中给予英国的至关重要的帮助。他不无道理地指出，在布尔战争期间，他阻止了其他欧洲列强干涉英国的行动。而且，他还亲自为英军起草了一份作战计划；交给英国政府之前，他自己的总参谋部还审阅过这份计划。威廉接着说，令他惊讶的是，英国人似乎认为德国海军是针对他们的，而很明显，德国只是需要自己的海军来发展帝国和贸易。英国总有一天会对德国海军的壮大感到欣慰，如果他们终于意识到日本并非朋友而他和德国才是的话。

这要是在其他任何时候，英国人或许都不会过于在乎威廉的言论，但这些言论公之于众时，两国的海军军备竞赛正进入一个不祥的新阶段，而且此前的一整个夏天英国公众都疑心德国会入侵。此外，巴尔干半岛因波斯尼亚而发生严重危机，法国和德国因摩洛哥而关系紧张，有些人担心这可能导致战争。虽然许多人认为这篇"采访稿"只是进一步证明了德皇的错乱，但克劳立即为外交部准备了一份分析报告，他在报告中得出结论，认为这是德国为了平息英国公众舆论而采取的一致行动的一部分，也是德国那些支持大规模建设海军的人为了呼吁增加开支而有意作出的努力。英国外交大臣爱德华·格雷爵士竭力平复伦敦公众的情绪，在私下里致友人的信中写道："德皇真是让我费尽周折；他就像一艘蒸汽动力全满、螺旋桨飞速旋转的战列舰，但没有舵轮，而且他总有一天会撞上什么东西，造成一场灾难。"[88]

这次确实近乎一场灾难，但发生在德国，而且差点儿就葬送了德皇。一位德皇近臣表示："德国人先是表示困惑，后来绝望和愤怒充斥于各个阶层。"[89]德国人对他们的统治者如此出丑感到震惊和愤怒，并且这也不是第一次了。保守派和民族主义者不喜欢他对英国人的友好表态，而自由派和左翼则认为是时候把德皇及其政权置于议会控制之下了。颇为不祥的是，普鲁士陆军大臣是为数不多坚决支持德皇的官员；这位卡尔·冯·埃内姆将军告诉德皇，普鲁士陆军对德皇忠心耿耿，愿意在必要的时候搞定帝国议会。比洛在帝国议会半心半意地为他的主人辩护，而威廉，此时还在继续着他惯常的秋季访问和打猎，却突然陷入了极度的抑郁，时而哭泣，时而愤怒。这一定让同行的客人感到不安。[90]正如某人所说："我有一种感觉，我面前的这位威廉二世，他这辈子好像是第一次见到这个世界的真面目并倍感惊讶。"[91]比如，冯·埃内姆觉得他的主人身上有什么东西破碎了，威廉再也不是以前那个自信的统治者了。[92]虽然风暴过去了，威廉保住了皇位，但无论是他本人还是德国的君主制都被严重削弱了。威廉没有原谅比洛的行事不周，认为这是对自己的背叛，而这次风波也成为德皇罢免这位首相的又一个理由。

在英国，《每日电讯报》风波成了执政的自由党政府内部激烈辩论的一个话题。自由党在当选时承诺进行经济和社会改革，特别是提供养老金，但由于海军军备竞赛，他们发现自己面临的是增加的而非更少的财政支出。然而，自由党不能忽视来自德国的严重威胁和公众日益增长的担忧。海军部已经放弃了1907年那个保守的造舰计划，他们的结论是，英国至少还需要六艘无畏级战舰。1908年12月，第一海务大臣雷金纳德·麦克纳将这项计划呈交内阁。新任首相赫伯特·阿斯奎思对此表示支持，但他仍需应付高度分裂的内阁。

反对大幅增加海军预算的主力是"经济学家"，其中领头的是现代英国政治中最有趣也最具争议的两位政治家。大卫·劳合·乔治，出身威尔士普通家庭的激进派，与特立独行的英国贵族温斯顿·丘吉尔达成共识，抵制二人都认为不必要的支出，认为这将威胁到他们想要的社会改革。如果造舰计划通过，那身为财政大臣的劳合·乔治就必须筹集 3800 万英镑的经费。他告诉阿斯奎思，自由党正在失去公众支持，因为他们未能解决"由我们的前任鲁莽建立起来的巨额军备开支"。劳合·乔治还警告首相可能的后果："如果 3800 万英镑的海军预算一公布，这些善良的自由党人的不满就会变成公开的暴动，那议会也就没什么用了。"[93]

保守党反对派、大部分媒体以及海军联盟和伦敦商会国防委员会等组织都加入了讨论。英国军火生产商也是，它们在 1908 年的萧条中遭受了沉重的打击；例如，造船厂一直在解雇工程师和工人。一份保守派小册子上写道："我们的海军和失业人员可能会一起饿死；如果你们不把这个政府赶出去，很快就会这样了。"英王放出风声说，他要八艘无畏级战舰。而且，他与公众的意见一致。一位保守党议员还提出了一句流行口号："我们想要八艘，我们等不及了！"

1909 年 2 月，阿斯奎思尽力促成了一项内阁接受的妥协：英国将在接下来的财政年度开始建造四艘无畏舰，如果到时候确实需要，到 1910 年春天就再造四艘。（最终，在德国的盟友奥匈帝国和意大利也开始自己的造舰计划后，后面这四艘战舰也都开始建造了。）自由党倒戈相向，政府轻松击败了保守党提出的谴责动议，该动议大意是政府的政策没有确保帝国的安全。新闻宣传逐渐平息，公众的注意力集中在 1909 年 4 月底劳合·乔治提出的预算上。劳合·乔治在演说中仍然不改激进本色，但他也开始关切英国在世界上的地位。这份预算案意在筹钱改善英国穷人的生活，向"贫穷与困苦"开战。即便如此，劳合·乔治也没有忽视国防。"考虑到当前的国际气氛，这样一种愚蠢的行为根本不是什么自由主义，只能看作精神失常。

我们不打算把海军霸权置于危险之中，因为它不仅对我们的国家生存至关重要，而且在我们看来，也与西方文明的重要利益休戚相关。"为了能同时负担社会改革与国防的支出，他提议提高酿酒税和遗产税这些已有税种，同时开征包括土地税在内的新税。包括土地贵族在内的富人都对此愤愤不平。这个后来人们熟知的所谓"人民预算"在英国社会掀起了一场革命。拥有土地的各个阶层威胁要解雇地产工人，巴克卢公爵还宣布，他将不得不取消每年向当地足球俱乐部支付的一基尼会费。生性好斗的劳合·乔治并不后悔。照他的说法，富人曾说想要无畏级战舰，现在却不愿意为之买单。那贵族究竟还有什么价值呢？"一名全副武装的公爵的开支足够造两艘无畏级战舰了，而无畏舰的武装也同样有威慑力，而且寿命还更长。"[95]

也许正如劳合·乔治所预料的那样，上议院在 1909 年 11 月否决了他的预算，尽管上议院否决财政法案是前所未有的。阿斯奎思解散了议会，并在 1910 年 1 月重新选举时猛攻预算议题。他的政党赢得了选举，虽然自由党的多数派优势有所下滑，上议院也在这年 4 月明智地通过了预算案。第二年，一场漫长的政治风暴过后，上议院接受了会永久终结其自身优势的议会法案。与德国不同，英国既能克服金融危机，又能把对国内外事务的控制权牢牢掌握在议会手中。英国还赢得了海军军备竞赛：第一次世界大战爆发时，英国已有 20 艘无畏级战列舰，而德国只有 13 艘，而且在其他舰种方面，英国也都有决定性优势。

要想理解英德两国之间日增的敌意，关键要理解两国之间的海军军备竞赛。贸易竞争、殖民地争夺、民族主义的公共舆论，这些都有影响，但这些因素也全部或部分地存在于英国同法国、俄国或美国的关系中。然而，在这些关系中，那些因素并没有导致 1914 年之前英德之间那种深刻的猜忌和恐惧。情势本来可以很容易地向其他方向发展。1914 年以前，英德两国互为最大贸易伙伴。（有些人认为，国家之间的贸易往来越多，就越不可能发生战争，但英德两国之间的关系可就是一个反例了。）德国是欧洲最大的陆地强国，英国是最大的海上强国，两国的战略利益本可以巧妙地结合在一起。

然而，一旦德国开始建造一支强大的舰队，就势必会让英国感到不安。德国人可能想要一支远洋舰队，就像他们经常说的那样，这可以用来保护他们的海外贸易和殖民地，而且也因为大型海军是一个大国的标志，就像今天的核武器一样。英国人本来也能忍受德国海军的发展，就像他们容忍俄国、美国、日本海军的壮大一样。他们无法接受的是地缘政治的后果。无论德国舰队停泊在波罗的海港口还是北海港口，都距离英伦诸岛太近了。而且到 1914 年，由于基尔运河被拓宽（当年 6 月完工），德国舰船更是可以避开风险更大的途径丹麦、瑞典与挪威的航道，直接进入北海。

这场海军军备竞赛非但没有像蒂尔皮茨计划的那样迫使英国对德友好，反而在德国和英国之间制造了一道深深的鸿沟，使两国的精英和公众舆论都对彼此充满敌意。同样重要的是，海军军备竞赛让英国人意识到，应该另找盟友，以便制衡德国的威胁。比洛战后在给蒂尔皮茨的信件中说得没错，即便德国"的确因为在巴尔干问题上的拙劣应对"而被拖入战争，"但问题是，如果不是英国的公众舆论对我们的造舰计划如此愤怒，法国，尤其是俄国是否还会让战争爆发呢？"[96]

如果投入海军的资金有一部分流向了陆军呢？这能够增加兵力和武器，使陆军在 1914 年更加强大，那么它在那年夏天对法国的进攻就会成功吗？就像德国陆军差点儿做到的那样？如果情况是这样的话，这对第一次世界大战、对欧洲又意味着什么？海军军备竞赛也让我们看到了个体在历史中的重要性。诚然，海军军备竞赛要依靠各国的经济、制造业和技术能力来维持，但如果没有公众支持，也是无法维持下去的。然而，如果没有蒂尔皮茨的决心和魄力，没有德皇全力支持他的意愿以及在德国不完美宪法下支持他的能力，那这一切从一开始就不会发生。蒂尔皮茨出任海军大臣时，在统治精英内部，并没有强大的游说团体支持大海军计划，也没有什么强烈的公众支持。这都是海军不断壮大后才出现的。

　　由于海军军备竞赛，维持欧洲长期和平的选项越来越少，走向战争的道路却越来越明显。海军军备竞赛的结果是，英国的第一个主要外交政策举措虽然是防御性的——也就是改善与法国的关系，但回过头来再看，这一举措显然加大了战争爆发的可能性。同样值得注意的是，1914 年之前的十年里，在整个欧洲，人们在日常讨论中都会频繁提及战争，甚至是全面战争的可能性。

第六章 不般配的盟友：英法协约

1898 年，尼罗河上游的一个泥砖小村，仅有一座废弃要塞和少数靠农业勉强养活自己的居民，却险些酿就了英法之间的战争。英法这两个都拥有帝国雄心的国家在非洲北部的法绍达（即今南苏丹共和国科多克）对峙。法国的雄心是建立一个伟大的帝国，从其在非洲西海岸的属地向东延伸至尼罗河。英国已经控制埃及，并且接管了埃及在苏丹的利益，他们的意图是向南进发，连通其在东非已有的殖民地。在非洲这张巨大的西洋棋棋盘上，一个殖民帝国正在准备将死另一个。其他玩家——意大利与德国——也在找机会加入棋局。这样，布局出子的时间就更短了。

法国人从未原谅英国人在 1882 年趁着埃及发生广泛动乱时夺取其控制权的行为，即使是因为法国政府的愚蠢和优柔寡断才给了英国人单独行动的机会。虽然英国人曾认为他们的占领是临时的，但他们发现，进入埃及比离开埃及更容易。随着时间推移，英国当局的不断扩张也让法国人愈发懊恼。对德国而言，埃及是一个方便的分化英法两国的楔子。在法国国内，一个活跃的殖民游说团体提醒法国政治家与法国公众，法国与埃及之间有着历史性的联结——难道埃及不是由拿破仑征服的吗？难道苏伊士运河不是由伟大的法国工程师费迪南·德·勒塞佩斯开凿的吗？游说者要求法国在其他地方取得殖民地，以补偿失去埃及的损失。邻近法国殖民地阿尔及利亚的摩洛哥，成为一种诱人的可能。苏丹则是另一个目标，自1885年查尔斯·戈登将军统率的英埃军队被马赫迪打败后，英国便失去了苏丹。一名法国工程师也在1893年指出，尼罗河上游的大坝会给下游的埃及制造各种麻烦——他的观点引起了法国政府的兴趣。巴黎方面做出决定，派遣一支远征队占领法绍达及其周边领土。

按照计划，让-巴普蒂斯特·马尔尚少校将率领一支小部队从非洲西海岸的法国殖民地加蓬悄无声息地向东行进，如有必要，远征队的首领们会冒充成只是想探索贸易可能性的旅行者，然后在英国人得到风声之前宣布法绍达为法国领地。法国人似乎认为他们能找到当地盟友，也许会是苏丹的马赫迪以及他刚刚取胜的军队。如此，他们就能展开一场关于尼罗河上游沿岸边界问题的国际会议，重启埃及控制权的议题。不幸的是，从法国人的角度来说，事情变得非常糟糕。首先，这次远征出于种种原因一再推迟，直到1897年3月才正式出发。其次，法国的殖民游说团体与热心报纸相当公开地讨论远征前景，甚至殷勤地在行动开始之前发布了行动地图，这让英国人有充足的时间来应对。甚至在马尔尚从布拉柴维尔出发之前，英国政府就警告说，法国人前往尼罗河会被视为不友善的举动。[1]第三，非洲独立国家埃塞俄比亚的孟尼利克皇帝虽然一度同意法国人可以借道他的领土向西支援法绍达的马尔尚，但他没有遵守承诺，还让不知情的法国人兜了个大圈子。[2]

结果，马尔尚与其他七名法国军官花了一年半的时间，才得以统领120名塞内加尔士兵艰苦跋涉横穿非洲。他们带上了一路辛勤服务的搬运工，携带了包括10吨大米、5吨鲜牛肉、1吨咖啡与1300公升红酒的补给。他们也带上了香槟——准备在成功到来之际

图 6　1900 年之后，法国和英国之间产生了一种新的、出人意料的友谊——英法协约——
两国对日益强盛的德国的共同恐惧让他们克服了彼此之间的古老仇恨。1903 年爱德华七
世对巴黎的成功访问赢得了法国公众舆论。这幅漫画描绘的是爱德华七世与法国总统卢
贝穿上各自民族服饰的场景，上面的标题写的是"英法永远在一起！"画框上则写着两
国之间过去那些大战的名字（滑铁卢与克雷西），由橄榄枝装饰，顶部的横幅写着"和平，
荣誉，胜利"的标语

开瓶庆祝——大量弹药，一艘小型内河蒸汽船（搬运工必须拆开运送，一度还要穿越 120 英里之长的灌木丛），以及给当地人准备的礼物——他们在陌生人接近时通常会逃跑——比如 16 吨的彩色玻璃珠子和 7 万米长的染色布料。除此之外，还有一架自动演奏钢琴，一面法国国旗，以及蔬菜种子。

1898 年夏末，马尔尚远征队迫近法绍达和尼罗河时，英国人已经清楚他们要到哪里，也知道他们的目的。当法国在法绍达安营扎寨时，英国人已从埃及调动了一支陆军南下。指挥这支军队的是霍拉肖·赫伯特·基奇纳，他奉命夺回苏丹。（年轻的温斯顿·丘吉尔以随军记者的身份前往。）9 月 2 日，英埃军队在喀土穆郊外的乌姆杜尔曼击溃了马赫迪的军队。基奇纳随后启封了从伦敦传来的密令，得知自己要继续沿着尼罗河向北行进到法绍达，劝说法国人撤离。9 月 18 日，他带着五艘炮艇与一支强大的军队抵达法绍达，兵力远超法国。

在法绍达当地，两国关系相当和善。法国人自得其乐，享用自己的花园与蔬菜，特别是四季豆，这给英国人留下了深刻的印象。法国人也欣喜地拿到了国内最近的报纸，然而报纸上关于德雷福斯事件的新闻让他们震惊不已——这一事件正在分裂法国。"打开法国报纸的一小时后，我们都开始颤抖和哭泣。"一名远征队员说道。基奇纳给了马尔尚一杯威士忌苏打。（"我为国家做出的最大牺牲之一，"这个法国人后来说，"就是喝下那杯恐怖呛人的酒。"）法国人也以温暖的香槟回赠。双方都礼貌而坚定地宣称拥有周围的领土，并且拒绝撤离。[3]

双方对峙的消息通过蒸汽船与电报传到北方。伦敦与巴黎的反应可不像当地那么温和。当然，对英法两国而言，他们在法绍达的对峙让人联想到过去那漫长而混乱的交战历史。黑斯廷斯、阿金库尔、克雷西、特拉法尔加、滑铁卢、威廉征服、圣女贞德、路易十四、拿破仑，所有这些拼在一起，呈现出的就是背信弃义的英格兰和奸诈成性的法兰西。法绍达也事关两国从 16 世纪以来争夺世界霸权的漫长争斗：从圣劳伦斯河到孟加拉的沃土，英法两国的军队一直在为自己的帝国而战。古老的竞争被最近的竞争所激化：首当其冲的是埃及，但也包括日渐衰弱的奥斯曼帝国。两国同样在亚洲相互对抗，印度支那的法兰西帝国与印度的大英帝国正在争夺当时仍然独立的暹罗；同时，在西非和印度洋岛屿马达加斯加也有冲突，1896 年，法国不顾英国抗议占领了这座岛。1898 年秋，法绍达危机期间，法国报纸的标题是"绝不向英格兰屈服"。英国报纸则警告说，他们再也无法容忍法国人的把戏。"现在屈服的话，"《每日邮报》表示，"我们明天只能面临更多的荒谬要求。"[4]

幕后的两国政府都在密集行动，作战计划也被制订出来，以备不时之需。英国人权衡了袭击法国布雷斯特海军基地的利弊，并下令地中海舰队进入戒备状态。在巴黎，英国著名记者兼商人托马斯·巴克莱听到传言，说英吉利海峡沿岸法国港口的市长都接到了命令，要征用当地的教堂作医院。巴克莱也为巴黎当地的一家英语报纸撰写文章，描绘了一旦战争爆发留法的英国侨民将会面临何种境地。英国驻法大使警告说，可能会有一场针对法国政府的军事政变，这个政府已经摇摇欲坠了；如果士兵们接管了政府，他们会很乐意与英国开战，以此增强国内的凝聚力。

维多利亚女王告诉索尔兹伯里："我实在很难说服自己为了如此渺小穷困的弹丸之地而同意发动战争。"女王还催促首相，尽快找到与法国人妥协的办法。根据索尔兹伯里的盘算，法国人其实不想打仗。他是对的。[5] 11 月初，法国人同意将马尔尚和他的远征队撤离法绍达（官方公布的原因说是为了他们的健康着想）。马尔尚拒绝搭乘英国蒸汽船离开，他率领远征队一路向东，六个月后抵达印度洋上的吉布提。（法绍达仍然贫穷，但由于苏丹内战和饥荒造成的难民，今天的人口已经远多于前。）

第二次布尔战争爆发后，法国公众开始为这几个南非的共和国摇旗呐喊。1900 年，圣西尔军校的毕业生自称为"德兰士瓦年级生"。[6]英国驻法大使给索尔兹伯里的报告不无沮丧地表示，法国公众从英国身陷的麻烦中获得了极大的快乐。"作为女王陛下的代表，鄙人在一个因为嫉妒、恶意与憎恨而变得疯狂的国家，只能处于一种痛苦的境地，这一点，我敢肯定陛下能感同身受。"[7]法国总统福尔告诉一名俄国外交官，英国而非德国才是法国的主要敌人。这番话再次引发了海峡两岸有关战争可能的议论。[8]

法绍达危机及其后果给两国都留下了痛苦的回忆，但也有一些积极的影响。就像 1962 年的古巴导弹危机一样，爆发全面战争的可能性让事件的主角们惊恐，冷静的人们开始思考未来如何避免这种危险的对抗。在英国，张伯伦与贝尔福这样想要摆脱孤立状态的人对潜在的盟友没什么强烈的偏好。就像他们伟大的前辈帕默斯顿勋爵一样，张伯伦与贝尔福认为，英国没有永恒的盟友，也没有永恒的敌人，只有永恒的利益。按照张伯伦的说法，"如果必须放弃与德国自然形成同盟的想法，那么英国与俄国或法国达成谅解也不是不可能的"。[9]埃卡德斯坦男爵这位德国外交官的回忆录读来虽然有趣，但不大可靠，他声称 1902 年初在伦敦偷听到了张伯伦与新任法国大使保罗·康邦的对话。"晚宴后我们一边抽烟一边喝咖啡，突然之间我看到张伯伦与康邦去了一间台球室。我望向那里，发现他们热烈交谈了大概二十八分钟。我当然听不到他们具体在说什么，但还是听到了两个单词，'摩洛哥'和'埃及'。"[10]

两个宿敌之间建立友谊的困难似乎在法国方面体现得更明显。如果说英国对自身的世界地位感到不安，那么法国也意识到了自身的衰落与当下的脆弱。这让法国人加剧了对英国的怨恨和怀疑。过往荣耀与屈辱的回忆也可以成为沉重的包袱。法国人自豪于路易十四的长久统治带来的荣耀，当时他们支配欧洲，从哲学到时尚都是整个欧洲大陆的模范。更近一点的则有那些纪念碑、绘画、书籍，以及每一座法国城镇都有的拿破仑路——它提醒着法国人，拿破仑与他的军队曾经征服了几乎整个欧洲。尽管滑铁卢战役终结了拿破仑帝国，但法国仍是一个在世界事务上拥有影响力的强国。另一位拿破仑——拿破仑一世的侄子——与另一场战争，给这一切带来了戏剧性的改变。

1870 年，法国皇帝拿破仑三世统率的军队在色当惨败于普鲁士及其德意志盟邦之手。而且，正如法国人怀着愤怒记载的那样，没有一个国家前来援助法国。这也成了英国人的又一大污点。普法战争结束后，法国人努力建立起一个新的有效政权，但他们自己也在内斗。俾斯麦提出了苛刻的和平条款：法国必须在清偿巨额赔款前接受占领（有人指出，这笔赔款的数额比第一次世界大战之后德国最终赔付的数额还要多）；同时，割让东部边界的阿尔萨斯和洛林两省。这出羞辱大戏的最后一幕在凡尔赛宫的镜厅上演，普鲁士国王在路易十四的宫殿加冕为德意志皇帝。一名英国记者的名言为这段历史做了注脚："欧洲失去了一名主妇，迎来了一位主人。"在布鲁塞尔，一名俄国外交官写下了一段眼光更为长远的评论："对我而言，9 月 2 日的事情（法国军队在色当投降）为未来的法俄联盟打下了第一块基石。"[11]

在接下来的几年里，从普法战争结束到 1890 年下台，俾斯麦尽了最大努力来确保法国没有复仇能力。他尽已所能地玩外交游戏，打造同盟，游走于列强之间，给出承诺，威逼利诱，竭尽全力保证德国在国际关系中的核心地位，同时让法国孤立无援。欧洲心脏地带崛起的强大德国也让俄国倍感威胁——与法国一样，俄国也与德国有着绵长的边界线。俄国本可以成为法国的盟友，但是俾斯麦聪明地迎合了俄国统治者的保守主义，将俄国拉进了由他主导的"三皇同盟"（Dreikaiserbund），与第三股保守势力奥匈帝国结盟。就在俄国与奥匈帝国之间的敌意加剧、威胁到三皇同盟存续之际，俾斯麦又在1887年与俄国签订了秘密的《再保险条约》——德国在1890年粗心大意地没有续签这项条约。

俾斯麦也向法国抛出了承诺，比如增加德法两国的商业联系。两国银行一同借款给拉丁美洲和奥斯曼帝国。两国之间的贸易也持续增加，甚至到了谈论关税同盟的地步。（要实现这一点还要等上几十年。）俾斯麦也带领德国支持法国在西非、远东夺取殖民地，结果法国顺利拿下了远东的印度支那。他也支持法国染指奥斯曼帝国在北非的领土。1881年法国在突尼斯成立保护国时（这是史上最含蓄的帝国主义行动之一），德国同样对法国表达了支持。在法国将势力深入摩洛哥时，德国也在一旁乐观其成。俾斯麦的盘算是，如果运气好的话，法兰西帝国的构建也会让法国与英国还有意大利产生冲突；至少，这会阻止法国与那两个国家结盟。而且，如果法国一直把目光投向国外，他们就不大可能挂怀于普法战争的败局和自己丢掉的那两个省。

在巴黎的协和广场，象征阿尔萨斯省会斯特拉斯堡的雕像披上了黑布，提醒着法国人在东方还有失土。这一苦涩记忆被写进了歌曲、小说，也被画进了油画。法国人每年还会在战场上举行纪念仪式。法国课本告诉学生，结束普法战争的《法兰克福条约》是"休战，而非和平；这就是为什么从1871年开始，整个欧洲永远枕戈待旦"。[12]在法国，称呼某人某事为"普鲁士"堪称最严重的侮辱。阿尔萨斯，还有洛林南部——这里尤其重要，因为它是圣女贞德的出生地——现在却成了德国的埃尔萨斯与洛特林根，密布的岗哨与要塞标记着新的边界。每一年，法国陆军骑兵学院的毕业生都会到横穿孚日山脉的两国边界参观，以便考察法德两国战争再度爆发时他们可以提兵冲锋的斜坡。[13]法国战败二十六年之后，保罗·康邦与同为外交官的弟弟朱尔·康邦在凡尔赛宫外面散步时敏锐地意识到，法国正是在这里蒙羞于德国，"就像一处尚未痊愈的烧伤"。[14]

随着时间推移，疗愈效果也在显现。尽管没多少法国人愿意就此放弃收回阿尔萨斯与洛林的希望，但他们也接受了一个事实，那就是法国在可预见的未来无法承受另一场战争。正如未来的社会主义领袖让·饶勒斯在 1887 年所说，"战争与放弃领土都不可行"。除了一些明显的例外，1890 年代与 1900 年代开始成年的年轻一代，对于阿尔萨斯和洛林的失土再没有那么强烈的情感，或者说不再热衷于对德国复仇。喧腾一时的民族主义少数派，如乔治·布朗热将军——也被称为"复仇将军"——曾要求政府采取行动，但离鼓吹战争还差了一点。1889 年，布朗热不大情愿地介入了一场政变，这让他声名扫地，只能跑到比利时避难，一年后，在情妇的墓前饮枪自尽。1870—1871 年政局动荡之后的第一任临时总统阿道夫·梯也尔评论说："那些嚷嚷着仇恨与复仇的人都有些欠考虑，都是冒牌的爱国者，他们说的话也没几个人听。诚实的人，或者说真正的爱国者，要的是和平，并且将决定我们一切命运的责任交给遥远的未来。至于我，我想要和平。"这一观点也在后面几任法国领导人那里得到了广泛回响，尽管他们并不愿意太过频繁地表露这番心意，以防被民族主义右派攻击。同样，至少在 1914 年民族主义复兴之前，法国公众似乎也普遍不看好另一场战争的前景，且心存疑虑，即便开战是为了夺回阿尔萨斯—洛林。[15]知识分子也拿军事冒险的梦想开起了玩笑。"从私人角度讲，我不会为了追求那些被遗忘的土地付出哪怕我的右手小指，"著名知识分子雷米·德·古尔蒙在 1891 年写道，"我还得用这根手指弹去烟灰呢。"[16]尤其是在左翼阵营和自由派阵营那里，和平主义情绪与反军国主义情绪都在增长。1910 年，另一位和梯也尔一样的右翼政治家在一场纪念普法战争另一场败仗四十周年的仪式上，仔细阐述了法国的立场。他便是即将成为战时总统的雷蒙·普恩加莱，来自彼时仍属法国的洛林省。他说："法国真诚渴望和平。她永远不会去做任何干扰和平的事情。为了维系和平，她将始终采取一切符合其尊严的行动。但是，和平既不会让我们忘记，也不会让我们不忠。"[17]

在 1871 年之后的几十年里，法国人在国内也需要分神处理许多事务。向前可以追溯到大革命与拿破仑时代，宗教人士对反宗教人士、保王党对共和派、左派对右派、革命派对保守派和反动派——这些对立情绪仍然在分裂法国社会，侵蚀一个又一个政体的合法性。的确，即便在 1989 年纪念大革命两百周年之时，法国民众对于大革命的意义和如何纪念大革命仍然分歧甚多。在失败和内战中诞生的第三共和国又再度加深了分歧。新成立的临时政府不但要与取胜的德国议和，还要处理以革命之名夺取政权的巴黎公社。最后，政府把枪口对准了公社，经过一周的野蛮战斗，街垒被拆除，公社被解散，最后的叛乱者在拉雪兹公墓被处决，而这将成为第三共和国的一个伤疤。

新生的共和国看起来会比 1792 年的法兰西第一共和国更短命，后者在成立十二年后就被拿破仑推翻了；法兰西第二共和国也面临同样的命运，其三年的短暂寿命在 1851 年终结于拿破仑的侄子之手。法兰西第三共和国树敌众多，其中就有左翼的巴黎公社社员和右翼的保王党人，然而却没几个朋友。正如古斯塔夫·福楼拜所说："我捍卫贫弱的共和国，但我对它没有信心。"[18] 的确，哪怕是共和派政治家在竞逐公职时也对这个共和国缺少信心——从 1871 年到 1914 年，法国换了 50 届内阁。内阁官员们似乎只关心怎么从公众口中的"娼妓"或"密友共和国"中捞取私人利益，这种情况屡屡发生。1887 年，时任总统的女婿被曝出售荣誉勋章，甚至是荣誉军团勋章；"古老的饰物"在一段时间里成了侮辱性称呼。1891—1892 年巴拿马运河公司的破产让数百万法郎灰飞烟灭，德·勒塞佩斯与古斯塔夫·埃菲尔（那座著名铁塔的建造者）声名扫地，数十名代表、议员与部长也脸上无光。福尔总统死在情妇的床上，这至少是一种另类的丑闻。毫不意外的是，一些法国人渴望英雄。他们追捧的是一个马背上的人，纵马疾驰，荡涤政府里的全部污垢。然而，对于这些人来说，从作为总统试图复辟君主制的麦克马洪元帅（至少，这位元帅在一幅漫画中被描述为"这匹马看起来很睿智"）到不幸的布朗热，种种努力都失败了。

　　到目前为止，对第三共和国最具毁灭性的丑闻，还是德雷福斯事件。这起事件的内核一度非常简单——对法国陆军总参谋部上校阿尔弗雷德·德雷福德向德国人传递法国军事机密的定罪是对是错？本案的真相因各种捏造、谎言、诚实和不诚实的军官，以及其他嫌疑人而扑朔迷离。德雷福斯因为捏造的证据而被错误定罪，在面对公众羞辱与粗暴惩罚的时候，他展现了异乎寻常的坚韧与刚毅；而同时，说得好听一点，军事当局，尤其是那些总参谋部的人，以及政府，可以说是明显地不愿意调查针对德雷福斯的越来越多的陈年指控。事实上，总参谋部里有一批人着手捏造了用来迫害德雷福斯的新罪证，但正如多年之后的美国水门事件一样，掩盖罪行的企图反而使他们在犯罪阴谋的泥沼之中越陷越深。

　　这一事件在1898年爆发之前已经酝酿了一段时间。德雷福斯在军事法庭上被匆匆定罪，于1894年被放逐到法国殖民地——南美洲的离岸岛屿，大西洋上的魔鬼岛。德雷福斯的家人与少数相信他清白的支持者鼓动要求重审。法国继续向德国泄密的事实佐证了他们的观点。正在调查该事件第二个同伙的乔治·皮卡尔上校得出的结论带给了他们希望。皮卡尔的结论是，这场间谍行为是那个品行放荡的指挥官费迪南·埃斯特哈齐一手导演的，军方当局对德雷福斯的诉讼是不公正的。面对这样一个窘迫的结果，军方当局与政府支持者们认为，不管德雷福斯一案的判定是对是错，军方都承担不起他们的军威与名望受损。因此，皮卡尔得到的"报酬"就是被派到突尼斯，当局希望他在那里自生自灭，而如果他拒绝认错，就开除、逮捕他，以和德雷福斯事件一样不缜密的指控起诉他。

1898 年 1 月，德雷福斯事件已引发公众注意。埃斯特哈齐受审并被宣告无罪。两天之后，大作家左拉就发表了他的著名信件《我控诉》，矛头直指荒淫成性的共和国总统福尔。左拉在信中陈说了本案的事实，指控军方与政府是在可耻地掩盖事实。左拉也控诉那些陷害德雷福斯的人，直截了当地指出这些人是在利用德雷福斯的犹太人身份煽动反犹主义，同时侵蚀共和国政体与公众的自由。他指出，这还恰好发生在法国准备举办巴黎世界博览会的当口，这场盛会本可以为"真理与自由之世纪"加冕。左拉在信中也挑衅地说道，他料想自己会被指控诽谤，而法国政府尽管有些顾虑，的确这么做了——左拉被以侮辱军队的罪名起诉和判刑。不过，他在身陷囹圄之前逃到了英格兰。

至此，德雷福斯事件已经演化为一场大型政治危机，法国社会也分裂为德雷福斯与反德雷福斯两大派别。激进主义者、自由主义者、共和主义者、反教权者（他们往往彼此重叠）倾向于加入德雷福斯派阵营，而保王党人、保守派、反犹主义者、教会与军方支持者往往是反德雷福斯派。不过，两者之间并非那么泾渭分明：家庭、朋友、同行之间都因这起事件有所疏离。英国记者、商人托马斯·巴克莱写道："这场'五年战争'在报纸上打响，也出现在法庭上、音乐厅、教堂甚至公共大道上。"[19] 有一家人直接把晚餐吃到了法庭上——反德雷福斯派的女婿扇了德雷福斯派岳母一耳光，妻子上诉离婚。在艺术圈，毕沙罗与莫奈是德雷福斯派，德加与塞尚则是反德雷福斯派。某家自行车杂志的编辑部分裂成两派，反德雷福斯派跑出去自行开办了一本杂志，报道内容改成了汽车。1899 年 2 月，狂热的右翼分子、反德雷福斯派的保罗·德鲁莱德试图发动政变，推翻刚刚接替福尔当选总统的卢贝。德鲁莱德是个好的煽动者，却远不是一名称职的领袖，这场政变彻底失败。但在那一年夏天，卢贝还是在欧特伊的一场赛马比赛中碰到了麻烦，他的帽子被一名反德雷福斯派用拐杖打烂了。[20]

尽管两边的温和派都越来越忧心共和国的未来，但事实证明要想平息此事并不容易。1899 年皮卡尔获释，从魔鬼岛归国的德雷福斯被第二次送上军事法庭。一桩意外事件再次点燃了这起案件：当德雷福斯的律师在保守派城市雷恩被一名袭击者从背后开枪击中时（此人逃之夭夭），路人拒绝帮助这位律师。德雷福斯派站在自身立场上往坏处想，认为这是右翼的阴谋。尽管这一回法官之间出现分歧，德雷福斯还是被判有罪，但依法给予减刑待遇。这次判决与卢贝总统给予的赦免让反德雷福斯派难以接受，但对德雷福斯的支持者而言又不够。德雷福斯要求重审，并最终在 1906 年得到了这个机会。上诉法庭撤销了此前判决，德雷福斯和皮卡尔都恢复了军职。1914 年 1 月，皮卡尔死于一场狩猎意外；从军队退役的德雷福斯则重新入伍，并参加了第一次世界大战。1935 年，德雷福斯去世。

这也许出乎所有人的意料，但第三共和国挺过了这次丑闻。而且共和政体表现得比以往还要更稳固。它也得益于绝大多数法国人不愿折腾的心理：无论彼此之间存在多大分歧，他们都承受不起再来一场内战的风险。第三共和国也比最初有了更多的连续性。虽然政府内阁来回更迭，但是上台下台的总是相同的名字。乔治·克列孟梭，这位刚猛激进的政治家兼记者在战前和战时几度出任总理。有人指控他的工作就是把政府搞下台，他对此的回应是："我只搞下了一个政府。它们都差不多。"[21]法国公务员也有了一定延续性。确实，政府虽然更迭频繁，公务员却得到了可观的自主性与影响力。

在外交部和法国驻外外交官的圈子里，对法国政客的主流态度是蔑视，不愿意接受他们的指示。除了少数例外，历任外交部部长都对外交事务不感兴趣，或者在任时间还不够长、不足以理解外交事务。法国议会里的人忙于竞选或政治斗争，几乎没有提供持续的监督。[22] 负责外交与殖民事务的委员会不仅低效而且迟钝。委员会可以向外交部调取文件，或要求会见外交部部长，但被拒绝时（这经常发生）却无能为力。法国政治家、德雷福斯派领袖约瑟夫·雷纳克曾对英国大使抱怨说："外交部的 44 个人整天窃窃私语；他们将绝密信息透露给妻子、情妇、密友，这些人接着传播那些小道消息。"[23] 法国媒体总是比法国议会拥有更多的信息与影响力。第三共和国历任外交部部长几乎有一半都曾是新闻记者，非常了解媒体的用处和危险。

德雷福斯事件还是留下了持久性伤害。法国社会的旧有分歧被新的不满情绪强化和滋长。如果说许多右翼人士对共和主义和自由主义价值观的蔑视得到证实，那么左翼人士对传统、宗教和军事的敌意也同样得到加强。激进派利用这次事件来控制军队，认为军队不过是保守派和顽固贵族聚集的地方。那些被怀疑不支持共和派的军官遭到清洗；晋升，尤其是高阶军衔的晋升，越来越有赖于"正确"的政治背书与关系网络。军队士气也因此备受打击，法国陆军的威望进一步下滑。大体而言，名门望族并不希望儿子去当兵。第一次世界大战爆发前的十年里，法国军队士官团的申请者人数和兵员质素已大幅下跌。1907 年，后来成为战争部部长的阿道夫·梅西米在议会表示，军官似乎只需要接受良好的基础教育——在当时，他是激进的军队批判者的代表。确实，军队在这方面没有什么改进。即便是精英士官，接受的军事教育也都是不系统的、落伍的、断断续续的。而且，在很多情况下，服从得到的回报要比才干更多。第一次世界大战爆发前夕，法国军队指挥无能，官僚做派很重，无法接受新的军事思想和技术。"民主制让人不安，"埃米勒·祖尔林登将军说，"他们倾向于怀疑那些才干过人又爱出风头的军官，这并不是因为他们看不到这些军官的才干与服役经历，而是因为他们担忧共和制。"[24] 他是那群试图解决德雷福斯案件却失败而归的人里比较正直的一位军官。

德雷福斯事件也在国际上造成了不良影响。两派都有支持者认为，这起事件是更大的国际阴谋的一部分。某位声望卓著的法国民族主义者从右派角度出发构思了阴谋论，他说："一帮共济会成员、犹太人正与外国人密谋，企图让军队声名扫地，将我们的国家送给英国人和德国人。"[25] 相反，反教会的德雷福斯派则看到了教皇在这件事里扮演的角色，特别是在耶稣会的相关活动中。在英国公众舆论里，这起事件的反响尤其恶劣，由于法绍达事件和 1899 年开始的布尔战争（紧接着德雷福斯不尽如人意的新审判结果出炉），当时的英法关系已经非常紧张。英国人普遍都是德雷福斯派，他们大体上认为这次事件再次证明了法国人的不可靠与道德堕落（如果说这一点还需要证明的话）。在海德公园，五万人参加集会表达了对德雷福斯的支持。维多利亚女王派遣首席大法官前往雷恩旁听法庭审讯，并向索尔兹伯里抱怨了那"针对可怜殉道者德雷福斯的野蛮而骇人的判决"。她取消了一年一度前往法国的假期以表抗议，她的许多臣民也纷纷效仿。英国商界开始认真考虑抵制 1900 年的巴黎世界博览会。[26] "至少可以说，德国人，"巴黎市议会议长告诉巴克利，"他们是法国的敌人。他们根本不掩饰想要吞并我们的企图心。德国人让我们知道自己身处何方。但面对英国人，我们不知所措。英国人甚至是不自觉地口是心非与背信弃义。他们总是用空头承诺与甜言蜜语刻意引导你，将你逼入绝境后又望向天堂感慨说，感谢上帝，他们是个道德的民族，为你的灵魂祈祷！"[27]

20 世纪伊始的法国处在腹背受敌的虚弱境地，国内外皆是如此。法国与英国的关系糟糕至极，与德国的关系虽有改善但仍冷淡。法国与西班牙、意大利、奥匈帝国的关系都很紧张，它们都是法国在地中海的对手。不过，法国还是成功打破了俾斯麦的封锁，找到了一个非常重要的盟友——俄国。一个拥有革命历史的共和国与东方的专制帝国之间的友谊，乍看似乎不可能出现。法俄联盟也是欧洲走向大战的关键一环。尽管法俄双方都认为这个同盟是防御性质的，但从另一个角度看，它与防御性联盟有很大不同。由于波兰尚未重新出现在欧洲地图上，德国人就可以一如往常地认为自己的国家在东西边界都面临敌对大国的围堵。法俄联盟也会促使德国与奥匈帝国之间的联系更加密切。奥匈帝国是德国为了避免被全面围堵而找到的一个可靠盟友。

即使是俾斯麦也不可能无限期孤立法国，他的继任者则在1890年断送了俄德《再保险条约》，而这为法国人打开了一扇门，他们很快就走了出去。俄国向法国伸出了走出孤立处境的橄榄枝，而德国的地缘格局也意味着，未来与法国发生任何冲突时，都得回头看看东方的局势。此外，俄国还拥有法国缺少的东西，即大量的人力资源。彼时的法国正在面临人口噩梦（1920年代与1930年代还将重演），人口增长停滞不前，德国人口却持续增长。1914年，德国已有6000万人口，法国只有3900万。在那个军队更依赖数量而非质量的年代，这意味着德国会有更多的后备兵员。

俄国人之所以下定决心与法国结盟，一个重要的原因是法国人可以提供俄国急缺的东西——资金。俄国经济正在快速发展，然而俄国政府在本国境内筹集不到他们所需的金钱。德国银行一度是俄国海外贷款的主要来源，但他们现在不断加大对本国的借款，毕竟德国国内的需求也在增长。伦敦是另一个筹集贷款的可能地点，但是英俄关系的低迷意味着英国政府与英国银行都不大乐意把钱借给一个随时可能成为敌国的国家。这样，欧洲主要大国里就只剩下法国。法国人一贯节俭，这让该国拥有了大量资金，坐等优良的投资机会。1888年，也就是德俄《再保险条约》失效前两年，法国各大银行向俄国政府提供了第一笔贷款，这也成为后来多笔贷款的开端。时至 1900 年，法国已经成为俄国最大的海外投资者（超过了英德两国之和），这推进了俄国工业与基础设施的快速发展。1914 年，俄国军队开往前线利用的铁路线大多是用法国的资金修起来的。布尔什维克夺取政权并勾销一切外债时，法国投资者检查了自己的成本，发现自己四分之一的海外投资都落到了俄国境内。[28]

法俄两国都要克服过去的阴影：1812 年，拿破仑曾放火烧毁了莫斯科，两年后，沙皇亚历山大一世率军进入巴黎。当然，还有克里米亚战争。两国都要吞下对彼此的疑虑，无论是俄国对法国共和派与反教会派的怀疑，还是法国对俄国沙皇专制与东正教信仰的敌意。然而，俄国上流社会崇尚法国生活方式，法语讲得往往比俄语还好。19 世纪的最后二十五年里，法国也同样发现了俄国小说与俄国音乐的独特味道。更重要的是，1880 年代末英国加入三国同盟（德国、奥匈帝国与意大利）的可能性也给俄国外交部和俄国军事领袖敲响了警钟，因为英国被认为是个不友善的国家。如果英国入盟成真，俄国就会像法国一样被孤立。同样关键的是，当时的沙皇亚历山大三世留下的遗言就是要探索与法国结盟的可能性。沙皇的观点深受皇后影响，出身丹麦王室的皇后痛恨普鲁士击败了丹麦并且攫取了石勒苏益格-荷尔斯泰因公国。1890 年德国决定不再续签德俄《再保险条约》也深深刺痛了沙皇。条约失效一个月后，俄国将军便在一年一度的军事演习上与一名法国将军讨论两国间可能的军事协定。[29]

第二年，法俄两国拟定了一项秘密军事协定：他们同意，在任何一方面临三国同盟成员国袭击时，援助另一方。这对两国来说都是个大胆的举动，因此他们花了一年半才最后达成这项协定。在此后的十年里，法俄联盟也在某些双方利益不一致或有冲突的时刻几近破产。比如 1898 年，法国人对俄国人拒绝在法绍达事件上支持自已深感失望。法俄联盟本身并非 1914 年战争的源头，但它的存在强化了欧洲的紧张局势。

法俄军事协定本身是一项密约，但旁观者还是看出了欧洲国际关系的重大变化。1891 年，沙皇以最高标准盛装接待来访的法国总统。同年夏天，法国舰队也礼节性地访问了俄国在圣彼得堡以西不远的喀琅施塔得海军基地。全世界都看到了让人目瞪口呆的一幕：俄国沙皇在《马赛曲》奏响时肃立静听，尽管这是一首在俄国遭禁的革命歌曲。两年后，一支俄国舰队应邀回访法国的土伦港，法国公众高喊"俄国万岁！沙皇万岁！"来访的俄国人享受了宴会、招待会、午餐会、美酒佳肴与祝词的款待。"巴黎女性几乎全体出动，"某记者写道，"大家纷纷放下了手中的活，招待每一名俄国水手，满足他们的愿望。"[30] 法国共和派对沙皇及其政权的热情让英国驻法大使不禁莞尔，在他看来，法国人流露的这种情感可以理解："法国人就像凯尔特诸国一样敏感，病态地渴望同情与仰慕。普法战争落败大大挫伤了法国人的虚荣心，尽管他们仍然以尊严和耐心忍受这番屈辱，但绝非没有一点恨意。"[32]

1898 年，法绍达危机之前不久，出任外交部部长的泰奥菲勒·德尔卡塞将帮助法国与另一个不可能的盟友结盟，这一回是老对手英国。对第三共和国来说颇不寻常的是，这位外交部部长在位子上待了七年之久，直至下一次危机，也就是摩洛哥危机才被迫辞职。德尔卡塞出身比利牛斯山脉附近的普通人家。1857 年，他的母亲在他五岁时去世；他的父亲是一名法院小官员，也再婚了，后妈对他很冷淡，常常把他送到祖母那里生活。德尔卡塞后来获得法语与古典文学学士学位，并试图成为一名剧作家，但是不太成功。为了养活自己，他先是拿起教鞭，然后进入了新闻业。和法国不少雄心勃勃的年轻人一样，德尔卡塞将新闻业作为踏足政界的跳板。1887 年他娶了一名富有的寡妇，妻子愿意用她的财富支持德尔卡塞的事业。

两年之后，德尔卡塞以温和激进派的面貌当选为法国议会议员。他的第一场演说选择从外交政策着手，据他自己说，这次演说取得了极大成功。[32]

长相平平，发色乌黑，身材矮小（他一直穿高跟鞋）的德尔卡塞是一位不太讨喜的外交部部长。他的政敌喊他"小地精"或是"幻梦小矮人"。他的知识水平也不出众。但事实证明，他是个颇具才干的外交官，身上兼具决心、说服力与勤奋的品质。德尔卡塞对外称，自己往往天没破晓就去部里上班，午夜后才下班回家。他也很幸运，在他任期的大部分时间内，当时的法国总统卢贝都对他听之任之。（法国最重要的外交官之一保罗·康邦在评论卢贝总统时表示，卢贝"当上总统以后就什么也不是了，只是个百无一用的装饰品"。）[33] 德尔卡塞的毛病在于，他对绝大多数法国政客和外交部的许多同事都表示蔑视。这位部长大人还迷恋保密，这意味着那些本该了解法国关键政策与动议的人常常被蒙在鼓里。"记不得有多少次了，"出任法国驻俄大使多年的莫里斯·帕莱奥洛格说，"我在离开房间的时候听到背后有个歇斯底里的声音：'不要在纸上写任何事！''忘掉我刚才告诉你的所有事情！'或是'烧掉它。'"[34]

尽管德尔卡塞习得了自控力，但他仍然是个满怀激情的人，而最能勾起他热忱的还是法兰西本身。德尔卡塞喜欢引用民族主义英雄甘必大的名言，法兰西是"世界上伟大的道德人格"。还在做记者时，他就撰写文章敦促，要让法国的学童接受这样的教导：他们比英国、德国的小孩更优越。[35] 与他的同代人一样，德尔卡塞也为法国在普法战争中的失败心碎不已；他的女儿发现，父亲总是不愿意谈论阿尔萨斯和洛林。不过，德尔卡塞并不讨厌德国人和德国文化；他还是瓦格纳的忠实崇拜者。[37] 然而，他仍然认为法国不可能与德国睦邻友善，因此成为法俄联盟的第一批热情支持者。

在德尔卡塞看来，法国的民族复兴，部分要靠夺取海外殖民地。

政治生涯刚开始时，他就与实力雄厚的殖民地游说团体紧密合作。
他还赞同日渐流行的观点：法国的命运系于地中海。这也是他认为
很难原谅英国攫取埃及的原因之一。与同时代的其他法国民族主义
者一样，德尔卡塞也梦想法国的影响力延伸到衰朽奥斯曼帝国的阿
拉伯领土。而且，如同他的许多同胞，包括左派在内，德尔卡塞相
信法国的统治会向殖民地播撒文明的红利。正如社会党领袖人物饶
勒斯提到摩洛哥时所说："法国有权利这么做，因为在法国治下，摩
洛哥不会有突然袭击和军事暴力，而且对非洲原住民而言，法兰西
代表的是一种必然优于现有摩洛哥政权的文明。"[37] 为了追求帝国理
想，本是强硬反教会派的德尔卡塞迸发出了保护基督徒少数派的热
情，尤其是在奥斯曼帝国治下的叙利亚与巴勒斯坦地区。德尔卡塞
的目光还往南投向了北非，在那里，法国已有阿尔及利亚这一大块
殖民地，而摩洛哥日益陷入了无政府状态。为了追逐法国的帝国目标，
德尔卡塞也准备好了与邻国合作，比如意大利与西班牙，或许还有
德国。但更重要的是英国。

　　早在 1880 年代中叶，德尔卡塞就希望与英国达成更好的谅解。
不仅如此，他还有一个更宏大的计划：让法国最终与英俄缔结三国
同盟协约。法俄联盟协定在 1894 年达成，这对他而言是重要的第一
步。1898 年接任外交部部长后，德尔卡塞告诉英国大使，他认为英
法俄三国之间应该达成友善的谅解，而且这种谅解也是"非常可取
的"。英国大使向索尔兹伯里转述说："我真诚地相信，这个矮个子
说这些话的时候是真诚的。"不过，这位英国首相还不准备放弃他的
孤立政策，19 世纪末的法绍达危机与布尔战争更是让英法关系陷入
更深的僵局。[38]

　　法绍达危机之后，德尔卡塞开始不声不响地启动吞并摩洛哥的
进程。法国军方以保护地理学考察队这个牵强的借口越过阿尔及利
亚边界进入摩洛哥境内，占领了南摩洛哥的几个关键绿洲。1900 年，

德尔卡塞与意大利达成协议：意大利将享有在利比亚自由行动的便利，而法国也将得以在摩洛哥自由行动。他还与西班牙谈判。用康邦的话说，"他陷入了神经质的过度兴奋的状态，我从没看到过他这样，这说明了很多问题"。[39]这一尝试最终因西班牙政府更迭而失败，但是这次失败也让德尔卡塞确信，是时候认真考虑与英国达成某种形式的协议了。他也承受了来自殖民游说团体老朋友的沉重压力，他们认为法国要放弃在埃及的权利才有出路，以此换取英国对法国在摩洛哥统治地位的承认。

法国公众的意见同样值得重视，但是舆论也开始扭转。1902年5月，英国与布尔人达成协议，布尔战争结束，消除了法国人对英国的一部分恨意。没过多久，拉丁美洲一场突如其来的危机让法国人欣喜地认识到英国公众有多么憎恨与畏惧德国。委内瑞拉欠英德两国的钱而且拒绝偿还，德国人建议与英国联合发动一场海上远征前去追债，英国人有些不情愿地同意了。英国有理由谨慎以对。美国则认为这侵犯了神圣的门罗主义，因而被激怒了，况且美国总是倾向于怀疑英国。英国国内公众一片哗然，内阁也担心与美国关系恶化的后果，毕竟英美关系最近才有所改善。内阁更担心的是与德国合作一事。临近1902年圣诞节，吉卜林在《泰晤士报》上发表了一首诗，质问"难道就找不到别的舰队了／非要委屈你与这些货色联合？"并在最后一节饱含愤懑激越地写道：

> 从英吉利海峡——以和平的眼光
> 穿过半个世界远航——
> 欺诈成性的船员，焕然一新的联盟
> 竟然与哥特人和无耻匈人一同前往！

德国驻伦敦大使梅特涅坚决支持改善英德关系，但他也表示，自己从未见过英国人对别国有如此深的敌意。[40]

1903 年初，德尔卡塞就做出决策：法国应当尝试解决与英国的分歧。他指示自己最信任的驻英大使保罗·康邦开启与英国新任外交大臣兰斯当勋爵的商谈。[41]过去两年，康邦已经向兰斯当抛出了几项提议：法国放弃在英国殖民地纽芬兰的旧有条约权利；法国有可能承认英国对埃及的控制权，以此换取法国在摩洛哥的自由支配权，或是英法瓜分摩洛哥的可能性。英国人饶有兴趣地听取了这些提议，但并不为此做出承诺。英国人怀疑这是康邦自作主张，毕竟他经常这样。

保罗·康邦身材矮小，举止威严，衣着光鲜，走起路来略带跛脚。他自视甚高。职业履历堪称杰出。康邦曾是法国驻突尼斯代表，后来出任驻西班牙和驻奥斯曼帝国的大使。行事高效、为人诚恳是他一向的声誉。但同时他也以顽固著称，拒绝服从那些他认为不称职的人——包括他的大多数上司。正如康邦对他儿子所说，他相信"外交史只是记录下一系列反复上演的尝试：外交官成功达成目的，同时抵抗来自巴黎的命令"。[42]康邦认同德尔卡塞的政策，也与他一样有着让法国重新成为霸权的雄心，但他认为外交官是实践外交政策的积极伙伴。在君士坦丁堡出任驻奥斯曼大使的经历让康邦对俄国很反感，也对俄国在地中海东端的野心忧心忡忡。但是康邦也是个现实主义者，他看到了法国与俄国交好的利益所在。然而，他并不认为俄国是可靠的。"与其说是有用的，不如说是尴尬的。"他最担心的是俄国与德国重修旧好，这样的话法国在欧洲就会再度陷入孤立。[43]康邦在政治生涯早期就得出结论，法国应当转而寻求英国的支持。随着摩洛哥议题愈演愈烈，康邦也担心英国会过度介入，如果不趁机在埃及问题上做个交易，法国就会丢掉摩洛哥。

尽管从 1898 年到 1920 年，康邦多年的职业生涯都在英国度过，但他对英国人或是英国文化却没什么特别的热情。他前往伦敦不过是因为工作。抵英后不久，康邦应邀出席了维多利亚女王在温莎城堡举行的晚宴。上了年纪的女王举止从容，但是这顿饭实在糟糕。"我的家里可容不下这样的一餐饭。"[44]康邦对英国食物的看法从未改变，也反对在法国开办英语学校，他认为在英国长大的法国人不免有点心智缺陷。[45] 1904 年，牛津大学授予康邦荣誉学位。庆祝英法建立新友谊时，康邦给弟弟朱尔写了一封有趣而尖锐的信，批评了炎热的天气和冗长的仪式。"以英语口音念出的拉丁文、希腊文格言简直不忍卒听。"谈到最后那段赞美牛津大学的致辞，康邦表示："我一点都没有关注他们的话；我筋疲力尽了。"[46]虽然康邦在伦敦待了二十多年，他甚至从未好好练习过英语。[47]维多利亚女王的葬礼有些混乱，"但是英国人高明的地方在于，即便显得愚蠢，他们对此也完全无所谓"。[48]

由于英国人对于同法国的缔约没有明确的政策，康邦在伦敦的使命变得有些复杂。对于摩洛哥，法国人能感觉到英国也有自己的盘算。尽管英国对摩洛哥并没有连贯的政策，政府中毕竟还有像张伯伦这样的人曾认真考虑过将摩洛哥变成英国保护国，甚至直到20 世纪初英德关系恶化之前，仍考虑与德国一起瓜分摩洛哥的可能性。[49]在英国海军部，也有人议论在摩洛哥的大西洋领海和地中海沿岸设立海军基地或港口的计划，或者至少要防止其他国家——如德国、西班牙、法国——这么做。

今天的国际社会倾向于认为失败国家或者正在经历失败的国家是一个问题，但在帝国主义时代，列强往往认为这是个机会。大清、奥斯曼帝国和波斯都孱弱不堪、四分五裂，是合适的瓜分对象。摩洛哥也是如此，到 1900 年，这个国家正在加速滑向无政府状态。精明强干的苏丹哈桑一世于 1894 年撒手人寰，将王位留给了还是少年人的阿卜杜勒-阿齐兹。"（新苏丹）长得不难看，但矮胖臃肿；他有着英俊的五官与清澈的眼睛，"驻摩洛哥的英国外交官阿瑟·尼科尔森如是说，"看起来并非不健康，却像是个吃得太多的男孩。"[50]
事实证明，阿卜杜勒-阿齐兹无力控制臣民。他的行政机构越来越腐
败，各争雄长的部落领袖纷纷寻求独立，沿岸的海盗袭击商人，盗
匪在内地突袭商队，绑架富人勒索赎金。1902 年末，一场叛乱让这
个摇摇欲坠的政权近乎崩塌。

　　年轻的苏丹在他的宫殿里肆意玩耍。正如法国人观察到的那样，
苏丹身边都是英国侍者，从马夫到修自行车的工匠。（不过公允地说，
苏丹也雇了一位法国人为他制作苏打水。）阿卜杜勒-阿齐兹最信任
的顾问是摩洛哥军队的总司令卡伊德·麦克莱恩。让法国人警觉的是，
他之前是个英国士兵。"他身材小而圆滚，留着整洁的白胡子，吹奏
风笛时能看到他双眼闪着光。"尼科尔森表示，他认为麦克莱恩是个
诚实可亲的人。"身着穆斯林头巾和白色长袍，麦克莱恩会大步流星
走在花园小路上，吹奏他的风笛，让《罗梦湖》的曲调穿透非洲的
阳光。"[51] 1902 年麦克莱恩访问英国，受邀下榻巴尔莫勒尔堡。爱
德华七世授予麦克莱恩爵士头衔，这证实了大多数法国外交官对英
国人的怀疑。德尔卡塞在摩洛哥的代表沮丧地表示，英国人在摩洛
哥会用游说、贿赂等一切手段来达成目标，即便这些手段都失败了，
英国外交官的夫人们也知道她们要做点什么来增进英国的利益。[52]

　　尽管如此，康邦还是持续向兰斯当施压。两人在 1902 年就各
项殖民地议题展开了多次会谈，探讨了从暹罗到纽芬兰的各种殖民
问题，这些议题仍在分裂英法关系。兰斯当表达了兴趣，但很谨慎，
因为他仍然指望与德国达成更好的谅解。如果德国没有开始海军军
备竞赛，如果德国外交可以更灵活一些，那么兰斯当也许会得到他
想要的东西。但事实是，德国的举动和措辞让兰斯当与外交部的多
数同侪一样感到愤怒。"我很惊讶，"1901 年末，他写信给一名同事
说，"相比之下，法国人表现出更多的善意。此时此刻，如果我一定
要处理与某个大使馆的烦心事的话，我宁愿这是与法国大使馆而非

其他使馆的事务。他们更讲礼仪，实质上也比其他国家都更容易打交道。"[53]

与他的政治导师索尔兹伯里一样，兰斯当也出身历史悠久的贵族家庭，带着某种使命感出任公职。兰斯当身材瘦削，整洁优雅，秉承家族传统以自由党身份开始政治生涯。他先是在格莱斯顿的内阁供职，然后出任加拿大总督。兰斯当热爱加拿大，不仅仅是因为那里可以钓鲑鱼。他因《爱尔兰自治法案》问题与自由党人分道扬镳，后来加入了反对爱尔兰自治的保守党。1900年，年老体衰的索尔兹伯里接受劝说，卸下了外交大臣职务，有些出人意料地任命了兰斯当为继任者。如果不以伟大或者浮夸来评价兰斯当的话，那么他是一位意志坚定、通情达理的外交大臣。与索尔兹伯里一样，他倾向于让英国远离一切纷争。不过，兰斯当还是不情愿地接受了英国需要盟友的想法，因此支持与日本结盟。他同时向德俄两国示好，虽然与这两国的关系并没有什么进展。

1902年，英法两国的报纸与商会都呼吁加深彼此之间更深的谅解。在埃及，其实际统治者、强势的英国代表克罗默勋爵也认为，把摩洛哥让给法国的协定会改善英国政府在埃及的处境。（身为公债委员会成员国，法国有能力阻挠涉及埃及财政的一切改革。该委员会旨在保护埃及外债持有者的利益。）[54] 1903年初，兰斯当又往前迈了一小步，与康邦达成一个更大的协定，允许英国、法国与西班牙三国的银行向摩洛哥提供联合贷款。1903年3月，得到内阁大臣同意的英王爱德华七世决定出访巴黎。

尽管法国人是优秀的共和主义者，但还是大大高估了英国王室的权力，倾向于认为后来的英法协约是爱德华七世的个人政策。但他的访问是展现善意的重要姿态，也为法国公众舆论向英法协约扭转做了预热。这标志着新的态度与新的开始，就像尼克松总统1972年访问北京时那样。最重要的是，这次访问取得了成功；虽然英王抵达巴黎时，迎接他的法国群众反应冷淡，甚至有些敌意，偶尔会听到一些法国人大呼"布尔人万岁！"与"法绍达万岁！"随行迎宾的德尔卡塞也反复地大声说"多热情啊！"法国政府倾其所能招待国王。（法国商人参加了庆典，带来了各式纪念品，从印有国王头像的明信片到手杖都有，甚至还有一件名叫"爱德华国王"的新款外套。）爱丽舍宫举行了盛大的晚宴，菜肴有"温莎奶油，里士满鸡蛋，英式羊肉卷，温莎布丁"，外交部也在午餐会上准备了"约克火腿与香槟松露"。爱德华七世全程表现得滴水不漏，以流利的法语祝酒。在爱丽舍宫的晚宴上，他讲述了自己在巴黎的诸多美好回忆，说巴黎的"一切都那么睿智与美丽"。某天晚上，他在剧院前厅看到了一个名声在外的法国女演员，他对这位演员说："女士，我还记得在伦敦为你鼓掌，你在那里将法国的优雅与活力演绎得淋漓尽致。"这番话在观众中传开了，英王也在欢呼声中进入包厢观戏。甚至在马术比赛中，他的到场也带来了吉兆。一匹名为"约翰牛"的马最终获胜。爱德华七世离开巴黎时，法国民众高喊"爱德华万岁！""亲爱的泰迪万岁！"当然，不出所料还能听到"共和国万岁！"[55]

　　德尔卡塞对这次访问非常满意，也对英国政府准备签署全面协议满怀信心。部分原因在于，在私下谈话里，爱德华七世的言行似乎完全超过了一名立宪君主应有的界限。国王全心支持法国控制摩洛哥，并警告德尔卡塞不要被"疯狂而邪恶的德皇"左右。[56]两个月后，卢贝总统与德尔卡塞回访伦敦。这次回访之前出了个小插曲。国王本来明确表示，他希望法国官员身着包括齐膝短裤（knee breeches，法语中是 culottes）在内的宫廷礼服。但正是"无裤党人"（sans-culottes）——中低阶层的共和派——领导了 1789 年法国大革命，对于记得这段历史的法国而言，穿这种礼裤势将在本土引发一阵骚动。爱德华七世让步了，这次回访也取得了圆满成功。当年秋天，英法两国议会代表实现互访，这不仅是前所未有的举动，也标志着英法协约进入了更深的阶段，不仅限于政府高层。

卢贝回访英国期间，德尔卡塞告诉兰斯当，他非常期待"一个全面协定"。两人同意，摩洛哥、埃及与纽芬兰都是历史遗留问题。在此后的九个月里，康邦与兰斯当在伦敦谈判，有时也会陷入僵局。暹罗被划分为不同的势力范围，马达加斯加和新赫布里底群岛（即今瓦努阿图）的问题也相对容易解决。最小的议题往往会制造分歧，纽芬兰问题几乎毁了整个协定。明面上危机重重的矛盾是捕鱼权。自 1713 年的《乌得勒支条约》以来，法国渔民就独享纽芬兰海岸周边的捕鱼权，但龙虾是否应该算作鱼类仍然是一个争议颇多的点。如果要法国放弃捕鱼权，法国人就要求在别的地方得到补偿，最好是在西非的英国殖民地冈比亚。法国人之所以表现强硬，部分原因在于他们承受了本国渔民与港口商会的压力，另一部分原因在于纽芬兰是法兰西帝国在北美的最后残余。[57] 最终，双方都做出了妥协；英国人让出了尼日利亚北部领土和冈比亚的一小块，还有西非的法国殖民地，即几内亚海岸的几座离岸岛屿，法国人所得到的略少于他们要求的。这项协定的核心内容是有关埃及和摩洛哥的交易：法国接受英国在埃及的宗主国地位，同时英国在事实上承认摩洛哥为法国的势力范围。虽然法国人承诺不改变摩洛哥当地的政治现状，但这个协定还是为法国负责维持当地秩序提供了便利。为了确保英国进入地中海的海上航路通畅，法国将不会在临近摩洛哥海岸的领土设置防御工事，这里与英国直布罗陀的海军基地最近处只有 14 英里之遥。订立的秘密条款表明，双方都不希望摩洛哥长期保持独立。[58]

1904 年 4 月 8 日，法绍达危机后不到六年，康邦来到兰斯当的外交部办公室签署协定。德尔卡塞在巴黎焦急地等待签约结果，康邦跑回法国大使馆，使用刚刚安装的、还不那么常见的新电话报告。"签了！"他用尽肺活量大喊。[59] 尽管法国国内仍有部分批评声音认为德尔卡塞让步太多，这份协议还是在法国议会通过了。在英国，公众对这项协议表示欢迎。就对付德国而言，法国会是个比日本更有用的盟友。帝国主义者同样满意，因为英国通过这份协议确认了对埃及的控制权，而反帝国主义者也乐见帝国竞争的终结。《曼彻斯特卫报》代表自由派和左派发言："新的英法友谊的价值不在于平息纷争，而在于其所带来的大好机会。这份协约铸就了民主国家之间的真正联盟，两国都有志于推动民主事业的继续前进。"[60]

德国领导阶层从未认真对待英法之间建立友谊的可能性。人们对英法协约感到震惊与失落。德皇告诉比洛，新的形势让人苦恼；英法也不再对立，"他们不必再急着考虑我们的立场了"。[61]消息灵通的施皮岑贝格男爵夫人在日记里写道："外交部对于英法达成摩洛哥协定倍感沮丧，这是德奥同盟政策以来德国外交遭遇的最大挫折之一。"激进的泛德联盟通过了一项决议，认为英法的摩洛哥协议是对德国"羞辱的忽视"，德国像三流国家一样遭人捉弄。通常支持政府的德国国家自由党也要求首相立即发表声明抗议；德皇在几篇演讲中表示，新的世界局势也许会迫使德国插手。他还指出，德国军事力量十分强大，随时待命。[62]

英德本就渐行渐远，两国公众舆论也在加速这一进程。在英法协约揭晓时，两国的隔阂更深了。像兰斯当这样的英国政治家也许认为他们只是在解决殖民地的纠纷，但实质上，两个欧洲强国之间的新友谊对欧洲的均势格局产生了重大影响。法国已与俄国结盟，面对德国已经占据了强势地位——尽管强到什么程度还有待观察。英国很快就会面临选择，是在危机来临时支持法国，还是承担丧失两国友谊的风险。正如弗朗西斯·伯蒂爵士1907年任驻法大使时所说："我们要避免的危险是：法国人对我们的支持失去信心，被迫与德国达成某种合作。这对我们有害，对法国则无害。同时，我们不能鼓励法国人过于依赖我们的物质支持，让他们以为可以与德国人掰手腕。"[63]不管愿不愿意，英法协约都让英国更有可能介入法国在欧洲的纠纷，特别是因为摩洛哥而起的争端。德国同样在摩洛哥拥有利益，而且有理由认为自己被忽视了。不久之后，德国就会将其不满公之于世。

　　劳合·乔治在战争回忆录里讲到，在英法协约公布的那天，他去拜访了自由党资深政治家罗斯伯里勋爵。"他对我的第一声招呼是：'好吧，我估计你和其他人一样，对于这份英法协定感到满意？'我告诉他，我确实感到高兴，因为我们与法国之间的争抢关系终于结束了。他的回应是：'你们都错了。这意味着最终要与德国开战！'"[64]

第七章　熊与鲸

　　1904 年 10 月 21 日，星期五晚上，在北海，天上几乎是满月，还有些薄雾。当俄国波罗的海舰队驶过时，从赫尔城出发的约 50 艘英国拖网渔船在多格海滩渔场绵延七八英里的地方四散，这里位于英格兰与德国海岸的中间。这支舰队向英吉利海峡驶去，踏上航向远东那注定失败的旅程。拖网渔船散下渔网，甲板上的渔民在乙炔灯下掏出渔获。对渔民而言，这是他们日常工作中一个可喜的变化：舰上的灯光照亮了自身的轮廓，而他们自己的探照灯在水面上嬉戏，此情此景下，渔民开着玩笑，并大笑。"我叫来甲板上的全体船员，"其中一艘拖网渔船的船长维尔普顿说，"喊他们来看看眼前这壮观的场景。"很快，军号声响起，火炮与机枪作响。"我的天哪！"维尔普顿惊呼，"这可不是空炮，大家卧倒，照顾好自己。"[1] 这些渔船已经没时间拽回他们沉甸甸的渔网了，渔民们在船上无法动弹，而射击持续了约二十分钟。俄国人随即驶离，渔民中有两人死亡，多人受伤，还有一艘渔船沉入海底。没过多久，一艘俄国船还将另一艘友舰误认为日本战舰，对着战友开起了火。整场闹剧都反映了俄国军方的困惑和混乱。

英国公共舆论对俄国舰队感到愤怒，《每日邮报》打出的标题是，"和往常一样醉了"。这句话也用来形容俄国政府。英国人要求俄国政府郑重道歉，清偿全部损失。俄国人一开始拒绝承认他们的舰队做错了什么，辩称他们有充分的理由怀疑日本的鱼雷艇进入欧洲水域袭击了俄国的波罗的海舰队。兰斯当拒绝接受这种说法，并在10月26日要求俄国舰队停靠在西班牙大西洋海岸的维戈，直至纠纷解决。"如果俄国舰队不在维戈停靠就继续前行，"他告诉俄国驻英大使，"那可能在本周结束之前两国就会处于战争状态了。"第二天，俄国人以好战的态度回应说，他们有"不容置疑的证据"表明，日本人正在筹划袭击这支舰队。波罗的海舰队司令罗日杰斯特文斯基补充说，无论如何，拖网渔船受到攻击是他们自己的错，因为他们挡了俄国舰队的道。当天晚上，兰斯当认为"战争与和平之间的赔率已经打平了"。[2] 虽然这次英俄两国避免了战争，但多格海滩事件仍然成为欧洲越来越常见的又一轮战争恐惧的开始。这次事件同样恶化了英俄关系（如果还能更糟的话）。对俄国而言，这也是日俄战争中正在发生的灾难的一部分。

　　俄国在远东与日本开战，这要归咎于无能、对自身能力的盲目乐观和对日本的轻蔑（大多出于种族主义情绪）等多种因素。俄国人的野心是在中国东北和朝鲜划出自己的势力范围，甚至希望最终将这些地方并入不断扩张的俄罗斯帝国。俄国人的做法与其他欧洲强国产生了冲突，特别是英国。最危险的是与日本的冲突，这个国家正在快速进入现代化，并成为亚洲舞台上的主角。1894—1895年间，日本对垂垂老矣的清帝国开战，部分原因是争夺对朝鲜的控制权。日本取得了决定性胜利。在和约中，清政府承认朝鲜独立，这给日本进入朝鲜铺平了道路。（韩国在1910年成了日本帝国的一部分。）日本还占领了中国的台湾及其邻近岛屿，获得了在中国东北修建铁路与港口的特许权。对俄国来说，最后一条太过分了，于是它联合其他欧陆强国采取一致行动，迫使日本退出中国东北。日本人有理由感到愤愤不平，特别是俄国人很快就在那里获得了自己的特权，包括在中国东北修建西伯利亚大铁路南段支线和南北铁路的权利，并获得包括亚瑟港（今旅顺港）与大连港在内的租借地。孱弱的大清对俄国人的领土扩张无能为力，其他列强对俄国的侵略政策则十分警惕。义和团运动加剧了紧张的局势，俄国人以此为借口，派兵占领了从北边的哈尔滨到南边租借地之间这段南北铁路沿线的重要据点。到1904年日俄战争爆发时，俄国人发现自己身处危险的孤立状态，即便是盟友法国也清楚地表明：法俄联盟只在欧洲有效。

　　1904年2月8日入夜，日本鱼雷艇无预警地袭击了亚瑟港的俄国舰船。一支日本军队在亚瑟港以北登陆，意在破坏铁路线并袭击港口；另一支在附近的韩国仁川登陆（近半个世纪后，美国在朝鲜战争中也是在此处登陆），然后一路北上鸭绿江（与俄国的边境线）。俄国的军需供应与兵力增援需要沿着尚未完工的西伯利亚大铁路的数千英里单轨铁路运到远东，这样，与日本开战的愚蠢之处很快就变得非常明显。俄国在此后的十八个月里经受了一连串的失败，亚瑟港被围困，俄国远东舰队被封锁。俄国人试图从陆上给海上解围，结果造成了更惨重的损失。1905年1月初，亚瑟港被攻陷，俄国太平洋舰队的绝大多数船只也葬身海底。

　　消息传到了位于马达加斯加的波罗的海舰队，当时舰队正在穿越大半个地球去解围。（这支舰队只能从非洲最南端绕行，因为英国人不允许他们经过苏伊士运河。）舰队司令决定前往俄国的太平洋港口符拉迪沃斯托克。1905年5月27日，波罗的海舰队进入日本与朝鲜之间的对马海峡，而日本联合舰队早已在那里等待。随之而来的战斗成为史上最惊人的海战之一，俄国波罗的海舰队被歼灭，4000多人沉入海底，更多的人被俘，日本则只损失了116人和几艘鱼雷艇。

图 7　在日俄战争中受伤了的俄罗斯熊转向他的主人沙皇。1905 年，俄国在远东地区的失败几乎在国内引发了革命。尽管沙皇政权得以存续，甚至还作出了些许改革，但另一场战争和第二次革命会在 1917 年彻底摧毁旧秩序

俄国被迫接受美国总统西奥多·罗斯福的调解提议，战争资源接近枯竭极限的日本人同样欢迎和谈。这一年8月，日俄代表在美国新罕布什尔州朴次茅斯的一处海军船坞会晤。罗斯福的动机是复杂的：一方面，他真诚地认为位居世界文明国家之列的美国负有增进和平的道德义务；另一方面，他也想让美国和他自己有机会进入世界舞台中央。就交战国而言，罗斯福起初像不少美国人一样，不赞同俄国人的专制政体，同情日本，认为日本的崛起是对国际秩序的"有益补充"。罗斯福甚至对于日本不宣而战就突袭俄国的做法表示欣赏。不过，在日本击败俄国之后，罗斯福开始考虑美国在亚洲的地位，担心日本也许会将注意力转到中国。罗斯福把日俄双方召集到一起，本人却并不参与会谈。他在自己的长岛别墅里远远观摩这场和谈，试图在双方谈判僵持时控制住自己的情绪。"我真正想干的，"他抱怨说，"是直接乱发一通脾气，跳起来砸一下两国代表的脑袋。"[3] 9月，日俄两国最终签署了《朴次茅斯和约》。日本得到了萨哈林岛(库页岛)的一半，以及俄国在中国东北南段的租界。第二年，罗斯福总统赢得了新设立的诺贝尔和平奖。

这场战争带给俄国的损失绝不仅仅是领土：俄军伤亡40万人，海军大部被摧毁，250万卢布的花费也让俄国政府很难承担。"与日本的战争恐怕会非常不得人心，"战争大臣阿列克谢·库罗帕特金将军曾在1903年11月两国敌意爆发前警告沙皇，"而且会增加人们对统治当局的不满情绪。"高加索地区的总督说得更加明确。"必须设法避免战争，"他告诉库罗帕特金，"一场战争引发的问题可能会是'改朝换代'级的。"[4] 这两个人都说对了。俄国公众从一开始就对战争没多少热情，无论是知识分子、日益壮大的中产阶级，还是在新组建的地方政府里颇为活跃的开明地主，他们在1904年的时候就已经对政府大为不满了。

1890年代以来，俄国经历了一个经济发展尤其迅猛的时期，要让俄国人顺利适应这种时代并不容易。俄国的繁荣带来了对美好未来的憧憬，但也让一个本已分裂的社会更加动荡。莫斯科与圣彼得堡的权贵们住在富丽堂皇的别墅里，收集有海量的艺术品与家具，而他们的工人却住在脏陋的居所，在恶劣的条件下长时间劳动。在更穷的乡村，农民很少能吃到肉，过着濒临饿死的日子，漫长的冬季月份尤其难熬。大地主的生活方式与更富裕的欧洲国家地主一样。即便是行事奢华的尤苏波夫亲王（后来成为刺杀拉斯普京的人）也没法挥霍完他的资财——他名下的资产包括五十多万英亩的土地，还有矿场与工厂，更不必说那些他钟爱的装满未雕琢宝石和珍珠的银质花瓶了。1914 年，克莱因米切尔伯爵夫人，圣彼得堡的社交界领袖，为她的侄女们办了一场她心仪的小型盛装舞会："我发出了三百多份邀请函，因为我的房子容纳不了更多的人。而且根据俄国人的习俗，我们是要在小桌子上吃晚餐的，这个数字也是我的厨房能服务的最大量了。"[5]

尽管俄国存在审查与压迫，但各个阵营几乎都在要求终结专制、建立代议制政府、落实公民自由。臣属于俄国的诸族群，波罗的人、波兰人、芬兰人、乌克兰人，也在要求更大的自治权。少数的激进派早已放弃了改革希望，致力于以暴力推翻旧秩序，不惜诉诸恐怖袭击或是武装反抗。从 1905 年到 1909 年，俄国有接近 1500 名地方总督或是地方官员死于暗杀。产业工人的人数也随着俄国工业化的推进而增长，他们表现出越来越强的战斗性。1894 年，也就是尼古拉二世加冕沙皇的那一年，俄国发生了 68 次罢工；十年之后，这个数字飙涨到了每年 500 多次。[6]虽然左翼的激进社会主义政党仍然非法，其领袖还在流亡，但是这些党派开始在新兴的工人组织中担任领导。1914 年，组织最好的政党——布尔什维克——已经控制了大多数工会，也在俄国的新议会杜马中占据了工人席位的大多数。

1914 年之前的那些年里，俄国是一个巨大的有机体，同时向几个方向发展，但最终形态尚不清楚。部分地区，尤其是偏远的农村，看上去好像几百年都没有变过，而拥有电灯、有轨电车与现代商店的大城市看上去像极了巴黎、柏林和伦敦。不过，正如沙皇与不少保守派，还有后来的评论家们认为的那样，俄国乡村给外界带来的"一成不变"的印象其实是个误导人的假象。农奴制的终结、交通方式的普及、识字率的提升和农民进城务工的潮流（他们还会回乡照看家人）都在动摇乡村生活，摧毁那里的制度。长老、教士、传统习俗，还有曾经权力很大的乡村公社，已经不再拥有支配乡村生活的权力了。

现代性也在挑战着俄国城乡各地的那些旧有传统。教徒仍然崇拜圣像，相信神迹与鬼魂；新兴的工业家则忙着购置马蒂斯、毕加索与布拉克的画作，打造世间宏大的现代艺术收藏。俄国传统民间艺术与实验性的作家、艺术家相得益彰：斯坦尼斯拉夫斯基与佳吉列夫分别革新了戏剧与舞蹈艺术。大胆的作家拿起笔来挑战人们习焉不察的道德，同时还有神性的复兴，以及对人生深层意义的探索。反动人士希望回到彼得大帝打开俄国大门欢迎西化之前的时代；革命派则想要改革俄国社会，他们之中的不少人都流亡国外，比如列宁与托洛茨基。

西欧国家历经一百年甚或更长的时间才完成的经济社会变革，在俄国被压缩到了一代人的时间。然而，俄国并没有足够完备与深入的强大制度体系帮助他们吸收处理这些变化。欧洲最稳定的国家英国花了几百年时间才建设了上下两院、地方议会、法律体系、各地法院（并在此过程中经历了包括内战在内的几次危机）。不仅如此，英国社会的发展是渐进和缓慢的，一代代人逐渐培育了公共舆论与公共制度，建立了大学、商会、俱乐部与协会、自由媒体，以及一整套公民社会的复杂网络，这一切共同维系了英国运作得宜的政治制度。离俄国更近的邻国德国也许是个新的国家，但是德国的城市与邦国具备一整套旧有的体制，拥有一个自信、庞大的中产阶级，足以维系一个强大的社会。奥匈帝国要更脆弱一些，也在经受迅速崛起的民族主义的折磨，即便如此，它同样有一个制度比俄国完善的社会体系。

1914 年之前的一二十年里，俄国有两个当代的平行参照。第一个是中东的海湾国家，它们曾经过着简朴原始、变化缓慢的生活，突如其来的巨额财富却让他们进入国际社会，成为玩家，原先一层楼的泥砖建筑变成了金光闪闪的拉斯维加斯式大楼，摩天大厦也修得越来越高、越来越快。不过，海湾国家有很大的优势，无论国土面积还是人口规模都很小，因此无论国家状况是好是坏，都能被强大的力量或个人操纵，无论是外部的还是内部的。在一些外部支持下，他们的统治者游刃有余地应对了社会的快速变迁，毕竟如果他们不这么做的话就会迅速下台。但对沙皇而言，挑战要大得多：他需要以某种方式控制俄国这么一个土地辽阔而又多元的国家。无论是人口规模，还是从其欧洲边境到太平洋的领土，都太大了。

第二个平行参照则是中国。中国同样需要面对一连串变革挑战，而不幸的是清政府并没有准备好，也缺少得力的制度体系帮助其更轻松地从一种社会形态过渡至另一种。中国花了将近半个世纪的时间，付出了惨重的代价，才从旧王朝制度的崩塌过渡到了共产党的治理，由此获得了一个稳定的政府——中国仍然在努力建设持久的制度体系。并不令人意外的是，处在新旧转换期的俄国社会已经嘎吱作响，并且在压力下开始弯曲变形。如果多一些时间，如果俄国可以避免代价昂贵的战争，也许这些问题可以得到解决。然而事实是，俄国在十年之内就打了两场战争，第二次甚至比第一次更加惨烈。俄罗斯的许多领导人，包括 1914 年的沙皇本人，都深知战争的种种危险，但对他们中的一些人来说，则难以抵挡其诱惑——发动战争能将全社会团结在一个崇高的事业之下，弥合社会内部的分歧。据报道，1904年，内政大臣维亚切斯拉夫·普列韦就说过，俄国需要"一场小的胜仗"来将俄国大众的心神从"政治问题"上转移开。[7]

日俄战争表明，这种想法是愚蠢的。在战争打响的头几个月里，普列韦本人就被炸弹炸死了；战争即将结束时，新成立的布尔什维克甚至试图占领莫斯科。战争的结果加深了许多俄国人的痛苦，他们的目光更加聚焦于给自己造成不幸的本国社会和统治者。从军事指挥到后勤供应，俄国军事中的诸多缺陷都变得很明显。针对俄国政府的批评也开始增多。鉴于这个政权仍然高度个人化，攻击的矛头也指向了沙皇本人。在圣彼得堡，一幅卡通漫画展现了沙皇脱下马裤被打的情景："别管我！我是专制君主！"[8] 1905年的俄国革命与法国大革命有不少相似之处，它们都破除了旧有的禁忌，包括对国家统治者的敬畏。对圣彼得堡的官员而言，皇后将法国政府送的玛丽·安托瓦内特画像挂在自己的寝室里是一个不祥之兆。[9]

1905年1月22日，工人及其家属组成了一支庞大的游行队伍，他们穿上最好的衣服，唱着赞美诗走向冬宫，向沙皇呈递请愿书，要求进行全面彻底的政治经济改革。不少游行工人仍然认为沙皇是他们的"小父亲"，沙皇只需要知道哪些地方做错了就可以进行改革。当局已经惊慌失措，调动军队残酷镇压，直接向人群开枪。到当天结束时，已有数百人或死或伤。"血腥星期日"成为1917年革命的预演，而且差一点就成功了。皇太后将1905年称为"噩梦之年"，而且到1906年夏天，俄国一直受到罢工与抗议事件的冲击。俄罗斯帝国境内的不少民族都看到了争取自由的机会，从波罗的海诸省和波兰一直到高加索地区，都出现了针对俄国统治的大规模民众抗议事件。佃农拒绝向地主交租。部分乡村地区甚至出现了佃农抢占牲畜土地、劫掠大型屋舍的现象。这一时期，俄国约有15%的庄园被烧毁。[10] 1905年夏天还发生了一起不祥事件：黑海舰队"波将金"号战舰上的水手发起了一场哗变。

当年秋天，沙皇被困在了圣彼得堡郊外沙皇村的乡间庄园里，因为铁路与电报都停止了工作。商店的货卖断了，电力供应中止，人们畏惧出门。在六个星期的时间里，是该城的一个苏维埃工人代表会议在代政府进行统治。年轻的托洛茨基成为其中一名领导人，并在 1917 年革命中再度成为苏维埃政权领袖。在莫斯科，新的革命的布尔什维克党在计划武装起义。沙皇遭遇了来自支持者的巨大压力，在 10 月勉强发表了一纸宣言，承诺建立责任制的立法机构杜马，同时落实公民权利。

正如在革命时期经常发生的那样，沙皇的让步恰恰鼓励了政权的反对者。面对如此广泛的混乱，官员们感到困惑和无能为力，似乎已经接近崩溃了。当年冬天，尼古拉二世的御用军团——彼得大帝创建的普列奥布拉任斯基卫队发生了兵变。沙皇御前的某位近臣在日记中写道："就这样了。"[11] 对沙皇政权而言，幸运的是，最坚定反对他们的敌人并不团结，也没有准备好抢班夺权；同时，中间派的改革者也愿意看在沙皇承诺的份上支持其政权。俄国政府由此得以自由地调动军队和警察，成功恢复了秩序。到 1906 年夏天，最糟糕的事态已经过去——暂时是这样。不过，该政权仍然面临困局，那就是他们可以让改革走多远而又不至于对其权威造成致命破坏。这也是法国政府在 1789 年或伊朗国王政府在 1979 年面临的两难处境。一方面，拒绝改革呼声、依赖镇压手段会制造敌人；另一方面，让步的话又会鼓励异见人士，带来更多的改革要求。

日俄战争及其后续事态让俄国政府在国内严重受损，也让俄国在海外处于危险的弱势地位。俄国海军被打垮了，剩下的陆军大部也部署在国内对付老百姓。尤里·丹尼洛夫上校是俄国最杰出的军官之一，他表示："身为步兵团统帅，我在 1906—1908 年间可以接触到真实的军旅生活与军队需求。我认为要形容 1906—1910 年间的情形，没有比'完全的军事无助'更贴切的了。"[12] 俄国需要重建并整顿他们的武装力量，但是他们仍然面临两个非常困难、几乎不可逾越的挑战：第一，俄国军队和文职机构对变革的强烈抵制；第二，这种整顿的成本问题。俄国素有跻身一流大国的雄心壮志，却有着处于发展中且仍然落后的国家经济。更糟糕的是，在20世纪的头十年里，随着军事技术愈发昂贵和海陆两军日渐庞大，全欧洲的军费支出都在攀升。苏联在1945年以后也面临着相似的挑战。

至于1905年之后的数年里，俄国的命运在很大程度上要取决于金字塔顶的决策。尼古拉二世是个绝对君主，可以随心所欲地任免各部大臣，决定国家政策，并在战时统率武装力量。与表兄弟威廉二世不同的是，沙皇不需要担心宪法、民选议会或臣民的权利。即便在1905年的让步之后，沙皇还是拥有比德皇或奥皇更大的权力。无论是德皇还是奥皇，都得与立法机构较劲，谋求对政府及其支出的更大的控制权。不仅如此，德国与奥匈帝国内部还有邦国，它们自身拥有根深蒂固的权利。因此，尼古拉二世的人格与观念对理解俄国走向大战的原因来说很关键，而且很重要。

1894年，尼古拉二世成为沙皇的时候年仅二十六岁，当时的维多利亚女王还没有庆祝钻禧庆典，女王的孙子，也就是未来的乔治五世还是一名海军军官。在德国，威廉二世刚刚在位六年。包括尼古拉本人在内，没有人预料到这个年轻人这么早就成了俄国君主。尼古拉的父亲亚历山大三世长得孔武有力；据说，亚历山大三世曾在一次火车事故中只手擎住了车厢顶部，救了一家人的性命。然而，他还是在四十多岁的时候得了肾病，或许长期酗酒也加速了他的死亡。[13] 尼古拉敬爱他威严的父亲，父皇的去世让他满心悲痛。据他的妹妹奥尔加女大公说，尼古拉因此陷入了绝望之中："尼古拉反复地说，他不知道我们都会变成什么样，他完全不适合统治国家。"[14]

尼古拉可能说得没错。世纪之交的俄国问题实在太多，对任何统治者而言也许都有些不堪重负，而尼古拉更适合成为一名乡绅，或是某个小城市的市长。也许因为父亲是那样一个压倒性的人物，尼古拉缺少自信。为了弥补这一点，他在某些方面表现得僵硬而固执。如果待在沙皇位子的是一个更聪明、更自信的人，他也许会愿意在这些方面做出妥协或者灵活处事。尼古拉不喜欢别人反对他或是冲着他来。"他能理解他所听到的东西，"之前的一名教师表示，"但他只能领会孤立事实的意义，不能理解一件事与其他事的关系，也不能领悟到这件事与其他因素、事件、潮流、现象之间的整体联系……对他而言，不存在通过观点交换、意见分享、辩论争锋得出的全面、综合的观点。"[15]尼古拉二世的犹豫不决也是出了名的。一名评论家写道，大家对尼古拉的一般看法是："沙皇没有主见，他甚至同意每一名大臣的意见，尽管他们的报告彼此冲突。"[16]在尼古拉治下，俄国对内对外的政策都显得断断续续、反复不定、令人困惑。他的记忆力很好，大臣们声称他很聪明。但尼古拉有时表现出一种近乎头脑简单的轻信。比如说，某外国承包商就曾说服沙皇相信，修建一座横跨白令海峡、连接西伯利亚与北美洲的大桥是可行的。（这家承包商指望的是在通往大桥的拟议铁路沿线获得大量的土地租让权。）[17]

尼古拉二世的成长经历并没有让他很好地理解俄国，更不用说更为广阔的世界了。与威廉二世不同，尼古拉度过了一个快乐的童年。沙皇与皇后疼爱他们的孩子，但也许是太想保护他们了，尼古拉与他的兄弟姐妹都在家接受教育，很少与其他孩子一同成长。结果就是，尼古拉二世并没有像威廉二世、爱德华七世或乔治五世这些君主一样，拥有与其他同龄人一同学习的经历，接触不同阶层国民的机会也少得多。他也不了解他的国家。他和他兄弟姐妹眼中的俄国是一个严重脱离实际的特权泡沫：宫殿、专列和游艇。另一个俄国会不时闯入他们的生活，有时还非常骇人——尼古拉的祖父亚历山大二世就被炸弹暗杀，而年幼的尼古拉被带到了临终祖父的床前。对尼古拉及其家人而言，真正的俄国是由快乐而忠诚的农民组成的，就像皇室庄园中的仆人那样。在他们的教育和生活中，几乎没有人挑战这种简单的观点，也没有人让他们意识到俄罗斯社会正在发生巨大的变化。[18]

尼古拉的学习过程与当时典型的俄国贵族子弟并无两样。他学习语言，能流利地讲法语、德语、英语和俄语，学习他喜欢的历史，也学了一些数学、化学与地理课程。十七岁那年，他被安排学习法律与经济学等特别课程，尽管他似乎对这些科目没表现出什么热情。他还从一名英国家庭教师那里学到了精致的宫廷礼仪与强大的自控能力。他的首相谢尔盖·维特伯爵说："我很少遇到比尼古拉二世更有礼貌的年轻人。他的良好教养掩盖了所有缺点。"[19]十九岁那年，尼古拉被授予普列奥布拉任斯基卫队的委任状，他喜欢与年轻富有的贵族待在一起，这些人也是他的军中同袍。他喜欢卫队里随和的生活和娱乐活动，热爱军营里并不复杂且有序的日子。他曾对母亲表示，军营让他觉得和在自己家里完全一样，"这是我如今生活中真正的慰藉之一！"[20]与威廉一样，尼古拉终其一生都对军队保持着强烈的感情。（尼古拉也喜欢在制服的细节上小题大做。）尼古拉的堂兄弟亚历山大·米哈伊洛维奇大公评价沙皇："他对服兵役有一种深刻的喜爱，这出于他喜欢被动的天性。一个人执行完命令之后，就可以不再担心上级要经受的大量问题了。"[21]服完兵役之后，尼古拉受命巡视世界各地，但这项差使他就不那么喜欢了。出访日本时，一个发疯的警察试图杀死他，这让他对这个国家产生了极大的反感。

即便到了二十多岁，尼古拉身上仍然带有一股古怪的稚气。维特关注着这位未来沙皇的教育问题，他向亚历山大三世提议，派尼古拉去西伯利亚大铁路的建筑委员会担任主席历练一下。"你有没有尝试和他讨论过一些有实际影响的事？"亚历山大问道。维特说他没有。"他就是个彻头彻尾的小孩,"老沙皇说,"他的观点极度天真,怎么能领导这么一个委员会呢?"[22] 执政初期,尼古拉向他的外交部部长抱怨说:"我什么也不知道。父皇没有预见到他的死亡,也没让我参与任何政府事务。"[23]

尼古拉身材瘦长,有一双蓝眼睛。他长得像身为丹麦公主的母亲,他的小姨嫁给了英王爱德华七世。尼古拉二世与乔治五世这对表兄弟长得异常相像,特别是两人都留着小而整洁的尖胡子。同时代的人认为尼古拉二世很有魅力,但有些难以捉摸。根据某个外交官的说法,他每回碰到沙皇,"给我的印象都是他极其亲切而又极其礼貌,还有一种略微夹杂幽默感的急智,给人的感觉微妙。他的脑子转得很快,但有时稍显肤浅"。[24] 除了他的家人与自己信赖的廷臣(往往是军人),尼古拉二世在见其他人的时候都要有人护卫。尼古拉有一套固定的行事模式:在一开始特别倚重手下某个大臣,然后对这种依赖性感到不满,这反过来又会导致该人被解雇。日俄战争爆发前不久,战争大臣库罗帕特金就试图以辞职抗议沙皇对他权威的破坏。他认为,也许在他离职之后,沙皇反而会更信任他。尼古拉对此表示认同:"这很奇怪,你知道的,但也许这在心理学上是准确的。"[25]

尼古拉二世从父亲那里沿用了战前俄国最出色的政治家之一谢尔盖·维特。正如一名英国外交官所说,维特是"一个强壮且精力充沛的人,他无所畏惧,具有非凡的主动性"。[26] 1892—1903年出任财政大臣期间,维特把他的部门建成了俄国政府的核心,负责国家的财政管理和经济。他试图提高俄国农业的产出与地方政府的效率,部分原因是要让俄罗斯能够出口粮食,以筹集必要的资金。他也推动了俄国的快速工业化和对其在远东新获得领土的开发。西伯利亚大铁路的建设就是维特主持的。然而,维特在累积权力的同时也招来了敌人,其中就包括尼古拉二世。1903年,维特与沙皇进行了一场表面融洽的长时间会谈:"他握了我的手,他拥抱了我,他祝愿我一切顺利。我满心欢喜地回到家，在办公桌上发现了一张解雇我的书面命令。"[27]

尼古拉二世的统治基于三项关键信念：罗曼诺夫王朝、东正教信仰，还有俄罗斯。对他来说，这三大信念几乎是可以互换的。在他看来，上帝将俄罗斯托付给他的家族。"如果你看到我无忧无虑，"尼古拉在 1905 年革命期间对某位大臣表示，"那是因为我有着坚定不移的信念，俄国的命运、我本人的命运和我家族的命运都在全能的上帝手中，是他将我安放到现在的位置。无论将来会发生什么，我都会服从他的意志。我意识到，我别无他念，唯有遵照他的托付，好好服务这个国家。"[28]对父亲的尊崇和维系祖先传袭下来的政权的决心让尼古拉极度保守，并且表现得听天由命。即位的第一年，他就驳回了新生的各个地方自治政府代表们提出的一项非常温和的请求：扩大他们对自身事务的话语权。"让所有人都知道，我将为人民的利益奉献全部力量，坚定不移地奉行专制统治的原则，就像我难以忘怀的已故父亲一样。"[29]对尼古拉二世来说，他和他的父亲一样，认为专制统治正是适合俄国人民的政体，尤其是因为帝国境内族群的多元性。1905 年 10 月，尼古拉向他的内政大臣解释，他为什么反对设立杜马并出让一些公民权利："你知道的，我并不是出于一己之私而坚持专制，我这么做只是因为确信这对俄国而言必不可少。如果仅仅考虑我个人的话，我会乐于摆脱这一切。"[30]

问题在于，尽管尼古拉希望保有他所继承的权力，却不知自己究竟想用这些权力去做什么。他也不具备挑选优秀大臣或听取他们意见的能力。尼古拉倾向于依赖那些与他关系密切的人，比如他的母亲或者罗曼诺夫家族的叔伯兄弟们。除了少数例外，这些人都是贪腐无能之辈。他还招募了一批灵修顾问，实为江湖骗子。法国人M.菲利普就是其中一位，他曾经是里昂的一个屠夫，还有拉斯普京，俄国最为臭名昭著的"圣人"，然而，他们的宗教热情并不能弥补其

诸多过失。尼古拉二世本来就很热衷于宗教，他还涉猎了当时风行
欧洲的通灵术。1906年英国驻俄大使表示，沙皇"从占卜与招魂中
并不能得到太多有用的建议或帮助"。[31]大臣们都担心宫廷对沙皇产
生的影响，却没多少手段来反制。1905年之后，尼古拉不得不召开
大臣会议，但也尽可能地忽视其存在。沙皇只会在自己选择的时间
召见大臣，而且通常是单独召见。沙皇永远彬彬有礼，但若非涉及
外交、军事与国内安全事务，他都表现冷淡，不感兴趣。绝大多数
大臣的看法都是对的，沙皇对这些事务根本就没有信心。正如尼古
拉即位初期某个俄国大臣对同僚所说："愿上帝保佑你不要在任何事
务上仰赖沙皇，哪怕只有一秒钟；他没有能力在任何事上支持任何
人。"[32]沙皇的大臣与官员们发现，如果他们提出他不想讨论的问题，
尼古拉就会礼貌但坚定地拒绝关心。久而久之，他的自信心越来越强，
于是他更加独断专行，越来越不乐意倾听逆耳的忠告。

　　日俄战争之所以爆发，主要是因为尼古拉不满维特伯爵对远东
政策的控制，所以听信了一群想要染指远东资源的野心勃勃的反动
派。这群人敦促俄国将势力伸入朝鲜北部并巩固在中国东北的地位，
甚至不惜与日本对抗。他们利用了尼古拉对手下大臣的不信任，强
化了沙皇的观点：必须强硬地面对日本这种"野蛮国家"。[33]借助他
们的热情支持，尼古拉在1903年将维特解职，还任命了一名特别总
督负责远东事务。很快，这位新总督就将俄国与日本的关系弄得更
糟糕了。俄国外交部在远东事务上本来就遭排挤，这次也没能重新
安抚国际舆论。国际社会越来越关注俄国外交政策的不连贯性以及
开战的可能性。甚至沙皇本人也不无忧虑。"我不希望俄国与日本开
战，"他下令说，"我也不会批准这场战争。必须尽可能避免战争。"[34]
但这时事态已经开始失控：日本人希望就朝鲜与中国东北的事务取
得俄国的谅解，却一再遭到拒绝，于是决定发动战争。正如1904年
俄国外交部部长弗拉基米尔·拉姆斯多夫伯爵所说："我们在远东的

政治活动完全是混乱的，一大堆不负责任的冒险家与阴谋家的神秘干预使我们陷入了一场灾难。"[35]

尼古拉二世在位期间，俄国大臣发现他们陷入了一个尴尬的两难境地：他们无法既是俄国的公仆，又是沙皇的仆人。即便他们强烈认为应当推行某一套特定政策，他们也没法与沙皇作对。弗拉基米尔·列宁当时还是个名不见经传的革命家，他敏锐地称这种情况为"高度的危机"。[36]因为政权是高度个人化的，在事情出错后，正如日俄战争，以及世界大战中更大规模的失误那样，俄国公众舆论，一股日益重要的力量，也就倾向于将责任归到沙皇本人。

让事情雪上加霜并让尼古拉二世进一步陷入孤立的是他的婚姻。不是说尼古拉的婚姻不幸福，恰恰相反。然而，幸福婚姻也为沙皇编织了一座舒适的家庭生活茧房，越来越让他与外面的世界相隔绝。尼古拉二世与亚历山德拉皇后从青少年时就彼此相爱。皇后是德国人，出身小公国黑塞-达姆施塔特，因为外祖母是维多利亚女王，她倾向于认为自己是英国人。维多利亚女王是个有强烈反俄情绪的人，幸运的是，她对尼古拉二世青眼有加，同意了这桩婚事。这场婚姻的主要障碍反而是亚历山德拉自己，因为她并不情愿放弃自己的新教信仰而改宗俄国东正教。经过一番痛苦挣扎与来自家庭的压力之后（父母希望促成这么一桩政治同盟），她让步了，泪流满面地接纳了尼古拉。（也有些不大友善的传言说，她是为了远离长兄的新妻子。[37]）与诸多皈依者相似，亚历山德拉之后比俄国人还俄国人，比俄国人还热衷东正教。她也以自己的方式全身心地为尼古拉二世及其利益而奉献。

他们的婚礼既华丽又阴沉。在亚历山大三世突然发病去世之前，这场婚礼就已经在筹备了，并在老沙皇葬礼一周后举行——这是不是人们后来所说的不祥之兆？如果是的话，那么一年半之后的沙皇加冕典礼就更是如此了。仪式本身很顺利，但随后莫斯科郊外的大型公众庆祝成了一场灾难。该活动提供啤酒、香肠与纪念品；全国各地都有人赶来，其中不少人搭乘的是新修建的铁路，一大早就有约五十万人聚集。人群中流传着"东西不够发"的谣言，人们惊慌失措，结果在随后发生的踩踏事件中，数千人受伤，一千多人（或许更多）死亡。当天晚上，法国大使馆举办了一场耗费数百万卢布的盛大舞会。年轻的沙皇夫妇迫于大臣们的压力还是去参加了，这些大臣希望以此庆祝法俄结盟。这是个糟糕的错误，沙皇夫妇因此给人留下了心肠残忍的印象。[38]

亚历山德拉比尼古拉更有知识，也喜欢与人讨论问题，特别是宗教问题。她有着强烈的责任感，她认为，作为一名好基督徒，自己有义务帮助不幸的人。身为皇后，她在与慈善机构的合作中树立了可敬的形象，救助饥荒，关怀病患。不幸的是，她也高度情绪化，有些神经质，还特别害羞。相较之下，她的婆婆更轻易地进入了圣彼得堡的社交圈，也在精致的宫廷舞会与招待会里游刃有余。亚历山德拉出席公众场合时却显得有些笨拙，而且显然不悦。"她从来没对任何人说过一个好听的词，"某个批评她的贵妇人说，"她也许是一团冰块，能把周围的人都冻住。"[39] 和威廉二世的皇后一样，亚历山德拉行事拘谨，不宽恕其他人的罪过。她在举办宫廷舞会的时候只邀请那些名声清白无瑕的女人；结果就是她得将名单上的绝大多数社会名流都划掉。[40] 在提拔宠臣出任要职时，她同样顽固，即便某些人根本就不适合。某名高级宫廷官员表示，亚历山德拉拥有"钢铁般的意志，但没什么头脑和知识"。[41]

亚历山德拉也将另一个不利因素带到了皇后这个新位置，尽管还要过上几年才能显现。维多利亚女王的遗传让亚历山德拉成为血友病基因的携带者，这通常只在男性身上发病。血友病患者的体内缺少能让血液凝结的物质，结果就是任何伤口、任何淤青、任何意外事件都有可能造成患者的死亡。亚历山德拉与尼古拉唯一的儿子阿列克谢也得了这种病，在童年时期有几次差点死掉。他抓狂的母亲亚历山德拉遍访俄国与欧洲寻找药方，征询了身边的医生、江湖术士、专家学者、有名望的行神迹的人，以及那个对皇室家族的声誉最为致命的人——腐败堕落的拉斯普京。

亚历山德拉的健康状况逐渐恶化（部分是因为频繁怀孕），也因此远离了社交生活。尼古拉二世也很少访问他的首都了，特别是在1905年以后。哪怕是很少批评沙皇的皇太后也说："沙皇谁也不见，其实他应该多见人。"[42]出于偏爱，也是出于安全考虑，沙皇一家住在圣彼得堡郊外的皇室庄园——沙皇村，这里筑起了高耸的带刺围栏，1905年以后，围栏上面又加了十英尺的铁丝网。夏天，他们移居到波罗的海沿岸同样与世隔绝的彼得霍夫宫。他们还会乘上皇家游艇，前往皇室狩猎小屋或克里米亚的行宫。

沙皇家族处于所有这些宏伟建筑的中心，周身皆是古板复杂的朝仪，侍奉他们的则有数以千计的仆人、侍卫与廷臣。这是一个简单而快乐的家庭，其成员生活极其私密且不通世故。亚历山德拉以节俭自持为豪，沙皇也为自己将衣服穿破而骄傲。一个宫廷医生的儿子后来这样描述他们的世界："沙皇村这个令人如醉如痴的小小仙乡安眠于深渊的边缘，被蓄须的女妖以甜蜜歌曲哄骗，她们轻柔地低吟'上帝保佑沙皇'。"[43]沙皇夫妇都对患病的儿子以及四个女儿极尽疼爱，在日俄战争期间的英国驻俄大使查尔斯·哈丁看来，有些太过溺爱了。大使报告说，面对"血腥星期日"与首都的动荡，尼古拉二世显得无动于衷。他不仅没有接受谏言，反而跑去打猎（这是他最大的爱好），或是与尚在襁褓的阿列克谢玩乐。"我只能这么解释，"哈丁告诉伦敦方面，"沙皇的天性里深藏着神秘的宿命论，他还有一个信念，就是奇迹总会来到，最终一切都会步入正轨。"[44]

1905年，种种显而易见而又日益增多的证据显示，沙皇政权正在丧失对俄国的控制。同时，似乎所有沙皇近前的人（包括皇太后在内）都在向沙皇施加强大压力，说服尼古拉做出重大让步，即他必须让维特伯爵回来领导政府。尼古拉在10月初勉强同意接见这位前财政大臣。维特伯爵向沙皇开出的返职条件是颁布宪法，给予俄国人公民权利。尼古拉试图说服他的堂兄弟尼古拉·尼古拉耶维奇施行军事独裁统治，却遭遇了惊人的一幕：这位大公当场威胁沙皇说，如果维特伯爵没有回政府的话，他就举枪自杀。"我只能安慰自己，"不开心的沙皇写信给母亲说，"这是上帝的意愿。这个大胆的决策会引领我挚爱的俄罗斯走出近一年来无可容忍的混乱局面。"[45] 1905年之后，尼古拉仍然寄希望于神迹出现，好让他推翻这些让步的承诺。第一次世界大战爆发前的几年里，沙皇竭力摧毁宪法、限制公民自由。1906年4月，尼古拉召开了第一届杜马，但在同年7月就将其解散了。1907年，他颁布了一项法令，修改了选举法，如此，保守的地主势力可以在杜马里拥有更多的代表席位，自由派与左派的代表则会大大减少。尼古拉二世也千方百计地架空维特（尽管沙皇对他表示了感谢——伯爵从法国获得了一大笔贷款，拯救俄国免于破产），并在第一届杜马开议之前不久成功将其解职。

　　然而，沙皇还是不可能完全扭转时局。从1905年起，俄国政府就不得不应对新出现的因素——公众舆论。尽管当局想方设法审查媒体，公众舆论还是越来越直言不讳。杜马代表有权自由发言，不必担心因言获罪。政党虽仍然孱弱，在俄国社会也缺少深厚根基，不过，假以时日，这些政党仍然有能力发展成更强大的政治力量。新宪法确实授予了沙皇至高无上的专制权力，他仍然控制着外交政策、国防军事与东正教会，有权任命或是解雇各部大臣，否决任何立法，解散杜马，颁布戒严令。尽管如此，有这样一份文件的事实就意味着他的权力受到了限制。杜马在很大程度上是一个权力模糊的谈话场所；但是，杜马还是有权要求各部大臣前去接受质询，有权决定是否拨款给海陆两军（虽然杜马并不能拒绝批准政府的军费预算）。

尼古拉也不得不接纳一个新成立的大臣委员会，这个机构意在像内阁一样协调和指导政府政策，而委员会的主席则是各大臣与沙皇本人之间沟通的桥梁。第一任主席维特伯爵很快就发现他难以履职，因为尼古拉仍然在随心所欲地单独召见大臣。继任的彼得·斯托雷平一直做到了1911年，部分因为沙皇起初信任他，部分也因为1905年后沙皇退出了许多日常决策。尼古拉与许多统治阶级成员也都很崇敬斯托雷平，敬佩他身体力行的勇气。1906年，恐怖分子炸毁了斯托雷平在圣彼得堡郊外的避暑别墅，数十人死伤，斯托雷平的两个孩子也受了重伤。但是，斯托雷平以极大的毅力和自制力承受了这一切。[46]

斯托雷平高大挺拔，气质忧郁，举止得体，几乎给所有接触他的人都留下了深刻印象。他与维特伯爵一样才华横溢、精力充沛，投身于俄国的改革事业之中。与他的前任一样，他是天生的威权者，决心镇压革命者。但他也认识到，政府至少要与一部分俄国新兴政治力量合作，为此他试图在杜马中组建一个保守派同盟，并取得了一些成功。为了削弱革命者对农民的吸引力，他推行改革，允许俄国农民拥有自己耕种的土地。但从长远来看，过去的模式没有改变，尼古拉逐渐对其权力心生嫉妒和怨恨。一名英国外交官在1911年报告说，斯托雷平神情沮丧，觉得自己地位不保。这一年的9月，斯托雷平的命运迎来了可怕的终结，一个似乎当过警察的恐怖分子在基辅歌剧院走到斯托雷平面前，直接对他开了枪。斯托雷平受了重伤，据说留下一句遗言："我都做完了。"更具戏剧性的说法是："我很高兴能为沙皇而死。"[47]四天之后，斯托雷平去世。要是他能活下来，也许会在随后的几年里展现强劲的领导力，甚至可能在1914年夏天欧洲大危机来临时充当谨慎克制的力量。

俄国人号称自己是欧洲强国，一直以来这都有些虚张声势。

1876 年，亚历山大二世的外交大臣说："我们是个大而弱的国家，真的。没有什么比了解这个事实更幸运的了。一个人可以一直穿得很漂亮，但也要知道这只是穿着打扮而已。"[48] 俄国有时打扮得光彩照人，比如，沙皇亚历山大一世曾率军进入巴黎，帮助击败了拿破仑；又或者，俄国军队曾在 1848 年革命期间帮忙挽救了哈布斯堡王朝。但俄国也曾在 19 世纪中叶打输了克里米亚战争，还有最近在日俄战争中的失利。斯托雷平深知俄国在国内外的弱点，以及这两者之间的联系。"我们国内的状况，"他在出任首相之后不久说，"不允许我们推行侵略性的外交政策。"[49] 与后面几位首相不同的是，斯托雷平决心避免挑起国际纷争，因为任何国际上的失败都会在国内引发新一轮革命。另一方面，对外示弱也会鼓励其他国家占俄国的便宜。

俄国对外关系中的根本难题源于该国的地理位置，它没有多少抵御外敌的天然屏障。纵观其历史，俄国反复遭遇外敌入侵，无论是蒙古人（俄国人称为鞑靼人）、瑞典人、普鲁士人，还是法国人（在 20 世纪还将经受德国人两次更为可怕的进攻）。鞑靼人统治俄国腹地 250 年之久。用普希金的话说，与统治西班牙的摩尔人不同，鞑靼人"征服了俄国，但既没送来代数，也没运来亚里士多德"。[50] 地缘环境的脆弱也给俄国留下了另一大遗产，即最终形成的中央集权政府。12 世纪初成文的第一部俄国史著作说今天乌克兰境内的罗斯人是在邀请一位潜在的统治者："我们的土地广袤丰饶，却没有秩序。来吧，统治我们，确立秩序吧。"[51] 地缘劣势还产生了一大后果，那就是俄国永无休止地通过对外扩张来寻求国防安全。到 18 世纪末，俄国已经吞并了芬兰与波罗的海诸国，参与瓜分了波兰。尽管俄国一路向东扩张，但仍把自己看作一个欧洲国家。毕竟，欧洲不但被视为世界霸权的中心，也被视为人类文明的中心。

与其他欧洲国家相比，俄国的体量一向硕大，到了 19 世纪，在一波波俄国探险家、士兵和紧随其后的外交官与官员的推动下，俄国扩张成了世界上最大的国家。他们的边界不断向东、向南推进，直抵黑海与里海之滨，越过乌拉尔山到达中亚并进入西伯利亚，延伸五千英里直至太平洋沿岸。即便将美国与欧洲国家加起来，整块放进俄罗斯在亚洲的领土，都还有余裕。美国旅行家兼作家乔治·凯南（那位同名的美国苏联专家的远亲）曾这么描述俄国新获的广袤领土："如果一名地理学家准备绘制世界地图，并想要以斯蒂勒'英格兰便携地图'的比例尺绘制西伯利亚地图，那么他的一页西伯利亚地图就得有差不多二十英尺宽。"[52]

　　幅员辽阔的帝国带来了威望，也带来了资源与财富的可能，尽管这种可能尚未实现。这也给俄国带来了更多的问题：人口密度变得更加稀薄，而且比以前容纳了更多的非俄罗斯人，有中亚的穆斯林，还有东方的朝鲜人、鞑靼人。新的边界带来了新的潜在敌邻。在远东，有中国和日本；在中亚，有大英帝国；在高加索地区，是波斯（即今伊朗），且英国人同样对波斯虎视眈眈；在黑海沿岸，则有奥斯曼帝国，这个国家正在衰落，但也得到了其他欧洲强国的支持。不仅如此，海权日益被视为国家权力和财富的关键，在这样的时代，俄国仍然只拥有少数几个全年可用的不冻港，来自黑海和波罗的海港口的船必须通过那几道狭窄的海峡，而这些海峡在战时还可能会被关闭；新夺取的太平洋港口符拉迪沃斯托克又距离俄国的心脏地带有数千英里之遥，处在一条脆弱的铁路线末梢。俄国逐渐成为一个主要的出口国（尤其是粮食出口），因此，从黑海经博斯普鲁斯海峡、马尔马拉海与达达尼尔海峡通往地中海的水道——当时被统称为"海峡"——就变得格外重要；到 1914 年，俄国总出口的 37%、关键的粮食出口的 75% 都要经过君士坦丁堡。[53] 当时俄国的外交大臣萨宗诺夫表示，如果这条管道被封锁（比如被德国），那将是"俄国的死刑"。[54] 从俄国的角度看，寻找安全的不冻港非常重要。然而，库罗帕特金在 1900 年警告尼古拉二世说，这要冒很大的风险："占有黑海出海口，获得印度洋出海口，夺取太平洋出海口——无论我们的行动理由多么正当，都会深深牵涉几乎全世界的利益。我们必须做好与英国、德国、奥匈帝国、土耳其、中国、日本这个大联盟对抗的准备。"[55]俄国的所有潜在敌人里，拥有世界性帝国的英国似乎是最直接的威胁。

在英国国内，公众舆论强烈反俄。在流行文学里，俄国是个恐怖的化外之地：金色穹顶与冰雪之地，狼群在黑暗森林里追赶雪橇，伊凡雷帝与叶卡捷琳娜大帝之国。多产的小说家威廉·勒丘在书中把德国作为敌人之前，曾使用过俄罗斯。在他1894年的小说《1897年英格兰大战》里就描绘了英国遭遇法俄联军入侵的场景，其中的俄国人更为残酷。英国人的家园惨遭焚毁，无辜的平民被射杀，婴儿被刺刀屠戮。"沙皇的士兵惨无人道，对弱者与手无寸铁的人毫不留情。他们对老弱病残的乞求不屑一顾，还会放声嘲笑，所到之处无一不被毁灭，对此他们还颇为享受。"[56]俄国的秘密警察、出版审查、基本人权缺失、对反对派的迫害、对少数族群的镇压，还有恶名昭彰的反犹历史，都成为激进派、自由派与社会主义者憎恨俄国政权的理由。[57]另一方面，英国的帝国主义者也因为俄国是竞争对手而厌恶俄国。寇松勋爵曾出任索尔兹伯里手下外交部副大臣，他在出任印度总督之前表示，英国永远都不会与俄国在亚洲事务上达成谅解。只要可行，俄国就注定会一直扩张下去。在任何情况下，俄国外交官"根深蒂固的表里不一"都会让谈判徒劳无功。[58]在这件事情上，寇松勋爵罕见地与英印军队总参谋长基奇纳勋爵看法一致，后者要求伦敦输送更多资源来应对"俄国对我们边疆的威胁性推进"。让英国人尤其担心的是俄国新建的铁路，无论是规划中的还是已建成的，都一路向南延伸到了阿富汗与波斯的边界。这些铁路也让俄国人得以运送兵力。尽管距离保罗·肯尼迪发明"帝国的过度扩张"这个术语还有八十年之久，但英国已经敏锐地意识到了这一问题。正如英国陆军部在 1907 年的说法，不断扩容的俄国铁路系统会让英国保卫印度与捍卫帝国的军费高到难以承受，以至于"如果不重塑我们的整个军事系统，那么印度是否值得我们保留，将成为一个实际的政治问题"。[59]

英俄双方也都有人希望通过解决悬而未决的殖民地问题来缓解紧张局势，降低军费支出。到了 1890 年代，英国人已经准备好接受他们无法继续阻止俄国军舰穿行黑海与地中海之间"海峡"的事实，而俄国，尤其是军方，也准备在中亚与波斯采取不那么咄咄逼人的政策。[60] 1898 年，索尔兹伯里提出与俄国人进行会谈，解决双方在中国事务上的分歧。然而不幸的是，这一提议毫无进展，两国关系也因俄国利用义和团运动出兵中国东北而再度恶化。1903 年，新任俄国驻伦敦大使再次为会谈提供了机会。亚历山大·本肯多夫伯爵的人际关系强大（他曾是沙皇亚历山大三世的侍从），富有而不拘小节。伯爵是个亲英派，认同自由派观点，对沙皇政权的未来极其悲观。"在俄国，"他在哥本哈根告诉同赴一地的法国大使，"表面上看，人们都有些多愁善感；他们对沙皇及其统治集团很温柔。这与法国大革命前夕简直如出一辙。"[61] 在伦敦，本肯多夫伯爵夫妇成为社交圈名流。伯爵也致力于改进母国与英国的关系。他有效利用了战前岁月中外交官享有的宽裕回旋余地，促使英俄双方相信，尽管现实如此，但双方其实都乐意进行协商。1903 年，英国外交大臣兰斯当与本肯多夫展开会谈，讨论了一些悬而未决的议题，如中国西藏与阿富汗问题。然而，他们还是没能达成一致。俄国与英国盟友日本的关系渐趋恶化，这也让英俄之间的任何友好谈判都只能先搁置，直至日俄战争后才得以重启。

19 世纪的科技革命与工业革命加重了俄国作为大国的负担。科技进步一项接一项出现，军备竞赛随之加速，而且变得越发昂贵。铁路与大规模生产都让各国必须打造、调动并供养更大规模的军队。

一旦其他欧陆强国走上强军之路，俄国统治者就认为自己也必须跟上，即便俄国自身的资源根本比不上邻国奥匈帝国或是新兴的德国。另一种选择几乎不被考虑，那就是放弃成为大国俱乐部一员。成为第二梯队的强国，或者更糟糕，"成为一个亚洲国家"——1906 年到 1910 年间的俄国外交大臣亚历山大·伊兹沃利斯基说，这"会是俄国的一大灾难"。[62]

俄罗斯的帝国雄心已充分施展，但经济与税制却没能跟上。1890 年代，俄国花在每一名士兵身上的军费还不到法国与德国的一半。[63]不仅如此，俄国在军事上每花一个卢布，就意味着在经济发展上的支出变少。根据一项估计，1900 年俄国政府的军费开销是教育支出的十倍之多，海军军费甚至还超过了农业部与司法部这些关键部门的开支。[64]日俄战争大大恶化了俄国的处境。在战后，俄国近乎破产，产生了巨额的财政赤字。纵然战后的俄国武装力量急需重整旗鼓，资金却根本无法到位。1906 年，华沙、基辅与圣彼得堡以西的几个重要军区甚至没有足够的资源进行射击训练。[65]

日俄战争也重新点燃了一场争论：俄国的真正利益究竟是在亚洲还是欧洲？库罗帕特金与俄国总参谋部一直以来都担心资源从欧洲边疆流向东部的问题。就在维特伯爵修筑西伯利亚大铁路时，俄国西部的铁路建设几乎停滞。与此同时，德国、奥匈帝国和罗马尼亚等小国都在持续建设。1900 年，俄国总参谋部估计，德国每天可以向德俄边境运送 552 节车厢，而俄国只能运送 98 节。出于财政方面的原因，俄国在西线的兵力也停止了增长。"这正中德国下怀，"库罗帕特金于 1900 年写道，"我们的注意力转向远东，这让德国与奥匈帝国在兵力与资源上对我们取得了决定性优势。"[66]日俄战争期间，俄国军队的一大噩梦就是德国与奥匈帝国借机夹击波兰——这是俄国一块向西凸出的危险领土。对俄国而言，幸运的是，德国决定在日俄战争中采取友善的中立政策，以便挑拨俄国与法国的关系。

而且，正如一名在维也纳的俄国间谍所说，奥匈帝国更在意的是其盟友意大利可能面临的袭击。[67]

日俄战争结束之后的几年里，俄国面临重建与复苏的艰难岁月。恐惧依然存在，也依然需要在资源分配和外交政策上做出选择。如果俄国的利益在东方，它就需要保证西方稳定。这意味着俄国必须与德奥结盟，或者至少达成友好谅解。有不少意识形态与历史学方面的论据支持这一举措：这三个保守的君主国都有意维持现状，抵制激进变革。同样，有充足的历史论据支撑俄德结盟，因为两国人民的联结可以追溯到几个世纪之前：比如，彼得大帝就曾为俄国新兴工业引进德国人才；而且，多年来随着俄国扩张，德国农民也一直帮助拓殖新土地。俄国上流社会与德国贵族通婚，许多古老的贵族家庭都有德国姓，例如本肯多夫、拉姆斯多夫、维特。一些俄国人，尤其是波罗的海沿岸的德裔，仍然说德语而非俄语。历代沙皇——当然包括尼古拉二世本人在内——通常会向德意志各邦国的贵族女性求亲。但对俄国而言，与德国亲近意味着抛弃法俄联盟，并且几乎肯定会断绝与法国金融市场的联系。俄国国内的自由派也肯定会反对与德国交好，他们认为，与法国的联盟（也许长远来看与英国结盟）是一股鼓舞人心的进步力量，会在俄国内部促成变革。同时，并非所有俄国保守派都亲德；俄国地主阶层就因德国对农产品和食品征收的保护性关税而受到损害。1897年，德国人占领胶州湾，这对俄国人支配中国与朝鲜的野心构成了挑战。随后几年，德国对于在俄国家门口的奥斯曼帝国的投资和影响力不断上升，这引起了俄国官僚圈的进一步关注。[68]

另一方面，如果俄国认定其主要威胁和机会都在欧洲，那就需要与东方的敌人达成协议，无论是潜在的敌人还是实际的敌人。要与日本议和，就要解决两国在中国领土上悬而未决的问题。更重要的是，与在远东的另一大帝国英国达成谅解。在外交政策中，没有什么选择是不可改变的。1914 年之前的十年里，俄国领导人试图保留一切可能的选项。他们一边维持与法国的联盟，一边向英国、德国和奥匈帝国这三国示好，试图消减造成紧张局势的源头。

虽然法俄联盟在一开始给俄国带来了一些困难，但是俄国主流舆论还是倾向于赞同这一联盟：俄国的人力资源与法国的资金和技术可谓天作之合。当然，多年来法俄联盟也有些紧张。法国试图利用其财政杠杆向俄国施压，促使俄国的军事规划符合法国的需求，或是要求俄国人从法国企业那里订购新武器。[69] 俄国人对这种行为颇为不满，他们有时称之为"敲诈"，认为这有辱俄国作为大国的国格。弗拉基米尔·科科夫佐夫在 1904—1914 年的大部分时间里担任俄国财政大臣，他抱怨说："俄国不是土耳其；我们的盟友不应当给我们下最后通牒，不接受这些直接的要求，我们也能过下去。"[70] 日俄战争也带来了矛盾，俄国人认为法国对他们的支持不够，还竭力避免卷入战争，站在俄国一方对抗日本——毕竟，日本是法国的新朋友英国的盟友。另一方面，法国确实帮助了俄国与英国进行谈判以解决多格海滩事件造成的损失。德尔卡塞也允许俄国波罗的海舰队使用法国在远东的港口，以便这支舰队前往中国东北。

即便是那些仍然希望与德国拉近关系的俄国保守派也会安慰自己说，与法国的联盟事实上让俄国更强大了，给德国人的冲击也更大了。用 1900—1906 年间俄国外交大臣拉姆斯多夫的话说："为了与德国搞好关系并使其顺从，我们得与法国保持同盟关系。与德国结盟会造成我们被孤立的局面，而且该联盟会沦为灾难性的奴役。"[71] 拉姆斯多夫是个身材矮小、遇事挑剔的人，这位旧式官僚完全忠于沙皇，也从内心深处排斥变革。奥地利外交官利奥波德·冯·贝希托尔德伯爵（他后来成为奥匈帝国外交大臣）在 1900 年见过拉姆斯多夫，他说：

他胡须刮得干干净净，只留上唇的短髭，秃头，正襟危坐。他一有机会就想给人留下好印象，过度礼貌，不是不聪明，也不是没教养，但只是到处掉书袋。一个老鼠般的大臣。他一刻不停地嗅探故纸堆，自己也成了一页泛黄的羊皮纸。我不由得认为面前的这个人有些不正常，上了年纪但心智未开，他的血管里流的不是红色血液，而是胶状液体。[72]

拉姆斯多夫的同僚也许会同意这番描述，正如某位大臣不甚友善的评论，拉姆斯多夫至少是个诚实勤勉的人，但是"出奇地无能且平庸"。[73] 不过，拉姆斯多夫的想法可能是对的，他认为俄国的长期利益取决于在强国之间取得平衡，他也愿意开放心态，与包括英国在内的所有强国商谈。1905 年，拉姆斯多夫告诉外交部成员马塞尔·陶贝男爵："相信我，在一个伟大民族的生命中，总有一些时候，最好的政策是避免对任何强国表现出明显的倾向性。我本人称之为独立政策。如果放弃这种政策，我就不会在这个位子上了，那时你也将看到，俄国不会幸福。"[74] 拉姆斯多夫还警告说，他的继任者可能会参加新的联盟，卷入新的战争，但这"将以革命告终"。[75] 然而，1905 年以后，俄国已经不可能在外交政策上保持自由态度了。部分原因在于，俄国本身的孱弱意味着它需要盟友；另一部分原因在于，欧洲已经开始分裂为两大阵营。

1904 年，也就是英法协约达成之际，法国向俄国施加了相当大的压力，要求其与英国达成相似的谅解。"我们面前将展开多么美妙的一幅画卷，"法国外交部部长德尔卡塞在 1904 年表示，"如果我们同时拉上俄国与英国来对付德国！"[76] 当然，从长远来看，法国希望打造一个三国之间的全面军事联盟。尽管俄国的自由派欢迎本国与欧洲领先的自由派大国建立友谊，但俄国的领导层却不愿意。沙皇本人并不喜欢英国。尽管沙皇敬重维多利亚女王，但他一点也不喜欢爱德华七世，认为这位英王道德有亏，而且交友太过危险随意。尼古拉年轻时就曾与爱德华交游，他一度震惊地发现，同样出现在爱德华宾客名单里的还有贩马商人，甚至还有犹太人。尼古拉在给母亲的信中写道："英国表亲们对此相当享受，而且一直取笑我；但我尽量远离他们，避免交谈。"[77] 更重要的是，尼古拉也许视英国为俄国在全世界范围内的主要敌人——英国人在日俄战争期间对俄国的敌意也让沙皇大为光火，他将这种敌意归咎于爱德华七世，并告诉威廉二世，爱德华是"世界上最大的捣蛋鬼和最危险的阴谋家"。[78]

到 1906 年下台之前，沙皇的两名首要顾问——维特与拉姆斯多夫——也对与英国达成谅解的想法持冷淡甚至敌对态度。维特更希望恢复与德国的传统友谊，甚至不排斥加入德国、奥匈帝国、意大利三国同盟的可能。鉴于俄国与奥匈帝国在巴尔干地区的竞争日益激烈，对俄国来说，加入三国同盟已不现实。维特提出的另一方案则更不现实，即与法国、德国一起打造一个孤立英国的大陆联盟。[79] 法国人的意思很清楚，他们既不愿抹平与德国之间的分歧，也不愿放弃与英国达成的协约。

不出所料，德国竭力离间法俄联盟。日俄战争期间，德国外交部就做出一连串笨拙的举动，试图在法俄之间制造嫌隙。1904 年 6 月初，德皇给他亲爱的表弟尼基（尼古拉二世）写了一封英文信（这是两人共通的语言之一），对如何打仗提出了许多建议，并对俄国日益增加的损失表示同情。他还告诉沙皇，他从法国驻柏林使馆的武官那里听说，法国不会协助俄国盟友对抗这个崛起中的亚洲强国，这让他感到惊讶。

> 我在领略诸多暗示与暗指之后发现——我担心的事情还是发生了了——英法协定的一大效应就是：防止法国人帮助你！不言而喻的是，如果法国有义务动用舰队或陆军帮助你的话，我当然不

会动哪怕一个手指头去阻挠法国；因为那样的话太不合逻辑了，尤其是对我这个《黄祸》画的作者而言！［这幅画作是威廉赠予尼古拉的，按照他本人的指示，由他最喜欢的艺术家绘成。］

威廉在这封信的结尾颇为露骨地暗示表弟，这是俄国与德国签署商业条约的大好机会。这种暗示反而消解了他的善意。[80]这年秋天，也就是俄国在远东的损失不断扩大之际，威廉与比洛秘密提出结盟，对抗一个未指明的欧洲大国。威廉私下给尼古拉写信说："当然，我们的联盟是纯粹防御性质的，只能用来抵御欧洲或是外部的侵略者，形式上是两家火险公司应付纵火犯而已。"尼古拉的拒绝让威廉大失所望——他说这是"我第一次个人的挫败"。[81]

威廉更愿意相信他有能力搞定尼古拉——沙皇比他年轻十岁，而且性格没有那么强势。威廉早年与尼古拉会面之后写信给维多利亚女王说："沙皇是个有魅力且随和的大男孩。"[82]事实上，尼古拉私下里认为威廉很招人厌，而且对那些不请自来的来信建议颇为反感。维特发现，要让他的君主同意某事，一个好办法就是告诉他德皇反对此事。[83]威廉送来的那些据说是他自己绘成的画作，在沙皇眼里尤其笨拙。比如说，《黄祸》画中的寓言描绘了雄壮的德国战士挺身而出保卫迷人的俄国美女的场景。比洛的话则更让人尴尬："德皇威廉身着闪亮的盔甲，以高贵的仪态站在沙皇面前，右手高擎一柄巨大的十字架。沙皇身着一袭像是法衣的拜占庭式礼服，一脸崇敬地望着德皇，举止谦卑得几乎略显荒谬。"[84]沙皇一如往常礼貌地拒绝了德皇。威廉对此怒气冲冲，认为沙皇欠缺勇气。日俄战争期间，威廉就敦促沙皇全力出击。比洛警告威廉不要太公开地鼓励俄国，以免德国也陷入这场战争。"从政治家的角度而言，你可能是对的，"威廉回应说，"但我是从君主的角度思考。尼古拉浮躁的行径总是令他自己失望，作为一个君主，我对此感到恶心。这种做法是在伤害全体君主的威望。"[85]

1905年夏天，也就是俄国与日本议和、本国陷入混乱的时候，威廉再次尝试引诱尼古拉从法俄联盟中退出。两位君主相约各自乘坐游艇在芬兰的比约克岛会面。威廉对尼古拉的困境表示同情，与他一起抨击英法两国的背信弃义。7月23日，比洛收到了德皇发来的一封热情洋溢的电报，说德俄两国已经在沙皇的游艇上签署了条约。"我从德皇那里收到了太多奇怪的电报，"比洛后来说，"但从没有像比约克传来的那封一样充满热情。"威廉在电报里详细描述了当时的场景。沙皇再次表示，法国不支持俄国使他感到难过；威廉回应，为何他们两人不能就地达成一份"小协定"？德皇当场就拿出了那份头一年冬天尼古拉本已拒绝的条约副本。尼古拉通读了一遍，而威廉则静静地站在一旁，据他的描述，自己做了一个简短的祈祷，凝视自己的游艇，望着上方飘扬在清晨寒风里的旗帜。突然，他听到尼古拉说："太棒了，我非常同意。"威廉强迫自己表现得很镇定，然后给尼古拉递了一支笔。两人先后签字。德国外交部派来照看威廉的人也代表德国副署了这份条约。随后，一名俄国舰队司令也代表俄国副署（沙皇不允许他阅读文本）。"喜悦的泪水在我眼眶里打转，"威廉在电文里继续表示，"的确，一滴滴汗水在我的后背滴落。我想在那一刻，腓特烈·威廉三世、路易莎王后、我的祖父与尼古拉一世肯定都在我们身边。他们一定在天堂满心欢喜地见证这一切。"[86]一个月之后，威廉写信给尼古拉，为两国的联盟感到喜悦，认为这将会让德俄两国成为欧洲的权力中心与和平力量。三国同盟的其他成员，即奥匈帝国与意大利，肯定也会支持他们，北欧诸国这样的小国也必将意识到，他们的利益在于是否进入这个新的权力集团的轨道。甚至日本也可能加入，那将有助于压制"英国人的自傲无礼"。德皇还在信中说，尼古拉无须担心其另一个主要欧洲盟友："玛丽安娜［法国］必须记住，她已经嫁给了你，有义务与你同床共枕，并时不时给我一个拥抱或亲吻，但她不会溜进岛国那个永远耐人寻味之人的卧室。"[87]（最后一句话是对爱德华七世的嘲讽，这位君主的风流韵事人尽皆知。）

比洛读到这份条约的时候根本没什么欣喜之情，实际上，这让他感到恼怒，因为德皇一而再、再而三地不事先与他商量就采取行动。比洛也沮丧地看到，威廉的政策变动把条约的范围限制在了欧洲。作为盟友，俄国的一大优势是它可以威胁到印度，从而在欧洲牵制英国。比洛咨询了外交部的同僚并得到认同后，递交了辞呈。也许，比洛并不是真心辞职，而是想给他的君主一个教训。[88]德皇的迷梦破碎了，他自己也感到失落。德皇在给比洛的一封高度情绪化的信中表示："最好、最亲密的朋友这么对待我，而且没有给出任何合理的理由，这让我非常受伤，我已经彻底崩溃，担心会因此产生严重的精神问题。"[89]俄国外交大臣拉姆斯多夫的反应没那么夸张，但也很不忿。他委婉地告诉沙皇，德皇从他身上占了便宜。拉姆斯多夫还指出，这份条约与俄国对法国的义务并不兼容。尼古拉10月写信给威廉说，这份条约需要法国的批准。显然，这一点不可能办得到，比约克协议实际上是无效的。

1907年夏天，威廉与尼古拉在游艇上再次相会。比洛颇有风度地接受了威廉的请求，继续任职。他和俄国新任外交大臣亚历山大·伊兹沃利斯基均在场。这次会面因为德皇那篇不幸的即兴演说轻易破产了。威廉在演说里夸耀他强大的海军，并希望沙皇也能尽快打造一支类似的军队。一名俄国随员向另一名德国随员表示，"现在就差"德皇"往沙皇的脸上扇一巴掌了"。[90]比约克的会晤也是两名君主最后一次重要的私人外交行动，这种君主外交在19世纪还显得稀松平常，但在20世纪已经越来越少了——现代社会的复杂性与日俱增，文官政府的职权越来越大，即便在绝对君主国也是如此。不幸的是，这次会面加深了俄国对德国与威廉本人的怀疑，无论是俄国的官僚圈还是普通民众都是如此。俄国政府发现，在试图改善与西方邻国的关系时，自己受到的阻碍越来越大。英国大使报告了 1908 年与沙皇的一次谈话：

> 沙皇陛下承认，就俄德关系而论，媒体的自由已经给他和他的政府带来了很大麻烦。在帝国任何一个遥远的省份发生的任何事件，哪怕是地震或是暴风雨，都会被俄国舆论归咎于德国。俄国媒体不友善的语调近来也让沙皇和他的政府受到不少严肃的抱怨。[91]

1906 年伊始，一度热心与德国结盟的维特改变了主意。也许是因为比约克事件的影响，他告诉英国驻圣彼得堡的使节，俄国在这个历史的关键节点需要的是一个强大的自由国家的同情与支持。英国本身是一股强大的经济力量，可以向俄国提供急需的贷款，这对俄国很有帮助。维特认为，如果英国可以拿出实质可见的友善举动，那么英俄之间的全面谅解很快就会到来。[92] 事实上，俄国政府与巴林银行之间的贷款谈判一直以来都得到了英国外交部的鼓励，但因为两国各自的政治变动，这些协议一直到 1906 年春天才得以签署。[93] 在维特的压力之下，拉姆斯多夫同意就波斯与阿富汗事务展开谈判。谈判进程相当缓慢；拉姆斯多夫对此并不上心，而且两国都被摩洛哥危机困扰，毕竟这可能会在欧洲范围导致一场大型冲突。

1906 年春天，局势突然让英俄谅解变得更有希望。维特被解职，拉姆斯多夫也向沙皇提出辞职，因为他无法接受未来要与新成立的杜马打交道。"你要等上相当长的一段时间，"拉姆斯多夫告诉陶贝，"才会看到我屈尊与那些杜马的人说话。"[94] 新任首相斯托雷平对与英国缓和关系的想法更加开放，部分是因为俄国自身的羸弱，也因为英国已经成功在东南边疆对俄国形成了围堵之势：英国在1905年续签了与日本的条约，并将触手进一步伸进了波斯。接替拉姆斯多夫出任外交大臣的伊兹沃利斯基甚至比前任更加确信，俄国的利益在欧洲，重建其大国地位的关键就在于维系法俄联盟，并且要与英国达成一定程度的谅解。无论是拉姆斯多夫还是伊兹沃利斯基，他们在1906年之后的几年里都认为，考虑到俄国内部政治的发展，外交政策必须考虑杜马与公众舆论。

伊兹沃利斯基在上任不久与陶贝进行了一次长谈。这位新任外交大臣告诉陶贝，他的一大外交目标就是在稳定友善的基础上建立对日关系，"清除拉姆斯多夫伯爵亚洲政策的遗产"。然后，"俄国可以在多年后重新转向欧洲，那里才是俄国传统与历史上的利益所在——为了在远东短暂的迷梦，这些利益被弃之不顾。我们已经付出了太多的代价……"[95] 伊兹沃利斯基和许多俄国人认为，欧洲才是他们在世界上最想加入的俱乐部。正如1911年他卸任时所说，与英法建立更密切关系的政策"也许不那么牢靠，但更符合俄国的历史传统和伟大品格"。[96] 比起斯托雷平，他更敢于下赌注，但不幸的是，对俄国外交政策而言，他也往往会在不恰当的时候失去勇气。

几乎所有人都同意，伊兹沃利斯基有魅力、有野心、有智慧，但也虚荣、容易受人奉承。他对批评高度敏感。他和拉姆斯多夫一样勤勉苦干、注重细节，但与拉姆斯多夫不同，他是个自由派，对于俄国以外的世界经验颇多。用奥地利外交大臣利奥波德·冯·贝希托尔德的话说，他"中等身材，中分金发，面色红润，前额宽阔，眼睛浑浊，鼻子扁平，眉毛突出，夹着单片眼镜，西装笔挺"。[97] 尽管人们普遍认为他丑，他却颇以自己的外形为荣。据某位观察家所述，伊兹沃利斯基穿着从伦敦萨维尔大街订制的高级正装，把脚挤进太小的鞋子里，结果走起路来像鸽子。[98]

伊兹沃利斯基出身收入不高的小贵族家庭，但父母还是成功地将他送到了圣彼得堡最好的学校——亚历山大帝国学院。在那里，伊兹沃利斯基与那些显赫富有得多的年轻人相处。陶贝认为，正是这段经历让伊兹沃利斯基变得势利、自我中心和物质。年轻时，伊兹沃利斯基就渴望一段好的婚姻。曾经有个人脉灵通的寡妇拒绝了他，后来有人问她，是否后悔错过一个这么优秀的人？那位寡妇表示："我每天都在后悔，但每晚都在庆幸。"[99] 最终，伊兹沃利斯基娶了另一名俄国外交官的女儿，但他并没有足够的钱维系他所向往的奢华生活。而且，圣彼得堡不断有流言称，他手下有钱的人总是获得晋升。[100] 多年以来，与他密切共事的陶贝一直认为，伊兹沃利斯基内心深处始终有两股不同的价值在彼此交战：政治家和贪婪的廷臣。[101]

最初，英国人对伊兹沃利斯基的上任感到担忧。英国驻哥本哈根大使向伦敦报告了他与法国大使的会谈，而法国大使非常了解伊兹沃利斯基；这位新上任的俄国外交大臣对法俄联盟并不热心，更倾向与德国亲善。[102] 这是法国人的误判，但这一误判对未来的英俄关系却是有利的。伊兹沃利斯基决心与英国达成谅解。尽管沙皇对此面露不悦，但还是准备批准。[103] 俄国国内的状况已经开始改善，看起来他们已避免了一场革命。因此，英国就有了可以谈判的对象。新的自由党政府与新任外交大臣爱德华·格雷爵士也决定抓住这次机会。1905 年 12 月，格雷走马上任后的头一批会谈，就包括了与本肯多夫的会面。格雷向这位俄国大使表示，他希望能与俄国达成协议。1906 年 5 月，亚瑟·尼科尔森爵士抵达圣彼得堡任英国驻俄大使。内阁授权尼科尔森与伊兹沃利斯基交涉两国关系的敏感话题：波斯与阿富汗。他们当然不会咨询当地人的意见，这些人的命运在几千英里以外就被决定了。

双方的谈判一如所料地冗长和艰难。"彼此都认为对方是骗子与窃贼。"一名英国外交官表示。[104] 谈判也几近破裂。比如，伊兹沃利斯基担心德国会反对英俄协约，英国首相亨利·坎贝尔–班纳曼不合时宜地喊了一句"杜马万岁"。西藏曾经是英俄双方代理人"大博弈"中的一环，现在反倒成了最容易处理的分歧。双方都同意不再从孱弱的西藏当局那里榨取更多的让步条件，也不与当地宗教领袖建立政治联系。在一项给西藏未来投下阴影的条款里，俄国同意承认清政府对西藏的宗主权。

阿富汗议题耗时更长，一直到 1907 年夏末才尘埃落定。俄国人做出了很大让步，认可阿富汗属于英国的势力范围，俄国人只能通过英国与那里的埃米尔交涉。作为回报，英国承诺自己不会占领或吞并阿富汗——只要阿富汗埃米尔遵守与英俄两国之间的协定。最难处理的是波斯问题。尽管德国人向波斯沙阿提供了一笔铁路贷款的消息有助于英俄双方集中精力解决问题。伊兹沃利斯基准备花大力气来达成协议，这也起到了作用。1906 年夏天，当圣彼得堡的官员们讨论在德黑兰成立一家俄国–波斯银行时（这将警醒英国人），伊兹沃利斯基坚定地说："我们正在试图与英格兰缔结联盟，因此，我们的波斯政策必须服从这个现实。"[105] 双方就势力范围界限争吵不已，但最终达成了协议：波斯北部是俄国势力范围，南部则是英国为保护海湾地区及其与印度交通线而划定的势力范围。同时，在英俄势力范围之间，将设立一块中立地带。英国驻德黑兰大使警告说，波斯政府已经听到谈判的传言，对此严重关切并感到愤怒。欧洲人当时其实根本不注意非欧洲世界的声音，英国外交部也以同样的态度回应，认为波斯人应当理解，这份英俄协定其实是尊重他们国家的完整的。[106] 黑海与地中海之间的土耳其海峡在 19 世纪一度引发很大的麻烦，但这份仅事关亚洲事务的协定搁置了这项议题。不过格雷希望本肯多夫理解，英国人未来不会就通行土耳其海峡给俄国人制造麻烦。[107] 1907 年 8 月 31 日，"涉及波斯、阿富汗与西藏问题"的英俄协定在俄国外交部签字生效。

每个人都明白，所涉及的问题不仅仅是"安排"。虽然德国人公开表态欢迎这项协定，因为它增进了和平，但比洛还是告诉德皇，德国现在成了英国人焦虑与嫉妒情绪的主要投射对象。战争的谣言在柏林流传，德国媒体也登载了自己国家现在如何被围堵的报道。第二年夏天，德皇在一场军事演习上发表了好战的演说："我们必须以腓特烈大王为榜样，他冲入四方都是敌人的战阵，然后逐个击败。"[108] 威廉也接受了美国《纽约时报》记者的专访，痛陈英国人的"背信弃义"，以及战争如何无可避免。为争取美国舆论，威廉指控英国人背叛白种人而与日本结盟，并表示德国总有一天会与美国并肩作战对付"黄祸"。这篇专访文章让德国官员非常震惊。幸运的是，西奥多·罗斯福总统与《纽约时报》的编辑们也感到震惊，所以这篇文章从未被发表。然而，专访内容还是流传到了英国外交部，并最终传到法国和日本。[109] 英国人认为，这篇专访进一步证明了德皇反复无常，没有认真对待德国人潜藏的关切。正如国际关系中经常发生的那样，英国人没法理解在他们看来仅仅是防御性质的动议，在另一方看来竟会如此不同。

虽然面临诸多批评，英国政府仍然对英俄协定感到高兴。格雷后来在回忆录里写道："我们的收获很大。我们摆脱了常常困扰英国政府的焦虑；一个造成摩擦的源头、一个可能带来战争的因素被消除了；和平的前景更牢靠了。"[110] 一些摩擦仍然存在，尤其是在波斯问题上，其紧张局势一直延烧到第一次世界大战爆发。法国人对英俄协定表示欢迎，希望将三国协约打造成强大的军事联盟。不过，英俄双方都更谨慎，甚至避免使用"三国协约"这个词。1912 年，伊兹沃利斯基的继任者谢尔盖·萨宗诺夫就坚定地表示，他永远不会用"三国协约"这个词。[111]

英俄协定签署后，伊兹沃利斯基就转而与三国同盟接触，与德国就波罗的海问题达成协议，也向奥匈帝国提议在巴尔干地区进行合作。英国也仍然希望与德国的军备竞赛能逐渐收尾。然而，最终事实证明，俄国领导层根本无力弥合英法与德奥之间越来越深的鸿沟，也无法让俄国置身于日益激烈的军备竞赛之外。到1914年，尽管俄国几度竭力抽身，但还是坚定地站在了协约国一方。俾斯麦曾在多年以前发出警告——1885年，他写信给威廉的祖父说，英、法、俄三国的联盟"将为反对我们的联盟提供基础，这个同盟将比德国可能遇到的任何其他联盟都要危险"。[112]

第八章　尼伯龙根的忠诚

俄国与奥匈帝国在波斯尼亚问题上的危机险些引发战争，1909年3月，德国首相比洛在帝国议会保证，德国会站在多瑙河下游盟友的一方，践行"尼伯龙根的忠诚"。这是个奇怪的譬喻。如果比洛说的是瓦格纳的歌剧《尼伯龙根的指环》的话（他认识瓦格纳一家），那么他指的就是贪婪与背叛；如果比洛说的是历史上的尼伯龙根的话（德国人这样称呼中世纪的勃艮第国王），那么他指的就是忠诚，但这种忠诚带来了毁灭。根据神话传说，被敌人包围的勃艮第宫廷拒绝向背叛并杀害了齐格弗里德的魔头哈根投降。最终，勃艮第人死守到了最后一人。

尽管德国领导层表明了自己的忠诚，但对奥匈帝国的感情还是很复杂。他们深知奥匈帝国的诸多羸弱之处，也发现奥地利的魅力并不能弥补奥地利人行事的草率仓促。德国的麻烦在于，他们不太有可能寻找其他盟友。海军军备竞赛已经让德国疏离英国，只要蒂尔皮茨与德皇拒绝让步，英国人就不会对德友善。部分是为了回应德国的挑战，英国与法俄两国走得更近了。虽然英国人声称三国协约是不具约束力的防御性条约，也许他们自己也相信这一点，但无论如何，三国之间还是进行了常态化接触，制定了共同的军事方案。三国文武官员建立了联系，结下了友谊。

即便德国正在寻找盟友，但法国已经与俄国建立了军事同盟、与英国签订了协约，再也不会像俾斯麦当政时那样被威胁了，它也不会自由选择与东边的邻国结盟。出于种种原因，俄国更有希望成为德国的盟友。但在这个时间点上，俄国需要法国的资金，也需要在悬而未决的东方问题上与英国妥协，这些都让俄国抵触德国的示好。遍数各大强国，只剩下了意大利，而这个国家确实也是三国同盟的一员。不过，意大利不仅军事力量薄弱，而且与另一个盟国奥匈帝国也有很深的矛盾，因此德国并不能指望意大利。在南欧，如果德国希望提携反俄或是支持德奥的国家的话，可供选择的国家也不算多：奥斯曼帝国正在急剧衰落，南欧的其他小国——罗马尼亚、保加利亚、塞尔维亚、黑山、希腊——正明智地观察和等待，看事态如何发展。

如此就只剩下奥匈帝国了。德国驻维也纳大使海因里希·冯·奇尔希基在1914年经过深思熟虑讲了这么一段话："我常常问自己，我们坚定地与这个几乎分崩离析的国家联结在一起，而且继续竭尽全力让他们和我们站在一起，是否真的值得。但我也不知道还能有什么别的足以取代奥匈帝国这个中欧强国的盟友，可以换来比现在更多的利益。"[1]1914年之前的岁月里，无论客观情况到底如何，但德国越来越认为自己遭到了围堵。（当然了，德国邻国的看法大为不同，他们更认定是德国这个军事经济强权支配了中欧。）南方存在一个友善的奥匈帝国，德国至少还有一段不需要担心的边界。德国总参谋长阿尔弗雷德·冯·施利芬伯爵以自己的名字命名了20世纪其中一个最知名的军事计划，并在1909年卸任之后写道："围绕德奥四周的铁环现在只是在巴尔干方向敞开了一个口子。"法国、英国和俄国——德国与奥匈帝国的敌人——都在指望德奥毁灭，但他们

图 8 德国领导层喜欢对外声称他们与奥匈帝国这个盟友站在一起,忠诚度堪比尼伯龙根。这是个奇怪的譬喻,显示了德奥同盟中的一些模糊性和紧张性。根据尼伯龙根神话,中世纪高贵的勃艮第战士战死到了最后一人,起因却是两个女人的阴谋

伺机而动，指望两国内部自行分裂。奥地利有诸多民族，德国则有诸多政党，两国内部各有纷争，这些都有助于他们邪恶的计划。施利芬警告说，一旦到了特定时刻，"门户就会洞开，吊桥就会放下，百万雄兵乘虚而入，蹂躏德意志的土地……"[2]

德国人还担心奥匈帝国也许会自行决定退出三国同盟。无论是在俄国还是在奥匈帝国，包括君主本人在内的不少人仍然渴望建立一个保守派同盟，这个同盟有没有德国都没关系。奥匈帝国也有不少人憎恨意大利，他们更愿意对意大利而非俄国开战。许多奥地利爱国者也都很难原谅或是忘记德国统一给奥地利造成的伤害，毕竟奥地利帝国作为传统德意志首席邦国的地位一去不返了。德国人援助盟友的一腔热忱也没有改变这一点。比如说，德皇所谓的"一个忠诚但次等的奥匈帝国"的发言就与德奥友好的宣传背道而驰。德国官员往往以居高临下的姿态对待他们的奥地利盟友。"我从未有任何怀疑，"比洛在他的回忆录里表示，"如果我们接受资深外交家塔列朗的那个比喻，国家之间的联盟就像骑手与马，那么与这个多瑙河君主国联盟的时候，我们肯定就是骑手的角色。"[3]

事情并没有像比洛说得那么简单，德国很快发现胯下这匹马开始由着自己的性子跑，甚至还南下巴尔干半岛。德国既然选择了奥匈帝国作为盟友，它就要介入奥匈帝国在世界动荡地区的野心与纠纷。奥斯曼帝国在欧洲的急剧衰落不但引发了俄国与奥匈帝国的兴趣，也刺激了巴尔干那些独立小国的胃口。德国面临的挑战是，它要一面向奥匈帝国反复保证会坚定支持它，同时又要防止它肆无忌惮地行动。正如比洛的后见之明：

> 奥匈帝国存在一大危险。如果行事过火的话，他们就会丧失胆量，像鸽子落入毒蛇窝一样落入俄国的手掌心。我们的外交政策需要尽一切可能保证奥地利忠于我们。一旦开战——如果我

们足够有技巧的话，是可以避免战争的，但自然还是有这种可能性——我们信赖帝国陆军与皇家陆军的通力合作。尽管奥匈帝国内部仍然虚弱，他们仍然是一支强大有力的军队。另一方面，我们必须避免奥地利违背我们的意愿，把我们拖入一场世界战争。[4]

无论在纸面上还是在地图上，奥匈帝国看起来都是一个不错的盟友。用今天的眼光来看，这个帝国从波兰南部一直延伸到塞尔维亚北部，领土包括了捷克、斯洛伐克、奥地利、匈牙利、乌克兰西南地区、斯洛文尼亚、克罗地亚、波斯尼亚，还有罗马尼亚的特兰西瓦尼亚的大片地区。奥匈帝国拥有5000多万人口，农业经济强劲，资源丰富，从铁矿到木材都有，工业蓬勃发展，铁路网迅速扩展，陆军和平时期的人数大约有40万，也有一支现代化的海军。帝国境内的大城市如维也纳、布达佩斯，小城市如布拉格、萨格勒布，都已经历了现代化和美化，拥有像样的排水系统、有轨电车、电力供应，以及高耸入云而又装饰华丽的公共建筑，还有中产阶层居住的坚固的公寓楼。从克拉科夫的雅盖隆大学（欧洲最古老的大学之一）到维也纳的各家医学院，这个二元君主国里到处都是大学。不仅如此，奥匈帝国境内的大学与学院仍在迅速扩张。时至1914年，奥匈帝国80%的人口都具备读写能力。

不过，奥匈帝国的许多地方似乎根本没有变化，比如说，一端是加利西亚与特兰西瓦尼亚的农村生活，另一端则是帝国各大宫殿里繁复的贵族礼仪。现代世界正在撼动奥匈帝国，出现了新的通信方式、大企业与科学技术，还有新的价值观与人生态度。比如说，不允许犹太人从事特定职业的旧有限制已不存在，尽管令人悲哀的是，一种新的、恶毒的反犹主义将在1914年之前的几年里出现。虽然奥匈帝国的经济增长速度无法与俄国相比，但在1914年之前的二十年里，它的年平均增长率也有1.7%。帝国的经济发展大致遵循了与西欧相似的模式，那就是工业快速发展，农民也相应涌入各大城镇。尽管也有繁荣与萧条的周期存在，经济繁荣还是逐渐扩展到了更为广阔的全国人口。在技术与商业已经很先进的捷克土地上，现代工业的集中度最高，斯柯达工厂就生产了欧洲最好的一批枪炮。维也纳的周边也遍布戴姆勒这样的现代工业。到了 1900 年，布达佩斯也迎头赶上，逐渐成为东欧大部分地区的银行业中心。虽然匈牙利的经济还是以农业为主，但它的工业化在 1900 年以后也得以快速推进。

政府在基础设施与社会事业上的投入也在增长，这有助于帝国稳步迈向现代化，经济也会进一步繁荣。不过，情势并非全然乐观。奥匈帝国的进口还是远远超过出口，政府债务也在膨胀。它的军费开支仍然是四大强国里最低的，1911 年的军费只有俄国的三分之一多一点。[5] 国际局势的任何风吹草动都对奥匈帝国的财政健康不利。不仅如此，社会进步还无可避免地给这个帝国带来了诸多问题与麻烦。比如说，小型自耕农与小土地贵族眼睁睁地看着小麦等产品要应对来自俄国的竞争，价格一路跳水。1914 年之前的数十年里，帝国内部出现了越来越多的农民暴动与抗议，一些古老庄园也纷纷解体。在城镇里，工匠的产出无法与现代工厂竞争，产业工人的状况往往悲惨不已，他们日益组织化而且越来越激进。

从某些角度而言，奥匈帝国的政治与欧洲其他地方颇为相似：拥有土地的老派贵族希望继续保有权力与影响力，激进分子则反对教会，中产阶级自由派至少希望自己可以得到更大的自由，而新的社会主义运动则希望进行改革，或者在适当的时机起来革命。与欧洲自身一样，奥匈帝国内部也有多种多样的统治模式，从专制到议会民主制不一而足。奥地利人有一个选举产生的议会，1907 年以后更是实现了男性公民的普选；相较而言，匈牙利人的选举权仅限于人口中 6% 的公民。1848—1916 年在位的皇帝弗朗茨·约瑟夫既不像沙皇那样大权独揽，也不像英国国王那样受到限制。奥匈帝国皇帝可以决定外交政策，也是武装力量的最高统帅，但他的权力是由帝国的宪法规定的。皇帝可以任命并解雇大臣，拥有紧急状态的决断权。他的政府经常运用这项紧急权力，在没有议会的情况下进行统治，不过他不能修改宪法。政府事务照常运转，继续征税，支付行政开支。皇帝本人得到了绝大多数臣民的爱戴，革命的前景似乎比俄国要遥远得多。

在 1914 年以前的几十年里，德国政治家们反复问自己，与奥匈帝国结盟是不是一个正确的选择。他们给这个二元君主国的长期存续打上了一个问号。在一个民族意识不断增强的时代，奥匈帝国也像奥斯曼帝国一样越来越受制于其复杂的族群构成。1838 年，达勒姆勋爵谈到加拿大的时候说，这个单一国家的内部竟然有两个国家在交战，讲英语的人与讲法语的人之间的冲突已经延续了一个半世纪。奥匈帝国承认十或十一种主要语言，可想而知他们面临的挑战比加拿大困难了多少。数百年来这其实都不是问题，因为人们定义自我时用的是宗教、统治者、村庄这些身份标识，而非族群。然而到了 19 世纪末，民族主义——认同自己是一个以语言、宗教、历史、文化或种族为特征的群体的成员——成为搅动整个欧洲的力量。就像人们与日俱增的对"德意志"或"意大利"民族的归属感推动了德国与意大利的立国一样，波兰、匈牙利、鲁塞尼亚、捷克以及更多的民族主义力量，也在奥匈帝国内主张更大的自治权——如果不是完全独立的话。

奥匈帝国没有能将他们的公民凝聚起来的有力的身份认同。它与其说是一个国家，不如说是哈布斯堡家族一千年来靠着长袖善舞的政治手腕、联姻与战争弄到的一堆财产。弗朗茨·约瑟夫拥有从皇帝到伯爵的一大堆头衔，书写落款时往往要写许多个"以及"。当然，还是有不少人对这个多民族帝国充满信心：其中一些也许本就是多民族混血，或是那些人脉利益广布帝国全境（往往还广布欧洲）的贵族家庭，或是那些忠于哈布斯堡家族、认为自己对王朝的忠诚高于一切的人。奥匈帝国的军队也是货真价实的多民族组织，他们以灵活方式处理内部的语言问题。士兵们必须要懂得与军事指挥和兵工相关的基本德语，但他们往往会被分派到操同样语言的同胞军团里。军官需要掌握麾下士兵的语言。据说在战争期间，在某个军团，英语竟然成了最通用的语言，于是人们就以英语交谈。[6]

唯一真正存在的帝国制度就是君主制本身。哈布斯堡王朝持续了数百年之久，目睹了一次次的入侵。从奥斯曼的苏莱曼大帝到法国的拿破仑皇帝，从一场场内战到一次次革命，帝国时而扩张，时而衰落，时而再度兴盛。19世纪下半叶，帝国再次收缩。哈布斯堡家族的血统可以追溯到查理曼，但他们头一次在欧洲历史上留下印记还要追溯到家族成员被选为神圣罗马皇帝的那一刻。之后的几百年里，哈布斯堡家族事实上将神圣罗马皇帝的头衔据为己有，直至1806年被拿破仑废除。但哈布斯堡王朝延续了下来，奥地利的弗朗茨皇帝也活着看到了拿破仑的败亡，并一直统治到了1835年。继承他的是风度翩翩而又头脑简单的儿子斐迪南。弗朗茨的孙子弗朗茨·约瑟夫在1848年成为皇帝。这一年的欧洲遍地革命，哈布斯堡王朝摇摇欲坠，奥地利帝国几乎土崩瓦解。斐迪南被劝退位，他的弟弟、约瑟夫·弗朗茨的父亲（他因为没什么别的特点，所以绰号是"好人"）也只是比其兄稍有能力，也同意退位。（哈布斯堡家族一次次无情而果断地处理了近亲结婚带来的不良后果。）新皇帝刚满十八周岁，据说他上台后说了这么一句话："再见，青春。"[7]

弗朗茨·约瑟夫是个举止高贵的英俊少年，一直到年迈垂暮的时候，身姿仍然英逸挺拔。家庭教师为他设置了从历史到哲学再到神学的丰富课程。弗朗茨·约瑟夫通晓多种语言，他的第一语言是德语，也会说意大利语、匈牙利语、法语、捷克语、波兰语、克罗地亚语与拉丁语。幸运的是，他的记忆力非常好，工作能力也很出众。他以很大的决心投入到学习之中。"我的生日，"他在 1845 年的日记中写道，"更重要的是我十五岁了。十五岁了——只有为数不多的时间接受教育了！我必须振作起来，痛改前非！"[8]强烈的责任感贯穿了他的一生。1848 年的动荡平息以后，憎恨革命的弗朗茨·约瑟夫决心维系他的王朝与帝国。不过他也并非反动派；抱持着某种程度上的宿命论，他接受了已经发生的一些改变——这些改变未来也许还会发生。这些未来的变化是：他的大部分意大利领土逐渐丧失；1866 年败给普鲁士之后，奥地利被踢出了德意志邦联。

帝国正在缓慢收缩，但弗朗茨·约瑟夫保住了伟大祖先留给他的国家。单单在维也纳，皇帝就有两处宫殿：富丽堂皇的霍夫堡，还有他最喜欢的美泉宫，后者是玛丽亚·特蕾莎建造的夏宫，有1400 个房间和一个巨大的公园。阿尔伯特·冯·马古蒂伯爵担任皇帝的侍从武官长达二十年，他还记得初次觐见时的场景："我的心脏怦怦直跳，登上了霍夫堡的'殿座阶梯'，高大的台阶一直通往觐见厅的前厅。"身着华丽制服的卫兵站在阶梯顶上，通往皇帝所在的大门由两名持剑的军官把守。"一切都像钟表一样进行着，安静如恒；在场的人所有都不出声，这种寂静更让人对当时的情景印象深刻。"[9]

处在这一派奢华富丽场景中心的，是一个喜欢朴素食物、有着规律作息、休闲时会去打猎射击的男人。弗朗茨·约瑟夫是个优秀的天主教教徒，但他没有在宗教上花太多心思。与尼古拉二世、威廉二世这些君主一样，弗朗茨·约瑟夫热爱军旅生活，总是一身戎装。与这二位相似的是，他也会因为戎装的细节不对而大发雷霆。除此之外，皇帝总是对所有人彬彬有礼，尽管他也始终留意社会等级之别。他只和马古蒂握过一次手，祝贺他获得了晋升。（马古蒂后来一直抱憾的是，当时宫廷里没有别人目睹这难得的一幕。）[10]弗朗茨·约瑟

夫对现代艺术颇为困惑，但他出于责任感会出席公共艺术展览，主
持重要建筑的落成仪式，特别是皇室赞助的那些建筑。[11]他喜欢的
音乐，从军队进行曲一直延伸到施特劳斯的圆舞曲。尽管他喜欢看
戏，也一直会碰到漂亮的女演员，但还是喜欢老一点的明星。弗朗
茨·约瑟夫不喜欢不守时的人、放肆大笑的人，或喋喋不休的人。[12]
皇帝也有幽默感，或者说具备基本的幽默感。他曾经在贝都因向导
的帮助下爬上埃及的大金字塔，写信给妻子伊丽莎白皇后说："贝都
因人往往只穿一件衬衫，他们攀爬的时候会裸露出身体的大部分，
这一定是那些英国女士喜欢频频登上金字塔的原因吧。"[13]

晚年的弗朗茨·约瑟夫睡在卧室的行军床上，生活极尽简朴之
能事。用马古蒂的话说，"简直是穷困潦倒"。他遵循严格清苦的生
活纪律，早晨刚四点多就出来散步，然后用冷水搓澡。他会喝一杯
牛奶，独自工作到七点或是七点半，然后与大臣开御前会议。从上
午十点到下午五六点，皇帝会一直接见内阁大臣与各界贵客（比如
各国大使），中间只会空出半小时独自吃一顿简餐。到了晚上，约瑟
夫会自斟自饮或与贵客举杯。他不喜欢浪费时间，用餐速度一直很快，
结果家里的晚辈往往没法在用餐时间内吃完饭。除非碰上舞会或是
招待会，否则他会雷打不动地在八点半上床就寝。后天习得的朴素
生活展现了皇帝强大的使命感，他非常看重自己的尊严与臣民给予
他的尊重。[14]

弗朗茨·约瑟夫崇敬他那位意志坚定的母亲。"世上还有谁比母
亲更亲呢？"他在听说威廉丧母的时候表示。"不管我们之间有多少
分歧，母亲永远是母亲。我们安葬母亲的时候，也是把自己的一部
分生命放进了她的墓穴。"[15]他的私人生活很复杂，往往还很悲伤。
他的弟弟马克西米利安曾试图在墨西哥建立一个王国，失败之后惨
遭处死，遗孀因此精神失常。他的独子鲁道夫是个阴郁的年轻人，
后来在梅耶林的狩猎小屋与少女情妇一起自杀。当局掩盖了那次丑

闻，但并没有控制住纷飞的流言，其中不乏耸人听闻的阴谋论故事。弗朗茨·约瑟夫一如既往地挺过了这次灾难，但他还是写信给女演员凯瑟琳·施拉——此人也许是他在世上最亲近的朋友——说，"人生不可能一如往常了"。[16] 他肩上的担子更重了，因为继承人大概就是他的侄子弗朗茨·斐迪南了，一个他并未刻意加以照顾的孩子。

弗朗茨·约瑟夫的婚姻也很长时间未能给他带来任何慰藉了。他疼爱他的表妹伊丽莎白，结婚时她只有十七岁，但这场婚姻并非一帆风顺。茜茜公主（伊丽莎白的小名）有魅力、天性活泼、可爱迷人，少女的她任性恣肆，喜欢冲动。不幸的是，她从未长大。她痛恨宫廷、仪式与种种义务，竭尽所能避免牵涉其中，虽然她确实可以在乐意的情况下帮助丈夫。她学习匈牙利人的语言，穿上他们的民族服饰，这深深地吸引了匈牙利人，以至于他们在布达佩斯郊外为这对皇室夫妇修建了一座夏宫。伊丽莎白热爱骑马，喜欢旅行，也爱自己。即便她已经是全世界公认的大美人，但还是时常担忧自己的容貌。她制作了一本欧洲顶级美人的相册，但这反而让她流下了泪水。[17] 终其一生，她都在拼命锻炼身体，尽可能少吃东西。维多利亚女王在日记中写道："她的腰比你能想到的任何事物都要细。"[18] 1898 年，一名无政府主义刺客挥刀刺向了她的心脏，她没有当场死亡，因为胸衣太紧了，血流得很慢。

弗朗茨·约瑟夫继续坚持有条不紊地处理如山的公文。他工作艰苦勤奋，不放过一丝细节，能够成功应对混乱，将他的帝国捏合到一起。"上帝保佑我们，"他喜欢这么说，"我们不曾着了拉丁人的道。"[19] 随着漫长统治岁月的流逝，他越来越像是一个要同时驾驭两匹不甚融洽马匹的人。在过去很长时间里，匈牙利都是一个独立的王国，一直以来都与上面的哈布斯堡皇室貌合神离。匈牙利的贵族阶层与中小贵族掌控了当地的社会与政治，他们非常注重自己的语言（它几乎与世界上任何其他语言都不同）、历史、文化，也对自己的宪法和法律极为自豪。1848—1849 年革命期间，他们试图独立而未果。1867 年，他们利用奥地利帝国大败于普鲁士的有利时机，与弗朗茨·约瑟夫皇帝谈判达成了新的协议，这就是著名的奥匈妥协。

这次妥协打造了一个新的政治实体，全称为"奥匈帝国"或是"二元君主国"。这是一个两国合一的政治实体：匈牙利仍然领有特兰西瓦尼亚、斯洛伐克与克罗地亚；哈布斯堡王朝直辖的西部领土被称为"奥地利帝国"，从亚得里亚海与阿尔卑斯山一直延伸到已经灭亡的波兰王国，向东与俄国接壤。奥地利与匈牙利有各自的议会、大臣、官僚机构、法院与武装力量。两国仅有的共同事务就是外交、国防以及出钱的财政部——三个大臣组成了一个"共同大臣会议"。此外唯一剩下的联系就是皇帝本人，在匈牙利，他的头衔是"匈牙利国王"。这个二元君主国其实更像是一场无休止的谈判，而非永久性的妥协。两国议会提名的代表每年会晤一次，就共同关税（例如铁路关税）达成必要的协议。但在匈牙利人的坚持之下，代表们都是以书面形式沟通的，这是为了避免给外界留下任何"共有政府"的印象。财政与商业事务每十年就要重新谈判一次，这些谈判还往往面临困难。

纵观欧洲各大强国，奥匈帝国各大部会之间的信息交换与政策协调机制是最差的。不错，三名共同大臣时时刻刻都在与奥匈两国的首相会晤，但他们对外交和国防事宜并无决策权。从 1913 年秋天到 1914 年 7 月危机爆发，共同大臣会议只开了三次，讨论的也都是相对琐碎的事务。皇帝本人不总揽大权，他也不鼓励别人这么做；弗朗茨·约瑟夫只与他的大臣单独会谈，且只关注大臣们各自的职责领域。此外，尽管他继续兢兢业业地工作，可他毕竟还是日渐衰老了。1910 年皇帝已经八十岁，长期以来健壮的体格也开始衰朽。战争爆发时，他在美泉宫里逐渐远离公众视野，也不大愿意介入大臣间的争论。领导人缺席的最大后果就是，强大的个人或是部会总能自行其是，有时还会越出他们的权限。[20]

　　匈牙利人起初对这个折中方案表示满意，还在布达佩斯规划了一座新的国会大厦。匈牙利首相还说："不用在乎花钱，用不着算计和节俭。"匈牙利建筑师也将这句话放在了心上。建成后的匈牙利国会大厦是世界上最大的建筑之一，它几乎吸收了所有的建筑风格与装饰形制，从哥特式到文艺复兴式再到巴洛克式，无所不包，光是装饰部分就花掉了八十四磅黄金。从另一个方面说，国会大厦里发生的事也堪称宏大。政治成为一项国家竞技运动，匈牙利人争强好胜，彼此用尖刻的修辞你攻我守，甚至有时还会诉诸决斗。一旦匈牙利政客联起手来，他们就会将矛头指向维也纳。[21] 布达佩斯与维也纳之间最糟糕的对抗，出现在因联合军队引发的深刻而漫长的危机中。

　　后继的匈牙利政治领导人与追随者要求采取一系列举措，扩大奥匈帝国军队的匈牙利成分。他们要求建立单独的匈牙利军团，由讲匈牙利语的军官指挥，使用匈牙利的旗帜。正如法国使馆武官指出的，此举无疑威胁到了军队的效率与团结，而且也没有足够的讲匈牙利语的军官可以任职。1903 年，弗朗茨·约瑟夫试图给局势降温，在一则安抚声明中指出，他的武装力量是由团结与和谐的精神驱动的，他对所有族群都一视同仁。这番发言更加激怒了布达佩斯的匈牙利民族主义者。"族群"在匈牙利语里是"部落"的意思，这无疑会被有心人抓住大做文章，认为是严重的侮辱。[22] 匈牙利议会因为阻挠议事而瘫痪，维也纳与布达佩斯之间的谈判也陷入僵局。1904 年末，匈牙利首相伊什特万·蒂萨（此人 1914 年夏天再次出任首相）试图推动议事时，反对派带着木棒、指节铜套与左轮手枪冲进了议事厅，砸毁了家具，殴打了国会大厦的卫兵。尽管反对派赢得了接下来的选举，他们却拒绝上任，直到弗朗茨·约瑟夫同意他们对军队的改革诉求。但皇帝拒绝让步，僵局持续到了 1906 年。这一年，弗朗茨·约瑟夫威胁要在匈牙利推行普选，于是匈牙利反对派便作鸟兽散。

毕竟，匈牙利人也有自己的民族问题，他们只不过是搁置了进而成功地将这些问题拖延到了这一刻。匈牙利人，或者说他们喜欢自称的马扎尔人，在匈牙利境内只是略占多数，而限制性的选举权却使他们得到了几乎全部的议会席位。到1900年，民族主义运动——塞尔维亚人、罗马尼亚人、克罗地亚人——在匈牙利境内四处延烧。各大族群不仅对缺少议会席位倍感愤怒，也对政府在学校和政府机构推广匈牙利语非常不满。与此相呼应的还有其他地方风起云涌的民族主义运动，奥匈帝国境内境外可谓遍地烽火。1895年，布达佩斯召开了一场全国民族主义者大会，与会者要求将匈牙利变成一个多民族国家。匈牙利人对此的反应是震惊与恼怒，即便是偏自由派的蒂萨也根本无法接受在匈牙利境内出现其他合法的民族主义国家。在蒂萨看来，除了少数极端分子，罗马尼亚人就像他地产上的农民一样，深知自己需要与匈牙利人合作："我知道他们是温和、平静、令人尊重的绅士，也对所有善意的语言饱含感激。"[23]

奥匈帝国存续期间，一浪高过一浪的民族主义运动带来了永不停歇又难以解决的一轮轮争斗。人们为了学校、工作甚至是路标争论不休。人口普查的问卷要求人们填写他们的母语，这成了民族力量的关键符号，各大民族团体纷纷打出广告，推广"正确"答案。民族主义运动还与经济和阶级议题交错，比如罗马尼亚与鲁塞尼亚农民就向他们的匈牙利与波兰地主发起了挑战。然而，民族主义的力量如此强大，以至于在其他国家组成社会主义、自由主义或保守主义政党的各个阶层，都因民族界限而分裂。

奥匈帝国的人口实在太复杂了，几百年的历史几乎让每一个当地人都有自己的民族主义运动目标：在斯洛文尼亚，意大利人与斯洛文尼亚人作对；在加利西亚，波兰人反对鲁塞尼亚人；德国人似乎与所有人都不和，不论是蒂罗尔的意大利人还是波希米亚的捷克人。1895年奥地利内阁倒台，原因就是讲德语的人反对在中学设立平行的斯洛文尼亚班级；两年之后，捷克人与德国人又因为在波希米亚与摩拉维亚的政府事务中使用捷克语而大打出手，引发的街头暴力事件又让一名首相引咎下台；1904 年，因斯布鲁克新设立的意大利人法院再度引发了德国人的暴力示威。新修建的火车站总是没有名字，因为永远有人反对用特定语言给火车站命名。也许，"微小差异的自恋"这一概念由身为维也纳人的西格蒙德·弗洛伊德提出并非偶然。正如他在《文明及其不满》中所说的，"恰恰是那些领土相邻、在其他方面也相互关联的社群，在不断地进行争斗和相互嘲弄……"[24]

　　"不真实的气息笼罩了一切，"英国派驻维也纳记者亨利·维克汉姆·斯特里德表示，"公众的注意力都聚焦在鸡毛蒜皮的小事上——歌剧院里一个捷克歌手与一个德国歌手之间的争论，议会里因为波希米亚任命了一批神秘官员而引发的争吵，还有最近喜剧歌剧的吸引力，或是一场慈善舞会的门票销售情况。"[25] 年轻一代要么对政治感到厌倦烦闷，要么就加入新的政治运动。这些新的政治运动承诺澄清政治，如有必要的话还会使用暴力。奥匈帝国正在衰落，国际地位也因为"民族问题的瑕疵方案"而大大受损。后来的奥匈帝国外交大臣阿洛伊斯·冯·埃伦塔尔，在 1899 年致表兄弟的信件中说："奥地利人的遗传缺陷——悲观主义——已经夺走了青年人的心，也势必会扼杀所有理想主义冲动。"[26]

　　民族差异不但破坏了街头的礼仪，也加剧了奥匈帝国议会中本就僵持的局面。绝大多数政党都以语言和种族划分彼此，他们的兴趣主要放在如何增进本族群的利益、阻挠其他族群上面。议会代表吹起号角、奏起响铃、敲锣打鼓，在议会殿堂里猛丢墨水瓶与各种图书，只为让对手闭嘴。阻挠议事成为惯常策略；最著名的一次阻挠发生在一位德国代表身上，他滔滔不绝地连续说了十二个小时，只是为了不让捷克人在波希米亚与摩拉维亚享有和德国人同等的地位。"在我们的国家，"一名保守派贵族在致友人的信中表示，"乐观主义者必须得去自杀了。"[27] 政府有时会陷入混乱，越来越依赖使用紧急权力。1914年8月战争爆发时，奥地利议会已经停摆了好几个月，直至1917年春天才重新开议。

　　民族主义也打击了官僚机构，因为官员任命越来越成为各大政党回馈支持者的手段。结果，官僚机构的人员规模与行政成本一路飙升。从1890年到1911年，奥匈帝国的官员人数上涨了200%，其中绝大多数都是新的任命。单单在奥地利就有300万文官，而奥地利总人口只有2800万。哪怕是最简单的决策，都要走一遍烦琐的红带文件程序（red tape），事实上还不止红带——黄色和黑色的带子用于帝国事务，绿色和白色的带子用于匈牙利事务，针对后来吞并的波斯尼亚的相关事务，则使用棕色和黄色的带子。在维也纳，一笔税款要经过27名官员之手。在亚得里亚海滨的达尔马提亚，某个旨在以各种手段改进官僚作风的委员会发布报告说，这里直接征税的成本是最终征到的税款的两倍。委员会描绘了全国上下令人沮丧的效率和浪费状况：比如说，公务员的法定工作时间是五到六个小时，但事实上根本没人工作这么久。在外交部，新来的公务员说他每天顶多收到三四份公文，也没人在意他是不是迟到早退。1903年，英国大使馆甚至等了十个月的时间才得到了有关加拿大威士忌关税问题的答复。"这个国家的迟缓拖延如果继续这么一天天恶化的话，很快他们就能与土耳其人比肩了。"英国某外交官向伦敦抱怨说。

　　毫不奇怪，公众倾向于认为他们的官僚机构是一匹衰朽不堪的老马，但这匹老马带来的后果可不是玩笑这么简单。维也纳讽刺作家卡尔·克劳斯语带轻蔑地称之为"八爪官僚怪"，这个蔑称进一步摧毁了公众对政府的信心。官僚机构高昂的行政成本首先意味着奥匈帝国的军费更少了，而且无论如何都会陷入无穷无尽的政治斗争。

直到 1912 年，匈牙利议会都拒绝同意增加军费或是增加每年入伍的新兵人数，除非他们能扩大匈牙利语的使用范围。直到帝国门口的巴尔干地区发生危机，他们的军事状况才有了些许改进。即便如此，1914 年奥匈帝国的陆军军费还是少于英国（当时的英国陆军在全欧洲范围内规模最小）。奥匈帝国的国防总预算甚至不到俄国的二分之一，要知道俄国可是他们最害怕的敌人。[29]

奥匈帝国绝不是像某些德国人所说的那样，只是多瑙河上的一具尸体，但毫无疑问，这个国家病了。人们考虑了很多种疗法，但这些疗法不是被拒绝就是根本不管用。奥匈之间在语言与军队议题上出现危机时，军方本已制订了对匈牙利动武的计划，但是皇帝拒绝考虑这个提议。[30]无论是让官僚阶层真正为国为民还是让他们超越政治，在制度惯性与根深蒂固的民族主义面前，这些都变得不切实际。普选是个拉近民众与皇室距离的方式，它在奥地利实施过，但结果仅仅是制造了更多民粹民族主义政党的选民。还有一种解决方案是"三元制"，这个新的折中办法意在团结南斯拉夫人。奥匈帝国南部的塞尔维亚人、斯洛文尼亚人与克罗地亚人，还有巴尔干的那些族群，越来越多地使用"南斯拉夫人"这个词语。一个南斯拉夫联盟也将制衡奥地利与匈牙利，并且满足南斯拉夫民族主义者的诉求。这项提议被匈牙利人断然拒绝。对许多人而言，解决问题的最后希望落到了皇储弗朗茨·斐迪南头上，此人相对年轻也充满活力，脑子里无疑充满了新的想法，而且大致属于专制反动的那些思想。也许斐迪南皇储可以让变革倒退，使奥匈帝国再次变成开明专制国家，建立一个强有力的中央政府。的确，斐迪南看起来像是个行为果决的统治者，实际上他也确实充当了这一角色。

弗朗茨·斐迪南身材高大，相貌英俊，拥有一双动人的眼睛，还有高亢雄壮的嗓音。如果说他的胡须还不能与德皇威廉相比的话，睿智的翘角也彰显了那两撇胡须的卓尔不群。就个人生活而言，斐迪南在青年时代有一些轻率之举，但除此之外完美无缺。他为爱而结婚，是个全身心付出的丈夫和父亲。他有一双发现美的眼睛，也做了很多保护奥匈帝国建筑遗产的事情。他好学求知，而且与皇帝叔叔不同的是，他阅读报纸并非浅尝辄止。但斐迪南也是一个贪婪、苛刻、不甚宽容的人，他的知名事迹是与交易商疯狂杀价，弄到了他想要的画作与家具。斐迪南甚至不会原谅下属犯的最小错误。不仅如此，他还讨厌犹太人、共济会，以及任何批评和挑战天主教会的人，因为他是个虔敬的天主教教徒。斐迪南同样对匈牙利人（"叛徒"）和塞尔维亚人（"猪猡"）不以为然。他经常说应当干掉这些人。关于斐迪南的好恶，还有一些比较过分的事：打猎的时候，他总是好胜心强，希望获得大量的猎物，总是要到枪管发红发烫了才会停止射击。据说某次打猎时，他突然要求围捕鹿群，射杀了全部二百头鹿，还误击了一名助猎者。[31]

本来没人会指望斐迪南成为皇储，但是叔叔马克西米利安在墨西哥被处决、堂兄鲁道夫开枪自杀、父亲因为喝了圣地约旦河的水而死于伤寒，这一连串事件最终让他在 1896 年成为下一位有资格的男性继承人，那一年他三十三岁。（弗朗茨·约瑟夫最小的弟弟路德维希·维克托仍然在世，但他有太多丑闻。）弗朗茨·斐迪南曾经在父亲去世之前得了严重的肺结核，尚在病中的他不无悲哀地看到，人们争相向他的弟弟献媚。斐迪南在一次远洋航行后恢复了健康，一直到 1914 年他的健康状况都很良好。

老皇帝其实对这位新的皇储并不怎么关心，他们之间的关系也在 1900 年的关键转变之后变糟了，那一年，弗朗茨·斐迪南坚持要与女伯爵索菲·霍泰克结婚。这位女伯爵美丽动人，名声很好，出身于波希米亚一个古老的贵族家庭，但与哈布斯堡家族并非门当户对。老皇帝最终让步，但还是加了几个条件：索菲不会得到哈布斯堡女大公的地位与特权，他们的孩子也不会有资格继承皇位。老皇帝的怠慢让斐迪南暴怒不已。皇帝叔叔对他这个继承人很冷淡，这也增加了弗朗茨·斐迪南心中极度的不安全感。"大公心中的感觉是，"一名忠心耿耿的随员说，"自己被看低了。因此，大公就对高级公职产生了一种可以理解的觊觎之心。无论在军中还是在公共生活里，大公都要享受至高的威望。"[32] 也许正是因为这一心态，斐迪南的情绪总是很狂暴，越来越难以控制。不少传言说他总是疯狂地用他的左轮手枪射击，他的侍从都是真正的男护工。英国驻维也纳的大使报告说，皇帝曾经因为斐迪南的精神状况考虑过更换皇储。[33]

围绕着哈布斯堡家族的传言一直很多，不管这些传言是真是假，弗朗茨·约瑟夫还是开始授予弗朗茨·斐迪南更大的职权。老皇帝为皇储盖了一座美轮美奂的巴洛克式宫殿，即美景宫，允许他在那里设立自己的军政机关，并在 1913 年任命他为武装力量的总督察长。这项任命给了他很大的处理军政事务的职权，不过弗朗茨·约瑟夫本人仍是总司令。美景宫几乎成了第二宫廷，斐迪南也打造了他本人的执政团队，其中有政治家、文武官员，还有新闻记者。他在美景宫制订了拯救奥匈帝国的方略：集中权力和军事力量，脱离与匈牙利的妥协方案，打造一个包括匈牙利人、德意志人、捷克人、波兰人与南斯拉夫人在内的新联邦制国家。斐迪南对议会制没有特别的喜好，如果有机会的话一定会绕开议会来统治。战时成为外交大臣的奥托卡尔·切尔宁伯爵曾质疑他是否能成功。"大公心心念念要巩固加强的君主制，其架构本身已经腐烂，没法应对任何大的革新。即便没有爆发战争，一场革命大概也会摧毁他的君主制。"[34]

就外交政策而言，弗朗茨·斐迪南希望维系德奥同盟，也愿意与另一个保守的君主制大国俄国达成更深的谅解。他也很乐见终止与意大利的同盟，他因为种种原因憎恨这个国家。无论是意大利人对待教皇的方式，还是他们吞并其祖父治下两西西里王国的举措，都让他心生憎恶。[35] 尽管他被称为战争贩子，事实上他还是比坊间流言所说的要更理智谨慎。毕竟他深知奥匈帝国实在太过孱弱也太过分裂，经不起侵略性外交政策的风险。1913 年也就是第一次世界大战之前最后一次巴尔干危机爆发的时候，斐迪南不无预见性地告诉他的外交大臣：

> 在不放弃一切的情况下，我们应该尽一切可能维护和平！如果我们与俄国发生大战，那将是一场灾难，谁也不知道我们的左右两翼是否能发挥作用；德国要对付法国，罗马尼亚拿保加利亚的威胁找借口。因此，现在是一个非常不利的时刻。如果我们单独发动对塞尔维亚的战争，我们无疑会很快拿下这个国家，但那又怎样？我们会得到什么？首先，整个欧洲都会将目光转向我们，视我们为和平的破坏者。上帝保佑，如果我们吞并塞尔维亚的话。[36]

这无疑是 1914 年夏天的另一个悲剧：塞尔维亚民族主义者刺杀的弗朗茨·费迪南，其实是奥匈帝国中可能阻止开战的一个人。我们永远无法知道可能会发生什么，而且在一个民族主义日益顽固的时代，即使没有战争，这个多民族帝国也注定要失败。

奥匈帝国的内外政策与它所面对的民族主义力量是紧密关联的。帝国曾伸手将德意志人、意大利人与南斯拉夫人纳入统治，但到了 19 世纪下半叶，它反而处于防御地位，试图阻止边境附近的民族主义团体夺取领土。意大利的统一已经一步步地夺走了奥匈帝国境内绝大多数讲意大利语的地区，而意大利的民族统一主义者还在对南蒂罗尔虎视眈眈。塞尔维亚人的雄心同样威胁到了奥匈帝国南部的南斯拉夫领地，包括克罗地亚与斯洛文尼亚；罗马尼亚的民族主义者觊觎特兰西瓦尼亚的罗马尼亚语区；俄国煽动者也在加利西亚东部的鲁塞尼亚人地盘兴风作浪，劝说他们脱离奥匈帝国转而依附俄国。随着奥匈帝国境外的民族主义团体与境内同族的联系越来越紧密，问题变得更加严重。奥匈帝国开始被称为"民族的监狱"。

　　奥匈帝国境内的悲观主义者，也许只是现实主义者而已，他们认为应该勉力维持现状，阻止境内的进一步分裂和境外的进一步衰落。老皇帝本人肯定属于这一阵营，他的外交大臣阿格诺尔·格鲁乔斯基也是如此。格鲁乔斯基担任外交大臣直至 1906 年，他是个风度翩翩的英俊人物，虽然相当懒惰（他的外号是"瞌睡乔斯基"，因为他总是一副恹恹欲睡的样子），但行事务实。格鲁乔斯基非常清楚奥匈帝国的虚弱，也认同执行不事张扬的外交政策，不做骤然过火的举动。他推行的外交政策基于以下观点：奥匈帝国需要维系与德国和意大利的三国同盟，同时与俄国搞好关系，避免在巴尔干地区或是奥斯曼帝国的问题上产生纷争。如果可能的话，继续遵守与英国和意大利在地中海问题上达成的各项协议。

　　乐观主义者相信，奥匈帝国需要而且也确实能够展现自己仍为大国的力量，以此筑就国家内部的团结。他们不满于奥匈帝国对内和对邻国的软弱，以及帝国没能在全球范围内攫取殖民地。1899 年，奥地利驻华盛顿大使在致同僚的信中就表达了这一点，这位资深外交官表示：

　　　　各大强国纷纷在欧洲以外的事务上发挥政治影响力，这一点已经让我们越来越沉沦为强权政治的背景板，失去了身为大国的权重。有生之年，那些一度在八十年代牵动全局的政治问题已是明日黄花，比如我们五十年代在意大利的主导权，还有我们在六十年代与普鲁士的争斗。没有人高兴满意；与之前时代不同的是，我们想要的仅仅是保持现状，我们唯一的野心是生存。

　　这位大使还在信的结尾闷闷不乐地说："我们的威望已经逐步沦落到了瑞士的等级。"[37] 奥匈帝国自家门口的巴尔干地区仍然具备诱感力；随着奥斯曼帝国的衰落，也许更远的小亚细亚海岸地带也是如此。[38]

七年之后，也就是奥匈帝国地位进一步衰落时，康拉德·冯·赫岑多夫出任总参谋长。赫岑多夫也是奥匈帝国最具影响力的人物之一，他论述了自己对外交政策的各项看法。他认为奥匈帝国需要强大也需要积极进取，一方面向世界展示自己是个需要认真对待的大国，另一方面同样重要的是要激励自己的公民，提升他们的国家荣耀感，从而消解愈演愈烈的国内纷争。在国外的成功（包括军事胜利）会给政府在国内带来更多支持，反过来让国民支持更具侵略性的外交政策。这是奥匈帝国唯一可能存续的方案，它将有赖于强大的武装力量。正如康拉德本人数年之后的说法："我们必须牢记在心的是，国家与王朝的命运取决于战场而非会议桌。"[39]

康拉德的看法在任何意义上都非孤例，全欧洲许多高级军官都持有相同观点。但让康拉德与众不同的是，他有能力将他本人的个性与奥匈帝国政府不甚连贯的政策结合起来，从而对国内外的政策施加巨大影响。除了 1912 年这一年的空缺期以外，康拉德从 1906 年到 1917 年一直担任奥匈帝国的总参谋长，全程见证了战前岁月里日益激烈的危机、白热化的军备竞赛、联系越来越强的联盟关系，还有 1914 年世界走向战争之前的关键几周。最终在大战期间，奥匈帝国蹒跚地从一个灾难走向了另一个灾难。

康拉德成为奥匈帝国仅次于弗朗茨·约瑟夫的军事首脑时，已经五十四岁，他是个尽心尽力的帝国官员，也对皇帝忠心耿耿。他出生在维也纳一个讲德语的家庭，与旧帝国的许多人一样，一路走来学了多种语言，包括法语、意大利语、俄语、塞尔维亚语、波兰语与捷克语。康拉德认为会说多种语言是奥地利人的一种身份特质。（当上总参谋长以后，康拉德跑到伯利兹学校又学了匈牙利语；弗朗茨·斐迪南还说他最好再去学学中文。[40]）

康拉德性格热情，自信满满，爱慕虚荣（如果可以的话，他从不戴眼镜）。他有着旺盛的精力与过人的体力，总是端坐在高头大马上，这在当时的欧洲军官圈子里非常重要。康拉德魅力过人，也非常善于自行其是。他的下属大都很喜欢他，但他也经常与同事或是上级争吵，包括弗朗茨·斐迪南在内。康拉德的出身相对寒酸，这一点在与其他高级军官相比时更为明显（他父亲出身小贵族，外祖父则是个画家），他是凭着自身的才智与勤奋在军队里一路爬升的。他勤奋的品性也许源自他的母亲，母亲总是要求他在完成功课之后才吃晚饭。她对康拉德有很大影响，并且在康拉德的父亲去世之后，带着康拉德的妹妹来与他一起生活。康拉德喜欢而且尊重女性，也有一桩美满的婚姻。1904 年，也就是康拉德成为总参谋长之前一年，四十四岁的妻子去世。中年丧妻的康拉德陷入沮丧，第一次陷入抑郁，后来又反复发作。他对宗教从来没有太大的信心，现在则越来越怀疑人生是否有什么意义。悲观主义的情绪笼罩了康拉德的余生，这与他反复要求军事行动的立场形成了鲜明的对比。[41]

依照当时的各项标准，康拉德无疑属于温和的保守派军官。他对繁文缛节没有耐心，也厌倦了狩猎活动。康拉德阅读广泛，历史、哲学、政治、小说都会读——阅读塑造了他的强硬立场。他的一项核心主张也是不少时人的共识，即生存就是斗争，只有合适的国家才能生存。康拉德希望奥匈帝国可以生存下去，但他也常常怀疑自己的国家能否做到这一点。康拉德在政治上是个保守派，与他的主人弗朗茨·斐迪南一样反匈牙利，但在外交上却是个冒险派，行事甚至有些肆无忌惮。在康拉德眼里，意大利才是奥匈帝国的最大对手，也许还是最大威胁。意大利正在引诱奥匈帝国境内的意大利人离开，还在亚得里亚海与巴尔干地区挑战奥匈帝国。俄国在日俄战争之后暂时表现低调，康拉德就趁势敦促奥匈帝国政府发动一场毁灭意大利的预防性战争。成为总参谋长后，康拉德继续呼吁战争。"奥地利

从未发动过一场战争。"弗朗茨·约瑟夫告诉他。康拉德的回应是："很
不幸，陛下。"虽然皇帝与斐迪南大公都反对对意作战的方案，但他
们还是同意康拉德加固奥意两国在南蒂罗尔边界上的防御工事，这
样就可以将帝国稀缺的资源用于军队现代化和新式武器上。康拉德
还在边境开展了引人注目的参谋演习，模拟奥地利军队沿着伊松佐
河防御意大利，后来这里成为第一次世界大战中奥意战线里最血腥
残酷的一个战场。[42]

　　康拉德认定塞尔维亚是另一个敌人。1870 年代末，他曾经在
镇压了波黑叛乱的军队中服役，从那以后他就不喜欢巴尔干地区的
南斯拉夫居民。在康拉德看来，这些人都是"嗜血与残忍"的原始
人。[43]1900 年以后，塞尔维亚实力渐长，也融入了俄国的势力范围，
此时的康拉德同样号召对其发动一场预防性战争，但是直到 1914
年，老皇帝都在阻止他。第一次世界大战结束以后，康拉德辩称
奥匈帝国的失败是错失与塞尔维亚和意大利开战的良机所付出的
代价。"军队并非灭火器，你不能等到火焰都烧到房子外面了才指
望军队。恰恰相反，目标明确的聪明政治家会将军队作为他们利
益的最终守护者。"[44]

　　康拉德干大事的雄心壮志也源自他动荡的私人生活。1907 年，
康拉德再度陷入热恋。吉娜·冯·赖宁豪斯相貌出众，年龄不到康
拉德的一半，已有丈夫和六个孩子。他们共进晚餐时，康拉德大倒
苦水，倾诉自己丧妻鳏居的痛苦。根据吉娜后来的说法，康拉德起
身离席的时候对随员说，他可能需要立即离开维也纳。"这个女人会
是我的真命天女。"康拉德不但没有离开维也纳，反而高调表达了爱
意，敦促吉娜离婚再嫁给他。这不但在事实上难以办到（吉娜将丧
失六个孩子的抚养权，这一点至关重要），也会引发重大丑闻，于是
她再三拒绝。但在后面几年里，康拉德与吉娜还是在吉娜丈夫的默
许下成了情人。吉娜的丈夫也借此机会搞了自己的外遇。康拉德一

封一封地给吉娜撰写了热情洋溢的情书，虽然其中绝大多数没有寄出去。他也反复向吉娜求婚。1908 年波斯尼亚危机期间，康拉德写信说战争已在迫近了，他大胆畅想自己也许会凯旋。"吉娜，那样我就会冲破所有束缚，只为赢得你，我生命中最大的欢愉，让你成为我的妻子。但如果这些事情没有如愿发生的话，如果腐朽的和平继续拖下去的话，亲爱的吉娜，那又将如何？你的手里紧握着我的命运，我的命运完全在你手中。"吉娜第一次看到这封信的时候是 1925 年，那时康拉德已经去世。康拉德最终如愿以偿地发动了战争，也在1915 年与吉娜结婚。他动用了高层的关系网，成功地让吉娜离婚重获自由之身。[45]

　　幸运的是，短期内欧洲和平还是得以维系，康拉德没有在 1908年或是 1911—1913 年新一轮的巴尔干危机中如愿引爆战争。斐迪南大公也对他的这位手下越发失望，也许他也嫉妒康拉德身为奥匈帝国顶尖军事思想家、战略家的声誉。康拉德并没有展现必要的顺从，执行起命令来也颇糟糕。两人就军队训练与军队运用也有不同意见。弗朗茨·斐迪南更愿意将军队用来镇压国内的反对派（在匈牙利和其他地方），康拉德则坚持对外用兵。双方的矛盾最终因为意大利爆发：1911 年，意大利与奥斯曼帝国就利比亚问题爆发战争，康拉德认为这正是大举入侵意大利的好机会，因为意大利军队正好困在北非。皇帝与皇储都拒绝了他的提议，外交大臣埃伦塔尔同样反对。维也纳的报纸上很快出现了一篇匿名文章，站在康拉德的角度上攻击埃伦塔尔。老皇帝觉得他已经别无选择，只能撤换这位自以为是的总参谋长。但是康拉德并没有被完全撤职，而是保留了军中的荣誉职位。一年之后，康拉德重新被任命为总参谋长，但是弗朗茨·斐迪南仍然不信任他。1913 年，皇储写信给新任外交大臣利奥波德·贝希托尔德，警告他不要被康拉德惑乱心神。"自然，康拉德会再次成为各种战争政策的吹鼓手，为了征服塞尔维亚和上帝都不知道是哪里的地方。"[46]

弗朗茨·约瑟夫与弗朗茨·斐迪南都注重维护奥匈帝国的大国地位，但他们本质上是保守派。绝大多数奥匈帝国的政治家都是保守派，他们在对外事务上小心谨慎，倾向和平而非战争。1860 年代输掉那几场战争之后，奥匈帝国就集中资源打造防御同盟，试图消除与其他大国的冲突源头。数十年来，奥匈帝国都与两个强大邻国，即西边的德国与东边的俄国保持着良好关系。奥匈帝国促成了三个保守君主国反对革命的同盟，就像他们在法国大革命期间、1815 年维也纳会议期间，以及 1830 年和 1848 年所做的那样。1873 年，俾斯麦建立了"三皇同盟"。虽然这个同盟只延续到了 1887 年，但这个设想还是不时被摆上台面讨论，直至 1907 年才彻底破灭。

1879 年，奥匈帝国与德国签订了一项旨在遏制俄国的同盟协定。两大缔约国都承诺，一旦俄国攻击其中任何一方，另一方将会提供援助。如果有第三方袭击德奥任何一方的话，另一方"出于仁慈"将保持中立；而如果这个第三方得到俄国支持的话，在这种情况下他们也将进行干预。这纸盟约不断修订，一直延续到了第一次世界大战结束。奥匈帝国签订的另一项主要盟约是与德国、意大利之间的"三国同盟"。这个盟约初订于 1882 年，并一直延续到了 1914 年大战爆发。缔约国承诺，一旦德国或是意大利遭遇法国攻击，另外两国都要提供支援；如果有两国或更多国家攻击某个缔约国，三国之间将互相提供支援。

尽管三国同盟条约的序言明确说这是一个"本质上保守与防御"的同盟，但它无疑还是像后来的三国协约一样造成了欧洲的分裂。联盟就像武器，尽管大可以是防御性质的，但在实际上也可以带有进攻性质。三国同盟与三国协约一样，鼓励了成员国在国际舞台上一致行动，在越来越多的危机中同声相应；三国同盟也编织了合作与友谊的纽带，促成了成员国尤其是德奥之间共享计划与战略。条约体系本来旨在保证各国安全，却在 1914 年迫使各成员国忠于他们的盟友，使得一个地区性冲突变成了一场规模更大的战争。最终，只有欧洲列强里最弱的意大利，成为游离于 1914 年危机之外的国家。

意大利之所以加入三国同盟，一部分原因在于他们的君主翁贝托正在经历社会和政治的连番剧变，这看起来太像革命了，翁贝托想要得到保守派的支持；还有一部分原因是想要在法国面前自保。意大利人无法原谅法国人夺走了突尼斯港口，这里一直都是意大利的国家利益所在；他们也不能原谅法国借支持意大利统一战争之机强行索要意大利领土的举动。此外，加入一个包括了欧洲大陆霸权国家——德国——的同盟，也满足了意大利长期以来跻身列强之林的愿望。

然而，三国同盟事实上将奥匈帝国与意大利这一对永远处不好的老冤家硬凑到了一起。两国都很清楚，他们之间的边界有出现冲突的可能。奥匈帝国已经在意大利那里丢掉了富庶的伦巴第与威尼斯两个省，他们深深怀疑意大利人的领土规划。尤其是南蒂罗尔的意大利语区与亚得里亚海的港口的里雅斯特，这些地方一度都属于威尼斯。无论是亚得里亚海北端还是奥匈帝国的达尔马提亚海岸，意大利爱国者都认为那是他们的"天然边界"，这条边界一直延伸到阿尔卑斯山的群峰。奥斯曼帝国的崩解为意大利跨越亚得里亚海的扩张打开了新的前景，阿尔巴尼亚与独立的黑山给了意大利海军亟需的东西——港口。意大利人喜欢抱怨，为什么大自然让亚得里亚海西岸平坦泥泞、港口寥寥、毫无天险，却让东岸有着清澈深邃的海水和一批天然良港。奥地利人也心怀不满，因为意大利人允许阿尔巴尼亚于 1903 年在那不勒斯召开国民会议，翁贝托国王还娶了黑山国王众多女儿中的一位，意大利发明家古列尔莫·马可尼还在那里开设了第一座电报站。在意大利人看来，奥匈帝国是阻挠他们统一的敌人，也会继续阻碍意大利完成国家大业，以及对意大利人在巴尔干地区的雄心充满敌意。但也有一些意大利政客认为，三国同盟可以用来向奥匈帝国施压，要求他们让出领土。正如1910年某个意大利政客所说："我们必须尽一切努力维系与奥地利的同盟，直至我们准备好开战的那一天。那一天还很远。"[48]然而，大战的日期比他预料的要早很多。

对奥匈帝国而言，与德国的关系才是重中之重。1860年代被普鲁士击败的记忆已随风而逝，尤其是俾斯麦明智地给出了慷慨的和平条件。德奥两国的公共舆论都已大幅转向睦邻友谊。随着俄国在1905年以后重新崛起，两国人民心中都升起了条顿人共御斯拉夫人的意识。奥匈帝国的上流社会、官僚机构与军官团主要讲德语，相比俄国，他们都更亲近德国。弗朗茨·约瑟夫和弗朗茨·斐迪南都与威廉二世关系很好，斐迪南尤其感激威廉，因为威廉以全副礼节对待他的妻子索菲。老皇帝从一开始就喜欢威廉，因为正是威廉解雇了他所痛恨的俾斯麦，他也把威廉当朋友，这是老皇帝生活中越来越罕见的事了。威廉屡屡拜访弗朗茨·约瑟夫，第一次世界大战爆发之前甚至到了每年一次的频率。年轻的皇帝在老皇帝面前恭恭敬敬，充满魅力。威廉也反复声明他对奥匈帝国的友谊。"不论你以什么理由动员，"威廉在1889年向弗朗茨·约瑟夫及其总参谋长拍胸脯保证，"你动员之日就是我的军队动员之时，你的各部大臣也尽可以提要求。"奥地利人欢欣鼓舞，尤其是德国人重申了他们对未来危机发生时的承诺。弗朗茨·约瑟夫有时会担心威廉太过冲动，但正如他1906年访问德国之后对女儿所说的，他相信德皇的各项和平意愿。"与皇帝再次握手对我而言是件好事：当今时世虽然表面一切太平，但仍然蕴藏着巨大风暴。我们没法经常会面，当面确认彼此有多么真诚地渴求和平，而且仅仅是和平。在此期间，我们当然可以仰赖彼此的忠诚。我不会抛开德皇单独行动，德皇也同样不会在动荡时世里抛弃我。"[49]

当然，两国关系在后面几年里也不可避免地出现了一些紧张状况。尽管德国仍是奥匈帝国最大的贸易伙伴，德国关税还是伤害到了奥匈帝国的生产者，比如保护德国农民的关税。德国经济规模更大且更有活力。奥匈帝国一度是巴尔干地区占主导地位的经济体，但是德国的竞争力在快速上升。每当德国报纸攻击捷克人，或是普鲁士政府粗暴对待境内波兰少数族裔时，消息总会跨过边界在奥匈帝国掀起阵阵反响。同时，德国外交政策的手腕也让它的盟友焦虑不已。格鲁乔斯基在1902年致信奥匈帝国驻柏林大使，表达了国内的普遍看法：

> 总体而言，德国人近来推行政策的种种方式确实让我们有很大顾虑。他们不断膨胀的傲慢，在世界各地称雄的欲求，以及柏林行事时欠考虑的做法，都在外交领域制造了高度不适的气氛。长远来看，德国人的做派只会对我们与德国的关系产生不利影响。[50]

不过从长期来看，德奥还是保持了强劲稳固的关系，因为双方都需要彼此，而且随着欧洲割裂的进一步加深，德奥两国领袖都痛感他们别无选择。

奥匈帝国持续接触三国协约成员国俄国的时候，也要适当为自己与英法两国的关系降温。一名年轻外交官说，这就如同一个好妻子忠于丈夫，因此她不会未经丈夫允许就去会老朋友。而且公允地说，这些老朋友也不总是欢迎她。自从1871年第三共和国建立以来，法国就与奥匈帝国在政治上分道扬镳。维也纳是君主、贵族与天主教当道，他们不喜欢让一群反教会人士、共济会成员还有激进派统治法国。对外关系上，法国与俄国紧密捆绑，不会做任何有害法俄同盟的事情，因此法国金融市场就对奥匈帝国关闭了。在巴尔干地区，法国外交官试图将塞尔维亚与罗马尼亚纳入三国协约，法国的投资与商业则切断了奥匈帝国的市场。比如，法国军火公司施耐德在 20 世纪头十年赢得了巴尔干地区的主要市场，奥匈帝国的势力则被驱逐殆尽。像是德尔卡塞这样的法国政治家一直都在担心奥匈帝国未来可能瓦解，那样的话中欧地区就会出现一个巨大的德意志国家。然而，法国人没有做任何事来改善法奥关系。[51]

多年以来，奥匈帝国与英国的关系相比法国愈发密切和友好。尽管英国也有自己的激进派传统，维也纳方面还是认为英国社会要比法国更稳定保守，贵族阶层始终相对恰当地支配着政治与文官政府。阿尔伯特·门斯多夫伯爵在 1904 年获任奥匈帝国驻英大使，这被认为是一项聪明的任命，因为他与英国王室过从甚密，也在英国贵族圈子里备受欢迎。同样，奥匈帝国与英国之间没有英俄那样的殖民地纠纷，两国也不会因为这项议题而关系生疏。即便在两国都拥有海军势力的地中海地区，他们也都希望事态平静，尤其是东地中海区域，因为这对双方都有好处。英奥彼此都视对方为制衡俄国的有力帮手。布尔战争期间，奥匈帝国也是为数不多支持英国的列强之一。"在这场战争里我是个彻头彻尾的英国人。"1900 年弗朗茨·约瑟夫当着法德两国大使的面对英国大使如是说。

然而，英奥关系还是逐渐冷却了下来。两国之间有关维持地中海现状的协议，一部分的题中之义是封锁黑海与地中海之间的海峡，以达到围堵俄国的目的。不过，这个协议实际上在 1903 年就已寿终正寝，因为两国施行了各自的对俄政策。在伦敦看来，奥匈帝国越来越像德国的跟班。比如说，在海军军备竞赛升温之际，英国人担心奥匈帝国造出来的每一艘船都只会增加德国的海军实力。1907 年英俄达成谅解之后，英国人尽了一切努力避免在巴尔干地区或是地中海地区支持奥匈帝国，否则会损害重要的英俄关系。之后，奥匈帝国自己与俄国的关系日益恶化，他们与英国的关系也就变得更加冷淡了。[53]

奥匈帝国发现，要想与德国和俄国同时维系良好关系变得越发困难，因为德俄两国已渐行渐远。尽管弗朗茨·约瑟夫与他的历任外交大臣都对这一趋势表示遗憾，但奥匈帝国发现，俄奥关系比德奥关系更加难以处理。奥匈帝国境内斯拉夫民族主义的觉醒激起了俄国的兴趣与同情心，但对奥匈帝国来说，这只是为他们的内部麻烦又增加了一层困扰。即便俄国并不自认是欧洲斯拉夫人的保护者，俄国本身的存在已经足够让邻国戒惧其用心了。

巴尔干地区的种种变动也为奥匈帝国带来了新的困扰。随着奥斯曼帝国不情不愿地退出欧洲，新出现的国家——希腊、塞尔维亚、黑山、保加利亚与罗马尼亚——都是俄国的潜在朋友。它们的人口主要是斯拉夫人（虽然罗马尼亚人与希腊人仍坚持他们有所不同），很大程度上与俄国共有东正教的宗教信仰。那么，奥斯曼帝国在欧洲的剩余领土又当如何？比如阿尔巴尼亚、马其顿与色雷斯，这些地方也会成为阴谋、竞争乃至战争的目标吗？1877年，奥匈帝国外交大臣尤利乌斯·安德拉希评论说，俄奥两国是"紧密相连的邻国且必须长期共存。两国要么和平相处，要么兵戎相见。两大帝国之间的战争……大概会以其中一国的毁灭或是衰亡告终"。[54]

时至19世纪末，俄国也看到了奥斯曼帝国解体带来的种种危险。既然《再保险条约》的失效已让俄国再无法指望与德国的友谊，他们无论如何都要将注意力转向远东，因此几任沙皇都愿意与奥匈帝国在巴尔干地区达成谅解。1897年4月，弗朗茨·约瑟夫与外交大臣格鲁乔斯基在圣彼得堡受到了热情欢迎。俄国军乐队奏起奥地利国歌，奥地利的黄黑旗、匈牙利的红白绿旗与一面俄国国旗在春风里并排招展。沙皇与他的客人坐上敞篷马车，在涅瓦大街盛装前行。当天晚上，两位皇帝在国宴上热情举杯，表达了他们的和平愿望。在随后举行的几轮会谈里，双方同意一起努力保证奥斯曼帝国的完整。两国还向巴尔干地区的各个独立国家明确表态，他们不会再挑唆巴尔干诸国彼此之间生起战事。既然奥斯曼帝国势将丢掉它在巴尔干地区的剩余领土，俄国与奥匈帝国就将合作起来瓜分该地区，并向其他大国展示一条统一战线。俄国得到承诺，无论未来发生什么，土耳其海峡都将对外国军舰保持关闭，以防止其进入黑海；奥匈帝国则得到了，或者至少他们自认为得到了俄国的谅解，可以在未来吞并波斯尼亚和黑塞哥维那，而实际上早在1878年奥匈帝国就已占领了这两个地区。不过，俄国人后来还是发布了一份照会，表示这种吞并"势将带来更广泛的问题，需要在特定时间和地点进行特别审查"[55]。1908年，这个问题确实爆发了。奥匈帝国吞并波黑，带来了毁灭两国关系的棘手难题。

但在1897年之后的几年里，俄国与奥匈帝国仍然保持了相对良好的关系。1903年秋天，沙皇在弗朗茨·约瑟夫的一处猎场拜访了他。两个皇帝讨论了马其顿日渐恶化的局势，那里的基督徒正在公开反叛奥斯曼统治者（也因为分属基督教不同教派而彼此攻伐）。他们达成共识，两国会结成统一战线，要求君士坦丁堡的奥斯曼政府进行改革。第二年，奥匈帝国与俄国签署了一份《中立条约》，两国甚至讨论过恢复与德国之间的三皇同盟，尽管这项计划最终流产。

然而俄奥关系还是走向了全盘恶化。双方都不完全信任对方，尤其是在涉及巴尔干问题时。如果奥斯曼帝国要走向消亡，而这的确极有可能发生，那么俄奥双方都希望确保自己的利益得到保护。奥匈帝国希望有一个强大的阿尔巴尼亚来抵御南斯拉夫通往亚得里亚海的扩张（上帝保佑，阿尔巴尼亚人并不是斯拉夫人）；俄国则不然。两国就塞尔维亚、黑山、保加利亚展开了种种明争暗斗。甚至在马其顿问题上，两国也对该国改革的细节争吵不休。日俄战争败北之后，俄国将注意力重新转回西方，这样两国在巴尔干地区发生冲突的可能性就显著上升了。不仅如此，俄国在1907年修复了与英国的关系，自此更不需要怎么仰赖奥匈帝国帮助他们处理地中海事务和对奥斯曼帝国的关系了。1906 年，奥匈帝国领导层发生了一次关键的人事变更；康拉德成为总参谋长，埃伦塔尔成为外交大臣。埃伦塔尔希望采取比格鲁乔斯基更积极的外交政策。在欧洲陷入一系列新的危机之际，奥俄两大保守帝国渐行渐远，横亘在两国之间的是非之地巴尔干也险象环生。

第九章　希望、恐惧、观念与未言明的假设

哈里·凯斯勒伯爵的母亲是个盎格鲁-爱尔兰美人，父亲是个富有的德国银行家并曾在威廉一世那里得到世袭头衔。1930 年代初，伯爵回顾他年轻时经历的那场欧洲大战时表示：

> 一些伟大的东西正变得衰弱和朽坏，最终消亡不再。那个古老的、国际化的、仍是农业当道的封建欧洲，那个由美丽的女人、英勇的国王与联姻王族组成的世界，那个 18 世纪的欧洲和神圣同盟……一些新奇、年轻、有活力且还难以想象的事物正在酝酿。我们感觉到它如同一层霜，如同我们四肢间的一股清泉，一个藏着阵痛，另一个带着纯然的愉悦。[1]

得天独厚的身份地位，让凯斯勒得以尽窥那个时代的种种希望与恐惧，并记录欧洲人在 1914 年之前多年里的所思所想。生于 1868 年的凯斯勒在 19 世纪末步入成年，第一次世界大战爆发时正值壮年。（他死于 1937 年，彼时战争阴影再一次逼近欧洲。）凯斯勒在英国私校和德国体校接受教育。他在英国、德国与法国都有亲戚，

本人是德国显贵也是个势利小人，渴望成为知识分子与艺术家。凯斯勒是双性恋，他喜欢漂亮女人，也喜欢男人。他灵活地穿梭在各社交圈、政治圈、风流圈，以及国与国之间。凯斯勒毕生不辍的日记充斥着午餐会、茶会、宴会、鸡尾酒会的记载，结伴出游的人有奥古斯特·罗丹、皮埃尔·伯纳德、雨果·冯·霍夫曼斯塔尔、瓦斯拉夫·尼金斯基、谢尔盖·迪亚吉列夫、伊莎多拉·邓肯、萧伯纳、尼采、里尔克和古斯塔夫·马勒。凯斯勒不是在艺术家的工作室里，就是在舞会上或者剧院里。他也是柏林宫廷舞会与伦敦绅士俱乐部的常客。凯斯勒还曾帮助理查德·施特劳斯起草歌剧《玫瑰骑士》的大纲与剧本，与接替比洛的德国新任首相特奥巴尔德·冯·贝特曼–霍尔韦格讨论英德关系。

凯斯勒在非常特殊的圈子里活动，他在那里的所见所闻不一定代表整个欧洲人。（那时候还没有民意调查，我们所能看到的历史全貌总有这样那样的限制。）另一方面，专事思考社会或是尝试描述社会的人，往往在事物涌现之前，就凭直觉探知到了社会表面下的思想暗流。1914年以前的岁月里，艺术家、知识分子与科学家越来越多地挑战了老旧的"理性"与"真实"观念。这是一个各大圈子都在进行大规模实验的年代，当时还被称为先锋派的观点将在未来的数十年里进入主流视野。毕加索与布拉克的立体主义画派，贾科莫·巴拉等意大利建构主义者试图画出的事物运动路径，伊莎多拉·邓肯的自由派舞蹈，迪亚吉列夫执导、尼金斯基上演的情欲派舞蹈，马塞尔·普鲁斯特的小说，都在以自己的方式反叛。不少新一代艺术家认为，艺术不应当用来弘扬社会的价值观；艺术应当是震撼的与解放性的。古斯塔夫·克里姆特带动一部分艺术家出走奥地利艺术家协会，一同挑战既有的"艺术应当是现实主义"的理念。这个"维也纳分离派"的一大目标就是不打算展现世界的本来面目，而是要透过表面触及人生的直觉与情绪。[2]维也纳作曲家阿诺德·勋伯格挣脱了旧有的以和谐和秩序为准则的欧洲音乐形式，创作出刺耳烦扰的作品。"幸运的是，在内心深处，人的本能开启的地方，一切理论都崩塌了。"[3]

旧有制度与旧有价值观都在承受攻击，新的方式方法与新的意见态度都在生长。他们的世界正在改变，也许改变得太快了，以至于他们只能尝试搞清楚状况而已。1914 年走向战争的欧洲人常常问："他们在想什么？"影响他们世界观的那些观念，往往被他们不加讨论地内化于心（历史学家詹姆斯·乔尔称之为"未言明的假设"）。改变或没改变的一切都是战争爆发的重要背景，它们甚至让一场全面的欧洲战争在 1914 年成为可能。当然了，并非所有欧洲人的想法都一样，不同的阶级、国家与地区之间存在巨大差异。大部分欧洲人就像茨威格的父母一样，也像今天的人一样过着一如往常的生活，对于世界将要通向何方没有太多想法。回望 1914 年之前的岁月，我们可以目睹现代世界的诞生；不过我们也当承认，旧有的思维方式与旧事物还在，而且维持了相当的影响力。比如说，数百万欧洲人仍然生活在相同的农业社区里，沿袭着代代相传的生活方式。等级制，对自我阶级地位的认知，对权威的尊重，对上帝的信仰——这些观念仍塑造着欧洲人借以度过一生的思维方式。的确，如果这些价值观没有存续，很难想象会有这么多欧洲人心甘情愿地在 1914 年选择开战。

最终将欧洲带入战争——或者说是未能阻止战争——的那些决策是由极少的一批人做出的。这些男人——极少有女人执掌大权——大多来自上流社会（尽管并非全部）。他们或是土地贵族，或是城市财阀。即便是康邦兄弟这样出身中产的官员，他们也倾向采纳上流社会的价值观，认同他们的见解。无论是文官还是武官，这些统治精英的阶级出身，与他们对此的希望和恐惧，是理解他们的关键因素。另外一项因素则是他们的成长与教育经历，以及他们身边更广阔的世界。观点和见解的种子早在二三十年前他们还是青年时就种下了，但他们也很清楚自身所处社会的演化历程，知道空气中弥漫的新思想。他们有能力改变自身看法，就像今天民主国家的领导人可以扭转对同性婚姻等问题的看法一样。

凯斯勒的日记还揭示了当时欧洲艺术家、知识分子与政治精英的一种认知：欧洲正在快速变化，而且并不是依照他们喜欢的方式变化。欧洲各国领导人屡屡对本国社会的变动心神不定。工业化、科技革命、新观念和新见解的流布动摇着欧洲各国社会，给相沿成习的老旧价值观与行为打上了问号。欧洲是个强大的大陆，也是个麻烦的大陆。无论是英国的爱尔兰问题、法国的德雷福斯事件，还是德国皇室与议会之间的僵持、奥匈帝国境内各族之间的冲突，以及俄国的革命危机，各大强国都在战前遭遇了积重难返的严重政治危机。战争有时被视为超越分歧、消解憎恶的一种手段，也许的确如此。1914年，所有交战国都在谈论"神圣同盟"（Union Sacrée），无论是阶级、地区、民族还是宗教的分歧都被遗忘，国家以团结和牺牲的精神走到一起。

凯斯勒那一代人生活在人类社会史其中一个变化最快也最剧烈的时期。凯斯勒三十出头时，去了1900年的巴黎世界博览会（他认为那场盛会是一堆"不连贯的杂乱物"）[4]，此时的欧洲已与他年少时代的欧洲大为不同。人口、贸易与城市的规模都更大了。科学正在解开一个又一个谜题。欧洲出现了更多的工厂，更长里程的铁路，更多的电报线与更多的学校。人们手头的钱更多了，消费品的种类也更多样，有新的电影、汽车、电话、电力、自行车、大规模成衣制品，还有家具。轮船航速也更快了。1900年夏天，第一艘齐柏林飞艇成功升空。1906年，欧洲第一架飞机完成飞行。现代奥林匹克运动会的格言正好可以形容此时的欧洲：更快，更高，更强。

但这也只是一部分历史。我们回望战前最后十年的和平欧洲时，固然看到了一个又一个加长版的"黄金之夏",那是一个更纯真的时代。但事实上,所谓"欧洲卓越"与"欧洲文明在人类历史上最先进"的说辞在欧洲内外都遭遇了挑战。纽约正在与伦敦和巴黎竞争金融中心的地位,美国与日本强势打入欧洲市场,在全球各地挑战欧洲霸权。无论在中国还是在西方的大帝国内部,新兴的民族主义势力正纷纷集结力量。

欧洲正在经历一场必须为之付出代价的变革。经济转型带来了令人望而生畏的紧张局面,反复上演的"繁荣–破灭"循环也引发了人们对资本主义本身的稳定性甚至未来的犹疑。(犹太人在维也纳被等同于资本主义;经济不稳定也加深了全欧洲的反犹主义。)[5] 19世纪最后二十年里,全欧洲的农产品价格大幅下滑(一部分原因是新世界的竞争),农业衰退也在各个农业社区里造成严重影响,小地主被迫破产,佃农陷入赤贫。虽然城市人口享受到了更廉价的粮食,但每一个欧洲国家都经历了经济不景气,或是特定产业的停滞与收缩。比如在奥匈帝国,1873年的"黑色星期五"终结了一波投机热潮,数千家企业无分大小统统破产,其中包括银行、保险公司与工厂。而且与我们今天不同的是,彼时绝大多数国家并没有相应的社会安全网络保护那些失业者、未投保者与不幸的人,他们主要来自(尽管并非全部)中低阶层。

西欧国家的工作条件在整个19世纪有了长足进步。但在较晚进入工业革命的东欧各国,工人的状况堪称悲惨。即便是在英国和德国这样的发达国家,工人的工资与工作时长与今天相比仍有落差。1900年以后物价开始上涨,工人阶级发现他们的生存空间被进一步挤压。也许同样重要的是,工人阶级自觉被排除在了权力之外,生而为人的价值遭到贬低。[6] 欧洲大规模的对外移民也许反映了普罗大众对现行社会政治结构的不满,大家希望到新世界寻找更好的发展机会。在1900年到1914年之间,英国有5%的人口移民外国,其中占比最多的就是非熟练工人。[7]选择留下的人民大众则奋起反抗，在 1914 年以前的岁月里，整个欧洲都见证了工会的壮大与罢工运动的勃兴。社会矛盾的激化与劳工运动的兴起都使军事和政治精英深感忧虑。即便大家规避了革命，但谁敢确保离心离德的工人阶级将安分守己做好公民，或者，也许同样重要的是，成为优秀的兵源？事实上，他们还会保卫自己的国家吗？另一方面，这种恐惧让战争变得更加诱人，毕竟，战争可以诉诸爱国主义，也可作为镇压社会不安定因素的借口。

老牌上流人士的财富大部分源于土地所有权，他们对新世界满腹狐疑，有理由忧虑自身权力地位的弱化，恐惧自身生活方式的终结。在法国，大革命已经大大损害了旧土地贵族的地位与权力；而在欧洲其他各地，贵族士绅阶级也在农产品价格与土地价格的下跌面前瑟瑟发抖，一个新兴的城市化世界正挑战他们的价值观。弗朗茨·斐迪南代表奥地利的许多保守派，谴责犹太人是旧有等级制社会的终结者，而那个社会是建立在健全的基督教原则之上的。[8]德奥两国军官团似乎都陷入了一种悲观情绪，担心他们未来的生活方式能否保住。[9]这种情绪也许感染到了那些高级将领，他们怀着这种心情在 1914 年走向战争。正如普鲁士陆军部部长法金汉在 8 月 4 日第一次世界大战爆发之时所说的："即便我们将毁灭，战争也是好的。"[10]

在欧洲战前的最后几十年和平时期，上流社会竭尽全力保卫自己。经济与社会的巨变让社会流动性有所增加，但是出身仍然非常重要。即便是在伦敦这么一个总是对才华与财富敞开大门的地方，美国杰出的采矿工程师和未来的总统赫伯特·胡佛也认为，英国社会的阶层本质是"一个长存的奇迹——也是不幸"。[11]然而，全欧洲范围内的新富工业家和金融家还是设法进入了上流社会的圈子，往往是通过赢得头衔或者与贵族子女联姻——这是用财富换取出身和社会地位的交易。尽管如此，在 1914 年前的绝大多数欧洲强国里，老派上流社会的成员还是占据着政治机构、官僚机构、军队与教会的高层。不仅如此，事实证明，他们古老的价值观极为坚韧，也确实传导给了正在崛起的中产阶级。就中产阶级自身而言，他们向往跻身绅士之列，其方式就是遵循与上流社会一致的荣誉行为标准。

荣誉无形但弥足珍贵，上流社会相信这是与生俱来的东西；绅士拥有自身的荣耀，中低阶层却没有。19世纪末的欧洲经历了急速的社会变迁，荣誉愈发成为旧有地主阶级将自身与新兴富裕中产阶级区别开来的标志，而且对于有社会抱负的人来说，荣誉也是更高、更好的社会地位标志。荣誉也会因为不光彩的行径而瞬间失去，尽管人们对于什么是不光彩的行径并没有统一的标准，它也会因为没有被捍卫而毁于一旦。捍卫荣誉意味着在必要的时候付出生命——通过自杀或是决斗，二者往往是一回事。奥匈帝国高级情报官员阿尔弗雷德·雷德尔上校曾被曝将本国的最高军事机密出售给俄国人，康拉德对此的第一反应是给雷德尔一把左轮手枪，让他去做该做的事情。雷德尔孤身一人，饮枪自尽。

决斗是捍卫荣誉的行为。它不仅在19世纪的欧洲一直延续，甚至愈演愈烈，比如在德国与奥匈帝国境内大学的学生之间。此时的决斗已有明确的规则和仪式，人们写了决斗指南以解决一些技术性问题，比如武器的选取（常常是佩剑或手枪）和决斗地点。更复杂的问题是谁有资格发起决斗挑战（如果挑战者的分量不足以做对手，那么被挑战者的荣誉就会被损害），以及引发决斗的事由（比如打牌作弊，或是出言不逊；根据一份奥地利决斗指南，玩遛狗绳的时候瞪着某个人也足够引发决斗）。[12] 彼时的决斗在今天的最佳对应是街头黑帮的火并，最轻微的不敬也会引来杀身之祸。

决斗在绝大多数欧洲国家都是非法行为，不过当局往往对此睁一只眼，闭一只眼，法院也总拖延判决。甚至高官有时也会诉诸决斗，比如匈牙利首相伊什特万·蒂萨。布达佩斯有一些特殊的击剑学校，面向那些需要决斗技术急训的人。[13] 激进派政治家乔治·克列孟梭就曾与政治对手进行过十几次决斗，他在 1906—1909 年间以及第一次世界大战末期出任法国总理。即便上了年纪，克列孟梭每天早晨还是坚持练剑。

德雷福斯事件制造了一波决斗热潮。决斗不仅在艺术圈盛行，也在文学圈里成为风尚。年轻的小说家马塞尔·普鲁斯特向他作品的批评者发起了决斗挑战；比利时剧作家莫里斯·梅特林克也向音乐家克劳德·德彪西发起决斗挑战，因为德彪西没有给他的情妇在歌剧《佩里亚斯与梅丽桑德》里分配角色，这部歌剧的台本出自梅特林克。[14] 在德国，凯斯勒向一名官员发出挑战，因为他指责凯斯勒办的罗丹画展展示男人裸体并引发了丑闻。唯一不再视决斗为绅士之举的欧洲国家是英国，而当时德皇喜欢说，英国就是一群小店主的国家。

荣誉至关重要，决斗是荣誉的保证——这套观念在欧洲大陆军队里尤为突出。1889 年的一份奥地利陆军手册指出："对军事荣誉的严格释义，使得军官团在整体上获得了更崇高的地位，同时赋予了它骑士精神。"（19 世纪末，人们对中世纪的狂热是另一种逃避现世的方式。）在法国陆军，拒绝决斗挑战的军官会被开除军职。尽管全欧洲范围内都有反决斗的运动，但这些运动在军事当局的宰制之下收效甚微。1913 年，法金汉向德国首相提出抗议，认为"决斗的基础深植且生长于我们的荣誉法典。这套法典价值连城，对于军官团而言是不易之宝"。[15] 确实，高级指挥官越来越担心他们的军官团被资产阶级子弟稀释，决斗与荣誉法典——作为一种灌输正确价值观的方法——变得越来越重要。[16]

欧洲各国的不少外交官员都有上流社会背景（往往还有亲戚关系），他们自然常常使用"荣誉""耻辱"这样的语言。（我们今天仍然时不时使用这些语言，尽管我们使用时通常是在说国家的威望或势力。）1909 年，俄国在波黑危机中让步，一名俄国将军就在日记里坦言："耻辱！耻辱！还不如死了算了！"[17]1911 年，沙皇接见俄国新任驻保加利亚大使的时候强调，俄国最早要到 1917 年才会做好战争准备，不过沙皇补充说："但要是俄国的核心利益与荣誉面临危险，迫不得已，我们也会在 1915 年就接受挑战……"[18]对欧洲而言，不幸的是，荣誉与耻辱的要素往往是由个人主观认定的。知名军事作家弗里德里希·冯·伯恩哈迪将军认为，也许获得荣誉或遭遇耻辱的原因看上去微不足道，但是"捍卫国家荣誉"是战争的合法理由："国家或是邦国所能达到的最高成就，莫过于运用全部国力增进其独立、荣耀和名誉。"[19]影响了 1914 年之前整整一代执政者的保守派历史学家特赖奇克甚至运用决斗理论来论证他的国家荣誉观："如果国旗遭遇侮辱，那么国家就有义务求偿。如果求偿未遂，那么就必须发动战争，即便事由看上去多么微不足道。因为一个国家必须绷紧每一根神经，以保证自己在国际社会中受到尊重。"[20]

　　无论对国家还是个人而言，对所谓荣誉的强调带来了近乎绝望的压迫感。对荣誉的渴求反映了欧洲人的恐惧，害怕诸如新兴的城市、铁路、大型百货商店这些物质上的成功带来的是更粗糙、更自私与更野蛮的社会。难道不存在一种组织化的宗教没法填充的精神虚空？现代世界让不少老欧洲人心怀厌憎，德国大诗人斯蒂凡·格奥尔格称之为"垃圾与琐事的懦弱年代"，一些知识分子也因此欢迎战争，认为战争可以净化社会。德国人瓦尔特·拉特瑙同时是成功的工业家和顶尖的知识分子，这很少见，他在 1912 年出版的《时代批评》(*Zur Kritik der Zeit*) 里表达了对工业化后果的关切、对理想与文化沦丧的忧虑。第一次世界大战爆发之前，他在致友人的信中表示："我们这个时代在诸多过渡期里是最艰难的——冰河时期，诸多灾难。"[21]拉特瑙无论如何还算得上是个乐观主义者，他相信这个世界终将找回一度在资本主义与工业化早期丢掉的精神文化与道德价值。[22] 比拉特瑙年龄稍长的同胞弗里德里希·尼采则不抱这样的希望:"长期以来整个欧洲文化都在一种痛苦的紧张中前行,这种紧张数十年来愈演愈烈,就像通往一场大灾难一样:动荡,暴力,鲁莽,像一条河匆匆冲向终点。"[23]

尼采,才华横溢,性格复杂,年仅二十四岁就成了巴塞尔大学教授,并总认为自己是正确的。他那些理论很难让人搞明白(如果不是不可能的话),因为他的著述繁冗浩杂,往往还自相抵触。驱使尼采的信念是,他认为西方文明大错特错,绝大多数支配西方文明运作的理念与实践也都完全错误。尼采认为,所谓的人文主义注定要失败,除非它痛改前非,从头开始进行更清晰、更深入的思考。[24]尼采攻击的理论包括实证主义、布尔乔亚习俗、基督教(尼采父亲是个新教牧师),以及所有组织化的宗教,甚至是一切组织本身。尼采敌视资本主义与现代工业社会,反感工业社会制造出的"被牧庸众"。尼采告诉他的读者,人类早已忘记生活的真相。人生之路并非有序而遵循传统的,它充满生机和危险。为了抵达精神觉醒的高度,人们有必要打破道德常规与宗教束缚。尼采的名言是"上帝已死"。(当然,尼采思想之所以抓人,一大原因也是他有讲出格言和警句的天分,就像后辈的哲学家雅克·德里达一样。)那些勇敢接受尼采挑战的人,就成为他所谓的"超人"。尼采预言,20世纪会出现一种将人性提升到更高高度的"新派人生","包括了对一切堕落寄生之物的无情毁灭"。尼采表示,人生是"占有,伤害,对陌生和软弱者的征服,压抑,严苛……"[25]刺杀斐迪南大公的塞尔维亚年轻民族主义者就深受尼采思想影响。他们的所作所为催化了第一次世界大战的爆发。

尼采的著作不甚连贯也繁冗复杂,但是他的理论对年轻一代非常有吸引力。年轻人自觉应当反叛,但是不确定要向什么反叛。凯斯勒是尼采的狂热崇拜者和密友,他在1893年写道:"今天德国二十到三十岁之间受过一定教育的年轻人,已经没有几个人的世界观不受尼采影响了，或者说所有年轻人的思想都或多或少有尼采的影子。"[26] 德国一家保守派报纸号召封禁尼采的著作，这并不令人意外。尼采具有吸引力的原因还在于，人们——社会主义者、素食主义者、女性主义者、保守派——都能从他的著作里读出大量共鸣，甚至后来的纳粹也是如此。令人遗憾的是，尼采没有机会自我解释了。他在 1889 年患精神分裂症，1900 年去世，正是巴黎世界博览会举办的年份。

那届博览会歌颂了人类的理性与进步，但尼采及其追随者则道出了正在搅动欧洲的另外几股力量：对非理性的入迷，对情绪的热衷，还有对超自然力量的向往。越来越多的人感到 19 世纪末的生活缺少了一些什么，除了去教会以外，人们应当有更多接触精神世界的方式。降神会（Séances）一度蔚为风行。在降神会上，家具自己移动，桌子在看不见的或灵界的手的敲击下发出回音，奇异的光突然出现，亡灵与生者借助灵应盘或灵媒进行沟通。即便是塑造了无数知名科学派侦探的柯南道尔，他笔下的夏洛克·福尔摩斯也对所谓的灵性主义产生了极大兴趣。柯南道尔始终是个基督教教徒，其他人则被更加有普世色彩的通神学（theosophy）吸引。通神学的创建者、俄国人海伦娜·布拉瓦茨基夫人是那位无比迂腐的谢尔盖·维特的表亲，她声称自己与一些居于西藏某地或是大气中的古代大师有交流。布拉瓦茨基夫人及其门徒将西方的神秘主义与东方的各类宗教（包括转世）串联在一起，创造了一个看不见的精神世界，且声称这才是真实的世界。根据她的布道，种族与文化兴衰起伏，没有什么能改变这一循环。1905 年以后的德军总参谋长小毛奇就是通神学的信徒，他曾经以沮丧的顺从心态思考过一场全面战争的前景。

上帝也许已经死了，去教堂的人也在减少。不过，欧洲人对灵性世界的兴趣却日益浓厚。巴黎法兰西学院的亨利·柏格森是个文雅的哲学家，他的教室挤满了学生和上流社会人士。柏格森挑战了实证主义"万物皆可量度"的观念，他认为"内在自我"的情绪、独特记忆、潜意识都存在于时间与空间之外，换句话说就是灵性存在的超脱自外——灵性事物不在科学解释的范畴之内。（一个不可能是编造出来的巧合是，柏格森娶了普鲁斯特母亲的一位表亲。）[27] 在战前，柏格森的影响力有时以奇怪的方式体现。柏格森认为生活中有一种鲜活的力量，并将它称为"生命动力"，法国军方用这一理论来证明士兵的精神比武器更重要。身为大知识分子的亨利·马西斯在出道之初就说，柏格森让这一代人"从对过去历史的系统化否定与教条式怀疑"中解放出来。[28]1911 年，马西斯与朋友们发动了一场针对学术界当权派的运动，指控他们提倡的是"空洞的科学"与迂腐的学问，忽视了对学生的灵性教育。[29]

在 1900 年巴黎世界博览会的美术宫里，人们热情赞颂了过去的艺术（只有一间小展厅留给了法国当代艺术家，古斯塔夫·克里姆特只有一幅画作出现在展示奥匈帝国艺术的展览里）。但在巴黎、柏林、莫斯科与维也纳之外，年轻的艺术家与知识分子都在挑战传统的艺术形式、规则与价值，质疑人们所谓的"真实"观念。在普鲁斯特未完成的巨著《追忆似水年华》里，记忆本身变得细碎而不可靠，叙述者所确信的那些与自己和他人有关的事物也在不停变化。

现代主义既是一种反叛，也是打造新思维感知方式的尝试，这让老一代人心怀忧虑。1910 年教皇庇护十世就试图阻止这一潮流，他在通谕里要求神父们发誓对抗现代主义。"我完全拒绝异端的歪理邪说，"誓词的其中一段表示，"他们认为教义已从一种含义变为另一种含义，且与教会之前持守的含义有所不同。"

很难说有多少欧洲人被这么多新思想影响，但可以肯定的是，新一代人更大胆，也越来越怀疑和厌烦老一代人持守的价值观与条条框框。一些年轻人醉心于异教徒的世界，那里似乎更加自由，而且相比他们自己的世界，这个世界与自然更合拍。裸体主义，太阳崇拜，模仿农民的工作服与木底鞋，滥交，素食主义，公社，甚至是花园式的郊区，这些都是年轻人在对抗现代工业文明。在德国，成千上万的男男女女成为（即使只是暂时地）"候鸟"，徒步或者骑行进入乡村。[30]另一方面，不少老辈人，尤其是传统精英，也对现代世界满怀疑惧。年轻人还有工人阶级令他们颇不自在，而且往往出于同样的理由。年轻人会在受到召唤的时候为国而战吗？或者更糟糕的是，他们会起来反叛本国统治者吗？尽管这类恐惧在全欧洲的军事战略家心中反复盘旋，但是所谓对反叛的担心最后被证明是毫无根据的；大战到来的时候，年轻人像工人阶级一样踊跃参军。

1914 年之前，如此之多的恐惧在欧洲社会弥漫，令人震惊，而我们今天的时代，亦与之相似，令人不安。西方社会非常焦虑，不知道究竟有多少深怀敌意的匿名恐怖分子在他们身边。正如 2001 年"9·11"事件之后基地组织制造的恐惧一样，没有人知道周围有多少恐怖分子，也不知道他们的人际网络有多么强大和广泛。人们唯一知道的是，这些恐怖分子似乎作战意志坚定，而且警察对他们的抓捕只取得了有限的成功。19 世纪末 20 世纪初的西方见证了恐怖主义活动的高涨，尤其是在法国、俄国、西班牙与美国。指引恐怖分子的往往是无政府主义，他们视一切社会政治组织都是压迫工具；但也可能仅仅是虚无主义作祟。他们制造爆炸，投掷炸弹，策划刺杀与枪击，往往还取得了很大成功。1890—1914 年，他们刺杀了法国总统萨迪·卡诺、西班牙的两任首相（1897 年的安东尼奥·卡诺瓦斯，1912 年的何塞·卡纳勒加斯）、意大利国王翁贝托、美国总统麦金莱（刺客正是受到了意大利国王殒命的鼓励）、奥地利皇后伊丽莎白、俄国政治家斯托雷平，还有沙皇的叔叔谢尔盖大公。恐怖分子戕害的冤魂也不仅仅是那些有权有名的大人物：在巴塞罗那举办的《威廉·退尔》演出中，投向观众的炸弹炸死了 29 个人；在西班牙国王阿方索的婚礼现场，扔向国王的炸弹没有杀死国王，但是夺走了 36 名围观者的生命。恐怖分子的行径招来了当局的镇压，手段通常很严厉，而这在一段时间内只是引发了更多的暴力。

巴黎在 1890 年代初忍受了两年的恐怖袭击。无政府主义者因为游行示威被判刑，但是判决结果引发了一场暴乱。炸弹炸毁了主审法官与检察官的家。肇事者被一名可疑的侍者告发，然后另一发炸弹炸毁了这名侍者工作过的咖啡馆。六名警察在试图拆除安装在采矿公司办公室里的炸弹时被炸身亡，这家公司刚刚卷入了一场激烈的罢工。一名无政府主义者往"终点"咖啡馆里扔了一枚炸弹——他的说法是要针对"温和的小资产阶级"，因为这些小资产阶级居然对自己的生活方式很满意。另一枚炸弹落到了法国议会的地板上，旨在抗议这个不公的世界让投弹者的家人挨饿。人们一度不敢到公共场所去，因为担心恐怖分子又要发动下一轮攻击。[31]

让人们更加恐惧的是，这些恐怖分子激烈地全面指责社会，似乎没有什么办法可以与他们沟通。恐怖分子落网的时候往往拒绝交代自己的犯罪理由。刺杀麦金莱的人只是轻描淡写地说了句"我完成了任务"。[32] 此外，恐怖分子在选择目标的时候展现了惊人的随机性。"我是个虔诚的无政府主义者，"意大利失业工人路易吉·卢奇尼在刺杀奥匈帝国皇后伊丽莎白之后表示，"我去日内瓦只为杀死一名君主，目的是给那些受伤害的人、那些不做点什么提高他们社会地位的人树立一个榜样；杀死哪一名君主对我而言不太重要。"[33] 在巴黎的一家咖啡馆，一名无政府主义者吃完饭后冷静地杀死了另一位食客，只留下一句话："如果我干掉的是我遇见的第一个小资产阶级的话，就不算是干掉了一个无辜的人。"[34] 就像基地组织一样，恐怖主义在第一次世界大战前大失人心，即便是同情他们的左翼与革命人士也越来越厌恶他们的做法。不过，欧洲社会对恐怖袭击的恐惧并没有轻易消除。

欧洲人的心头还有另一层更隐蔽的恐惧心理：恐怖分子也许是

对的，西方社会已经全盘腐朽崩坏，理当被扔进历史的垃圾堆。或者说，正是这层恐惧心理催生了人们对"军事美德"甚至是战争的赞颂——是时候重振国家的士气，为国家的生存而战了。激情满怀的法国民族主义者弗朗索瓦·科佩常被称为"平凡人的诗人"，他在巴黎向一个英国人抱怨说："法国人正在堕落，他们变得太过物质主义，过度沉溺于享受与奢侈的竞赛，难以保持自我对伟大事业的完全顺服，而这曾是法国人性格中历史性的荣耀。"[35] 在古典教育一直盛行的英国，人们非常自然地拿罗马帝国的灭亡作比，包括他们喜欢谈论古代世界的"阴柔之罪"。1905 年，一名年轻的保守派人士出版了一部极其成功的小册子《大英帝国衰亡史》，主题包括"城市生活压倒乡村生活，以及这对英国人信仰与健康的灾难性影响""过度征税与市民放纵""英国人无法保卫自己，也保不住他们的帝国"。[36] 英国"童子军"组织创始人罗伯特·巴登-鲍威尔将军在他撰写的手册《童子军》里频繁引述这本书，警醒英国人不要重蹈罗马帝国的覆辙。"罗马帝国衰亡的一大原因，"他告诉自己的年轻读者，"就是士兵的身体力量事实上已经达不到他们父辈的标准。"[37] 世纪之交的欧洲人对各式各样的体育运动都萌发了热情，这当然在一定程度上是工作时间减少、空闲时间增多的结果，不过体育运动的提倡者也认为，运动可以扭转国家的衰落趋势，并训练年轻人投入作战。《体育年历》认可了英式足球的地位，这项运动正是在 1900 年左右从英国传到法国，其中，足球被描述为"一种名副其实的小型战争，拥有恰当的战斗纪律，并可以让参与者习惯危险和打击"。[38]

　　欧洲人还担心，繁荣与进步会给人类种群带来毁灭，让年轻人不再适合作战。一些医学专家认为变革的速度，或者更直白地说，"速度"本身——无论是汽车、自行车、火车还是最新的飞机——会给人类的神经系统带来损伤。"神经衰弱正在等着我们，"1910 年一名法国医生写道，"这头怪兽之前没有制造这么多受害者。但要么是因为世世代代缺陷的累积，要么拜我们文明里的各种刺激所赐（这对大多数人而言是致命的），神经衰弱症会将我们打入懒惰孱人的虚弱境地。"[39]1892 年，布达佩斯一名东正教拉比的儿子马克斯·诺尔道出版了一本风行一时的著作《退化》。这本书猛烈抨击现代艺术的堕落，并出于相似的考虑批评了现代世界。《退化》被译成多种语言，在欧洲各国大为畅销。诺尔道广泛抨击了物质主义、贪婪、放纵享乐，以及传统道德束缚的松动，这一切带来了摧毁文明的"放纵淫荡"。诺尔道还认为，欧洲社会正在"通往必然的毁灭，因为他们太疲惫和萎软，无法完成大业"[40]。这一性暗示的意象似乎让人耳目一新，但在那个时期并不罕见，评论家们常常哀叹本国男子气概的沦丧。

男性越来越孱弱，或者如文化界所说，现代世界正变得越来越阴柔。男性气概的价值观也好，男性力量也罢，不再受人珍视。1895—1900 年间的英国陆军元帅加内特·沃尔斯利爵士认为，芭蕾舞演员与歌剧演唱家在英国社会如此受人追捧，这是个糟糕的信号。[41]德国军事权威、一部顶尖战术手册的作者威廉·巴尔克认为，现代人正在丢失他们的体格力量，也在丧失"过往时代里的热忱、信仰与民族激情"。巴尔克还警告说："生活水平的稳步提升容易使人行事更偏向自保的本能，也会终结自我牺牲的精神。"[42]无论在德国还是在英国，社会各界都在担心新兵的体格会影响军队的战斗力。布尔战争之后的一份调查显示，有 60% 的志愿兵根本没有达到入伍要求，这让英国人大吃一惊。[43]

正如人们怀疑的那样，同性恋现象也在增多，尤其在上流社会。同性恋必定会削弱家庭，而家庭是一个强大国家的基石。同性恋者能否忠于国家？马克西米利安·哈登，那位写文章毁了德皇密友菲利普·奥伊伦堡的记者，认为同性恋者容易彼此寻觅，然后建立自己的小圈子。就像无政府主义者与共济会成员一样，他们的忠诚似乎是跨越国界的。这种恐惧也许有助于解释为什么奥斯卡·王尔德的同性恋丑闻会招致如此大范围的愤怒与关注。哈登在供职的报纸上使用了"不男人""阴柔""病态"这样的词来形容奥伊伦堡与他那个同性恋圈子。曾被哈登援引作为权威的德国顶尖精神科医生埃米尔·克雷珀林，则给同性恋人格加上了"易受教唆""不可靠""撒谎""自吹自擂""嫉妒"这些标签。"毫无疑问，"克雷珀林表示，"相反的性向源于病态、退化的人格。"[44]

另一方面，女性显得比以往更为强壮和刚毅，也在逐渐抛弃她们"为人妻，为人母"的传统角色。爱德华·蒙奇 1894 年的画作一开始命名为《爱与痛苦》，后来则以《吸血鬼》之名被人所知，这反映了人们普遍恐惧女人将吸干男人的生命吗？英国出现了战斗力旺盛的女性参政团体，这是个能量巨大的少数群体，她们希望为女性赢得投票权。这不免让男性担心，她们是否会向男性宣战。"我们想要争取的，"一名女权主义领袖在 1906 年表示，"就是女性对男性的大反叛，反对男性对女性的身心支配。"[45] 正是出于这一原因，保守派抵制更自由的离婚法案，也抵制免费提供避孕措施的想法。一名医生为妈妈们撰写了一本成功的书，书里提到了关于节育的建议，他被医学界认定有罪，因为"他的不光彩行为有违职业操守"。[46]

另一个让人感到男子气概衰弱的迹象，至少在某些国家是如此，那就是生育率的下降。在法国，生育率从 1870 年代的每千人 25.3 个新生儿，降到了 1910 年的 19.9 个。[47] 虽然邻国德国同一时期的出生率也出现了轻微下滑，但是德国的出生率仍然要明显高于法国。这意味着每年可以服役的德国男性要多于法国男性。生育率的差距在 1914 年以前一直是法国人热议的话题，也令法国人倍感担忧。德国重要的知识分子阿尔弗雷德·克尔在战前告诉《费加罗报》记者，法国文明太糟糕了，因为它过于成熟。"这是一个男性不愿意当兵、女人拒绝生小孩的国家，人们暮气沉沉，生机不再；法国注定要被一个更年轻更有活力的种族统治。想一想希腊与罗马帝国吧！年迈的国家让位给年轻的国家，这是历史的定律，也是人类永续再生的条件。我们的时代不久就将到来。威服天下的霸权即将青睐我们；之后亚洲人的统治也许会开启，也许还有黑人，谁知道呢？"[49]

　　生育率的下滑也为欧洲社会的未来带来了另一层隐忧："错误"的族群正在生育后代。上流社会与中产阶级担心，工人阶级会成为一股政治力量；他们也怀疑，穷人更容易滋生罪恶，比如酗酒、滥交，或是生理心理上的缺陷，这些恶形恶状没准会传导给他们的儿女，然后削弱整个族群。种族主义者还有另一层担忧：那些被认为低等种族的族群（如犹太人与爱尔兰人）的人数正在增长，"正确"的阶层或是族群规模却在衰减。在英国，"道德十字军"意在捍卫传统家庭及其价值观（听起来是不是很耳熟？），他们来势汹汹的步调与英德海军军备竞赛一致。这也许并非巧合。1911 年，英国国家公德委员会向全英民众发出号召，呼吁大家认真严肃地教育年轻人，让他们相信婚姻的价值，生出健康的儿女。联署这一号召的包括八名贵族、若干主教、顶尖神学家与知识分子，还有两名剑桥大学的学院院长。他们在宣言中表示，这正是"对抗道德堕落"的方式，这种道德堕落"正在侵蚀我们国民福祉的基础"。[50]1914 年之前的岁月里，优生学也在各国政治精英与文化精英中赢得了广泛支持，这种学说号召要像选育家畜与蔬菜一样培育人类。1912 年，第一届国际优生学大会在伦敦召开，会议的名誉赞助人阵容强大：温斯顿·丘吉尔，当时的第一海军大臣；亚历山大·格雷厄姆·贝尔；哈佛大学荣休校长查尔斯·W. 埃利奥特。[51]欧洲笼罩在这些思潮之下，战争往往被认为是可取的——它既是对抗命运的荣誉之举，也是重振社会活力的一种方式。对欧洲而言格外危险的是，许多人都认可战争将无法避免。

1914 年第一次世界大战爆发前夜，奥斯瓦尔德·斯宾格勒写完了他的巨著《西方的没落》。这本书认为各个文明都有其自然的生命周期，西方世界已经到了文明衰落的冬天。在如此之多有关"退化"与"衰落"的担忧背后，潜藏的是人们广泛接受的达尔文进化论。达尔文谈论的是自然界的物种在数千年里的演化，但他的理论还是在 19 世纪吸引了许多知识分子，他们认为，这番理论也可适用于人类社会。这种解读似乎也很好地贴合了 19 世纪的进步观与科学观，也就是后人熟知的社会达尔文主义。相信这套学说的人认为，他们可以借助自然选择这样的概念解释不同文明社会的兴衰存亡。（赫伯特·斯宾塞是社会达尔文主义的代表人物，他更愿意称之为"适者生存"。）此外，社会达尔文主义者还将他们的理论推进了一步，在没有多少科学依据的情况下强化了种族理论。在他们看来，人类并非单一物种，而是分成不同人种。各个人种也获得了含混不清而且可以互换的称呼，比如种族，比如国族。事实上更加含混的是，我们并非总是很清楚，究竟是哪种类型的族群或者什么样的政治实体才会被称为国族国家。另外一项困难在于，如何确定究竟是哪些国族国家正在成规模地进化，又有哪些注定灭亡。有没有任何方法扭转进化或灭亡的趋势？社会达尔文主义者认为，我们有办法搞清楚这些问题。国家应该且必须让自己向前迈进。如果国家不能做到这一点，也许它就活该灭亡。毕竟，达尔文本人为《物种起源》取的副标题为"论在生存斗争中存续优良种族"。

社会达尔文主义的相关学说在 1914 年以前盛行一时，即便是那些没有读过达尔文或是斯宾塞著作的人也毫不怀疑地同意，竞争是人类社会进化的基础要素。不意外的是，社会达尔文主义在军人中引发了广泛共鸣，因为这套学说似乎证明了他们呼吁的正当性，也确实提升了军人的重要性。社会达尔文主义似乎也潜移默化地影响了普通人，无论是左拉这样的作家，还是索尔兹伯里这样的政治领导人，抑或是拉特瑙这样的商人。社会达尔文主义可能会带来弱国无法避免灭亡的悲观情绪，不过它也可以产生一种严苛的乐观主义，那就是只要有抗争的可能，就有存续的希望。一如所见，无论是在战前的几次危机期间，还是在 1914 年到来之时，决策者们通常都青睐后一种看法。奥地利将军康拉德的著作展现了社会达尔文主义的强劲影响，他在书里说：“一个族群放下武器就是将命运交给别人。”[52] 社会达尔文主义的观念已深入人心，正如第一次世界大战期间一名年轻的英国上校在战壕日记中写道：“有一种说法恰如其分，就是一切生物如果放弃为生存而战，就注定灭亡。”[53]

　　社会达尔文主义也强化了一个历史更为悠久的观点，那就是霍布斯提出的，国际关系无非就是国家之间为了利益而上演的无休止的欺骗游戏。在这场斗争中，战争是人们期待甚至欢迎的事。“如果不是战争的话，”1898 年皇家三军联合研究所在内刊上如是发问，“那么，自然的宏伟计划又何从实现？正是战争，正是文明国家的一致行动，才让那些退化、弱小或是有害的国家归于消亡，或是归并到了强大、富有活力、对外施展有益影响的国家之内。毫无疑问，战争是这样的……”[54] 不仅自然从战争中获益，单个国家自身也是如此。“一切琐碎而私人的利益会在长期的和平之后涌上前线，”伯恩哈迪那本颇具争议而又影响很大的著作《德国与下一次战争》（*Germany and the Next War*）正好在第一次世界大战爆发前付梓，他在书中表示，“自私自利与阴谋诡计会招来叛乱，奢侈腐化则会阻碍理想主义。”[55] 有这样一个广为引用的类比：战争像病人的一剂良药，或是切除腐肉的救命手术。意大利未来主义者、未来的法西斯主义者菲利波·托马索·马里内蒂表示：“战争是世界上唯一的保健手段。”[56] 凯斯勒在日记里尤其表达了他接受战争爆发的前景；当危机一次次到来，凯斯勒的熟人密友往往以相当务实的态度讨论战争爆发的可能。

　　欧洲各国的当权者也无可避免地被当时的文化潮流熏染。他们也意识到自己必须要处理梅特涅等前辈政治家尚不知晓的难题——公众。整个欧洲政治的本质都在随社会变革而改变，选举权的扩大将新的阶层带进了政治生活，引燃了新的政治运动。老牌自由政党主张自由市场、法治与人权，但他们正在将阵地让给左翼社会党，以及越来越沙文主义的右翼民族主义政党。新生代的政治家开始走出固有的议会体制，诉诸公众的恐惧与偏见，拥抱民粹主义，这在民族主义政党中尤其明显，他们的意识形态往往包括了反犹主义。过去，人们把犹太人当作杀死耶稣基督的杀手而仇恨，现在，这一仇恨有了新的意义。犹太人被描绘成异类，无论在宗教还是血缘上，他们都不属于法国人、奥地利人或俄罗斯人中的任何一个。[57] 在维也纳，新兴政治家卡尔·卢埃格尔发现，他可以卓有成效地动员中低阶层，靠的就是他们对变革与资本主义的恐惧、对欣欣向荣的中产阶级的憎恶，还有他们对犹太人的仇恨——反犹情绪后来还超过了前两者。1897 年，卢埃格尔运用这套手法在弗朗茨·约瑟夫反对的情况下成功出任维也纳市长，直到 1910 年在任上去世，他都保持了高人气。他出色的政治组织才能也给 1907 年迁居维也纳的年轻人阿道夫·希特勒留下了深刻印象。[58] 对他者的仇恨与恐惧不仅投射到了别的国家，也在国家内部有所反映——它助推了一种极有利于战争形成的氛围。

　　世界各国纷纷希望自己有一个更加鲜明的人格化形象。约翰牛、玛丽安娜、山姆大叔都是明证。这在一定程度上要感谢新式媒体。虽然对大多数欧洲人来说，认同自己是某国人而非某地区或某乡村的人还是一件新鲜事，但他们中的许多人正在积极强化自己的国家认同。对民族主义者而言，国家比组成它的个人要伟大和重要得多。与国家治下的国民不同，国家本身永恒不朽，或者说更接近不朽。19 世纪末的民族主义思潮认为，几个世纪以来一直存在着那些叫作德意志、法兰西或是意大利的民族，其成员因共同的价值观与生活

习惯与邻国区别开来，而且往往比邻国更为优越。"从他们登上历史
舞台的第一天起，德国人就展示了他们是一个一流的文明民族。"伯
恩哈迪表示。[59]（在欧洲，只有奥匈帝国与奥斯曼帝国出于众所周知
的原因，没有产生强有力的民族主义情绪；这两国内部已经存在太
多彼此独立而又冲突的民族了。）民族主义的一般模式大同小异，一
国国民被认为拥有相通的特性，比如语言、宗教，或是因历史而被
联结在一起。然而，民族主义的内容却不可避免地各有不同。英国
人有滑铁卢车站，法国人则有奥斯特里茨站。在俄国，19 世纪末的
沙皇政府对境内的少数族群推行了一套"俄国化"政策，内容包括
强迫波兰与芬兰学生学习俄语或是参与东正教活动。俄国民族主义
不仅涵盖了俄国自己的历史，而且日益向泛斯拉夫主义发展，声称
俄国是所有斯拉夫人的天然领袖。新式民族主义对少数族群来说不
是一个祥兆，无论是从语言还是宗教角度看都是如此。讲波兰语的
人能成为真正的德国人吗？犹太人能吗？[60]

　　并非一切民族主义者都是种族主义者，但还是有不少民族主义
者把不同国家看作不同的物种，就像猫与狗一样。许多专家教授与
热衷于此的业余人士进行了相关研究，他们测量头骨与阴茎的尺寸
大小，列出种族特征的清单，或是检查骨骼，试图以科学分类的办
法排出种族的高低座次。种族排名的次序，通常还要取决于是哪国
人在排名。在德国，医生和社会人类学家路德维希·沃特曼就提出
了一套缜密的理论，论证德国人从根本上是条顿人，而法国人只是
凯尔特人，是低一等的种族。没错，法国在过去有过杰出成就，但
沃特曼还是相信，那些都是法国人种族里的条顿因素被凯尔特血统
稀释以前的成就。沃特曼为此在法国待了很长时间，研究古代法国
名人的雕像，发掘其中的条顿特征。[61]

　　欧洲各地兴起的民族主义，也要归功于历史学家及其著作的大
力构建。比如特赖奇克创作的民族国家历史著作，后来就在这个领

域占主导地位。民族主义也得到各个爱国联盟的阐扬，比如德国的退伍军人协会、法国的爱国者同盟以及英国的国家兵役推动联盟。欧洲各国都在庆祝他们历史上的国家荣耀与现实中的军事胜利，节庆与纪念活动层出不穷。一名优秀的英国士兵说："我们学会了相信英国人是地球之盐，英格兰是世界上一等一的伟大国家。我们对英国的霸权有绝对的信心，任何尘世的力量都不可能击败她。这是无可动摇的想法，没有什么能根除它，没有悲伤可以驱散它。"[62] 1905 年，英国人庆祝特拉法尔加海战一百周年。1912 年，俄国人庆祝他们一百年前在博罗季诺战役中对拿破仑取得的伟大胜利。第二年，德国人以超过英国人和俄国人的阵仗庆祝 1813 年莱比锡战役的胜利，动用了 27.5 万名体操运动员表演。民族主义也在热情的志愿者中滋养，他们中有政治领袖、教师、官僚和作家。根据估计，从日耳曼部落击败罗马军团，一直到德意志统一战争，德国战前写就的绝大多数青少年小说都述及了这个国家辉煌的军事史。[63]英国通俗小说家 G.A. 亨蒂撰写了八十多本激动人心的传奇小说（他笔下的英雄要么是印度的克莱武，要么是魁北克的沃尔夫，故事情节千篇一律，全都展现了大无畏英国青年的胜利），他的用意非常清楚："灌输爱国主义是我写书的一大目的，据我所知我在这方面并非不成功。"[64]

　　教育作为传授年轻人正确观念的方式，在欧洲尤其受到重视，也许这是因为统治精英担心年轻人过于轻易地接受错误的观念。第一次世界大战爆发前夕，法国各大学校修订了教学手册，最新一版强调了法国的美丽，法国文明的荣耀，还有法国大革命向世人展现的公正、人道诸观念，这些都是法国爱国主义成立的理由。"战争并非一定爆发，"法国儿童在课本里学到，"却是可能发生的。正因如此，法国才会保持武装，并且时刻准备保卫家园。"[65]1897 年，参加法国高中入学考试的学生里有 80% 都认为，历史的功用主要是服务爱国主义。并非只有法国如此；欧洲各国的历史教育都越来越强调国家主义，在课程里展现国家的深厚传统、悠久历史，以及光辉成就。1905 年，英国新上任的教育官员发布了给教师的"指导"，建议他们以爱国主义诗歌"正确地"教授英国历史。（公平地说，课程指导也提到了和平时期的历史成就，不全是战争荣耀。）[66] 在德国，历史教育几乎意味着普鲁士史。一位教育界的头面人物告诉教师，他们的任务应当是培养"一种爱国爱君主的精神"，让年轻一代深切明白他们必须准备好保卫德国免于敌人的进攻。"为了捍卫荣誉、自由与权利；为祖国的祭坛奉献生命、健康与财产，这些一直都是德国年轻人的愉悦所在。"[67]

从爱国主义的角度看，国家需要国民的热情支持才能存续下去。正如许多民族主义者所言，国家就像自然界里的生物，也要遵循适者生存的进化法则。生物要生存就需要营养，以及安全妥适的栖息地。[68] 伯恩哈迪认为，自然界存在支配民族和国家兴衰的普适法则："我们必须时刻牢记，国家是拥有迥异人类特质的人格化产物，各自具备独特（往往还非常标志性）的人格，这些主观特性在国家作为一个整体的发展道路上都发挥了独特功用。"[69] 因此，即便是不可改变的法律，也可以被正确的族群改变。进一步说，德国这种拥有"最伟大体格、精神、道德、物质与政治力量"的国家理应称霸世界；德国称霸只会有利于全人类。在伯恩哈迪看来，德国需要更多的空间。如果有必要的话，德国必须以武力获得这些空间。（纳粹后来将这套"生存空间"理论打造成他们的目标之一。）"如果没有战争，"伯恩哈迪接着说，"劣等种族或是衰退种族就会轻而易举地遏制新兴健康元素的生长，随之而来的就是全球性的衰败。"[70] 伯恩哈迪的想法并非孤例，英国和法国作家的著作里也能找到旨趣相近的表达。他们认为，国家的需求自然可以证明对外侵略的正当性。

进一步说，帝国主义越来越被描述为一国展现国力与活力的手段，帝国主义是对未来的有效投资，而不仅仅是获取扩张空间的方式。正如蒂尔皮茨在 1895 年畅想"大德意志海军"与"大德意志帝国"时所说："在我看来，如果德国不能立即积极系统地提升海上利益的话，我们会在下个世纪迅速失去大国地位——在很大程度上也是因为，这个伟大崭新的海上战略计划与随之而来的经济利益也将是对付那些教育程度不一的社会民主党的一剂良药。"[71]（尽管绝大多数新殖民地都无法自给自足，也没有多少欧洲人在可以移民北美、南美或是澳大利亚的时候有兴趣前往非洲和亚洲。）英国的学校会庆祝帝国日。"我们画了国旗，"一名英国工人回忆说，"用大英帝国各个自治领的旗帜装点教室。我们还自豪地欣赏世界地图上涂成红色的大量区域。'这里，这里，还有这里，'大家一起说，'都属于我们。'"[72]

索尔兹伯里在 1901 年抱怨说，"今天泛滥着一股帝国主义的热潮，我们就像进了一块毒气弥散的区域"。[73]但索尔兹伯里与其他政治家也发现，公众舆论在涉及殖民地问题的时候会表现得急切而多变。比如，比洛在世纪之交与英国就萨摩亚问题陷入了一场争论，他不得不拒绝张伯伦在其他议题上慷慨补偿的提议，原因是担心德国公众与德皇本人的反应。[74]虽然非洲与远东的绝大多数殖民地纠纷都在第一次世界大战爆发前得到了解决，但各国在中国问题上仍有潜在冲突——1911 年辛亥革命造就了一个不稳固的共和政府——与欧洲更近的奥斯曼帝国也有类似的隐患。不仅如此，英德在非洲与南太平洋问题上爆发的敌意，法国与德国就摩洛哥产生的龃龉，都增加了欧洲各国人民之间的憎恶情绪。在 1914 年 1 月德皇五十五岁生日的庆典活动上，德国首相贝特曼-霍尔韦格告诉法国驻柏林大使朱尔·康邦：

四十年来法国一直推行一套宏伟的政策，为自己在世界建立了一个庞大的帝国。法属殖民地到处都是。在此期间，德国没有这样扩张，而今天德国需要自己在阳光下的地盘……德国每一天都在见证自己人口的飞速增长，德国的海军、贸易与工业也在经历前所未有的发展……德国不得不以某种办法扩张，它还没有找到自己应得的"阳光下的地盘"。[75]

在社会达尔文主义者看来，这种国家间的竞争是天理昭然的。曾经出任贝特曼-霍尔韦格心腹顾问的德国记者库尔特·里茨勒的言论发人深省，他表示，"永久而绝对的敌意是人民关系的本质"。[76]开启海军军备竞赛的蒂尔皮茨深信，衰落的英国与勃兴的德国之间注定会有冲突。1904年，德国知名的战争研究权威奥古斯特·尼曼写道："过去几百年来，几乎所有战争都是因英格兰的利益而起，也基本都是由英格兰发动。"[77]民族主义不仅是民族自豪感，它也需要一个反面来定义自身，并以对他人的恐惧为食。遍观全欧洲，德国与俄国、匈牙利与罗马尼亚、奥地利与塞尔维亚、英国与法国的关系都成为地区热点，往往也因为国家种族的彼此疑惧而恶化。1908年齐柏林伯爵的飞艇在一场风暴中被摧毁，此时的德国人表现出了极大的爱国热情，纷纷捐钱帮助更换飞艇，而英国人怀疑这些举动都是针对英国的。[78]类似带有敌意的案例也很容易在英国找到，比如在英国外交部，这里越来越为埃尔·克劳这种疑惧德国的人所支配。1904年，英国驻罗马大使弗朗西斯·伯蒂写信给外交部的同僚说："您本月二号的信件表达了对德国的不信任，我很赞同。德国从未为我们做过什么，只是让我们流血。德国人虚伪不忠、贪婪成性，无论在商业上还是政治上都是我们的敌人。"[79]其实，直至1914年大战爆发之前，英国人与德国人之间谈论过很多与他们共通的价值观甚至是共有的条顿民族遗产相关的话题，但是这些英德友好的声音都被两国各个阶层日渐高涨的敌意淹没了。结果就是，两国领导人的政策选项都因他们个人的观点与公众的压力而被限缩。比如在1912 年，英德两国曾经认真考虑过终结海军军备竞赛，但是彼此之间累积的怀疑情绪与公众舆论的敌对使这次努力化为泡影。

德法之间的彼此厌憎甚至要比英德之间更大也更加复杂。两国都有彼此仰慕的地方：法国文明吸引着德国人，德国人的高效现代也让法国人神往。[80] 但是德国人担心，法国人一直没有忘记他们在1870—1871 年间的战败；他们也忧心法国人会发动战争拿回阿尔萨斯-洛林，虽然理由并不充分。德国战略家认定法国是德国的主要敌人，战前的德国报纸花在法国身上的篇幅也大于其他所有欧洲国家。另一方面，德国人确实可以自我安慰，他们认为第三共和国腐败无能，法国自身也处于分裂之中。[81] 德国评论家频繁强调法国的轻浮虚荣与道德堕落（而且亲切地告诉读者在巴黎的什么地方能同时找到虚荣与堕落）。[82] 法国人认可德国在经济与人口上都在超越法国，但也告诉自己，德国人缺乏想象力而且思维古板。畅销作家儒勒·凡尔纳 1877 年出版的小说《贝格姆的百万财富》写到了一名一生向善的法国医生和一名德国科学家，两人从一名共同的印度女性先祖那里继承了大笔遗产。（得知这个消息的时候，德国科学家正在写一篇论文，题为《为什么所有法国人都不同程度地受害于代际退化》）。两人都决定在美国建设一座新的城市。法国人在俄勒冈州的海边选了一处城址，修筑一座会让查尔斯王子欢喜的城市；这座城市建基于"免于不平等的自由，与邻人之间的和平，良好的行政管理，居民的智慧，以及丰盈的繁荣"这些价值观之上。德国人则选择在怀俄明州修建他的钢铁城，这里邻近一处矿场。德国人在"公牛之塔"上残酷无情地驱使工人采矿、冶炼、制造兵器，仅有的食物是"蔫了的蔬菜，一堆淡奶酪，几根烟熏香肠，还有罐头食品"。[83]

普鲁士与普鲁士主义尤其让法国知识分子着迷。也许正如他们所言，一马平川的地形与阴郁的天气都让普鲁士人成为一个严苛贪鄙的民族。一名法国社会学家认为，普鲁士人数百年来在北欧平原的往复迁徙让他们成为无根之人，因此也就轻易落入了统治者的掌控之中。[84]《费加罗报》记者乔治·布尔东1913年曾在德国做了一系列的访谈。照他的说法，就算"毫无意义的军备竞赛、国际猜疑与紧张局势"一夕终结，他也无法喜欢或信任"毫无必要地夸夸其谈且傲慢成性的"普鲁士人。"这是个贫乏不幸的种族，他们靠着苦工维系生活必需；该国直到最近才达到了一定程度的繁荣，而且还是靠着武力得来的；既然普鲁士相信武力，那么他们就绝不会示弱退缩。"[85]

拜一系列出版物（从学校教科书到通俗小说都有）所赐，德法两国都对彼此形成了极负面且让人不安的刻板印象。有趣的是，在两国的出版物里，德国通常都被刻画成一名身着军服的男性（尽管在法国人看来，这是一个半滑稽半骇人并留着大胡子的野蛮士兵），法国则是一位女性（在德国人的描绘里，法国不是显得无助就是纵欲过度，或是两者都有）。[86]法国人对"英国恶习"（le vice anglais）的厌恶情绪至此转向了"德国恶习"（le vice allemand），也许这也体现了英法之间的协约关系。法国人的学术研究还号称德国男人比法国男人更容易成为同性恋。某论文还提出了论据，那就是几乎所有同性恋都热爱瓦格纳。[87]

欧洲各地不少人染上了新的民族主义狂热病。索尔兹伯里憎恨他口中的"沙文主义"；著名的自由派记者、知识分子J.A.霍布森也攻击说："爱国主义本是热爱自己的国家，现在颠倒的爱国主义已经变成了对他国的仇恨，以及毁灭他国每个个体的强烈愿望……"[88]民族主义会对战争施加影响，相关的忧虑甚至也出自人们意想不到的阵营。1890年，筹划并指挥了德国统一战争胜利的老毛奇告诉帝国议会，"内阁战争"的时代，也就是统治者出于有限目的而发动战争的时代已经结束了。"我们现在迎来的是人民战争，任何一个谨慎行事的政府都要在发动这种性质的战争之前三思，它将带来的是无法估量的后果。"老毛奇接着表示，各个大国都会认识到，这种战争难以结束，他们也无法承认失败："先生们，这也许会是一场七年战争，或者堪比三十年战争——那个点燃欧洲的人不会有好下场，那个往弹药库里扔进第一根导火索的人终将自食其果！"[89]

老毛奇第二年就去世了，没能目睹民族主义的兴起和欧洲愈演愈烈的紧张情绪。他也没能见证不断夸张的演讲，每次危机期间人们对战争爆发的期望，还有那些萦绕人们心间的恐惧：害怕被袭击，害怕间谍活动，害怕"第五纵队"（虽然当时这个术语还没有发明出来）在各国内部蠢蠢欲动。老毛奇没能活着看到公众是如何接受甚至欢迎战争到来的，以及这样的战争价值观正如何被平民百姓接纳。

军国主义有两面：第一，它将军事置于免于批评的至高地位。第二，在社会或是更广泛的意义上，它让军事价值观，比如纪律、命令、自我牺牲与服从精神，渗透到整个平民社会。第一次世界大战结束后，军国主义被视作让欧洲卷入对抗的一大关键因素。在战胜的阵营看来，德国（或是以人们更常用的名字——普鲁士）的军国主义尤其如此。这么说自有道理。无论是德皇威廉二世，还是在1871年以后成为德国军队主体的普鲁士军队，他们都曾坚持认为军队只需向德皇负责，不受平民的批评。不仅如此，他们还坚信军队是德国国家意志至高至圣的表达，很多德国民众也同意他们的观点。

然而，军国主义是全欧洲及各国社会的普遍现象。在英国，幼童身着水手制服；在欧洲大陆，学童往往会穿小码的制服；中学生与大学生则加入军训队；除了共和制的法国，各国国家元首通常一身戎装。你很难找到弗朗茨·约瑟夫、尼古拉二世与威廉二世穿便服的照片。不仅如此，各国的高级官员大多曾在精英军团里服役，他们也会穿上军装。贝特曼－霍尔韦格身为首相第一次出席帝国议会会议时，就穿上了一身少校军装。[90]一百年后，日常也一身戎装的政治领袖就只剩下那些军事独裁者了。

当时，自由派和左派通常将军国主义归咎于资本主义。按照批评者的说法，军国主义势必带来一场全球范围内争夺霸权的无限竞争。1907年第二国际在斯图加特大会的决议指出："资本主义国家间的战争，通常而言是他们争夺世界市场的结果，因为每个国家都不仅仅关心巩固本国的市场，也图谋征服新的市场，在此期间他们就会侵夺外国土地、镇压外国人民。"[91]统治阶级挑动了民族主义，让工人们不再关注自身利益。资本家为军备竞赛添柴加油，从中获利。

第一次世界大战结束后，"欧洲局势紧张乃是经济竞争之果"的观点流行一时，但是历史证据并不支持这一说法。许多敌对国家之间的贸易与投资都在1914年之前有了大幅增长。英国与德国也确实曾是彼此最大的贸易伙伴。的确，一些制造商从军备竞赛中获利甚丰，但紧张局势与全面战争一样有利于制造商，甚至比战争更好，因为各大制造商往往能在同一时间将军火卖给不同国家。大战爆发之前，德国克虏伯公司对比利时的堡垒进行了升级改造，同时他们也为德军开发了重炮来对抗比利时人。英国维克斯公司授权德国公司生产马克沁机枪，也从克虏伯公司得到授权来制造炸药的起爆装置。[92]从事进出口生意的银行家与商人通常都怀着沮丧惊慌的心态面对可能发生的大战；战争会带来高额的税负，扰乱贸易，并给这些生意人带来惨重损失甚至是破产。[93]德国大工业家雨果·施廷内斯就警告他的同胞要反对战争，因为德国的真正实力在于经济而非军事。"就让我们再安安静静发展四五年吧，到那时德国就会成为欧洲无可争议的经济霸主。"施廷内斯本人入股了法国的几家企业，购买了法国铁矿的股权，也在大战爆发前几年在英国创立了一家新的采矿公司。[94]

就像帝国主义或是自由主义一样，欧洲人对军国主义的反应、对军事的看法，也取决于他们住在哪个国家、政治立场为何。纵观欧洲各大国，奥匈帝国与俄国这两个老牌帝国大概是战前最不具备军国主义色彩的国家。奥匈帝国陆军拥有大批讲德语的军官团，他们既是这个政权的标志，也成为帝国境内风起云涌的军事民族主义运动的怀疑目标。那些提倡军事训练、鼓吹军事价值的民间组织往往是民族主义的，比如奥匈帝国境内的"索科尔体格运动"（Sokol gymnastic movement）就仅限斯拉夫人参加。[95] 在俄国，新兴的政治阶层认为军队是专制主义政权的爪牙，俄军军官都出自范围不大的社会阶层。俄国公众与知识分子并不以殖民征服为荣，也不以史上的军事胜利为耀，因为这些东西似乎都与他们没什么关系。1905年日俄战争期间，小说家亚历山大·库普林的小说《决斗》取得了极大成功。这部小说展现了军官的种种不良形象，说他们酗酒、淫荡、腐败、懒惰、无趣、残忍。库普林似乎没有夸大。[96] 第一次世界大战爆发之前的最后几年里，沙皇与他的政府采取了一系列举措，包括在学校里强制推行体育训练与军事课程，鼓励成立青年组织，以加强年轻平民的尚武精神。1911 年，巴登-鲍威尔访问俄国，他就目睹了这些举措。尽管俄国公众以怀疑的态度看待政府的这些作为，沙皇还是得到了一些支持。俄国政府成立了一些组织，尽管这些组织只笼络到极少数的年轻人。[97]

军国主义与军队也在政治上分裂了欧洲。左派倾向于否定两者，保守派则对之倾慕有加。绝大多数欧洲国家的上层阶级都将儿子送去做军官，工人阶级则视征兵为一种负担。不过这种划分也并不绝对。不少像商人、店主这样的中产阶级并不乐意缴税去供养一支懒惰的军队或购买昂贵的武器，但也有一群人仰慕军官阶层的价值观与生活方式。在德国，成为一名预备役军官是社会地位的标志，即便专业人士也趋之若鹜。犹太人、左翼人士、下层阶级几乎没有机会出任军官，甚至是娶错了老婆的男性也无缘中选。如果预备役军官在选举中投错了票，或者采取了被认为是激进的立场，他们也会被罢黜军职。

日益高涨的民族主义也让军队的重要性与日俱增，因为军队承担着保家卫国的职能，在德国甚至被拔高到了国家创建者的地位。正如 1913 年某德国少校对法国记者布尔东所说："其他国家也许都是国家拥有一支军队，德国的情况却是一支军队拥有一个国家。这就是为什么每一次公共事件都会立即影响军旅生活，任何情绪波动，开心的或是相反的情绪，都会让人们下意识地将目光投射到军队。"[99]而且正如社会民主党人可能会哀叹的那样，全欧洲的工人阶级频频表现了自己对军队的热情，军乐队、军队游行与军事胜利庆祝仪式风行一时。在英国，香烟制造商不失时机地利用公众情绪，在香烟盒里加进了描绘英国史上著名将军与海军元帅的卡片。一家著名肉羹生产商在布尔战争期间打造了一则极其成功的广告：英军总司令罗伯茨爵士的胯下战马在奥兰治自由省驰骋，画面拼出了"保卫尔牛肉汁"几个字。[100]

公立学校校长、作家、将军与政治家都告诉年轻人，他们要以本国史上伟大的军事胜利为荣。他们在演讲日与出版物上激励年轻人忠诚爱国，随时准备为国牺牲。他们同样鼓励男孩向国家的士兵与水兵看齐，女孩要准备好照顾为国奉献的军人，彼时的他们并没有意识到这是在帮助下一代从心理层面上准备大战。他们认为，灌输军事价值观可以抵消现代世界带来的毁灭性影响，阻止国家衰落。英国将军伊恩·汉密尔顿爵士曾经在日俄战争期间出任观察员，回到英国之后，他深深忧虑于日本的崛起和日本人的武士道精神。好在日本是盟友，英国也有时间在本国儿童身上培育相似的尚武精神。"从托儿所到玩具，再到主日学校，再到士官连队，一切情感、忠诚、传统与教育资源都应灌注到下一代英国少男少女之中，以便深切作用于他们年轻的心灵，培育他们心中对祖先爱国精神的崇敬与钦佩之情。"[101]集体运动在维多利亚时代的寄宿制学校里备受欢迎，也在英国社会博得了普遍好评，因为这些运动培育健康的生活习惯，更重要的是，也促进了团队精神与忠诚。当时出现了一首非常著名的诗歌，亨利·纽博尔特的《生命火炬》，开篇提到了一场板球比赛，击球手知道全队的希望都压在他的双肩。"打，打起来！打起精神来！打好这比赛！"队长这么劝勉他。接下来的诗句则把读者带到了苏丹那"被染成红色"的沙漠，英国军队正面临全军覆没的危险，"但学童的声音响彻阵列：'打，打起来！打好这比赛！'"

在英德两国，尤其是 1914 年以前，出现了热情的、带有军事性质的志愿组织，例如海军联盟，这意味着军国主义既自上而下，也自下而上。拜征兵制度所赐，德国存在一个庞大的具备军事经验的群体——15% 的成年男性都是退伍军人协会成员。这些协会大多是社交性质的，但也为成员安排具有军事荣誉的葬礼，在国家大事（比如德皇生日与著名战役周年庆）期间组织庆祝活动。[102] 主张进行军事准备的英国人也号召以征兵制或是志愿兵制扩大兵员规模。1904 年，布尔战争的英雄，坎大哈的罗伯茨伯爵（英国公众亲切地称他为"鲍勃斯"）辞去了总司令的职位，投身国家兵役联盟，这个联盟倡导训练一切身体合格的青年，就算不去海外服役，至少也要能保卫英伦三岛。1906 年，罗伯茨伯爵与勒·奎合写了警世小说《1910 年的入侵》。1907 年，伯爵出版了畅销书《武装之国》。后面这本书认为，推动国家兵役的理由很充分，因为它既能保证国防，也能克服社会分歧。国家兵役联盟到 1909 年时已经拥有 35,000 名成员，该组织也意在博得保守派的支持。自由派与左派不信任英国军方，也强烈反对推行义务兵役制的主意。

无论是在英国还是德国，无论是对年轻人还是对他们可能颓废的担忧都转化成了军国主义。什么可以引导他们走上正路？当然是健康的生活与严明的纪律。在英国，像是"青年操练协会""少年和教会青年旅"这样的组织，都在试图接触城市或下层的年轻人。其中最著名的要数"童子军"，由布尔战争的英雄巴登-鲍威尔创立。

短短两年，童子军就有了十万名成员，还发行了自己的周刊。根据
巴登－鲍威尔本人的说法，他希望以此改造英国迷失的少年与年轻
人，将他们从"神色苍白，窄胸弓背、形容枯槁与嗜烟无度"的状
态转变为健康而有活力的爱国者。[103]一开始，鲍威尔允许女孩加入
童子军，但是此举引发了公众反对；保守派周刊《观察家》收到了
一封读者来信，抱怨从农村探险回来的少男少女处于一种"非常不
适当的兴奋状态"。于是，巴登－鲍威尔和妹妹迅速成立了"女童军"，
其一大宗旨是培养年轻女性，"让她们在敌人入侵的时候可以派上用
场"。[104]两名德国军官在非洲残酷镇压德属西南非洲赫雷罗人的时候，
以童子军为蓝本的德国版童子军成立，但他们的重点放在了所谓"德
国精神"上。德版童子军意在劝勉德国少男少女忠于德皇及德军，
他们全副武装，时刻准备捍卫帝国。军方人士出任德版童子军的领
导职位，往往还负责经营地方分支。[105]

　　在德国，军方当权派与保守派一开始是反对在全社会推广军事
训练的，因为这会在民众中间散播军队属于人民的危险激进观念。
虽然德国也有征兵制度，但并非所有合乎资格的人都会得到军队召
唤，比如社会民主党人或是自由党人就不大可能成为获得信任的新
兵。[106]在第一次世界大战爆发前的数年里，社会民主党成功组织
了一些青年团体，他们做了大量工作来改变德国社会的保守观念。
1911 年，德皇签署了一份《青年敕令》(Youth Decree)，呼吁德国
人齐心协力将年轻人从所谓的现代世界陷阱里解救出来，把他们教
育成爱国者。德皇的爱将、杰出的保守派思想家兼军事理论家戈尔
茨的科尔马男爵，长期致力于打消军中的疑虑，进而能放手对全社
会的年轻人进行军事训练。至此，德皇批准他成立一个德国青年联
盟组织，旨在让青年强身健体，训练他们的忠诚，并向他们传授普
鲁士的辉煌历史，"如此他们就会认识到，为祖国奉献是德国人的至
高荣耀"。时至 1914 年，这个联盟据说已有 75 万名成员，这个庞大

的数字也是因为纳入了其他类似青年组织的成员——当然，并不包括社会民主党的那些组织。[107]

在法国，类似的组织从未博得大众的认可。法国社会内部根深蒂固的社会分歧，也许是部分原因所在。一方面，法国强烈的反军国主义传统可以追溯到法国大革命时期，当时，军队被视为旧政权的工具。后来的统治者，如拿破仑一世和他的侄子拿破仑三世，也都曾利用军队维系他们的统治。但另一方面，大革命也产生了公民民兵，他们的理念是全民皆兵对抗反动势力，而右派与许多中产阶级自由派对这一理念报以深深的怀疑。普法战争的余波为法国人增加了新的政治分裂记忆：更激进的巴黎公民组织了公社，成立了自己的国民卫队。法国政府不得不动用自身兵力，向巴黎公社发动战争。

1870—1871 年普法战争的失败震动了法国人。不同政治立场的法国人都在热烈讨论如何保卫他们的国家。1882 年法国政府下令，各级学校都要建立军事训练组织"学生军"。成立伊始的学生军一度非常活跃，还在巴黎举行了一场大阅兵。然而，学生军从未在法国全境扎根，政府后来也悄悄放弃了这个项目。1889 年，布朗热将军的未遂政变提醒共和派中坚人士，军事训练有可能带来麻烦，尤其是放任一批错误的人进行军事训练的话。1871 年以后，法国草根社会也行动起来，成立了不少射击与体育学会，这些新的组织统统有着明晰的军事目的。（一份抱持怀疑态度的保守派报纸说，他们实在不清楚为什么练习使用武器与翻跟头就能保卫法国免于敌人攻击。）绝大多数类似的学会后来都缩小成了社交俱乐部，成员在那里炫耀着自己特制的紧身制服。这些学会也受到法国政治的影响，乡村里的类似学会可能会出现"一半由教士主导，一半由反教会的校长运营"的局面。[108]

在第三共和国，军队本身从未享有德国军队或是英国海军那样的名望殊荣，德雷福斯事件也进一步减损了军方的权威。无论怎么说，法国人在想要一支怎样的军队这一议题上有重大分歧。左派讨论单独建立一个以自卫为宗旨的民兵武装，右派则想要一支合适的职业军队。就共和派总体而言，他们认为军官团是保守派与贵族扎堆的地方（这两者的身份往往还重合），这些旧势力持有顽固的反共和派观念。德雷福斯事件给了共和派绝好的借口，他们得以在军队推行清洗运动，赶走有嫌疑的军官，提拔他们认为可靠的人。如果一名军官是天主教教徒，尤其是受过耶稣会的教育，这往往会成为他的"污点"；想要晋升的法国军官匆忙加入了反天主教会的共济会。[109]1904 年，法国爆发了一场大丑闻：激进的战争部部长劝说一群共济会成员，要他们从大约 25,000 名军官里列出一份秘密名单，圈出那些被怀疑是天主教教徒或者是反共和派的军官。毫不意外，法军士气因此而比之前更加低落。不过这次丑闻并没有改善军方与公众的关系，因为政府日益依赖军队来镇压罢工与左翼示威。[110] 在 1914年之前的数年里，即便是在法国民族主义复兴的时候，反军国主义的公众情绪也在增长。每一年应征入伍的新兵前去报道时，火车站总会出现公众抗议，而新兵往往会加入一同高唱革命歌曲，例如《国际歌》。军队军纪因此受害；军官们必须处理士兵酗酒、屡屡抗命甚至是直接哗变的状况。[111] 第一次世界大战爆发前的最后几年里，政府或许也意识到情况有些糟糕，军队恐怕难以履行保卫法国的职责，遂试图重整并改革军队。但事实证明，已经太晚了。

在德国，德皇饶有兴致地看着法国正遇到的麻烦。"你怎么能与法国人结盟呢？"1913 年沙皇访问柏林时，德皇如此质询。"你难道没注意法国人都已经没法成为士兵了吗？"[112] 即便在德国，军方尤其是陆军与社会之间的关系也时不时陷入紧张之中。选举权的扩大，中立政党与社会民主党的壮大，都让陆军在德国社会的特权地位面临挑战。让德皇及其宫廷倍感尴尬的是，帝国议会坚持要审查军费预算，也对军方的各项政策提出质疑。1906 年，一个胆大的骗子做了些让情况更加恶化的事，也让德国陆军成了笑柄。威廉·福格特，一个一文不名的小毛贼，在柏林买了各式各样的二手军官制服，然后穿着这些据说是既丑陋又蹩脚的军服，接过了一小队士兵的指挥权。这批士兵忠心耿耿地随侍左右，还跟着他闯进了附近小城科佩尼克的市政厅，逮捕了高级官员，抢走了一大笔钱。尽管最终遭逮捕并进了监狱，他还是成了一名民间英雄。德国人写了几部与他有关的戏剧，后来还有一部电影描述他的"功绩"。福格特的蜡像还进了伦敦的杜莎夫人蜡像馆，与那些久负盛名或者臭名远扬的人物待在一起。福格特本人后来遍游欧洲又转战北美，讲述他成为"科佩尼克上尉"的故事，发了一笔小财。不少德国人还有处于敌对关系的法国民众也拿这个插曲做文章，作为德国人看见军服就卑躬屈膝的例证。也有人认为它令人愉悦地颠覆了德国陆军的形象。[113]

1913 年，阿尔萨斯发生了一起更为严重的事件，既显示了军队在德国国内的特权地位，也让世人看到了德皇对军队的庇护。一名驻扎在斯特拉斯堡附近古城察伯恩（今天法国的萨维尔纳）的年轻中尉惹下了麻烦——他用侮辱性的词语描述了当地人，导致了察伯恩人的抗议。事态因他的上级军官将抗议的平民逮捕而升级，他们甚至使用了刺刀，理由是民众大声嘲笑德军士兵。德军士兵还洗劫了一直报道此事的当地报社。阿尔萨斯的行政当局对于这起违法事件心惊胆战，柏林政府也担心这会影响德国与当地人乃至与法国的关系。德国不少媒体严厉批评了军队的行径，帝国议会也提出了一些质询。不过，军方高层与德皇本人一致拒绝承认察伯恩的军队做了什么错事，也不认为他们应该采取什么惩戒行动。（事实上他们确实将肇事的军团调离了阿尔萨斯，逮捕平民的军官也被悄悄地送上了军事法庭。）德国皇储拙劣地模仿父亲的行为，发送了一封谴责当地民众"无耻"的野蛮电报，希望这次事件会给他们"上一课"。（一幅柏林漫画描绘德皇发问的样子："我想知道这孩子是在哪里学

图9 1913年的察伯恩事件，起因是一名德国军官在阿尔萨斯小镇里横行无忌，由此引发了民间抗议。德国军方反应过度，他们突袭了报纸编辑部，以牵强的指控逮捕平民。当德国文官政府关心如何控制军队时，德军对此的反应是团结一致，拒绝退让。对于德国人和其他许多地方的人来说，这起事件令人不寒而栗，表明德军认为自己不受文官政府的控制

来了发电报的坏习惯。"）[114] 德国首相贝特曼深信察伯恩的士兵已经违法，也曾督促德皇处分肇事者。但最后，贝特曼还是选择忠于德皇。1913 年 12 月初帝国议会一开议，贝特曼就在议员面前为军方的权威辩护，认定军队有权随心所欲地行事。尽管帝国议会对政府的这番表态通过了大比数的不信任案，但由于德国宪法的孱弱，贝特曼得以若无其事地赖在首相的位子上不走。[115] 德国国内有明确且强烈的呼声，要求确保文官政府对军队的控制，这似乎也有可能实现，但仅仅过了七个月，德国领导层就在一次严重的欧洲危机中做出了顺应军方的决策——军队仍认为自己有行动自主权。

军国主义是个相对较新的术语（似乎在 1860 年代第一次被人使用），在之后数十年里，它对欧洲社会的冲击很大程度上要归因于民族主义和社会达尔文主义。军国主义思想反映了当时欧洲人对于堕落的担心，也显示与"荣誉"有关的那些前近代思想仍然有着巨大的影响力。1914 年以前，欧洲人已经在心理上做好了迎接战争的准备，有些人甚至对战争前景兴奋以待。欧洲人的生活越来越好，尤其是对中低阶层而言，但生活变好并不意味着生活更加有趣了。各国公众对远隔重洋的殖民战争不能说没有兴趣，但是这些战争不能完全满足大家建功立业和追求荣耀功勋的需求。大众识字率上升，新的大众报纸出现，历史小说、低俗小说、惊悚小说还有西部片的流行，为人们展示了更多更具吸引力的世界。让反战的自由派倍感憋屈的是，战争有它的魅力。正如一名英国人所说："长期以来，我们与真实的战争隔绝，这已经让我们的想象力变得迟钝。我们对兴奋刺激的热爱丝毫不输给那些拉丁人，我们的生活枯燥乏味，一场胜利是我们中最低微的人也能理解的事。"[116] 当时的年轻一代就像今天的年轻人一样，有时会畅想自己在大型冲突里青史留名。在德国，服役结束的年轻人觉得自己比不上前辈，因为前辈已经在统一战争里大显身手了。年轻人渴望有机会证明自己。[117]

未来主义者马里内蒂绝不是唯一渴望对舒适的布尔乔亚社会进行暴力破坏，并终结人们所说的"腐烂、肮脏的和平"的艺术家。[118]另一位意大利诗人加布里埃尔·德安农齐奥也给全欧洲年轻人造成了很大影响。他的诗歌强调权力、英雄主义与暴力。[119]1912年意土战争期间，德安农齐奥向凯斯勒吹嘘说，他的民族主义诗歌已经"在意大利人中间掀起了一股血与火的风暴"。[120]在英国，年轻一代里大有前景的诗人鲁伯特·布鲁克渴盼"某种形式的剧变"，保守的天主教作家希莱尔·贝洛克也写道："我是如何地盼望一场大战！这场战争势将如扫帚一样扫净欧洲，让国王们像烤炉上的咖啡豆一样跳动。"[121]年轻的法国民族主义者普西夏里曾经因为在法属非洲的功绩而被不少人视为英雄，他也攻击和平主义，并在1913年出版的《呼吁武力》中痛陈法国的衰落。普西夏里与当时其他民族主义者一样频频诉诸宗教意象。按照他的说法，他企盼着"武力带来的大丰收。诉诸武力可以带来一种难以名状的恩典，这恩典终将降临我们身上，让我们心驰神往"。[122]第二年8月，普西夏里在大战中丧生。

第十章　和平之梦

1875 年，作风坚强、受人喜爱但又穷困潦倒的女伯爵贝尔塔·金斯基，不得不去维也纳的祖特纳家族做家庭教师。在当时，这样的故事经常发生在未婚且受过良好教育的女性身上。同样不奇怪的是，这家的儿子之后会与她一同坠入爱河。然而，男方父母反对这桩婚姻：首先，女方比他们的儿子大了七岁。更重要的是，她一贫如洗，而且尽管出生于最古老的一支捷克家族，但她的出生伴随着丑闻。她的母亲出身中产，并非贵族，而且比自己的将军丈夫要小五十多岁。祖父母辈的人从来没有接纳过贝尔塔，有时还会说她是私生女。[1] 尽管成年后的贝尔塔在很大程度上摒弃了自己的出身，按照她所属阶层的标准来看还是个大胆的自由思想家和激进派，但她还是保留了不少那个阶层的行事作风，其中就包括对金钱漫不经心的态度。

恋情被发现后，贝尔塔显然无法继续在维也纳的这家人里住下去了，所以她立刻去了巴黎，给那位富有的瑞典制造商阿尔弗雷德·诺贝尔做私人秘书。这是他们合伙经营和平事业的开始，尽管两人当时都不知道这一点。贝尔塔在诺贝尔那里只工作了几个月，然后就遵从自己的内心回到维也纳，与亚瑟·冯·祖特纳私奔了。夫妇二人去了俄罗斯的高加索，勉强糊口度日，直到后来贝尔塔发现自己在写作方面极具天赋，写了一些德语书和短篇。（丈夫亚瑟似乎精力有限，性格也没那么强势，他会去教授法语和骑术。）她还亲身感受到了战争的恐怖，1877年俄罗斯和耳其之间爆发的冲突波及了高加索和巴尔干地区。1885年，当她和亚瑟回到维也纳时，贝尔塔已经确信必须摒弃战争。1889年，贝尔塔出版了她最知名的作品《放下你的武器！》，一个悲惨而略显夸张的故事：一位出身贵族的年轻女性，遭受了种种苦难，包括破产、霍乱，第一任丈夫还战死沙场。再婚后的她又眼睁睁地看着新夫投身普奥战争。她不顾亲戚反对，执意去寻找自己的丈夫，其间目睹了普鲁士胜利后伤兵的惨状。她和丈夫重聚，不幸的是，他们身处巴黎时又碰上普法战争，她的丈夫也死在巴黎公社的枪下。托尔斯泰读到这部小说时得出的结论是："信念深刻，但天赋欠佳。"[2] 尽管如此，这部小说还是获得了巨大的成功，被翻译成包括英语在内的多种语言。图书销售所得的资金至少暂时让作者能够供养她自己和她的家人，还有她那永无止境、不知疲倦的和平事业。

贝尔塔是个成功的宣传家，也是杰出的游说家。她最重要的功绩是在1891年成立了奥地利和平学会，并且多年任职会刊编辑；贝尔塔同样是英德友好委员会的活跃成员；她持续不断地发出请愿和书信，大肆抨击世界各地的权势人物；她还撰写文章、图书和小说，以此教导公众军国主义的危险所在、战争给人类带来的损失，以及避免战争的方法。1904年，美国总统罗斯福在白宫为她举办了招待会。贝尔塔还劝说富人支持她的事业，其中就包括摩纳哥王子和美国的实业家安德鲁·卡内基。她最重要的赞助人还要数她的老朋友兼老雇主诺贝尔。诺贝尔主要靠专利授权和生产新式强力炸药积累财富，他发明的炸药一经问世就很快用于采矿，但从长远来看，其也大大提高了现代武器日益强大的破坏力。他曾对祖特纳说："我希望我可以制造一种威力巨大的物质或是机器，其拥有毁天灭地的可怖之力，以至于战争将因此变得不可能发生。"[3]1896年诺贝尔去世后将自己的庞大财富捐出一部分设立了诺贝尔和平奖。再度陷入经济困境的祖特纳把自己的游说才能用在了这个奖上，并于1905年获得了诺贝尔和平奖。

贝尔塔认为自己在很大程度上是自信的19世纪的产物，一个相信科学、理性与进步的时代。贝尔塔认为，欧洲人能够认识到战争是多么没有意义和多么愚蠢。她坚信，只要欧洲人睁开双眼，就会和她一起为取缔战争而努力。尽管她认同社会达尔文主义有关进化和自然选择的诸种概念，但与许多典型的和平主义者一样，她对这些概念的解读大大不同于那些军国主义者和将军，比如她的同胞康拉德。斗争并非不可避免；进化也可朝着更好、更和平的方向发展。她写道："和平是文明进步必然带来的一种状态……毋庸质疑，经过几个世纪，好战精神会逐步衰落。"19世纪最后二十五年里活跃的美国顶尖作家兼演说家约翰·菲斯克帮助宣传了美国命中注定会向全球扩张的理念，他深信美国会凭自己的经济实力和平地实现这一理念。"工业文明终将击败军事性质的文明。"战争属于进化的早期阶段，而且事实上对祖特纳来说是异常现象。大西洋两岸的杰出科学家都和贝尔塔一起谴责战争，认为从生物学角度看，战争适得其反：它杀死了社会上最优秀、最聪明、最高贵的人。战争让最不适者生存。[4]

对和平日益增长的兴趣也反映了自18世纪以来国际关系思维的转变。国际关系再也不是零和游戏。到19世纪，人们开始讨论建立一种所有国家都能从和平中受益的国际秩序。这个世纪的历史似乎表明，一个新的、更好的秩序正在出现。自1815年拿破仑战争结束以来，欧洲经历了一段短暂的和平时期，取得了非凡的进步。当然，

图 10　1914 年之前，一场强大的国际和平运动致力于取缔或至少限制战争。尽管运动的其中一个目标是终止军备竞赛，但几乎失败了。漫画中，战神马尔斯坐在餐桌一端，正在嚼着无畏级战舰，其中有法国的玛丽安，一位奥斯曼土耳其人，一名英国海军上将，还有美国山姆大叔，他们都愤怒地要求自己的武器大餐。可怜的侍应生"和平"吃力地举着沉重的托盘，头向下低垂着，头向下低垂着；"无畏舰俱乐部里，每时每刻都是午餐时间"

这两件事是有联系的。此外，各国似乎越来越认同并接受普遍适用的行为标准。毫无疑问，随着各国法律和机构的发展，一套国际法和新的国际机构迟早会出现。国家之间也会日益使用仲裁作为解决纠纷的手段，而且这个世纪欧洲大国也频繁携手处理危机，如衰落的奥斯曼帝国的危机，这些似乎都表明，一步一步地，一个新的、更有效率的处理国际事务的方式正在打下基础。战争则是一个没有效率也太过昂贵的纠纷解决方式。

进一步证明战争在文明世界已经过时的则是欧洲本身的性质。欧洲各国在经济上的联系日趋紧密，不同结盟阵营之间都有贸易和投资往来。第一次世界大战前，英国与德国的贸易逐年增加；1890年至 1913 年，英国从德国的进口增加了三倍，而对德国的出口则增加了一倍。[5]法国从德国进口的铁矿石几乎和从英国进口的一样多，而德国的钢铁厂则依赖从法国进口的铁矿石。（半个世纪以后，经历了两次世界大战，法德两国成立了欧洲煤钢联营，其是欧盟的前身。）英国是世界金融中心，进出欧洲的投资都要流经伦敦。

因此，在 1914 年之前，专家们普遍认为，大国之间的战争将导致国际资本市场的崩溃和贸易的停止，这将伤害所有国家，各国政府将无法获得信贷，而随着食品供应日益短缺，各国人民将变得焦躁不安。事实上，战争不可能持续超过几个星期。即使在和平时期，随着军备竞赛日益昂贵，政府要么背负债务，要么提高税收，或者兼而有之，而这反过来又会导致国内社会动荡。那些后起之秀，特别是日本和美国，它们没有这样的负担，税负也更低，会更具竞争力。顶尖国际关系专家警告说，欧洲有极大风险，可能会处于不利地位，并最终丧失对世界的领导权。[6]

1898 年，俄国人伊万·布洛赫（人们也会称呼他的法文名字让·德·布洛克）在圣彼得堡出版的六卷本巨著中，把反对战争的经济论点与战争本身的戏剧性发展结合起来，论证战争必定过时。

现代工业社会可以将庞大的军队投入战场，并装备致命武器，从而使优势转向防御方。他认为，未来的战争很可能规模巨大，耗尽资源和人力；战争会陷入僵局；它们最终会摧毁那些卷入其中的社会。"未来世界将不会再有战争，"布洛赫告诉英国出版商威廉·托马斯·斯特德，"因为战争已经变得不可能了，现在很明显，战争意味着自杀。"[7]此外，各国社会已经再也负担不起维持欧洲军备竞赛的高昂成本了："目前的情况不可能永远持续下去。人民在军国主义的重压下呻吟。"[8]尽管布洛赫很有先见之明，但他的错误之处在于，他认为即使是僵局也不会持续太久；在他看来，欧洲各国社会根本不具备在几个月内发动如此大规模战争的物质能力。除此之外，如果在前线损失了那么多人，就意味着工厂和矿山都将闲置，农场也将无人照料。他没有预见到欧洲进行社会动员并指挥大量资源投入战争的潜在能力，而且这还带来了未充分利用的劳动力资源，尤其是女性。

布洛赫出生在俄罗斯波兰的一个犹太家庭，后来皈依了基督教，斯特德形容他"和蔼可亲"[9]，是俄罗斯最接近约翰·D. 洛克菲勒或安德鲁·卡内基的人。他在俄罗斯铁路的发展中发挥了关键作用，并创立了几家公司和银行。然而，他热衷于研究现代战争。依据大量的研究和大量的统计数据，他认为技术的进步，比如更精确和更快的速射炮，或者更好的炸药，使得军队几乎不可能攻击防御严密的阵地。土方、铁锹和带刺铁丝网结合起来也使防守方得以筑起强悍的防线，可以在面对攻击者时组织起毁灭性的火力场。布洛赫告诉斯特德："在整个地平线上都看不到那些致命的导弹都是从哪里发射出来的。"[10]他估计，这需要攻击者拥有至少八比一的优势才能穿过射程区域。[11]战役会带来大规模伤亡，"战争的规模如此之大，以至于无法让军队把战斗推进到一个决定性的时刻"。[12]（布洛赫也有悲观的看法，认为现代欧洲人，尤其是生活在城市里的欧洲人，比他们的祖先更虚弱，也更紧张。）事实上，在未来战争中，不太可能分出明确的胜负。虽然战场是杀戮之地，但国内的贫困将导致混乱，最终导致革命。布洛赫说，战争将是"一场毁灭所有现行政治制度的灾难"。[13] 布洛赫竭尽全力接触决策者和广大公众，他还在1899年第一届海牙和平会议上分发他的书，甚至还在伦敦皇家三军联合研究所这样不甚友善的地方做讲座。1900年，他在巴黎世界博览会上出钱办了一场展览，展示过去的战争和未来的战争之间的巨大差异。1902年去世前不久，他还在卢塞恩建立了国际战争与和平博物馆。[14]

战争从经济上看根本就不理性的观点传播到更广泛的欧洲大众，竟是通过一个出乎人们意料的人，他十四岁辍学，之后周游世界，此外还做过牛仔、养过猪，还淘过金。他就是诺曼·安杰尔，一个虽然瘦小虚弱且疾病缠身但活到了九十四岁高龄的男人。在他漫长的一生中，见过他的人都认为安杰尔和蔼、友善、热情、有理想，以及没什么条理。[15] 他最终进入新闻界，并在第一次世界大战之前在巴黎的《大陆每日邮报》工作。（他还抽出时间在那里建立了第一支英国童子军。）1909年，他出版了一本小册子，名为《欧洲的错视》，其后历经多次增订，成了篇幅更长的《大幻觉》。

安杰尔挑战了人们普遍认为战争有好处的看法，即所谓的大幻觉。或许征服在过去是有意义的，那时候各个国家自给自足，对他国没什么需求，所以胜者可以强行带走战利品，并且至少在一段时间内享受战争所得。即便如此，当时的战争也会削弱国家，尤其是会折损本国的精英。法国仍在为路易十四和拿破仑领导下的战争胜利偿付代价："由于一个世纪的军国主义，法国被迫每隔几年就要降低新兵入伍的身体素质标准，这样才能维持兵力，以至于连一米都不到的矮子都算大个头了。"[16] 战争在现代已经是无用功，因为获胜的一方不会因此得到任何好处。在20世纪这个经济上相互依赖的时代，即便是强国也需要贸易伙伴，需要一个能在其中找到市场、资

源和投资地的繁荣世界。掠夺战败的敌人，使他们穷困潦倒，只会
伤害胜利者。另一方面，如果胜者决定帮助战败地区繁荣发展，那
发动战争的动机何在呢？安杰尔打了个比方说，假设德国也要接管
欧洲，那么德国会开始洗劫它征服的地方吗？

> 但这无异于自杀。德国庞大的工业人口要去哪里寻找市场
> 呢？如果德国着手培养这些征服地并使其富有，那么它们只会成
> 为效率很高的竞争者，而且德国不需要进行史上最昂贵的战争就
> 能达到这个结果。这就是悖论所在，征服是没有意义的——一个
> 我们自己帝国的历史就清楚展现的那种大幻觉。[17]

安杰尔认为，英国允许独立的殖民地，尤其是自治领繁荣发展，
以此来保持帝国的统一，这样所有人都能受益——而且没有无谓的
冲突。安杰尔相信，商人已经意识到了这个重要的真相。过去数十
年来，国际形势一旦紧张到可能爆发战争时，商业都会受损，因此，
无论在伦敦、纽约、维也纳还是巴黎，商界人士都会团结起来终结
危机，"不是出于利他心理，而是商界的一种自我防卫"。[18]

不过大部分欧洲人仍然持安杰尔警告过的非常危险的想法，即
战争是必需的。欧陆各国都在建设自己的军队，而英德两国则展开
了海军军备竞赛。欧洲人也许认为他们强大的军力只会用于防卫，
但尚武和军备竞赛的总体效果，就是使战争更可能爆发。欧洲各国
的政治领袖都必须正视这一点，也必须放弃那种大幻觉。"如果欧洲
的政治家能暂时把笼罩在他们头脑中的那些无关紧要的考虑放在一
边，他们就会看到，在这种情况下，武力获取的直接成本必然超过
所获得财产的价值。"[19]考虑到当时欧洲的紧张气氛，安杰尔可谓正
逢其时，而且人们接受了他的观点这一事实也激励了那些倡导和平
的人。意大利国王显然阅读了他的作品，德皇也对此有"浓厚的兴

趣"。在英国本土，无论是外交大臣爱德华·格雷爵士还是反对党领袖鲍尔弗也都读了安杰尔的著作，而且对其印象深刻。[20] 杰基·费舍尔也是，他说这本书好比"天降甘露"。[21]（费舍尔对战争的态度相当简单：绝不求战，但如有必要，他会拼尽全力。）支持者们联合起来成立了一个基金会，以便日后被称为安杰尔主义的思想能够在大学里得到研究。[22]

在 19 世纪最后几十年和 20 世纪的头几十年里，有组织的和平运动、更广泛的反军备竞赛和军国主义的运动赢得了虽非全部但也是大批中产阶级人士的支持，在欧洲与北美发展良好。1891 年，运营至今的国际和平局在伯尔尼成立，其将各国的和平会社，特别是像贵格会和平之友这样的宗教组织，或促进仲裁和裁军的国际机构联合了起来。人们开展各种和平运动、向政府请愿，举办国际和平会议和大会，还提出了诸如"反战人士""反战主义"甚至"和平主义"这样的新词——无论是在任何情况下都反对战争的人，还是努力限制或防止战争危害的人，都用这些词来标榜自己。1889 年，在法国大革命纪念日这天，来自 9 个不同国家的 96 名议员齐聚巴黎，成立了各国议会联盟（Interparliamentary Union），致力于和平解决各国之间的争端。到 1912 年，该组织已经拥有来自 21 个不同国家的 3640 名成员，其中绝大多数来自欧洲国家，但也有来自美国和日本的。在同样吉庆的 1899 年，第一届世界和平大会开幕，来自欧洲和美国的 300 名代表与会，这个大会在 1914 年前一共开了 20 届。[23] 1904 年的和平大会在波士顿召开，由美国国务卿海约翰主持开幕。这项和平事业备受尊重，就连老派的悲观主义者比洛都很欢迎该联盟能在 1908 年于柏林举办一场会议。他在回忆录中说，虽然他很清楚，大多数和平主义者的"梦想和幻想"是愚蠢的，但那次会议还是提供了一个"消除某些反德偏见"的好机会。[24]

比洛不用太过担心德国本土的反战人士。德国和平运动的参与人数从未超过一万，而且主要来自中下阶层。举例而言，与英国的情况不同，德国的和平运动并没有吸引著名教授、商业领袖或是贵族成员。在英国和美国，高级神职人员会支持这些运动，而在德国，教会一般会做出谴责，他们认为战争是上帝对人类计划的一部分。[25]德国的自由派也没有像英法的自由派那样倡议和平。1871 年，德国自由主义者沉浸在对法国的伟大胜利和德国统一的喜悦中，基本上忘记了他们之前对俾斯麦及其专制和反自由主义政权的保留意见，转而支持新的德意志帝国。甚至左翼自由派的进步党也经常投票支持为陆军和海军拨款。[26]在一个由战争建立起来的国家里，和平并不是一项有吸引力的事业，在这里，军队占据着至高无上的地位。

在奥匈帝国，和平运动也同样规模较小且缺乏影响力。不仅如此，和平运动也卷入了民族主义政治的旋涡。比如，尽管说德语的自由派在 1860 年代和 1870 年代反对战争，现在却开始支持哈布斯堡家族及其帝国。虽然他们继续主张仲裁，但他们也支持征兵和更积极的外交政策。[27]在更往东的俄国，反战主义主要局限于像杜高鲍人这样的边缘宗教派别，尽管我们可以说托尔斯泰一个人就堪称一场反战运动。

1914 年以前声势最壮也最具影响力的和平运动出现在美国，英法两国紧随其后。在这几个国家，反战人士可以而且经常举出他们自己的历史，以证明他们克服了从内战到革命的严重分歧和直接冲突，并成功地建立了具有可行制度的稳定繁荣的社会。这些幸运的国家肩负着对世界的使命，要为所有人的利益传播他们优越而和平的文明。老罗斯福曾说："我们已经是个伟大的国家了，我们的所作所为必须配得上这样一个肩负此种责任的民族。"[28]

美国的反战主义在美国历史上有着深厚的根基，在世纪之交，旨在改革国内社会并在国外传播和平与正义的进步运动也推动了它的发展。神职人员、政治家和巡回演说家在全国各地传播反战主义的理念，公民组织起来致力于打造正直的地方政府、清拆贫民窟、戒酒、公共事业以及国际和平。1900—1914 年，美国出现了约 45 家新的和平主义团体，得到了从大学校长到商人在内的全社会各个阶层的广泛支持，而且一些有实力的组织，如基督教妇女戒酒联盟，还专门设立了与和平议题有关的分支机构。[29] 从 1895 年开始，贵格会商人阿尔伯特·斯迈利在纽约州的天湖（Lake Mohonk）出资举办了一场有关国际仲裁的年度会议。1910 年，安德鲁·卡内基捐资成立了卡内基国际和平基金会。他表示，一旦实现了和平，基金会的资金就可以用于治疗其他社会弊病。[30]

杰出的演说家、政治家威廉·詹宁斯·布莱恩曾三次以进步纲领竞选总统，以其《和平之王》的演说蜚声全美。这篇演说在肖托夸的成人教育博览会上发表，很快就从他纽约州的家乡传播到了数百个美国城镇。"全世界都在寻求和平，"他对全神贯注的听众说，"每颗跳动的心都在渴望和平，人们为确保和平想出了许多办法。"1912 年，布莱恩成为伍德罗·威尔逊总统的国务卿，并着手谈判所谓的"冷静"条约，其中，缔约各方要承诺在一定期限内不发动战争，这个期限一般至少要有一年，还要将纠纷提交仲裁。尽管老罗斯福大肆批评了布莱恩的言行并认为布莱恩不过是个愚蠢的"人肉喇叭"，而且他的计划也都是徒劳，但截至 1914 年，布莱恩还是与三十个相关方缔结了条约。（然而德国拒绝了。）

在英美两国，贵格会虽然人少但影响力甚大，在领导和平运动的过程中发挥了重要作用，而在法国，反战人士则强烈反对教会干预。在法国，据估算，1914 年以前大约有 30 万人投身各式各样的和平运动。[31] 在英法美这三国，和平运动能够利用强大的自由主义和激进传统，基于道德的和社会的理由反对战争，以吸引重要公众的舆论认可。战争不仅是错误的，也很浪费，它把本来应当用来医治社会弊病的资源挪走了。军国主义、军备竞赛、侵略性的外交政策和帝国主义都被视为相互关联的罪恶，如果要实现持久和平，就必须解决这些问题。在英法美三国，强大的自由派媒体和致力于更广泛社会事业的组织，以及布莱恩和英国议会工党领袖基尔·哈迪等主要政治家，也在帮助传播和平信息。拥有 20 万会员的法国人权联盟（Ligue des Droits de l'Homme）定期通过动议号召和平，教师们召开的大会则在讨论设计一套非民族主义也非军国主义的历史课程。[32] 在英国，有影响力的激进报刊，如《曼彻斯特卫报》和《经济学人》，都在背后支持裁军和自由贸易，认为这些能让世界变得更美好。1905 年自由党政府上台时，它就被要求为和平再多做贡献，这种压力既来自党内越来越多的激进派，也来自新兴的且不断发展壮大的工党。[33]

　　个人与教会团体这样的机构也为和平作出了自己的贡献，试图将潜在敌对国家的人民团结在一起。1905 年，英国成立了一个英德友好委员会，由两位激进的同道领导。教会代表团和由未来的首相拉姆赛·麦克唐纳率领的工党代表团访问了德国，贵格会的巧克力大亨乔治·吉百利邀请了一批德国市政官员参观他的模范小镇伯恩维尔。[34] 无处不在的哈里·凯斯勒帮助组织了德国和英国艺术家之间的公开信件交流，以表达对彼此文化的钦佩之情，并举办了一系列促进友谊的宴会，堪称顶峰的是 1906 年在萨沃伊酒店举行的那次，凯斯勒本人与萧伯纳还有自由党的主要政治家霍尔丹勋爵一起发言支持改善英德关系。（凯斯勒在百忙之中还留意到了其中一位出席名流，爱德华七世的情人阿莉塞·凯佩尔那接近全裸的美背还有珍珠首饰。）[35] 在法国，罗曼·罗兰也撰写了他那一系列有关约翰·克利斯朵夫的杰出小说，主角就是一个饱受折磨但才华横溢的德国作曲家，他最终在巴黎获得了认可和内心的平静。这些小说旨在展现作者对音乐的热爱，但他也对茨威格表示，它还寄希望于促进欧洲的统一，让欧洲各国政府停下来思考他们所做的事情有多危险。[36]

尽管支持和平主义的情绪高涨，但在如何实现世界和平的问题上，也存在着广泛的、往往是尖锐的分歧。正如今天一些人认为民主的传播是关键——基于一个有争议的理由，即民主国家之间不会相互争斗——在 1914 年之前的几年里，也有一些人，通常是法国思想家，他们引用法国大革命的伟大理想，认为建立共和国并在必要时让少数民族自治就能确保和平。一位意大利反战活动家在 1891 年表示："从自由的前提出发，接着是平等的前提，通过逐步的演变，就会团结各方利益，培养真正的文明人之间的博爱。如此，文明人之间的战争就是犯罪了。"[37] 降低贸易壁垒和采取其他措施鼓励世界经济进一步一体化也被视为促进和平的方式。这些行动在英国和美国都得到了相当多的支持，这并不奇怪，因为自由贸易在 19 世纪给英美两国都带来了巨大的好处。或者，正如今天一些人所主张的，关键目标应该是摆脱秘密外交和秘密条约。有一小部分人，主要是在英语国家，追随托尔斯泰，认为无论如何都要以非暴力和被动的抵抗来应对暴力，而在另一个极端，一些人则认为战争可以分为正义的和不正义的，而且在某些情况下，比如说反抗暴政和防卫突袭，战争就是正义的。

1914 年以前，大多数和平运动都能就一个问题达成共识，而且比裁军取得了更大的进展，这便是以仲裁解决国际争端的理念。由独立委员会开展的仲裁在 19 世纪就被使用过，偶尔也取得了引人注目的成功，例如 1871 年美国对英国索赔案，事情起因于美国南部邦联舰船"亚拉巴马"号的一系列活动，这艘船是在英国港口建造的。英国不顾美国北方联邦军的抗议，让这艘船驶入公海，击沉或俘获了 60 多艘联邦军船只。打赢内战的美国政府要求英国赔偿这笔损失——赔出加拿大是一个不错的方案——但最终，美国还是决定让英国道歉并支付 1500 万美元左右的补偿。年复一年，世界和平大会通过决议，呼吁世界各国政府建立一个可行的仲裁制度。部分由于这种公众压力，部分由于希望避免战争，各国政府在 20 世纪下半叶越来越多地求助于仲裁。1794—1914 年间的三百次国际仲裁，超过一半都发生在 1890 年之后。不仅如此，越来越多的国家也签署了双边仲裁协议。乐观主义者希望有一天会有一个多边仲裁协议，一个有强制力的法院，一个国际法体系，也许还会出现一个世界政府——当然这是最理想主义的想法。[38] 正如一位美国人所说："正是现代人性的进步这一无可避免的逻辑让仲裁有了如此崇高的地位。"[39]

其他反战活动家更倾向于将精力集中在裁军或至少限制军备上。与现在一样，当时的人们也认为武器、军队的存在以及不可避免会随之而来的军备竞赛加大了战争爆发的可能性。军火商们往往成为和平倡导者攻击的目标，他们认为军火商故意挑起紧张局势甚至冲突，以便兜售武器。因此，当年轻的沙皇出人意料地在 1898 年公开邀请世界大国开会讨论军备空前增加所带来的"严重问题"，并希冀共同努力解决这个问题时，像祖特纳这样的反战活动家非常高兴。事实上，那份提到"可怕的毁灭引擎"和未来战争之恐怖的邀请函，很可能就出自一位反战人士之手。沙皇之所以如此，似乎部分是出于理想主义，部分则是出于现实考虑，即俄罗斯很难在军费开支方面跟上其他列强的步伐。[40] 俄国的第二份通知提出了可能讨论的议题，包括停止各国的军备扩张，限制某些新式更致命武器的使用，以及规范战争行为。[41]

欧洲其他列强政府对此不温不火，德国政府甚至表现出敌意，但他们也必须回应公众的热情响应。敦促代表们为和平而努力的请愿书和信件从世界各地蜂拥而至。在德国，一场支持裁军宣言的运动获得了超过一百万个签名。呈递到海牙会议的文件也让我们看到了民族主义是如何破坏 1914 年之前的裁军努力的。文件上写道："我们不希望德国裁军，这世界还充斥着刺刀。我们不想削弱德国在世界上的地位，也不想放弃我们可以从国家间的和平竞争中获得的任何好处。"[42]

"我会去看这场会议喜剧，"德皇表示，"但跳华尔兹时，我要把匕首放在腰间。"[43]这一次，德皇的舅舅爱德华七世也同意了他的看法："这是我听过的最无稽、最垃圾的话了。"[44]德国参加会议的目的是破坏会议，前提是它能做到这一点而不用承担所有责任。德国代表团团长是驻法大使格奥尔格·楚·明斯特，他非常不喜欢会议的整个理念，另外，代表团成员还有卡尔·冯·施滕格尔，这位慕尼黑教授在会前不久出版了一本小册子，字里行间都在谴责裁军、仲裁与整个和平运动。[45]荷尔斯泰因在德国外交部给代表团的指示是这么说的："对国家来说，没有比保护其利益更崇高的目标了……就大国而言，这未必与维持和平是一致的，更有可能的是，强国适时地联合在一起，对付那些侵凌我们的敌人与竞争者。"[46]

列强之中，奥匈帝国的态度也颇为冷淡。外交大臣戈武霍夫斯基对代表团的指示是："现有的国际关系不会容许这次和平会议达成任何实质结果。但在另一方面，我们自己也不希望会议能达成什么成果，至少在军事和政治问题上是这样的。"[47]和平运动势头强劲的法国倾向于支持这次会议，但其外交部部长德尔卡塞担心代表团可能会通过的决议将暗示法国必须放弃和平收复阿尔萨斯－洛林的希望："就我本人而言，即便我是外交部部长，但我首先是个法国人，我和其他法国人有着共同的感受。"[48]将杰基·费舍尔加进代表团的英国愿意讨论仲裁问题，但对裁军毫无兴趣。费舍尔告诉英国政府，冻结海军军备是"完全不切实际的"，对新式改良武器的任何限制"都将有利于野蛮国家，而不利于更文明的国家"。至于说到规范战争，"他们的勋爵们反对以这种方式约束国家，因为这样的安排几乎肯定会导致相互指责"。陆军部同样直言不讳，认为俄罗斯人提出的措施没有一个是可取的。[49]美国派出了一个由驻柏林大使安德鲁·怀特率领的代表团，团员中还有海权倡导者阿尔弗雷德·马汉。"[马汉]

他对这次会议的目标真是一点儿也不赞同。"[50] 美国的立场是总体上支持和平,但拒绝讨论限制军备,理由是美国的海军和军队规模太小,欧洲人不应该插手。[51] 会上,怀特就这一点作了雄辩的发言。英国的随行武官向伦敦报告说:"法国海军上将在演说结束时对我说,美国人摧毁了西班牙的海军和商业,现在也不希望任何人摧毁他们自己的。"[52]

1899 年 5 月,大部分欧洲国家外加美国、中国、日本等二十六个国家的代表团,以及以祖特纳和布洛赫为首的反战活动家聚集在海牙。(祖特纳入住的宾馆悬挂了一面白色旗帜,向她出席会议和她所投身的事业致敬。)因地理位置而十分担心德法开战的荷兰人举行了盛大的开幕式,并在整个会议期间盛情款待与会代表。"也许自开天辟地以来,"怀特表示,"从来没有如此多的人齐聚一堂,他们抱着一种更加绝望的态度,怀疑可能有任何好的结果。"[53] 荷兰王室让出一座宫殿供会议使用,会议在大门厅举行,还恰切地装饰了一幅鲁本斯风格的以和平为主题的油画。代表们都在猜测俄国的动机,许多人怀疑,沙皇只是想争取时间加强军事力量。[54] 德国代表团的一名军官给人留下了很不好的印象,他发表了一篇极具挑衅意味的演讲,吹嘘自己的国家很容易负担得起国防开支,而且每个德国人都把服兵役视为"一项神圣的爱国义务,他的存在、他的繁荣和他的未来都要靠这义务"。[55]

比利时军备调查委员会的负责人正确地告诉自己的政府,没人认真对待裁军的建议。[56] 不过,这次会议确实就相对次要的武器问题达成了协议:暂停研发窒息性气体,禁止使用会造成严重创伤的达姆弹,以及禁止从热气球中投落弹。它还批准了一系列关于战争行为规则的国际协议,如人道对待战俘或平民。最后,在国际仲裁方面也向前迈出了重要一步,会议商定了《和平解决国际争端公约》,其中包括在国家间争端案件中设立调查委员会的若干条款。1905 年,俄罗斯和英国就借助这样一个委员会成功解决了多格浅滩事件。

《公约》还规定设立一个常设仲裁法院。（几年后，美国慈善家安德鲁·卡内基在海牙捐资建造了新哥特式的和平宫，至今仍矗立在那里。）虽然在德皇的全力支持下，德国政府最初打算反对设立该法院，但它最终决定，德国不应该孤零零地站在反对的位置上。德皇说："为了不让沙皇在欧洲面前出丑，我同意这种荒唐的做法。但在实践中，我将继续依靠和祈求上帝，以及我的利剑。他们那些决定简直就是屎！"德国代表设法在最后的文件中增加了许多例外情况，正如明斯特所说，它看起来就像"一张有很多洞的网"。[57]尽管在第一次世界大战之前，仲裁法院处理了十几起案件，但就像今天一样，前提是各国政府愿意将问题提交给它。德国政府公开表示对会议得出的"令人开心的成果"很满意，但德国代表施滕格尔则强烈谴责。[58]德国的外交又一次显得不必要地笨拙，给人留下了一个好战大国的印象——它似乎不准备与其他国家合作。

1904年，西奥多·罗斯福呼吁召开第二届海牙和平会议，但是日俄战争的爆发实际上将会议推迟到了1907年5月。此时，国际局势更加不容乐观。英德海军军备竞赛如火如荼，三国协约正在形成。新任英国自由党首相亨利·坎贝尔-班纳曼爵士建议将限制军备提上议程。他还声称英国的海上力量一直是促进和平与进步的仁慈力量，但毫不奇怪，欧洲大陆对此的反应是冷嘲热讽和心怀敌意。

广大公众支持和平的情绪进一步警醒了许多权威人士、政治家或军方人士，这些人都认为战争是国际关系的必要组成部分，和平主义将削弱他们使用武力的能力。保守派认为和平主义是对旧秩序的挑战。正如1906年至1912年奥匈帝国外相阿洛伊斯·冯·埃伦塔尔在给一位朋友的信中写道："君主制国家都反对国际和平运动，因为和平运动反对英雄主义，而英雄主义是君主制度所必需的。"[59]

在最近的战争中遭受毁灭性损失后，俄国政府想要自由地重建其军队，新任外相伊兹沃利斯基说："裁军只是犹太人、社会主义者和歇斯底里的妇女的想法。"[60]当比洛在会议开幕前不久告诉帝国议会，德国无意在海牙讨论军备限制时，人们对之报以欢笑。[61]奥匈帝国也效仿其盟友。埃伦塔尔说"一个柏拉图式的宣言"应该能很好地解决这个问题。[62]法国人发现自己处于一个尴尬的境地，在支持他们的老盟友俄国还是他们的新朋友英国之间左右为难，私下里希望这件事能得体面的处理。最初支持军备限制的美国正在让步；罗斯福越来越担忧日本在太平洋地区海军力量的增长，并考虑建造无畏级战舰。[63]

这一次，来自四十四个国家的代表聚集在海牙，和以前一样，有大量的反战活动家，包括祖特纳和激进的英国记者托马斯·斯特德，后者组织了一场国际和平运动，向大国施压。（不过随后他态度大变；1912年他登上"泰坦尼克"号之时，已经成为无畏舰建造计划的狂热拥护者。）[64]这次有几个拉丁美洲国家的代表出席；一位俄罗斯外交官说，他们举行了"特别有趣和有吸引力的"宴会。荷兰人还是那么热情好客；但这次比利时人也不分伯仲，他们为与会代表举办了一场中世纪的骑士比武大会。[65]

英国人意识到裁军注定要失败，于是有风度地作出了让步；在一次仅持续了二十五分钟的会议上，英国高级代表提出了一项决议，大意是"非常希望各国政府重新认真研究这个问题"。[66]该决议获得全体一致通过，而已经影响到陆地军力的军备竞赛仍旧继续。虽然相比于上届海牙会议，德国人的外交手腕更加灵活，但他们还是成功阻止了国际仲裁条约的达成。他们的高级代表、驻奥斯曼帝国大使阿道夫·马歇尔·冯·比贝尔施泰因发表了演讲，他一边赞扬了仲裁，一边也表示现在还不是引入仲裁的时候。他后来说，他自己也不确定是要赞成还是反对。一名比利时代表说，他希望自己死去的时候可以像马歇尔杀死仲裁条约那样毫无疼痛。[67]英国外交部里的反德派埃尔·克劳作为英国代表出席了海牙会议，他致信伦敦同僚：
"会议上的普遍气氛是大家的恐德情绪。德国人还和从前一样，时而
哄骗，时而强横，总是在积极密谋着什么。"[68] 和以前一样，战争规
则有了一些小的改进，但公众的总体反应是认为这次会议失败了。
祖特纳说："真是一场美好的和平会议！你只听到伤员、病人和交战
国的消息。"[69] 第三届海牙会议计划在 1915 年举行，到 1914 年夏天，
一些国家已经成立了相关组织为会议做准备。

　　如果说各国政府在战前没有为推动和平事业做出什么努力的
话，那么和平运动还有一个巨大的希望——第二国际，该组织成立
于 1889 年，旨在将全世界的工人及社会主义政党聚集在一起。（卡
尔·马克思本人于 1864 年创立的第一国际在十几年后因理论分歧而
解散。）第二国际确实不愧"国际"之名，成员政党遍布欧洲、阿根
廷、印度与美国，而这个组织确实也只会随工业化的扩展而发展壮
大。该组织是由共同的敌人资本主义和深受马克思影响的观念团结
起来的，而马克思的老伙伴恩格斯就曾出席过该组织的第一次大会，
马克思在世的女儿和女婿也对该组织的发展助力颇多。最重要的是，
第二国际成员数足够多；第一次世界大战爆发前夕，大约有 25 个不
同的政党隶属于它，其中包括了在英国议会拥有 42 个席位的英国工
党和拥有 103 个席位并拿下了全法五分之一选票的法国社会党。其
中最重要的是德国的社会民主党，它拥有超过一百万成员和四分之
一的德国选票，在 1912 年选举后，它拥有 110 个席位，这使它成为
德国议会中最大的单一政党。如果全世界的工人能够联合起来，他
们就有能力阻止战争的发生。马克思曾说过一个很有名的观点，工
人没有祖国，只有自己阶级的利益。资本主义剥削工人，但也需要
工人来让工厂、铁路和港口运转，而且还要动员工人填充军队兵员。
一名好战的法国社会主义者顿呼德皇："您的干火药？阁下！您难道
看不见，四百万德国工人正往里面撒尿吗！"[70]（德国陆军部长期以

来拒绝增加军队规模的原因之一是担心从工人阶级招募的士兵不会
忠诚作战。）按照社会主义理论，一旦社会主义取得最终胜利，世界
上就根本不会有战争了。德国社会民主党左派要人卡尔·李卜克内
西就曾轻蔑地对祖特纳说："你们想要实现的，即世界和平，我们将
会实现——我的意思是社会民主，事实上那会是一个伟大的国际和
平联盟。"[71]

　　祖特纳不太关心社会主义者。在她看来，工人要成为对社会有
益的人，需要得到恩庇。她曾说："他们必须首先克服自身的粗鄙。"[72]
总的来说，在 1914 年之前的几十年里，以中产阶级为主的和平运动
与社会主义者的关系并不融洽。上层和中产阶级被革命言论吓退了，
而社会主义者倾向于认为自由主义者唱的是资本主义的"白脸"，意
图是向工人掩盖资本主义的真实本质。在涉及和平议题时，社会主
义者不像反战自由主义者那样对诸如仲裁与裁军的议题有耐心；他
们认为，资本主义才是战争的根源，重要的是推翻资本主义。恩格
斯在 1887 年描绘了一幅可怕的图景：未来欧洲将爆发一场大战，这
场战争将带来饥荒、死亡、疾病，经济和社会将会崩溃，最终国家
也会崩溃。"十几顶皇冠滚落阴沟而无人捡拾。"恩格斯也认为人们
完全无法预测大战会如何收场。"只有一种结果是肯定会出现的：普
遍发生的民穷财尽会为工人阶级的最终胜利打下基础。"[73]

　　然而，欧洲社会主义者真的想以这样的代价获得胜利吗？既反
对战争，又用和平手段获取权力，不是更好吗？选举权的普及与工
人阶级生活条件的改善，尤其在西欧，似乎打开了另一条希望之路：
大家可以利用投票箱、法律、与其他利益有所重叠的政党的合作来
达成目标，而不是诉诸血腥的暴力革命。社会主义政党出现了一股
修正马克思主义正统的浪潮。马克思主义正统理论认为，革命要通
过一个阶级和另一个阶级之间的暴力冲突才能发生，而对这一正统
判断的修正则在欧洲社会主义政党内部引发了痛苦和不和的辩论，

特别是在德国社会民主党中，并且也动摇了第二国际。一次又一次，论战各方在马克思和恩格斯的著作中遍寻支持自己主张的依据，在这之后，德国社会主义者投票支持革命正统。讽刺的是，他们实际上成了改良派，甚至是可敬的改良派。不断壮大的工会完全准备好了与企业合作以为其成员争取利益，而在地方一级，镇议会等机构的社会主义者也与中产阶级政党合作。在国家层面，社会主义者保持着过去的敌对立场，在任何情况下都投票反对政府，而且当帝国议会的成员起立欢呼德皇时，他们会炫耀似的坐在位子上不动。[74]

　　德国社会主义领导人担心政府中有许多人可能都希望借机恢复俾斯麦的反社会主义法律。这一担心不无道理。更糟糕的是，德皇公开提醒他的士兵，社会主义者可能不得不射杀自己的兄弟。1907年的选举在民族主义情绪高涨的情况下开展，在这之前，德国刚刚残酷镇压了西南非洲殖民地的一场暴动。这场选举沉重打击了德国的社会主义者。他们被民族主义右翼指责为不爱国，失去了帝国议会83个席位中的40个。这反过来又加强了该党温和派的力量：社会民主党新议员古斯塔夫·诺斯克在帝国议会的首次演讲中承诺，他将"像任何资产阶级成员一样坚决地"击退外国侵略。[75]社会民主党领导层也尽一切可能控制麾下的左翼势力，压制一切总罢工或是革命活动的建议。[7]如果德国政府能更明智一些，并注意到社会民主党不再是现有秩序严重威胁的许多迹象，它很可能会让社会主义者进入主流政治。相反，政府继续以怀疑的态度对待社会主义者，怀疑他们的忠诚，那么结果就是，无论社会主义领导层及其成员在实践中怎么做，他们几乎没有理由放弃对马克思主义正统的口头承诺。

　　要为这种意识形态上的循规蹈矩和怯懦相混合的状态负责的关键人物是一个身材瘦小的男人——奥古斯特·倍倍尔。他是德国社会民主党的主召集人、议会主要发言人之一，也主要是因为他，德国社会民主党才继续坚持马克思主义。他的父母是工人阶级，父亲是旧普鲁士军队的士官，母亲是家庭用人。十三岁时，他成了孤儿，亲戚把他交给一个木匠当学徒。1860 年代，他开始信仰马克思主义，并将余生献给了政治。他因反对 1866 年德国对奥地利的统一战争和 1870 年德国对法国的统一战争而被判叛国罪。虽然他在狱中广泛阅读并撰写了一篇关于妇女权利的文章，但他总是更擅长组织——在这方面他是大师——而不是理论。1875 年，他帮助建立了社会民主党，并将其打造成一个纪律严明的大型组织。

　　倍倍尔是第二国际成立时德国代表团的一员，多年来，社会民主党凭借规模和纪律成为其最重要的成员。德国对取得第二国际成员资格的要求很简单也很严格：必须时刻牢记阶级斗争，不妥协，不与资产阶级政党交易，不参加资产阶级政府，不支持资产阶级事业。1904 年在阿姆斯特丹召开的代表大会上，倍倍尔谴责法国社会主义领袖让·饶勒斯在德雷福斯事件中支持法兰西共和国："君主政体或共和政体——两者都是阶级国家，两者都是一种维持资产阶级统治的国家形式，两者都是为了保护资本主义社会秩序。"德国人和他们的盟友，包括更加教条主义的法国社会主义者，推动通过了一项决议，谴责任何脱离阶级斗争的企图，"这种企图不是通过击败对手来征服政治权力，而是遵循与现有秩序妥协的政策"。饶勒斯热烈地相信社会主义者的团结，也接受了这项决议，但其他人也许会感到绝望或痛苦，他只是努力将法国和国际社会主义运动中的不同派系团结在一起。[77]

　　饶勒斯一贯如此，社会主义事业比他本人更重要。他也从不记仇。生活中，他交友从不问意识形态，政治上，他也总是准备好与对手沟通。"他的同情心是如此普遍，"罗曼·罗兰说，"他既不会陷入虚无，也不会成为狂热分子。任何不宽容的行为都令他反感。"[78] 在 1914 年之前的社会主义领导人中，饶勒斯能脱颖而出靠的是他所具备的常识、对政治现实的认知、为妥协而努力的意愿，还有他的乐观。出于对理性和人性本善那不可动摇的信念，直到他去世的那一天，饶勒斯都相信政治的目的是建设一个更好的世界。尽管他深入研究了马克思和其他社会主义经典作家，但他从来不教条。不同于马克思，饶勒斯并不认为历史本身是通过阶级斗争以一种不可避免的方式演进的；对饶勒斯而言，人类的能动性和理想主义永远有一席之地，通向未来的不同的、更和平的道路总是有可能的。他理想中的世界是所有人都能享受到公正和自由，一个能带来幸福的世界。他曾经说过，社会主义的目标应该是让普通人"享受现在只有特权阶层才能享受的所有生活乐趣"。[79]

饶勒斯身体结实，肩膀宽阔，有着一张平易近人且和善的脸和美丽深邃的蓝眼睛。他精力充沛地度过了自己的一生。他既是一个完美的政治家，也是一个深思熟虑的知识分子——他本可以成为一名伟大的古典学者。他是一个聪明甚至可以说才华横溢的男人，但这并没有让他变得傲慢无礼。他娶了一个略显木讷的女人，没什么共同语言，但他仍然忠于这段婚姻。尽管饶勒斯在年轻时就不再信仰上帝，但他并不反对妻子对几个孩子从小施行宗教教育。饶勒斯酷爱美食美酒，但往往在谈兴甚浓之时忘记吃饭。他不在乎财富或是地位。他在巴黎的公寓虽然舒适但很破旧，书桌也是用从支架上拆下来的木板搭的。1907 年在一次社会主义大会上见过饶勒斯本人的拉姆塞·麦克唐纳说，饶勒斯的着装看上去就像一根长柄叉子匆匆穿了几件衣服。麦克唐纳说，饶勒斯头戴一顶草帽，从容自然地逛来逛去，"就像一个初到新世界的青年，或是一个掌握了命运、发现了如何用无忧无虑的快乐填充时光的游手好闲的玩家"。[80]

饶勒斯 1859 年出生于法国南部塔恩的一个中产之家，父亲很不安分但也一事无成，这让他从小就体会到了接近贫困的生活。母亲在家里的地位似乎很高，也正是母亲将饶勒斯送到当地的寄宿制学校就读，在那里，他表现杰出。他才华横溢，成就颇丰，这使他

能去巴黎深造，并最终进入巴黎高等师范学院，这所学校在当时和
现在一样，培养了法国的许多精英。即使在相对年轻的时候，饶勒
斯就表现出对社会问题的强烈关注，他选择从政也就不足为奇了。
1885 年，他第一次被选为国会议员，1889 年，他被击败。接下来
的四年里，他在图卢兹教书，并在市议会任职。这些实际的经验长
期以来都使他能够意识到面包和黄油问题对选民的重要性。他当了
三十五年的法国议会议员，其中十年是法国社会党领袖。他是个杰
出的演说家。无论是在议会、社会主义大会上，还是穿梭于法国的
城镇和乡村时，他都会努力擦拭额头的汗水，以坚定的信念、雄辩
的口才和丰富的情感发言。他还抽出时间大量写作，从 1904 年开始
编辑社会主义新报《人道报》，并在接下来的十年里为该报写了二千
多篇文章。

　　1904 年在第二国际代表大会上失败后，饶勒斯越来越关注逐渐
恶化的国际局势，并将他的大部分精力投入到和平事业中。他一直
支持仲裁和裁军，但现在他研究战争本身。因为他是饶勒斯，所以
他的研究很严肃。他会阅读军事理论和战争史，并与年轻的法国陆
军上尉亨利·热拉尔展开合作。一天晚上，当这两个人坐在巴黎的
咖啡馆里时，饶勒斯预测了未来的战争样貌：“枪林弹雨；整个国家
被摧毁；数百万士兵躺在泥泞和鲜血中；还有数百万具尸体……”
几年后，在西线的一场战役中，一个朋友问他为什么发呆，他回复说，
“我感觉这一切我都很熟悉”。“饶勒斯预见到了这地狱一般的景象和
这场大屠杀。”[81] 在法国内部，饶勒斯建议将法国军队从专注于进攻
的专业部队转变为像瑞士那样的公民民兵，士兵们服役六个月，然
后回来接受短期训练。这支新军队将只用于保卫国家。他认为，这
就是法国大革命打败敌人的方式——武装全国人民。不出所料，他
的想法遭到了政治和军事当权派的拒绝，尽管现在回想起来，他对
防御的强调很有道理。[82]

在鼓动第二国际采取行动方面，他并没有取得更多的成功，尽管从 1904 年起，第二国际的每一次会议都将如何防止战争或如何面对一场欧洲全面战争的问题提上了议程。不幸的是，显然从一开始就存在着深刻的和可能具有破坏性的意见分歧。饶勒斯以及那些与他看法一样的人，比如英国工党议员基尔·哈迪，认为社会主义者应该使用一切可能的武器来反对战争，无论是在议会中做鼓动、大规模示威、罢工，或者在必要的时候发动起义，都可以。然而，德国的社会主义者，尽管他们有革命的言论，在实践中却表现出和他们在国内一样的谨慎。双方产生分歧的关键问题是，是否应该就战争爆发时应采取的具体措施达成协议。德国人根本不准备让自己或第二国际事先承诺会采取号召总罢工的措施，尽管绝大多数社会主义者（实际上欧洲的政治和军事领导人也是如此）都认为，号召总罢工会让各国不再发动战争。对饶勒斯本人而言，他还不准备在此问题上坚持，因为那会分裂社会主义运动。这些分歧被掩盖在冠冕堂皇的决议背后，而那些决议还会谴责战争，宣称全世界工人阶级有决心防止战争，并有意对如何做到这一点含糊其词。正如 1907 年第二国际斯图加特代表大会的决议所说："第二国际无法在正确的时间和地点规定工人阶级反对军国主义的确切形式，因为这在不同的国家自然是不同的。"[83] 七年之后，第二国际就将面对最大的生存挑战。

第一次世界大战爆发前的最后几年里，第二国际仍有信心可以有效推动和平。第二国际其实正在丢掉过去非黑即白地将资本主义视为敌人的倾向，即便言辞上并非如此。随着投资和贸易的普及，资本主义将世界编织在一起，这无疑降低了战争的可能性。就连老强硬派倍倍尔也在 1911 年表示："我公开承认，也许世界和平最大的保障就在于资本的国际输出。"列强在 1912 年和 1913 年成功处理了巴尔干半岛危机，这似乎更加证明资本主义现在站在了和平一边。

在 1912 年的巴塞尔大会上，第二国际甚至宣称将与中产阶级的和平主义者合作。[84]

面对国际紧张局势，社会主义者团结一致的迹象也令人鼓舞。1910 年 1 月，来自巴尔干半岛不同国家的社会主义政党在贝尔格莱德会面，寻求共识。他们在声明中说：“我们必须打破将这些文化相同的民族、这些经济和政治命运紧密相连的国家分隔开来的边界，从而摆脱外国统治的枷锁，正是这枷锁剥夺了各国决定自己命运的权利。”[85]1911 年春，由于奥匈帝国和意大利的关系特别紧张，两国的社会主义者都开展了反对增加军事开支和抵抗战争威胁的运动。[86]最大的希望出现在 1912 年秋天，当时第一次巴尔干战争爆发。全欧洲的社会主义者——柏林有 20 万人，还有巴黎城外的 10 万人——举行了大规模的和平示威活动，第二国际也组织召开了紧急大会，来自 23 个不同社会主义党派（只有塞尔维亚人选择不参加）的 500 多名代表齐聚瑞士巴塞尔。身穿白衣的孩子们领着他们穿过街道，来到宏伟的红砂岩哥特式大教堂。社会主义运动的杰出人物纷纷登上讲坛谴责战争，事实上不是某一场战争，而是谴责所有战争。他们也强调了工人阶级的力量。饶勒斯在最后的发言堪称他毕生最精彩的演说之一。“我们将离开这个大厅，”他总结道，“致力于拯救和平与文明。”与会人员最后似乎伴随着风琴演奏的巴赫作品齐唱了一首歌。“我仍然对我所经历的一切感到头晕目眩。”俄国革命家亚历山德拉·科隆泰欣喜地在给朋友的信中写道。[87]三个月后，第二国际里最大的两个政党，即法国社会党与德国社会民主党发布了一则联合宣言，谴责军备竞赛，承诺携手共建和平。[88]然而，那年夏天，尽管法国社会党人反对一项扩大法国军队规模的提案，德国帝国议会中的社会民主党人却投票赞成增加德国军队的预算。

第二国际的根本弱点不只是不同国家在战略和战术上存在差异，而是在于民族主义本身。这一弱点其实也被语言掩盖了。在 1914 年以前的每一次大会上，来自各国的发言人都对工人阶级的国际兄弟情谊发表了崇高的感言，毫无疑问，他们说的都是真心话。然而，早在 1891 年，一位参加第二国际第二届大会的荷兰代表就说出了那句令人尴尬但具有预言性的话："社会主义预设的国际情感在我们的德国兄弟中并不存在。"[89] 他本可以对其他社会主义政党和工会说同样的话。事实证明，民族主义并非统治阶级煽动起来并强加给其他人的；它在欧洲各国社会都有很深的基础。无论是法国工人诵唱的民族主义歌曲，还是德国工人参军时的自豪之情都体现了这一点。[90] 回顾历史，也许更容易看到民族主义对第二国际的影响，例如，不同的社会主义政党无法就如何庆祝五一劳动节达成一致，在 1905—1906 年第一次摩洛哥危机期间，德法联盟领导人之间也争论不断，或者德法社会主义政党也会大肆批判彼此的行事方式。[91] 1910 年巴尔干半岛的社会主义者建立统一战线的尝试在第二年失败了，因为保加利亚的社会主义者已经忙于内部斗争，转而攻击塞尔维亚人。[92]

　　1908 年，奥地利社会党批评了本国政府吞并波黑的行为，但对塞尔维亚的不满没有表现出多少同情。事实上，奥地利社会主义者倾向于认为他们自己的国家在巴尔干半岛肩负着文明教化的使命。[93] 他们并非个例。尽管在社会主义理论中帝国主义是不好的，但在 1914 年之前的几年里，欧洲社会主义者越来越倾向于以高等文明给低等文明带来利益为理由来捍卫对殖民地的占有。一些德国社会主义者则更进一步，认为德国需要更多的殖民地，因为殖民地给德国工人阶级带来了经济利益。[94] 1911 年，当意大利为了夺取北非的领土而对奥斯曼帝国发动公开的帝国主义战争时，意大利社会党的右翼投票赞成政府。尽管该党后来开除了这些代表，但党书记明确表示，他憎恶来自第二国际的压力："所有的批评必须停止，所有要我们表现得更有活力的要求——无论来自哪个方面——都必须被公正地描述为过分的和不理性的。"[95]

第二年，因为各国社会主义者之间的紧张关系，负责第二国际事务的比利时人卡米尔·胡斯曼不得不暂时放弃在维也纳召开第二国际代表大会的想法。"奥地利和波希米亚的情况，"他写道，"相当可悲。我们的同志在那里相互攻伐。不和的气氛已经达到了顶点。那里的人们情绪高涨，如果我们坚持在维也纳聚首的话，恐怕这届大会将充满争斗，很可能会给世人留下最坏的印象。不只是奥地利和捷克处于这种情况；波兰、乌克兰、俄罗斯和保加利亚也是如此。"[96]德法社会主义者之间的关系是第二国际的基石（就像今天的欧盟也有赖于德法两国之间的关系一样），而且双方都在反复强调自身的重要性。然而在1912年，以同情社会主义和德国而闻名的索邦大学德语教授查尔斯·安德勒却将一个令人不安的事实公之于众。他在一系列文章中写道，德国工人更像德国人，而不是国际主义者，如果战争来临，不管出于什么原因，他们都会支持德国。[97]

事实证明，中产阶级的和平运动与第二国际运动一样，也不能免于民族主义的影响。当奥地利的和平主义者拒绝为少数族裔（当然也包括奥匈帝国内部的意大利人）的权利进行示威时，意大利的和平主义者感到非常失望。[98]阿尔萨斯—洛林地区长期以来都能在德法两国和平主义者之间引发纠纷，前者认为这两省的居民在德国治下是幸福和繁荣的，而法国人则指出了他们受到压迫的证据，例如许多说法语的人正在迁离。[99]双方都发现，很难互相信任。"如果我们解除武装，"一名德国和平主义者在1913年表示，"那么法国人极有可能会发动进攻。"[100]英国和德国的和平主义者之间也不再有信任。1911年摩洛哥危机差点引发英德战争时，拉姆塞·麦克唐纳在下院表示，他希望"没有一个欧洲国家会认为这个国家的政党分裂会削弱其民族精神或民族团结"。第二年，一名德国的和平主义者领袖也批评他的同仁为英国说话，认为"这是对我们国家发展安全的致命威胁"。[101]欧洲各地的和平主义者试图通过区分侵略战争和防御战争来调和他们的信念和他们的民族主义。当然，捍卫自由制度，即使是不完善的制度，进而反抗专制政权是正确的。例如，法国的和平主义者总是清楚地表示，共和国必须得到捍卫，就像他们的先辈捍卫法国大革命以抵抗外敌一样。[102]1914年，随着危机加深，欧洲领导人的目标之一，是说服本国民众相信发动战争的决定完全是出于防御。

战争本身是破坏维持欧洲和平诸种努力的最后因素。布洛赫曾经希望，当战争因技术的进步而变得更加致命和工业化，战争的魅力也会随之消解。但事实恰恰相反；军国主义的传播和纯粹的刺激使得战争对许多欧洲人而言具有巨大的吸引力。即使是极力说服读者相信战争是非理性的安杰尔也不得不承认："在战争中，在有关战争的叙事中，以及在有关战争的一切之中，有着某种东西，它深刻地挑起人们的情绪，使我们中最爱好和平的人也能热血沸腾，而且，它还唤起了我所不知道的某些古老本能，更不必说还唤起了我们崇拜勇气、热爱冒险以及向往激烈运动的天性了。"[103]

第十一章　考虑战争

作为普鲁士在德国统一战争中取胜的总设计师,赫尔穆特·冯·毛奇貌秀神俊,穿着合身的制服,佩戴铁十字勋章,一眼就可以看出是一名出身普鲁士容克地主阶层的军官。这个画面既真实又具误导性。老毛奇——人们这样称呼他,以将他与侄子小毛奇（1914年德军总参谋长）区分——确实是一个容克,其所在的阶层几百年来都在普鲁士的北部和东北部经营庄园,过着简单而体面的生活,而且会把儿子送到军队中当军官。一代又一代容克军人,正如他们被期待的,随着普鲁士的扩张,南征北战,血染沙场。（出现在七年战争中的德国军人姓氏将在希特勒发动的战争中再次出现。）容克子弟无分男女,都是按照一个模子培养出来的:体格健壮,从无怨言,勇敢忠诚,体面可敬。老毛奇继承了自身阶层的保守价值观、单纯的虔诚和责任感。就个人而言,他远不像讽刺周刊《傻大哥》对容克军官的形容——"无脑的阳刚和严谨的粗暴",相反,他热爱艺术、诗歌、音乐和戏剧,阅读广泛（从歌德到莎士比亚到狄更斯）,并懂好几种语言。他不仅将吉本的《罗马帝国衰亡史》的数卷译成了德语,还写了一部浪漫主义小说和一部波兰史。对德国和德国军队的发展来说，更为重要的是，老毛奇在某些关键方面是一个非常现代的人，他懂得大型组织要想成功，需要制度、信息、训练，以及共同的愿景和精神。如果生活在另一个时空，或许他能成为德国的亨利·福特或者比尔·盖茨。可以说，他比任何人都不逊色地处理了全欧各国军官团所面临的挑战，那就是如何将军人阶层的价值观与工业化战争的要求相结合。然而，二者的紧张关系将会延续到第一次世界大战。

老毛奇生于拿破仑战争已然打响的 1800 年，死于 1891 年，一生可谓见证了欧洲社会和军队的变迁，也目睹了作战方式的更新换代。拿破仑大军步行或者骑行进入普鲁士并在耶拿战役中击溃普军的时候，他才六岁。到 1870 年，已成为普鲁士总参谋长的他成功实施了对法国的突击战，而这一次，运送军队前往战场的是火车。二十年后，也就是老毛奇去世之前不久，全欧洲的铁路网增加了两倍，第一批以内燃机驱动的机车也已出现。过去，各国陆军的规模往往受制于他们在行军途中能携带多少物资或弄到多少粮食，也受制于士兵的行军速度和脚力。但到了 19 世纪末，火车可以把欧洲更大规模的军队投送到很远的地方，军队也可以从后方日夜不停地生产武器和靴子等军需物资的工厂获得新的补给。

工业革命让更大规模的军队成为可能，而欧洲人口的增长也扩充了人力储备。普鲁士是第一个成功提取这一储备的国家；它利用征兵制从平民社会中招募新兵，让他们接受几年的军事训练，之后再放回平民生活，但仍然被编入预备役，定期进行训练，以磨砺其战斗技能。1897 年，德国拥有 54.5 万常备军，还有 340 万可以随时入伍的后备兵力。[1] 其他欧陆强国别无选择，只能效法。只有英国，凭着海洋的阻隔和海军的保护，可以维系一支规模不大的志愿陆军。到 19 世纪末，欧洲大陆各大强国都配备了一支常备军（也就是说，国内始终有一批人身着戎装拿着武器），此外，还有更大规模的潜在军队分散在整个社会中，时刻准备在动员令下达时现身。老毛奇十二岁那年，拿破仑发动了对莫斯科的远征。当时法国及其盟友的总兵力约为 60 万，是欧洲前所未见的最大军队。1870 年，老毛奇主持了普鲁士及其盟友的 120 万人的动员工作。1914 年，也就是老毛奇去世二十年以后，德国及其盟国（Central Powers）已将 300 万人投放到了战场上。

调动如此庞大的军队，就像在移动整座城镇。士兵们必须编成分队，前往对的火车站，登上对的车。同样重要的是，他们还得带上正确的装备，从军粮到武器弹药，再到下火车后骑乘和运输所需的马匹和骡子。成批的人员与牲畜带着成堆的装备前往指定的战场，他们会汇聚成更大的单位，即师（在大多数陆军中，一个师有两万人），再由两个或更多的师集结成军。每个师和军都必须有炮兵和工兵等专业兵种，以便快速调动与有效作战。1914 年夏天，德国召集了 200 多万人，他们带着数吨物资和约 11.8 万匹马，光是让他们做好向边境移动的准备，就动用了 20,800 列火车。在 8 月的头两个星期里，每十分钟就有 54 节车厢从科隆的霍亨索伦大桥穿越莱茵河，向法国运送部队和装备。[2] 事情如果出现差错（例如日俄战争期间西伯利亚大铁路未能全线贯通而导致俄国补给中断的情况），会给战事带来灾难性的影响。当士兵们或者整个部队四处游荡，试图寻找他们应该去的地方时，补给品的运输方向却有可能与需要它们的人背道而驰，或者在铁路支线上停留数周乃至数月。1859 年，拿破仑三世用铁路运送了一支大军前往意大利与奥地利作战，这些人到达时没有任何毛毯、军粮或弹药。"我们往意大利派了 12 万人，但没有预先在那里储备任何物资。"这位法国皇帝承认，"我们本应粮草先行"。[3]

老毛奇属于最早意识到新时代需要新的更复杂的组织方式的人。军方必须事先制定计划、绘制地图，并且收集尽可能多的信息，因

图 11　1914 年之前，欧洲列强开始预期有可能发生全面战争，纷纷进行军备竞赛，并计划打进攻战。画中，英国、法国、德国、奥斯曼土耳其和俄国等五大国相互对峙，武装到牙齿。山姆大叔在远处沮丧地看着说："那边的人想裁军，但他们没有一个敢先动手！"

为战争动员与战斗打响之间的时间已大大缩短。19世纪以前，军队都是靠步行缓慢前进。腓特烈大王、乔治·华盛顿与威灵顿公爵可以一边派出骑兵探查地形、锁定敌军动向，一边制定作战计划；每次战斗前夜，拿破仑对本方军队与敌军的部署都了然于胸，他可以在第二天早晨才拟订作战计划，下达命令。但这个时代已一去不返；不能预先制定计划的军队形同废物。1819年老毛奇参军的时候，普鲁士军队已经有了参谋部的雏形，而这个机构将在他的手中成为现代军队最重要的制度创新：总参谋部成了大脑，负责给即将在世界历史中出现的巨兽贝希摩斯提供想法和组织，并最终提供领导。参谋官收集别国军队的信息，确保军队随时可以拿到最新的地图，并制订和测试战争计划。比如，奥匈帝国就备有针对俄国、意大利或塞尔维亚的作战计划。

支撑各项作战计划的是数百页详细的动员与铁路运输方案，而这也是总参谋部最重要的工作之一，内容细到包括列车的规模、速度和停靠时间表，以及停车补充水和燃料的时间。[4] 德国再次成为其他欧陆国家的典范，该国铁路的修建、运营与协调很早就确保了符合军事的需要。比如到1914年，德国铁路已经往西修到了法国和比利时边境地带，其运力超过了普通民用交通的需求。[5] 当老毛奇告诉帝国议会需要按照单一的标准时间制定动员时间表，并在整个德国实施时，他的请求立即得到了批准。1914年以前，德军总参谋部的铁路运输处由八十人左右的军官组成，这些人靠智力而非家庭背景被选中（他们大多出身中产阶级，放在今天大概是电脑极客一类的人物。威廉·格勒纳将军1914年担任该处的处长，在加入这个部门的早期，他与妻子的周末都花在制定铁路运输表上）。[6] 反观其他列强，英国再次成为异类；直到1911年，英国陆军与英国各大铁路公司之间都没有多少联络或者磋商。[7]

1857年，老毛奇出任普鲁士总参谋长时，总参谋部只有寥寥几名成员，几乎不为其他军官所知或理会。1866 年普奥战争期间，老毛奇直接向战地指挥官下命令，得到的回应是："好倒是好，但谁是毛奇将军？"[8] 由于两场大胜带来的声誉，到 1871 年，德军总参谋部（依照它后来的称呼）已被认为是德国的国宝，其影响力与权力也相应增长。1880 年代老毛奇仍在职时，总参谋部已有几百名军官和几个不同的部门，成为欧陆其他列强总参谋部的蓝本，尽管它们不可能享有类似的独特且优越的地位。[9]1883 年，德军总参谋部获权直接向君主汇报，逐渐可以自由地将精力集中放在准备或发动战争上，而将国际关系或外交政策等事务留给文官去处理。[10] 小毛奇说："在我看来，外交的最高艺术不是用尽一切手段维系和平，而是长久地塑造一个国家的政治形势，使其在有利的条件下进入战争。"[11] 这样的态度十分危险，因为这意味着无法清楚地划分军事领域与民政领域、战争活动与和平活动；总参谋部以军事理由作出的决定（著名的有 1914 年入侵比利时的决策）会带来严重的政治后果。

战争计划必定变得越来越详尽复杂，如此便出现了另一个危险。作战计划的规模、制定计划所涉及的工作量以及修改计划所需的工作，都成了阻碍变更计划的理由。1914 年，奥匈帝国在最后一刻改动了行军计划，这意味着需要仓促修订 84 箱指令文件。[12] 那些在工作生涯中花了很多时间尽可能让计划做到万无一失的军官，不论有没有意识到，都对出于自己之手的作品，有某种既得利益与自豪感。废除多年工作的成果，搞即兴发挥，只会遭到欧洲各国军方本能的反对。[13] 此外，军事规划人员往往被局限在一个单一的作战方案中，而没有关注更大的形势。奥匈帝国陆军铁路规划处的一名参谋官看到了其中的危险：军方所专注于完善的计划可能只针对一种可能性，可一旦外交政策与战略目标骤然改变就会变得无所适从。在他看来，军方从未成功调和过这两项需求："一方面，计划要尽可能周全，使得统帅部能够以最快速度展开最初的行动；另一方面，要准备好履行作为'工地铁路'的基本职能，也就是'随时满足领导人提出的任何需求'。"这名军官问道，这套花了多年建立起来的体制，是否给领导人留出了足够的决策自由？1914 年的大危机给出了答案。德皇在 1914 年询问小毛奇，能否调整德国的作战计划，只是单线对抗俄国，而不是按照计划同时向法俄开战。小毛奇直截了当地表示这不可能。尽管德皇对此大为不满，但无论是他还是德国政府都没有质疑小毛奇的这一说法。不只德国，数十年来，欧洲各国，无论军事领袖还是文官领袖，都已接受一种观点，那就是军事计划乃专家之事，对于他们的决定，文官既无权力也无知识提出探讨性的问题或进行质疑。

有一种相当流行的指责认为，战前作战计划的僵化制造了一旦启动就无法停下的所谓"末日机器"，而这是第一次世界大战爆发的原因之一，即使不是主要原因。然而，尽管铁路运输与动员计划很复杂，但随着新线路的开发或战略目标的变更，军方每年可以且的确会基于最新信息对其进行修订。甚至计划的总体目标也可能被改变，或者制订替代方案。第一次世界大战结束后，供职于德军总参谋部铁路运输处的格勒纳将军表示，他与同僚本可以在 1914 年 7 月制定新的计划，只针对俄国而不对法国进行动员，而且这样做不会给德国造成危险的延误。第一次世界大战期间，军方发现他们可以快速整合计划，通过铁路将大量的军队从一个前线运往另一个前线。[14]这种能力的第一个引人注目的例子出现在战争的第一个月，当时德军东线指挥部将一支约 4 万人的军团调到了 100 英里以南的战场。动员计划本身并非战争的引爆器，欧洲文官领袖的失职才是：他们先是不能周知本国作战计划的具体内容，其后又没有坚持采用一系列具体计划而非单一的大包大揽计划。

这些作战计划缩短了必须作出决策的时间，从而给决策者带来了额外的压力，这也是第一次世界大战爆发的原因之一。在 18 世纪甚至 19 世纪上半叶，各国政府通常有几个月的时间来思考究竟想不想要或者需不需要战争，而现在，他们只有几天的时间。拜工业革命所赐，一旦动员令下达，军队通常可以在一周内抵达边境并做好战斗准备，德国就是如此；即便是领土广袤的俄国，也只需两周多。欧洲列强都对自身需要多长时间把军队调到前线并做好战斗准备了然于心。在这个过程中，关键是不要落后太多。如果敌军已经在边境集合完毕，但己方只进行了一部分的话，那不光是军方，许多文官也会视之为噩梦。

在 1914 年各国的决策中，引人注意的一点是，各国普遍接受了最短暂的耽搁也意味着危险的观念。奥匈帝国的康拉德认为，奥地利军队要每日必争地往加利西亚边境集结，任何拖延都会让他们在俄国人的大规模攻击面前手忙脚乱。法军的总参谋长约瑟夫·霞飞和德军的总参谋长小毛奇都警告本国政府，一天甚或几个小时的耽搁都会带来恐怖的流血与国土的沦丧。身负重任的高级文官信任这些专业人士，并不会质疑他们，比如，他们不会问构筑防御阵地以待敌人来攻是否会更好。[15] 因此，一旦一国开始动员或只是出现备战迹象，邻国就很难不跟着动员起来。什么也不做可能等同于自杀，而做得太晚的话，还不如不做。1914 年，各国军方就是用这套说辞劝说文官领袖，以催促其尽快下达命令。在古巴导弹危机期间，也曾有人向肯尼迪总统提出类似的论点，而且决策时间单位从天骤减到了分钟：如果他等着向苏联发射导弹，那就太晚了，因为苏联的导弹可能已经在空中了。肯尼迪选择了无视军方的建议；但在 1914 年，并非所有欧洲文官政治家都会表现出这种独立性。

回顾历史很容易看到，军事规划的工作往往有太多向壁虚构的成分。尽管各国情况有所不同，但是总参谋部的规划人员总是自视为技术专家，只管研究保卫国家的最佳方式，而把外交与政治考量留给文官。难点在于国家事务并不总能清楚地划分为军政与非军政两个领域，而文官政府与军方当局的关系中始终存在这一问题。德军总参谋部认定，如果他们要成功地进攻法国，就需要进入比利时，这样做有着充分的战略理由。然而，1914年对比利时的入侵让德国在中立国的声誉严重受损，尤其是美国，并将英国拖入了一场它本来可能不会参加的战争。文官领袖往往对军方的计划浑然不知，或者不在意；英法两国总参谋部之间多年以来不断讨论，其频繁程度在1914年让英国内阁的大多数人大吃一惊。事情也可以反过来。法国军方在法意边界驻扎了两个本可以另作他用的师，却在七年之后才得知，两国政府已签署一份秘密协定，旨在消除那里的紧张局势。[16]

即便是同一个国家，不同军种之间也并不总是会分享信息或协调行动。杰基·费舍尔治下的英国海军因担心泄密，拒绝向英国陆军提供作战计划。1911年，在帝国防务委员会举行的一次漫长而激烈的会议上，费舍尔的继任者亚瑟·威尔逊爵士明确表示，海军没有计划也没有兴趣运送英国士兵前往欧陆作战，即便陆军考虑这种可能性已有一段时间了。至于德国，虽然军界担心本国的波罗的海沿岸遭遇两栖登陆攻击，但德国陆海军也只是于1904年在那里举行过一次联合演习。[17]德国首相显然是直到1912年，也就是大战爆发前两年，才获悉德国作战计划的详情。[18]海军上将蒂尔皮茨在回忆录里声称，直到1914年，他与海军都不知道德国陆军正在筹划什么。[19]

欧洲各国军方对专业技术的强调，并不总是与众多军官出身阶层的价值观相一致。一名英国陆军知名骑兵团的军官考虑申请就读陆军参谋学院，但又有些不情愿，这时他的一位同僚极肯定地告诉他：“那么我给你一点建议，那就是别把这事告诉你的兄弟们，不然你会失去人缘。”[20]奥匈帝国陆军的骑兵军官称炮兵为“火药犹太人”。甚至在炮兵军官中间，骑术也被认为比专业技术更重要。[21]欧陆各国陆军规模的扩大让他们不得不从城市中产阶级汲取更多的军官，但这种转变并没有带来对技术或学术能力的更多热情与尊重；事实上，中产出身的军官似乎吸收了贵族的价值观（例如进行决斗），而不是反过来。

这种不合虽然带来了一些不利，且加深了军队与所在社会之间的鸿沟，但它也提升了军官团的凝聚力，强化了某些为贵族阶层所重视的性格特质——责任感、勇武、无惧死亡，而这些正是军队需要的。不过，绝大多数军官所设想的战争形式，随着19世纪的消逝，显得愈发落伍。欧洲军方总是从过去那些伟大的军人身上寻找灵感：亚历山大大帝、尤利乌斯·恺撒，或者更近的腓特烈大王、拿破仑。士兵们明明来到了现代，却还在渴望效仿过去那些伟大的战例，看他们的步兵怎么突袭肉搏，骑兵如何冲锋陷阵。[22] 军事史，即便讲到更近期的战争时，也是强化了对战争的浪漫的、英雄主义的想象，以及对个人英勇行为的歌颂。欧洲评论家对日本士兵在日俄战争中的表现满怀敬佩之情，说他们像真正的战士一样血战到底，同时，他们担心欧洲人无法以相同的精神作战。[23] 不过，欧洲人在1900年需要面对的战争与过去的战争相比有显著的差异。工业革命制造的武器威力更大、更可靠、更精准，射程也更远，而这意味着士兵们往往看不到他们正在杀死的敌人。阵地防御也要比发起进攻容易得多：可以攻克强悍防线的技术（比如飞机和装甲车）此时还不存在。据说，第一次世界大战期间有一位法国将军在旷日持久的凡尔登战役之后表示，"三个人加一挺机枪就可以防住一个营的战斗英雄"。

随着冶金技术的进步，无论是士兵的制式武器还是火炮都更坚固耐用；新式炸药（包括阿尔弗雷德·诺贝尔发明的那种）则让它们的射程更远；而膛线可以大大提高它们的精度。拿破仑时代的士兵用的是火枪，训练有素的士兵可以站着重新填装子弹，每分钟射击三次，只在45米的范围内能射准。（这也是为什么士兵有必要也很有可能得等到能够看到敌人的眼白才开枪。）到 1870 年，士兵的步枪已经可以精准到近半公里，一分钟内可装弹开火六次，而且是侧卧着从后膛射击，这意味着不会暴露在敌军火力之下。到 1900 年，步枪的射程和杀伤距离都更长了，有时甚至可以远至一公里。新发明的机枪则每分钟可以发射数百发子弹。这已经不是提升了一点两点，而且数字还在继续全面攀升：野战火炮的平均射程在 1800 年只有半公里多，到 1900 年达到了近七公里；火力更强的列车炮射程达到了十公里。因此，攻击者要想来到敌人面前，必须躲过几公里的炮火，最后几百米还得经历步枪与机枪的密集射击。[24]

对于这最后一点，即射击地带，布洛赫提出了警告，他认为防守方的优势日益增长，战场上可能出现持续数月乃至数年的僵局。然而，欧洲的军事规划人员对他的说法不以为然，毕竟他是犹太人出身，还是个银行家和和平主义者，可以说集合了他们不喜欢的一切。1900 年夏天，他在英国皇家三军联合研究所做了三场讲演，台下以军人为主的观众始终礼貌聆听，但似乎丝毫没有被说服。其中一位少将认为："所谓的非沙文主义，或者说非军国主义，不过是多愁善感的所谓人道主义罢了。"[25] 在德国，当时的顶尖军事史家汉斯·德尔布吕克说，"从军事科学的角度来看，布洛赫的书乏善可陈，不过是一部不甚严谨、排列散乱的资料集，尽管举了不少实例，但其资料的运用有些业余，大量细节根本与实际问题无关"。[26] 正如布洛赫本人抱怨的，军方就像教士种姓一样不喜欢外人插手："军事科学自古以来就如同［《圣经·启示录》里的］七封印之书，唯有正式加入者方被认为配展开。"[27]

不过欧洲军方确实意识到了问题所在，并对其倾注了精力。他们怎么可能没有呢？他们试验了新式武器，并从最近的战争实例中学习。欧洲军事评论家观摩了 1861—1865 年间的美国内战或 1877年的俄土战争，目睹了包含战壕在内的精心准备的防御阵地与快速射击结合是如何摧毁进攻部队，并让攻方的损失远远超过守方的。以 1862 年的弗雷德里克斯堡战役为例，联邦军向邦联军防御严密的阵地发起了一波又一波攻势，结果统统失败，北军损失的士兵是南军的两倍多。据说，散落在战场上的北军负伤士兵曾恳求自己的战友不要继续进行徒劳送命的冲锋。更近的证据来自普法战争，4.8 万名德意志士兵在 35 公里长的防线上抵御住了 13.1 万名法军士兵。[28] 最新的证据则是布尔战争与日俄战争：隐藏在地下的布尔农民给英军的正面进攻造成了惨重杀伤，而同样的情形也在远东地区上演。

　　和平主义者期许技术的进步会让战争变得过时，并以日俄战争与布尔战争为例说明战争的愚蠢，但欧洲各国的军方无法设想一个没有战争的世界，事实上，许多文官领袖也是如此。而这一偏见又为社会达尔文主义加深，依据该主义，每个社会有天然的、世袭的敌人，社会与社会之间的冲突是无可避免的。比如，在第一次世界大战爆发之前的数年里，法国军方发展出了一套德国"永远"是法国死敌的理论。法国驻柏林武官传回国内的每封电报都在向上级示警，称德国是一股黑暗邪恶的力量，会不惜一切代价摧毁法国。[29] 德国军方对法国也有相应的看法，这不仅是几百年来的嫉恨使然，也源于他们在最近的失败之后对法国升起的复仇欲。欧洲各国领导人没有将战争视为末日之举，而是视其为必要的治国工具。晚近的历史，尤其是意大利与德国的统一似乎表明，战争可以相对低的成本带来成果。1914 年以前，欧洲也有一些当权者看到了"预防性战争"的价值，即在为时过晚之前削弱敌人的实力。1905—1914 年间的每一次重大危机中，不止一个国家的当权者认真考虑过选择预防性战争。在心理上为大战做准备的并非只有欧洲的公众；他们的领导人同样如此。

　　欧洲的军事规划者竭力解释进攻涉及的问题，以及日益上升的人命成本。比如，晚近的战争没有像最先进的欧洲军队那样采取正确的方式进行。一位欧洲将军对布洛赫如此评论美国内战："那些野蛮的交锋根本不配称为战争。我已说服我的军官们不要阅读关于这场战争的公开报道。"[30] 英国军方认为，他们在南非的伤亡是一种反常，是由那里的地形与空间所致，因此对欧洲来说没有任何有益的教训可以吸取。而且，日本毕竟赢得了日俄战争，在普遍接受的观点中，日本取胜的原因正是他们做好了进攻准备，且不惜比俄国人承担更多的伤亡。因此，教训不是进攻不再有效，而是进攻需要更加用力，投入更多的兵力。[31] 欧洲各国军方尊崇为战争智慧之源的军事史也被用来支持这些论点。[32] 相比于没有结果或者防御性的战役，有明确结果的战役，例如 1813 年的莱比锡会战与 1870 年的色当战役，获得了更多关注。尤其受到军事学院青睐的是布匿战争中的坎尼会战，迦太基将军汉尼拔采取两翼包围的战术击败了强大的罗马军队。总参谋部的阿尔弗雷德·冯·施利芬将军正是从中获得灵感，制定了以大规模钳形攻势击败法国的计划。[33]

　　欧洲军队不愿接受新的战争方式，部分原因可归于官僚主义的惰性：改变战术、演习或者训练方法等势必费时耗力，也让人不安。军队对军官的凝聚力的要求，造成了一种集体心态，即独创性与忠诚度都没有做一名优秀的团队成员重要。此外，军队的训练目标以及受到的期待就是要解决问题、取得成果，这和今天的情况一样。就心理学角度而言，用行动来思考总是更加容易；在战争中，这意味着采取攻势，强迫自己作出决定。1912 年以前的俄国仍考虑与德国或奥匈帝国，或者同时与两者打防御战，但俄国的军区司令们抱怨说难以制定清楚的作战计划。[34] 发动进攻也显得更大胆且更荣光；待在防御完备的阵地或工事里则显得缺乏想象力，甚至是懦夫之举。一名英军少将在 1914 年表示："防守从来不是英国人可以接受的角色，我们很少或者根本不研究这个。"[35]

　　不过我们也不应认为，1914 年以前的军事规划者在坚持进攻方面表现出来的顽固是独一无二的；人类总是有惊人的能力去忽视、弱化或消解那些与固有的假定和理论不相符的证据，这样的例子遍布过去和现在。这种被一些历史学家命名为"进攻崇拜"的倾向，之所以在 1914 年以前的欧洲军事规划者（公允地说，也包括美国人和日本人）的思维中越来越强烈，也许是因为另一种可能的情形实在太不讨喜，也更难以理解——战争进行到这样一个时刻，即双方都会承受巨大损失且会互相消耗但没有任何一方取得了明确的胜利。

　　法国参谋学院的教员斐迪南·福煦，后来在第一次世界大战中出任过协约国军的最高统帅，在 1903 年曾详细地证明，如果用两个营的兵力进攻一个营的话，要多打出一万发子弹才能占据上风。[36] 要想战胜技术和防守的力量，就得确保攻方的人数大大超过守方。不过，比人数更重要的是心理因素：必须在训练中驱策士兵，唤起他们的爱国心，激励他们去战斗或赴死。士兵与将军必须在伤亡惨重的情况下也不丧失斗志。拼刺刀成了一项很受重视的训练项目，因为它可以让士兵充满进攻欲。[37] 一身很有派头的军装也可以起到同样的效果："红裤子才是法兰西！"一位前任战争部长在继任者提议以迷彩服取代法军传统的红裤子时如是疾呼。[38]

　　1914 年以前，品格、动力、士气被广泛视为进攻能否成功的关键要素。军方利用了当时欧洲社会的思潮来强调心理因素的重要性。例如，尼采与柏格森的著作唤醒了大众对人的意志力的兴趣。1906年，战前法国重要的军事理论家路易·德·格朗迈森上校出版了他那本关于步兵训练的经典著作，他在其中写道："我们被正确地告知，心理因素在战斗中是最重要的。但这样说还不完全，恰当地说，决定战争的没有别的因素，因为武器装备、机动性等所有其他因素，只是通过激起道德反应来间接地产生影响……人心是所有战争问题的起点。"[39]

　　进攻也是一种掩盖社会和军队裂痕的方式，可以激励他们把目

光转向共同利益，为了共同的事业而战。对于深受德雷福斯事件余
波重创、官兵士气低落的法国陆军来说，进攻至少承诺了一条前进
的道路。1911 年约瑟夫·霞飞执掌帅印时表示，防御性思维会让军
队失去清晰的目标感："确立一套一以贯之的信条并灌输给官兵，打
造一支由我认为正确的信条驱策的军队——我认为这是我最紧迫的
职责。"[40]无论是武装部队，还是市民社会的军事化组织（比如青年
运动团体），都更强调灌输自我牺牲等价值观，而不是想着如何在战
争中让进攻变得更有优势。这也是为了克服现代社会的弊病，扭转
许多人，尤其是旧统治阶级所认为的种族退化和社会恶化的局面。
对于那些出身旧统治阶级的军官（他们的人数正在减少，但仍然是
个有影响力的群体）来说，这种尝试提供了一条让社会回到他们认
为的更好状态的途径，而他们的价值观会在其中占据最高位置。维
多利亚时代的杰出军人加内特·沃尔斯利爵士出身于盎格鲁—爱尔兰
士绅阶层，这个阶层的价值观与德国容克地主的颇为相近。当沃尔
斯利建议英国推行征兵制时，他给出的理由是，现代社会会让人衰
弱，而征兵可以作为"振奋人心的解毒剂"："对国民进行训练，可
以使一个国家健康强壮，充满男子气概，而免于腐化堕落，这是维
系文明的崇高事业。"[41]当德国市民嘲笑军方在"科佩尼克上尉事件"
里出尽洋相时，德国著名军事理论家和教育家雨果·冯·弗莱塔格－
洛林霍芬不满地写道,这种嘲弄是"纯粹的利己主义和贪图安逸生活"
的产物。他说，战死疆场是"生命的终极报偿"；他的诸多有关战
争的著作，都描绘了过去的德国士兵如何心甘情愿地迎着敌人的炮
火前进。[42]

　　在展望未来的战争时，欧洲军方想到的是以决战来消灭敌军，
而过往的胜利给了他们底气。"军官团研究了拿破仑与老毛奇指挥过
的战役，进而形成了自己的想法。"格勒纳谈到他在德军中的参谋同
事时如是说。"军队得快速侵入敌国领土；只需几下强有力的攻击，

就可以决定战局；所谓和平，就是无力抵抗的敌军被迫全盘接受胜
利者的全部条件。"[43] 在德国，对 1870 年色当大捷的记忆也依然鲜活，
且萦绕于军官们的脑海之中，就像对马海战的记忆在第二次世界大
战前后对日本海军的思维带来的影响。胜利不应是推动谈判的部分
胜利，而应是决定性的胜利，意味着敌人已被击溃，无论开出什么
和平条件都接受。在战术层面上，军事规划者继续赋予骑兵在拿破
仑军队中的重要角色，即在敌军步兵战线未稳时进行冲击。南非的
第二次布尔战争突显了另一种用法，那就是作为骑马火力绕过敌军
的侧翼。不过，欧洲军队中的骑兵抵制这种安排，不想让自己看上
去像美国的义勇骑兵。1907 年的英军骑兵手册写道："我们必须接受
这一原则，即步枪尽管有效，但不能取代由马的速度、冲锋的魅力
和冷兵器的恐怖所产生的效果。"[44] 然后也谈到了要养育更矫健的战
马，好让它们在火力区更快地驰骋。

　　攻击、战役、战争本身，都要讲究快，关键是持续时间要短。
一名军官在 1912 年告诉法国议会："第一场大战役就将决定整个战
争，而战争将是短暂的。进攻的想法必须渗透到我们国家的精神
中。"[45] 这种论调犹如在黑暗中吹口哨给自己壮胆；欧洲各国领导人
无分文武都清楚，未来的战争可能很漫长。军队在战场上待的时间
有可能远超以往，因为过去不可能无限制地向前线运送补给，而且
疾病会在住着大量人的军营肆虐，天然限制了战役的持续时间。19
世纪末的欧洲军事规划者害怕长期战争带来的消耗，怀疑本国社会
能否承担得起。

　　也有人猜测战争势将失控，而且越来越难决出胜负。军队可以
赢得明显的胜利，就像普鲁士及其盟友在色当所做的，但是人民恐
怕不会接受这样的裁决。色当战役之后，法国人民便动员了起来，
继续战斗。1883 年，德国军事理论巨擘科尔玛·冯·德尔·戈尔茨
出版了他的著作《武装的人民》。在这本颇具影响力的书里，戈尔茨

分析了各国之间战争的新现象，警告说以后的战争会变得旷日持久，一方要想打败另一方，需要付出难以承受的高昂代价。"只有当双方使出全力，且危机来临，其中一方无可避免地衰疲之后，战争才会开始加速。"[46]数年之后，老毛奇在帝国议会发出了他对时代的著名警告：内阁战争的时代已经结束，人民战争的新时代已经开始。保守派尤其有理由畏惧战争的后果，无论是经济破产、社会骚动还是革命。就在第一次世界大战爆发前不久，俄国保守派大佬杜尔诺沃在一份著名的备忘录里警告说，战争对俄国而言几乎肯定意味着一场失败，并无可避免地导致革命。

在奥匈帝国，1912 年成为总参谋长的布拉修斯·谢穆阿也对自己的政府有着相似的建言：人们并不能恰当理解战争的后果。[47]不过与杜尔诺沃不同的是，谢穆阿并未敦促政府想尽办法避免战争。相反，像他的前任（也是后任）康拉德一样，他主张采取更具侵略性的外交政策，任由且希望战争因此而到来。或许奥匈帝国的人民会认识到，粗糙的物质主义并不能满足他们的精神需求；在正确的领导下，一个更加英勇的新时代会降临。[48]在 1914 年以前的德国，虽然许多(也许是大多数)军方高官都怀疑一场短暂的决战是否可能，但他们仍做着准备，因为他们看不到别的选择。如果打一场僵持的消耗战，德国很可能会输，而作为一个群体，他们也会丢掉在德国社会中的显要地位。[49]在 1914 年之前，无论是物资的储备还是经济管理措施的拟定，都明显缺乏对长期战争的认真规划，这清楚地表明，欧洲各国的政治和军事领导人都不愿面对失败和社会动荡的噩梦。[50]他们最多只是希望，即便是一场僵持的消耗战，也不会持续太久；在这一点上，整个欧洲的军队都同意布洛赫的观点，即长期战争会消耗资源并最终难以为继。就像输了的赌徒除了把一切都寄托在掷骰子或转轮盘上，看不到别的出路，欧洲太多的军事规划者都和德国人一样，压抑着心中的疑虑，相信一场短暂的决战总会以这种或那种方式让事情得到解决。如果赢了，可能会带来一个更好、更团结的社会；而如果输了，也只是早已注定要输。[51]1909 年，一名奥匈帝国外交官在圣彼得堡的游艇俱乐部与一位俄国将军交谈，将军期待两国之间的战争能够顺利进行。他告诉奥地利人："我们需要声望来巩固沙皇制。与所有政权一样，它值得一场伟大的胜利。"两人在 1920 年代再次相遇时，是在新独立的匈牙利，将军已经成了难民。[52]

即便可以说 1914 年以前，欧洲少有领导人像康拉德这样企盼战争，但大多数领导人都接受战争是一种可以使用的工具，并希望是可控的工具。欧洲在 1914 年之前的十年里遭遇了一系列危机，而且两大联盟愈发稳固，因此各国领袖与公众都习惯了战争可能爆发的想法。三国协约的成员国（法国、俄国和英国）以及三国同盟的成员国（德国、奥匈帝国和意大利）都开始期待，两个大国之间的冲突会把各自的盟友拉下水。他们在同盟体系内作出承诺，相互访问，并制定计划，也就形成了一种在危难时刻很难辜负彼此的期待。一场在欧洲中心地带进行的全面战争正在变得可以想象。一连串危机的冲击，正如军国主义或民族主义的鼓噪，帮助欧洲人在心理上为第一次世界大战做好了准备。

在大多数情况下，他们都认为自己是在正义地保卫自己免于外国军力的摧毁，无论是德国对抗所谓的包围圈，还是奥匈帝国对抗斯拉夫民族主义，无论是法国对抗德国，还是俄国对抗德国和奥匈帝国这两个邻国，或者英国对抗德国。两大联盟体系以及各自内部的不同联盟都只是承诺，在盟友遭遇攻击时才会施以援手。在一个公众舆论和公众支持战争的意愿都极其重要的时代，文官领袖与军事领袖都很关心如何确保自己的国家在任何敌对行为爆发时，被视为无辜的一方。

然而，一旦战争来临，欧洲各国都准备以攻为守。1914 年以前，欧洲各总参谋部制定的军事计划，几乎每一个都是进攻性的，主张将战火烧到敌人的领土，并寻求取得压倒性的速胜。这反过来给频频身处国际危机的决策者带来了压力，要求他们迅速开战以夺取优势。根据 1914 年德国的作战计划，德军需要在宣战以前就开进卢森堡与比利时，而在现实中也是这么做的。[53] 这些计划本身让武装力量更接近战备状态，并鼓动进行军备竞赛，从而加剧了国际局势的紧张状态。一方看似合理的自卫之举，在国界的另一边看来，恐怕就是另一回事了。

第十二章　制订计划

至今仍极具争议的德国战争计划，被锁在一个铁质保险箱里，钥匙由总参谋长掌管，只有一个很小的圈子知道其战略目标。第一次世界大战结束后，随着计划的内容逐渐被人所知，该计划成为许多人争论的话题，且至今未歇。这份计划是否表明了德国想要一场世界大战，德国领导人想要主宰欧洲？作为证据它是否足以支撑1919年《凡尔赛和约》要求德国承担战争责任这一臭名昭著的条款？又或者，施利芬计划是否仅仅表明德国像其他大国一样，只是在为可能永远不会出现的意外状况制定军事计划？也就是说，这份计划是出于虚弱而非强力，意在防备三国协约打造的侵略性包围圈？如果不了解德国总参谋部1914年以前究竟在想什么，这些问题就无法得到完整的解答，而由于波茨坦的军事档案先是被俄国人部分掠夺（有些档案直至冷战结束才归还德国），后又在1945年毁于盟军的空袭，这些问题将引发永久的争论与猜测。

答案可能在两极之间。德国确实感到自己在军舰的数量上被潜在的敌人压制，而且随着时间的推移，胜算越来越小；不过，德国的领导人也常常从陆军方面考虑问题的解决，而不是探索战争之外的替代方案。到 1912 年，英国人实际上已经赢得了海军军备竞赛，而且事实上英德之间有了一个双方都在慢慢摸索的机会，即可以在更友好的基础上重建两国关系。如果能够避免，俄国也不希望发生战争，而且也在着手缓和与奥匈帝国的紧张关系。胡戈·施廷内斯在第一次世界大战前的说法是对的：假以数年，德国将成为欧洲的经济主宰。而一旦拥有经济上的主导地位，德国就会获得文化与政治力量。他的预言在 21 世纪成为现实，只是德国已经经历了两次世界大战的可怕迂回。

德国的战争计划是多年以来经由多人之手打造的产物，它详细陈述了战争爆发时德国军队会如何动员和调动，且每年都在更新和修订。今天这份计划仍以 1891—1905 年间担任德国总参谋长的阿尔弗雷德·冯·施利芬的名字命名，即便他的继任者小毛奇对其进行了大幅修改。施利芬计划（为方便起见，我们继续这样称呼）引发的争论值得在罗马的广场上展开，其细究的程度会令中世纪学者欣喜不已，直至今日仍然吸引着学界。在两次世界大战之间，施利芬的拥趸认为这份计划天衣无缝，如同瑞士钟表一样精准。如果小毛奇这位老毛奇的低配版没有插手的话，计划就会成功。如果德军从一开始就照着计划作战，德国会在头几个月里赢得战争，从而避免大战被拖得太长太煎熬，最后也不会以耻辱性的失败收场。但也有人正确地指出，这项计划是一项赌博，基于很不现实的假定：德国需要有足够的兵力完成它所规定的各项任务，指挥系统与后勤保障要跟得上行进中的庞大军队。也许该计划最大的缺陷在于，它没有考虑德国战争理论大师克劳塞维茨所说的"摩擦"以及美国人所说的"墨菲定律"；纸面上的计划一旦落入实际情景总是无法奏效，事情如果可能出错，那它就会出错。

与德国的许多高官一样，这个试图消除战争中的不确定性、在德国的战争计划与德军总参谋部留下印记的男人，来自普鲁士的容

图 12　1914 年之前，对彼此的恐惧在欧洲大国的算计中起了很大作用。德国尽管取得了经济上的成功，拥有强大的军队，并雄踞欧洲中心，但它感到自己被正等着将它和它的盟友奥匈帝国拆散的敌人包围。俄国人从东面推进，法国通过阿尔萨斯和洛林进行打击，而英国——背信弃义的阿尔比恩——则跨过海峡

克阶层。施利芬的父母都出身于普鲁士最显赫的贵族之家，拥有庞大的地产与深厚的人脉关系，因此得以进入德国最高层的政治军事圈子。虽然有钱有势，施利芬的家庭却遵循明确而直接的原则，过着令人惊讶的简朴生活。他们相信等级制度、勤奋工作、朴素节俭，认为生命应该具备坚定的目标，无论是作为儿子还是作为一名陆军军官都应如此。施利芬及其父母也是 19 世纪初路德宗复兴运动的一分子，他们怀有虔诚的宗教信念，相信人类只要敞开心胸接收福音，耶稣基督就会拯救人类。作为虔信派教徒，他们看重责任和同志之谊，追求一种以信仰与善行为中心的生活。他们也极度保守，拒斥启蒙运动的怀疑精神和法国大革命的铲平观念。[1]

施利芬生性害羞而拘谨，学生时代成绩平平，军旅生涯的早期也没什么突出的地方，只是赢得了勤勉认真的名声。虽然参与了 1866 年的普奥战争和 1871 年的普法战争，但他几乎没有服过役。1870 年，他的一个弟弟在战争中阵亡。1872 年，他又迎来丧妻之痛，他的表妹在为他诞下第二个女儿之后不久撒手人寰。1875 年，他的职业运势有了明显改善，得以独立指挥自己的军团。他也引起了老毛奇的注意，后者认为他是一个有前途的军官，有朝一日可能成为自己在总参谋部的接班人。德国军队高层的任命都是德皇一手指定的，施利芬因此设法在未来的德皇威廉二世及其随员那里留下好印象。[2]1882 年，施利芬调到总参谋部。1891 年，威廉二世任命他为总参谋长。施利芬一直都在小心翼翼地维系自己与德皇的关系，例如，他会确保德皇的军队总能赢得每年秋天的军事演习，确保德皇的突然干预也不会让演习部队陷入混乱。

收到任命的消息后，施利芬提笔给妹妹写信说："我接过了一项艰难的任务，但我坚信，上帝……既然把我放到这个并非我靠着热望与努力获得的位置上，那么他就不会抛弃我。"[3]与他在外交部的密友荷尔斯泰因一样，施利芬对自己和下属的要求很严。有一次，他在圣诞夜给一个助手布置了一个军事问题，让他第二天就给出解决方案。[4] 施利芬经常一大早就去柏林蒂尔加滕区的大公园骑马，然后六点钟坐在办公桌前开始工作，一直到晚上七点的晚餐时间才下班，然后在家里继续工作到十点或十一点，之后再给女儿们读一个小时的军事史来结束这一天。[5] 下属和同僚都觉得他深不可测、难以相处，他可以在简报会与讨论会期间坐着不动，却突然从一个意想不到的角度提问。他很少表扬人，倒是经常尖锐地批评人。一名年轻的少校曾不安地询问他的健康状况，他的回应是如果他在睡前没有读到这名少校的报告，他本可以休息得更好一些。[6]

与前任老毛奇、后任小毛奇不同，施利芬在工作之外的兴趣委实不多。一次与参谋进行骑乘作业时，一名助手让施利芬注意远处河流的迷人景色，而得到的回应是，"一处无关紧要的障碍"。[7] 他的阅读主要集中在军事史，他认为从中可以发现胜利的公式，找到尽可能在战争中减少不确定性的办法。他最喜欢的战役是汉尼拔大败罗马人的坎尼会战，紧随其后的是 1870 年的色当战役，德意志联军在该役中包围了法国人并迫使其投降。他从历史研究中得出结论，弱小的军队可以凭借战术击败强大的军队。"侧翼攻击是军事史的精华。"这句话被施利芬奉为圭臬。[8] 他还认为只有进攻性的计划才能带来胜利。"军队的武器已变，"他在 1893 年写道，"但是战斗的基本法则一仍其旧，其中一条就是不进攻就无法击败敌人。"[9]

让施利芬忧虑的是德国陷入一场消耗战的可能，这会让交战双方都筋疲力尽而无法决出胜负。在退休后写的一篇文章中，他描绘了德国经济雪崩的严峻图景：工业停产，银行倒闭，国民在穷困中挣扎。他接着警告说，"潜伏在幕后的红色幽灵"将摧毁德国现有的秩序。随着时间推移，施利芬对德国在下一场战争中的胜机越来越悲观，但他还是顽固地致力于制定一份可以为德国带来快速的和决定性胜利的作战计划。他认为别无选择。将战争排除在外不仅仅是懦夫之举；他所熟悉并愿意捍卫的那个德国已处在威胁之中，而漫长的和平岁月会让德国的敌人——社会主义者与自由主义者羽翼渐丰，其对德国的损害不亚于消耗性战争。施利芬拥抱战争，因为他看不到别的选项。[10]

摆在施利芬面前的难题是，1890 年代以来形成的法俄同盟，可能迫使德国两线作战，这将无异于一场噩梦。德国无法分兵在两条战线上各打一场全面战争，而只能是在一条战线上采取守势，在另一条战线上发动猛攻，以争取快速的胜利。施利芬写道："因此德国必须首先力求在拖住一个敌人的时候击败另外一个敌人；而在战胜了这个对手之后，我们必须利用其铁路，将优势兵力运送到另一个战场，摧毁另一个敌人。"[11] 他一开始想先击败俄国，但随着 20 世纪来临，他改变了主意：俄国正在加强防御工事，打造一条纵跨波兰领土的坚固防线，并新修铁路，让增援变得更容易。德国对俄国发动的任何进攻都有可能陷入重围，并随着俄国人撤回到他们广袤的内陆而被拖成持久战。因此，合理的选择是德国在东线保持守势，先击败俄国的盟友法国。

施利芬的计划在细节上很复杂，涉及数百万人，但在概念上却简单而大胆。他会向法国境内投送数个军团，在两个月内击败法国。入侵法国的传统路线（或者从法国军队的角度讲，法国出兵的路线）是介于北部同比利时、卢森堡的边界与南部同瑞士的边界之间的那一部分。虽然法国丢掉了东边的阿尔萨斯与洛林两省，但并没有改变这一点；事实上，这让法国的边界变得更短更直，更易于防守。法国的兵力部署和军事演习表明，他们预计自己会受到来自这个方向的进攻。法国人长期以来都有建要塞的传统，他们不仅用两条由 166 座要塞组成的防线加固了新边界，还在巴黎周围又修筑了一圈堡垒。[12]1905 年，法国议会又拨了一大笔钱，用于巩固边境要塞。如此，德国如果选择从法国的侧翼进攻，那就要么从南边通过瑞士，不利因素是这里多山，而且瑞士已准备好把守隘口，要么绕道比利时、荷兰和卢森堡等低地国家，这些国家地势平坦、路况良好，且有完善的铁路网。选择很容易作出，那就是北边的路线。施利芬决定从侧面大举进攻法国，让法军成为瓮中之鳖，一如当年色当战役。

　　一旦战争爆发，德国陆军五分之四的兵力会向西线移动，剩下五分之一用于东线对俄的防御性作战。在西线，德国的进攻主力将布置在右翼，其分布之广，以至于最右边的德国士兵，按照人们的说法，会像袖子一样拂过英吉利海峡，这样，他们从本土向西出发后，会快速穿越低地国家进入法国，然后南下巴黎。规模小得多的德军左翼，则会在卢森堡下方的梅斯大堡垒南面，如同法国军队所预期的那样，对其发起进攻。这个计划越来越细致和精确；到1914年，按照计划，德国军队会在战事爆发的四十天内打到巴黎。如果法国人如预期那样越过德法边界攻入德国，那么他们势必离主战场越来越远。如果法国人意识到德军的进攻主力正从他们部队身后的西面逼近，他们很可能会士气低落，并且陷入混乱，还会试图从德国回师，赶往西面迎战（这本身就是一种危险的举动，因为德军左翼仍然在他们的东面）。如果一切都像施利芬计划所设想的那样进行，那么法军主力就会夹在德军的两翼之间而被迫投降。与此同时，东线上规模要小得多的德军会在防线上静候俄国人缓慢调动部队，向西边发起预期中的进攻。当俄国人无论兵力如何能够与德国交上手时，西线的战事已经结束，这时德军可以派兵去东部对付他们。

　　施利芬完全忽略或者无视了更为广泛的影响。根据他的计划，与俄国的冲突会自动触发德国对法国的进攻。（在20世纪的头十年里，由于盟友奥匈帝国在巴尔干与俄国的矛盾日益加深，发生这种冲突的可能性也越来越大。）他并没有考虑法国有可能选择保持中立，尽管法国与俄国的条约中有这个选项（只有在俄国是无辜方时，法国才有义务出兵援助）。此外，德国军队还会入侵三个与他们无怨无仇的小国。就比利时而言，这意味着将违背德国从普鲁士那里承继的国际承诺，即尊重比利时的中立地位。由于英国也是 1839 年条约的签字国，它也许会觉得自己有义务加入战争对抗德国。随着英德关系恶化、英国先后加强与法俄两国的交往，这种可能性愈发真实。直到 1914 年，施利芬计划在这一点上都没有改变，实际上也就确保了德国将同时在两线作战，进而可能会陷入一场全面战争。

1913 年，小毛奇进一步限缩了德国的选项。他让总参谋部撤销了"施利芬计划"的唯一备选，即"东线部署计划"，该计划规定只与俄国发生冲突，让法国保持中立。即使法国决定援助盟友，德国人也可以在西线进行防御战。然而，总参谋部似乎认为，没必要花过多的时间和精力来为一场不会很快见效的战争制订计划。1912 年德国的一场军事演习证实了这一观点：随着模拟俄国一方的演习部队撤到内陆地区，德国向俄国的大举进攻无果而终。[13] 因此，在 1914 年的危机中，德国只剩下一种计划；无论法国怎么选，德国都会在俄国动员的威胁之下进攻法国。一场东部爆发的战争几乎不可避免地会蔓延到西部，并可能带来任何后果。

德国战争计划隐含的另一项风险也增加了战争的可能性。纵观欧洲各国，唯有德国人的动员方案无缝衔接了从下达第一份召集军队的通知到开火作战的全过程的。到 1914 年，施利芬的遗产已经催生出一套高度复杂的动员流程，分为八个清晰的步骤。头两步为秘密提醒军方已经出现紧张状态，这样他们就可以采取适当措施为动员做准备，比如取消休假。第三步是公开宣布"战争威胁迫在眉睫"，召集第三级也是最低一级的后备武装力量"国民军"，这样更高级别的预备役就可以加入常规军队。第四步与第五步是德国军队的实际动员，部队在各自的单位集合后，由火车运送到边境的指定地点。剩下的三步则是部队从火车上下来后，以强行军穿越边界，然后进入攻击敌人的最终阶段。[14] 1914 年的夏天，德国的动员方案完美执行到了最后一步。尽管理论上可以让部队在边境停下来，但是这套动员方案内在的势头，使得它不可能被喊停。因此，德国政府被剥夺了利用动员作为威胁手段的能力，也无法在流第一滴血前获得冷却期来进行谈判。

在施利芬看来，自己的职责是为德国制定最佳的军事计划；与大多数军事参谋一样，他认为外交的唯一用途是为战争做准备，而这种工作该留给文官们去干。不过，他并不认为有责任详细告知外交官自己究竟在筹划些什么。他和他的继任者小毛奇也不与海军、德皇的军事内阁、军团指挥官（负责计划的执行）、普鲁士或其他邦国的战争部（负责军队的规模、武器装备与部分动员行动）进行协调。[15] 尽管施利芬与小毛奇都认为缺少成功执行这一计划所需的足够兵力，但他们还是坚持这一计划，同时也没有强烈要求战争部扩充陆军，也没有对蒂尔皮茨逐年攀升的海军军费提出质疑。

无论是德国总体战略的方向，还是政府和军队关键部门之间的协调，都需要一个俾斯麦式的人物，然而1914年以前的德国缺少这样的人物。俾斯麦本人在一定程度上也应受到责备，他留下了一个没有明确划定且缺乏意愿划定控制线的体制。唯一能够提供协调和整体指导的机构是君主，但威廉不是这块料。他太懒，太神经质，太容易走神，却又充满疑忌地捍卫着自己作为最高权威的地位。1904年，海军部的一名海军上将建议成立一个包括德皇、首相以及陆海军的高级领导人在内的委员会，以便统筹德国一旦同时与英法开战应该做些什么，但他没有收到任何回音。[16]

至于德国的文官领袖，他们接受了军事领袖坚持的人为制造的职责区分，即后者对从战争计划到战争行为的所有军务，拥有专属管辖权。（这并不妨碍军方干预那些并非明确属于军事的事务；德国派驻欧洲各国首都的武官直接向他们在柏林的上级报告，长期以来这都是德国外交部门的一大问题。）甚至在军方做出了带有政治影响或国际影响的决策之后，德国的文官领袖也选择了置身事外。1900年，仍是外交部要人的荷尔斯泰因得知，施利芬打算在他的计划中无视保证比利时中立地位的国际条约。经过一番思考后，他这样回应："如果总参谋长，尤其是像施利芬这样杰出的战略权威认为这样的举措势在必行，那么外交部门有责任表示同意，并以一切可能的方式为其提供便利。"[17] 德国的政治领导层不仅放弃了责任，而且对军方的想法与计划也知之甚少。1909—1917 年间担任德国首相的贝特曼在第一次世界大战后表示："在我的整个任期内，没有召开过哪怕一次可能让政治介入复杂军务的战事会议。"[18] 如果文官挑战军方，他们无论如何都不会得到德皇的支持。1919 年，贝特曼反思德国战败时说："任何有理智的严肃的观察家都不会看不见两线作战的极大危险。但文官政府如果试图阻止这一套考虑全面并被称为绝对必要的战争计划，会产生自己承受不起的后果。"[19]

　　1905 年，施利芬被朋友的马踢伤，卧床数月。他写道："我已经快七十五岁了，差不多是个瞎子，耳朵也半聋，现在又断了一条腿。该是我离开的时候了，我有充分的理由相信，我一再递呈的退休申请会在今年获批。"[20] 施利芬也许是在苦中作乐；德皇正在丧失对他的信心，并准备撤换他，这已不是德皇第一次这样对待自己倚重的人。[21] 1906 年元旦，施利芬去职。但即便在退休以后，他依然对总参谋部施加影响，总参谋部的成员们大多尊崇他为德国史上最伟大的将军之一。1914 年德军侵入法国时，威廉·格勒纳将军写道："有福的施利芬的精神与我们同行。"[22] 也许不可避免的是，任何施利芬的继任者都会显得次要，小毛奇无论生前还是身后都要遭受这种比较。

　　1905 年秋天的一个早上，比洛首相在柏林晨骑时偶遇老朋友小毛奇，"被他满脸的焦虑惊到"。两人并辔同行，小毛奇说他忧心忡忡的原因是施利芬的退休："陛下坚持让我接他的位置，但我内心对这项任命是十二分地排斥。"小毛奇告诉比洛，他自觉并不适合担任如此高要求的职位："我缺少快速决断的能力，太喜欢反思，太小心，或者如果您愿意的话，也可以说，太谨小慎微。我缺少孤注一掷的魄力。"[23] 小毛奇大概是对的，但他背负着一个伟大的姓氏，自觉必须不负众望。康拉德称自己听小毛奇讲过他如何提醒德皇不要任命他："陛下真的认为，您可以两次在彩票里中头奖吗？"[24] 尽管如此，小毛奇还是接受了这个职位，并且做到了1914年秋天，直至施利芬和他的计划失败才遭解职。小毛奇的继任者、德国战争部长埃里希·冯·法金汉将军不无冷酷地说："我们的总参谋部已经彻底昏了头。施利芬的笔记并无大用，小毛奇的智慧也走到了尽头。"[25]

　　小毛奇身材高大，体格健壮，看起来像是个果敢的普鲁士将军，但正如他与比洛的谈话显示的，他这个人喜欢过度反省，缺乏信心。从好的方面看，小毛奇比前任施利芬拥有更广泛的兴趣，比如他阅读面很宽，拉大提琴，还有一间画室，但小毛奇也更懒惰，且不够强硬。他上任时开了个好头，通过一件事赢得了同僚的赞许，即成功阻止德皇出席秋天的军事演习，以免造成过往经常出现的那种混乱。（当小毛奇告诉他，演习总是会让他这一方获胜时，德皇感到很惊讶。）[26] 然而，施利芬本人与许多高级军官还是认为，小毛奇不是个令人满意的人选，不适合出任这个公认的关键职位。小毛奇从未像施利芬那样详细掌握总参谋部的工作，而是倾向于让各个部门按照自己习惯的方式运行，自己则把更多时间花在了处理与德皇及其军事内阁的关系上。[27] 在俄国和奥匈帝国驻柏林的武官看来，小毛奇并不能胜任他所肩负的巨大职责。奥地利武官向维也纳方面汇报说："他的军事品格与技术专长并不比一般的军官强。"[28]

　　这位新任总参谋长对于世界抱有一种宿命论的态度，有时近乎彻底的悲观主义，而他对当时欧洲盛行的一种新的神秘宗教的迷恋，为他的悲观提供了养料。他的妻子性格很坚强，很多人说要甚于小毛奇本人，她是通神学的信徒，这种混杂了东方宗教与灵性主义的宗教由布拉瓦茨基夫人创办。1907 年，小毛奇夫妇成了鲁道夫·斯廷纳的门徒，这位大师喜欢大谈一个新灵性时代将降临地球。（他所创办的华德福学校强调培育人的想象力与创造力，至今仍在蓬勃发展，深受中产阶级的青睐。）虽然妻子欢迎新时代的前景，小毛奇本人却提不起兴致："人类必须先经历足够的血污与伤痛才能走到那么远。"[29]

身为总参谋长，小毛奇满足于延续前任的大部分工作。作为施利芬留下的一大遗产，总参谋部继续顺利运转。在施利芬的任期内，这个机构的专业性、凝聚力与规模已大幅提升，从不到 300 人扩充到了 800 多人。此外，还有更多实地工作的军官因为调任轮勤出入总参谋部，于是他们也沾染了被人们笑称为"欧洲五大理想机构"之一所具有的性格气质。（其他四大机构分别是罗马教廷、英国议会、俄国芭蕾舞团与法国歌剧院。）按照哈里·凯斯勒的说法，这些参谋"缄默冷酷，头脑清楚，行事古板，为人有礼，像是一个模子里刻出来的"。敬业、能干而勤奋的他们知道自己是一部精英机器的一分子，目的就是确保德国为战争做好准备。施利芬的另外一项关键遗产却并非最终的方案，而只是总体的战略方向与计划方式。1914 年以前的二十年里，德军总参谋部每年都在实地演习（经常有成千上万名士兵带着武器装备上阵）、开展军事演练或者在纸上推演他们的作战计划。演习中暴露的问题、差距与不足会变成分析结果，反馈到制定计划的流程中。每年 4 月 1 日，德国陆军的各个作战单位都会收到更新过的命令与计划。凯斯勒对总参谋部的评述是正确的："他们已经将战争变成了大型的官僚企业。"[30] 而且就像其他大企业一样，危险的是，作战计划的制定过程变得比更广的战略思考更为重要，也从未有人检视或质疑其基本假设（包括需要两线作战）。

"如果你相信医生，那么无人健康；如果你相信神学家，那么无人清白；如果你相信士兵，那么无人安全。"索尔兹伯里曾如是说。[31] 随着三国协约的形成，德军总参谋部眼中的世界成了这样：进攻战是德国突破包围圈的唯一途径。军方领袖也越来越接受发动预防性战争的可能性，甚至是可欲性。格勒纳在回忆录里毫无歉疚地写道："我认为，一名负责的政治家和将军，在看到战争已无可避免时，有责任在前景最有利的时候触发它。"1905 年，第一次摩洛哥危机期间，适逢俄国陷入短暂瘫痪，且无人可以预估俄国人在战败与革命的打击下可以支撑多久，包括格勒纳与施利芬在内的德国最高领导层曾认真考虑过对英法开战。[32] 一名萨克森王国驻柏林武官在发回德累斯顿的报告里说："这里的最高领导层仍然认为向英法发动战争是可能的。皇帝陛下已令陆海军总参谋长制订一项联合作战计划。施利芬伯爵阁下认为，应当集中所有可用的陆军兵力进攻法国，同时将海岸线的防御任务主要留给海军……战争会在法国而非海上见分晓。"[33] 在后来的几次危机中（1908 年奥匈帝国吞并波黑、1911 年第二次摩洛哥危机、1912 年和 1913 年的两次巴尔干战争），德国军方高层都考虑过发动预防性战争，反倒是德皇本人似乎真诚地希望维系和平，拒绝了提议。不祥的是，德国军方认为他们的皇帝很懦弱，并越来越失去耐心。法金汉表示，战争正在路上，无论是"伟大的'和平'皇帝"还是和平主义者都无法阻止。[34]

德国当然可以选择打一场防御战，但是德国军方从未认真考虑这一选项。防御战既不符合他们既有的对进攻的强烈偏好，也不能满足德国打破所谓包围圈的愿望。在任上的最后一场军事演习里，施利芬不是没有研究防御战的可能，但并不令人意外的是，他得出了进攻方案更好的结论。[35] 小毛奇延续了长官的政策。他没有改变施利芬计划的战略方向，只是根据科技、国际局势等因素的变化，更新修订了计划。虽然他的修补后来被指责为破坏了一项本来完美的计划并因此导致了德国的失败，但他正确地看到，施利芬在 1905

年退休前撰写的备忘录里对作战计划进行最后一次更新时，某些假设已经过时：比如，俄国因为战败和内部问题已不是一个威胁，或者法国不大可能向德国南部发动强有力的攻击。然而就在施利芬退休后的五年里，俄国以超乎预期的速度恢复国力，并且继续着其快速的铁路建设工程；法国似乎也在考虑进攻阿尔萨斯—洛林。为了应对这些变化，小毛奇在东线留下了更多的兵力，并增加了左翼的规模。这样一来，德军在梅斯以南有 23 个师，在北面的右翼有 55 个师。后来的批评者认为他削夺了右翼兵力，因而破坏了施利芬计划，但其实小毛奇让右翼保持了原样，然后通过派预备役上前线来补充兵力。[36] 他和施利芬一样，也认为德国应与俄国打防御战，也把赌注压在西线的一场快速的大胜上。在 1911 年的一份备忘录里，他写道，一旦法国军队在几场重大战役中败北，该国就无法继续作战了。[37]

就像先前的施利芬，小毛奇想当然地以为，法国政府会认识到其无望的处境，并坐下来与德国媾和。这两人可都经历过普法战争，而彼时的法国在色当战役之后，仍然坚持作战。据说在施利芬的时代，有个心生怀疑的德国将军曾表示："您不可能将一个大国的武装力量像袋子里的猫一样带走。"[38]1914 年 9 月，在德军赢得一系列胜利时，德国将军们发现，如果法国拒绝投降，他们根本就没有打一场长期战的计划。[39]

小毛奇对施利芬的计划做了两处改动。在原先的计划里，德国军队会直接通过荷兰那一小块如同"阑尾"一样横亘在德国与比利时之间的领土，而小毛奇决定尊重荷兰的中立。对速战心存希望之余又不免悲观的他在 1911 年写道，如果战争比预想的要久，荷兰将是非常有用的一支"气管"，可以让德国从其他中立国获得海上补给。这一决定意味着向法国进发的德国陆军必须通过比之前窄得多的区域。比如说，位于右翼西端的第一军不得不在荷兰边界与比利时防御重镇列日之间六英里宽的区域里调动 32 万名士兵以及全部的武器装备和军用牲畜，第二军的 26 万兵力也要在列日以南差不多大小的区域里进行调动，事实上，德国的部分部队还必须经过列日城，如果比利时人决定抵抗，德国的推进有可能要被拖上几个星期。此外，德国人打算用来向南运兵的四条铁路线就在这里交会，完好无损地夺下它们至关重要。第一次世界大战结束后，一项委托进行的美国陆军研究得出结论，如果炸毁一座桥、两条隧道与一处陡坡的铁轨，德国通过比利时北部铁路向法国运兵的所有计划，都会被推迟到 9月 7 日，也就是大战爆发的一个月以后。（结果，炸药是埋下了，但比利时指挥官炸毁铁路的命令没有得到执行）。[40] 因此，小毛奇对施利芬的计划做了第二处修改：德国先遣部队将在任何正式宣战声明之前采取突然而迅速的行动，夺取列日。这成了 1914 年德国决策者在动员时的又一重压。

　　根据比洛的回忆录，他曾就入侵比利时的计划向施利芬和小毛奇提出过质疑，但两次都没有下文。据他所知，军方与外交部也没有讨论过此事。[41]1913 年，新任外交大臣戈特利布·冯·雅戈得知军方打算侵犯比利时的中立时，提出过温和的抗议；1914 年春天，小毛奇告诉他计划不可能更改，雅戈没有继续表示反对。[42] 德皇本人似乎对于违反一项祖先签署的条约不乏担忧，他试着劝说比利时国王利奥波德二世，让他知道比利时有必要向德国展现善意。不幸的是，德皇一如既往地拙于机巧，居然向正在柏林进行国事访问的客人夸耀德国的实力。“在战争中，谁不向着我，就是和我对着干。”他对态度动摇的客人说。结果利奥波德二世受到了惊吓，离开时连将军盔都戴反了。[43]1913 年秋天，利奥波德二世的侄子暨继承人、阿尔贝一世（也是威廉的亲戚，阿尔贝的母亲是一位霍亨索伦家族的公主）到访柏林，威廉对他故伎重施。他让阿尔贝确信，德国与法国的战争越来越近，而这都是法国人的错。在波茨坦举行的国宴上，小毛奇则向阿尔贝保证德国人将“击垮一切”，并询问比利时驻德武官战争打响的时候比利时准备怎么做。比利时驻德大使毫不怀疑德皇与小毛奇这些言行的弦外之音:"他们是在邀请我们国家在面对威胁西欧的危险时,投入更强者的怀抱,而他们准备好了张开双臂拥抱比利时——是的,并粉碎它。"[44] 比利时人立即将这一情况通知了法国人,同时加紧了自身的备战工作。尽管德国军方对比利时军人不无蔑视(称他们为"巧克力士兵"),但现在德国人可能要面对 20 万人左右的比利时陆军,以及包括列日在内的庞大要塞网络。

尽管英国人坚决拒绝在事先作出承诺,但德国入侵比利时很有可能将英国拖进战争。小毛奇充分考虑了这种风险,并在德国北部部署了三个半师,以防备可能的两栖登陆进攻。[45] 不过,他还是声明,他并不在乎英国军队支持法国人与比利时人。据说,他曾对雅戈表示,"我们可以摆平 15 万英国人"。[46] 事实上,在德国陆海军高层中,长期以来都流行一个根深蒂固的观点:虽然德国海军还不足以与英国海军一决高下,但德国可以利用法国把英国人引到欧洲大陆上,然后在陆地上将其一举击溃。[47] 作为一个整体,德国军方并没太把英国陆军放在眼里,尤其是英国在布尔战争的失利之后。德国评论家指出,无论在军事训练还是实地演习中,德国人都是严阵以待,英国军人却显得马虎无序。[48] 第一次世界大战结束后,一名德军军官回忆说:"我们每一个人都拼了命的,不仅想要击败英国人,还想把他们都抓作俘虏。在和平时期,人们经常谈论这个话题。"[49] 如果战争来临,英国海军无疑还会运用老战术,封锁德国的港口,但是根据德军最高统帅部的计算,要想卡住德国的出口还要花一点时间,而如果陆地上的一切如期进行,那么战争会在封锁产生影响前就结束。

自 1871 年的那次胜仗以来,德国的主要假想敌一直是法国。多亏了间谍们的工作(当然,其中一名间谍最终在德雷福斯事件中暴露)、驻法武官的报告以及对法国报纸和议会辩论的认真研读,德国军方在 1914 年以前对法国的军事实力有相当准确的认知。他们还算出法军主力会集中在两国的共同边界（介于德比边界西面偏南的一点与德瑞边界之间），并预计法军会在战争中主动出击洛林省北部。

不过德国人从未摸准的是，法国人到底有多强，以及同样重要的，他们的战斗力如何。显然，法国军队因德雷福斯事件蒙受了巨大损失。政治干预和法国社会内部的分裂让军官团士气低落，士兵桀骜难制。德国人满意地注意到，1914 年以前的几年里，法军常常发生违纪事件，甚至是公开哗变。[50] 此外，法国从军官到普通士兵都对军事训练和演习抱着一种漫不经心的态度。"这给人留下的印象很奇怪，"德国驻法武官在 1906 年写道，"在万塞讷的午后偶尔能看到一队法国士兵在那里踢足球而不是操练。"在模拟战中，本应处于作战最前线的部队却把自己弄得很舒服，有时还从在演习战场上溜达的大胆货贩那里买来报纸阅读。[51] 但话又说回来，法国毕竟出过拿破仑，法国士兵素有勇猛善战的传统，甚至欠缺军纪也可能是他们相较德国人而言的一种优势。同样是那位被万塞讷的足球赛惊到的德国武官向柏林报告说："也许只能这么对待法国人，确实，他们有着独特的性情，尤其是面对敌人的时候，而这足以替代许多只有依靠条规与纪律才能在血流得较慢的人身上培养出来的东西。"[52]

至于俄国人，德国人形成了更为一致的，也是欧洲人普遍抱持的观点：俄国的大国地位只是徒有其名，他们的军队武器落后，组织不力，指挥乏术。普通的俄国士兵也许作风硬朗，防守顽强，但这些品质并不适应现代的进攻战。一位曾在日俄战争期间担任观察员的德国军官表示，俄国军官"操守全失，毫无责任感可言"。日俄战争的失败已淋漓尽致地展现了俄国的弱点，而且俄国军队显然需要花上数年时间来恢复和重建。[53] 即便随后的几年俄国确实在恢复元气并重整军备，德国总参谋部仍然计划只留十三个师左右的兵力在东部边境对付俄国人，把东线的大部分战斗留给盟友奥匈帝国，

然后等西线取得预期中的胜利，再向东调动更多的部队。俄国庞大的
领土规模与欠发达的铁路网意味着，再怎么快起来，俄国军队都会很
慢到达边境。诚如小毛奇在 1909 年告诉康拉德的："我们的首要目的
必须是迅速作出决定。不过在对付俄国时，这几乎是不可能的。"[54]

德国最高统帅部对奥匈帝国的战斗能力评价并不高，但认为这
个盟友起码可以抗衡俄国。1913 年，德军总参谋部对奥匈帝国的武
装力量做了一番结果很打击人的评估。这支军队因族群分裂而大为
削弱，与匈牙利长期的政治财政危机意味着它根本无法训练和武装
足够的士兵。在过去的几十年里，奥匈帝国几乎没有做出什么努力
以让武装力量跟上时代的步伐。改革尽管已经开始，但直至 1916 年
才得以完成。铁路网完全不能满足军队必要的运输。1914 年，德国
人在进一步的评估中指出，奥匈帝国的军官确实尽职尽责、忠于皇室，
但军队的总体水平很低。[55] 不过德国人还是指望奥匈帝国可以拖住
俄国四十天左右的时间，这样德国就能在击败法国之后挥师向东结
束战争。正如施利芬在 1912 年去世前不久所说的："奥地利的命运
不会在布格河畔决定，而是在塞纳河边！"[56]

德国对另一个盟友意大利的军队评价更低。驻罗马的德国武官
说："他们的行军秩序无法形容，每个人都随心所欲。我看到大批的
落伍士兵，还有的为了给自己买东西而擅自脱离队伍。"[57] 甚至比奥
匈帝国军队更严重的是，意大利军队遭受着军费和人力的双重短缺，
装备陈旧，训练不足。绝大多数高级军官都很平庸，下级军官憎恶
上级，不满自己的待遇和灰暗的晋升前景。毫不意外，整个军队的
士气都很低落。

意大利是否会一直留在三国同盟横竖没个准。到 1902 年，意法
关系已大为改善，意大利秘密承诺不会参与德国对法国发动的任何
攻击。作为地中海地区的海军强国，意大利一直以来都倾向于与世
界海权霸主英国维系良好关系。与此同时，意大利与奥匈帝国的关

系不但从没好过,而且还在恶化。两国在巴尔干半岛西部是竞争对手,也都在讨论和筹划对对方发动战争。康拉德从进攻的角度考虑问题,意识到自身弱势的意大利总参谋长计划的是一场防御战。意大利一边承诺从军事上支援德国,一边对奥匈帝国顾虑日深,处境很是尴尬。1888 年,也就是三国同盟成立后不久,意大利曾承诺派遣军队借道奥地利前往德国,在莱茵河一线对抗法国的一切进攻。尽管 1908—1914 年间出任意大利总参谋长的阿尔贝托·波利奥最初不愿遵守承诺,但在 1914 年 2 月,意大利政府还是确认了如果战争爆发,他们会派出三个陆军军团和两个骑兵师前往莱茵河上游,加入德军左翼。1914 年 7 月危机爆发期间,德军高层仍然寄希望于意大利军队前来援助,尽管他们怀疑意大利人是否可靠、能否帮上忙。[58]

德国可以在没有意大利的情况下行事,而且最终也做到了,但在第一次世界大战爆发前的最后十年里,德国亟须紧紧抓住奥匈帝国。尽管尝试过与英国或俄国间歇性地接触,但德国几乎没有可能发展其他的盟友。奥斯曼帝国太过贫弱,而其他小国,如罗马尼亚或希腊,则恨不得在冲突来临之际置身事外。随着时间推移,德国面临的是愈发稳固的三国协约,故而它与奥匈帝国的两国同盟就变得越来越重要了。这反过来意味着,当奥匈帝国卷入巴尔干冲突,或者更严重的,与俄国开战,德国必须跟进。

俾斯麦一直倾向于让两国同盟成为防御性同盟,抵制任何让同盟拥有防御以上性质的企图(例如签订有约束力的军事协定)。尽管如此,俾斯麦还是允许两国参谋部展开对话,力求让奥匈帝国明白,一旦俄国对其发动攻击,德国将派出大量兵力前往东线并肩作战。威廉二世即位以后也反复发出信号,至少在外交修辞上,热忱地呼吁建立更紧密的关系。然而,在 1891 年施利芬成为总参谋长之后,两个盟国的战略目标开始发生分歧。德国越来越把法国视为主要敌人,而奥匈帝国则继续密切注视着俄国。双方总参谋长第一次会面时,弗里德里希·冯·贝克将军发现施利芬"沉默寡言，不是很投入"。施利芬本人的确不怎么信任奥地利人："那些家伙只会开小差，或是临阵投敌。"1895年，他大幅削减了德国对东线战场的承诺，而且明确表示德国人只会对俄国本土发动小型进攻。贝克闻讯后大为光火，因为德国人的决定无异于让奥地利参谋部多年来的工作白费了。[59]从这时开始，两国总参谋长之间维持着正确但冷淡的关系，也没有细致的联合军事计划。

直至1908—1909年奥匈帝国眼看就要因波斯尼亚问题与塞尔维亚开战，两国同盟才走出俾斯麦强调的有限和防御性的指导思想，变得更紧密、更具攻击性，也让欧洲的稳定处于更危险的境地。威廉二世再次插手，他告诉奥匈帝国："弗朗茨·约瑟夫皇帝是普鲁士的陆军元帅，只需他一声令下，整个普鲁士陆军都将听从他的指挥。"[60]更重要的是，两国的军方开始恢复双边会谈，直至1914年为止都在通信和互访，而这有助于构建一种期待，即他们在危机到来之际可以一起协商，共同行动，为彼此应援。[61]此时施利芬与贝克已退居幕后，他们各自的继任者小毛奇与康拉德建立了热络的关系。康拉德对老毛奇推崇备至，第一次世界大战期间他在脖子上挂着印有这位伟大的德国将军形象的纪念章。[62]1909年元旦，康拉德主动与小毛奇通信确认一件事：一旦奥匈帝国与塞尔维亚开战而俄国又来驰援这个巴尔干小国，德国将采取什么行动。奥匈帝国的期望得到了德国的回应，即俄国的这种举动会促使两国同盟发挥作用，德国将负有保卫奥匈帝国的义务。（如果俄国进攻德国的话，奥匈帝国当然也有类似义务。）双方都希望对方承诺在战争爆发的时候会去进攻俄国，而自己却不这么做。因此，信里写满了互相尊重与促进友谊的套话，却缺乏具体的应许。由于康拉德下了即便俄国参战也要消灭塞尔维亚的决心，他需要德国保证会在北面提供重大支持以抵抗俄国，尤其是在奥匈帝国从加利西亚向北进攻时，从东普鲁士向南进攻俄占波兰。小毛奇当然希望在东线保持一支小规模的德军，以便集中兵力击败法国。最终双方达成了他们大概也知道难以兑现的承诺：一旦战争爆发，奥匈帝国会尽快进攻俄国，德国则要从北面加入，即便德国与法国的战争尚未结束。[63]

欧洲的地理格局意味着，奥匈帝国在思考战争的时候必须比德国设想更多可能的场景——他们可能要对抗俄国、塞尔维亚、黑山、意大利之中的任何一个，这个名单在 1913 年还加上了罗马尼亚。而且这些敌人不乏联合的可能：塞尔维亚与黑山，无论有没有俄国的支援；或者塞尔维亚与意大利。康拉德本人的目光一开始锁定在意大利，但是塞尔维亚也愈来愈吸引他的注意力。[64]他屡屡提到要在战争中摧毁塞尔维亚这个"毒蛇窝"，并将其领土并入奥匈帝国。为了应对奥匈帝国面临的挑战，康拉德制订了几个不同的作战计划，以涵盖可能的战线与敌人组合，而为了给自己留出最大的灵活性，他在巴尔干地区以及加利西亚与俄国的交界处各部署了一支部队（前者为"巴尔干小队"，后者为 A 梯队），并设立了第三支部队（B 梯队）以随时提供支援。这套计划只能说太过乐观，如果考虑到奥匈帝国的铁路，它们向南延伸到塞尔维亚边界，再怎么也是不够的。而在北面，俄国的铁路建设正在超越奥匈帝国。到 1912 年，俄国可以每天将 250 列火车送到加利西亚边界，奥匈帝国只能运来152 列。[65]不仅如此，匈牙利人也坚持从民族主义角度出发，在匈牙利境内修建了一个自成一体的铁路系统。这样一来，奥匈两地的铁路网便少有连通。虽然康拉德恳求加快铁路建设计划，但两地的议会都反对花这笔必要的钱，尤其是考虑到这将使帝国的另一半受益，于是到 1914 年都没什么进展。[66]

康拉德和他的总参谋部继续制订针对意大利的作战计划，并在 1913 年制订针对罗马尼亚的作战计划。但到了 1914 年，他们认为最可能爆发的是一场恐将拖俄国下水的塞尔维亚战争。与欧洲各国军方一样，奥匈帝国的军方也信奉进攻的力量，根本不考虑防御战。[67] 不过，它能动员的陆军不及俄国的三分之一；它的陆军军费也是列强中最低的，甚至比陆军规模更小的英国还要少。[68] 考虑到武装力量的状况，再加上奥匈帝国的国际环境因意大利与罗马尼亚在最后的和平岁月里先后脱离两国同盟而日益恶化，康拉德的计划连乐观都称不上，实际是盲目。

德国和奥匈帝国的军方继续会谈，也许是为了打消自己对东线攻势能否取得预期成功的疑虑。小毛奇引用施利芬的话对康拉德说，德国对法国的进攻将真正地解决一切问题，奥地利的命运会在西线而非东线决定。但小毛奇也接着说，东线战争同样至关重要，因为它代表着条顿民族与斯拉夫民族的对决："所有高举日耳曼文化大旗的国家都有责任为此做准备。"康拉德的回应却指出，这么一场圣战在奥匈帝国不会受到欢迎："我们很难指望占总人口 47% 的斯拉夫人会对同类相残抱有热情。"[69] 然而，无论是相互协调还是信息共享，双方都做得远远不够。1914 年 8 月 4 日，即德国入侵比利时那一天，德国驻维也纳武官表示："这正是两国总参谋部需要以绝对坦诚的态度就动员、发动攻击的时间、集结地域与精确兵力进行磋商的时候……"[70] 这时已经太晚了，而德国和奥匈帝国之间的谅解让一场巴尔干地区的战争演化成了全欧洲范围的大战。

身为德国和奥匈帝国在东线战场的假想敌，俄国对两国同盟的作战计划一清二楚。到 1910 年，俄国已对德国的陆军演习、铁路建设与军事部署有足够的了解，进而得出结论，德国人的主攻方向将是法国。尽管俄国人继续高估德国在东线的兵力部署（比实际兵力多了差不多一倍），但俄国仍然自信可以在数量上超过德国人，而且德国人的战略也对他们有利。如果德国人按照计划从东普鲁士出击，他们很可能只是通过快速突击让俄国人猝不及防，然后将兵力西撤到马祖里湖区的防御工事后面，等待对法战争的结果。这样，俄国人就有时间完成其缓慢的动员工作。[71]

　　俄国人对奥匈帝国的作战计划甚至比德国人还要清楚。彼时的列强都在其他列强那里部署了驻外武官与间谍，但也许俄国拥有最成功的间谍——奥地利总参谋部军官阿尔弗雷德·雷德尔上校。俄国人在 1901 年左右将其招募，给了他亟需的大笔金钱，并威胁要揭露他的同性恋行为，在那个年代，这种事情一旦曝光，足以让他身败名裂。随后的几年里，雷德尔持续向俄国金主提供绝密情报，比如奥匈帝国的动员计划，以及加利西亚边境上的防御工事的关键细节。他还出卖了奥匈帝国在俄国的间谍，让这些人或囚或死。[72] 让人惊奇的是，就像其他间谍一样（例如 1950 年代英国特别招摇的盖伊·布尔格斯），雷德尔没有很快被抓住。尽管出身于普通的中产阶级，显然也只能靠俸禄生活，但他总是有大笔金钱可以挥霍，买豪车、公寓与华服（在身份败露之时，人们发现雷德尔拥有 195 件礼服衬衫），也会给年轻的男性情人花钱。1913 年，德国情报部门告诉奥匈帝国的同行，他们中间有个叛徒，而且还透露，在维也纳的邮政总局有两个装满纸币的信封正在等待某个名叫尼康·尼泽塔斯的人前来领取。雷德尔在乔装之下前来取信封，但即便如此，他也几乎躲了过去，因为监视邮局的侦探们把他跟丢了。他们只是到后来才再次意外地捕捉到雷德尔的行踪。当天晚上，手握足够证据的总参谋长康拉德已召集一班军官与雷德尔对质，逼迫他认罪自杀。[73] 奥匈帝国的最高指挥部连忙改变了秘密代号和铁路时刻表，但他们已经无法在 1914 年前改变总体战略。由于雷德尔的叛变，俄国人对奥匈帝国的进攻方式和地点摸得一清二楚，也洞悉了其进攻塞尔维亚的计划。

　　不过俄国人在制订自己的作战计划时也遇到了一些问题。首先，俄国广袤的领土意味着他们的动员时间要比西边邻国长得多。一旦动员令下达，俄国士兵要比德国或奥地利士兵平均多走一倍多的路

程才能到达战斗地点。在法国贷款的帮助下,俄国铁路系统发展很快,
建设的重心也放在了西部领土——俄属波兰与俄国的欧洲部分,但
与德国和奥匈帝国的相比,仍嫌落后。比如,大多数俄国铁路仍然
是单轨,这意味着运行其上的火车速度较慢。相比德国的 38%,俄
国铁路中只有 27% 的路段是双轨。然而,德国军方预估,到 1912
年,新修建的铁路会让俄国士兵在德国边境集结的时间减少一半。[74]
(如果俄国人决定攻入德国境内,他们会面临一个问题,而这个问题
同样会影响德国人的东进,即俄国的铁轨比欧洲其他国家都要宽,
这意味着无论是士兵还是武器装备都需要转运。)1914 年的俄国尽
管已经改进了铁路线,但还是需要二十六天才能将其欧洲部分的军
队完全动员起来,而同时期的奥匈帝国只需十六天,德国更是只需
十二天。[75] 这种差距将给沙皇带来额外压力,使他不得不在当年夏
天的危机中提早下达动员令。

　　地理格局也给俄国带来了许多潜在的敌人。在东面,俄国领土
仍然受到日本的威胁;在欧洲,俄属波兰尤其容易遭到攻击。18 世
纪末对波兰的瓜分,不仅给俄国带来了包括煤炭在内的丰富的自然
资源、(进入 20 世纪后)强大的工业以及 1600 万左右的波兰人口,
也赋予了俄国一块向前凸出、暴露在危险中的领土。它南北长约
320 公里,向西延伸 370 公里,西面和北面是德国领土,南面是奥
匈帝国领土。俄国军方的一份报告称之为"我们的痛处"。[76] 不但如
此,俄国的潜在敌人甚至比奥匈帝国的还多,而它广阔的幅员意味着,
一旦需要部署或调动兵力,会面临诸多独有的挑战。在欧洲,瑞典
从 17 世纪以来就喜欢时不时地威胁一下俄国,俄国总参谋部直到
1914 年都将其视为敌人。罗马尼亚也是潜在的敌人,该国君主是
德意志人,并一直对俄国 1878 年夺走比萨拉比亚怀恨在心。俄国
在 19 世纪与奥斯曼帝国打过两场战争,这两个大国在高加索与黑
海地区仍是对手。

1891 年以来，俄国战争学院的教师们就在强调，俄国无法避免与两国同盟的战争。俄国军方也愈来愈将重心放在西部边界，认为这是他们的主要挑战。这导致他们倾向于将这两个邻国的事态变动往最悲观的方面去想。1912 年，当奥匈帝国军方未能从议会获得想要的预算，俄国人立即认为这只是表面文章，以掩盖实际的增长。俄国军方还非常错误地认为，弗朗茨·斐迪南是奥匈帝国的主战派领袖。俄国外交官对外国局势更为了解，但他们的意见往往不能到达军方，沙皇也没有努力协调政府的各个分支。[77] 俄国领导层普遍接受的观点是，巴尔干地区的任何冲突都可能演变为全面战争。[78]

俄国总参谋部倾向于采取最悲观的观点，而他们设想的最坏的情况是，两国同盟、瑞典与罗马尼亚从西面发起进攻，日本从东面发动进攻，虽然概率很小，但中国也可能跟着一起。[79] 那样，军方担心的事情就会出现：奥斯曼帝国大概也会加入进来，波兰人则会趁机造反。即便最坏的情况没有发生，和过去的数百年一样，俄国的地理格局仍让他们面临一个战略选择，究竟是把重心放在欧洲，还是放在东线与南线。日俄战争后出任外交大臣的伊兹沃利斯基与 1911 年前担任首相的斯托雷平都把目光投向西边，但俄国领导层中还是有一些有分量的声音，认为俄国在东线不能掉以轻心，日本仍然是其主要敌人。这些人中就包括在 1909 年成为战争大臣的弗拉基米尔·苏霍姆利诺夫。

苏霍姆利诺夫依然饱受争议，这并非没有理由，但也确实多亏了他对俄军进行的一系列急需的改革，俄国才得以在第一次世界大战爆发时准备得比较充分。他不仅改进了俄军的训练与装备，更新了武器，还为野战炮兵等建立了专门的作战单位。第一次世界大战爆发前的五年里，俄国还将征召与整训的兵员人数增加了 10%，以便在战时就可以动员 300 多万人的军队。除了重组军队的结构和指挥系统、创设一套全新高效的动员体制，苏霍姆利诺夫还将军队从波兰西部调到俄国内陆，这样既更能免受攻击，也可以在俄日关系再度恶化时随时派兵到东线。[80] 他也试图撤除俄国在波兰西部的堡垒线，理由是这些工事徒耗金钱与资源，用在其他地方或许更好，结果引发轩然大波。沙皇的叔父尼古拉·尼克拉耶维奇大公素来仇视苏霍姆利诺夫，他反对放弃要塞，并且在军中有许多支持者。战争大臣最终不得不退缩。[81]

苏霍姆利诺夫此时已树敌众多，而他还将积累更多的敌人，这部分是因为他破坏了俄国既有的传统和既得利益，部分是由于他的性格。他狡狯无情，魅力过人，虽然又矮又秃，但依旧让众多女性欲罢不能。在当时以及后来，从老糊涂到腐败再到叛国，苏霍姆利诺夫的攻击者几乎把他指控了个遍。有个俄国外交官甚至把他描绘成俄国的邪恶天才。他的同僚也抱怨他懒惰，无法持续应对诸多挑战。阿列克谢·布鲁西洛夫将军是俄国最有才干的将领之一，他在谈到苏霍姆利诺夫时也表示："他无疑很有头脑，能够掌握局势并非常快速地做出决策，但他的心态过于轻浮。他最大的毛病在于看问题不能够刨根问底，只满足于自己的命令与安排所取得的表面成功。"[82] 尽管饱受非议，可即便是敌人也不得不承认，苏霍姆利诺夫是俄国玩官僚政治的大师。他通过巧施恩惠，在整个陆军和陆军部建立了自己的支持者网络。同样重要的是，他对沙皇阿谀奉承，以继续盘踞高位。[83]

苏霍姆利诺夫，1848 年生于一个小地主家庭，有过一段出众的军旅生涯。在以名列前茅的成绩从参谋学院毕业后，他在 1877—1878 年间的俄土战争中以英勇得名。1904 年，他已是一名中将，负责统领重要的基辅军区。日俄战争后，基辅爆发骚乱，他被任命为基辅、沃伦和波多利亚总督，不仅恢复了法律与秩序，也结束了对当地犹太人可耻的虐待。他还爱上了一名比他小得多的已婚少妇，后来这个女人成了他的第三任妻子。这段风流韵事和她随后的离婚成了一桩很大的丑闻，第三任妻子对奢侈品的永不餍足将让苏霍姆利诺夫身处种种腐败事件的旋涡。"苏霍姆利诺夫身上总有种让人不舒服的气质。"法国驻俄大使莫里斯·帕莱奥洛格如是说，"他六十二岁，对比自己小三十二岁的漂亮妻子俯首帖耳。他脑子好使，心眼多，对沙皇献媚，与拉斯普京为友。他身边总有一群乌合之众，帮他搞阴谋诡计，他早已不知辛勤工作为何物，把全部精力都放在了床第之欢。他的眼神诡秘，眼珠子在厚厚的眼睑下面闪烁着警惕的光芒。我认识的人中，很少有谁能像他这样，第一面就如此招人嫌。"[84]

靠着沙皇的支持，苏霍姆利诺夫在战争大臣的位子上一直坐到1915年。不过沙皇的宠幸也不是全然的好事。尼古拉二世绝非易与之君，他总是急不可待地把大权抓在手里，让手下的大臣们相互攻伐。虽然在军务上是外行，但沙皇仍认为，身为最高权威自己有义务插手。1912年，他为一次有关战略与战术的辩论一锤定音："军事准则的题中之义就是一切都听我的命令。"[85]虽然苏霍姆利诺夫试图协调沙皇收到的建议，但即使是他也未能改变俄国决策中的混乱和不连贯。军方依然不与文官政府分享关键信息，比如，1912年俄法军方一致同意向俄国首相隐瞒双方达成的军事谅解的细节。[86]

第一次世界大战爆发前的那几年，苏霍姆利诺夫重新思考了自己先前的假设，即俄国需要将日本列为主要敌人。而且巴尔干半岛的动荡也让俄国的注意力西移，这无疑是法国人所乐见的。如果全面战争爆发，法国需要俄国在初期从东边对德国发起攻击，以减轻法军在西边的压力。多年来，法国利用他们对急需外国贷款的俄国的财政控制，说服盟友对这种攻击作出承诺。法国人还尽力确保他们给俄国的贷款用于修建能让俄国人快速将军队投送到俄德边境的铁路。尽管俄国领导层往往对法国人的要求颇为反感，但到了1911年，俄国总参谋长还是选择了让步，承诺他们会在战争爆发的十五天后攻击德国的东普鲁士。尽管在不少俄国高层看来这是个错误，他们认为俄国的利益应该是尽可能避免与德国开战，而且在任何情况下都应该集中精力对付主要敌人奥匈帝国，但俄国对这个承诺的重申一直延续到大战爆发。[87]

俄国在西线有几个战略选项：打一场防御战，直至有能力反击；主攻奥匈帝国或德国中的一个；或者同时攻击两者。从事后看，俄国最合理的战略是在战争第一阶段立足稳守、利用广袤国土构筑纵深，然后再集聚力量，一次反击一个敌人。但到了1912年，军方已排除完全进行防御战的选项，接受了欧洲人对进攻战的普遍热情。俄国人最近的一场战争——日俄战争似乎就在证明，俄国军队正是因为坐等日本先进攻而打输的。战后的俄国军事教育、规章与命令都强调了进攻的力量，而很少留意防守。[88]在黑海，俄国也在计划对博斯普鲁斯北岸发动两栖攻击，目标是控制作为黑海出口的所有重要海峡，即便俄国的黑海舰队实力薄弱，也缺少足够的运兵船。[89]

1910—1912年间，俄军高层内部就战略问题有过一场激辩。一派认为，俄国对法国负有道德义务，应当先猛攻德国。苏霍姆利诺夫本人也越来越视德国为主要敌人。[90]另一派则希望集中力量对付奥匈帝国，既因为它是俄国在巴尔干地区的对手，也因为俄国军方自信有把握击败奥匈帝国的军队，而与德国作战则不可能赢。一直以来，俄军对德国的军事实力与效率都抱有十足的甚至过分的敬意。他们倾向于认为自己在一切指标上都不如德国人，这也是其统治阶级数百年来的思维定式。[91]一名法国军官惊讶地发现，他的俄国同行竟对德国根本没有什么恨意。[92]与此同时，尽管有雷德尔的谍报，俄国人还是低估了奥匈帝国在加利西亚边境投入的兵力，认定俄国会拥有显著优势。俄国人还预计民族问题最终会让奥匈帝国不堪重负，一旦战争爆发，帝国境内的斯拉夫人与匈牙利人就会扯旗造反。[93]最后，俄国人也高度警惕一种可能：如果奥地利人在开战的十五天内发动攻击且初战告捷的话，俄国境内怨愤已久的波兰臣民恐将为之一振，并起来造反。正如俄国总参谋长在 1912 年对法国总参谋长说的，"俄国不能容忍败给奥地利，那样的话会在精神层面造成灾难性的影响"。[94]

1912 年 2 月，由苏霍姆利诺夫主持会议，军方敲定了一套妥协方案："集中兵力进攻奥地利，但不完全放弃对东普鲁士的攻势。"[95]正如一位俄国将军事后的评论，"这是最糟糕的决定"。[96]俄国的新军事计划以 19A 为代号，规定了如何动员，以对德国和奥匈帝国同时发动早期攻击，并对兵力进行划分，而这也将使得俄国在两个战场都无法取得决定性优势。更不要说，德国和奥匈帝国可以在开战后的十五天内准备就绪，而这时俄国只能将其一半兵力部署到位。如果在北面进攻的话，俄国人还给自己制造了一个危险的困难，因为俄军最北边的两支军队必须绕开德军在东普鲁士马祖里湖区守御森严的防线。[97]虽然俄国人还有一个备选的 19G 计划，即对德国采取守势，调动主力军队进攻奥匈帝国，但这个计划从来就缺乏细节。军方也从来没有制定过只针对一个敌人的动员方案。1914 年危机期间，俄国领导层发现他们只能对德奥同时开战。

对法国的生存而言，与俄国结盟至关重要。如果没有俄国在东线的威胁，德国就可以将全部兵力压向法国。不过，法国人也从来没有完全摆脱对俄国的怀疑：俄国会与德国重叙旧情吗？比如，1910 年沙皇与德皇在波茨坦会面时，许多法国人都担心两个君主会搞出什么形式的同盟来。再说，即便俄国来得可靠，他们的军队有能力与欧洲最职业的军队一决高下吗？在日俄战争后的那几年里，法国人再清楚不过，俄国武装力量已疲敝到不行，根本无力上战场。俄国人也不急于向法国作出有约束力的军事承诺，从他们的角度看，这是可以理解的。自 1892 年签署第一份协议以来，法国人不断要求俄国人提供军队规模与部署的细节，而俄国人一再拖延。尽管俄国新修了铁路，法国人还是担心俄国动员迟缓，并发现俄国军队缺乏活力、态度含糊。一份法国参谋部的报告说："漫长的冬季与耗时的通信，让俄国人并不看重时间。"[100] 俄国人则对法国人对精确性和细节的讲究恼怒不已，就连法国人的礼节也让俄国人反感，被认为过于死板。[101]

法国人最想要的并最终得到的，是俄国人在西线战事爆发后不久便对德开战的承诺，但对于出兵人数与时间节点，双方都闪烁其词。两国总参谋部的确会定期举行会谈，军方高层与文官领袖也经常互访，但任何一方都没有给予对方完全的信任。只是到 1913 年，也即 19A 计划获批一年后，俄国人才让法国人知晓，并暗示会有更多的俄国军队被派往前线对抗德国。[102] 1913 年夏末，俄国总参谋长雅科夫·日林斯基与法国总参谋长霞飞举行了两人在和平时代的最后一次会晤，某个观察了全过程的俄国人说他们就像一对牌友："日林斯基手里没有足够的王牌，所以一直捏着不打，霞飞则变着法子想从搭档手里弄到王牌来。"[103]

与其他大国一样，俄国必须思考至少两个潜在的敌人，而法国从 1871 年以来只聚焦于德国。意大利确实也是潜在之敌，但法意关系已得到足够改善，法国人从 1902 年起就认定意大利会在任何战争中保持中立，而这意味着法国可以将其大部分兵力调到北线对付德国。1914 年以前的大部分时间里，法国军方主要从防御战的角度考虑问题：让德国在阿尔萨斯–洛林边境的工事上耗尽进攻力量，直至法国等来反击的机会。当然从 1892 年开始，法国人也考虑到了德国人侵犯比利时的可能，于是将右翼兵力沿着比利时西部与小国卢森堡向西调动，并加强了凡尔登要塞的防守，这里距离德国、卢森堡与比利时边境各约 60 公里。根据法国的后续方案，他们还将往北调动更多兵力。

至于法国的战略、军队管理与指挥方面的细节，情况就复杂得多了。共和派长期以来对军方疑窦丛生，试图以文驭武，结果建立了一套缺乏连贯性的体制。军队领导权被分到战争部与总参谋部，而协调两者的机制根本不起作用。第三共和国频繁的政府更迭更是对此没有起到什么帮助：光是 1911 年，法国就有三任战争部长，其中一人屁股还没坐热就下台，都没来得及见到自己下面的高级官员；第三任阿道夫·梅西米好歹撑了六个月，总算推动了一些改革以让法国的军事指挥体系更统一。德雷福斯事件发生后，激进派主导了政府，他们清洗了被怀疑持有右翼观点的军官，让本已萎靡不振的军队士气更加低落。

政治也影响着服役时间与训练等事项的决定。左翼对革命性的国民警卫队念念不忘，希望打造一支公民军——人们接受一定程度的军事训练，但仍然保持平民的观念。右翼则希望建立一支职业军，训练出忠于长官和部队的优秀士兵。左翼想让预备役有更多用武之地，认为这意味着全社会拿起枪来自卫；包括许多高级军官在内的右翼则对预备役嗤之以鼻，认为他们已被平民社会的生活污染，作为士兵毫无用处。在关于法国应该拥有何种军队的政治斗争中，甚至还涉及了军装的问题。梅西米希望效仿欧洲其他各国军队，给士兵穿上让他们在战场上难以辨识的军服；右翼则认为这种改革威胁到了法兰西光荣的军事传统。按照右翼媒体的说法，新式军装丑死了，有悖法国人的品位。新式军帽就像赛马骑师的帽子，军官穿得像马厩里的伙计。保守的《巴黎回声报》认为，这是要摧毁军官对其部下的权威，策划这起事件的共济会想必高兴得不行。（就是在这个语境下，一位法国前战争部长宣称，红裤子才是法兰西。）一位议员表示，无论如何，军队应当首先用完旧制服，再考虑花钱换新制服的事。新军服的资金直到战争开始前不久才得到批准，而这时已经太晚，法国士兵已经穿着鲜艳的制服开拔了。[104]

领导不力和政治干预还加剧了法国军队中的其他问题：训练落

伍且没有效果；参谋军官素质低下；关键的战术（例如如何在战场上调动军队）尚未达成共识，也无人传授。[105] 正是在这种背景下，一群年轻的改革者开始推行进攻理论，试图以此重振军队。正如在欧洲其他国家一样，他们的出现反映了整个社会的担忧，即社会成员正在变得颓废，不再准备为国捐躯。就法国而言，历史的记忆也影响着他们，无论是 15 世纪让意大利人闻风丧胆的"法兰西旋风"，还是 1792 年革命军在瓦尔密战役里让保守派四散奔逃的狂飙攻势，或者拿破仑麾下那支为征服欧洲而英勇奋战、不怕牺牲的军队。在法国总参谋部，作战局局长路易·德·格朗迈森上校用他拯救法兰西的处方激励年轻的同事。是的，防御战是懦夫之举；唯有进攻战才配得上一个男子气概的国家；战斗的本质是精神的较量，意志与活力才是决定性因素。法国士兵必须像先辈那样倍受爱国主义的鼓舞才能在战场上所向披靡。1911 年格朗迈森在法国战争学院的两次著名演说中强调，一次快速的突袭就可以使敌军瘫痪："敌人就再也无法相机而动，并将很快丧失一切进攻能力。"[106] 1913 年，法国陆军最新战术条例的编撰者们也接受了格朗迈森的观点，他们坚定地写道："唯有进攻才会产生积极的效果。"条例说，刺刀仍然是步兵的关键武器；战鼓与号角也将产生奇效；军官会带头冲锋。[107] 条例承诺，"成功不会降临在损失最少的人头上，而只会青睐意志最坚定、士气最高昂的人"。[108] 像其他列强一样，法国军方认定下一场战争将是一场速决战。他们和政府都没有为物资储备、工业动员或者自然资源的保卫做好准备，而其中很多资源都在靠近德国边境的北方。[109]

　　1911 年，法德关系正处于危机中，梅西米获得政府授权重整战争部与军队指挥结构，大大增加了总参谋长在和平时期和战时的权力。同时，他任命了约瑟夫·霞飞将军为新的总参谋长，此人是几位候选人里最热衷于进攻理论的。出身于布尔乔亚家庭（他父亲是个桶匠）的霞飞，是个坚定的共和派。"螃蟹"的绰号既是因为他的身材，也暗指他的立场从不偏右。霞飞很讨政界喜欢，懂得如何与政客打交道。他个性沉静，即便在重大危机中仍能坚持己见，一心要达成自己想做的。他的职业生涯如同他的性格一样，并不耀眼，但处于稳定的上升中。在法国的数次海外殖民战争里，他为自己赢得了高效可靠的声誉，成为工兵部队的总监。他熟稔军中的日常事务与文书工作，了解后勤与通信。他在军中拥有大量拥趸，令这些人钦佩的，既是他的决策能力，更是他对法国的信心，即便在黑暗时刻，他也坚信法国终将取胜。1912 年，有人问他是否思考过战争的可能性，他回答说："是的，我思考过。我无时无刻不在思考战争。我们将迎来它，我会对付它，并将赢下它。"[110] 反对霞飞的人则认为他冥顽不灵，思想僵化。法国一位杰出的将军说："他只依形势行事，从不造势……霞飞根本不懂战略为何物。组织运输，提供补给，指挥军械生产——他只会干这些事。"[111]

霞飞出任总参谋长时，法国人已相当了解德国人取道卢森堡或至少一部分比利时领土的计划。法国外交部与法国国家警察局曾成功破译德国的电报密码（不过两个机构之间的竞争常常让他们彼此不能很好地分享信息）。[112]1903 年，一个自称"复仇者"的间谍（也许是个德国参谋）向法国人呈交了早期版本的施利芬计划。这个间谍头缠绷带，高度伪装，只有两撇胡子露在外面，让不少法国人觉得太过戏剧化，担心他提供的谍报是德国人诓骗法国人的诱饵。[113]法国间谍也搞到了 1907 年的后期版本的施利芬计划，以及德国 1912 年、1913 年军事演习的资料，并在 1914 年 4 月第一次世界大战实际开始之前弄到了最终版本的德国作战计划。1914 年 5 月，俄国人向法国人示警：他们的消息源表明，德国会选择先击败法国再对付俄国。[114]数年以来，还有其他大量的证据证明了德国人的意图：他们强化了德法边界北侧的防守工事，增扩了与比利时、卢森堡接壤的莱茵兰的铁路网，并在小型城镇新建了长长的铁路站台，专供军方卸下士兵、马匹与装备之用；他们还改良了杜塞尔多夫的莱茵河大桥，以便更好地进入比利时北部领土。[115]

法国军方对德军入侵比利时的可能性严峻以待，每次修改作战计划时，都会增加凡尔登西面与西北面的兵力。[116] 在第一次世界大战前的那几年里，法军参谋官会定期巡防比利时；1913 年圣西尔军校的期末考试，有一道题便是关于法国与比利时军队如何抵御德国入侵的。[117]（为了置身于大国冲突之外，比利时提高了防御战备，明确表示将保卫自己的中立地位不受侵犯，虽然这样的企图注定失败。）霞飞曾经询问政府能否抢在德国之前将本国部队开进比利时，得到的答复是不能，唯有在德国人先侵犯比利时中立的情况下，法国军队才允许进入。法国政府可不想疏远英国人，在和德国人打仗时，英国的帮助，尤其是海上支援至关重要，而且可以坚定法国公众舆论的必胜决心。[118]

但在考量德国进攻比利时的计划时，法国人作出了一个在 1914 年被证明为几乎会把他们置于死地的假定——他们认为德国人不可能在列日要塞以西（即南北流向的默兹河西岸与海洋之间）布置重兵。法国人陷在了自己对预备役士兵的偏见之中，以为德国军官也会与自己一样，认为预备役士兵太接近平民生活，没法成为有战斗力的士兵，因此只适合去执行不太重要的任务，如防守通信线路、包围要塞或者在战线后方运行医院等设施，而非派往前线。[119] 与此同时，法国人很清楚德国拥有多少武装士兵，而他们足以抵御法国从阿尔萨斯—洛林边界发动的进攻，并入侵列日和默兹河以东的比利时，但不足以大规模扫荡比利时西部。事实上，德国军方虽然有些犹豫，还是接受了将预备役兵力派往前线的想法。有证据显示，他们在 1914 年以前就计划集中兵力猛扑默兹河以西。1910 年，法国人注意到德国军队正在购置大批军用车辆，而这在地势平坦且路况良好的比利时西部特别有用。[120]1912 年，法国常驻布鲁塞尔武官警告说，德国似乎已经有能力直捣列日要塞，或者绕开列日向西挺进。[121]

在这里，霞飞的固执最终被证明是一大妨害：他不由分说地拒绝认可那些与自己判断相悖的证据。而一旦反面证据出现（比如，一份似乎是由德国将军埃里希·鲁登道夫撰写的文件，写着德国不会在前线投入预备役部队），他就选择相信。[122]霞飞并非孤例。法国军方有许多人沉醉于进攻的魅力，一门心思想着攻打德国，希望在德国人大举来犯之前及早且迅速地结束战争。1914 年初，几位法国高级将领提出意见，认为德国会从默兹河以西入侵比利时，霞飞再次充耳不闻。[123]第一次世界大战开始后，他仍然认为自己得在洛林及其以北、东比利时和卢森堡作战，他的部队可以在头几次战役里与德军平分秋色，而如果英国援军及时赶到的话，他们就会压过德国人。[124]至于从英吉利海峡到法比边界南侧小城希尔松之间的 190公里，霞飞任由其完全不设防。如果英国派兵的话——并不一定会派——他们将堵上这个缺口。1914 年 8 月，的确有四个英国师赶到，他们将迎面碰上两支德国军队。[125]

霞飞的作战计划，即声名狼藉的"17 号计划"，在 1913 年 5 月初得到了法国政府的批准，其细节则在一年之后制定并分发军中。他将更多的法国军队北调至法比边境，并部署在那里，以应对德军从比利时东部、卢森堡或洛林北部发起的攻势。据他在回忆录里明白的说法，这份计划是为了让军队集中在各个阵地，而不是为了发动战争。他给各军指挥官提供了抗击德国人的备选方案，但没有透露他在想什么，只是说他打算在所有法军进入指定地点后，攻击东北部的某个地方。1913 年，在与俄国人的一次会谈里，他承诺法国会在动员令下达后的第 11 天早晨发动对德国的军事进攻。[126]即便霞飞曾就法国的边防战略有过一番深思熟虑，那么在 1914 年以前的任何时间里，他也没有和任何人分享过。

1912 年与 1913 年的两次军事演习显示，法军在协调与指挥方面存在重大问题。正如霞飞在战后的回忆录里说的，"事实证明，我们的很多将军无法适应现代战争的条件"。[127] 法国陆军在重型野战火炮方面也远远落后于其他欧洲列强，尤其无法与德军比拟。这是多年来计划不周、资源匮乏且不统一所造成的，还有一个原因是，官兵们对大口径野战火炮应该用于进攻之前弱化敌军还是用于支援本方步兵的冲锋存在分歧。也许是因为想把损失减少到最小，法国陆军倾向于后者。进攻战术的拥趸还认为，未来的战役会变得更加快速，移动不便的重炮势必难以跟上，所以最好还是依赖作为法军强项的轻型野战炮，然后在可能的情况下使用重型野战火炮配合部队的进攻。[128] 霞飞认定法军应当进攻，不允许任何东西动摇他的执念。

在战前最后的和平岁月里，法国经历了一次信心膨胀。至少在巴黎，民族主义得到彰显。法国陆军在霞飞的领导下获得了一种新的目标感。在东边，大盟友俄国似乎已经从日俄战争和随后近乎革命的挫折中复苏，并且正在快速现代化。梅西米说："无论是陆军总部还是一般公众，法国人在 1914 年对庞大的俄国陆军的作战能力，尤其是其兵员的充裕程度，都深信不疑。"[129]

欧陆列强的作战计划反映了他们对进攻战术都抱有深深的执念，而不愿考虑防守战略的替代方案。霞飞的计划尽管空泛虚浮，但至少有一定的灵活性。德国与俄国的作战计划则决定了他们会在同一时间开启两条战线，两国的军队没有提供只与一方开战的选项。两国的政治家也不认为自己应当知晓本国的作战计划，或者坚持要求对计划进行指导。1914 年，欧陆列强的作战计划就像危险的微力扳机，一点微小的波动都会触发走火。尽管军方及其计划本身不会招致世界大战，但他们对进攻的痴迷以及对战争之必要且不可避免的接受，在危急时刻给决策者们制造了压力。各国军方的意见几乎无一例外地倾向于战争。不仅如此，文官领袖与军方高层之间缺乏沟通，这意味着军方制订的计划最终会限缩决策者的选项，而这种限缩有时极其危险。

1905—1913年间发生的一系列危机，不仅助长了军备竞赛，加快了各国准备作战计划与军事部署的进度，还进一步使同盟国与协约国内部松散的联结更加紧密，并加深了两大集团间的鸿沟。到1914年夏天，已经有更多的承诺作出，义务和期待也随之加重。过去诸多危机在决策者（往往还有公众）心目中留下的记忆和明显的教训，在这个致命的夏天，成了他们思考的一部分，他们决心拿起武器，对抗过去曾让他们蒙羞的人。

第十三章　危机上演

1905 年初春，屡屡扬帆起航的德皇又进行了一次海上巡游，这次，他搭乘德国蒸汽船"汉堡"号沿大西洋海岸南下。在经由直布罗陀海峡进入地中海之前，他曾考虑去摩洛哥的大西洋港口丹吉尔看看，让自己的客人领略一下穆斯林世界的风情，但他想了想还是觉得算了。"汉堡"号舰体太大难以入港，如果海上风浪大的话，也很难换乘小艇登岸。据说，丹吉尔住满了欧洲来的无政府主义者。再说摩洛哥的地位正成为一个国际议题，德皇并不希望此行有什么政治意味。然而，德皇的政府却另有想法。比洛首相及其在外交部的亲密顾问荷尔斯泰因都认为，这正是个大好机会，德国可以借此向世人表明摩洛哥不是法国人的禁脔。外交部在"汉堡"号上的代表接到了让德皇登岸的严格指示。比洛从柏林发去了一连串怂恿德皇的电报，并在德国报纸植入了几篇关于这次访问计划的报道，让德皇难以退缩。[1]

1905 年 3 月 31 日，"汉堡"号在丹吉尔下锚时，一阵强风从东面刮来。一名当地的德国代表身着全套骑兵制服，蹬着带马刺的靴子爬上了船，一如停在附近的法国巡洋舰的指挥官。劲风渐渐平息，德皇派出侍卫长登岸评估情况，得到的报告是上岸并不困难，而且港口还有一大群人在兴奋地等待。最终威廉同意访问，迎接他的是摩洛哥苏丹的叔叔，以及德国在丹吉尔的那一小块殖民地的代表们。一匹白色的阿拉伯马引领着德皇的御驾，穿过小城的狭窄街道，前往德国公使馆。威廉的头盔把面前的马匹惊得后退，他费了点劲才得以上马坐稳。德皇一行人骑行在成列的摩洛哥士兵之间，数百面旗帜迎风招展，女人们站在屋顶上撒花欢呼，亢奋的阿拉伯部落民鸣枪志庆。[2]

在德国公使馆，小型的外交使团与当地的一些显贵都在迎候德皇，其中包括后来德国人耻于提起的大盗埃尔拉伊苏里。尽管比洛一再提醒德皇谨守外交礼仪，威廉还是在一时兴奋之下有些飘飘然。在接见苏丹信赖的顾问、英国退役军人卡伊德·麦克莱恩时，德皇表示，"我不承认已有的什么协议。我是作为一个主权国家的代表来到这里访问另一个完全独立的主权国家。你可以将我的这番话转告给苏丹。"[3]比洛曾经建议德皇不要对法国驻丹吉尔代表说任何话，但威廉还是忍不住向法国人重申：摩洛哥是一个独立国家，他希望法国承认德国在这里的合法利益。"那位公使试图与我辩论时，"德皇告诉比洛，"我只说了一句'早安'，就把他晾在那儿了。"威廉并未留下来参加摩洛哥人为他准备的盛大筵席，但在策马回岸之前，他还是抽出时间建议苏丹的叔叔应确保摩洛哥的改革符合《古兰经》的规定。（自1898年访问中东以来，德皇便一直把自己视为一切穆斯林的保护者。）"汉堡"号起航驶往直布罗陀，其中一艘护卫舰在途中意外撞上了一艘英国巡洋舰。[4]

柏林这边，荷尔斯泰因还在等着看访问是否成功，结果因压力过大而心态崩溃。几天后，他给一名远亲写信说："在行程结束之前，会出现一些紧张的时刻。"[5]这话已经是轻描淡写了。首先，德皇的丹吉尔之行代表了德国对法国在摩洛哥的野心发起了挑战。至少，德国希望在摩洛哥推行门户开放政策；或者，如果德国的企业不能在摩洛哥获得同等待遇，德国希望能在别处（也许就是在非洲）以殖民地的形式获得补偿。不过，德皇的访问远不只是为了摩洛哥的命运：德国正在试图重新获取俾斯麦时代的地位，要求在欧洲的国际事务中处于中心位置。比洛与荷尔斯泰因希望确保任何重大的国际协议，无论是关于殖民地的协议还是影响欧洲本身的协议，没有德国的参与或批准，都不得通过。德国人也看到了破坏英法协约乃至离间法俄同盟的机会，想借此打破他们所认为的德国在欧洲受到的包围。因此，德皇的丹吉尔之行也引发了一场大型国际危机，德国与法国开始言战，英国也很有可能加入。三国的公众舆论都为之哗然，这反过来限制和缩小了决策者回旋的余地。尽管 1906 年的阿尔赫西拉斯国际会议最终解决了摩洛哥危机，但这次事件留下了危险的余波——各国公众及其领袖之间起了猜疑与怨愤之心。1907 年英国驻慕尼黑代表报告说："德国公众对外交事务没啥兴趣……自那以后，情况发生了变化。"[6]

从德国人的视角看，1905 年春天是夺取国际事务主动权的绝佳时机。英法协约墨迹未干，去年 4 月才签订，还未经受过考验。从 1904 年初以来，俄国就陷入与日本的战争中，不可能驰援法国。此外，头一年 10 月的多格滩事件表明，英俄两国很容易就爆发战争。美国也许会对德国友善，而且肯定会认同在摩洛哥推行他们在中国提出的门户开放政策。德皇暂时忘却了他的"黄祸论"，此时正在想象未来出现一个横跨世界的德日美联盟。然而，罗斯福总统却明确表示，中国是一回事，摩洛哥是另一回事；他也不打算向本国公民解释，为什么在摩洛哥这样一个绝大多数美国人都没听说过的国家推行"门户开放"政策会符合美国的利益。[7]德皇访问丹吉尔之后不久，罗斯福就告诉德国驻美大使："我不喜欢在这种问题上表明立场，除非我打算完全支持它；我们在摩洛哥的国家利益还不足以让我有理由认为我们的政府应当缠夹其中。"[8]这不是德国领导层在第一次摩洛哥危机期间所做的唯一错事。

荷尔斯泰因的立场比德皇和比洛都要更强硬，他深信可以利用这次危机，将德法关系建立在令国家满意的基础上。英国已经在法绍达事件中很热心地证明，以强硬的态度对待法国是奏效的；法国选择了退缩，后来也向宿敌英国伸出了友谊之手。然而，霍尔斯因希望向法国人表明，他们不能指望英国人。他在摩洛哥危机后期写道："法国人只有在看到他们与英国的友谊……不足以让德国同意法国攫取摩洛哥，看到德国希望以自己的名义得到爱时，才会更接近与德国和解的想法。"[9]这样就可以让法国公开放弃收回阿尔萨斯－洛林的希望，承认终结普法战争的《法兰克福条约》永久有效。让法国就范还可以对意大利产生连带效应，后者近年来对法国频频示好，这让德国人非常不安。[10]

对英国的实力测试也早就该进行了。在摩洛哥危机的前一年，德国曾照会英国，希望就一切悬而未决的殖民议题进行商谈。但英国人只愿意讨论埃及问题，而德国在埃及的那些权利不过是身为诸多国际债主中的一员所享有的罢了。荷尔斯泰因认为，一旦英法协约打破，被孤立的英国会对德国更顺从。此外，他还在1904年夏天指出，德国没法承担示弱的后果："如果听任英国方面如此粗暴地拒绝我们的合法请求，那么可以肯定，在可预见的未来，德国，至少是本届德国政府的一切要求，都会被任何人在任何地方以相似的冷淡态度拒绝。德英谈判的重要意义远远超过当下的埃及问题。"荷尔斯泰因在谈到摩洛哥时也持相同论调："不仅出于物质上的原因，更是为了维护自身的声望，德国必须反对（法国）对摩洛哥可能的吞并。"[11]

在更乐观的时候，荷尔斯泰因还梦想着对国际舞台上的主要玩家进行彻底的洗牌。比如说，英法两国中会有一些人认为两国协约

图 13　大国们表面和平地坐在一个水烟筒周围，它再现的是 1905—1906 年为解决第一次摩洛哥危机在阿尔赫西拉斯举行的会议。但事实上，他们手上有枪，还有炸药。竞争对手法国和德国彼此挨坐着，由约翰-布尔代表的英国则警惕地看着德国，不无理由地怀疑它正试图破坏英法的新友谊。西班牙和意大利都希望在北非拥有自己的殖民地，它们在一旁等待，而山姆大叔一脸不赞同

是个错误，一有麻烦的迹象就对其发动攻击。荷尔斯泰因坚信，到那时候法国会在屈服之下离开英国，转而与德国结盟。届时俄国也没什么选项，只能效法；1904 年德国曾向俄国提出缔约，虽然那次失败了，但时机会再次到来。与此同时，德皇似乎与他的沙皇表弟关系不错，曾在日俄战争的时候写信给沙皇帮他出谋划策。长远来看，欧洲也许会出现一个法德俄的三国同盟，像普法战争以后孤立法国一样孤立英国。

摩洛哥的局势迫切需要国际干预。年轻的苏丹无法控制名下的大部分国土，包括德国人在内的外国侨民反复要求苏丹推行一系列改革，以实现法律与秩序。1904 年 5 月，埃尔·拉伊苏里公然闯入美国富商扬·珀迪卡里斯在丹吉尔郊外的豪宅，将扬及其继子绑在马背上带到摩洛哥内陆。罗斯福总统迅速派遣一支正在南大西洋巡航的舰队前往摩洛哥海岸，要求释放这两人。即便有证据表明珀迪卡里斯也许不再是美国公民，罗斯福仍然坚持这一立场。在这年夏天芝加哥的共和党大会上，罗斯福向苏丹的喊话赢得了台下热烈的欢呼："我们要求的是，要么珀迪卡里斯活着，要么拉伊苏里死掉。"[12]在支付了一大笔赎金之后，瘦削黝黑的珀迪卡里斯与继子终于获释。同年 12 月，苏丹认为外国利益集团已经危及国家的独立，突然下令让所有外国的军事代表团离开摩洛哥。法国人迫使苏丹收回成命，并同意法国使团继续待在首都非斯。不过，此时摩洛哥的地位与未来已经成了国际议题。无论如何，正如人们现在所回想的，根据 1880 年在马德里签订的一份协议，欧洲列强与美国在摩洛哥的贸易等领域享有平等权利。

法国人以政治高压的方式无视这一点，但这对他们没什么帮助，尤其在涉及德国时。例如，1904 年 6 月，法国向摩洛哥提供了一笔借款，并与后者达成协议，规定摩洛哥未来应优先向法国借贷。当年秋天，法国还与西班牙签署协议，在未通知或咨询德国的情况下，将摩洛哥分成了法西两国的势力范围。法国的强势外交部部长德尔卡塞担心，德国人大造海军的一部分动机是为了在地中海与北非挑战法国的霸权，因此坚决拒绝在摩洛哥问题上与德国谈判。一位曾枉费心力劝德尔卡塞与德国人对话的顾问抱怨说，德尔卡塞只会称德国人是"骗子"："但是看在上帝的份上，我又没有让他与德国人交换情话或交换戒指，只是要他与德国人谈事情！"[13] 法国驻德大使反复向巴黎发出预警，说法国这是在摩洛哥问题上玩火，德国正逐渐恼羞成怒。1905年，法国使团抵达非斯并向苏丹施压，要求获得比其他列强更大的权利，德国人自然是鼓励苏丹进行抵抗。[14]

为了促进自己所认为的德国利益，荷尔斯泰因准备冒战争的风险，尽管他的第一选项也是避免战争。（不考虑其他因素，一旦敌对行动爆发，威廉就要担任军事指挥，而用荷尔斯泰因的话说，"他根本对军事一窍不通，一定会铸成可怕的灾难"。[15]）从德国方面来看，时机也不错：后德雷福斯时代的法国陆军依然士气低落；俄国正在远东陷入战争泥潭；英国陆军还有待从布尔战争中恢复元气，而且规模也摆在那。至于英国海军，当时德国有一则笑话说，海军又没有轮子，在速战速决的陆战中根本没用。

不过，德皇和比洛都没有那么乐观。也许是意识到自己的直觉无误（即丹吉尔之行恐将惹来麻烦），德皇坚决表示自己不想要战争。这年夏天，他愤怒地致信比洛，责怪比洛强人所难："我上岸是因为你要我这么做，为了祖国的利益，我不顾左臂的不便，骑上一匹奇怪的马，差点丢了性命，这就是你下的赌注！我不得不在西班牙无政府主义者之间骑行，也是因为你希望我这么做，而你的政策就是从中取利！"[16] 比洛并不后悔自己离间英法的努力，但他更想以一种柔和的手段对付法国，即承认法国在摩洛哥的地位，以换取法国在其他地方补偿德国。这或许与强行破坏英法协约的效果差不多。

正如 1905 年危机进入高潮时,比洛向荷尔斯泰因指出的:"公众舆论、议会、皇室乃至陆军都没想过要因为摩洛哥开战。"[17] 这年 1 月在施利芬的退休仪式上,德皇向将军们发表的演说也有类似的表态:"但我要在这里告诉你们,我绝不会为了摩洛哥而开战。我这样说有赖于你们的慎重,绝不能让这话离开这个房间。"[18] 对外界而言,德国高层内部的分歧并不明显。当战术层面的争论让德国在强硬与讲理之间来回摇摆,这只会加深外国对德国意图的不信任。

英国人没有按照荷尔斯泰因的预期行事。爱德华七世表示:"丹吉尔事件是德皇即位以来干过的最无理取闹的事,也是一次政治表演的惨败。如果他认为这样会让自己在世人眼中很光彩,那恐怕他也太没有自知之明了。"[19]《泰晤士报》称德皇的丹吉尔之行乃"十足的政治示威",该报驻维也纳的记者也表示,比洛严重低估了英国站在法国一方的决心。[20] 英国外交部里占多数的反德派毫不怀疑德国人对摩洛哥突如其来的兴趣意在破坏英法协约,敦促英国政府必须立场强硬。而在皇家海军看来,德国人大概会在摩洛哥的大西洋海岸觊觎一个港口,这将对英国"极为不利"。费舍尔告诉外交大臣兰斯当:"看来这是我们联合法国打击德国的黄金机会……"[21] 费舍尔并不是接下来的几个月里唯一讨论战争可能性的人。

兰斯当更加审慎一些:他也在考虑战争,前提是英国的核心利益面临威胁。[22] 尽管如此,他也与伦敦方面一样,对德国人的动机深表怀疑。甚至在摩洛哥危机开始之前,看到报道称德国正寻求与美国以及英国的盟友日本建立更紧密的关系,他就忧虑地认定德国外交政策的总体出发点就是尽可能阻挠英国。当年 4 月,他给英国驻德大使写信说:"我毫不怀疑,我们将看到德皇不放过任何一个可以给我们添堵的机会。"[23] 在摩洛哥危机愈演愈烈之时,兰斯当的政策是一边支持法国人,一边阻止法国人轻举妄动。4 月 23 日,他与首相贝尔福向德尔卡塞释放出有力的信息,表示英国将提供"我们力所能及的全部援助"。[24]5月，兰斯当与法国驻英大使保罗·康邦达成一致，即一旦摩洛哥局势恶化，英法两国政府应着手一起行动，并补充说，双方随后还会进行"充分和秘密的讨论"。[25]尽管法国人向英国施压，要求做出更清楚的承诺，甚至建立防御同盟，但保守党政府后面再无动静。

然而，还有其他的英国人。刚复任性的英国驻法大使伯蒂是个强硬的反德派，他从巴黎告诉外交部的一位同僚，"就让摩洛哥成为德法关系的伤口吧，就像埃及是我们与法国关系的伤口"，并跑去向德尔卡塞保证，英国会尽全力给予法国一切援助。同样有证据显示，费舍尔曾告诉德尔卡塞，他认为对德动手的时机已经成熟。[26]这一年的4月，英王爱德华七世乘游艇游历地中海，只访问了法国港口，并在北非港口阿尔及尔停留了几天。在返程途中，他在巴黎待了一周，两次会见德尔卡塞。[27]这年夏天晚些时候，爱德华七世访问欧洲大陆，去奥匈帝国下面的一个他最喜欢的水疗胜地时，特意回避了德皇。一家柏林报纸这样报道："我（英王）怎么能去了马里昂巴德，却不去见我亲爱的外甥？法拉盛（荷兰）、安特卫普、加来、鲁昂、马德里、里斯本、尼斯、摩纳哥——都危险极了！哈！我只想路经柏林，然后肯定不会去见他！"[28]为示报复，德皇拒绝让皇储在这年秋天应邀访问温莎城堡。[29]

丹吉尔之行过后，德国人继续施压。除了派出使团前往非斯讨论从德国贷款的问题，并鼓励苏丹拒绝法国的改革要求、抵制法国对摩洛哥的更大控制，他们还要求西班牙放弃之前与法国达成的瓜分摩洛哥势力范围的协议，并照会包括美国在内的其他列强，希望就摩洛哥的未来召开一次国际会议。[30]通过与法国总理莫里斯·鲁维埃的秘密接触，德国人还表达了让德尔卡塞下台的愿望。

德国人一直视德尔卡塞为他们在法国政府里的劲敌。到1905年春，德国人开始忧心，德尔卡塞会凭借调停日俄战争的成就，在外交部部长的位子上越坐越稳。5 月 27 日，日本联合舰队在对马海战中摧毁了俄国第二太平洋舰队，之后双方都在寻求议和的办法。德尔卡塞凭借他的经验，以及法国与交战双方都有良好关系的优势，显然成了外交斡旋的最佳人选，而他本人也乐于接受这一重任。鲁维埃颇为天真地将这一点告知德国人，而德国人不禁对前景忧心忡忡。德尔卡塞调停成功的话，将是他本人和法国的一大胜利，这不仅会进一步加深法俄的关系，还可能带来另一个三国同盟，即英国、法国和俄国，甚至可能形成包括日本在内的四国同盟。[31] 正如德尔卡塞后来所说，如果他能成为日俄战争调停人的话，他在法国政府内的地位将不可撼动。[32] 比洛连忙写信给华盛顿，让驻美大使劝说罗斯福总统担当调停人，从而阻止英法的倡议。荷尔斯泰因也说，比起英法在国际舞台上的胜利前景，摩洛哥问题"微不足道"。[33]

5 月末，德国政府又向法国政府发出了一系列态度越来越强硬的信息：德尔卡塞必须去职，否则德国不保证会有什么后果。[34] 鲁维埃慌了神，很快就表示妥协。这位总理一整年都在担心德国的突然进攻，在他看来，这会导致法国的失败与革命，一如 1870—1871 年间发生的事。这年 2 月，他曾与法国议会里主管军事与财政的议员会晤，询问他们对法国军事准备状况的评估。议员们告诉他："法国一无所有，没有弹药，没有装备，没有储备物资，军队和国家的士气都一塌糊涂。"鲁维埃听得老泪纵横。[35] 德尔卡塞拒绝与德国人直接沟通，也不愿咨询同僚，这对保住他的部长位子没有好处。4 月 19 日，德尔卡塞的摩洛哥政策在议会受到攻击；议员们无分左右，接连站起来敦促他与德国谈判。饶勒斯指出，早在德皇的丹吉尔之行之前，德尔卡塞就要求摩洛哥政府向法国让步，这才有了这场危机："阁下也必须主动做出解释，然后开始谈判。"这时德尔卡塞才终于提出直接与德国人谈，但嗅到胜利气息的比洛坚持召开国际会议。这遭到德尔卡塞的反对，他坚称德国人只是在虚张声势，英国已经准备好了一旦开战就来援助法国。[36]

不过，他并未得到同僚们的附和。到 6 月的第一周，鲁维埃终于在德国人的要求面前服软。在 6 月 6 日的内阁会议上，获得一致支持的鲁维埃告诉德尔卡塞他已被解职。后者做出了情有可原的复仇，他递交给总理大人一摞外交部的破译电报，这是鲁维埃与德国人私下交易的证据。[37]德尔卡塞去职的新闻出来之后，战争谣言在法国议会和巴黎的各大沙龙不胫而走，很多男人都跑去买厚羊毛袜与皮靴，准备应征入伍。[38]伦敦也陷入一片惊慌与震动。兰斯当担心英法协约能否存续；他告诉伯蒂，法国人似乎正在离开。[39]而柏林，则是一派欢庆景象。"德尔卡塞可是敌人选来摧毁我们的工具。"比洛洋洋得意地说。德皇在德尔卡塞去职的同一天授予了比洛亲王爵位，但比洛本人总是否认这两件事的联系。[40]荷尔斯泰因则说，"我们最聪明也最危险的敌人"已经"倒下"，而"我们的朋友"罗斯福总统正在调停日俄战争，这样英法两国都无法从该事件中获得任何国际威望。[41]

德国人赢了法国人，但过于高估了自己的力量。决定自己出任外交部部长的鲁维埃提出直接谈判，并承诺以殖民地的形式在别处对德国予以补偿。然而，在荷尔斯泰因的敦促下，比洛继续坚持召开国际会议，以凸显法国在列强中的孤立处境——在摩洛哥问题上，无论英国还是俄国都不会给予法国援助。德皇后来回忆说："如果事先有人告诉我，我就会仔细琢磨这个事，那次愚蠢的国际会议也就不会召开了。"[42]虽然法国在 7 月初勉强同意了召开会议，但是德国人的压力让鲁维埃很恼火；这一年的晚些时候，他向一位核心幕僚透露："如果柏林方面认为这就可以吓倒我，那么他们的算盘无疑打错了。"[43]法国公众舆论也倾向于对德国拿出更强硬的态度，并充分意识到英法协约的价值。将在 1914 年出任法国驻俄大使、此时尚在外交部任职的莫里斯·帕莱奥洛格在 7 月末写道："法国经历了一次复苏：不再恐惧，不再胆怯，不再任德国人予取予求；人们接受了战争的想法。"[44]

法国新的民族情绪消除了英国人的担心。兰斯当告诉法国驻英大使保罗·康邦，英国会在摩洛哥问题上"以法国人认为最佳的方式"帮助法国。[45]这年夏天的剩余时间里，当法德两国还在为国际会议的议程而争吵不休，英国人则开始向世界展示他们与法国的友谊。7月的法国国庆周，皇家海军派出舰船访问了法国的大西洋港口布雷斯特。一个月后，法国海军舰船在朴次茅斯港受到了热烈的欢迎，英国议会为其在威斯敏斯特大厅举办了盛大的晚宴。[46]英法海军有关战略合作的秘密会谈，可能也是在这年夏天开始的。[47]

1905年底，英国政府换届，以亨利·坎贝尔-班纳曼为首的自由党上台。主张继续对法国采取强硬路线的荷尔斯泰因认定这是个好消息，因为他相信自由党人希望与德国交好。[48]然而，他的假设又错了。坎贝尔-班纳曼带病上任，将外交事务主要甩给了新任外交大臣爱德华·格雷，而格雷无意突然改变兰斯当的政策。与兰斯当一样，格雷认为维护英法协约对英国而言至关重要；如果协约打破，法国、德国与俄国也许就会达成协议，英国将再度陷入孤立。与前任一样，格雷希望支持法国对抗德国，但又不愿鼓励法国人太过冒进。他向康邦承诺英国会保持"善意的中立"，但也指出，坚定支持法国的英国公众舆论不会支持法国因为摩洛哥而与德国开战。[49]（格雷发现，无论自己想做还是不想做什么的时候，都可以很方便地求助于公共舆论。）就德国而言，尽管柏林方面发出了示好的意愿，格雷并不愿意在国际会议召开之前达成任何协议。他说，比洛的漂亮话"只是黄油而非欧防风，而如果要用黄油煎欧防风，也要到国际会议上进行。如果会议讨论的结果无碍于英法协约的话，那的确是长空澄碧一般的好结果"。[50]

到1916年辞职为止一直负责英国外交政策的这个人，在德皇眼里属于那种"有干才的乡绅"。他难得说对了一回。爱德华·格雷爵士出身于人脉广博的老派土地贵族之家，这些土地贵族长期以来在英国社会发挥着主导作用。他年轻时就继承了男爵爵位、一片优裕的地产（位于英格兰东北部的法罗顿）以及自由派政治传统。他本性保守，却也是个温和的改革派，认为新兴的阶层与新涌现的领导人势将改变英国政治的面貌。与欧洲的许多同代人一样，格雷担心一场大战会带来革命，他想要的是和平的演化。"摆在我们面前的是艰难的岁月，"他在 1911 年这样表示，并且补充说，"我们应当迎难而上把事情做好一些，尽管我们这些习惯于每年挣 500 多镑的人也许并不认为会更好。"[51]

尽管英国老牌名校温彻斯特公学的同窗都认为格雷天赋卓著，但比起学业，他更感兴趣的是去附近的伊钦河用假蝇垂钓。不过，这段时光还是在格雷的生命中留下了印记：他总是自豪地称自己为"温彻斯特人"，并在成年后的生活中保留了几分正派而聪明的学生的特质，会对不诚信的行为感到震惊。他曾经评论说："德国的政策似乎是基于一种刻意的信念，即在国际事务中，道德顾虑与利他动机并不重要。"[52] 与许多心高气傲的人一样，格雷并不能意识到自己也有无情或狡猾的时候，这也许是因为他想当然地认为自己的动机是纯粹的。生性矜持的他也学会了隐藏自己的情绪，他的同僚无不感佩他在危机中表现出的镇定自若。这也让格雷看起来像一名古罗马元老，说话坚定但又有节制。出身寒微的威尔士激进派劳合·乔治认为，外表给格雷的成功提供了很大的帮助："他那薄唇紧抿、轮廓鲜明的堂堂仪表，给人以冷锻钢铁的印象。"[53]

从温彻斯特毕业后，格雷就读于牛津大学的巴里奥尔学院。这又是一处培养未来领袖的地方，但他对学业依然不怎么上心。校方要求他离开学校一段时间，看是否能让他变得勤奋一些，但他回来后不思悔改，最终拿了一个低于平均水平的三等学位。[54] 格雷主要

的快乐时光是在法罗顿，之后也在伊钦河畔的乡间木屋，每天不是
观鸟、钓鱼，就是散步、读书。在二十三岁的时候，格雷娶了一名
与他一样热爱英格兰乡间的女性。多萝西也很乐意在乡间度过余生，
远避伦敦。在她看来，伦敦是现代的索多玛和蛾摩拉，散播着堕落
与疾病。她之所以鄙视社交生活，也许是因为她笨拙和害羞，也许
是因为她自觉高人一等。她在二十三岁时自得地写道："我相信，我
们已经到了这样的境界：我们已经从别人身上得到了我们将得到的
所有益处。"她很爱慕丈夫，但在蜜月旅行归来后，她明确告知他，
自己厌恶性爱。永远是一副绅士派头的格雷也同意，二人当如兄妹
一般生活在一起。[55]

然而，格雷懒散的外表之下却藏着雄心，或者至少是极强的责
任感。在凭家族人脉赢得了一个内阁大臣私人秘书的位子之后，他
于 1885 年成功当选为英国议会议员，自此开启了一段直至 1916 年
辞职为止的政治生涯。他在工作上展现了出人意料的勤奋，但拒绝
参加他认为纯属浪费时间的社交活动。夫妇二人经常逃离伦敦前往
乡间小屋，在那里过着简单的生活，只有一个仆人，很少见客。格
雷说："远离日常生活的尘嚣时，可以体会某种特别且神圣的东西。"[56]

1892 年，格雷获任为自由党外交大臣罗斯伯里勋爵的政务次官。
无论在当时还是后来，格雷都不是外交事务的当然人选。与同时代
的乔治·寇松不同，他不喜欢旅行，除非去苏格兰打猎或钓鱼，也
无意培养其他兴趣。他对欧洲大陆所知不多，即使担任外交大臣之
后，也只是在 1914 年随英王访问过一次巴黎。尽管如此，1905 年
履任新职时，格雷已经对世界局势有了一些坚定的认知。在自由党
内，他被认为是一名帝国主义者，支持建立一支强大的海军。同时，
他也认为，瓜分世界的年代已一去不返，英国有责任聪明地统治它
已经拥有的地盘。[57]格雷同意兰斯当摆脱孤立的做法，也在大选之
前明确表达了自己打算推行的政策，其中就有他视为英国欧洲政策

基石的英法协约。1906 年 9 月，格雷写信给同为自由帝国主义者的好友理查德·霍尔丹说："我希望维持与法国的协约，但这并不容易，而一旦协约破裂，我就会辞职。"[58]格雷同样坚定地认为，德国是英国的主要敌人和最大威胁，而几乎没有什么可以改变这一状况。他在 1903 年表示："我并不怀疑，有许多德国人对我们有好感，但他们只是少数；多数德国人非常讨厌我们，以至于德皇或德国政府的友好对我们并不真正有用。"[59]在他看来，英国过去太过接近德国，结果与法俄的关系都没弄好。"我们有时就差一点与法国或俄国开战；德国会在对自己有利的时候损害我们。"[60]

代表英国出席摩洛哥问题国际会议的是亚瑟·尼科尔森爵士，格雷给他的指示直截了当：

> 摩洛哥会议若非至关重要，也会很艰难。据我所知，德国人一定会拒绝把摩洛哥的特殊地位让给法国，而我们已答应法国，不只是要让与，而且要通过外交手段帮它获得这一地位。如果成功的话，这会是英法协约的一大胜利；如果失败，协约的威信将受损，生命力也将遭到削弱。因此，我们的主要目标必须是帮助法国在会议上达成它的目的。[61]

会议在 1906 年 1 月召开，地点是直布罗陀东北方向的西班牙城市阿尔赫西拉斯。之后不久，格雷就遭遇了一场不幸；他的妻子在法罗顿从轻便马车上摔下来，因伤势过重而身亡。他在回忆录中写道："我的思维陷入瘫痪，无法开展工作。"[62]他提出辞职，但坎贝尔-班纳曼鼓励他坚持。

这场会议在某种程度上让格雷分散了注意力。会议开始前，德国人已经成功地让大多数的国际舆论相信德国准备与法国大吵一架。[63]事实也是如此，到 2 月，会议陷入了僵局。从表面看，争辩的议题是，应该由哪些国家来训练和指挥摩洛哥的警察（法国人坚持由法国和西班牙来，但德国人希望国际共管），以及由哪些国家来管理摩洛哥的国家银行。但实际的问题是由谁来最终控制这个国家。比洛表示："摩洛哥问题已经攸关我们的名誉，尤其是德皇陛下的尊荣。"[64] 然而德国人在会议上日益陷入孤立，哪怕是唯一的铁杆盟友奥匈帝国也在向他们施压，要他们在警察问题上让步。[65] 意大利代表则态度冷淡，竭力避免争论。美国方面，罗斯福总统也在敦促达成妥协。[66] 尼科尔森遵循了格雷的指示，在会上坚定地站在法国后面。2月28日，一支庞大的英国舰队抵达附近的直布罗陀，意在强调他们会在必要时刻提供什么样的支持。尽管德国人依然希望引诱俄国进入本方阵营，但沙皇的代表还是毫不动摇地站在了盟友法国一方。俄国人别无选择，由于日俄战争和国内持续的革命，他们的财政状况一塌糊涂，急需一大笔外国贷款才能让国家不破产，而法国显然是最有可能的来源。如果他们在阿尔赫西拉斯给予支持，法国承诺会提供任意数额的贷款。

到3月末，比洛已经准备为德国止损，尽管荷尔斯泰因还是建议继续强硬下去。3月27日，各方签署了一份协议：法国将成为摩洛哥警察组织的高级合伙人，也会在新成立的国家银行中拥有主导权。摩洛哥人对此错愕不已；"他们本以为这次会议将是一场对法国的公审，列强会对摩洛哥的改革提出善意的建议"。[67] 德国人则笑脸相迎，但他们知道自己遭遇了一场失利。尽管德国有充分的理由坚持国际共管，尽管之前几个月发生的国际事件对德国人有利，然而德国人在外交上的笨拙葬送了自己的优势。比洛与荷尔斯泰因曾试图效仿俾斯麦的故智，孤立潜在的敌人，与所有人搞好关系。可惜两人都缺乏俾斯麦的技巧。荷尔斯泰因再次以辞职相威胁，没想到这次比洛撺掇着德皇接受了辞呈。荷尔斯泰因长达五十年的公职生涯就此告终，他的余生陷入孤独、怨望与贫穷（他的钱都在投机生

意中输光了），但他还是竭力在幕后操纵政局。他一直怀疑德皇的宠
臣奥伊伦堡在马德里的表现太过软弱，于是鼓动德国最知名的记者
马克西米利安·哈登向其发起攻击，至少如意地看到了奥伊伦堡被
以同性恋的罪名拖上法庭，并被逐出德皇的亲信圈子。比洛本人在
德皇那里的位置也因为摩洛哥而动摇，有传言说他即将被解职。当
年4月帝国议会就阿尔赫西拉斯会议进行辩论时，他的心态崩溃，
不得不离开柏林长期休养。[68]

　　德皇本人也颇为郁闷。一直以来他都反对将摩洛哥作为战端，
部分原因在于他认为德国的状况太过危险。社会党人正筹划在1906
年1月举行大规模示威，反对普鲁士议会对选举权的高度限制。这
一年的新年前夜，德皇给比洛写了一封瘆人的信："先吓破那些社会
党人的胆，砍掉他们的头，让他们变得无害，必要的话血洗，然后
再发动对外战争，而不是反过来，也不要两者同时进行。"[69]此时的
德国正面临由法国、西班牙、意大利等拉丁国家组成的、以英国为
主导的敌对联盟，这暂时取代了德皇脑子里的"黄祸"威胁。他在
对会议纪要批注时哀叹说："我们已经没有朋友了，而罗马人留下的
这些娘娘腔族群又是如此刻骨地憎恨我们。"[70]

　　回顾历史，令人惊恐的是，摩洛哥危机中的列强都轻易地预见
到了战争的到来。比如格雷告诉朋友霍尔丹，他收到的多份报告都
显示德国准备在1906年春天进攻法国；在柏林，比洛也认为英法
两国会进攻德国。[71]德国领导层里的一些人甚至认真考虑过要不要
发动一场预防性战争，毕竟日本新近在对俄战争中取得的胜利似乎
表明，先发制人是有效的。施利芬正赶在退休前为他的计划书收尾，
他很可能主张对法国发动预防性战争，而且可以肯定的是，其他高
级将领也这么想。[72]德国外交部新闻处处长在1905年12月收到一
份上级传来的备忘录，警告说阿尔赫西拉斯会议可能会将德国置于
"要么在全世界面前丢脸，要么走向战争"的境地："这里有不少人

预计且希望战争在春天发动。"[73]

　　不顾德国人的期望，俄国还是选择忠于法俄同盟。国际会议一结束，法国时任财政部部长雷蒙德·普恩加莱就告诉俄国驻法大使恢复两国的贷款谈判。4 月 16 日，俄国政府代表与法国银行领衔的财团达成了一项巨额贷款协议，法国人提供了一半的资金。普恩加莱说："俄国代表大谈特谈他们在阿尔赫西拉斯的付出，那副腔调让我尴尬不已。他还抱怨法国各银行的要求太过贪婪，虽然这也没错。"[74] 德国政府则干了一件缺乏远见的事，禁止任何德国银行向俄国贷款，以报复俄国在阿尔赫西拉斯的辜负。"……他们别想从我这拿到一个子！"德皇如是说。[75]

　　英法缔结的新友谊经受了第一次考验，并因此而变得更加牢固。1908 年，英法博览会在伦敦召开，以庆祝"友好关系"（Entente Cordiale）的达成。一份英语指南说："这个巧妙而迷人的短语在我们中间普遍采用，乃是对法语的微妙的赞美，它所暗示的比它所表达的更多。它不仅代表着对彼此的欣赏与善意，代表着共同的目标与利益，还涵盖了情感、理解和物质上的联系……"[76] 德尔卡塞与保罗·康邦都笃定英法协约涵盖的内容要更多，在某种程度上，英国人是在向他们提出建立防守同盟。[77] 英国人认为自己避免了做出坚定的承诺，但也认识到英法关系现在更近一步了。格雷在阿尔赫西拉斯会议陷入僵局时写道：

　　　　如果法国与德国爆发战争，我们将很难置身事外。英法协约，还有各种显著且持久的情感表露（来自官方的、海军的、政治的、商业的、市政的和新闻界的），让法国人形成了一种我们会在战争中出手相助的信念。我们在土伦的海军武官发来的最近一份报告称，所有法国军官都认为，一旦法国与德国因摩洛哥而开战，英国的支援是理所应当的。如果希望落空，法国人将永远不会原谅我们。

格雷还暗示说，既然他本人是英法协约的支持者，如果英国不能支持法国的话，他的位子就不可能保得住了。"另一方面，"他补充说，"一场将我们拖下水的欧洲战争将是可怕的。"[78]1914 年之前的那几年里，格雷继续寻求着平衡，既要与法国合作，又拒绝承诺建立更正式的联盟或作出有约束力的承诺。

这种平衡之举却被他自己在 1908 年 1 月中旬破坏。英国作战处处长与法国驻英武官之间的会谈早已非正式地进行，而现在，格雷予以正式批准。他向少数几个同僚透露说，这些会谈仅是为了解两国可以如何相互帮助，并坚称"整件事情只是学术探讨"。[79]然而，就是在这个小小的起点之后的数年里，英法两国的陆军开展了一系列会谈，不仅交换信息，还共同制订计划。法国关于德国的情报、法国的作战计划、可能派往法国的英国部队和马匹的数量、港口设施、铁路运输，以及英国派军援法抗德需要涉及的各种细节和安排，都在 1914 年之前得到讨论和敲定。两国的海军也不时进行会谈，但直到 1912 年夏天英国内阁批准之后，才举行正式的对话。

多年以来，英法军事会谈仍然是最有争议的内容。格雷这位正直的"温彻斯特人"是否故意欺骗内阁与英国人民，秘而不宣地进行一系列会谈与安排？更重要的，英方是否在会谈中承诺一旦德国进攻法国的话就渡海援法？无论在 1914 年之前还是之后，格雷本人都一再予以否认，但真相恐怕没那么直截了当。1906 年会谈开启时，格雷知会了首相坎贝尔－班纳曼，但未告知整个内阁，也许是因为惧怕遭到自由党激进左翼的反对。直到 1911 年，摩洛哥再度爆发严重危机，内阁才被正式告知这些会谈的内容。（议会下院与公众则更是要到 1914 年开战前夕才知情。）按照劳合·乔治的说法，大多数内阁成员都大吃一惊："敌意还不足以描述事实披露所引起的情绪的强度：它更类似于惊愕。"格雷宽慰同僚说，大不列颠仍然有着很大的自由行事的空间。[80]他的这番话再度惹来了争议。

的确，格雷及其同僚和下属一般都是用条件句与法国人会谈的。英国当然很有可能会派兵援法，但是英国人坚持会谈中的任何内容都不构成明确的承诺。在英国人看来，这样他们就保留了在战争中的行动自由。1911 年，英国内阁甚至通过一项正式决议，强调英国没有任何直接或间接出动陆海军干涉他国战事的义务。[81] 然而，英国在外交上一再声援法国（例如在摩洛哥问题上），表明格雷是多么坚决地维护英法协约。对格雷以及外交部的许多高级官员来说，如果英国不想再次陷入布尔战争期间的孤立境地，与法国的友谊就至关重要，与俄国的友谊也日益重要。[82] 外交支持如果没有武力威胁作为后盾，无论对法国的敌人还是对法国而言，都不会起作用。如果法国人觉得他们无法依靠英国，没法指望英国的军事援助，他们很可能会与德国达成协议，以尽力把损失降到最小。

英国的战略思想也在转变，而且是朝着更有可能站在法国一边进行干预的方向转变。直到 1907 年，英国军队的主要着眼点都是英帝国。世纪之交，英美关系得到改善，部分要归因于英国承认美国在西半球的霸主地位，而这意味着英国不必再担忧其北美殖民地的安危。1907 年的《英俄协约》则在很大程度上消除了英国人的忧虑，他们一直防着俄国威胁印度这个帝国皇冠上的宝石。在布尔战争之后进行了重组与改革的英国陆军，现在需要评估自身的角色了。除了一如既往地负责英伦诸岛的防务，保卫本土不受入侵，陆军高层也越来越多地思考往欧洲大陆派远征军作战的问题。[83] 德国实力的增长唤回了英国人旧有的恐惧，他们不想见到单一强国控制荷兰、比利时乃至法国的沿海地区，进而阻断英国对欧贸易的主要入口。而如果是由德国来控制的话，它还可以选择入侵不列颠。[84]

英国军方倾向认为，法国在没有英国支援的情况下必败无疑。[85] 1912 年，在负责制定英国战略的帝国防务委员会担任秘书的莫里斯·汉基表达了英国人对法国人颇为普遍的看法：“他们给我的印象，不是真正靠得住的人。"汉基说，法国人的卫生条件差，水质不好，火车也慢。"我怀疑德国人随时可以'把他们打个稀巴烂'。"[86] 到1911年夏天，英国陆军已经在考虑向法国派出六个步兵师和两个骑兵旅，总计15万人和6.7万匹马。如果法国对德军西线投入兵力的预计是正确的话，那么一支英国远征军将使胜利的天平向协约国倾斜。[87]

就在陆军制订计划的同时，皇家海军却没有做出类似准备，或者说即使有，费舍尔及其继任者亚瑟·威尔逊爵士也没有与任何人分享他们的想法，更不要说与他们视为军费争夺者的陆军。海军高层极力反对派出远征军的主意，认定这既昂贵又无用。海军才是核心兵种，一如既往地负责保卫本土岛屿，在公海保护英国的商贸利益，并通过封锁敌国港口将战争带给敌人，如果可能的话，实施两栖登陆，而这时陆军可以派上用场，费舍尔借格雷的话说，"就像海军发射出去的炮弹"。[88]1909年的费舍尔似乎已在考量如何向德国海岸发动一系列小型攻击；"只是叮咬！但如果接二连三地叮咬，保准会让威廉抓狂！"[89]费舍尔对新科技持开放态度，他愈来愈倾向于使用快速的巡洋舰而不是无畏级战舰，并主张以鱼雷和潜艇来锁死德国舰队，不过他并不擅长制订战略计划。在他首度出任第一海务大臣期间，海军几乎不做任何计划；他喜欢说，为了保险起见，海军的主要作战计划都锁在他的脑子里。[90]"那是我见过的最空泛、最外行的东西。"一名年轻的海军上校如此评论费舍尔第一个任期内海军部的作战计划。他指责费舍尔只会说一些关于战争的大话，诸如"要经常狠狠地打击敌人之类的格言"，却从未深入到具体的细节。[91]

第一次世界大战前的大部分时间里，英国的两个军种都各行其是地制订作战计划，并像争夺骨头的狗一样盯着对方。然而在1911年，第二次摩洛哥危机带来了在现在看来似乎无可避免的战争恐慌，迫使帝国防务委员会在8月23日连忙召开会议，重新审视英国的整个战略。（这是 1914 年之前唯一进行的此类检讨。）[92] 会议由英国首相阿斯奎斯主持，出席的有战争大臣理查德·霍尔丹、外交大臣爱德华·格雷，以及劳合·乔治、温斯顿·丘吉尔这两副新晋的年轻面孔。新任作战处处长亨利·威尔逊代表陆军，费舍尔的继任者亚瑟·威尔逊代表海军。陆军的威尔逊对欧陆局势做了一番精彩的阐释，并概述了远征军的战略目的与作战计划；海军的威尔逊却搞砸了，他反对陆军派兵远征欧陆的计划，坚持海军那一套空泛的方案，即封锁德国的北海海岸，并不时地进行两栖突袭。对于运送远征军前往法国作战或保护法国的交通线，海军显然同样没多少兴趣。[93] 阿斯奎斯认为，海军这次的整体表现"实在幼稚"。[94] 不久，他提拔温斯顿·丘吉尔为第一海军大臣。丘吉尔很快就将亚瑟·威尔逊解职，并成立了一个海军参谋部来负责制订作战计划。丘吉尔也支持英国远征军的计划，皇家海军开始了与陆军的合作。[95]

1912 年，从社会主义立场大幅向右转并成为战争部长的亚历山大·米勒兰，在谈到英国的陆军时说："这架机器已经整装待发：它会不会发动呢？完全不确定。"[96] 在第一次世界大战开始之前，法国人一直对英国是否会干预心怀疑虑，尽管军方和文职政府的一些领导人都要比米勒兰乐观。驻伦敦的法国大使保罗·康邦颇具影响力，格雷一再向他保证两国的友谊，且批准进行军事会谈，据此康邦确信英国人已视两国协约为同盟（尽管他从未完全确定这意味着什么）。[97] 霞飞则在 1919 年说："我个人坚信英国人会派兵来援，但最终他们并没有做出正式承诺，只是研究了如何上船和登岸，以及为他们的部队预留哪些阵地。"[98] 英德两国之间与日俱增的敌意让法国人颇感欣慰，他们认为英国传统的欧洲大陆均势政策（这在拿破仑战争期间曾经用来对付法国）现在会对他们有帮助。法国的领导层也领会到，正如格雷反复重申的，英国的战争决策会受谁应为战争承担过失这一点影响。[99] 部分也是出于这个原因，法国人在应对

1914 年夏天的一连串事件时十分谨慎，努力不做出任何可能被解读为侵略性的举动。

　　亨利·威尔逊在 1910 年以后出任英国国防部作战处处长，也大大鼓励了法国军方。威尔逊仪表堂堂，身长六英尺（约合 1.83 米）有余，据一位共事的军官形容，他的面孔长得像滴水嘴兽。[100]（有人曾写了一封明信片说要寄给"英国军中最丑的人"，结果明信片毫无困难地送到了他的手中。）[101] 依照另一位同事的说法，威尔逊为人"自私狡猾"，精于政治计算，擅长托庇于有权有势者。他出身于盎格鲁—爱尔兰的一个殷实之家（爱尔兰新教徒的事业对他而言一直很重要），但决心在世界上闯出自己的一片天。正如他在帝国防务委员会的发言所表明的，他这个人很聪明，也善于劝说，同时还精力充沛，意志坚定，对战略问题有着清醒的认知。1911 年他在一篇得到总参谋部认可的文章中表明了观点："我们必须与法国联手。"他认为，如果德国进攻法国的话，俄国帮不上忙；要想让法国免于失败，欧洲免于德国的独霸，英国就应快速动员并派出一支远征军。[102] 出任作战处处长后，威尔逊就决心做到这一点。他在日记里写道："我对目前各个方面的状况都非常不满。"英国根本没有恰当的作战计划去部署远征军或预备役部队："大把时间都浪费在撰写漂亮的会议记录上。我会在力所能及的情况下打破这一切。"[103]

　　威尔逊很快就与法国军方建立了非常良好的关系，这得益于他本人热爱法国并能说一口流利的法语。他与法国参谋学院院长、虔诚的天主教徒、未来的陆军元帅斐迪南·福煦上校成了莫逆之交。威尔逊曾问福煦："如果我们考虑过的某种冲突骤然爆发，您觉得英国最少得派出多少兵力才能对您起到实际的帮助？""一名列兵。"福煦不假思索地回答道，"而如果他阵亡了，我们会悉心照料。"[104] 为了让英国作出承诺，法国人可谓用尽了一切手段。1909 年，他们精心仿制了一份假文件，宣称这是从一名法国旅行推销员在火车上拿错了的包裹里发现的，里面揭露了德国入侵英国的计划。[105]

威尔逊屡屡访问法国，以交换关于作战计划的信息，为双方的合作做准备。他骑着自行车在法国的边境地区巡视数英里，研究防御工事与可能的战场。1910 年上任后不久，他就去洛林参观了普法战争一处最血腥的战役地点："我们例行拜访了'法兰西'的雕像，它看起来还是那么美丽。于是我在它的脚下摊开一小块我一直随身带着的地图，上面显示了英国军队在它的领土上的集中地点。"[106] 与东道主法国一样，威尔逊也认为德军的右翼还没有强大到足以靠近比利时默兹河以西的海域；英国远征军会前来增援法国的左翼部队，预计这部分的德军攻势更为薄弱。当时曾有一些议论认为英国会派兵前往安特卫普，但威尔逊与他的同事们一致认为，他们可以采取灵活的态度，待英军登陆后再做决定。

英国人可能在军事计划中保持了灵活性，但在政治方面，他们已经越陷越深。1905—1906 年间的第一次摩洛哥危机让英法之间的合作与理解大为加深，但也带来了更多的义务。这场危机还促使欧洲列强之间划定了更加清晰的界线。1907《英俄协约》的签署又划定了另一条界线，在曾经敌对的两国之间编织了另一串义务和期望。忽视公众舆论也变得更加困难了。比如，在法国和德国，重要的商业利益集团以及关键人物（如法国驻德大使朱尔·康邦），都赞成改善两国关系。1909 年两国还就摩洛哥问题达成了一项友好的协议，但两国政府不可能再进一步讨论如何改善经济关系了。原因很简单，两国的民族主义者制造了难以逾越的阻力。[107]欧洲并非注定要分裂为两个敌对的权力集团，虽然每个都准备好了战争计划，但随着更多的危机在第一次摩洛哥危机之后接踵而至，这种格局已经越来越难改变。

第十四章　波斯尼亚危机

1898 年，德皇威廉二世乘坐他的"霍亨索伦"号游艇穿越达达尼尔海峡进入马尔马拉海，对奥斯曼苏丹阿卜杜勒·哈米德进行了第二次国事访问。威廉喜欢把自己看作奥斯曼帝国的朋友与保护者。（他也打足了算盘要为德国争取尽可能多的利益，比如在奥斯曼领土上修筑铁路的权利。）君士坦丁堡本身的魅力也让德皇沉醉其中。作为世界上最伟大古老的城市之一，君士坦丁堡见证了一代代雄主的沉浮：从亚历山大大帝到君士坦丁大帝，再到更近的苏莱曼大帝。希腊式、罗马式与拜占庭式的廊柱与饰品仍然嵌在各处残壕废垒里，就像其宏伟的宫殿、清真寺与教堂一样提醒着人们，一个个伟大帝国在这座城市来了又去。

德皇夫妇搭乘一艘土耳其传统渔船样式的国宾船靠岸，然后分头行动：德皇骑着一匹阿拉伯马绕行巡视高大的城墙，皇后则对亚洲海岸来了一次短途旅行。当晚，苏丹在新落成的偏殿举行了豪华的宴会欢迎德皇一行。这座偏殿据说正是为了这次国宴而特地修建的。晚宴结束后是一场盛大的烟火秀。在港口的下方，电灯勾勒出陪同德皇来访的战舰的轮廓。为了纪念这次访问，德皇捐建了一座大型凉亭，包含七座德国制造的喷泉，拥有斑岩柱子和大理石拱门，青铜的圆顶内部饰以金色马赛克图案，威廉与阿卜杜勒姓名的首字母就刻在石头上。这座凉亭今天仍然矗立在古代跑马场的一端，当年的罗马人正是在这里举行赛马与战车竞技。威廉二世还为苏丹带来了最新的德式步枪，但就在他试图展示这把步枪时，阿卜杜勒·哈米德的第一反应却是吓得向后闪躲，以为自己要被刺杀了。苏莱曼大帝在近四百年前曾让整个欧洲为之战栗，他的这位继承人却只是个可怜的独夫，对阴谋是如此恐惧，以至于身边有一位太监的专门职责就是为他的每一支香烟吸第一口。

大多数观察家都认为，奥斯曼帝国注定灭亡。它已濒临破产，大部分债务为外国利益集团持有；它的臣民桀骜难制，行政官员腐败无能。这样的结局很可悲，毕竟它曾经是世界上最伟大的帝国之一。公元 13 世纪，奥斯曼土耳其人冲出中亚，不可阻挡地向西推进到土耳其。1453 年，他们的军队攻陷了君士坦丁堡。拜占庭末代皇帝在战斗中寻死，也如愿以偿，于是曾经的东正教中心变成了一座穆斯林城市。奥斯曼人并未止步，而是北上进入位于欧洲东南角的巴尔干，南下进入中东，包括埃及等沿地中海南岸的地区。一路上，胆敢抗拒的统治者皆被横扫，他们的臣民也被征服。时至 15 世纪末，奥斯曼帝国已经控制了巴尔干半岛的大部分地区。到 1529 年，他们挥军直抵维也纳展开围城战，差点就将其攻破。十年后，布达佩斯沦陷，匈牙利的大多数领土被纳入奥斯曼帝国的版图。到 17 世纪中叶，奥斯曼帝国的欧洲领土达到了史上最大规模，包括了今天的匈牙利、保加利亚、罗马尼亚、克罗地亚、塞尔维亚、黑山、阿尔巴尼亚、马其顿、希腊的全部或部分。奥斯曼人还占领了今天的乌克兰和南高加索的大片土地（后来这里会出现格鲁吉亚、亚美尼亚、阿塞拜疆等三个国家）。此外，这个帝国还包括土耳其，以及与波斯接壤的阿拉伯中东地区，向南可以一直到阿拉伯半岛的南端，向西

Le Petit Journal

Le Petit Journal   **5** CENTIMES   SUPPLÉMENT ILLUSTRÉ   **5** CENTIMES   ABONNEMENTS

CHAQUE JOUR — 6 PAGES — 5 CENTIMES   Le Petit Journal agricole, 5 cent. ~~ La Mode du Petit Journal, 10 cent.

Administration : 61, rue Lafayette   Le Petit Journal illustré de la Jeunesse, 10 cent.

Les manuscrits ne sont pas rendus   On s'abonne sans frais dans tous les bureaux de poste

SEINE et SEINE-ET-OISE... 2 fr.   3 fr. 50
DÉPARTEMENTS........... 2 fr.   4 fr. »
ÉTRANGER .... 2 50   5 fr. »

Dix-neuvième Année   DIMANCHE 18 OCTOBRE 1908   Numéro 935

LE REVEIL DE LA QUESTION D'ORIENT

La Bulgarie proclame son indépendance. — L'Autriche prend la Bosnie et l'Herzégovine

图 14 尽管非洲和大部分的太平洋地区在 1900 年时已经被瓜分，处在欧洲门口的、日益衰落的奥斯曼帝国却提供了越来越多的诱惑力。在这里，软弱的奥斯曼帝国统治者阿卜杜勒·哈米德二世无奈地看着奥匈帝国皇帝弗朗茨·约瑟夫在 1908 年夺取奥斯曼帝国的波斯尼亚和黑塞哥维那，保加利亚的斐迪南一世则趁机宣布他的王国独立，而这个王国名义上仍然是奥斯曼帝国的一部分。由此引发的危机，加剧了欧洲的紧张局势

则有远至摩洛哥边境的北非大片领土。

　　和以往的帝国一样，奥斯曼的统治相对温和。以逊尼派穆斯林为主的奥斯曼人允许臣民（包括各个派别的基督徒与犹太人，还有什叶派穆斯林）遵循自己的宗教习俗，同时有限度地允许境内各个族群，无论是库尔德人、塞尔维亚人还是匈牙利人，保留各自的语言与文化。然而，这个帝国还是在数百年的时间里逐渐衰落。它的舰队在地中海一败涂地，陆地上则被劲敌奥地利帝国打得一路南退，并在1699年丢掉了匈牙利。在接下来的一百年里，奥地利与俄国从奥斯曼帝国手中抢走了更多的领土，而到了19世纪，又有英法两国加入了这场分食游戏。法国人抢走了阿尔及利亚和突尼斯，英国人夺取了埃及和塞浦路斯。摧毁奥斯曼帝国的，不只是时间的流逝和敌人的复苏，还有境内民族主义的冒头，首当其冲的是欧洲版图。希腊在1832年赢得独立，塞尔维亚、罗马尼亚与保加利亚则走在从内部自治通往完全独立的路上。

　　当奥斯曼帝国如人们长久以来所期待的那样最终解体，其剩余的领土——在中东的大片土地以及在巴尔干地区仍然可观的领土，势将成为列强的俎上之肉。德法英俄四国在中东与北非竞相展示自己的野心，反过来使得欧洲局势重新紧张，而最终对欧洲的长期和平构成最大威胁的，是奥匈帝国与俄国之间的竞争。这两个国家之间存在着不可调和的重大利益冲突。奥匈帝国对奥斯曼帝国的亚洲领土没什么兴趣，它关注的是自己南边的巴尔干半岛的事态。塞尔维亚与保加利亚中的任意一方强大起来都会让奥匈帝国坐不住，因为这很可能会抓住一切机会扩张领土，这样势必阻断奥匈帝国向南通往君士坦丁堡与爱琴海的贸易路线，或者（以塞尔维亚而言）威胁到它在达尔马提亚海岸的亚得里亚海领地。不仅如此，一个或者更多个面积广阔的南斯拉夫国家会成为奥匈帝国的溶解剂，唤起其境内的南斯拉夫人的民族情绪，他们分布在克罗地亚、斯洛文尼亚与南匈牙利。如果巴尔干诸国向俄国靠拢,而事实上这很有可能发生,那么奥匈帝国将面临一个可怕的敌国联盟。

至于俄国,它不能眼睁睁地看着土耳其海峡的控制权落入其他国家之手。时至 1912 年,俄国的大量贸易,仅就出口而言,就有四成要经过这些狭窄的水道,任何形式的封锁都会重伤俄国经济。此外,出于历史与宗教的原因,笃信东正教的俄国人自认为拜占庭帝国的继承者,而君士坦丁堡曾是拜占庭的首都。如果奥匈帝国这个天主教国家占领了君士坦丁堡,至少在虔诚的东正教徒看来,这和穆斯林的鸠占一样糟糕。俄国那些日益激越的泛斯拉夫主义者,也无法容忍自己在巴尔干地区的斯拉夫同胞落入奥匈帝国之手,这些斯拉夫人中的多数也是东正教徒。

以英国为首的列强之所以在 19 世纪竭力扶植这个"欧洲病夫",部分原因就是为了阻止这种危险的领土争夺。1878 年俄国打败奥斯曼帝国后,曾试图将后者在欧洲的一大块领土剥离出来,制造一个包括马其顿领土在内的大保加利亚,但被列强联手阻止了。列强将马其顿还给了奥斯曼人,留下了一个略小的保加利亚,名义上仍然奉奥斯曼为宗主。然而,拥有大量基督徒人口的马其顿在重归奥斯曼之后,迅速沦入更加悲惨的境地,这既是因为奥斯曼帝国管理无能,也是因为奥斯曼帝国以外的巴尔干各派基督徒的活动,他们只会彼此争吵,并资助恐怖组织在马其顿人内部挑起事端。

1878 年的解决方案在巴尔干西部对奥匈帝国做了补偿,允许其占领并管理波斯尼亚-黑塞哥维那,同时保留奥斯曼人对该地的名义宗主权。奥匈帝国还获允在"新帕扎尔区"驻扎军队,这是波黑向南凸出的一小块领土,如同阑尾一样。这样塞尔维亚与西面的黑山就无法合并,同时奥匈帝国拥有了一条狭窄的走廊,可以向南与马其顿通信,然后继续向南,穿过这片仍属于奥斯曼的领土,直抵爱琴海。这一新的领土安排从一开始就问题重重;奥匈帝国不得不派

出大量兵力镇压波斯尼亚穆斯林的暴动，这些人不愿接受基督徒的
统治。

时至 19 世纪末，俄国与奥匈帝国都已认识到两国有可能在奥斯
曼帝国的剩余领土问题上发生冲突，并在 1897 年达成协议，尊重巴
尔干地区的领土现状，不再干涉既有的巴尔干各国的内政。俄国还
承诺会尊重奥匈帝国在波黑的权利。最后，两国表示将一道反对任
何对这些共识原则的动摇。1900 年，驻圣彼得堡的奥地利外交官阿
洛伊斯·冯·埃伦塔尔乐观地给身在维也纳的外交大臣戈武霍斯基
写信，说俄国与奥匈帝国正在学会彼此信任："如果没有这种信任，
巴尔干地区的外交不可能获得进展。未来重要的任务是增强互信。"[1]
埃伦塔尔认为，两国最终有望就巴尔干地区的势力范围达成协议：
奥匈帝国掌控巴尔干的西部，俄国则在土耳其海峡和君士坦丁堡之
外掌控巴尔干的东部地区。此后几年的事态发展似乎证实了他的期
望。1902 年，俄国外交大臣拉姆斯多夫表示，"俄国与奥匈帝国出
于对巴尔干各民族的爱而争斗的日子已过去了"。1903 年，随着马
其顿的局势恶化，两国又签署了一份协议，共同向奥斯曼当局施压，
要求在马其顿推行各项急需的改革。第二年，深陷日俄战争泥潭的
俄国与奥匈帝国签订了一份中立协议，允许俄国跨过两国边界，向
东调兵。[2]

然而，1906 年，在侄子兼继承人斐迪南大公的压力下，弗朗茨·约
瑟夫做出两项重要任命，分别是康拉德接任参谋总长、埃伦塔尔出
任外交大臣，奥匈帝国开始转向更加积极的政策。许多人，尤其是
年轻一代的军官与文官，都希望现在这个二元君主国会停止缓慢的
自杀，展现自己的生命力，也希望外交与内政上的成功能相得益彰，
从而打造一个更强大的国家，因为国内外的成就可以团结帝国境内
的居民，唤起他们对多民族国家与哈布斯堡王朝的信心。一个复兴
的奥匈帝国也可以摆脱对德国日益深刻的可耻依赖，证明自己是世

界舞台上一个独立的角色。康拉德与埃伦塔尔在总体目标上所见略同，但外交大臣更青睐于外交手段而非战争，而康拉德一直在鼓吹战争，他后来将埃伦塔尔描述为"一个沉溺于自我的虚荣的傻瓜，只会在细枝末节上玩弄外交辞令，以表面的成功实现他的雄心"，并声称埃伦塔尔只是把军队视为一把伞，搁在橱柜里，不到下雨想不起来。[3] 与他对其他同僚的评价一样，这番评价有些偏颇。埃伦塔尔也在准备战争，但只会在绝对必要的情况下才开战。

这位新任外交大臣身材高大，略微驼背，五官精致而规整，一双半张半闭的近视眼窥视着外面。按照比洛的说法，埃伦塔尔总是神色疲倦，"拘谨而懒散，近乎冷淡"。[4] 但事实上，埃伦塔尔工作非常勤奋，毕生都致力于践行奥匈帝国的外交政策，曾成功地担任过驻俄大使，受到各方的高度尊重。他与绝大多数同僚一样来自贵族阶层。一名参谋说："我们的外交部门，就像一排中国长城。外面的人、不属于这里的人，是进不来的。"[5] 埃伦塔尔的家族是捷克贵族，凭着为国服役，社会地位得到了提升。（政敌喜欢指出他的祖先是布尔乔亚，没准还是某个地方的犹太人。）不过，埃伦塔尔根本不忠于捷克，与同一阶层的许多人一样，他是个世界主义者，将忠诚主要献给了哈布斯堡王朝与奥匈帝国。供职期间的埃伦塔尔兢兢业业、机深诡谲、两面三刀、无情无义，但他的弱点是容易将事情过度复杂化，也不大乐意听取他人意见。既是同僚也是继任者的利奥波德·贝希托尔德伯爵就曾抱怨说，埃伦塔尔"有一个可怕的特点，那就是如果事实无法纳入他复杂的纸牌屋，他就视而不见"。[6]

埃伦塔尔骨子里是个保守派，也和贵族阶层的许多人一样，反感自由主义与社会主义。不过他也认为，奥匈帝国要想生存的话，就必须推行各项改革。与他的精神导师弗朗茨·斐迪南一样，他也希望在帝国内部建立一个南斯拉夫国家集团（bloc），以缓和奥地利与匈牙利之间无休止的紧张关系。此外，这一新的组成部分还会像磁石一样吸引巴尔干半岛、塞尔维亚、黑山或保加利亚的南斯拉夫人，于是这些地区不仅将成为奥匈帝国的势力范围，甚至有朝一日可能并入帝国。[7] 在外交事务上，与几名前任一样，埃伦塔尔坚信与德国结盟对奥匈帝国的生存至关重要。不过，他也希望打破欧洲愈演愈烈的阵营界限，与俄国建立更牢固的关系。他渴望看到德国、奥匈帝国与俄国重建三皇同盟，联手推动欧洲的保守主义事业，促进欧洲的稳定——他认为这两者是相互关联的。[8] 常驻圣彼得堡的那几年为埃伦塔尔赢得了亲俄的名声（比洛声称，与俄国一名社交名媛的恋情，促使埃伦塔尔成了亲俄派）[9]，只要有可能，他更愿意与俄国人合作。

然而，正是在埃伦塔尔出任外交大臣期间，在巴尔干半岛西部的波黑，这个又小又穷的奥斯曼帝国省份的命运问题上，奥匈帝国与俄国发生了严重冲突，而且似乎不可挽回。两国在巴尔干地区实行的温和的合作政策随即被撕成碎片，最终将双方带向毁灭。长期以来一直都担心会在巴尔干地区出现的武装冲突，也在 1908 年险些发生，并在 1912 年和 1913 年再度差点酿成，而最终在 1914 年也真的爆发了，将欧洲绝大多数地区带进深渊。

奥斯曼帝国江河日下，这让两个大国难以抵挡捡战利品的诱惑。从未成为殖民强国的奥匈帝国，到头来也受到了时下流行的帝国主义的感染。包括康拉德在内的一些人开始考虑夺取殖民地的问题，包括在巴尔干地区以及更远的奥斯曼帝国的亚洲部分。至于俄国，在 1905 年败给日本之后，它正谋求向西转，因而欧洲与巴尔干地区的盟友，无论实际存在的还是潜在的，都比以往来得更加重要。影响力是一种证明俄国仍然是大国的方式。到 1907 年，与奥匈帝国达成的关于维持巴尔干现状的谅解开始出现裂痕，因为（例如）在奥斯曼马其顿的改革议题上，两个大国存在分歧。[10]

对于 19 世纪脱胎自奥斯曼帝国的巴尔干诸国而言，它们现在也在国际事务中占有了一席之地。它们一方面必须在俄国和奥匈帝国这两个大国之间周旋，一方面也要提防彼此。经由诗人与历史学家的作品，也随着现代通信技术的传播，以及西欧关于人类应被适当地划分为种族或民族这一思想的流布，原本独立的宗教或族群身份现在固化成了保加利亚、希腊、塞尔维亚、罗马尼亚或黑山的民族主义。对巴尔干地区的和平大为不幸的是，历史的变幻莫测与民族的混合意味着每个新兴国家都可以宣称合法拥有别国的领土。比如说，在奥斯曼帝国的欧洲领土上崛起的保加利亚、黑山、希腊与塞尔维亚，彼此之间就充满了领土争议。让巴尔干地区的国家关系更加复杂和不稳定的是，巴尔干各国政府往往由激进的民族主义者控制，他们不断呼唤建立族群或宗教纽带认同，或者从历史上寻找依据，不仅向别的巴尔干国家，也向奥斯曼帝国和奥匈帝国（像塞尔维亚与罗马尼亚的情况）声索更多的领土。

统治罗马尼亚的是卡罗尔一世，一位意志坚定的强悍君主，来自霍亨索伦家族的天主教分支。1880 年，罗马尼亚成功从奥斯曼帝国独立，但对罗马尼亚民族主义者而言，他们的国家还不完整：大约 300 万讲罗马尼亚语的人还生活在匈牙利治下的特兰西瓦尼亚，过得并不总是舒心。（罗马尼亚的总人口还不到 700 万。）另一方面，罗马尼亚跟保加利亚以及强邻俄国的关系都很差，这两个国家都夺走了罗马尼亚认为理应属于自己的领土。埃伦塔尔说过，奥匈帝国对罗马尼亚的政策必须"防止该国人为培养的仇匈牙利情绪盖过他们对俄国发自内心的恐惧"。[11]

1883 年，在俾斯麦的施压之下，卡罗尔一世与奥匈帝国签署了秘密的防御性同盟条约。然而这纸条约只有卡罗尔一世和他的几个大臣知情，维也纳当然无法完全确信罗马尼亚会在一场全面战争中成为盟友。康拉德在考量本国的战略地位时认为，最好的情况是罗马尼亚会在战场上投入大约 16 个师的兵力一同对抗俄国；次好的情况是罗马尼亚保持中立，这样至少可以牵制一些俄国兵力；最坏的情况是罗马尼亚改换立场加入俄国一方。德皇威廉则对家族纽带挹注了格外的信心，认为自己身为霍亨索伦家族的资深成员，可以维系卡罗尔一世对三国同盟的忠诚。[12] 在第一次世界大战爆发之前的那几年里，弗朗茨·斐迪南大公都在考虑将特兰西瓦尼亚交给罗马尼亚，从而削弱他所讨厌的匈牙利人，巩固与罗马尼亚的友谊。[13] 大公也很喜欢卡罗尔一世，因为这位君主让他的夫人索菲在布加勒斯特享受到了充分的皇室礼遇，而这是弗朗茨·约瑟夫皇帝拒绝给予的。[14] 斐迪南大公的愿望成了泡影：匈牙利不可能同意失去特兰西瓦尼亚这个在很多匈牙利人看来是自己民族摇篮的地方。不幸的是，对奥匈—罗马尼亚秘密联盟的前景来说，匈牙利仍旧否认境内300 万罗马尼亚人的政治权利，1914 年之前，他们在匈牙利议会只有 5 个席位，1000 万讲匈牙利语的人却有近 400 个席位。[15]

　　罗马尼亚的南面邻国保加利亚，在独立初期与俄国走得更近。与讲拉丁语言并喜欢认定自己是罗马殖民者后裔的罗马尼亚人不同，保加利亚人讲与俄语接近的斯拉夫语言，并且在 1870 年代摆脱奥斯曼统治的斗争中，曾向俄国寻求支持与鼓励。保加利亚人一心想建立一个广大而独立的保加利亚，这一梦想虽然在 1878 年受阻——这对巴尔干未来的稳定而言颇为不幸——但保加利亚人坚持认为自己国家唯一公正合理的边界是他们曾在 1878 年短暂享有的边界。1880 年代，保加利亚政府不顾以保加利亚保护者自居的俄国反对而继续进军，将奥斯曼帝国的东鲁米利亚省置于其管理之下。沙皇亚历山大三世，也就是尼古拉二世的父亲，为此大为光火，不但褫夺了被从德国召来统治保加利亚的亚历山大一世在俄国军队中的军衔，还竭力将其赶下王位。1886 年，沙皇成功了。第二年，保加利亚选出了另一个德意志亲王做他们的王，此人后来以"老狐狸斐迪南"之名被他的臣民和全欧洲广为熟知。不过，保加利亚与俄国的关系仍然冷淡。在俄国人看来，他们当初为了解放保加利亚人而在与奥斯曼人的战争中可谓耗尽了钱财，流了好多的血，但没想到保加利亚人忘恩负义，这实在令人心寒。进入 20 世纪初，面对明显想要把马其顿从奥斯曼帝国分割出来的保加利亚，俄国人尽管一直在谈论所谓泛斯拉夫主义的兄弟情，却愈发将其视为对巴尔干地区的稳定、俄国与奥匈帝国 1897 年达成的维持现状协议以及土耳其海峡安全的一大威胁。

作为同俄国在巴尔干争夺影响力的主要对手，奥匈帝国与保加利亚的关系似乎要更为温和。它不仅向保加利亚出售武器，也主宰了该国的国际贸易。从这个二元君主国的角度而言，保加利亚有更多理由博得他们的青睐。它不是塞尔维亚；没有生活在奥匈帝国境内的保加利亚人会被帝国之外同胞们的民族主义"妖言"迷惑。[16] 1891 年，也就是斐迪南成为保加利亚沙皇的几年后，弗朗茨·约瑟夫皇帝邀请他访问维也纳。当俄国人为此而抱怨时，奥匈帝国的外交大臣很是惊讶："小斐迪南"可是打小就认识弗朗茨·约瑟夫皇帝。所以，1904 年保加利亚与塞尔维亚签署关税协议的举动，给维也纳敲响了警钟，奥地利人怀疑这两个巴尔干大国正在结成联盟。[17]

塞尔维亚在 19 世纪逐渐摆脱奥斯曼帝国的统治，并于 1878 年正式赢得独立。一开始它与奥匈帝国的关系还不错。从 1880 年代到 1890 年代，塞尔维亚的经济越来越与北面这位强邻连为一体。1885 年，第一任塞尔维亚国王米兰一世甚至建议奥匈帝国吞并塞尔维亚，自己只想得到一笔丰厚的年金作为报偿，这样他就可以退位并畅游欧洲，享受逸乐的生活。维也纳担心俄国的反应，拒绝了这项提议，外交大臣告诉闷闷不乐的米兰一世，他有义务留在自己的国家做一个好君主。[18] 在随后的几年里，对奥匈帝国的屈从使米兰一世成功地疏远了塞尔维亚民族主义者。他在贝尔格莱德的大小咖啡馆里与在俄国出生的妻子公开争吵，这甚至让他的支持者大为震惊。1889

年，离异后的米兰一世终于成功退位，把王位传给了十三岁的儿子亚历山大。无论对王室一家还是对塞尔维亚而言，不幸的是，这个孩子长大后成了父母的翻版。1900 年，他娶了一位声名不堪的老女人。1903 年，一群民族主义军官发动政变，以极其残忍的方式将国王夫妇、首相和陆军大臣杀害。继任王位的是来自敌对王朝的彼得·卡拉乔尔杰维奇。经历了一番政治动荡之后，在狡猾精明的尼古拉·帕西奇的领导下，民族主义情绪强烈的激进派接管了政府，并统治这个国家直至第一次世界大战结束。

　　这起刺杀不仅让塞尔维亚走上了与奥匈帝国对抗的新道路，也帮着建立了通往 1914 年夏天的事件链条。1906 年，贝尔格莱德的新政权已明确表明自己决心摆脱奥匈帝国的藩篱：塞尔维亚政府之前都是从奥匈帝国采购主要的军火，现在却向法国的施耐德公司下了一个大订单。[19] 作为报复，奥匈帝国中止了与塞尔维亚的贸易条约，并关闭塞尔维亚的出口边界（主要为牲畜），谎称这些动物有病。这场"猪之战"一直持续到了 1911 年，但并没有迫使塞尔维亚就范。尽管经济遭遇打击，塞尔维亚人还是能够向他处求助，比如有钱可借、有武器可出售的法国，但最重要的是俄国。

　　贝尔格莱德的新政权不仅从一开始就敌视北方的强邻，而且还是坚定的亲俄派。部分出于感情，部分出于算计，俄国人自认为是这个巴尔干小弟的保卫者。这个小弟不只是因为惧恨奥匈帝国而与俄国交好，他们还有自己的宏图壮志。塞尔维亚民族主义者将自己的历史追溯到 14 世纪杜尚沙皇的那个王国，宣称塞尔维亚的领土包括当时主要由阿尔巴尼亚人、保加利亚人与土耳其人占据的南塞尔维亚。黑山更是无可争议，但黑山的统治家族经常与塞尔维亚统治家族发生龃龉，所以这块领土可能还要等一等。而且精明的黑山国王尼古拉一世为几个孩子安排了很好的婚姻，两个女儿嫁给了俄国的大公，一个女儿嫁给了意大利王储，一个女儿嫁给了塞尔维亚国王彼得本人。除了历史，塞尔维亚民族主义者还运用语言学与人种学的证据，论证其他的南斯拉夫人——主要是信奉天主教的克罗地亚人和波黑的穆斯林——其实都是变节的塞尔维亚人，他们本来信仰的都是东正教，所以，波斯尼亚、黑塞哥维那、达尔马提亚、伊斯特利亚、克罗地亚与斯洛文尼亚（均在奥匈帝国境内）也有可能成为"大塞尔维亚"的一部分。到 20 世纪，跨国的"南斯拉夫运动"（Yugoslav）——名字源于塞尔维亚–克罗地亚语的"南斯拉夫"——所取得的进展，引起了哈布斯堡王朝当局的极大关切，因为奥匈帝国境内的南斯拉夫人屡屡前往贝尔格莱德出席大会和会议，而且在那里热烈地谈论塞尔维亚人、克罗地亚人、斯洛文尼亚人与保加利亚人的最终联合。[20]

对塞尔维亚民族主义者而言，波斯尼亚–黑塞哥维那既是痛点，也是诱惑。两个省的人口中，约有 44% 是塞尔维亚人或东正教徒（两者几乎可以等同），33% 是穆斯林，约 22% 是克罗地亚人或天主教徒。[21] 在塞尔维亚民族主义者看来，穆斯林与天主教徒可以被视为塞尔维亚民族的一部分，即便他们还没意识到这一点。波黑虽然被民族主义者日益视为敌人的奥匈帝国控制，但名义上还是奥斯曼帝国的一部分。这点很重要。如果奥斯曼帝国最终消失，也许只需要巴尔干邻国的一点点帮助，波黑就会成为大塞尔维亚的一部分。这样一来，塞尔维亚就会与黑山接壤，如果能建立联盟更好，同时还将获得亚得里亚海的出海口，而这是身处内陆的塞尔维亚急需的贸易通道。来自塞尔维亚的煽动者们已经在马其顿忙开了，1900 年以后，他们越来越多地涌入波黑地区。贝尔格莱德与萨拉热窝的塞尔维亚语媒体齐声谴责奥匈帝国的暴政，呼吁波黑人民起来反抗。1907 年，波黑地区的塞尔维亚人自行选举成立了国民议会。议员们在萨拉热窝集会，要求建立一个奥斯曼帝国之内的独立国家。[22]

奥匈帝国对波黑的管理是有效的，尽管也是专制的，在这里没多少支持者。由于匈牙利人一直反对在波黑使用公共预算，甚至不愿意修筑任何不能使匈牙利以某种方式获益的铁路，波黑很大程度上依然是一个落后的乡村地区。当地的地主主要是穆斯林，为了争取他们，波黑的总督们延续了古老的地权体制，这不仅没有达成目的，反而疏远了以塞族人为主的佃农。穆斯林仍然心向君士坦丁堡，而塞族人越来越看向贝尔格莱德。只有克罗地亚人表现出了对奥匈帝国的些许忠诚。[23] "1892 年我第一次来到这里，"一名来自维也纳的自由派领袖写道，"当时的气氛可谓欣欣向荣，人们既对未来满怀热望，又深思熟虑。但今天，这里死气沉沉，怀疑和忧惧笼罩着人心。"[24] 从好的方面说，比起之前的奥斯曼帝国，奥匈帝国给波黑提供了更多的安全，在交通与教育上也取得了一些进展，但就像在其他殖民帝国经常发生的一样，这些成就也有助于制造一个受过教育的民族主义阶层。

在埃伦塔尔出任外交大臣时，对奥匈帝国的领导层来说，塞尔维亚既是帝国在巴尔干的最危险的邻国，更威胁着帝国的生存，因为它不仅侵蚀帝国在波黑的统治，还在帝国境内激起了南斯拉夫人对民族主义的渴望。许多奥匈帝国的人得出的结论是，如果塞尔维亚从地图上消失，这些麻烦也会随之消失。康拉德和他的军队同事认为，向塞尔维亚开战并将其纳入帝国版图便能解决问题。虽然埃伦塔尔一开始告诉俄国外交大臣伊兹沃利斯基，自己的目标是维护巴尔干地区的和平，改善仍在土耳其人治下的基督徒的状况（当然，也会寻求与俄国保持最佳关系），但到了 1907 年，他已放弃以和平手段赢得塞尔维亚的希望。[25] 在第二年的一份备忘录中，他描绘了对奥匈帝国有利的前景，那就是保加利亚与塞尔维亚因在马其顿问题上日益对立而开战。他希望，奥匈帝国随后可以承接塞尔维亚的遗产。从长远来看，一个受奥匈帝国保护的独立的阿尔巴尼亚国或将在亚得里亚海沿岸出现。（阿尔巴尼亚人也许是巴尔干地区最古老的民族之一，他们讲的语言不同于任何一个斯拉夫人邻国，可以很方便地发展出自身的民族主义。）至于保加利亚，维也纳设想的理想情况是它会在与塞尔维亚的战争中负债累累，然后不得不仰赖奥匈帝国。[26]

"有必要结束我们的被动局面。"埃伦塔尔在 1907 年 2 月的一份备忘录中写道。在对付塞尔维亚的同时，奥匈帝国还应先行一步吞并波黑，以补偿其在意大利统一战争中丢失的领土。然后，老皇帝可以给波黑制定一部新的宪法，并将之与境内的其他南斯拉夫领土合并，为二元君主国增添一个第三元。[27]一个复兴的强大帝国届时可以重新在欧洲事务中独立发挥作用，摆脱德国"小跟班"的角色。前一年在阿尔赫西拉斯会议结束之后不久，德皇曾经称呼奥匈帝国为"出色的帮手"，这个说法仍然让维也纳怨愤不已。"我认为，"埃伦塔尔告诉接替他出任驻俄大使的贝希托尔德，"在目前的局势下，大力强调德意志–奥地利–匈牙利联盟的做法，既不是很聪明，也不能完成某个目标——至少从我们的立场来看是这样。"[28]

埃伦塔尔认为，现在的国际局势有利于奥匈帝国维护自己在巴尔干地区的经济和政治权利：通过修筑铁路，以及很关键的，通过将波黑正式纳入帝国，让其地位正常化。德国人在 1905—1906 年间的摩洛哥危机中吃了亏，惧怕孤立的他们除了支持盟友以外没什么选择；法国人也会乐观其成，况且他们还会在摩洛哥忙上一阵，以胜任自己的新角色；英国虽然在传统上对奥匈帝国很友好，但可能问题更大。它正与俄国走得越来越近，并要求通过国际干涉来推动马其顿的改革，试图消解奥匈帝国在巴尔干地区的地位。[29]爱德华七世先后访问了西班牙国王与意大利国王；这是否暗示着对德国和奥匈帝国的新一轮围堵？[30]不过，除非土耳其海峡受到威胁，英国不大可能介入巴尔干事务。意大利会来添麻烦，但两国关系肯定可以改善；至于俄国，无论它自己怎么感觉，在日俄战争以后它毕竟是衰落了，而且它向英国的主动试探尚未发展成友谊。"是的，是的，"当一位年轻同僚试图说服他有必要与俄国外交大臣伊兹沃利斯基打交道时，埃伦塔尔表示，"但显然！如果俄国人不能在巴尔干地区与我们同甘共苦，那么我会是第一个跑去找英国人的那个！"[31]

埃伦塔尔认识到，在巴尔干地区挑起事端是有风险的。1907 年秋天，他在奥匈帝国的共同大臣理事会上表示，国际情势大体良好，但也有一些可能产生麻烦的地方，比如巴尔干地区或是摩洛哥。同时，世界上还有一些骚动的力量正在左冲右突。"舞台已经搭好，演员已经齐备，只差戏服，戏就可以开场了。20 世纪的第二个十年很可能会见证非常严重的事件。考虑到周围的易燃物，它们也许会更快地到来。"[32]1908 年，埃伦塔尔差一点就点着这些可燃物，不过好在那一次，他和世界都逃过一劫。

1908 年初，埃伦塔尔对奥地利和匈牙利的议员们表示，他计划向南修筑一条铁路，穿过新帕扎尔区进入马其顿，接上奥斯曼帝国的铁路，连通爱琴海或君士坦丁堡的港口。尽管埃伦塔尔温和地表示，规划中的铁路只是经济工程，并不违反巴尔干地区任何既有的协议，但在奥匈帝国之外，包括众多外国媒体在内，没有人相信他。塞尔维亚人正确地看出了奥匈帝国是想借此巩固对新帕扎尔的控制，阻止塞尔维亚与黑山形成联盟，同时将影响力伸入奥斯曼帝国境内。英国人则确信奥匈帝国正在幕后阻挠英俄两国在马其顿力推的改革，以换取土耳其苏丹对这条铁路的批准。[33]英国人也对奥匈帝国在两国同盟里的伙伴感到不安。海军军备竞赛仍在继续，德国帝国议会将在 3 月通过蒂尔皮茨的另一项海军法案。奥匈帝国的铁路计划也是对塞尔维亚人与俄国人的当头一棒，本来塞俄已经在筹划修建一条从多瑙河经由马其顿直抵亚得里亚海的铁路。俄国人事先并未听到风声，因此对埃伦塔尔出奇地愤怒；作为那个年代扩大政治影响力的可靠方式，铁路会破坏他们在 1897 年与奥匈帝国达成的尊重巴尔干现状的协议。[34]虚荣而自负的俄国外交大臣伊兹沃利斯基认为这条新帕扎尔铁路是对他个人的侮辱，他当着德国驻俄大使的面抱怨埃伦塔尔，"他在我的两腿之间扔了枚炸弹"。[35]不过这位奥匈帝国的外交大臣毫无悔意，不管怎么说，他对伊兹沃利斯基而言也没多大用处，在他看来，伊氏是个危险的自由派，且受俄国的新朋友英国的影响太大。[36]

不过，日俄战争之后的伊兹沃利斯基对俄国的弱势地位颇有自知之明，他准备与埃伦塔尔继续讨论后者提出的另一项计划——奥匈帝国直接吞并波黑。因为他觉得，俄国也许可以讨价还价，获得它一直以来想要的对土耳其海峡的某种形式的控制。1907年秋，伊兹沃利斯基访问维也纳，两位外交大臣开始了相关的讨论，尽管有新帕扎尔铁路的扰动，讨论仍以书信的方式一直延续到1908年夏天。埃伦塔尔并未拿出一个时间表，但他清楚表明了吞并波黑的意愿。作为回报，他愿意放弃奥匈帝国在新帕扎尔区的权利并撤出驻军。伊兹沃利斯基实在没什么讨价还价的余地，正如他后来指出的，他表示俄国会接受吞并，如果奥匈帝国支持修改关于土耳其海峡管辖的国际协议，允许且只允许俄国军舰在黑海与地中海之间自由通航。

1908年6月，另一阵营也保证会支持俄国，至少伊兹沃利斯基自己是这么认为的。当月，为了巩固两国协约，爱德华七世与尼古拉二世搭乘游艇在俄国波罗的海港口雷瓦尔（今爱沙尼亚首都塔林）会面。两位君主带着的大臣阵容很强大，包括英国外交部常务次官查尔斯·哈丁、海军上将杰基·费舍尔、斯托雷平和伊兹沃利斯基。他们讨论了共同关心的问题，如英德海军军备竞赛存在的危险、马其顿的动荡局势，还计划共同修筑一条铁路，从波斯南部的海岸到波斯北部的俄国边界（顺便向德国拟建的从君士坦丁堡到巴格达的铁路叫板）。[37]虽然哈丁后来否认英国在土耳其海峡问题上给过俄国任何承诺，但回到圣彼得堡的伊兹沃利斯基坚信英国将站在俄国这一边，支持对有关海峡的国际协定作出有利于俄国的修改。[38]

雷瓦尔会议还有其他深远的影响；德皇认为这是他的舅舅与其他"流氓"密谋围堵德国的又一证据。[39]与奥匈帝国同盟的重要性再次得到凸显。"我们是奥地利的盟友，"威廉在雷瓦尔会议期间向他极其宠信的一位海军军官夸口，"根本不用惧怕英法俄三国联手。我们已经足够强大。我们的陆军举世无双，海军也不只是摆设，即便短时间内与英国人有差距。"[40]在南面的奥斯曼帝国，"团结与进步委员会"的改革派军官得出结论，雷瓦尔会议就是英俄瓜分马其顿的密谋会。[41]这年的7月末，"青年土耳其党"发动兵变，迫使苏丹接受一部宪法。这反过来给了埃伦塔尔压力，要求他将吞并波黑的计划提前。如果青年土耳其党成功建立了一个强有力的新政府，他们会成为比老苏丹更可怕的对手。据欧洲各大报纸的报道，君士坦丁堡的新政权打算扭转奥斯曼帝国在巴尔干等地解体的局面。青年土耳其党颇具针对性地邀请了波黑两省的代表前往君士坦丁堡参加新的议会。如果奥斯曼帝国陷入混乱和内战，这似乎同样有可能，那么列强必然会纷纷争抢帝国留下的领土，奥匈帝国需要抢先入场。

到夏末，埃伦塔尔获得政府的批准，开始实施吞并行动。8月27日，他还向伊兹沃利斯基发送了一份备忘录，希望俄国能在奥匈迫于形势吞并波黑时表现得"友善"。他还重申，作为补偿，奥匈帝国将从新帕扎尔区撤军。除了表示希望两国一同维持巴尔干其余地区的现状，他没有做出更多承诺。德国外交大臣舍恩是个无能的好好先生，他认为俄国人可能不会对奥匈帝国吞并波黑采取什么干预措施："这头熊会咆哮，但不会咬人，也不会用爪子攻击。"伊兹沃利斯基根本就不想咆哮；他准备接受吞并的事实，但只是想看看，俄国可以从不反对中获得什么回报，如果有的话。[42]

9月16日，埃伦塔尔与伊兹沃利斯基在摩拉维亚的布赫劳秘密会晤，这座中世纪古堡的主人是奥匈帝国驻俄大使贝希托尔德。密会的目的是就吞并波黑以及土耳其海峡议题谈出一个双方都满意的协议。但在这个时间点上，两位外交大臣对彼此并无好感，也没有建立信任；贝希托尔德进入房间，告诉两人午餐已准备好时，发现两人都怒气冲冲。埃伦塔尔后来说，他大半个上午都在听伊兹沃利斯基抱怨新帕扎尔铁路的事。伊兹沃利斯基则称，几个小时"风暴一般的谈判"让他身心俱疲。不过这一天行将结束时，两人似乎还是达成了协议：俄国会对奥匈帝国被迫吞并波黑的事实表现出应有的善意，同时奥匈帝国也会撤出新帕扎尔区；奥匈帝国会支持俄国有关修改海峡协议的提议；塞尔维亚与黑山会在奥斯曼帝国垮台时获允瓜分新帕扎尔区。最后一点，也是在后来变得很重要的一点是，如果保加利亚很快宣布完全独立，两国都会予以承认。伊兹沃利斯基将协议内容回电尼古拉二世，沙皇表示"非常满意"。[43]贝希托尔德为自己的城堡见证了如此重大的会议感到欣喜，立即安排人挂上了一块牌匾。[44]埃伦塔尔回到维也纳，伊兹沃利斯基整晚与城堡主人打桥牌。[45]这个俄国人的牌运或许要比他在国际谈判桌上的运气好些。

这次会议并没有官方记录。当整个波黑问题爆发并成为国际重大危机时，两人都给出了一个自己回忆的版本。毫不意外，两人的说法在一些关键细节上颇有出入。伊兹沃利斯基是否从埃伦塔尔那里得到了一个明确的交换条件，即俄国支持这次吞并，而奥匈帝国支持俄国拿到土耳其海峡的利益？埃伦塔尔表示否认。为了给自己开脱，伊兹沃利斯基声称埃伦塔尔背叛了他，先下手为强吞并了波黑，这样一来俄国就没有时间制造国际舆论来讨论土耳其海峡问题。但这话也未尽真实。伊兹沃利斯基离开布赫劳的时候已经知道奥匈帝国吞并波黑在顷刻之间，可能就在10月初奥匈帝国两地议员举行年度会议之后。[46]而且伊兹沃利斯基可能自己也在玩背叛的把戏，他计划召开一届列强参与的国际会议来批准奥匈帝国吞并波黑的合法性。正如伊兹沃利斯基在布赫劳会议前不久写给圣彼得堡的信："奥地利将在会议上受到指控，而我们将会是巴尔干斯拉夫人的捍卫者，甚至是土耳其人的守护者。"（埃伦塔尔后来坚称，奥匈帝国最多只会答应或愿意在吞并完成后，让国际会议批准这一结果。）[47] 所以，关于布赫劳，最多只能说是两个男人在这里达成了一个玩世不恭的交易，想从奥斯曼帝国那里得到他们所能得到的东西，而没预料到随后会在国际上引发巨大的骚动。

布赫劳会议结束后，伊兹沃利斯基踏上了计划已久的欧洲首都巡访之旅；埃伦塔尔则将自己对波黑的意图告知了盟友德国与俄国，但没有给出具体的时间点。不过，奥匈帝国吞并波黑，并非巴尔干地区唯一因青年土耳其党人夺权而加快的行动。保加利亚长期以来对自己作为奥斯曼帝国一部分的地位感到不耐烦，准备借此机会宣布独立。伊兹沃利斯基已经尽了最大努力劝阻保加利亚人；他不希望让人觉得有一个广泛的阴谋要摧毁奥斯曼帝国。此外，奥斯曼人仍有足够的兵力进攻保加利亚。[48] 埃伦塔尔则没有这方面的顾虑。保加利亚亲王斐迪南一世9月末访问布达佩斯的时候，埃伦塔尔频频暗示巴尔干的局势也许很快就会改变，保加利亚可以有自己的想法。他没有告诉斐迪南一世奥匈帝国计划在10月6日吞并波黑；而斐迪南一世的"老狐狸"名号也非浪得虚名，他也没有告诉埃伦塔尔自己准备在10月5日宣布独立。[49] 保加利亚如期推动了独立进程，顶着沙皇头衔的斐迪南一世穿着一家戏服供应商为他仿制的拜占庭皇帝长袍现身。[50] 奥匈帝国也如期在第二天宣布吞并波黑，并声称得到了俄国的全力支持。俄国人并未拿到预期的补偿，即向俄国军舰开放土耳其海峡，感觉自己受到了欺骗。奥匈帝国则认为自己没有必要补偿俄国，更不要说也在声索波黑领土的塞尔维亚。保加利亚宣布独立与奥匈帝国吞并波黑这两件事激起了巴尔干地区的动荡，使奥匈帝国与俄国关系恶化，并将双方的盟友拖入了一场重大的国际危机。对战争的讨论，直至第二年春天才告终。

这次吞并的消息对欧洲而言也不完全是个意外。奥匈帝国驻法大使在吞并三天以前向法国总统呈交了弗朗茨·约瑟夫皇帝的一份密信，考虑到总统周末要外出，而吞并的传闻一定早已走漏。大使在给埃伦塔尔的信里表示自己并不后悔："我天生就冲动，这我太清楚了，只是到了我这个年纪，本性的东西已经很难改。"[51] 贝希托尔德也向沙皇递交了一封类似的信，追到了芬兰湾的皇家游艇上才得以将信交出。俄国人既恼火于吞并如此迅速发生，更恼火于自己迟至吞并当天才得到正式通知。（贝希托尔德实际上都想要辞去大使职位，因为他认为埃伦塔尔没有对伊兹沃利斯基完全坦诚。[52]）看到两个斯拉夫同胞居住的省份被奥匈帝国吞并，俄国杜马与媒体掀起一片抗议之声。伊兹沃利斯基也因为没有在巴尔干维护好俄国的利益而备受攻击。在俄国政府内部，与他共事的大臣们也早已怒不可遏，因为无论沙皇还是伊兹沃利斯基，都是在布赫劳会议之后才被告知与奥匈帝国谈判的情况。俄国首相斯托雷平以辞职相威胁，他还联手财政大臣弗拉基米尔·科科夫佐夫在吞并消息传到俄国后弹劾伊兹沃利斯基。尼古拉开始远离他的外交大臣，随着时间的推移，伊兹沃利斯基也感到自己的地位有些不保。[53]

德国也被奥匈帝国宣布吞并的方式冒犯到：德皇认为埃伦塔尔没有公平地对待俄国，并抱怨自己是从报纸上得知的消息。长期出任奥匈帝国驻德大使的拉迪斯劳斯·瑟杰尼不得不赶往威廉在东普鲁士的狩猎小屋，试图缓和事态。赶了几个小时的火车，这位倒霉的大使坐上了一辆他所说的"豪华皇家汽车"，但很快就遭遇了翻车。[54] 威廉有理由担心德国会因此事而失去自己多年以来在君士坦丁堡精心打造的影响力。他还认为埃伦塔尔实在不必要如此疏远俄国，毕竟德奥同盟仍有希望离间俄国退出英法协约。[55] 但最终德国人发现他们没有别的选择，只能支持自己的主要盟友，而这也是德国人将在 1914 年再次面临的困境。

至于奥匈帝国国内，人们的反应很复杂。匈牙利政府欢迎扩张领土，但明确表示不希望南斯拉夫作为第三方入伙这个二元君主国。因此，波黑延续之前的地位，用一个匈牙利政客的话来说，它仍将在维也纳的共同财政大臣的管理下，"犹如穆罕默德的棺材一样悬浮在空中"。[56] 奥匈帝国境内的斯拉夫人在政治上日渐活跃，但对这次吞并却不冷不热。克罗地亚议会里正在形成的克罗地亚－塞尔维亚联盟公开反对这次吞并。克罗地亚总督因此逮捕了约 50 名议员，指控他们犯有叛国罪。后续的审判活脱脱成了一出滑稽剧：带有偏见的法官，不可靠的或捏造的证据，不得不被推翻的有罪判决。"这次审判是吞并政策结下的果实，"一家匈牙利大报如是说，"里面的一切都是政治。"[57] 同一时期的另外一场轰动性的审判也出现了伪造证据的现象。奥地利重要的民族主义历史学家、政治人物海因利希·弗里德容博士发表文章，声称有证据表明奥匈帝国境内的南斯拉夫主要政治领导人受雇于塞尔维亚。这些所谓的文件后来被证明是奥匈帝国的外交部随手提供（和伪造）的。两次审判都让政府蒙羞，尤其让埃伦塔尔出丑，并进一步疏远了帝国境内的南斯拉夫人。

然而，吞并波黑的消息让奥匈帝国的统治阶层欢欣鼓舞。"我们再次向全欧洲证明了我们仍是一个强国！"弗朗茨·斐迪南给埃伦塔尔写信说，"干得漂亮！"他建议埃伦塔尔以铁腕对待新省份，以子弹或绞刑对付塞尔维亚派来的煽动者，必要时两者都用。大公相信，任何来自别国的敌对反应都可以得到妥善处理。"英格兰的愤怒对我们而言代价很大，但胖子爱德华应该已经用几瓶香槟和一些所谓淑女的陪伴来安慰自己了。"[58]

事情不会这么简单。此时的英国外交部已笼罩在一片对德国和两国同盟的疑惧之中。英国人同样恼火于奥匈帝国绕开有关巴尔干地区的国际协议，并担心吞并会给奥斯曼帝国带来冲击。自由党政府青睐青年土耳其党，不希望看到他们受到削弱。如果奥斯曼帝国被逼至崩溃的地步，英国在东地中海地区的利益就将受到威胁。英国在危机中的政策就是打平衡牌，一方面，支持奥斯曼帝国，抵抗德国和奥匈帝国在那里的影响，另一方面，在不支持改变土耳其海峡现状（这正是俄国人渴望的）的情况下，尽可能与俄国保持友好关系。（英国人最后建议向所有国家开放土耳其海峡，当然这也是俄国人最不想看到的。）[59]

在英国人看来，这场危机来得不是时候。担心德国人入侵的"海军恐慌"正弥漫于英国（英国下院有个后座议员说，据他所知，德国间谍已经在伦敦市中心藏了 5 万支毛瑟枪和 700 万发子弹）[60]，政府正面临增加皇家海军预算的要求。这年的 10 月末，《每日电讯报》刊登了对德皇的著名访谈，威廉在其中指责英国政府造成了两国之间的不良关系，结果进一步激起了英国的反德舆论。正如格雷在致英国驻德大使的信中评论的，"这个时候，任何一个国家都无法安全地玩火"。[61]令紧张局势雪上加霜的是，法德两国又发生了一场严重的危机，起因是法国驻北非的外籍军团中，有三名士兵叛逃德国。9 月 25 日，法国抓回了这三名得到过德国驻卡萨布兰卡领事帮助的士兵。德国政府立即要求法国道歉。和这些年屡屡发生的情形一样，这次争执又让人开始讨论起战争。这年 11 月，英国政府已经在认真考虑一旦法德之间爆发敌对行动，要怎么应对。[62]幸运的是，这一次两国同意提交仲裁，问题得到了解决。

除了卡萨布兰卡事件之外，法国也因国内问题而焦头烂额：工人阶级的激进情绪高涨，带侵略性的新民族主义右翼日甚一日。法国最不想要的就是卷入巴尔干地区的争吵中，它在那里几乎没有利益可言。与英国一样，法国也希望看到一个稳定的奥斯曼帝国，一个和平的巴尔干。法国投资者握有奥斯曼帝国、塞尔维亚与保加利亚对外总债务的 70% 到 80%。[63]当时的法国外长毕盛不喜欢俄国和法俄同盟，但他认为法国除了支持盟友没什么选择。因此，法国谴责了这次奥匈帝国的吞并，并支持俄国关于召开国际会议的呼吁。法国人私下里告诉俄国人，法国希望与英国联手处理土耳其海峡问题；随着危机的恶化，他们还敦促俄国人保持理性，寻找和平的解决方案。[64]

在君士坦丁堡，当地人攻击了奥匈帝国的企业，并在街上围攻二元君主国的公民。与此同时，奥斯曼政府支持对奥匈帝国实行贸易抵制。最愤怒的反应出现在塞尔维亚，这一点不难理解，大批群众在贝尔格莱德街头示威游行，一群暴徒试图砸碎奥匈帝国大使馆的窗户。塞尔维亚皇储也说，他像所有塞尔维亚人一样准备好了为大塞尔维亚而死。（他并没有机会这么做，第二年他便被褫夺了继承权，起因是他在暴怒之下踢死了一名仆人，1972 年他老死于铁托治下的南斯拉夫。）一个叫"民族自卫"（Narodna Odbrana）的准军事组织成立了，它将在未来几年的政治中大显身手；在政府的纵容下，塞尔维亚志愿者穿越边界，潜入波黑境内，煽动对奥匈帝国的反抗。[65]

塞尔维亚政府向欧洲各地遍遣代表，争取公众舆论支持，还向奥匈帝国索赔，尽管并没有什么法律依据。"给我们一个牧场或磨坊，"塞尔维亚驻英大使向奥匈帝国驻英大使祈求，"或者任何可以安抚我国的东西。"[66]事实上，塞尔维亚索要的更多——新帕扎尔区（这块土地会把它与黑山联系起来），甚至是取消这次吞并。黑山也要求补偿，尤其是解除 1878 年解决方案施加的条件，而这些条件使得它无法拥有海军。塞尔维亚与黑山也都采取了措施来动员军队，并从国外订购了新的武器。[67]在对即将发生的事情的不祥的预示中，塞尔维亚官员谈到了在必要时开战的问题。10 月下旬，尼古拉·帕西奇（他后来在 1914 年成为总理）敦促包括沙皇及其大臣在内的俄国领导人以及饶富名望的泛斯拉夫主义者坚定不移地对抗奥匈帝国，直面可能发生的任何事态。在与伊兹沃利斯基的会晤中，帕西奇暗示，塞尔维亚可能不得不独自行动，"如果事关民族的生存、荣誉与尊严"。[68]

伊兹沃利斯基几个星期前还洋洋自得于与奥匈帝国的成功会谈，此时却在国际反应面前左支右绌。他说自己对于埃伦塔尔过早吞并波黑愤怒不已，这让俄国没有时间梳理好自己的各项要求。用贝希托尔德语带贬损的话说，俄国人从一只神气活现的孔雀变成了一只气急败坏的火鸡。[69]埃伦塔尔得到了自己想要的东西，也获得了德国的支持，根本不在意俄国人的怒火。当伊兹沃利斯基喋喋不休地怒斥埃伦塔尔的背叛时，埃伦塔尔只是威胁说要公布两人之前的秘密通信以及他那个版本的布赫劳交易，而这将使伊兹沃利斯基声称的震惊反应显得有些小题大做。他坚决拒绝召开伊兹沃利斯基所要求的国际会议，也拒绝给予奥斯曼帝国补偿，更不用说塞尔维亚与黑山两个小国了，无论这两国说什么或做什么。

康拉德一直以来都强烈支持吞并，他敦促政府利用这次良机对塞尔维亚和黑山发动预防性战争；意大利也对外发出了准备干涉的信号。康拉德拍胸脯保证，击败这三国乃举手之劳。奥匈帝国可以在南部边境投入超过 70 万的兵力，而塞尔维亚至多只有 16 万人，黑山更是只有 4.3 万人，至于不太可能出兵的意大利，也只有 41.7 万人。此外，奥匈帝国的武器装备与训练水平要比敌人好得多。[70]一旦塞尔维亚战败，它就应当被纳入奥匈帝国。深知各种政治困难的埃伦塔尔是远远做不到这点的；他最多就是迫使塞尔维亚加入一个关税同盟。不过，尽管埃伦塔尔偏向以便宜的外交路线来化解危机，他当然也没有排除战争的可能。[71]在危机前夕，他写信给弗朗茨·约瑟夫皇帝说："也许在接下来的几个月，我们与塞尔维亚之间的冲突无法避免，一旦这一点明确，我赞成用一切可能的力量将塞尔维亚妖魔化。"[72]

维也纳外交部的一位官员说，1908 年与 1909 年之交的整个冬天，他们都感觉已经走到了战争的边缘。[73]康拉德说服政府加强战争准备工作：采购了新的武器装备，将部队调入波黑，并推迟了兵役期将满者的复员时间。他还在奥匈帝国与塞尔维亚的边境增兵，并准备让靠近俄国边境的加利西亚的驻军南下。[74]斐迪南大公对"巴尔干杂狗"深恶痛绝，但他反倒像康拉德向战争狂奔路上的一块刹车片。他对埃伦塔尔表示，奥匈帝国打仗的话可有的受的。"请让康拉德先生克制一下，"大公写信给康拉德的副官，"他必须停止战争狂的行为。击垮塞尔维亚人的前景看起来当然诱人……但这种廉价的凯旋花环又有什么用，如果我们可能会冒着在三条战线上进行不可能的战争的风险？到时花环就变成花圈了。"[75]不幸的是，当 1914 年巴尔干爆发另一场危机时，斐迪南大公不再主张克制了。

埃伦塔尔享受着吞并的成功，消息传来时身在巴黎的伊兹沃利斯基则继续着他越发绝望的欧洲首都之旅，试图为至少召开一次国际会议争取各国支持（比洛带有恶意地说，伊兹沃利斯基确实推迟了返回圣彼得堡的日期，但那是因为他那位漂亮奢华的夫人想在圣诞节购物。）[76]俄国的盟友除了提出居中斡旋以外，能做的事情也很有限。俄国人在 11 月直截了当地问爱德华·格雷，如果俄国在巴尔干问题上与奥匈帝国开战的话，英国能做什么。格雷敷衍道："这在很大程度上取决于争吵是如何产生的，以及谁是侵略者。"但在私下里，格雷告诉亲近的同僚，"英格兰很难置身事外"。[77]在柏林，比洛对俄国表示同情（他没有完全放弃拉拢俄国的希望），但他告诉伊兹沃利斯基，德国不会有什么举动。德国人知道俄国的财政状况很糟糕，并且准确地推算出俄国人根本无力打仗。看到递呈上来的备忘录说伊兹沃利斯基威胁开战，德皇高兴地批示道，"虚张声势"。[78]11 月初伊兹沃利斯基返回圣彼得堡时，贝希托尔德看到了一个憔悴之人："他瘫坐在扶手椅上，眼神空洞，声音虚弱，犹如将死之人。"[79] 伊兹沃利斯基有充分的理由感到沮丧；俄国在国外被弄成一副软弱无力、孤立无援的样子，他本人的地位也遭到严重削弱。以斯托雷平为首的同僚们明确表示，伊氏不能自由制定外交政策，必须事先咨询内阁会议。更糟糕的是，无论是他还是俄国外交部的其他人都不知道，如埃伦塔尔欣然指出的，俄国已在 1870 年代与 1880 年代几度表示不会反对吞并波黑。"你会明白，"沙皇写信给母亲说，"这是多么令人不快的意外，我们处在何等尴尬的境地。"[80]

巴尔干入冬使得战争在来年 3 月之前都不可能发生，但密集的外交活动仍在继续。英法俄三国在公开场合仍然坚持举行国际会议，但英国实际上已准备好看到双边协议的诞生。英国带头促成保加利亚与奥斯曼帝国达成了一项协议：奥斯曼人承认保加利亚独立，作为回报，他们将拿到一笔钱，以覆盖掉奥斯曼帝国在修建铁路上的费用。虽然保加利亚沙皇（他现在的身份）答应的时候温顺如绵羊，但他拒绝支付奥斯曼帝国要求的金额，还向后者发出战争威胁。英国人转而劝说俄国人提供必要的资金。一项原则性协议终于在 1908 年 12 月达成，但各方对细节问题的争吵，一直延续到了次年 4 月。[81]

到 1909 年初，奥匈帝国与奥斯曼帝国也达成了一项协议，由前者向后者支付补偿金，以换取后者对吞并的承认。这一回英国人站在奥斯曼帝国一边，为其争取到了大笔金钱。这样的做法让奥匈帝国的舆论相信，英国确定无疑是敌人，埃伦塔尔甚至认为可以利用巴尔干问题制造一场全面的欧洲战争，这样英国就需要去对付德国海军。"如果英格兰希望打垮我们，"他向弗里德容夸口说，"他们会发现我是个意志坚定的对手，不会轻易让他们取胜。"[82] 两国的媒体也热情地加入了攻击对方的行列，随着欧洲的裂痕变得更加清晰，英国与奥匈帝国之间在整个 19 世纪维系的长久友谊，沦为了往事。

吞并波黑的后续问题中，最难解决的是如何补偿塞尔维亚，由于塞尔维亚有俄国支持而奥匈帝国有德国支持，问题变得更加复杂。埃伦塔尔想过的最大让步是一些经济上的让利（比如亚得里亚海的入海口），条件是塞尔维亚承认吞并，并同意与奥匈帝国和平共处。塞尔维亚政府坚决不让步。随着巴尔干的春雪融化，战争的议论再度在欧洲各国首都浮现。德国政府吸取之前摩洛哥危机失败的教训，坚定地站在盟友一边。"这一次，"德国代理外交大臣基德伦表示，"他们才是要屈服的一方。"[83] 当时尚不为世人所知的是，德国已向奥匈帝国做出保证，一旦后者与塞尔维亚的战争引发俄国干涉，两国同盟的条款就会生效，德国将站在奥匈帝国一边参战。在 1914 年的危机中，德国也做出了相似的承诺。

在圣彼得堡，依然反对战争的斯托雷平在 3 月初告诉英国驻俄大使，俄国公众舆论如此坚定支持塞尔维亚，以致政府无法拒绝援助塞尔维亚的要求："那样的话，俄国不得不动员起来，一场全面的战火将迫在眉睫。"[84] 在柏林，经历了《每日电讯报》事件危机，包括军方高层在内的战争派都认为，战争是德国摆脱国内外麻烦的好机会。[85] 德皇还在设法摆脱丑闻的打击，他对战争并不热心，但似乎也不是特别反对。一名廷臣说，德皇正忙于处理一些"重大问题，比如新的下颌带、头盔链的新扣法、士兵军裤的双接缝，还有对衣柜的频繁视察"。[86] 在维也纳，埃伦塔尔就事论事地谈到了战争。"塞尔维亚饭桶打算从我们的花园偷苹果，我们已经抓住了他，只有他保证持久地改善，才会放他走。"[87]

3 月中旬，在一份照会中，塞尔维亚政府以英国人看来毫无必要的挑衅姿态，拒绝了奥匈帝国的和议。埃伦塔尔还在起草回复，德国政府已决定采取行动，向圣彼得堡发出了一份相当于最后通牒的照会，要求俄国政府必须承认吞并。如果俄国有"任何推诿、附加条件或者暧昧的回复"，德国会将其视为拒绝承认："我们就会退出交涉，任由事态发展。"[88] 3 月 23 日，在从战争大臣那里得知与奥匈帝国作战不可能取胜后，俄国政府选择了屈服。[89]塞尔维亚也在一周以后认输，他们照会维也纳，承诺放弃对吞并的抗议，撤回军事准备,解散已大批涌现的志愿民兵,与奥匈帝国"以友好睦邻关系"共存。[90]在圣彼得堡，贝希托尔德邀请伊兹沃利斯基、尼科尔森（英国驻俄大使）携妻共进晚餐，以"庆祝危机结束"。[91]德皇则给沙皇寄了一枚复活节彩蛋，感谢他为维护和平做出的努力。[92]不久后，德皇告诉维也纳的听众，他就像一名骑士身着闪亮的盔甲，与弗朗茨·约瑟夫皇帝并肩维系了和平。[93]

　　尽管德国立场坚定，这场危机还是引发了领导层对国家战备的担忧。比洛一开始是蒂尔皮茨及其海军计划的强力支持者，但此时深陷与帝国议会的预算拉扯之中。而且，就像他在吞并前不久对荷尔斯泰因说的，"我们不能削弱陆军，因为我们的命运还是要在陆地上决定"。波黑危机期间，比洛颇为怀疑地要求蒂尔皮茨正面回答，海军究竟有没有能力击退英国的进攻。蒂尔皮茨给的仍然是他的标准答案："不出数年我们的海军会足够强大，即便是英国来攻都要冒上很大的军事风险。"[94]1909年夏天去职前，比洛开始探索结束海军军备竞赛的可能性。他的继任者贝特曼-霍尔韦格极表赞同，并在英国找到了同气相求者，以财政大臣劳合·乔治为首的内阁和议会中的激进派决心削减预算，缓和与德国的紧张关系。两国会谈从1909年秋天开始，直到1911年夏天因新一轮摩洛哥危机而搁浅。会谈在当时或之后有多大的成功机会，很难论定。德皇才是最后说了算的人，他与蒂尔皮茨准备让德国减缓造舰的速度，但仍必须保证德国与英国的巨舰数量比维持在二比三，而这个差距在英国人看来太小了。作为对减缓造舰速度的回报，德国还希望达成一项政治解决方案，即英国承诺如果德国与其他欧陆国家开战，将保持中立。这样一来，在英国外交部和内阁主要成员那里，对德国的怀疑变得根深蒂固，尤其是格雷本人认为，这样的承诺是不可能的，它就算不会摧毁,也会削弱三国协约的根基。英国人真正想要的是一份军备协议,以便大幅降低海军预算。唯有在这之后,英国人才打算谈政治解决的事情。两国会谈虽然在 1909 年秋天开始,但政府之间的分歧仍然很大,到 1911 年,会谈因又一场摩洛哥危机而中止,几乎没有取得任何进展。

就如前后两次摩洛哥危机,波斯尼亚危机也留下了回忆,往往是苦涩的回忆,同时似乎也提供了教训。眼睁睁看着预防性战争的机会溜走,康拉德陷入沮丧。他在致友人的信中表示:"巴尔干危机的解决让我的一千个希望……都埋葬了。我也失去了这份职业的乐趣,失去了从十一岁起在任何情况下都支撑着我的东西。"[95] 康拉德后来写了一篇长长的备忘录,极力论证在危机期间以军事手段对付塞尔维亚会更好,而非一再推迟早晚要来的冲突。在未来,奥匈帝国将面临抉择,不是在几条战线上作战,就是做出"广泛的让步",无论如何都会让帝国毁掉。不过,康拉德确实受到了鼓舞,他推定是本方的动员与德国的最后通牒合力迫使俄国与塞尔维亚退步。埃伦塔尔对此附和说:"这是教科书级别的案例,唯有凭借强力前进,才能保证胜利……"[96] 但埃伦塔尔不明智的一点是,他几乎没有试着对俄国表现出大度,在谈到伊兹沃利斯基时,他说:"我厌烦了跟这只黑心猿争论,已决定再也不与他打交道。"[97] 埃伦塔尔 1912 年死于白血病,但他的反塞尔维亚观与反俄观,以及他所持的奥匈帝国必须采取积极外交政策的想法,尤其是在巴尔干地区,对年轻一代外交官产生了强烈影响,而其中一些人会在 1914 年的事件中扮演关键角色。[98]

俄国却没什么兴趣与奥匈帝国或德国修好。伊兹沃利斯基将在一段适当的间隔后被免职,然后派往巴黎做驻法大使。他谴责埃伦塔尔破坏了两国在巴尔干地区的协议,并警告德国大使,他们的竞争注定要以冲突告终。[99] 在接到德国的最后通牒之后,沙皇写信给母亲:

"说实在的，德国这次对我们的行动，方式和方法太过粗暴，我们不会忘记的。"他接着写道，德国正在再次尝试离间俄国与英法两个盟友，"这种做法只会适得其反"。[100] 一位杜马议员说，波斯尼亚危机的结局是"外交上的对马海峡"，糟糕程度堪比日俄战争的那次惨败。杜马很快就批准了增加另一项国防预算。在俄国军方内部，越来越多的人谈论如何整军经武，以应对与奥匈帝国的下一轮战争，而战争必定会在未来几年内到来。[101] 尼科尔森致信格雷说，俄国各个阶层都为他们抛弃了斯拉夫兄弟而感到羞愧："俄国遭受了深深的羞辱，放弃了其迄今为止在东南欧的传统角色，而它过去为扮演这一角色做出了巨大的牺牲。"[102] 这样的历史记忆在六年以后仍未消退。[103] 饶勒斯在第一次世界大战前夕对法国记者喊道："我们是否要发动一场世界大战，只因为伊兹沃利斯基仍然愤愤于埃伦塔尔在波斯尼亚事务上欺骗了他？"[104] 答案当然是肯定的，至少有一部分原因是如此，尽管通往 1914 年的事件链条中还有许多其他的环节。

波斯尼亚危机巩固了德国与奥匈帝国的两国同盟，却恶化了奥匈帝国与意大利的关系，而意大利人是三国同盟的第三方，他们非常清楚二元君主国正在准备对自己发动战争。1909 年秋天，意大利国王维克托·埃曼努埃尔三世在意大利东北角的拉科尼吉的王室狩猎屋接待了沙皇与伊兹沃利斯基一行。俄国人一行招摇地从德国境内绕道进入意大利，避免踏上奥匈帝国的土地。意大利也提高了自己的国防预算，开始在亚得里亚海与奥匈帝国展开无畏舰竞赛，并加强了共同陆地边界的防御工事与兵力部署。而就奥匈帝国而言，他们要担心的敌人不止意大利一国，在波斯尼亚危机期间和之后，他们的军费开支大幅增加，在 1907—1912 年间增加了 70% 以上。[105]

波斯尼亚危机虽然造成了三国协约的内部紧张，却并没有带来严重的损害。事实上，英法俄三国在危机过后更习惯了在国际议题上彼此协商。法国外交部部长毕盛指示自己的大使们，要将与两家盟友搞好关系列为一般原则。[106] 英国固然继续坚持自己的行动自由，但这次危机表明，它将站在俄国一边，正如在摩洛哥危机期间，它向法国与世界表明的那样。倒是意大利与三国同盟中的盟友保持了一定距离，却与三国协约保持着不错的关系。其他的大国则越来越多地感到除了留在本阵营之外没什么选择，无论是德国和奥匈帝国，还是法国和俄国，都需要彼此。正如之前的摩洛哥危机促使英国开启与法国的正式军事会谈，波斯尼亚危机也推进了康拉德与小毛奇的会谈。

对巴尔干本身而言，波斯尼亚危机的结束并没有带来和平与稳定。奥斯曼土耳其在内心深处更加反感外界干涉自己的事务。独立只是让保加利亚得到暂时的安抚，它仍然梦想那个在 1878 年短暂存在过的大保加利亚，对马其顿充满觊觎之心。至于埃伦塔尔为了向奥斯曼帝国示好而放弃的新帕扎尔区，如果奥斯曼帝国继续衰落（这很有可能发生），对塞尔维亚与黑山都是一种诱惑。塞尔维亚的确不得不向奥匈帝国屈服，但它无意遵守承诺，继续偷偷地支持大塞尔维亚运动，着手提升军队的战斗力。凭借法国人慷慨的贷款，它已能够建立自己的军工厂，也从法国购买武器（英国人的市场份额被盟友夺走了不少）。[107] 塞尔维亚与奥匈帝国的关系持续走低，两国都对彼此抱有危险的执念。

俄国继续干预巴尔干事务，既是因为渴望对奥匈帝国进行报复，也是因为受到国内公众舆论的驱策。俄国外交官努力想促成一个由俄国指导的巴尔干国家联盟，以阻挡两国同盟入侵巴尔干地区与奥斯曼帝国，并希望在必要的时候，让这个联盟成为自己对抗奥匈帝国的盟友。特别地，俄国与塞尔维亚之间的联系也越来越紧密。1909 年，尼古拉斯·哈特维希成为俄国驻塞大使，这位直言不讳地主张俄国应在巴尔干采取积极政策的外交官，按照贝希托尔德的话说，是"一个蓄着胡子的沉稳的莫斯科人，具有带欺骗性的好脾气"。

作为热忱的俄罗斯民族主义者兼泛斯拉夫主义者，哈特维希痛恨奥匈帝国（虽然奇怪的是，维也纳是他最喜欢的城市，他一有机会就会去）。1914 年仍然担任驻塞大使的哈特维希凭着强硬的作风和过人的精力，很快在塞尔维亚赢得了很大声望，他便利用自己的地位，鼓励塞尔维亚民族主义者追求一个大塞尔维亚。[108]

　　波斯尼亚危机爆发一年后，英国外交部常务次官哈丁致信英国驻维也纳大使："我完全同意您的观点，在巴尔干政策上，奥地利与俄国之间绝对有必要达成某种谅解，否则这些地区不可能有持续多年的和平……任何其他政策都会不可避免地最终导致一场欧洲战争。"[109] 不幸的是，这种谅解没有到来。欧洲会在享受三年的短暂和平后迎来下一场危机，然后又接着一场。随着每一次危机的发生，欧洲的两个大国集团都会变得更像一个全面的联盟，盟友们携手共赴生死。

1900 年的巴黎世界博览会既赞颂了和平与繁荣，也颂扬了欧洲在世界的主导地位。不过，博览会上的诸多展览也暗示了一些紧张局势，这些紧张局势最终将终结欧中动荡历史中一段最长的平静期

1894 年在科堡举行的一场家族婚礼显示了欧洲皇室家族之间的亲缘关系。大多数出席者都是维多利亚女王的亲戚。其中女王穿着她惯常的黑色衣服坐在前排。她的外孙、德国的统治者威廉二世坐在女王左侧。威廉身后是他的表弟，即将成为俄国沙皇的尼古拉二世。维多利亚的儿子、未来的爱德华七世站在尼古拉身后，而未来的沙皇皇后亚历山德拉则站在威廉和维多利亚中间

尽管威廉（右）对他的祖母维多利亚女王非常忠诚，但与女王的儿子、继任者爱德华七世（左）的关系并不融洽。威廉怀疑爱德华正谋划针对德国的联盟。爱德华也不信任威廉，觉得他的这个外甥令人厌烦

奥托·冯·俾斯麦是他那个时代特别厉害的政治家。他不仅在 1871 年缔造了新的德意志帝国，还在当时欧洲的国际关系中占据主导地位

奥匈帝国皇帝弗朗茨·约瑟夫统治的是欧洲中心地带一个日渐衰亡而又麻烦不断
的帝国（1848—1916）。他有着强烈的责任感，生活节制、为政勤恳

对许多人来说，罗伯特·塞西尔代表了英国上层阶级的沉着自信和大英帝国本身。他富有、聪明、人脉广，在 1885 年至 1902 年间曾三次出任保守党首相

伊万·布洛赫是俄国的一位金融家，他明白，一场新的全面战争可能使各方陷入僵局，带来欧洲社会无法承受的代价

阿尔弗雷德·冯·蒂尔皮茨坚信，德国要想成为世界强国，就需要一支大海军。有同样抱负的威廉二世在 1897 年升任他为海军大臣，而蒂尔皮茨开始了大规模的海军建设计划

海军上将约翰·费舍尔强势而有主见，他重振并重组了英国海军，以应对来自德国日益
增长的挑战。他将大部分舰队撤回本国水域，并开始建造巨大的无畏级战舰

泰奥菲勒·德尔卡塞是法兰西第三共和国其中一个任职时间较长且颇为有能力的外交部部长。在遭受俾斯麦和德国的羞辱后，他致力于重建法国的权力和威望

俄国沙皇尼古拉二世和他来自德国的妻子亚历山德拉（中间）和孩子们隐居在圣彼得堡郊外，而且他们一直认为，面对动荡的国内局势，俄国大众仍然忠于他们。从左至右，他们的女儿分别是玛丽、奥尔加、塔季扬娜和阿纳斯塔西娅。照片中的小男孩是皇储阿列克谢，患有危及生命的血友病。1918年，沙皇一家遭布尔什维克处决

众所周知的"血腥星期日"发生在 1905 年 1 月，当时俄国在日俄战争中被击败，引发俄国国内动荡。当时，和平游行队伍向圣彼得堡的冬宫进发，其中还有许多工人，他们要给沙皇呈递请愿，要求改革，但军队却向他们开火

杰出的法国社会主义者让·饶勒斯是欧洲最激烈的和平主义者之一。他希望把左翼政党和工会组成的第二国际建设成一支强大而团结的反战力量。在1914年的最后一次危机中，他为和平斗争到最后一刻。一名法国右翼民族主义者在战争爆发前不久射杀了他

贝尔塔·冯·祖特纳，作家、活动家，是第一次世界大战前声势日益壮大的国际和平运动中的杰出代表人物之一。她不知疲倦地致力于裁军与和平解决争端的方法，并说服炸药大亨阿尔弗雷德·诺贝尔设立和平奖

欧洲各地的平民都被敦促效仿军队，表现出纪律、牺牲和爱国主义等品质。童子军和军校学员是军国主义的表现。巴尔干半岛上的这些男孩也显示出，在这个动荡地区，他们对战争的准备越来越充分

对过去伟大人物和事件的纪念助长了强烈的民族主义情绪，1914 年之前，这在许多欧洲社会中都很显著。尽管民族主义经常是由急于克服国内分歧的领导人积极宣扬的，但在基层也有很强的民族主义情绪。照片中，在法国一个小镇，当地人正在纪念圣女贞德，尽管她曾与法国的新朋友英国作战

霞飞将军(左)于1911年成为法国参谋总长。他办事效率高,遇事沉着冷静,这使得法国的政客们颇有信心。与许多人一样,他也执着于进攻的想法。照片中,和霞飞将军一起出席军事演习的文官同伴是法国总统雷蒙德·普恩加莱(中),他也是一位热心的民族主义者

德军总参谋长小毛奇是一个悲观主义者，而且精神颇有些抑郁，他感觉自己无法胜任所在职位。在 1914 年的危机中，他经受了心理上的崩溃

弗拉基米尔·苏霍姆利诺夫聪明能干，但他也爱慕虚荣，贪污腐败。虽然他帮助武装部队做好战争准备，但他对他们的进攻能力过于乐观。1916 年，他因滥用职权和叛国罪而受审

阿尔弗雷德·冯·施利芬以自己的名字命名了"施利芬计划"，该计划假定德国将不得不与俄国和法国进行两线作战。该计划违反了德国承诺的比利时中立，大大提高了英国参战的可能性

伯恩哈德·冯·比洛曾任德国首相，从 1900 年到 1909 年负责德国的外交政策。在很大程度上，他设法控制住了那位难对付的德皇威廉，却无法阻止与英国开展的海军军备竞赛

1905 年，德皇威廉骑着马穿过丹吉尔狭窄的街道，两旁是欢呼的人群，他们可能希望德皇能把摩洛哥从法国的统治下拯救出来。此前，威廉无意于此次摩洛哥之行，但希望破坏英法之间新近建立的友谊的德国政府坚持让德皇出席这次访问

赫伯特·阿斯奎斯从 1908 年到 1916 年任职英国自由党首相。他是一位老练的政治家，将分裂的政党团结在一起，还不得不应对日益动荡的英国和反叛的爱尔兰，他把大部分外交事务交给了格雷

与奥匈帝国许多杰出的政治家一样，外交大臣阿洛伊斯·冯·埃伦塔尔出身贵族。他非常保守，致力于为皇帝服务，并保持奥匈帝国的大国地位

Драгутин T. Димитријевић-Апис

爱德华·格雷爵士在 1905 年至 1916 年间担任英国外交大臣，他是一位信奉帝国的自由党人，是一位不喜欢外国的政治家，也是一位怀疑其他人动机不纯的道学家

德拉古廷·迪米特里耶维奇，因其强势的体格和性格而被人称为"阿庇斯"或公牛，1914 年任塞尔维亚军事情报部门负责人。他深入参与秘密的塞尔维亚民族主义团体，鼓励了在萨拉热窝刺杀奥地利大公弗朗茨·斐迪南的阴谋

在 1912 年的第一次巴尔干战争中,前往奥斯曼帝国作战的保加利亚军队对即将发生的事情一无所知。虽然奥斯曼人被巴尔干国家的联盟打败,但保加利亚军队受到重创

奥匈帝国皇储弗朗茨·斐迪南和他的妻子索菲亚在萨拉热窝的一个夏日上午出发，开启了人生最后的旅程。选择的时间再坏不过，因为这一天正好是塞尔维亚人的国庆日。尽管不止一个方面警告可能有恐怖主义阴谋，安保工作却很松懈。他的死亡带走了一个与皇帝关系密切的人，这个人本可能会劝阻战争。加夫里洛·普林西普（右下），一个狂热的塞尔维亚民族主义者，开枪杀死了皇储夫妇。他当时还未成年，所以不能处决。被判入狱后，他于1918年死于肺结核，对他帮助引发的欧洲灾难毫无悔意

1914年7月31日,德国开始了总动员的第一步,并由此向法国和俄国宣战。一名中尉站在柏林的旧兵工厂外,用传统的方式宣布"战争威胁迫在眉睫"的状态

从南部的意大利和塞尔维亚到东部的俄罗斯，康拉德·冯·赫岑多夫认为他的国家被敌人包围。在 1914 年之前的几次危机中，他总是建议战争

利奥尔德·贝希托尔德英俊、有教养、极其富有，在
1912 年至 1915 年期间担任奥匈帝国外交大臣。尽管他
更喜欢和平，但他越来越相信塞尔维亚必须被摧毁

伊什特万·蒂萨是匈牙利贵族，曾两次领导政
府。他聪明、骄傲、刚愎自用，致力于维持匈
牙利对境内众多少数民族的统治地位。起初他
不愿支持对塞尔维亚开战，但最终改变了立场

就像许多其他文职领导人一样，从 1909 年到 1917 年担任德国首相的特奥巴尔德·冯·贝特曼－霍尔韦格经常一身戎装示人。虽然他希望改善与英国的关系，但他也无力挑战威廉和蒂尔皮茨以结束海军军备竞赛

柏林的家人向被召回服役的士兵挥手告别，类似情景曾在欧洲各地反复上演。这些来自预备役的部队很可能已经前往前线，这是法国人没有预料到的。结果，法国军队和规模不大的英国远征军遭遇了比他们预期更强大的德国攻击

法国民族主义者从未接受 1871 年阿尔萨斯省和洛林省被德国占领的事实。在巴黎，代表阿尔萨斯首府斯特拉斯堡的雕像上覆盖着黑色的丧服。1914 年 8 月，当法国和德国开战时，人群涌向协和广场，撕毁了覆盖其上的黑色绉纱

德国军队在经过比利时时烧毁了鲁汶的图书馆，尽管后来的战事中还有更严重的破坏，但这起事件标志着第一次世界大战对欧洲文明的影响，也促使中立国家的舆论转向对抗德国，其中最重要的就是美国

第十五章　纷争不断的 1911 年

1911 年 7 月 1 日，一艘德国小炮舰"黑豹"号停泊在摩洛哥大西洋海岸的阿加迪尔港，德皇将其轻描淡写为"船上只有两三支玩具枪"。窄小、灰蒙蒙而安静的阿加迪尔港不对外国商人开放，迄今尚未引起西方帝国主义者的注意。有传言说阿特拉斯山脉的内陆有大量矿产，但只有屈指可数的企业开始在这里勘探，其中就有德国人。这里有一些渔业（据说当地的沙丁鱼很美味），水源充足的地方还有些庄稼。一名驻当地的德国代表报告说，此地的绵羊与山羊看起来瘦弱、病态。"这里肯定不是一个会吸引或有利于德国农民的地方。最重要的是，这里的气候让人无法忍受。"[2]

德国政府宣称，他们派出"黑豹"号和将在几天后到港的更大、更雄伟的轻型巡洋舰"柏林"号，为的是保护摩洛哥南部的德国侨民。由于缺乏对细节的关注，以及在整起事件中一以贯之的摆错自身位置的倾向，德国外交部事后才通知了在摩洛哥有利益关系的列强，这让他们格外恼怒。但凡德国换一种处事方式都不会至此。德国人也没有解释清楚他们为何要派军舰去阿加迪尔。外交部只是在"黑豹"号抵达阿加迪尔附近的几周前，才宣称德国的利益与德国臣民在南摩洛哥陷入了危险，并设法争取到对这种说法的支持，当时他们要求十几家德国企业签署一份呼吁德国干涉的请愿书（绝大多数企业都懒得阅读签署内容）。德国首相贝特曼在帝国议会编制这套说辞时，迎来了一阵爆笑。阿加迪尔没有一个德国国民。沃伯格银行的驻当地代表在阿加迪尔以北 70 英里的地方，他从 7 月 1 日开始向南赶路，在骑马沿着岩石路艰难跋涉之后，于 7 月 4 日抵达阿加迪尔，并在沙滩上挥舞双手，以吸引"黑豹"号与"柏林"号的注意，但徒劳未果。第二天，这位在南摩洛哥受到威胁的德国人的唯一代表才终于被找到，并接上了船。[3]

德国人，尤其是右派，在得知这起被称为"黑豹号之春"的事件后，纷纷持赞许的反应，他们对"耻辱"的终结感到欣慰，欢呼德国终于采取了行动。在摩洛哥问题和殖民地争夺竞赛中受挫之后，害怕自己在欧洲被协约国阵营包围的德国人，再次证明了自己的重要性。"德国这位梦想家就像睡美人一样在沉睡二十年之后猛然醒来。"一家报纸如是说。[4] 但其他大国，尤其是法国，并不这么看。英国人也认为这是又一场干扰欧洲和平的殖民冲突，是对国际秩序稳定的又一次威胁。这次危机到来时，欧洲各国政府正在因内政问题而焦头烂额。1911 年的欧洲大陆整体呈经济衰退趋势。物价一直在上涨，工资却在下降，这让贫穷阶层的生活更加困难。工人阶级的敌意与日俱增：1910 年，英国发生了 531 次罢工，涉及约 38.5 万名工人；1911 年，罢工次数几乎涨了一倍，涉及 83.1 万名工人。在西班牙与葡萄牙，乡村的罢工与暴力使得大片农村地区都接近内战状态。[5]

所有人在当时都意识到，德国的突然之举远远不只是关乎一个德国人在南摩洛哥的命运或者潜在的采矿权问题，而是代表了德国对法国在摩洛哥的主导地位以及三国协约的稳定性的挑战。法国政府需要判断自己敢于向德国做出多少让步，以及是否有能力对抗德国，尤其是在军事上。协约国阵营的英俄两国，同盟国阵营的奥匈帝国与意大利两国，都必须在卷入一场遥远的、自己没有实际利益的殖民之争与支持自己的盟友之间做出权衡。正如 1904—1905 年的第一次摩洛哥危机与 1908—1909 年的波斯尼亚危机，战争的话题再度在欧洲各国首都之间流传。继罗斯福之后出任美国总统的威廉·塔夫脱提出，美国可以出面调停。

事实上，德国在摩洛哥问题上本来拥有反对法国的大好理由，如果处理得当，本可以赢得其他列强相当大的同情甚至支持，这些列强在 1906 年签署了《阿尔赫西拉斯条约》，规定了处理摩洛哥问题的国际机制，而法国政府与外交部在随后的几年里违反了该条约的精神与条款，试图在摩洛哥建立政治经济上的主导地位，把无能的苏丹变成傀儡。德国起初愿意接受法国对摩洛哥绝大多数领土的"保护国"地位，只要德国企业在经济上享有与法国同等的开发摩洛哥的权利。1909 年 2 月波斯尼亚危机进入白热化时，两国其实已经签署了一份协议，大意就是如此。法国驻德大使朱尔·康邦（保罗·康邦之弟）为了改进两国的经济政治关系而不懈奔走，他富有先见之明地表示这对法德、对欧洲都是最好的结果，但这一努力最终化为泡影。

短暂的承诺在当时并未实现，这对欧洲的未来而言实属不幸。法德两国试图就刚果河北侧的法属刚果与西非的德属喀麦隆之间的边界达成协议，但没有谈到一块去，还提议在奥斯曼帝国合办企业，也从没有真正落地。摩洛哥当地的法国官员越发喜欢滥用权势。1908 年，摩洛哥的弱势苏丹阿卜杜勒·阿齐兹被他的兄弟阿卜杜勒·哈菲德废黜，法国当局很快就用贷款与协议给新统治者套上了枷锁。虽然朱尔·康邦这样的外交老手曾警告说，这种做法注定给法德关系带来麻烦，但法国外交部仍然自行其是。奥赛码头日益被聪明而自信的年轻人把持，他们中的许多人都是新成立的巴黎政治

AU COURS D'UN COMBAT SOUS LES MURS DE TRIPOLI
UN SOLDAT ITALIEN S'EMPARE D'UN ÉTENDARD VERT DU PROPHÈTE

图 15　列强中最弱的意大利也有夺取殖民地的野心。1911 年，当奥斯曼土耳其似乎已濒临解体时，意大利政府决定夺取奥斯曼帝国在地中海南岸的两个省份——的黎波里与昔兰尼加。这幅漫画显示，奥斯曼士兵已被击败，胜利的意大利军官夺取了象征先知穆罕默德的绿色旗帜，但实际上，意大利在未来几年里遭遇了激烈的抵抗。意大利人的行为鼓励了巴尔干诸国在第二年向奥斯曼帝国发起进攻

学院的毕业生，抱有强烈的反德情绪，一心要让法国在欧洲发挥更大作用，建立一个比之前更辽阔的法兰西帝国。他们认为奥斯曼帝国正在走向灭亡，奥匈帝国也在崩溃之中。法国必须快速蚕食两大帝国留下的遗产。如果法国能把摩洛哥变成殖民地，并且与已有的阿尔及利亚连成一体，那么它就会像英国享有印度一样，也拥有自己王冠上的宝石。这些新人不仅得到经常从他们那里获得绝密信息的法国民族主义报刊的支持，也受到强力的游说集团，尤其是代表殖民利益的团体的拥护。接连执掌外交部的头头们总是孱弱而又缺乏准备，这意味着下面的官员几乎可以不受干扰地自行其是。[6]

1911 年 3 月，第三共和国更迭频繁的内阁再次换血，让·克鲁皮出任外交部部长，而这又是一个几乎不知道自己职责为何的人。他虽然只当了四个月的部长，却在短期内接受属下的建议，推行了一套重创法德关系的政策。他上台后的第一批行动就包括破坏与德国的条约，执意在摩洛哥修筑铁路。随后，他又阻挠法德在其他领域的经济合作，并迫使阿卜杜勒·哈菲德签署条约放弃其作为独立统治者的权利，将自己置于法国的"保护"之下（这是帝国主义故弄玄虚的欺人之谈）。克鲁皮还以摩洛哥局势动荡为借口，下令法军占领首都非斯。（法国人在抵达三周后劝说苏丹请求自己的帮助。）西班牙人日益关切摩洛哥局势，正确地看出法国人意在接管整个国家，于是迅速派出军队进入自己既有的势力范围，部署到摩洛哥的地中海沿岸。摩洛哥人尽了最大努力抗议，列强也一片哗然。法国人承诺从非斯及其周边乡村地区撤军，但又一次次地给自己找继续驻留的理由。

十年前，德国人对殖民地的话题还基本无动于衷，这时意识到了它们的重要性。[7]德国政府已受到殖民游说集团以及在摩洛哥有利益关系的德国企业的施压，认为采取强硬的立场能带来很多好处。随着三国协约的出现，以及法俄两个邻国加强各自的兵力，德国的国际地位有所削弱。虽然 1908 年波斯尼亚危机后开启的英德海军谈判仍在继续，但距离达成实质协议还很遥远。在德国内部，政治光谱两端反对德皇提高海军军费的声音都很大，政府要获得所需的预算款项变得越发困难。德国左右之间的政治分裂已然深化，而君主制本身，正如《每日电讯报》事件所清楚显示的，正逐渐失去民望。德国新任首相特奥巴尔德·冯·贝特曼—霍尔韦格与同僚们亟需所有德国人的一致支持，一场国际危机无疑是极有诱惑力的工具。[8] 按照比洛的说法，他的继任者渴望一次如同德奥两国吞并波斯尼亚那样戏剧性的成功。不过，在后来越发怨恨并贬损贝特曼是软蛋的比洛也称，贝特曼在交接职位时哀婉地说过："我很快就能掌握外交政策的窍门。"[9]

贝特曼的整个职业生涯都是在普鲁士与德国的文官政府中度过的，几乎没有外交事务的直接经验。凭着自己的明敏和勤奋，加上强大的家族人脉，他稳步高升。这一人脉包括德皇本人：还是个缺乏安全感的十八岁少年时，在位于柏林以东的霍亨菲诺的贝特曼—霍尔韦格庄园，威廉射杀了人生中的第一头鹿，此后经常去那里。1905 年，贝特曼作为年轻的新星，担任普鲁士内政大臣。1907 年，他成为德意志帝国的内政大臣，很快又于 1909 年成为帝国首相。汉堡大银行家、离任首相的朋友阿尔伯特·巴林曾评价贝特曼为"比洛的复仇"，说他拥有"所有可以荣耀一个人却会毁掉一名政治家的品质"。[10] 这番评论不大友善，但并非完全不实。

从外表上看，贝特曼身材高大，气宇轩昂，一副普鲁士强人政治家的风范。还在孩童时代，他的祖母曾感叹"特奥巴尔德会成为什么样的人？他长得太丑了！"但事实证明，贝特曼长大后成了一名杰出的青年，长长的脸庞有着灰色的胡须与美髯。[11] 不过在这样的表面之下，贝特曼是个脆弱的人，他在孩提时代经受过可怕的头疼，经常为自己的健康状况担忧。他生性极为悲观，饱受怀疑的折磨，不仅怀疑自己，更怀疑自身阶层与国家的未来。据说他根本不在自己继承的霍亨菲诺庄园里植树，因为他预计这些树长成之前就会被俄国人毁掉。每次升迁之际，他都会想，诸神是否会因自己能力不足而惩罚他。出任普鲁士内政大臣时，他声称自己"每天都在经历能力与责任不相称的痛苦"。[12] 他身上未能摆脱一股年轻人的气质，忧郁而内向，羞于与他人亲密交往。尽管聪明且受过良好教育，也有很强的道德标准，但他难以当机立断。"我有很好的决心，"他在学生时代曾致信密友说，"也希望付诸实践。"[13] 但好的决心并不够，无论是友是敌都说他喜欢拖延。据比洛的妻子透露，贝特曼夫人曾坦言自己希望夫君不要出任首相之职。"他总是那么犹豫不决，喜欢为鸡毛蒜皮的事操心，有时真的不知道自己在干什么。这已经成了一个家庭笑话。"[14]

不过即便是比贝特曼更有决断力的人，也会在首相这个位置上遇到麻烦。德国政府体制固有的问题，如果说有什么变化，那就是比之前还要糟糕。德皇与他身边形形色色的随员，还有他偏爱的大臣都各行其是，且往往与首相背道而驰。帝国议会越发极化，社会民主党每一次选举几乎都能赢得更多的席位。税收制度亟须改革，以为政府创造收入，支付军费和社会项目的费用。在更广泛的的德国社会中，旧有的保守阶层决心维护现状，捍卫其既有的权力与地位；中产阶级和工人阶级则力争获得更大份额的利益。从德皇、同僚到帝国议会，各方各派的要求向贝特曼纷涌而来。不利的是，随着社会民主党的壮大（尤其是 1912 年以后），贝特曼在帝国议会碰到的麻烦较比洛还要多，而且他与那位难相处的君主的关系也不愉快。贝特曼发现自己比前任更难向上管理鲁莽的德皇，不得不频频陷入困境与紧张之中。[15]

比洛语带恶意地说，贝特曼的履职"既不像纯血马,也不像跳马，而是像一匹好的犁地马，缓慢而稳步地前进，因为眼见之处并无障碍。"¹⁶ 这番话还含有对贝特曼出身的讥嘲。他不像德国之前的历任首相那样高贵，尽管拥有一门不错的亲事，娶了邻近一户老贵族的女儿。贝特曼-霍尔韦格家族在 18 世纪初以法兰克福银行家之姿起家，经过一代又一代的努力，才跻身地主上流社会。贝特曼的祖父是一位杰出的法官和学者，在威廉一世治下获得贵族身份。贝特曼的父亲则利用大笔财产购买了霍亨菲诺庄园，从而成了一名普鲁士容克，至少在生活方式上，如果不论出身的话。在老贝特曼的经营下，霍亨菲诺成了一处繁荣的庄园，拥有约 1500 名居民。这位未来的德国首相在一个 17 世纪的大庄园主宅邸里长大，由私人教师负责教育，直到进入一所以培养贵族子女出任公职（公务员或士兵）为办学宗旨的寄宿制学校。贝特曼吸收了不少自身所在阶层的偏见，比如对商业或犹太人的厌恶。"你知道我并非贵族血统，"他对一名同学表示，"但是当你所有的外在生活都在一个特权圈子里的时候，哪怕一只脚越出界，都是草率且错误的。"¹⁷

与父亲一样，贝特曼经常觉得自己生活中的那些顽固的普鲁士反动派很荒唐，但他还是坚持保守的观念。他不喜欢现代世界的许多事物（比如物质主义），试图找到办法连接传统价值与新的价值。德国统一的时候，他还是个少年，从此成了一名热情的民族主义者。1877 年一个狂热分子试图刺杀德皇威廉一世，贝特曼在致密友的信中表达了对此事的震惊："我难以相信，我们可爱的德国人民竟然无法缔结成一个民族和一个国家。"他为德国政治的分裂感到遗憾，对"卑鄙的社会主义者与教义含混的自由派"极尽鄙视。¹⁸ 身为公务员兼政治家，他致力于追求德国的团结与社会和平，希望通过适度的改革，改善贫民阶层的生活，赢得他们对国家的忠诚。

在外交事务上，贝特曼的基本观点很直接：和平优于战争，但如果外交手段失灵，德国必须准备投入战斗，捍卫自身的利益与荣誉。1911 年夏天，随着第二次摩洛哥危机的恶化，他告诉德皇，德国不能退缩，否则"我们在世界上的信誉将会遭遇无法承受的损失，不仅是就当下而言，未来的一切外交活动皆然"。[19] 当年冬天，也就是"黑豹号之春"前，哈里·凯斯勒在柏林的一场晚宴上与贝特曼有过一番长谈。首相对国际情势持适度乐观的态度：他认为德俄关系正在改善。确实有一些证据支撑他的说法：尼古拉与威廉头一年刚在波茨坦会面，两国达成了在奥斯曼帝国修筑铁路的协议，从而消除了一个外交紧张的源头。德国也承诺不会加入奥匈帝国在巴尔干地区的任何侵略行动。[20] 贝特曼还告诉凯斯勒，英国也许会愿意采取一套更合理的对德外交思维。俄国仍然在印度等地威胁着英国，长期而言这只会对德国有利："他们（英国）必须感到相当不适，这样他们就会来接近我们，这正是我所指望的。"[21] 和许多同胞不同，贝特曼并不讨厌英国（事实上，他把儿子送去了牛津学习），但他认为英法俄的三国协约对德国是个威胁，希望能将其拆散。在摩洛哥危机期间，深谋远虑的德国著名商人拉特瑙在霍亨菲诺庄园与贝特曼共进过一次晚餐。首相确信德国与法国对抗是正确的："摩洛哥问题将英法两国焊接在了一起，因此必须得到'清算'。"不过，他还是对战争的前景感到担忧。"我私下告诉您，"他在送拉特瑙上车时说，"这多少是做做样子。我们不能让步太多。"[22]

其实对于派出"黑豹"号执行任务，贝特曼心存疑虑，但他还是听从了外交部和强势的外交大臣阿尔弗雷德·冯·基德伦-韦希特尔。[23] 贝特曼通常是将外交事务留给基德伦处理，而基德伦也乐于主持。身躯高大、金发碧眼的他性格粗鲁直率，脸上有决斗的伤疤。他不惧任何人，哪怕德皇，也不怕任何事，包括战争。他的机智和讽刺，与他的轻率和粗鲁同样有名。据说，格雷得知他要被派来伦敦做大使后惊呼："更多的无畏舰和基德伦的无礼行径——那可吃不消！"[24] 基德伦起初颇得德皇的欢心，他那些黄段子与俏皮故事让德皇很开心。但他也因其标志性的用力过猛和对君主的无礼言谈而最终失宠。

作为惩罚，基德伦被送去当德国驻罗马尼亚的大使，在那里饱受煎熬。在众多讨厌他的人之中，皇后尤其不喜欢他的生活方式；他公开与一名寡妇同居多年，这位寡妇为他料理家务。当比洛向他提起这件事时，基德伦的回应颇不礼貌："阁下，如果我拿出犯罪证据给您看，我想您会难以相信我会与这种胖老女人之间有什么不正当的关系。"[25]

德皇起初反对贝特曼召回基德伦出任外交大臣的提议，但最终还是妥协了，只是说他的首相将会发现自己的皮毛里有一只虱子。基德伦对贝特曼没多少尊敬与感激，称其为"蚯蚓"（Regenwurm），而贝特曼则发现自己正在与一个行事隐秘且顽固不化的人打交道，也给基德伦起了个外号，"倔骡"（Dickkopf）。[26] 基德伦任期内的德国外交政策经常显得摇摆不定，缺乏连贯性，这一定程度上得归因于基德伦拒绝与驻外大使、下属或同僚沟通。贝特曼有一次告诉朋友，自己不得不把外交大臣灌醉，为了知道他正在做什么。[27] 也许基德伦自己都不了解自己。摩洛哥危机进入高潮时，战争部的一名高级将领曾抱怨，派出"黑豹"号的做法突出体现了德国外交政策的不连贯：

> 对于派舰后会引发什么，我们缺乏了解，也不知道如何处理随之而来的各种可能状况；据说命令是在一个下午的几个小时内做出的，而且是在对当地的情况、下锚地等没有确切认知的情况下。所以毫不奇怪，我们现在发现自己面对后续的政治困难时，多少有些不知所措。[28]

一手制造这场危机的基德伦似乎希望借此逼迫法国就摩洛哥问题进行有诚意的谈判。而且与贝特曼一样，他也希望英国可以退出协约国阵营。基德伦没有从一开始就对他的同僚或者法国说明他希望法国在摩洛哥或其他地方怎样补偿德国，这也许正是他有意采取的策略。[29] 基于某些理由，他认为法国人不准备打仗，于是打算搞边缘政策，虚张声势。[30]

朱尔·康邦曾经努力想促成法德之间的深层次谅解，但他发现基德伦是个极难以沟通的人。6 月，两人本来要在柏林讨论摩洛哥问题，基德伦却突然请了六个星期的水疗假。月底，康邦去度假地拜访他，表示法国已经准备提供某些形式的补偿。已派出"黑豹"号的基德伦却只是回应道："从巴黎给我们带点东西回来。"[31] 基德伦与康邦的会谈在 7 月 8 日重启，此时"黑豹"号抵达阿加迪尔已成公共事件。两人的谈判话题随之变成了德国在摩洛哥的地位，以及法国从非洲其他地方补偿德国的可能性。一周之后，康邦明确要求知道德国到底想要什么；基德伦叫人拿来一张非洲地图，指向法属刚果全境。用基德伦后来的话说，康邦"几乎向后瘫软在座位上"。这一要求披露出去后，在英法两国引发了诸多担忧与揣测，认为德国想在非洲建立一个庞大的帝国，最终吞并庞大的比属刚果，还有葡属的安哥拉与莫桑比克。[32] 事实上，基德伦和贝特曼都对非洲没什么兴趣，他们只是希望以此表明德国不可忽视。[33]

同样不可忽视且让危机最终更难解决的因素，是德国国内的公众舆论。基德伦煽动国内的殖民游说团体和民族主义的泛德联盟采取强硬路线以吓退法国人，但他发现自己激起了一些难以控制的东西。朱尔·康邦在危机结束后评论道："所谓在德国，整个民族爱好和平，只是政府好战的说法大错特错——事实与此正相反。"[34] 德国社会民主党领袖倍倍尔对德国公众舆论的炽热状态深表忧虑，他请求英国驻苏黎世领事警告伦敦方面："恐怖的结局似乎无可避免。"[35] 在欧洲最后的和平之年里，从杜马越发活跃于外交军事事务的俄国，到公众舆论历来消息灵通的英国，各国政府都开始发现他们控制局势的能力在被公众的情绪与期待左右。

在法国，人们对德国的行动感到震惊与愤怒，这场危机来得不是时候。这年 5 月末，一场飞行表演失事，导致战争部长死于非命，总理受重伤。法国政府勉力维持，但还是在一个月后倒阁。新内阁在 6 月 27 日宣誓就职，而四天后，"黑豹"号抵达阿加迪尔的消息传来。新任外交部部长在外交事务上毫无经验，总理约瑟夫·卡约决定独自处理这次危机。卡约是个名声不佳的有钱人，娶了个离婚的女人——这桩婚事成为一时的丑闻，但他有一项重要的优点，那就是现实主义。危机爆发的时候，卡约问刚刚成为总参谋长的霞飞，打仗的话法国有多少胜算。霞飞回答说胜算不大，于是卡约决定，法国除了谈判不作他想，并指示数月以来都在为解决摩洛哥问题而奔走的朱尔·康邦跟基德伦合作。[36] 和德国人一样，法国人发现自己的媒体和公众舆论给谈判施加了阻碍。[37] 外交部官员也强烈反对谈判，并竭力破坏康邦的工作。"他们不知道自己想要的是什么，"康邦向一位自己信任的同僚说，"他们总是给我下套使绊子，四处点火以让媒体兴奋。"[38] 那个夏天，康邦不得不利用法国驻柏林武官，通过战争部的渠道向卡约发送报告。[39] 由于种种类似的困难，卡约本人是通过德国驻巴黎大使馆进行秘密谈判的，这让他后来遭到叛国的指控。[40]

法国对德国的回应之所以变得复杂，是因为其盟友俄国明确表示没有兴趣因为摩洛哥而卷入战争。此时已是俄国驻法大使的伊兹沃利斯基提醒法国人，三年前的波斯尼亚危机期间，法国对支持俄国也表现得毫不积极。他说："俄国当然依旧对盟友忠诚，但我们很难让公众舆论同意为摩洛哥而发动战争。"而且俄国人也不是特别清楚，如果法国被德国攻击，他们是否应当提供援助。伊兹沃利斯基声称，俄国军队至少还需要两年时间才能做好投入战斗的准备。沙皇传递给法国驻圣彼得堡大使的信息很含混：必要时他会履行自己对法国的承诺，但对法国来说，明智的做法是与德国达成协议。[41]

法国的另一位盟友英国起初也认为法德两国应该自行解决问题，

不需自己插手。让英国政府焦头烂额的，除了工人罢工，还有其他内政问题：6 月的乔治五世加冕礼，爱尔兰自治遇到的新麻烦，妇女参政论者要求女性选举权的示威活动规模越来越大且时常伴有暴力，上下两院关于议会改革的斗争进入高潮。而在国际舞台上，英国与两个协约国伙伴的关系都出现了问题。"与法国人打交道太难了，"外交部的一位官员说，"他们似乎永远不会直来直去。"[42] 英国与俄国的关系也再次下滑，尤其两国还在争夺波斯的势力范围。[43]

　　相较之下，英国与德国的关系正在改善，尽管仍有海军军备竞赛上的僵持。当年 5 月，也就是危机开始之前，德皇前往伦敦为外祖母的纪念碑揭幕，这次访问似乎很顺利（尽管他在离开时向担任英国海军高级将领的德意志亲王路易斯·巴滕贝格大声抱怨英国）。[44] 在奥斯曼帝国，英德两国的金融企业正在合作从事铁路等工程项目。[45] 英国内阁中的激进派与温和派及其在议会中的支持者，都在抨击海军的高昂军费，并向格雷施压，要求其改善与德国的关系，还要求成立一个内阁委员会来监督外交政策，尤其是与德国有关的政策。[46]

　　格雷本人喜欢让英国一如往常地充当列强仲裁者的想法，并不担心德国在非洲开疆拓土。他一面敦促法国人采取温和的态度，一面暗示德国人，英国可能不得不支持法国。他告诉双方，不管摩洛哥的问题以何种新方案解决，重要的是英国的利益能够得到尊重。英国外交部此时的主事者是亚瑟·尼科尔森爵士，这位亲法派之前担任过驻巴黎大使，带有强烈的反德情绪，从一开始就对危机持悲观态度：这次事件是第一次摩洛哥危机的重演，格雷必须强力且公开支持法国人，否则英法协约就会成为历史。格雷与首相阿斯奎斯都在抵制亲法派的压力，直至 7 月中旬伦敦收到消息，说德国想要得到整个法属刚果。[47] "我们看到了曙光。"素以疑忌德国外交政策闻名的埃尔·克劳，在一份外交部的备忘录上写道：

德国正在下一笔大注。如果它在刚果或摩洛哥的要求得到满足，或者——我相信它会谋求——在两地的要求都得到满足，那就肯定意味着法国的屈服。德国提出的条件不是一个有着独立外交政策的国家所能接受的。条款的细节现在已经不是很重要了。如果一定要说，那这是对实力的考验。让步并不意味着利益或威望受损，而是意味着失败，以及随之而来的一切无法避免的后果。

尼科尔森表示同意："如果德国看到我们有哪怕丝毫的示弱，他们给法国的压力就会变得无法忍受，而法国将不得不或战或降。如果法国投降，德国将牢牢地确立其霸主地位，而这会有什么后果，可以直接想见。"[48] 英国内阁批准格雷发给德国人一份电文："黑豹"号抵达阿加迪尔，让英国人对这场危机更加深感担忧，而他们有义务站在法国一边。然而，过了两周德国人也没有费心做出回复。这或许也体现了他们对整个事件的处理很笨拙，后果当然是加深了英国人的怀疑。

对格雷而言，这个夏天不好过。年初他刚经历了又一场个人悲剧，他挚爱的兄弟乔治在非洲被一头狮子咬死了。摩洛哥危机让他不得不待在伦敦，无法前往他在法罗顿的庄园稍微透口气。内阁在如何对德强硬以及以多大力度支持法国上产生了分歧。在国内，罢工浪潮此起彼伏，热浪也不断破纪录。（晚上丘吉尔会去找格雷，把他带到自己的俱乐部游泳。）7 月 21 日，在经过大量讨论之后，内阁决定告诉德国，英国不会接受任何没有自己参与的摩洛哥问题解决方案。当天晚上，劳合·乔治在伦敦市长官邸的正式晚宴上发表讲话，他表示，英国在传统上一向运用自身的影响力来支持自由与和平，

但如果我们被迫处于这一境地，即只有放弃英国数百年来靠

英雄主义与各项成就而赢得的极其有利的地位才能维持和平，如果和平是让英国的利益严重受到影响，仿佛英国在国际上无足轻重，那么我想强调，以这种代价换取的和平，对于我们这样的大国来说，是一种无法忍受的耻辱。国家荣耀不是党派问题。[49]

官邸演说触动人心，部分原因也在于这番话出自一个以对德温和著称的人。德国驻英大使对其挑衅的语气提出了抗议。

在德国，英国渐趋强硬的立场也让遭遇困境的基德伦动摇。德国的盟友奥匈帝国对他表示了轻微的反对。"我们在东方事务上会忠诚地与德国站在一起，"埃伦塔尔告诉心腹知己，"我们也会一直忠于德奥同盟的职责，但我无法跟着基德伦去阿加迪尔……我们在国家威望上不能玩什么政治。"[50]德皇尽管在嘴上和批示上咄咄逼人，但对于战争的前景始终感到畏怯，扬言要结束挪威的夏季巡游，返回国内。"我不能让我的政府在我不在场、无法监督事情发展和控制它的情况下如此行事。那样的话将不可饶恕，也会显得我只是一个管理议会的！国王去寻乐，与此同时，却让我们去动员！我不在的时候不能发生这种情况！"[51]7 月 17 日，德皇在游艇上发出命令说他不想要战争，并在月末返回了德国。

一次本可以相对简单地通过国际协议解决的殖民争端，却让欧洲为此惊慌失措，且轻易接受了开战的可能，这着实令人不安。到 8 月初，英国陆军已经在考虑是否可以做到快速向欧洲大陆投送一支远征军，当海军部在 24 小时的时间里失去了对德国海军活动的跟踪时，人们一阵惊恐。[52]英国军方采取了一些防御性举措，比如派士兵看守武器库。[53]8 月下旬，为了应对持续的危机，帝国防务委员会召开了一次特别会议，要求检视英国的战略地位、核查作战计划。格雷向他的内阁同僚清楚地说明，英法军方正在持续进行参谋部级别的会谈。有传言说德国军方正在考虑让军队在阿加迪尔登陆，威廉甚至已经下达预备动员令。[54]9月4日，英国作战处处长亨利·威尔逊在读到英国驻德武官的报告时吓坏了，报告指出，德国正在囤购小麦。他立即打电话给皮卡迪利大街的皇家咖啡馆，向正在那里用餐的丘吉尔与格雷示警。三人在威尔逊家中讨论形势，一直坐到深夜。[55]德国国内也有认真讨论预防性战争的声音，连贝特曼似乎也认为这对德国人有好处。[56]"发生在摩洛哥的烦心事让我感到紧张。"小毛奇在给妻子的信里说：

> 如果我们还是夹着尾巴从事情中走出来，如果我们不能提出强有力的要求并做好拔剑出鞘的动武准备，那么我会对德意志帝国的未来感到绝望。届时我会离开德国。但在此之前我会先申请离开军队，我们可以一起去一个日本的保护地，不受干扰地挣钱，过完全简单的生活。[57]

8月1日，与德皇在波罗的海港口希维诺乌伊希切会晤后（这个港口将在1945年被盟军的轰炸严重破坏），基德伦表示他准备放弃索取整个法属刚果，寻求与法国人达成妥协。德国的民族主义媒体写满了对"羞辱""耻辱""侮辱"的哀叹。[58]"要是可以免于这难以言表的耻辱和令整个民族蒙羞的时刻就好了。"一家保守派大报写道。"普鲁士的古老精神是否已经消失？我们难道要成为一个女性气质的种族，由作为少数种族的外来商人依照他们的利益来统治？"这家报纸还说，外国人都在称德皇为"懦夫威廉，英勇的胆小鬼！"而另一方面，以巴林为首的富商则呼吁在德国经济状况变得更糟以前达成协议。9月初，对战争的恐惧，导致柏林的股票市场大跌。

基德伦与朱尔·康邦迅速达成了一份原则性的协议：法属非洲的一部分将归德国所有，以换取德国对法国支配摩洛哥的承认。就像所有谈判中经常上演的桥段，双方就细节问题拉扯了三个月的时间，比如非洲内陆的河岸或者小村庄，他们完全不了解这些地区的具体情况，当然也没有咨询过任何一个当地居民的意愿。北喀麦隆一小块绰号为"鸭嘴"的领土尤其麻烦。基德伦在谈判期间插空带情妇前往法国胜地夏莫尼度假也引发了不小的波动。据传言，这个情妇是一名法国间谍。尽管基德伦希望匿名前往，他们还是在车站受到了当地县长的欢迎，并享受了仪仗队的待遇。法国民族主义媒体对此大发雷霆，这倒不是因为情妇，而是他们觉得度假地点选得不明智。基德伦中途离开了夏莫尼几周，在给情妇的信中他表示，德国也许会在不满意谈判结果的情况下开战；他很可能认定这封信会被法国人看到。[60]

德法条约最终在 11 月 4 日签署，给予法国在摩洛哥建立保护国的权利，并承诺尊重德国在摩洛哥的经济利益。作为回报，德国在中非获得了大约 10 万平方英里的土地。基德伦与康邦互换了照片。基德伦的题词是"致我糟糕的对手、迷人的朋友"，康邦的则是"致我迷人的对手、糟糕的朋友"。[61]在法国里昂车站，一个搬运工认出了康邦。"您是不是驻德大使？"康邦回答说他是。"您和您在伦敦的兄弟干得不错。没有你们的话，我们恐怕会变得一团糟。"[62]

然而，正如格雷在后来所说："这样一场外交危机带来的后果是长期的。危机看似结束，但只是转入地下，以后势必重现。"[63]列强有了新的不信任彼此的理由，关键决策者与他们的民众离接受战争的可能更近了。如今已是俄国驻法大使的伊兹沃利斯基给他在圣彼得堡的继任者回信说，欧洲的国际秩序已被严重削弱："毫无疑问，列强之间的每一次局部碰撞必然会积酿成一场全面的欧洲战争，俄国与其他每一个欧洲大国都将不得不参与其中。蒙上帝的帮助，这场冲突可以推迟开始，但我们必须时刻想着它随时可能发生，我们得时刻准备好。"[64]

尽管双方互有不满，英法协约依然存续。法国人认为英国本应从一开始就更坚定地支持他们，英国人则恼火于法国在刚果问题上为难自己且试图夺走西属摩洛哥。[65] 英国内阁对英法陆军对话犹感不快。这年 11 月，内阁召开了两场激烈的会议，一些中间派反对英国对法国作出军事承诺，不惜以辞职相威胁。即便是阿斯奎斯，也开始退缩；9 月，他致信格雷表示英法陆军对话"相当危险"，"在当前的情势下，不应鼓励法国人基于任何此类假设制订他们的计划"。[66] 格雷虽然竭力主张外交事务上的自行决定权，但这一次他不得不接受内阁一定程度的控制。外交部同意，英法参谋部之间不应进行相当于让英国承诺在战争中派出陆军或海军进行干预的交流，这种交流必须事先得到内阁批准。然而，陆军对话仍在继续，亨利·威尔逊继续前往法国，向他的同行们再次保证英国会站在法国这一边。海军对话也已开始，并于 1913 年 2 月达成协议，双方在地中海以及英法之间的水域展开合作，其中法国着重于前者，英国专注于后者。英国人大可以告诉自己，说他们并没有与法国签订军事同盟条约，但是联结两国的纽带已变得更加牢固。

在法国，与德国签署条约被看作一场胜利，一些人说，它的伟大可比肩 1830 年夺取阿尔及利亚。[67] 然而，卡约的政府还是下台了，因为他与德国人的秘密联系败露了。新政府的领袖是反德的民族主义者雷蒙·普恩加莱。第二次摩洛哥危机也对法国舆论产生了深远影响，它被视为德国准备动用战争手段予取予求的又一证据，刺激法国开始做战争准备。[68] 法国驻柏林武官在稍晚一些时候警告说，德国公众处在好战的情绪中，摩洛哥的失败让他们愤恨不已，下一次危机到来时，他们不会妥协或接受补偿。在他看来，两国的军事对抗已无可避免。1906—1911 年间出任并于 1913 年再任法国外交部部长的毕盛、霞飞及其身边的一些主要将领也深受这类报告的影响。[69]

在德国，这份条约则被视为又一次失利，堪比第一次摩洛哥危机中的挫败。贝特曼在帝国议会为条约辩护时，遭到右派的怒斥："一场失败，不管我们承认与否！"皇太子在旁听席上拼命为右派的发言鼓掌。[70]通常不干预政治的皇后也责备基德伦："我们难道总要在法国人面前退缩，忍受他们的无礼吗？"[71]德皇本人也招致了不少非难。"这是霍亨索伦家族干的事吗？"一家右派报纸发问，"那个诞生了一个大选帝侯、腓特烈·威廉一世、腓特烈大王以及德皇威廉一世的家族？"[72]一名在德国旅行的美国政治家听到军官们说，德皇在 1905 年和 1911 年让他们看上去蠢极了，他们不会允许这样的情况再发生。[73]

　　1911 年夏天真切的战争前景让德国人意识到，德国的战略地位并不佳。危机进一步证实了许多德国人的看法，即他们的国家被敌人包围了。[74]德国人很可能不得不三面作战：在陆地与法俄，在海上与英国，而他们不清楚自己是否有足够的资源应战。[75]人们也越来越怀疑德国海军是否能胜任与英国人作战的任务。基尔运河拓宽后，大型战列舰可以安全往返于波罗的海与北海，使德国有可能在这两块海域都占有一席之地，但这项工程直至 1914 年才完成。（运河于 1914 年 6 月 24 日开通，四天后萨拉热窝事件爆发。）蒂尔皮茨一如既往地趁着危机要求增加海军预算。他希望未来几年再添置六艘巨舰，为海军补充第三支现役中队。他认为，这样可以将右翼与中产阶级团结在一起对抗左派，"剪掉社会民主党与左翼自由主义党的羽翼"。[76]蒂尔皮茨遭到了自己下面的许多海军将领的抵制，他们认为在国际局势紧张的时候，建造更多的无畏舰很可能引发德国与英国的战争。考虑到高昂的花费与可能的危险，贝特曼也持反对意见。但最终他没能拗过德皇。威廉称贝特曼是懦夫，说自己可不会被英国人吓倒。"我告诉帝国首相，"威廉对他的海军内阁长官夸口说，"要记住我可是大选帝侯与腓特烈大王的继承者，从来不会在时机到来时犹豫不决。我还要求首相考虑政治上的天意，它会确保一个像英国人这样良心不安的民族，总有一天被打倒在地。"[77]

多年来，德国陆军一直默默地看着越来越多的资源流入海军，现在，它也提出了自己的扩军要求。用小毛奇的话说，这是一种"自我保护"。[78]德皇同意折中，陆海军都拿到了新的预算案，但均有所削减。一度抵制提高支出的公众舆论和帝国议会，现在都倾向于批准预算。1912年的新海军法规定添置三艘无畏舰与两艘轻型巡洋舰；同时根据军事法，德国和平时期的陆军在未来五年内将增加约三万兵力，组织架构也会有所调整，比如加强军队运输系统。[79]作为对贝特曼的安慰，德皇允许他重启与英国的会谈。毫不意外，英国人才不信德国有谈判的诚意。

摩洛哥危机在欧洲各国领袖心里播下了又一个危险的心结，还直接引发了1911年秋意大利与奥斯曼帝国之间的战争，而这又转而为1912年和1913年的两次巴尔干战争铺平了道路。一直以来，意大利都嫉妒地旁观世界范围内的殖民地分赃，现在，它觉得是时候为自己增加一小块海外领土了：奥斯曼帝国已衰弱不堪，内部纷争以及阿尔巴尼亚和也门的武装叛乱使其内外交困，而其他列强此时都被摩洛哥弄得焦头烂额。多年以来，英国、法国、奥匈帝国、俄国已先后承诺，承认意大利对奥斯曼帝国的北非两省——昔兰加与的黎波里（今属利比亚）享有特殊利益。如果北非情势有所改变，就像1911年的摩洛哥，意大利就可以有很好的理由以某种方式巩固对利比亚的控制。夺取殖民地似乎也比意大利民族主义者的另一个梦想更容易实现，即从奥匈帝国手中夺取的里雅斯特港和特伦蒂诺等意大利语区——意大利的孱弱，使得这个任务就算在未来可能实现，也要花上很长的时间。[80]奥匈帝国当然乐见意大利的注意力转到地中海南岸，而不是盯着阿尔卑斯山与亚得里亚海不放。[81]

不过，意大利之前在建立帝国方面的尝试非常不成功。意大利民族主义者仍然对法国1881年夺取突尼斯耿耿于怀。无论在历史

（罗马在击败迦太基后将这里变成了它的粮仓）、地理（突尼斯的海岸与西西里岛正对着），还是移民（到第一次世界大战爆发时，大约有 13 万名意大利人生活在这里）的层面，突尼斯都更属于意大利而不是法国。诚然，意大利在非洲之角的厄立特里亚与索马里兰建立了两块小而落后的殖民地，但它攻占埃塞俄比亚的结果却是 1896 年的阿杜瓦大败。对于亟欲在欧洲与世界舞台施展身手的意大利来说，这是深深的耻辱。

对意大利大国地位的承认主要是出于礼貌，而非基于现实。除了贫困程度，意大利在所有方面都落后于其他列强。意大利的人口只有 3500 万——它的邻国兼竞争对手奥匈帝国有 5000 万——而且大量人口正在移民，光是 1913 年就流失了 87.3 万人。[82] 它的铁路网尚不发达；工业水平大幅落后于其他西方强国，更像一个农业国；军费支出也远远少于包括俄国在内的其他列强。[83] 这是一个新的国家，地区与城市往往比意大利本身更能激发人们的忠诚，今天的情况也是如此。深刻的分歧存在于新涌现的工人阶级与雇主、北方与南方、天主教会与世俗国家之间。在 1914 年之前的那几年，意大利政坛的领军人物是乔瓦尼·焦利蒂，这位自由派改革家试图实现意大利在经济、社会与政治上的现代化，但在政治阶层和公众看来，这一切不过是昙花一现，起不到实效。在政府的最高层，主要官员，如军方与文官领袖之间彼此完全不沟通。比如，意大利的总参谋长们根本不知道三国同盟的条约内容，而他们有一天可能需要为维护该同盟而参战。理论上，国王负责国防和外交事务，但实际上，1900 年接替遇刺的父亲上台的维克托·埃曼努埃尔三世，基本放任手下的大臣各行其是。这个身材矮小又神经质的男人，把主要精力都放在了心爱的家人（包括比他身形还高大的黑山籍妻子），以及他自己的古钱币收藏上。

外国人来意大利是冲着这里的气候与美景，但他们也对意大利报以嘲笑，认为意大利人虽有魅力，但混乱、幼稚，不需要太把他们当回事。在国际事务中，其他列强，甚至三国同盟里的另外两国，都倾向于对意大利熟视无睹。波斯尼亚危机期间，意大利提出的解决方案被置之不顾，也没有人认为应该在巴尔干地区对其给予补偿。（墨西拿的可怕地震让意大利在 1908 年过得格外艰难。）意大利外交官越来越多地来自南方的古老贵族家庭，在外国同行看来，他们虽说是有高度修养的人，但并不总是能胜任复杂的谈判，尤其是牵涉到贸易或经济方面的问题时，而且，观念也保守，比如意大利驻奥大使很讨厌汽车，在维也纳总是坐着四轮马车去与奥匈同行会晤。虽然意大利并不是完全没有干练的外交官，但国家的贫弱让外交工作变得困难；他们的驻外使馆经常缺少基本的现代设备，比如打字机。[84]

意大利的对外关系部分是由其自身的贫弱与战略位置决定的。它在陆地和海上都有潜在的敌人：它的海岸线过于漫长，不可能得到适当的防守，海军也承认他们无法保护所有的主要港口；它的陆军主要部署在北部边境，以应对法国或奥匈帝国的攻击，某位议员评论说，意大利的头有钢盔保护，身子却光着。[85] 意大利的领导人总是神经兮兮地觉得恶意无处不在，这是可以理解的，但他们假定意大利的敌人都是不可理喻的，会在没有充分理由的情况下突然攻击自己，这就有些过了。1900 年后奥地利在共同边界进行军事准备的消息，加剧了意大利人的恐惧；1911 年康拉德被免职，这让意大利人舒了一口气——结果康拉德只是短暂去位。[86] 当欧洲日渐分裂为两大阵营，历任意大利外交部部长只好勉力在两个阵营之间游走。正如 1907 年一位议员在议会的发言："对三国同盟不可动摇的忠诚，与英法两国的真诚友谊，还有与其他列强的友好关系，始终是我国外交政策的基石。"[87]

意大利的外交和军事政策必然是谨慎的和防御性的，但这并不能阻止意大利民族主义者梦想另一种可能。是的，外国人对意大利的看法是错误的，他们从社会达尔文主义中找到了慰藉。意大利士兵经历过困苦，必定比堕落的法国人或软弱的奥匈人坚韧。[88] 更重要的是，民族主义者决心向外界表明，统一造就了一个世界范围内举足轻重的国家。意大利政府认为，意大利要在一切重大的外部事态上发声；甚至还派出若干士兵前往中国，成为 1900 年八国联军中的一员。[89] 既然 1900 年世界上的大国都建起了各自的帝国，意大利也不应甘居人后。意大利的公众舆论对此普遍持赞成态度；与其他国家一样，随着报纸的传播和特殊利益游说集团越来越活跃，舆论在意大利变得愈发重要。即便嘴上喊着反帝国主义的社会主义者，也并非完全反对。

1911 年夏天，随着摩洛哥危机的加剧，意大利也出现了越来越多的民族主义煽动。新闻界、殖民主义和民族主义团体都在谈论利比亚。这一年恰好是意大利统一进入最后阶段［即意大利王国成立］的五十周年，这似乎是个上好的时机，可以做一些比在罗马修建巨大的维克托·埃曼努埃尔纪念碑更激动人心的事。外交大臣安东尼奥·迪·圣朱利亚诺在一家酒店撞见海军副参谋长，两人讨论了入侵的后勤问题。（狡猾中透着玩世不恭的圣朱利亚诺和他的许多同事一样，也是来自西西里岛的贵族阶层。他说自己来酒店是为了健康，还将自己的诸多疾病归咎于母亲过着太过正经的生活。）[90] 回到罗马后，圣朱利亚诺告诉焦利蒂，在利比亚进攻奥斯曼帝国的最佳时间是秋天或春天。两人决定在 9 月行动，并且直到最后一刻才将决定告知军队。[91]

意大利实施了所谓的"匕首政策"，1911 年 9 月 28 日，他们向奥斯曼帝国递交了一份不可能接受的最后通牒，宣称不管得到什么回复都会攻占利比亚两省。意大利舰船已经准备好起航。他们的借口是保护本国利益与本国侨民，但给出的证据站不住脚。比如，圣朱利亚诺告诉驻罗马的英国大使，意大利在的黎波里的面粉作坊无法从当地种植者那里获得小麦，这是奥斯曼当局的阴谋所导致的。[92] 意大利左翼号召罢工抗议，但正如英国大使在给伦敦的报告里写的："即便社会党内部，也存在意见分歧，鼓动是半心半意的。"[93]

德国帝国议会称意大利的入侵是"海盗行径"，意大利以外的舆论普遍对此表示同意，尤其是随着战事的拖延，意大利人开始使用越发残酷的手段来镇压当地广泛的抵抗。[94] 第二国际谴责意大利，但也不怎么同情奥斯曼帝国，认为这是个亟须开化的落后国家。[95] 其他列强不愿插手，因为担心意大利转而支持自己的对手。格雷向来希望意大利脱离三国同盟，他告诉意大利大使，"意大利在处理战事的时候，尽量不要让事态扩大，造成尴尬的后果"。意大利大使问英国打算做什么，格雷说他的"出发点是不予干涉"。[96] 甚至在第二年春天，意大利人夺取小亚细亚沿岸的罗得岛与多德卡尼斯群岛之后，列强也没有什么强烈反应。圣朱利亚诺承诺在最后一名奥斯曼士兵离开利比亚之后就交出这些岛屿，但这一天并没有在 1914 年之前到来。

意大利人为这场征服付出了惨痛的代价，他们背上了巨额的财政赤字，仅第一年就有约 8000 名士兵伤亡。利比亚居民在当时及后来也是白骨累累。他们的抵抗运动持续到 1920 年代，直到意大利的新统治者贝尼托·墨索里尼以最残酷的手段进行镇压，杀死了至少 5 万名利比亚人。相对来说，奥斯曼帝国的统治是温和开明的，而在意大利治下，利比亚（包括内地领土）却出现了倒退。这块殖民地的各个地区都有自己的历史与文化，从未真正成为一个国家，直到今天，利比亚仍在为地区与部落冲突付出代价。欧洲也为意大利的侵略行为付出了沉重的代价。列强之前默认奥斯曼帝国应当维系，现在这个共识打上了问号。正如罗马尼亚首相那年秋天对奥匈帝国大使说的："一旦有两个人带头跳起了舞，最后许多人都会加入其中。"[97] 意大利采取行动时，德皇威廉二世正待在他心爱的罗明滕狩猎小屋。他预言，现在会有更多的国家趁奥斯曼帝国虚弱之时，重新讨论土耳其海峡或巴尔干地区的控制权问题，以寻求领土。他担心，这意味着"一场极其恐怖的世界大战的开始"。[98] 他是对的，证明这一点的第一个证据出现在第二年：巴尔干诸国联合起来反对奥斯曼帝国。

　　1911 年圣诞节前不久，英国驻德大使爱德华·戈申爵士向伦敦汇报说，他刚和贝特曼吃过晚饭，两人对过去一年发生的事件进行了友好的讨论。大使询问贝特曼，近来是否还像以前一样有闲情在睡前弹奏贝多芬的奏鸣曲。贝特曼回答说："我亲爱的朋友，你我都喜欢古典音乐，喜欢它平实朴素的和声；我怎么能在充满不和谐的现代空气里弹奏我喜爱的古老音乐呢？"戈申不以为然地说："即便过去的作曲家，也是用不和谐音来引导和声，这样一来和声就会被托衬得更加悦耳。"贝特曼表示同意，但补充说："在现代音乐里，就如同在当下的政治氛围中，不和谐音成了主导。"[99] 新的一年将会带来新的不和谐音，扰动欧洲的神经，而这一次来自欧洲本土，即第一次巴尔干战争。

第十六章　第一次巴尔干战争

1912 年元旦，法国驻英大使保罗·康邦给他在柏林的弟弟写信："今年不知有什么在等待我们？希望能避免大的冲突。"[1] 朱尔也害怕未来几个月要发生的事：

> 奥地利皇帝每况愈下的身体，皇储制订的远大计划，的黎波里战争，意大利政府希望摆脱因为将他国的争端与自己的争端混为一谈而给自己带来的麻烦，保加利亚的野心，马其顿问题的威胁，波斯的困境，中国革命引发的震动，所有这些都表明不久的将来会出现严重的混乱。唯一的希望是，危险的严重性可能导致它得以避免。[2]

他可能也会提到英德之间的竞争，或者俄国和奥匈帝国之间的疑惧和敌意。然而，最大的危险将出现在巴尔干地区：这里爆发了两场战争，一场在 1912 年，另一场在 1913 年，几乎将列强都牵扯其中。外交、恐吓与边缘政策最终挽救了和平，但欧洲人恐怕不知道的是，他们已经为 1914 年的夏天彩排过一次。正如他们在剧院里说的，如果最后一次试演顺利的话，那么开幕之夜将是一场灾难。

从南端的希腊到北边的塞尔维亚、保加利亚与罗马尼亚，巴尔干诸国是欧洲的穷亲戚，这里没什么自然资源，基础设施落后，现代工商业才略具雏形。1912 年的塞尔维亚首都贝尔格莱德还只是个外省小城，刚刚开始用木板铺设自己的主干道，只有一家还过得去的宾馆。在罗马尼亚（依据其国族神话，这里的居民属于拉丁民族，是罗马军团的后代），布加勒斯特正渴望成为巴尔干的巴黎：上流社会说法语，穿最新潮的法国时装，一个眼尖的俄国记者说他们特别羡慕"巴黎之夜"。这个俄国记者就是托洛茨基，他当时因为革命活动流亡至此，以假名供职于基辅的一家大报纸。他继续写道，优雅的女性与衣着华丽的军官在布加勒斯特的林荫大道上徜徉，仿佛身在巴黎，十字路口的法式公共厕所让他们的这种感觉更真实。但布加勒斯特与巴黎的差异之处远远大过相似之处：这里还有阉割过的马车夫（在这些人所属的教派，一个男人在成为两个孩子后的父亲后就会被去势）、夜总会拉小提琴的吉卜赛人和街上赤足乞讨的孩子。[3] 在黑山，首都只不过是一个发展得很快的村庄，新的王宫看上去像一家德国寄宿公寓。（旧王宫"比尔贾达"意为从海岸抬上山来的台球桌。）国王尼古拉一世经常坐在这个多山之国为数不多的一棵树下对他的臣民施行他眼中的正义。他与意大利和俄国都有姻亲关系，他的一个女儿嫁给了意大利国王，还有两个女儿嫁给了俄国大公，但他的外交政策往往反映的是哪个欧洲大国又给他发钱了。康拉德在 1912 年对弗朗茨·约瑟夫说："陛下，尼古拉国王让我联想起一个枝状大烛台。"皇帝被康拉德的解释逗乐了："您看，他总是站在那里，张手等着有谁能给他点什么。"[4]

罗马尼亚在当时是个比今天小得多的国家，人口在 1910 年还不到 700 万；保加利亚约 400 万，塞尔维亚约 300 万。黑山则只有 25 万。（"这是块孤绝的世界的褶皱"，第一次世界大战前常驻黑山首都采迪涅的一位奥匈帝国外交官郁郁不乐地说。）[5] 奥斯曼帝国多年的统治，使得巴尔干社会主要以农业为主，且极度保守，尽管上层地主阶级与小资产阶级越发向往西方与现代。新涌现的政党自称为保守党、自由党或激进党，甚至还有社会党，但这些标签背后，是一个旧式的家族、地区与族群关系网络，以及不折不扣的独裁政治。受到连绵群山的保护，黑山成为巴尔干地区唯一未被奥斯曼帝国吞并的国家，尼古拉可以玩弄宪法，每当他对政治厌倦的时候，他就会把宪法撤销；谁若提出反对意见，哪怕是他忠心的支持者，都不会有好下场，至于是囚是杀，完全听凭国王的心情。在塞尔维亚，激进派尤其是他们的领袖尼古拉·帕西奇足够幸运，因为他有一个弱势的国王彼得，但是在保加利亚和罗马尼亚，主导政治的都是从德意志"进口"的强势国王。

对于欧洲其他国家来说，巴尔干国家就是个笑话，是《曾达的囚徒》这种浪漫故事或者轻歌剧的背景（黑山是《风流寡妇》的灵感源泉），但这些国家的政治非常要命，而且往往伴随着恐怖主义阴谋、暴力与暗杀。1903 年，塞尔维亚国王彼得不得人心的前任与他同样不受欢迎的妻子被人扔到宫殿的窗外，尸体被大卸八块。黑山国王尼古拉痛恨帕西奇和他的激进派同伴，因为他有足够的理由怀疑这帮人派出了携带炸弹的刺客，打算谋害他。民族主义运动的发展固然将人民团结在一起，但也让东正教徒与天主教徒或穆斯林，阿尔巴尼亚人与斯拉夫人，克罗地亚人、塞尔维亚人、斯洛文尼亚人、保加利亚人与马其顿人之间彼此分开。巴尔干地区的人民在数百年的漫长和平年代里共生共存，但到了 19 世纪建立民族国家时，往往伴随着焚毁村庄、屠杀、驱逐少数民族和没完没了的仇杀。

政客们靠玩弄民族主义、承诺让国家再次伟大而上台，但他们很快发现自己陷入了无法控制的力量的缠夹之中。各种秘密社团在巴尔干地区泛滥，渗入诸国的政治和军事机构中，它们效法的对象

Der Brand am Balkan

(Th. Th. Heine)

Der vereinigten europäischen Feuerwehr gelang es leider nicht, den Brand zu löschen.

图 16　巴尔干地区是欧洲的麻烦点，列强的野心与巴尔干诸国之间的争斗混杂在一起。1912 年，巴尔干诸国曾短暂地联合起来，夺取了奥斯曼帝国遗留的大部分领土，但它们很快就因为分赃不均而闹翻。列强几乎是最后一次试图强加和平，但正如图中的解说词所说："不幸的是，欧洲的消防队联合在一起也没能扑灭熊熊火焰。"

形形色色，包括共济会、曾为意大利统一出力的地下组织烧炭党、不久前还让欧洲大部分地区闻之色变的恐怖分子以及老式土匪。马其顿内部革命组织（IMRO）大谈"马其顿人的马其顿"，但人们普遍怀疑该组织是在与保加利亚民族主义者勾结，试图搞一个包括马其顿在内的"大保加利亚"。在塞尔维亚，政府与军队里充斥着波斯尼亚危机期间成立的组织"民族自卫"（Narodna Odbrana）及其更加极端的分支"黑手会"（Black Hand）的支持者。第一次巴尔干战争期间，塞尔维亚军官数次违抗自己政府的命令，比如他们夺取了莫纳斯提尔城（塞尔维亚本来在一份密约里承诺给了保加利亚），希望造成无法移交该城的事实。[6]尽管奥斯曼帝国当局与奥匈帝国当局极力镇压国内南斯拉夫人或阿尔巴尼亚人中的一切革命活动乃至大多数政治活动，但他们面临一场艰难的战斗，尤其是许多本土的阴谋与恐怖主义活动都得到了外部的支持。比如说，维也纳大学的波斯尼亚学生就成立了一个秘密社团，以回应故土被吞并的事态。他们声称："如果奥匈帝国想吞掉我们，我们就折磨他们的胃。"许多波斯尼亚学生甚至翻越边界溜进塞尔维亚接受军事训练。[7]

　　受到秘密社团吸引的年轻一代往往比他们的长辈更加激进，而且经常与长辈发生冲突。一位波斯尼亚的激进派民族主义者说："我们的父辈，我们的暴君，按照他们的模式创造了这个世界，并强迫我们生活其间。"[8]年轻人热爱暴力，甚至准备摧毁自己的传统价值观与制度，以建立新的大塞尔维亚、大保加利亚或大希腊。（哪怕他们没读过尼采，不少人也听说过上帝已死，并相信必须摧毁欧洲文明才能解放全人类。）在1914年之前的最后几年里，巴尔干诸国当局要么容忍，要么就根本无力控制本国年轻激进派的活动，这些年轻人大搞暗杀与恐怖袭击，既针对奥斯曼帝国或奥匈帝国官员，认为他们是斯拉夫人的压迫者，也针对本国领袖，认为他们对民族主义事业不够忠诚，甚至针对普通公民，仅仅因为他们碰巧出生在错误的地方，属于错误的宗教或种族。1910 年弗朗茨·约瑟夫皇帝访问波斯尼亚时，就发生了针对他的刺杀阴谋；在克罗地亚，哈布斯堡王朝的官员多次受到威胁，有一些死于非命。

在独立之初，巴尔干诸国还愿意留意欧洲列强的脸色，或者说至少是不得不这么做。这些大国，尤其是俄国和奥匈帝国，在因吞并波斯尼亚闹翻之前，都希望维持巴尔干地区的现状，让奥斯曼帝国继续统治其剩余的欧洲领土。然而，在 19 世纪的最后几十年，奥斯曼帝国的明显衰落，鼓舞了巴尔干诸国领袖自行其是。打着保护仍在马其顿等地受奥斯曼统治的基督徒的名义，塞尔维亚、保加利亚与希腊提供金钱和武器，并派出间谍煽动当地人起来反抗。青年土耳其党的崛起，加上他们夺回奥斯曼土地控制权（并使其更加土耳其化）的政策，毫不意外地在巴尔干诸国以及本国的基督教臣民中敲响了警钟。1910 年，传统上忠于奥斯曼统治者的阿尔巴尼亚人，无论是基督徒还是穆斯林，都公然造反。第二年，阿尔巴尼亚革命者与马其顿的同仁会师。奥斯曼帝国实施了野蛮的镇压，但这反而助长了进一步的动荡与暴力。1911 年秋天的意土战争再次引发了基督徒的起义，这年的 12 月，马其顿发生了一连串爆炸事件，摧毁了当地的警察局与清真寺。作为报复，穆斯林也聚众袭击了当地的保加利亚人。在巴尔干独立诸国，针对奥斯曼人的抗议集会和示威此起彼伏。[9]

巴尔干诸国的领导人公开抱怨说，他们再也不能相信列强会保护奥斯曼境内的基督徒，并暗示他们可能不得不采取行动。塞尔维亚的一位政治领袖质问托洛茨基为什么要维持巴尔干现状。"奥地利吞并波黑的时候，现状在哪里？意大利夺取的黎波里时，列强为什么不维护现状？"为什么不把巴尔干诸国当作欧洲国家，而是当作摩洛哥一样对待？[10] 塞尔维亚外长向驻贝尔格莱德的英国大使坦言，任何一个巴尔干国家采取行动夺取奥斯曼领土的话，奥匈帝国都有可能进行干预，但就他米罗万·米洛瓦诺维奇而言，塞尔维亚最好是豁出去。如果奥匈帝国进一步向南扩张到巴尔干地区，塞尔维亚作为独立王国的地位无论如何也保不住。[11]

自豪感、民族主义的野心、一个衰落帝国在家门口的诱惑、意大利树立的赤裸裸侵略的榜样，以及纯然的鲁莽，所有这些都将巴尔干诸国联合到了一起——简单来讲，他们要做的就是将奥斯曼帝国赶出其残余的欧洲领土。从1911年秋天开始，密使们往返于巴尔干诸国首都之间，或是寻机在别的欧洲城市会晤。俄国，尤其是驻君士坦丁堡的俄国大使，一直在推动建立一个包括奥斯曼帝国在内的巴尔干联盟，希望这个联盟既能为区域带来稳定，又能阻抗德国和奥匈帝国的势力向东和向南扩张。但巴尔干诸国不愿这么做，他们对抢夺奥斯曼帝国遗产的幻想比之前更加牢固。1910年接替伊兹沃利斯基成为俄国外交大臣的萨宗诺夫，之后又试图让保加利亚、塞尔维亚、黑山与希腊结盟，形成一道防止奥匈帝国在奥斯曼帝国崩溃时趁机南下的屏障。[12]

时至1911年秋天，奥斯曼帝国的崩溃似乎就在眼前。塞尔维亚与保加利亚自1904年以来便时断时续地讨论建立某种形式的伙伴关系，不过斐迪南沙皇领导的保加利亚一直倾向于独自行事，而现在，会谈重新变得紧迫起来。此外，索菲亚的新政府是个亲俄政府，不大担心冒犯奥匈帝国。英法两国事先都收到了俄国的招呼，并不反对这两个巴尔干国家之间的关系升温。俄国的两个协约国伙伴也怀有相同的愿景，那就是在当地找到一种便宜的方案来遏制德国和奥匈帝国向奥斯曼帝国扩张。[13]在索菲亚与贝尔格莱德，阿纳托尔·涅克柳多夫和哈特维希这两位俄国大使努力将保加利亚人与塞尔维亚人撮合到一起。涅克柳多夫至少预见到了潜在的麻烦："保加利亚和塞尔维亚的联盟存在一个危险的因素——将其用于进攻的诱惑。"[14]

哈特维希则没有这方面的顾虑。从1909年抵达贝尔格莱德的那一天起，他就成为塞尔维亚事业的狂热支持者，并很快成为当地政治舞台中不可或缺的人物；从国王到庶民，所有人都来请教他；他的书房每天从早晨开始就挤满了塞尔维亚的社会名流。哈特维希与帕西奇过从甚密，他示意这位塞尔维亚的领导人根本无需正视俄国的警告，行事也没必要过分谨慎。当萨宗诺夫发来信息，敦促塞尔维亚政府采取温和的外交政策时，哈特维希向帕西奇郑重地宣读。"您读完了吗，亲爱的朋友？"帕西奇问道。得到的回答是："好了！我们现在可以谈正事了！"[15] 萨宗诺夫对哈特维希很担忧，但无力撤换此人，也许是因为哈特维希的妻子在俄国的宫廷和泛斯拉夫主义圈子里有着很好的人脉。

1911 年 9 月底，保加利亚人告知俄国人，他们准备先与塞尔维亚，后与黑山、希腊谈判缔约。一名保加利亚政府要员告诉涅克柳多夫，保加利亚与塞尔维亚需要团结一致，这不仅是为了保护奥斯曼帝国境内的基督徒，也是为了能独立于几个中央同盟国。[16] 萨宗诺夫正在达沃斯休养重病，涅克柳多夫带来的这个消息让他很是高兴。他感叹道："这太棒了！如果能成的话就好了！保加利亚在政治经济领域与塞尔维亚紧密结盟；50 万把刺刀用来保卫巴尔干地区——这将永远堵住德国渗透与奥地利入侵的道路！"[17] 双方又花了几个月的时间来敲定条约的细节，主要的困难是马其顿领土的分割，甚至细到了小村落的归属，而这预示了未来两国会出现的麻烦。[18] 1912 年 3 月最终签署的条约包含了针对奥斯曼帝国的秘密条款，并安排俄国作为仲裁者，负责调解未来分割马其顿可能产生的任何纠纷的。保加利亚还承诺在塞尔维亚与奥匈帝国开战时支持塞尔维亚。

这时，风声已传到外国外交官的耳中，新闻界也开始出现相关报道。萨宗诺夫平和地向两个协约国伙伴保证说，这项条约纯粹是防御性的，俄国将运用自身的影响力来确保这一点。德国和奥匈帝国起初并没有表现出多少担忧。[19] 然而，到了 1912 年春天，随着秘密条款的细节泄露，列强开始怀疑这份条约不止于防卫上的安排。时任英国外交部常务次官的尼科尔森写信给一位驻圣彼得堡的英国外交官说："很明显，这份条约已经决定好了如何分配马其顿的战利品。"他抱怨萨宗诺夫也许有点儿过于冒进，但既然英国需要与俄国尽可能维护好关系，那也不好明说。[20]

因为双方在马其顿领土问题上都有野心，保加利亚与希腊向来不和，没想到现在也明显相互靠拢，这引起了国际社会的关注。希腊新任首相韦尼泽洛斯致力于让家乡克里特岛摆脱奥斯曼帝国的统治，至少在眼下，为了获得盟友，他准备牺牲希腊在马其顿的利益。这年 5 月，保加利亚与希腊达成的一份条约——当然，也被描述为只是防御性的——使得一个对抗奥斯曼帝国的巴尔干国家联盟离实现更近了一步。接下来的 6 月，保加利亚人与黑山人也找到了商议的机会，具有讽刺意味的是，地点是在哈布斯堡家族的霍夫堡皇宫，当时斐迪南与尼古拉两位国王前去拜见弗朗茨·约瑟夫皇帝。这年夏天晚些时候达成的协议干脆连防御的幌子也不打，将对抗奥斯曼帝国的战争视为理所当然。9 月底，塞尔维亚与黑山也签署了盟约。巴尔干联盟至此形成，位居核心的是保加利亚。

奥斯曼帝国似乎已经到了弥留之际。在君士坦丁堡，右翼军官在这年初夏将青年土耳其党赶下了台，但事实证明他们也无法重建秩序。阿尔巴尼亚的叛乱声势持续高涨，而马其顿继续在动乱与暴力之间徘徊。这年 8 月，一枚炸弹在一个市场上爆炸，炸死了几个无辜的路人。奥斯曼警方在惊恐之下，朝聚集的人群开枪，超过一百人遇害，其中绝大多数是保加利亚人。保加利亚公众要求政府进行干预，解放马其顿。奥斯曼人在马其顿的南部边界集结兵力，巴尔干联盟成员国也在几天之后采取了相同的行动。回过神来的俄国试图约束自己的保护国，但收效甚微。其他列强也从自满中醒来，经过一轮仓促的讨论之后，同意由俄国和奥匈帝国代表"欧洲协调"

的其他成员，警告巴尔干诸国与奥斯曼帝国不要轻启战端。列强明确表示，他们不会接受巴尔干地区因为战争而产生的任何领土变更。一位驻圣彼得堡的法国外交官要来得更加现实："在东欧问题的历史上，小国第一次获得了独立于大国的地位，以至于它们觉得可以完全抛开大国行事，甚至可以牵着大国走。"[21]

10月8日，也就是"欧洲协调"的警告传到巴尔干诸国首都的那一天，政治赌棍尼古拉对奥斯曼帝国宣战。尽管这位黑山国王一直努力在边界另一侧的奥斯曼帝国领土上挑起事端，但他却向驻采迪涅的英国大使宣称，自己别无选择："最重要的是，边境地区的基督徒兄弟持续遭遇屠杀，撞击到了他的心灵。"[22]（后来有传言说，他的主要动机是利用他对战争爆发时间的预知，在巴黎的金融市场大赚一笔。）[23]10月18日，在不具说服力地尝试将自己描绘成无辜的一方后，巴尔干联盟的其他成员也加入了进来。托洛茨基当时在贝尔格莱德，目睹了装备简陋的塞尔维亚农民兵如何一边欢呼，一边开赴战场：

> 在欢呼之余，一种独特的、不由自主的悲剧感进入人的心中，需要靠近才分辨得出；还有一种面对历史命运的无助感，这种命运紧贴着困闭在巴尔干三角地带的人民；以及一种为所有这些被成群地引向毁灭的人而感到的悲痛……[24]

在整个巴尔干地区，陷入极度兴奋的大片人群上街游行，高唱爱国歌曲。彼此的积怨暂时被忘却，报纸纷纷谈论"巴尔干人的巴尔干"。在贝尔格莱德的匈牙利大使馆门外，塞尔维亚人高呼"斐迪南国王万岁！"[25]

奥斯曼军队人数只有巴尔干联军的一半不到，而且士气涣散，毫无准备，却不得不同时在多条战线上作战，很快就遭遇了一连串败仗。（法国人将巴尔干联军的胜利归因于他们使用了法国克鲁梭公司的火炮，而奥斯曼人使用的是德国克虏伯公司的火炮。）[26] 到 10 月底，奥斯曼人几乎丢掉了他们在欧洲的所有剩余领土。斐迪南沉醉于戴上旧拜占庭的皇冠、在圣索菲亚大教堂举行弥撒庆祝胜利的美梦，敦促保加利亚的部队继续进攻君士坦丁堡，却被该城东北方向的山脊挡住。保加利亚人已经补给不继，士兵们缺少弹药、必要的粮食与衣物，而且病员越来越多。此外，巴尔干联盟内部的紧张关系本就掩藏得不深，现在也开始被摆上台面。希腊夺取马其顿港口萨洛尼卡（今塞萨洛尼基）的举动惹恼了保加利亚，而塞尔维亚人与黑山人则急于占领新帕扎尔区这块将两国隔离开来的波斯尼亚南部土地，并尽可能多地拿下阿尔巴尼亚。没有一个盟友乐于看到保加利亚获得迄今为止最大份额的奥斯曼领土。12 月 3 日，对巴尔干形势的剧变感到震惊和忧虑的列强施压巴尔干联盟诸国与奥斯曼帝国签署停火决议，并于当月晚些时候在伦敦开启和谈。

　　巴尔干地区之所以如此危险，是因为当地高度动荡的局势跟大国的利益与野心交织在了一起。英法在这里没什么利益，既不愿看到欧洲的平衡再次受到挑战，毕竟第二次摩洛哥危机才过去不久，也不希望看到奥斯曼帝国消失，因为它在地中海东端的领土或者在整个中东的大部分阿拉伯土地将引发争夺的纠纷。如果奥斯曼帝国的苏丹——他也是哈里发，领导着全世界的逊尼派穆斯林——遭废黜，这很可能会在英属印度的众多穆斯林中间激起动乱，他们绝大多数都是逊尼派，迄今为止一直都忠诚地支持英国对印度的统治；而法属北非殖民地也有数百万穆斯林。[27] 法国人还担心借给奥斯曼帝国的大笔资金会打水漂（法国是奥斯曼最大的外国债主）。两国更害怕他们的协约国盟友跟奥匈帝国在巴尔干地区发生对撞。时任法国总统普恩加莱早在 1912 年 8 月就明示俄国人，法国没有任何兴趣卷入俄国和奥匈帝国在巴尔干地区的冲突。但巴黎发出的信息有些含混：普恩加莱也承诺，如果德国站在奥匈帝国一边介入，法国将履行对俄国的同盟义务。[28]1912 年 12 月，当俄国和奥匈帝国的关系急速恶化，法国明白地表示，一旦战争爆发，将会援助俄国。[29]无论普恩加莱是真的相信，还只是沉浸在一厢情愿的想法中，但他已向俄国人保证，英国已经口头承诺，如果法国受到德国攻击，会派出远征军援助。[30]

格雷一如既往地坚持英国在任何危机中都能自主决定如何行事，但实际上，他向俄国提供了相当大的支持。在土耳其海峡问题上，他在提出帮助实现和平解决的同时，还试图消除俄国人的疑虑，说对于俄国想让海峡处于友好国家手中的需求，英国深有同感。[31]随着全面战争的威胁渐渐浮现，格雷再次向法国人强调，如果德国选择支持奥匈帝国，攻击俄国在西面的盟国，英国没有义务援助法国。话虽如此，随着第一次巴尔干战争白热化，伦敦曾讨论过如何将远征军派到法国。格雷告诉德国驻英大使，防止法国被德国击溃对于英国来说"极其必要"，英国届时将别无选择，只能出兵援救法国。[32]如果英法两国都觉得自己的选择越来越有限，那么在巴尔干地区有切身利益的两个国家——俄国与奥匈帝国——就更不必说了。

俄国在巴尔干没什么直接的经济利益——俄国在这片地区的贸易与投资，相比于法国等国，实在微不足道——但它有强大的野心，也有诸多恐惧，而这两者同时决定了俄国对该地区的麻烦的态度。[33]如果奥斯曼帝国崩溃，正如其看起来越发可能的样子，那么土耳其海峡的控制问题将立即变得很关键。俄国的经济繁荣与未来发展都与其对外贸易休戚相关，除了主要的粮食出口大多要借道土耳其海峡，工厂和矿场所需的现代机器也经这里运进来。1911 年和 1912 年海峡曾因意土战争而短暂封闭，这让俄国人清醒地意识到自己的贸易因受限于地理环境而且多么脆弱——当时俄国的粮食只能堆积在黑海港口，价格暴跌，陷入恐慌的俄国商人纷纷呼吁政府采取必要的行动，而出口产品的价格剧降也让俄国的利率上升。[34] 在 1912年秋天爆发的战争中，保加利亚军队的推进之快，在圣彼得堡引起了真正的恐慌，俄国政府甚至一度认真考虑过派兵保护君士坦丁堡，甚至是夺取博斯普鲁斯海峡沿岸的一块土地，但后来也意识到自己缺乏必需的舰船和像样的两栖部队。[35]

俄国担心奥斯曼帝国出事还有别的理由。到目前为止，南面邻居的落后给俄国带来了便利。安纳托利亚高原尚未开发，只有初级的铁路系统，这在俄国的中亚领土与其他大陆强权之间制造了屏障，俄国因此省了很多事，可以相对自由地将势力延伸到更远，尤其是进入波斯。（尽管这导致了俄国与英国一再出现摩擦，但格雷和他的同事还是准备为了维系与俄国的友好关系而忍受很多东西。）然而，自 1900 年以来，德国人不断加强对奥斯曼领土的渗透，大肆宣传从柏林到巴格达的铁路网计划，给俄国的帝国野心带来了全新的、不受欢迎的挑战。[36]

最后，就巴尔干半岛本身而言，俄国领导层已下定决心不能再由奥匈帝国摆布或羞辱，重演 1908 年的波黑往事。在圣彼得堡看来，奥匈帝国的任何动向都叫人怀疑，比如向黑山与保加利亚提供贷款以示好，或者奥地利天主教会的教士在整个巴尔干地区活动。俄国人对巴尔干的看法也受到泛斯拉夫主义的影响，他们渴望保护南斯拉夫人，毕竟许多南斯拉夫人与俄国人一样都是东正教徒。泛斯拉夫主义与其说是一个连贯的政治运动或意识形态，不如说是一套情感与态度，在第一次世界大战前的俄国与中欧各地，它炮制了不少激烈的言论。对俄罗斯的泛斯拉夫主义者而言，这是他们的"历史使命"，那里有他们的"斯拉夫兄弟"。他们要做的是将圣索菲亚大清真寺重新改为圣索菲亚大教堂。他们也大谈赢回"俄国房子的大门与钥匙"，即地中海与黑海之间的海峡，这样俄国的商业与海军就可以畅行全球。（俄国人似乎一直没有想到，地中海其实是个放大版的黑海，其关键出口苏伊士运河与直布罗陀海峡被另一个大国即英国控制着。）这种言论如果没有直接引导俄国的巴尔干政策，至少也帮着限制了俄国人的选择。萨宗诺夫意识到自己在压力之下不得不支持巴尔干国家，而拒绝与奥匈帝国合作，即便恢复旧有的谅解以维持巴尔干的现状似乎是更明智的。[37] 可以肯定，泛斯拉夫主义在他这里找到了一个心甘情愿的受害者。

当下负责俄国外交政策的这个男人竟如此容易被情绪与偏见左右，这对俄国、对巴尔干地区的稳定，以及从长远来看，对欧洲和平而言都是不幸的。萨宗诺夫认为，俄国的历史使命就是将南斯拉夫人从奥斯曼帝国的压迫下解放出来。尽管这项重大使命在20世纪初差不多已经完成，但俄国仍需为巴尔干诸国面临的各种威胁保持警戒，无论是来自卷土重来的奥斯曼帝国还是来自奥匈帝国及其德国盟友。萨宗诺夫高度怀疑保加利亚的斐迪南，认为他是德国人在巴尔干的应声虫，也担忧青年土耳其党人的壮大，认定这些人受了犹太共济会的指使。[38] 同样不幸的是，萨宗诺夫缺少前任的智力、经验与人格力量，他能得到这个位置似乎主要凭借两点：第一，他不是伊兹沃利斯基，后者在波斯尼亚危机之后声名扫地；第二，他是首相斯托雷平的妹夫。

与当时俄国的诸多高官一样，这位新任外交大臣出身于古老的贵族家庭。但与一些同僚有所不同，萨宗诺夫正直，诚实，即便他的政敌也不得不承认他是位十足的绅士，是沙皇与俄国的忠仆。萨宗诺夫同样笃信宗教。用外交部同僚陶贝男爵的话说，他如果在俄国东正教会发展，也会有很好的前景。在陶贝看来，萨宗诺夫并不是外交大臣的料："他天生多病，过度敏感，有些情绪化，容易变得紧张甚至神经质，是那种典型的女人气十足的斯拉夫人。随和慷慨的同时却又软弱空洞，总是因为直觉与印象而改变观点，抵制持久的思考，无法将推理贯彻到逻辑的终点。"[39]

1911 年和 1912 年，巴尔干诸国围着奥斯曼帝国的尸体打转时，都有萨宗诺夫在一旁怂恿。他在回忆录里写道："如果我们不做点什么来帮助塞尔维亚和保加利亚实现他们的目标，这不仅意味着俄国放弃了自己的历史使命，也意味着我们不加抵抗地向斯拉夫民族主义的敌人交出自己通过长期努力获得的政治地位。"[40]萨宗诺夫促成了巴尔干联盟的形成，并且似乎像巫师手下倒霉的学徒一样，幻想着自己可以控制它。他告诉塞尔维亚与保加利亚领导人，俄国不希望巴尔干地区发生战争，但是两国领导人认定他言不由衷。正如英国驻保加利亚代办在第一次巴尔干战争前夕写的：

> 局势的危险基于这样一个事实：保加利亚与塞尔维亚都不相信俄国会不做任何抵抗就抛弃自己数百年来的巴尔干政策。巴尔干诸国已被俄国绑到了一起，虽然的确是出于防御目的，但在某些条件下，防御与进攻非常相似。他们现在正齐心协力，一旦做好准备并认定时机成熟，那么无论是法国断贷，还是俄国告诫，甚或是全欧洲一起，都无法拉住他们。他们对于自己会不会带来一场欧洲战争毫不关心。[41]

看到哈特维希热情地支持塞尔维亚人建立"大塞尔维亚"的雄心，萨宗诺夫虽有抱怨但没有采取行动阻止。同样，他也不准备应对国内强烈的亲塞尔维亚舆论，即便如他在回忆录里承认的，他已感受到了"某种忧惧，怕政府万一无法控制事态的走向"。[42]萨宗诺夫还发现塞尔维亚人很难对付："我并不总能从他们身上看到那种避免灾难发生所需的自制力和对当前危险的清醒评估。"[43]与其他列强常经常遇到的情况一样，俄国将会发现，更小更弱的附庸国总是苛求宗主国的支持，且屡屡成功。比如在 1912 年 11 月第一次巴尔干战争期间，塞尔维亚领导人帕西奇在没有征询俄国的情况下，在伦敦《泰晤士报》发表了一封措辞夸张的信，宣称他带领的国家必须在亚得里亚海沿岸拥有约 50 公里的海岸线。"为了这项最低要求，塞尔维亚准备牺牲一切，因为不这么做就有悖于塞尔维亚的民族责任。"帕西奇深知，塞尔维亚在亚得里亚海沿岸哪怕只有极小的一块地盘，都会让奥匈帝国如鲠在喉。他的这封信意在将俄国逼入除了支持塞尔维亚别无选择的境地。[44] 这一回，俄国最终拒绝介入，但两年后，萨宗诺夫和他的同僚们会面临同样的困境。面对奥匈帝国的步步紧逼，俄国人如果抛弃塞尔维亚，未免显得软弱，而如果毫不动摇地支持，或许就会鼓动贝尔格莱德方面鲁莽行事。

另一个极其关心巴尔干事态的大国，也与俄国一样害怕示弱，不过俄国想要的是巴尔干国家变得更加强大，而奥匈帝国却对这种前景感到恐惧，尤其是在涉及塞尔维亚时。对于这个老式的多民族君主国来说，仅仅塞尔维亚的存在本身就是一个危险，因为它会对境内的南斯拉夫人起到吸引、示范和蛊惑的作用。奥匈帝国的统治精英依然非常清晰地记得皮埃蒙特王国如何带头统一意大利，普鲁士又是如何完成了德意志的统一，而这两次都是以奥匈帝国为代价，现在，他们认为塞尔维亚也扮演着同样的危险角色。（塞尔维亚民族主义者也有同感，并将自己的一份更极端的报纸命名为《皮埃蒙特》，而这只会让事情更糟。）1903 年政变后，塞尔维亚民族主义领袖四处活动，鼓动整个半岛和奥匈帝国内的民族主义情绪，这更是大大加剧了奥匈帝国的恐惧。

如果说种种不合时宜的巧合影响着人类的历史进程，那么，奥匈帝国 1912 年迎来的那位新外交大臣就属于这种巧合。与俄国的情况相似，这位新任比前任更软弱，也更优柔寡断。利奥波德·冯·贝希托尔德是奥匈帝国最富有的人之一，并娶了一名匈牙利女继承人。他出身于古老而显赫的家族，几乎与奥匈帝国所有头面人物都有交集。虽然他的先人中至少有一位打破惯例，与来自中产阶级的莫扎特的妹妹结婚，贝希托尔德本人却高度虚荣，也有些假正经。他认为英王爱德华七世在他的社交圈子里几乎不可接受。"一个堕落之君。"他在日记中用法语写道，当时英王正带着情人在马里昂巴德的疗养地度假。"在维多利亚时代的道德伟业之后，回到令人讨厌且一文不值的乔治王时代的传统。"[45] 优雅迷人、举止无懈可击的贝希托尔德，在上流社会游刃有余。"这只漂亮的贵宾犬"——众多批评者中的一位如此称呼他——对消遣活动和收集珍玩更感兴趣，无心投身高层政治。低劣的品位往往让他败兴；在参观弗朗茨·约瑟夫某座城堡的新翼楼时，他认为里面的大理石"看起来像肉冻，让人联想起屠夫"。[46] 除了关心家人，贝希托尔德最热衷的事情是赛马。他说，他平生有两大夙愿，一是当上政府大臣，一是赢得一场大型赛马比赛。埃伦塔尔的赏识帮他实现了第一个愿望，他从一名前途光明的年轻外交官做起，成为埃伦塔尔可能的继任者；豪掷千金让他实现了第二个愿望，他建起了自己的赛马场，引入了最好的英国驯马师，买到了最好的赛马。

埃伦塔尔去世后，弗朗茨·约瑟夫手中没有几个继任者的人选。新任外交大臣必须有很高的社会地位，还必须为皇储所接受，而弗朗茨·斐迪南已经否掉了两个可能的候选人。贝希托尔德同时深得叔侄二人的欢心，也在驻俄大使的位子上干得不错，似乎成了最合适的人选。临终之际的埃伦塔尔也请求他接任这一职位。[47] 但贝希托尔德对自己的能力心存怀疑。（他的同僚们也是如此，其中一人表示，他做一个宫廷高官，负责各种需要精心设计的仪式，会干得很出色，而如果当外交大臣的话，会是一场灾难。[48]）在与皇帝的面谈中，贝希托尔德列举了自己的种种不足：他不熟悉外交部的内部工作流程，也从未与奥地利议会打过交道。此外，贝希托尔德自认为既是奥地利人又是匈牙利人，这很可能让他同时遭到两个民族的蔑视。最后，他的身体条件恐怕也不足以满足这个职位对体力的要求。然而，出于对皇帝的责任感，他还是接过了这个位子。[49]

贝希托尔德人很聪明，外交经验也很丰富，但就是喜欢说实话。他既不够自信，也缺乏魄力，老是花很长时间做决定，与同僚兜圈子，有时甚至征询自己孩子的意见。[50] 虽然热爱和平，但他发现自己很难抵挡住鹰派的攻势，尤其是康拉德，这位总参谋长不断用备忘录轰炸他，又是主张对意大利开战，又是在 1912 年、1913 年、1914 年要求进攻塞尔维亚。[51] 贝希托尔德也缺少必要的知识深度，无论是南斯拉夫问题还是巴尔干问题，或者奥匈帝国与意大利联盟的细节问题，他都知之甚少。[52] 因此，他极容易被知识储备更丰富的同僚吓住，过分倾向于听从他们的意见。他自己的外交政策也来得简单而悲观：奥匈帝国被一堆敌对邻国威胁，只有德国这一个朋友。他一度希望与俄国达成谅解，但在波斯尼亚危机之后，他确信这种情况几乎不可能发生。照他的说法，奥匈帝国现在必须视俄国为"一个敌人，当然会松手，但不会罢休"。[53]

1912 年夏末，随着巴尔干局势变得紧张、战争议论甚嚣尘上，贝希托尔德试图维系那里的现状，敦促列强像旧的欧洲协调机制那样联手行动。如果列强可以向奥斯曼帝国施压，让其改善基督徒臣民的待遇，那么巴尔干诸国就不再有开战的借口。法俄两国最初的反应是表示怀疑，并决定不让协约国率先施压，这标志着欧洲正在分裂成两大对立阵营。[54] 萨宗诺夫告诉英国驻俄大使，如果奥匈帝国把自己塑造成基督徒的保护者，那么俄国在巴尔干地区的威望将会严重受损。[55]

9 月底，巴尔干战事终于打响时，奥匈帝国高层似乎大吃了一惊，该国驻贝尔格莱德与君士坦丁堡的武官甚至还在度假。[56] 巴尔干联盟一连串的快速胜利引起了维也纳方面的强烈担忧和焦虑。旨在让奥匈帝国实现团结的共同大臣会议，一度阻挠通过新的军事预算，

现在则同意投入一大笔钱，用于采购新式火炮、修筑防御工事。很
显然，奥斯曼帝国即将失去剩余的欧洲领土的大部分甚至全部，巴
尔干地区的旧秩序已死，奥匈帝国迫切需要思考的问题是，新的巴
尔干秩序会是什么样。如果说一个更大的保加利亚是可接受的，那么，
一个独立的阿尔巴尼亚也是可取的，因为它可以阻碍塞尔维亚通往
亚得里亚海，而且有可能成为奥匈帝国的附庸国；但是，一个更大
的塞尔维亚或者黑山，以及由此带来的俄国势力在巴尔干地区的扩
张，则肯定不是维也纳希望在自己的南方边界看到的。塞尔维亚的
领土要求包括了新帕扎尔地区，这会让它与黑山接壤，并获得亚得
里亚海的出海口。让黑山拥有一小块亚得里亚海的海岸本来就够糟
了，如果还让塞尔维亚继续向西扩张，那么奥匈帝国在亚得里亚海
的主导地位，不止受到意大利的挑战，还将面临一个新的威胁。届时，
奥匈帝国耗掉大量资源在普拉市建立的海军基地很可能变得毫无用
处，位于亚得里亚海北端重要港口的里雅斯特也将被勒死。公众舆
论本就对塞尔维亚抱有敌意，塞尔维亚人在进入奥斯曼领土时逮捕
并虐待本国外交官的消息更让他们怒火中烧，甚至有传言说这位外
交官遭到了阉割（事后证明他并未受到伤害）。[57]

　　曾短暂接替康拉德出任总参谋长的布拉修斯·谢穆阿警告说，
如果政府不采取行动约束塞尔维亚与黑山，奥匈帝国可能会告别大
国地位。[58]塞尔维亚的一连串军事胜利让康拉德沮丧不已（一名朋
友说他的脸部肌肉在不停地颤搐），[59]他一如往常地呈递了一份长长
的备忘录，这一回比之前还要激烈，敦促立即摧毁塞尔维亚。在皇
帝的支持下（弗朗茨·斐迪南大公一开始也表示支持），贝希托尔德
对此予以抵制，不过他也向其他列强提出了奥匈帝国的最低目标：
建立一个独立而扩大的阿尔巴尼亚，且不允许塞尔维亚获得亚得里
亚海出海口。对于欧洲和平来说不幸的是，塞尔维亚的后一个要求
是俄国从一开始就支持的，为的是宣示自己对附庸国的坚定支持。

俄国发现自己处于一个尴尬的境地。根据俄国军队高层的估计，他们距离准备好进入一场大规模的战争至少还需要好几年，但俄国总不能眼睁睁地看着巴尔干诸国被奥匈帝国摆布。[60] 为了威慑奥匈帝国及其盟友德国，俄国用了他们将在 1914 年夏天会再次使用的策略。1912 年 9 月底，也就是在巴尔干诸国动员军队的同时，俄国军方在国土最西端的华沙军区进行了一场所谓的试探性动员，这个军区跟德国和奥匈帝国接壤。俄国人还延长了本该退役的征召士兵的服役期，这使得现役总兵力增加了约 27 万。[61]

巴尔干地区现状的崩坏、塞尔维亚与黑山实力的增长已足以令奥匈帝国感到前景越来越不妙，再加上保加利亚的崛起，虽然忧虑的程度要低一些，现在又看到俄国人的动作，维也纳方面自然坐不住。10 月底，贝希托尔德同二元君主国的军事和财政大臣们，召开了一场漫长而艰难的共同大臣会议。会议正式讨论了与巴尔干联盟开战的可能，同意提请皇帝考虑增加已经部署在波斯尼亚的兵力。[62] 之后不久，贝希托尔德访问意大利，试图说服意大利人支持奥匈帝国（他也不忘去参观古董商店与美术馆，让自己振作精神）。[63]11 月，巴尔干联盟巩固了对土耳其的胜利，奥匈帝国对俄国人的回应则是调兵进入波斯尼亚与达尔马提亚并做好战斗部署。与俄国交界的加利西亚也增加了驻军，这在当地引发了一阵恐慌，人们都担心战争即将爆发。[64]

欧洲确实距离全面战争又近了一步。萨宗诺夫后来在回忆录里写道，当时俄国统治圈子的坚定信念就是要与奥匈帝国算账，并为之前波斯尼亚的惨败复仇。[65]11 月 22 日，也就是奥匈帝国采取上述应对措施两天后，沙皇召集驻扎在西部要地的高级军事指挥官开会，这些指挥官一直敦促政府加强兵力，要求与奥匈帝国在军事上摊牌。[66] 至于尼古拉，在英国驻俄大使看来，沙皇本人的泛斯拉夫主义情结甚至比他的政府还强，据说他曾表态俄国不能忍受第二次波斯尼亚之耻。[67]这次会议决定动员覆盖西乌克兰地区的基辅军区的所有兵力，以及俄属波兰的华沙军区的大部兵力，同时还让黑海之滨的敖德萨军区做好准备。身为战争大臣，苏霍姆利诺夫并没有费心去告知文官同僚这一重大而危险的决策，而是告诉他们，他们最好是能从沙皇本人那里了解到他的想法。次日，包括萨宗诺夫与科科夫佐夫（现在已经是首相）在内的文官来到圣彼得堡郊外的宫殿，在书房接受沙皇的召见。他们的耳朵被惊到了。沙皇告诉他们自己已作出决定，动员的电报也已经拟好。眼下动员令只针对奥匈帝国，他希望威廉二世可以帮他迫使维也纳方面理智行事。科科夫佐夫驳斥了这个动员计划，认为这意味着要冒与奥匈帝国及其盟友德国开战的危险，而俄国根本没有做好准备。萨宗诺夫虽然对斯拉夫人事业充满热情，但此时也打起退堂鼓，在支持塞尔维亚一事上明显变得更加克制，比如，他告诉奥地利人与意大利人，俄国不再支持塞尔维亚获得一个亚得里亚海港口的要求。英国驻俄大使不友善地评论道："萨宗诺夫如此反复改变立场，让人很难推测他接下来究竟是会进入乐观还是悲观的阶段。"[68]文官政府这一次成功地顶住了军方的压力，计划中的动员只得搁置，尽管现役部队的规模已因延长服役期限而得到扩充。[69]担任战争大臣的苏霍姆利诺夫当然清楚俄国军事的孱弱现状，但他仍然认定与德国和奥匈帝国的战争不可避免，既然拦不住，最好是结束它。"告诉巴黎那些人，"他对法国驻俄武官说，"他们可以放心，这里一切准备就绪，有条不紊；你们会看到的。"[70]

在俄国人与危险调情的同时，另一组同样透着凶兆的会议正在柏林举行。弗朗茨·斐迪南与时任奥匈帝国总参谋长谢穆阿已经抵达这里，请求德国人保证在俄国发动攻击时协助盟友。德国首相贝特曼与外交大臣基德伦一开始希望保持平衡，一方面寻求与英国合作，以平息巴尔干地区的紧张局势，另一方面表态支持奥匈帝国。

不过，他们也打算阻止盟友走得太远，比如吞并奥匈帝国已在1908年声明放弃的新帕扎尔地区。德国领导层也不希望见到奥斯曼帝国就此崩塌，毕竟他们在那里还有着重要的利益，而柏林—巴格达铁路的修建，正是出于这些利益考量。[71] 德皇的行事总是无法预知，他起初对奥斯曼人抱有敌意，理由是其当前的领导层背叛了"我的朋友苏丹"，对巴尔干联盟则表示同情，甚至改口称那个"黑色山脉里的偷羊贼"为"黑山国王陛下"。[72] 但就在弗朗茨·斐迪南与谢穆阿11月来访之后，威廉迅速转向全力支持奥匈帝国。事实上，德皇比本国政府还要更进一步，在先后于柏林和东部的狩猎小屋举行的两次会谈中，他向来访者承诺，如果奥匈帝国与俄国因为巴尔干而开战，德国将提供支持。一周后，贝特曼告诉帝国议会，德国会站在盟友一边，尽管他小心翼翼地避免谈及细节。[73] 在靠近俄国边界的西里西亚，德国家庭开始计划搬去西部，以避开可能的入侵；而在柏林，高级官员据说正忙着把他们的钱存入瑞士银行。蒂尔皮茨问他的高级军官，海军全面动员之前可以做些什么先期举措；德军总参谋长小毛奇则表现得极度紧张但又没精打采，这预示着1914年他会面对更彻底的心理崩溃。[74]

整个欧洲的股票市场都变得极不稳定，报纸上充斥着关于部队调动和其他军事准备的报道。《泰晤士报》驻维也纳记者写道："空气中弥漫着各种传言，并不是所有传言都值得当真，但它们合在一起表明，近东的冲突正在接近这样一个阶段，如果想要防止它变成欧洲的冲突，欧洲各国政府需要谨慎与敏锐。"[75] 奥匈帝国下令本国驻贝尔格莱德、采迪涅与圣彼得堡的外交官们打包重要文件，随时准备在战争打响时离开（两年之后他们会接到相同的命令）。[76] 12月7日，即巴尔干停火后不久，康拉德重新获任为奥匈帝国总参谋长。他赶紧去向他心爱的吉娜分享这个喜讯，可是见到她时，他却把头埋在手里说不出话。他告诉吉娜，奥匈帝国现在在巴尔干面临的问题比之前大得多；巴尔干诸国比之前更强大了。[77]尽管如此，康拉德还是继续向贝希托尔德施压，要求对塞尔维亚与黑山采取军事行动。这一回，他得到了弗朗茨·斐迪南的支持，虽然大公与贝希托尔德一样，一向是个温和派。[78]

　　12月初，为了签署停火协议以结束第一次巴尔干战争，格雷提出召集列强大使开会以缓和国际局势，同时再单独召开一个由巴尔干诸国代表参加的会议。两场和会都安排在伦敦。英国战争大臣霍尔丹代表政府警告新任德国驻英大使卡尔·冯·利希诺夫斯基亲王，英国不大可能在奥匈帝国进攻塞尔维亚时置身事外，而如果全面战争爆发，为了防止法国被击垮，英国几乎肯定会介入。德皇闻后愤怒不已，称英国是"懦夫""一个小店主的国家"，是"占着茅坑不拉屎"。但他的政府为了结束危机，还是准备与英国合作。基德伦与贝特曼都希望英国能在未来的欧洲战争中保持中立，尽管他们已经放弃了从英国那里获得友谊的想法。[79]奥匈帝国方面则感觉不满，认为盟友的支持不温不火。[80]

　　其他列强也接受了格雷的邀请。法国不希望因为巴尔干地区开战，意大利则不想放过任何一个被当作大国对待的机会。至于奥匈帝国与俄国，由于感受到了军事准备给财政带来的压力，双方都有声音呼吁两大君主国达成更好的谅解，尤其是保守派。俄国政府已经在11月决定放弃边缘政策，但萨宗诺夫还是因为愿意妥协而面临公众猛烈的批评：俄国杜马的一位议员表示，这是"一场外交上的奉天战役"，要知道他提到的这场地面战役的失利，可是决定了日俄战争的结果。12月11日，奥匈帝国的最高领导层面见弗朗茨·约瑟夫皇帝，以决定是战是和。康拉德在弗朗茨·斐迪南的支持下（大公不久之后又回到了更温和的立场）强烈要求开战，但遭到贝希托尔德与绝大多数文官大臣的反对。皇帝本人则"异常严肃、镇定和坚决"地站在和平这边。但1914年7月，老皇帝将做出不同的决定。[81]

英国外交部组织的这场大使会议，从 1912 年 12 月下旬一直开到了 1913 年 8 月。格雷后来表示，会议议程"拖沓不堪，有时令人疲惫到难以忍受"。代表法国出席的保罗·康邦则开玩笑说，这场会议会开到只剩下六尊骷髅围坐在会议桌边为止。[82]（奥匈帝国大使阿尔伯特·门斯多夫伯爵、德国大使利希诺夫斯基与俄国大使亚历山大·贝肯多夫伯爵是堂表兄弟，而这种贵族之间的相互关联是旧欧洲的一个标志。）门斯多夫抱怨说，意大利大使的话比其他人加起来的还多。[83]虽然列强达成了共识，要尽一切可能避免战争，但他们发现，要想让巴尔干诸国达成协议并不容易。巴尔干联盟因为内讧而分崩离析，奥斯曼帝国再度陷入动荡。1913 年 1 月，青年土耳其党人恩维尔帕夏在短暂失势之后，带着一群武装分子闯入君士坦丁堡的内阁会议现场，指控政府屈膝媚外，要求全体成员立即辞职。为了强调他们的要求，青年土耳其党人射杀了战争大臣。

列强之间的主要分歧在于阿尔巴尼亚的性质和形式。奥匈帝国认为新的国家应该是君主制。康邦讥诮地认为，一位无能的君主会很符合奥匈帝国的要求，他会让自己遇刺，使奥匈帝国有理由进行干涉，继而将阿尔巴尼亚纳为自己的保护国。[84]阿尔巴尼亚的边界也带来了无尽的麻烦。一部分难题在于，阿尔巴尼亚人很可能确实是巴尔干原住民的后代，但他们跟不同民族和宗教的南斯拉夫人混居在一起，并且内部因宗族与宗教而闹分裂——南边的人主要是穆斯林,北边大部分是基督徒——这进一步鼓励了外部势力插足。此外，奥匈帝国需要一个更大的阿尔巴尼亚来制衡斯拉夫诸国，阻碍塞尔维亚获得亚得里亚海的通道，而俄国则希望将尽可能多的奥斯曼领土让予自己的斯拉夫附庸国。[85]结果，与会者为了一些大多数人从未听说的小村庄在谈判桌上缠斗不休。格雷抱怨说："不可理喻且无法容忍的是，欧洲大部分国家竟要为了争夺阿尔巴尼亚边境上的一两个小镇而卷入战争。"[86]（内维尔·张伯伦在 1938 年的一次关于捷克斯洛伐克危机的广播讲话里表达了同样的抱怨："仅仅因为在一个遥远的国家，一群我们对其一无所知的人发生了争吵，我们就不得不挖掘战壕、试戴毒气面罩，这是多么可怕、神奇而不可思议啊。"）

斯库塔里（今斯库台）的归属问题尤其让列强关系紧张，甚至引发了新的战争恐惧。奥匈帝国希望将这个小城划归阿尔巴尼亚，因为这里是个天主教中心，属于奥匈帝国的势力范围。如果划入黑山或塞尔维亚，按照贝希托尔德等人的观点，那将损害奥匈帝国的威望与利益。[87]此时的斐迪南大公已不再像早先那么好战，在 1913 年 2 月中旬致信贝希托尔德时，他焦虑地且颇有先见之明地写道：

> 在不放弃一切的前提下，我们应当不惜任何代价维护和平！如果我们与俄国爆发大战，那将是一场灾难，谁知道你的左翼或右翼是否有战斗力；德国需要对付法国，罗马尼亚也会拿保加利亚的威胁说事。眼下我们的局面相当不利。如果我们发动对塞尔维亚的特别作战行动，我们倒是可以快速取胜，但然后呢？我们会得到什么？首先，整个欧洲会攻击我们，把我们视为和平的破坏者，其次，蒙上帝保佑，我们会吞并塞尔维亚。[88]

鉴于俄国和奥匈帝国的紧张关系再次加剧，弗朗茨·约瑟夫皇帝派出亲信戈特弗里德·冯·霍恩洛厄亲王作为特使前往圣彼得堡，向沙皇保证说，奥匈帝国的将军们仍受文官政府控制。然而，霍恩洛厄又警告说，如果阿尔巴尼亚问题得不到解决，战争就会在未来六到八周之内爆发，这又是一个令人不寒而栗的例子，表明欧洲的最高领袖现在是多么轻易地把大规模战争的前景视为理所当然。[89]这场最新的欧洲危机在 3 月告终，两个大国从共同边界撤军，并达成协议，把斯库塔里划给阿尔巴尼亚，给塞尔维亚几个城镇作为补偿，从而让自己从战争中抽身而出。

　　然而，在巴尔干当地，局势远远没有得到解决，诸国继续打着各自的算盘。塞尔维亚与黑山曾结成临时盟友，试图在任何和平协议达成之前先行夺取斯库塔里，但奥斯曼帝国的守军表现出惊人的意志力。尽管列强要求结束围困的呼声日益强烈，两国仍然置若罔闻。3 月底，奥匈帝国派出亚得里亚海舰队封锁了黑山的港口。萨宗诺夫警告说，"这种孤立的行为会给欧洲和平带来巨大的危险"，俄国政府再次考虑扩军。[90]英国与意大利连忙建议来一次海军的共同示威并派出了自己的舰船，法俄两国随后也加入其中。（由于斯库塔里距海近 20 公里，列强如此行事的目的是什么并不完全清楚。）俄国人也勉强同意向塞尔维亚施压，让该国在 4 月初撤出了围城战。不过，黑山国王尼古拉没那么容易改变主意，他贿赂了奥斯曼守军中的阿尔巴尼亚军官艾沙特帕夏。艾沙特帕夏与尼古拉一样凶顽，他先是杀了守军统帅，然后放出消息说自己丢了一个装有八万英镑的行李箱，要求有人把它还回来。[91]

　　4 月 23 日，艾沙特帕夏如期将斯库塔里城交给黑山人。消息传到采迪涅后，醉酒狂欢的人们向各个方向鸣枪庆祝。一些心眼多的人还找来一头驴子，套上黑衣，挂着写有粗俗字句的大牌子，牵到奥匈帝国的大使馆门外。不只是黑山首都，在整个巴尔干地区和圣彼得堡，群众纷纷冲上街头，难掩他们对南斯拉夫兄弟胜利的激动之情。[92]维也纳和柏林的气氛则变得严峻起来。康拉德命令手下，如果黑山拒绝归还斯库塔里，就着手制订攻打黑山的作战计划，并在 4 月底得到戈特利布·冯·雅戈的支持承诺，后者接替突然身故的基德伦出任德国外交大臣。5 月初，奥匈帝国决定向黑山发出最后通牒并开启军事准备，同时还宣布波斯尼亚进入紧急状态。俄国闻讯也升级各项措施，包括为武装力量订购马匹。[93]到了 5 月 3 日，黑山国王尼古拉这才意识到奥匈帝国是玩真的，于是在次日宣布从斯库塔里撤军，把问题留给列强来解决。维也纳和圣彼得堡再次搁置了各项战备工作。欧洲的和平暂时得以延续，虽然并非所有人都乐于见到。康拉德对奥匈帝国没有采取行动感到遗憾，他认为，击败黑山至少会张扬国威。在一次晚宴上，有朋友注意到康拉德非常沮丧。此外，现在奥匈帝国不得不对付一个领土面积翻倍的塞尔维亚。[94]

根据 5 月底签订的《伦敦条约》，阿尔巴尼亚从此成为一个独立国家，受制于一个国际监管委员会，但在奥匈帝国的阻挠下，委员会从未有效运转。这个内部分裂的贫穷小国迎来了一位懦弱和气的德意志王子，但维德的威廉只当了六个月的国王，随即被觊觎王位的艾沙特帕夏赶下了台。《伦敦条约》还确认了巴尔干联盟取得的战果，但这并未带来和平。联盟很快就分崩离析。塞尔维亚和希腊恼怒于保加利亚成了迄今为止最大的赢家，夺走了他们认为理应属于自己的领土，于是立即提出修订条约。在第一次巴尔干战争中置身事外的罗马尼亚，现在看到了夺取部分保加利亚领土的机会，而奥斯曼帝国则希望在南线将保加利亚逼退。1913 年 6 与 29 日，也即《伦敦条约》签署一个月后，在公众情绪一片好战的氛围下，保加利亚采取先发制人的策略，进攻塞尔维亚和希腊。罗马尼亚与奥斯曼帝国加入反击行列，让保加利亚人随后尝到了一系列败绩。1913 年 8 月 10 日，巴尔干各国签署《布加勒斯特和约》，罗马尼亚、希腊与塞尔维亚从保加利亚获得了领土补偿。"布加勒斯特的和平钟声是空洞的。"贝希托尔德在回忆录中写道。[95] 对奥匈帝国而言，两次巴尔干战争是对其荣誉与威望的毁灭性打击。

巴尔干地区的动荡仍在继续。塞尔维亚刚刚控制了奥斯曼帝国的科索沃省与马其顿的部分领土，紧接着要处理大批阿尔巴尼亚穆斯林人口的叛乱。尽管塞尔维亚镇压住了所有的抵抗，但他们的残酷在阿尔巴尼亚人的心中埋下了仇恨与怨愤的种子，直到 20 世纪末这些种子依然未死，成为塞尔维亚的麻烦之源。阿尔巴尼亚的领土在南面与希腊、北面与塞尔维亚有争端，而塞尔维亚人已下定决心，哪怕列强出面，也不准备归还。

两次巴尔干战争的胜利让塞尔维亚人从公众到领袖都信心大增。"他们什么都听不进去，可以干下任何蠢事。"《泰晤士报》驻贝尔格莱德记者写道。[96] 只要政府展现出任何退让的迹象，军方与极端民族主义团体"黑手会"就会激烈抗议，不过一般来说，文官们同样毫不妥协。1913 年初，帕西奇向驻俄大使表示："如果塞尔维亚在战场上败北，至少我们也不会被世界轻视。世界会高度尊重一个不愿生活在奥地利奴役之下的民族。"塞尔维亚的胃口也随着战场上的胜利而扩大。1914 年初，帕西奇在圣彼得堡与沙皇会面。塞尔维亚想要联合所有塞族人（他也慷慨地把克罗地亚人算了进来）的宏图看起来就要成为现实。他告诉尼古拉，大约有六百万不甘人下的"塞尔维亚克罗地亚人"生活在奥匈帝国境内，这还不包括那些已经开始意识到自己属于南斯拉夫大家庭的斯洛文尼亚人。[97]

奥匈帝国仍是塞尔维亚实现梦想的主要障碍。1913 年秋，它要求塞尔维亚从已经占领的阿尔巴尼亚北部领土撤军。塞尔维亚政府不但拒绝，反而派出了更多的军队，宣称这是为了保护塞族同胞免受阿尔巴尼亚人的侵害。10 月初，留着灰色长须，看起来像一位仁慈的巴尔干圣人的帕西奇访问维也纳，与帝国政府交涉。贝希托尔德在日记中写道："他外表谦和，心中焦虑，他的和蔼可亲让我们忘掉了彼此的根本分歧，也忽视了他的狡猾本性。"帕西奇满怀善意，但拒绝达成任何具体的协定。[98] 他不知道的是，共同大臣会议同时也在开会，讨论如何针对他的国家。康拉德不同寻常地出席了这次文官会议，敦促帝国干脆直接吞并这个惹是生非的邻国。文官们还没有准备好这么鲁莽行事，但他们显然也已经接受这样的事实，即战争很可能在未来的某个时候爆发，而某些文官甚至希望发生。即便是贝希托尔德这个一贯的温和派，现在也准备支持扩充军备。[99]

与会的匈牙利首相伊什特万·蒂萨态度强硬，在1914年的危机中他也将发挥关键作用，推动奥匈帝国向塞尔维亚宣战。蒂萨的同胞，甚至包括那些政敌，都对他的勇气、决心与意志力感到敬畏。他的一位主要政治对手说："他是匈牙利最聪明的人，比我们加在一起还聪明。他就像特蕾西娅女皇有许多抽屉的五斗橱，每格抽屉都装满了知识。不过，在蒂萨看来，不在抽屉里的东西就不存在。这个聪明、倔强、骄傲的人对我们国家是一个威胁。切记，这个蒂萨就像一把没有盖子的剃须刀一样危险。"[100]弗朗茨·约瑟夫对蒂萨颇有好感，因为他能够坚决而有效地对付匈牙利极端分子，这些极端分子只想着闹独立，一直在阻挠匈牙利议会通过提高军费的预算案。

蒂萨此前出任过一次匈牙利首相，他既是坚定的匈牙利爱国者，也是哈布斯堡君主制的支持者。在他看来，匈牙利在奥匈帝国内是有利的，因为帝国可以保护它免受罗马尼亚等敌人的侵害，并保全旧匈牙利王国的大片领土。作为铁杆保守派，他决心同时维持地主阶级的主宰地位，以及匈牙利人对非匈牙利人（包括克罗地亚人、斯洛伐克人、罗马尼亚人）的统治。照他的说法，普选制让少数民族在匈牙利政治中拥有发言权，这相当于"阉割国家"。[101]

在外交政策方面，蒂萨支持与德国结盟，对巴尔干诸国心存猜忌。能和平相处自然是好，但战争准备少不了，尤其是如果任何一个巴尔干国家变得过于强大的话。[102]在共同大臣会议上，蒂萨支持向塞尔维亚发出最后通牒，要求其从阿尔巴尼亚撤军。他在致贝希托尔德的私人信件中说："阿尔巴尼亚－塞尔维亚边界的事件让我们必须直面一个问题：我们是否会继续成为一个有活力的大国，还是说我们将自甘没落，并沦为大家的笑柄。每一天的犹豫不决都在让我们损失尊严，达成有利于我们的和平解决的机会也越来越小。"蒂萨接着说，奥匈帝国如果错过了这个证明自己的机会，毫无疑问将丧失大国的地位。[103]

　　1913 年 10 月 18 日，奥匈帝国向塞尔维亚发出了最后通牒，限期八天回复。所有列强之中，只有德国与意大利事先得到通知，这再次表明"欧洲协调"已名存实亡，而接下来的几个月里，协约国与同盟国两大阵营在巴尔干问题上越来越各行其是。[104]德意两国都不反对奥匈帝国的举动，德国则更进一步，给予坚定的支持。德皇的态度尤为激烈，他在贝希托尔德发来的感谢信上写道："机不可失！迟早得在那里建立和平与秩序！"[105]10 月 25 日，塞尔维亚选择屈服，从阿尔巴尼亚撤军。次日，正在维也纳访问的德皇与贝希托尔德一起喝茶，并告诉他奥匈帝国必须继续坚定立场："弗朗茨·约瑟夫皇帝陛下要求什么，塞尔维亚政府就必须给，不然就轰炸并占领贝尔格莱德，直至皇帝陛下的意愿得到满足。"威廉一边拨弄他的军刀，一边承诺德国随时准备支持盟友。[106]

　　巴尔干地区为期一年的危机至此和平落幕，但它留下了许多新的怨恨和危险的教训。塞尔维亚显然是赢家，11 月 7 日与黑山签署的分割新帕扎尔地区的协议让它拿到了更多的领土。不过，塞尔维亚的国家蓝图尚未完成，人们开始讨论与黑山联合，或者组建一个新的巴尔干联盟的可能。[107]塞尔维亚政府无力也不大想控制国内形形色色的民族主义组织，这些组织正在奥匈帝国境内的南斯拉夫人那里煽风点火。复活节一向是东正教会的重大节日，而在 1914 年春天的复活节期间，塞尔维亚自身的复活成为新闻界的热门话题。一家大报写道，塞族同胞正在奥匈帝国境内受苦，渴盼着唯有塞尔维亚的刺刀才能带给他们的自由。"让我们更紧密地站在一起，赶紧去帮助那些无法与我们一起享受今年复活节喜悦的人。"[108]俄国领导层对这位小盟友的任性表示忧虑，但无意加以约束。

　　在奥匈帝国，政府终于对塞尔维亚有所行动，这让各方都很满意。塞尔维亚向最后通牒低头后不久，贝希托尔德写信给弗朗茨·斐迪南说:"欧洲现在认识到,即便没有保护,如果我们的利益受到了威胁,我们也可以独立行事,而我们的盟友也会坚定地站在我们身后。"[109]但驻维也纳的德国大使也注意到,他们有"一种屈辱感,并竭力克制愤怒,觉得被俄国及其盟友摆了一道"。[110]值得欣慰的是,德国最终保持了对盟友的忠诚,但奥匈帝国日益依赖德国,又让他们感到愤慨。康拉德抱怨说:"现在我们只不过是德国的一个卫星国。"[111]南面独立且更为强大的塞尔维亚依然提醒着奥匈帝国,他们在巴尔干地区是多么失败。贝希托尔德因其软弱受到了议员和媒体的广泛批评。当他在1913年底递交辞呈时,弗朗茨·约瑟夫冷冷地说道:"没理由在几个议员与一家报纸面前屈服,这也是不被允许的。再说,你也没有继任者。"[112]

与诸多同僚一样,贝希托尔德仍然对塞尔维亚的威胁和奥匈帝国的大国地位抱有执念。在他看来,这两者密切相关。在回忆录里,他生动地谈及奥匈帝国是如何在巴尔干战争中"被阉割的"。[113]奥匈帝国似乎愈来愈面临一个严峻的抉择:究竟是为自己的生存而战,还是干脆从地图上消失?虽然蒂萨一开始提了一些不太可能的方案,想着能否与俄国合作,劝说塞尔维亚放弃一部分领土,但此时奥匈帝国领导层中的绝大多数已经放弃了和平赢取塞尔维亚的念想;他们认为,塞尔维亚人能懂的语言只有武力。康拉德、新任战争大臣亚历山大·克罗巴廷将军,还有波斯尼亚总督奥斯卡·波蒂奥雷克将军,都是坚定的强硬派。共同财政大臣莱昂·冯·比林斯基之前还试图让帝国的财政保持稳健,现在也支持大幅增加军费。他说:"相比我们的现状,一场战争没准会更便宜。说我们没钱于事无补。我们必须支出,直至情况出现转机,直至走出几乎整个欧洲都反对我们的局面。"[114]奥匈帝国的最高领导层也普遍接受了一种观点:他们迟早得向塞尔维亚摊牌,不能老是这么拖下去,也许还要向俄国摊牌,尽管康拉德直至第一次世界大战前夕还相信,俄国可能会容忍奥匈帝国对塞尔维亚与黑山的有限攻击。[115] 有一个人仍然希望避免战争，那就是弗朗茨·斐迪南。

从第一次巴尔干战争爆发到 1913 年秋天，在一年的时间里，俄国和奥匈帝国曾多次走到战争的边缘，而且他们的盟友还在一旁随时准备下场，一场全面冲突的阴影笼罩在整个欧洲的上空。虽然列强最终控制住了危机，但各国人民、领袖与公众已经习惯了战争的想法，并认为战争的到来只会更早不会更晚。当康拉德因为受到斐迪南大公的冷落而萌生去意时，小毛奇恳求他重新考虑："现在我们正在接近一场冲突，您必须留下。"[116] 俄国与奥匈帝国都做了战争准备，尤其是军队动员，不只是为了威慑，也是为了向对方施压——就奥匈帝国而言，是向塞尔维亚施压。威胁这一次起了作用，是因为三国都没有准备向对手叫板，因为维护和平的声音最终还是压过了对战争的鼓吹。对欧洲的未来来说，危险的是，奥匈帝国与俄国都认为这样的威胁可能再次奏效。或者同样危险的是，他们都决定下一次不再退缩。

列强从他们又一次蒙混过关的事实中得到了某种安慰。在过去八年里，两次摩洛哥危机，一次波斯尼亚危机，加上现在的巴尔干战争，都曾把欧洲带到全面战争的悬崖边，却也都被外交手段拉了回来。在最近这几个月的紧张局势中，"欧洲协调"多少还是派上了用场，而英德两国合作得还不错，找到了妥协之道，并约束了各自的盟友。1914 年夏天又一次巴尔干危机来临时，格雷希望至少同样的情况能再次发生。[117]

忧心忡忡地关注着时局的和平运动人士，现在也松了一口气。1912 年深秋，第二国际在巴塞尔举行的非常代表大会似乎标志着和平事业的跨国合作达到了新的高潮。1913 年 2 月，法德两国的社会主义者发表了一份联合宣言，谴责各国的军备竞赛，并承诺携手努力。当然，和平主义者认为，哪怕在资本主义内部，反战力量也在生长,列强之间关系的改善就在眼前。[118] 为了让人们了解战争的恐怖,一名德国电影制作人在第二次巴尔干战争期间拍摄了素材。他的电影直到 1914 年夏天才开始在欧洲各地的和平协会放映。[119] 由美国百万富翁安德鲁·卡内基慷慨捐助而新成立的卡内基国际和平基金会,派出了一个由奥地利、法国、德国、英国、俄国与美国等国代表组成的委员会,对两次巴尔干战争进行调查。委员会的报告指出,交战国的人民都倾向于将他们的敌人描绘成非人,对敌方士兵和平民的暴行非常频繁。报告写道:"在更为古老的文明那里,体现为法律与制度的道德力量与社会力量综合体,使人的性格趋于稳定,公意得以形成,安全得以增进。"[120] 报告发表于 1914 年夏初,而此时的欧洲各地即将知晓他们的文明有多脆弱。

第十七章　欧洲最后数月的和平

1913 年 5 月，在两次巴尔干战争的短暂间隙，英王乔治五世和沙皇尼古拉二世来到柏林，出席他们的表侄女，即德皇的独女与布伦瑞克公爵（也是他们的亲戚）的婚礼。据说新娘的母亲在婚礼前夜因要与女儿别离而整晚痛哭，但英国大使爱德华·戈申爵士告诉格雷说，这次婚礼取得了"辉煌的成功"。德国人极为慷慨好客，英王与王后也完全乐在其中。"陛下告诉我，他从来不知道君主会晤还可以如此无拘无束且彻底地讨论政治，他也乐于告诉我，他本人、国王与沙皇在当天谈过的问题上达成了完全的一致。"三个表兄弟尤其同意必须好好管束"狡猾的斐迪南"——"陛下给他安了个更刺耳的绰号"。戈申总结说："我的感觉是，这次访问取得了真正的成果，也许会比通常外国君主的国事访问影响更持久。"[1]

但英王私下里却没有那么热情。乔治五世抱怨说，他要和沙皇单独交谈的时候，威廉的耳朵几乎是"贴着锁孔"来偷听。德皇也曾向英王发表长篇大论，抱怨英国对法国的支持："你们与法国这样的堕落国家结盟，又与俄国那样的半野蛮国家联合，只为反对我们这些进步与自由的真正维护者……"[2] 显然，威廉自以为给英王留下了深刻印象，进而弱化了英法协约。[3] 这是两兄弟的最后一次会面，一年多之后，他们的国家将兵戎相见。

欧洲在最后的和平岁月里仍然有诸多选项。没错，1913 年的欧洲各国受着很多事情的困扰：惧怕丢掉地盘，惧怕被邻国在兵力和火力上超过，惧怕国内的暴乱与革命，或者惧怕战争本身的后果。这些惧怕可能产生两种后果，要么是让列强更加谨慎，要么就是让他们准备好用战争来赌博。然而，虽然欧洲的领袖们可以不必选择战争，但他们选择战争的可能性越来越大。英德之间的海军军备竞赛、奥匈帝国与俄国在巴尔干地区的竞逐、俄国与德国之间的裂缝、法国对德国的忧虑——原本可以从合作中获益良多的诸国，却被各自的利益心分开。此外，过去十几年累积的猜疑与记忆在决策者与公众心中占了极大分量。不论是法国被德国打败和孤立，还是布尔战争之于英国，两次摩洛哥危机之于德国，日俄战争与波斯尼亚事件之于俄国，两次巴尔干战争之于奥匈帝国，每个大国都有各自的痛苦经历，并且都不希望重蹈覆辙。"展现自己的大国地位，避免羞辱"这一心理成了国际关系中的强大驱动力，无论是今天的大国之间，还是一百多年前的欧洲列强都是如此。如果说德国与意大利是想获得尊位，英国则希望避免衰落，继续保有其庞大的帝国。俄法两国希望重新夺回他们认为自己应有的地位，奥匈帝国则是要为生存而战。他们都考虑要诉诸武力，但不知何故，尽管多次陷入紧张局势，欧洲总能及时脱身。1905 年、1908 年、1911 年、1912 年与 1913 年，"欧洲协调"已大为削弱，但还算有效力。然而，危险的时刻正越来越近，到 1914 年，在一个已经危险的、习惯了危机的世界里，欧洲各国领袖将再度面临是战是和的抉择。

但他们还需要再一次应对本国公众的恐惧狂潮和高涨的民族主义情绪，应对越来越擅长煽动舆论的游说集团与特殊利益团体。比如在德国，曾活跃于德国海军联盟的奥古斯特·凯姆少将在 1912

Zum Schutze des eigenen Heims muß man auch seine besten Freunde überwachen.

Die Freundschaft wächst — und damit das Mißtrauen.

图 17　大战前的最后几年，军备竞赛愈演愈烈。尽管温和派与和平运动人士都指出了战备升级的危险性，并抱怨军费的增长，但欧洲各国已陷入相互猜疑，没人敢走回头路。这幅漫画描绘了一栋繁荣的联排建筑，飘扬着代表不同国家的国旗，正越来越破败，下面的说明文字写着"各国越是试图在军备竞赛中胜过邻国，他们的国民就越惨……"

年初建立了一个类似的组织，呼吁德国建立一支更强大的陆军。到1912 年 5 月，德国陆军联盟已有 4 万名成员，到第二年夏天，成员超过了 30 万，并得到阿尔弗雷德·克虏伯等工业大亨的资助。凯姆支持提交给帝国议会的每一项军事预算案，并且总说这些预算根本不够。[4] 在英国，大众报纸继续热炒所谓的德国入侵计划，传播着德国侍应生实际上都是现役军官的谣言。国家之间突然爆发的新闻战屡见不鲜。1913 年，在一出名为《枪骑兵弗里茨》的戏剧里，一些法国演员穿着德军军服，德国报界对此大做文章；到了第二年夏天，柏林一家名字很贴切的瓦尔哈拉剧院计划上演一出情景剧，叫《外籍军团的恐怖，或西迪贝勒阿巴斯 * 的地狱》。[5]1914 年初，一家德国报纸刊登了其驻圣彼得堡记者的一篇报道，说俄国官员圈子的反德情绪正在滋长。俄国报界的回应是指责德国人正准备对俄国发动预防性战争。俄国战争大臣苏霍姆利诺夫在接受一家大报专访时挑衅说，俄国已经准备好了。[6]

　　1914 年初夏，阿列克谢·布鲁西洛夫将军（他将在第一次世界大战中带领俄国取得为数不多的一场胜利）在德国南部的度假胜地巴特基辛根疗养，当地的节日活动让他与妻子惊骇不已。"中央广场四周被鲜花包围，拱在中间的是一个精美的立体布景，再现了莫斯科的克里姆林宫、东正教堂、壁垒和塔楼，前景是圣巴西尔大教堂。"一阵鸣枪之后，绚丽的烟火表演照亮了整个夜空，而随着乐队先后奏响俄德两国的国歌，以及柴可夫斯基的《1812 序曲》，克里姆林宫的模型烧成了灰烬。德国人为之欢呼雀跃，布鲁西洛夫夫妇和少数几个俄国同胞则只能默默地站在一旁，懊恼愤恨不已。[7]

　　尽管欧洲各国的统治阶层经常与公众一样抱有民族主义的自

---

* 弗里茨为旧俚语，用于指代德国人，带冒犯之意。瓦尔哈拉乃死亡之神奥丁款待阵亡将士英灵的殿堂。西迪贝勒阿巴斯位于阿尔及利亚，乃法国外籍军团的总部所在地。

豪感，但他们也担心民众不甚可靠。左派政党正在蓬勃壮大，有些国家的左派领袖甚至已经公开号召革命。在意大利，社会主义者及其支持者在北非战事初起时的热情很快冷却；年轻的激进分子贝尼托·墨索里尼在军队出征期间组织了多场示威抗议，社会党的温和派领袖遭到驱逐，换上了更激进的人。在1912年的德国选举中，社会民主党拿到了67个新席位，让右派如临大敌。保守民族主义团体德国农业联盟的领袖发表了一篇名为《假如我是德皇》的文章，认定一场漂亮的胜仗能让政府有理由取消普选权。[8] 工人的组织性与战斗性都变得更强。在意大利北部的城镇与乡村，政府不得不调集军队来镇压罢工与示威活动。在英国，工人罢工的人数从1899年的13.8万猛增到1912年的120万。尽管1913年这个数字有所下降，但是1914年的头七个月里，还是发生了近一千次罢工，而且事由往往很琐碎。此外，英国工人阶级也像欧洲大陆的工人阶级一样，越来越拥护革命的想法，并准备利用罢工和破坏生产等直接行动来达成政治目标。1914年初，三家最有战斗性的工会（分别代表铁路工人、运输工人与矿工）打造了他们自己的三重联盟。如果愿意的话，该联盟可以关闭煤矿、停运火车、瘫痪码头，这不仅威胁到英国工业，最终也威胁到英国的国力。这在统治阶级中引发了不安。

在欧洲的另一端，俄国断断续续地向着成为现代欧洲世界的另类迈进。斯托雷平也许可以顶着尼古拉二世及其宫廷的反对，在为时已晚之前推动沙皇政权进行改革，却在1911年秋遇刺身亡。沙皇越发受到宫中反动人物的影响，竭力阻挠俄国走向立宪。他不仅任命以服从为能事的右翼大臣，还尽可能地无视杜马。1914年初，令温和派大失所望的是，沙皇突然革去科科夫佐夫的首相之职，一名大公说，就像"解雇家仆"一样。本来既有能力又有改革思想的大臣就所剩不多，这下又折了一位。[9] 科科夫佐夫的继任者伊万·戈列梅金是沙皇的老宠臣，人很有魅力但极其保守，完全无力带领俄国解决已经堆积的麻烦，更不必说应对即将到来的麻烦了。外交大臣萨宗诺夫这样评价他："这位老者在很久以前眼里就只有自己的安宁和幸福，既无能对任何别的事情发生兴趣，也无能思考周遭的各种动态。"[10] 戈列梅金本人对自己担任新职位的能力也不抱幻想，他告诉一位主要的自由派政客："我完全无法理解为什么需要我，我就像一件旧浣熊皮袄很早以前就装进了箱子，与樟脑为伴。"[11]

雪上加霜的是，关于拉斯普京的丑闻也逐渐公开。俄国社会四处有传言说，这名教士对皇室有着不良影响，他跟皇后和公主们实在太过亲近。沙皇的母亲向科科夫佐夫哭诉："我那可怜的儿媳妇根本不知道，她正在毁掉这个皇朝和她本人。她竟然真诚地相信一个冒险家的神圣，我们已无力抵挡必然到来的不幸。"[12] 1913 年恰逢罗曼诺夫王朝统治三百周年，这年春天，沙皇夫妇罕见地巡游国内，向人民展示自己。这对夫妇与他们身边的廷臣仍然认为普通的俄国民众，尤其是农民，都敬爱罗曼诺夫王朝，但陪同在侧的科科夫佐夫却为迎候人群的规模之小以及明显缺乏热情而感到震惊。3 月的风很冷，沙皇并不会在每个地方都露面。在莫斯科，欢迎人群还是很少，人们悄声议论起病重的皇储，他被哥萨克保镖抱在怀里，样子极其可怜。[13]

在俄国杜马，保守派与激进派之间的分歧进一步加深，由之而来的是无休止的辩论与指责，中间的民主党派逐渐被左右两边的极端势力挤出政坛。作为上议院发挥作用的国务委员会，则被一帮反动的老家伙主导，他们给自己定的职能就是阻挠杜马通过的任何自由化法案。[14] 当右派讨论发动政变以重建绝对君主制时，对大部分左派而言，革命似乎是实现变革的唯一途径。城市工人也受到影响。第一次世界大战爆发前的最后两年，罢工，无论是在数量上还是激烈程度上都大大提升。乡间农民的情绪越发低落；1905 年和 1906 年，许多地方的农民都试图从地主阶级手中夺取农庄。虽然这次以失败告终，但他们没有死心。无论是在波罗的海、乌克兰还是高加索地区，臣服于俄国的民族都骚动和组织起来，部分原因是政府推行的"俄化"政策造成了荒谬的后果，比如波兰学生被迫以俄语译本阅读本民族的文学，心中留下了刻骨仇恨且恨意不断增长。

俄国当局对境内骚乱的反应就是指责革命者、共济会或犹太人在背后煽动，在俄国官员看来，这三者并无大的差异。1913 年，在沙皇的批准下，为迎合国内的反犹情绪，俄国内政大臣和司法大臣同意审判基辅犹太人门德尔·贝利斯，指控他杀死了一名基督徒男孩以用于献祭仪式。检方的证据不但站不住脚，而且显然是捏造的。即便沙皇与他的大臣们知道贝利斯是无辜的，他们依旧决定继续，理由是犹太人搞献祭谋杀是出了名的，只不过在这起案子里没有而已。审判在俄国国内外的自由派圈内引发了公愤，政府为确保定罪所做的拙劣努力（包括逮捕辩方证人），使得其公信力再次降低。贝利斯最终被无罪释放，并移民去了美国，他将会在一个安全的位置见证旧秩序在 1917 年崩塌。[15]

到 1914 年，无论是本国人还是外国人都认为俄国正坐在火山口上，革命的熔岩在 1905—1906 年日俄战争中曾喷发过一次，如今再度在地表之下聚集。奥匈帝国驻俄大使馆的奥托·冯·切尔宁伯爵说："如果头脑发热的民族主义者和极右派一起促成被压迫国族和社会主义普罗大众的联合，那么一只不熟练的手可能就可以煽起一场大火。"[16]俄国知识分子抱怨说，旧社会崩塌，新社会却还未准备诞生，他们感到无助和绝望。[17]战争越来越被视为俄国摆脱困境的一条出路，也是让俄国社会团结起来的方法。俄国的中上层与政府只在一件事上达成了共识——拥有历史荣耀的俄国需要重新确立其大国地位。本来败给日本就已经颜面扫地，在 1908 年波斯尼亚危机中的表现又那么无力，更不要说在最近的巴尔干战争中，俄国的软弱将自由主义反对派与最热情的反动派联合到了一起，他们支持重整军备，推行果敢的外交政策。[18] 俄国新闻界与国家杜马大谈特谈他们在巴尔干地区的历史使命和对土耳其海峡的权利，即便这意味着与德国和奥匈帝国开战，或者正如更狂热的俄国民族主义者所说的，斯拉夫民族与条顿民族终有一战。[19] 尽管杜马的议员们大部分时间都在抨击政府，但杜马本身一向支持把钱用在军事上。杜马议长在 1913 年春天告诉沙皇："必须从普遍的热情中获益。土耳其海峡必须归属我们。战争将被欣然接受，并且对皇权的威望有益无害。"[20]

作为俄国在巴尔干地区的对手，奥匈帝国的光景也没有好到哪里去。由于巴尔干战争带来的不确定性和费用支出，奥匈帝国的经济受到沉重打击，到 1914 年初才开始复苏，但工业化程度的提升也带来了一个更庞大、更好斗的工人阶级。在二元君主国的匈牙利部分，社会民主党对普选的要求遭遇了抵制，匈牙利的上层阶级根本不想分享权力。1912 年春天，布达佩斯爆发了大规模的工人示威运动，引发抗议者与政府间的激战。同样，在君主国的两部分，民族问题像森林之火一样闷烧，不是在这里爆发，就是在那里燃成熊熊之势。在奥地利，语言高度接近乌克兰语且拥有自己教会的鲁塞尼亚人向他们的波兰领主提出了更多的政治与语言权利要求，而捷克人与德意志人则陷入了一场似乎看不到尽头的权力争斗。维也纳的议会变得如此难以驾驭，以至于在 1914 年春天被奥地利政府关闭，直至 1916 年才重新开会。在匈牙利，罗马尼亚民族党要求让渡更多的权利，包括让罗马尼亚人占多数的地区享有更大的自治权，但是议会被匈牙利民族主义者主导，他们不会同意这一点。在蒂萨的影响下，匈牙利人对于留在二元君主国里至少是满意的，但如果弗朗茨·斐迪南（他是出了名的反匈牙利者）继承皇位，情况几乎一定会改变。1914 年春天老皇帝病重，君主制前景严峻。德国大使海因利希·冯·奇尔斯基的看法很悲观，他说这个帝国即将"分崩离析"。[21] 此外，鉴于塞尔维亚国力的增长，奥匈帝国需要将更多的军事资源向南方转移，这让德国的军事规划者感到不安，他们还指望盟友帮助他们对抗俄国。

虽然德国在诸多指标上表现不错，比如工业与贸易，以及人口增长率，但在最后的和平岁月里，德国的领导层和大部分公众都莫名地缺乏安全感。害怕的事情太多：包围圈的封锁，俄国国力的上升，法国的复兴，英国人拒绝在海军军备竞赛上让步，自己盟友的不可靠，社会民主党得票数的显著增长——这些都给德国的未来营造了一派悲观气氛。德国人越发认为，战争很可能发生，如果不是不可避免，而法国是最有可能的敌人，但它的协约国伙伴可能会来援助（尽管贝特曼仍然希望与英俄两国搞好关系）。[22]前首相比洛在1914年初说，"法国政策的灵魂，也许就是对德国的怨恨"。出现在法国的一张明信片，让德国外交官发现自己的怀疑得到了证实，它的背面写着："普鲁士国王去吃屎吧。"法国驻柏林武官报告说，德国公众的好战情绪日益高涨，可能会迎来"愤怒与民族自豪感的爆发，并最终迫使德皇出手将群众引向战争"。[23]即便是温雅的作曲家理查德·施特劳斯也被反法情绪冲昏头脑，1912年夏天他告诉凯斯勒，一旦战争爆发，他也会上前线。妻子问他，你觉得自己能做什么。施特劳斯不大确定地回答说，也许可以做一名护士。"噢！理查德啊！"妻子厉声打断，"可你完全见不得血啊！"作曲家有些尴尬，但坚持说："我会尽力不晕。我不想错过法国人被打得落花流水的场面。"[24]

在德国的高层文官圈子里，贝特曼仍然急切地想要避免战争，而通常来说，这也是德皇的意愿（德皇现在开始对考古学充满热情，每年春天总是跑到科孚岛做挖掘，这让贝特曼的压力小了不少）。外交大臣基德伦虽然喜欢动辄言战，实际也是个温和派，但他在1912年底突然死于心脏病发作。继任者戈特利布·冯·雅戈太过软弱，无法与将军们抗衡。正如德皇在提到他时的称呼，出身于普鲁士贵族家庭的雅戈是个其貌不扬的"小矮个"，其主要目标似乎是以一切可能的方式捍卫德国的国家利益。[25] 但危险的是，军方越来越相信战争是不可避免的，甚至是可取的。许多德国将军始终没有原谅德皇在 1911 年摩洛哥危机中的退缩，以及在最近第一次巴尔干战争中的让步。人脉广泛的施皮岑贝格男爵夫人报告说："他们责备德皇'过分热爱和平'，并且认定，在巴尔干战争缠住俄国的时候，德国本可击败法国，最后却让机会溜走了。"[26]

德军总参谋部已经接受了未来要在陆地上两面作战的现实。1913 年 1 月去世的施利芬留下的遗言据说是"只保持左翼的强大"，但他的战略思想仍然影响着德国的作战计划。施利芬的继任者小毛奇忠于自己的悲观本性，仍然怀疑德国能否赢得一场需要面对不止一个敌人的战争，尤其是如果德国不得不独自作战的话。小毛奇早先对征募工人当兵颇有疑虑，现在他要求扩充陆军人数，并得到了以埃里希·冯·鲁登道夫为代表的新一代军官的支持，这些既有抱负人又聪明的中产阶级军官正进入总参谋部。德国帝国议会在 1912年夏天已经通过了一份陆军法案，但是当年秋天第一次巴尔干战争的危机显示了奥匈帝国的孱弱以及俄国的动员意愿，这刺激鲁登道夫为小毛奇起草了一份新的法案，要求德国政府迅速增加军队的人员和物资数量，并为机枪等组建新的特别作战单位。鲁登道夫的用语带有警告性，并且事实上谈到了"即将到来的世界战争"。[27]

1912 年 12 月 8 日，巴尔干地区局势依然紧张之时，德国发生了通往第一次世界大战之路上最有争议性的事件之一：德皇在他的波茨坦行宫召开战争会议。当天早上，他读到驻英大使发来的一份报告，说英国外交大臣格雷与战争大臣霍尔丹已发出警告，如果欧洲大陆爆发全面战争，英国几乎肯定会介入，以防止法国被德国击溃。英国可能参战对德皇来说不是新闻，但他没想到英国人会这么不懂礼貌，暴跳如雷之余，他还自感遭到了背叛：在条顿人与斯拉夫人即将到来的决战中，英国人将和高卢人一起站在错误的一边。他迅速召集了几个他最信任的顾问，都是军方人士，包括小毛奇、蒂尔皮茨及其副手乔治·冯·穆勒上将。穆勒的日记是对当天会议的最好记录，据这位上将的说法，德皇发表了一通长篇大论，认为应当弄清楚英国人的立场；从现在开始，德国就要同时与英法两国作战了。"公海舰队必须严阵以待，准备与英格兰作战。"他接着说，奥匈帝国要对付塞尔维亚人，这几乎肯定会把俄国拖进来，而德国也将无法避免在这一条战线上的战争。因此，德国得尽可能地招揽盟友——罗马尼亚和保加利亚可以寄予希望，奥斯曼帝国也不是不可能。小毛奇同意战争不可避免（而且没有人反对这一点），但他认为应当利用德国的新闻媒体来培养公众的正确心态。蒂尔皮茨似乎从不希望他所挚爱的海军投入战斗，说宁愿看到战争推迟一年半载再打。对此，小毛奇语带讥讽地回应说："恐怕到了那时，海军也不会准备好。"他还警告说，随着时间的推移，陆军实力只会下降，而敌军实力则会增长。"战争越早打越好。"一个在危急时刻仓促召集的会议本可以好好利用一下，但可怕的是，与会者竟如此轻易地接受战争将至的想法。[28]

会议结束后不久，小毛奇给贝特曼写了一封备忘录，仍不忘警告说，有必要确保说服德国公众舆论相信，战争是正当且必要的：

> 如果战争爆发，毫无疑问重担将落在德国身上，我们将三面环敌。不过在当前局势下，我们仍然有信心应对最艰困的任务，只要我们能够提出一种足以让全国人民团结一致、热情拿起武器的开战理由。[29]

在 1914 年的危机中，欧洲各国政府都尽了最大努力，以确保自己的国家看上去是无辜的一方。

会后的德皇激情满怀，下令起草新的陆军与海军预算案，把贝特曼吓得够呛，部分原因在于他根本不知道去哪里找所需的经费："德皇与他陆海军的圣骑士们开了一次战争会议，当然是背着基德伦和我，还下令准备增加新的陆海军军费。"贝特曼好说歹说，总算让威廉驳回了蒂尔皮茨每年新造三艘战列巡洋舰的要求。在 1913 年对陆军军长的新年演说中，德皇得意扬扬地宣布："海军将把现有资金的大部分让给陆军。"[30] 德国陆军得以新征 13.6 万人，让德国的常备军总数在 1914 年达到 89 万。（不过德国东面的俄国已有 130 万人的军队，其人口也是德国的三倍，潜在的士兵数量比德国多得多。）按照德皇的说法，此时的贝特曼已经接受了战争的想法。朱尔·康邦在 1913 年秋天向巴黎方面报告说："德皇已经开始相信，未来与法国一战不可避免，甚至是必要的。"[31]

德国的军事扩张当然会让敌国忧心忡忡。俄国之前已将应征士兵的服役期限延长六个月，以扩大陆军规模，并在其不断扩大的铁路网上进行试探性动员。到了 1913 年，为了回应德国人的动向，也是在法国人一大笔借款的鼓励之下，沙皇批准了新的十年"大计划"，拟将俄国和平时期的常备军兵力立即增加 20 余万人，并且之后人数还会继续增加，作战单位也将扩编。最终方案在 1914 年 7 月 7 日得到了批准。[32]

为了应对德国的挑战，法国人也采取了自己的措施。霞飞的计划取决于要不要在战争开启阶段准备足够的兵力，既能击退德国的任何进攻，也能向德国发动进攻。到 1914 年，德国可以投入战场的陆军比法国更多，有鉴于此，法国要么改变计划，更加注重防御（这与军方的战略教条冲突），要么扩充陆军兵力。[33] 对于法国军方及其支持者而言，第二种选项更具吸引力，但它面临着法国人口的掣肘。陆军可以每年都征募更多新兵，而且他们此时也的确在这么做，但法国总人口只有 3900 万，比起拥有 6800 万人口的德国，其潜在新兵显然要少得多。战争部因此提出将应征入伍者的服役期从两年延长到三年，想以此来扩充陆军规模。这一"三年法"重新唤起了共和国在军队的性质和作用方面存在的分歧。右翼与军方都倾向于支持更大规模的陆军，社会主义者与不少激进派则跳出来攻击军方是在试图建立一支具有反动价值观而非良善的共和价值观的职业武装。饶勒斯发表了热情洋溢的演说，支持建立公民兵组织。军方与右翼强调了德国的威胁，指出法国陆军在欧洲本土已经面临兵员不足的危险，因为这时它还不得不派出一支部队前往摩洛哥，平定当地人对法国统治的反抗。[34] 根据霞飞的说法，"三年法"会将法国可用的兵力提高到 70 万。德国固然有 87 万兵力，但有相当部分得放在东线对付俄国，这样一来，在西线的对抗中，胜利的天平会偏向法国。[35] 更长的服役期也让法国陆军有机会改善训练，这向来是一大难题。[36] 这部法律虽然在 1913 年 7 月得以通过，但是法国议会与新闻界的相关论辩一直持续到 1914 年。

法国还经受了一起第三共和国时期（1870—1940）那种典型的连锁性丑闻。从 1911 年开始，一则关于政府部长们财务腐败的肮脏故事，发展成了一场针对约瑟夫·卡约的联合行动，民族主义者一直怀疑这位现任总理太乐于向德国妥协，甚至可能拿了德国的好处。有传言说，保守派报纸《费加罗报》的编辑拿到了有关卡约复杂私生活的资料，足以让他身败名裂，同时，他们也掌握了证据，表明卡约曾利用司法部部长的职权阻挠对腐败指控的调查。

然而，拿法国最近的历史比照，高卢雄鸡在最后两年的和平里很不寻常地展现出了相对的冷静与稳定。外国人与法国人自己都认为，法国正在经历一场民族主义情感和信心的复苏。无分左派或右派，1911 年的摩洛哥危机已经使许多法国人相信，德国是一个难以和解的敌人，永远不会放弃骑在法国头上的机会（法国也没少做挑起危机的事，却无人提及；评论家认准了他们的国家就是无辜的一方）。1911 年夏天，危机达到顶峰时，法国战争部收到了数百封士兵的请愿，要求重新列入现役名单。一名将军在请愿书里写道："有人说我太老了，无法指挥作战，我只要求以骑兵的身份上前线，向法国的年轻士兵展示一位老师长、一位法国荣誉军团大十字骑士勋章的获得者知道如何赴死。"[37] 十年以前的法国学生也许还愤世嫉俗，质疑民族和历史的荣耀，现在却说愿意为祖国献出生命。在巴黎拉丁区，有三千人举行示威游行，高喊"阿尔萨斯万岁！洛林万岁！"在巴黎的大小剧院里，爱国主义剧目成了新潮。在乡间，观察家注意到农民中间出现了新的好战倾向。[38] 1909 年享受宣福礼的圣女贞德重新受到欢迎，尽管这回的敌人不再是英国人。"威尔玛说，她圈子里的所有人都在为战争发狂，"1912 年哈里·凯斯勒提到，他住在巴黎的妹妹说，"所有人都确信他们会击败我们。"[39] 1913 年春，一艘德国齐柏林飞艇在一座法国城镇迫降时，当地群众向机组人员扔石块。法国政府为这种"令人惋惜的"行为道了歉。德皇愤怒地批注道："说得这么轻！这样的事情简直下作，文明世界的人是干不出来的，就像发生在野蛮人的土地上！这就是反德情绪煽惑的结果！"[40] 几个月后，德国军官侮辱阿尔萨斯当地居民的察伯恩事件发生，法国媒体予以了广泛报道，认为这是普鲁士军国主义的又一例证。[41]（小毛奇发现，法国媒体的好战情绪可以为德国扩军提供进一步的理由。）[42]

法国国内的这种新情绪在一个人身上体现得尤其明显，那就是雷蒙·普恩加莱。1912 年第二次摩洛哥危机后，卡约倒台，这位主要的保守派政客接任总理一职。1913 年初，普恩加莱当选总统并一直做到了 1920 年。也许是因为来自洛林（这个省的大部分地区在 1871 年以后被德国占领），普恩加莱是个热情的法兰西民族主义者，一心想弥合法国社会的分裂，恢复法国在世界上应有的地位。他虽然丢掉了早年狂热的天主教信仰，不过他仍然认可教会之于大多数同胞的重要性。身为总理，他在支持世俗学校的同时，也主张对宗教学校保持宽容，着力化解天主教教徒与反教会人士长期以来在教育方面的冲突。[43] 普恩加莱认为世界会从法国的影响力中受惠，他在 1912 年的一次演说中强调，"智慧、沉着与尊严"是法国政策的标志。"就让我们努力维系并提升我国的活力，我指的不仅是陆军和海军的力量，最重要的是政治自信与民族感情的统一，正是这些赋予了一个民族以宏伟、荣耀与不朽。"[44] 普恩加莱是个重视理性的人，而且反对战争，但他也认定有必要加强法国的军事力量。他成了法国民族主义者心中的英雄，一大波法国的新生儿都取名为"雷蒙"。

　　普恩加莱不是拿破仑或者后来的夏尔·戴高乐，虽然他总是非常在意自己的公众形象。与张扬的性格相反，身材矮小的他注重整洁，讲究细节，一丝不苟。他还很聪明，且格外勤奋，这似乎是一个家族传统；他的父母两边是布尔乔亚阶级家庭出身，这个阶级盛产法官、公务员、教授，以及他父亲那样的工程师。他的堂哥亨利·庞加莱［普恩加莱］是法国顶级的数学家，他本人则是巴黎公立中学的优等生，在 1880 年以二十岁的年纪成为法国最年轻的律师。尽管与其他雄心勃勃的年轻人一样，普恩加莱进入了新闻界与政界，但他的法律训练让他一贯尊重形式与程序，出现在公众场合时也总是沉着冷静。作风凶猛的激进派乔治·克列蒙梭就受不了普恩加莱，说他"活像一头小野兽，不动声色，不讨人喜，也没勇气"。[45] 就像克列蒙梭说过的很多话一样，这句评价并不公正。无论在 1914 年之前，还是在第一次世界大战的黑暗岁月里，普恩加莱都展现了勇气与坚毅。即便是克列蒙梭，也无法指控普恩加莱贪腐，而这是第三共和国时期许多政治人物的待遇。

　　就其所处的时代与阶级而言，不寻常的一点是，普恩加莱是个女性主义者，也是动物权利的坚定支持者。比如，他拒绝参加总统乡间庄园传统的狩猎聚会。他热爱艺术，尤其是戏剧与音乐会，并在 1909 年当选法兰西学院院士。[46] 他卷帙浩繁的日记也展现了一个

多愁善感的男性形象（当选总统时会失声哭泣），一旦感到自己被人
轻视就很受伤，更不要说政敌的攻击。1912 年圣诞节后不久，普恩
加莱宣布竞选总统，迎接他的是激进派与左派的恶毒攻击。普恩加
莱的夫人有过一段婚史，据说过往经历还颇坎坷，甚至有流言说她
在夜总会或马戏团表演过。[47]克列蒙梭声称，她的前夫是普恩加莱
派往北美的一名邮差。"你想和普恩加莱夫人上床吗？"克列蒙梭会
这样高声问道，"好的，我的朋友，已经安排上了。"[48]普恩加莱被
这些攻击激怒得一度提出要与克列蒙梭决斗。（幸运的是，这场决斗
没有发生，克列蒙梭可是个决斗的老手。）

　　出任总统后，普恩加莱决心尽可能多地运用手中的权力，亲自
处理外交事务。他每天都要去外交部，接见外国大使，亲笔撰写外
交文书，并选用自己信赖的朋友出任关键的外交职位，而他选用的
外交部部长都有甘居人下的雅量。1914 年 7 月 12 日，在欧洲最后
一次危机爆发前夕，温和的社会主义者勒内·维维亚尼出任外交部
部长，虽然除了爱国主义与口才之外，他没什么明显的能耐。他对
外交事务知之甚少，喜欢在犯错而遭普恩加莱训斥时，转而责怪手
下官员。令普恩加莱恼火的是，即便是奥匈帝国外交部所在地的名
字这样的基本细节，维维亚尼也差错连连："他在阅读维也纳电报的
时候，"普恩加莱抱怨说，"从来没有念对过'鲍尔普拉茨'（Ballplatz）
这个地名，总是读成'波尔-普拉茨'，或是'巴里普拉茨'。"[49]

　　然而，普恩加莱掌控法国外交政策的决心，并不总是能转化为
实际的政策或领导力。在伦敦的康邦最后也只能做到勉强尊重总统，
指责他"用清晰的言谈为混乱的思路服务"。[50]普恩加莱并不希望开
战，但他的目标是让法国更为强大自信，不仅在欧洲，在中东亦然，
毕竟法国在奥斯曼帝国境内的叙利亚与黎巴嫩已有很深的利益联结。
1913 年 2 月，普恩加莱在法国议会发表就职演说，声称只有当国家
时刻准备着战争，和平才有可能。"一个受到削弱的法国，一个缺陷

足以让其面临挑战和羞辱的法国，就不再是法国。"[51]

　　尽管如此，普恩加莱还是愿意努力与德国达成有限的缓和。他虽然为失去阿尔萨斯和洛林感到遗憾，但并不想通过战争拿回两省。[52]在1912年、1913年的巴尔干危机中，法国都与德国展开了合作。1914年1月，普恩加莱还在巴黎的德国大使馆用餐，成为1870年以来第一位这么做的法国国家元首。普恩加莱似乎甚至希望，将欧洲划分为两大阵营的联盟体系可以带来某种程度的稳定，让欧洲列强得以在全球更广范围内达成协定，比如分割奥斯曼帝国。[53]同时，他也与许许多多法国人一样认为德国人是霸凌者，必须以坚定的态度来与之对抗。他屡屡给维维亚尼这样上课："与德国打交道时有必要表现出坚定与决断，因为德国的外交喜欢虚张声势，总是在测试我们，看看我们究竟是下决心抵抗，还是倾向于就此服软。"[54]1914年，普恩加莱对法德合作的可能性变得越来越悲观。他在个人日记里写道："德国越来越多地想象自己注定要统治世界。德意志种族的优越性、帝国居民人数的不断增加以及经济必需品持续带来的压力，授予了它国别国所没有的特殊权利。"普恩加莱也开始怀疑，在未来的任何危机中，德国还会不会退让。[55]

　　因而，要想维持法国的伟大和世界地位，友谊比以往任何时候都更为关键。法国与俄国的军事同盟必须被呵护和加强。在普恩加莱的首肯下，法国给俄国修筑铁路的贷款在第一次世界大战爆发前的两年里增加了约5亿法郎。[56]他还向俄国驻法大使伊兹沃利斯基保证，他会利用自己的影响力左右法国的外交政策，以确保"与俄国保持最紧密的联结"。[57]普恩加莱言出必行，他任命坚定的民族主义者德尔卡塞出任驻俄大使，此人在第一次摩洛哥危机期间曾被迫辞职。他还很看重亲访俄国，第一次是他还在总理任上的时候。萨宗诺夫说："尼古拉皇帝珍视在别人身上看到的自己不具备的品质，而法国总理打动陛下的主要是他的决心与意志。"[58]

普恩加莱也同意一种很普遍的观点，即英国应该与法俄结成军事同盟，从而让三国协约变得更强势。问题是，格雷仍然牢牢掌控着的英国外交政策，没有兴趣给出任何超越善意与支持的保证。更让人担心的是英国的国内政治，在某种程度上，那让人想起法国那些很不愉快的时期，甚至还出了一桩复杂的金融丑闻：劳合·乔治与自由党的其他几个领导人被保守党激烈指控他们利用内部消息购买马可尼公司的股份，而该公司即将获得在整个英帝国为政府建造无线基站的合同。议会成立的调查小组证明了被指控者的清白，部分原因是他们只买了马可尼美国分公司的股份，无法从英帝国境内的合同中受益，但这件事造成很坏的观感，损害了劳合·乔治等人的声誉，也让整个自由党政府遭受沉重打击。从 1913 年到 1914 年上半年，更让英国人及其盟友忧心的是，英国经历着深刻而激烈的社会与政治分裂：暴力示威、炸弹攻击、街垒抗争，甚至还有武装民兵。爱尔兰问题再度变得尖锐，以至于英国人自 17 世纪以来第一次面临内战的可能。

此时坐在王位上直面英国动荡的是乔治五世，他于 1910 年接替爱德华七世。在很多方面，乔治五世都是父亲的反面。他品位简单，不喜欢外国，也厌倦时尚圈。正如他本人颇为自豪地说的，他的宫廷枯燥乏味，但令人敬重。有这个国王，就不会有丑闻了，无论是包养情妇，还是结交不合适的朋友。从外表看，他酷似他的表弟尼古拉二世（两人经常被误认），而在举止上，他还保留着海军军官时期的习惯。他把他的宫廷管理得尽可能像一艘船，注意力放在制服、规程与准时上。他对王后忠心耿耿，但也希望妻子服从他的命令；1890 年代第一次遇见未来妻子的时候，乔治爱上了她的打扮，因此直到她 1953 年去世，王后一直都穿长连衣裙。"巴黎民众为她疯狂，"一名廷臣在英王夫妇 1914 年初访问巴黎后报告说，"有传言说王后的老式帽子与维多利亚时代早期风格的长袍，将成为明年的时尚！"[59]

乔治认为他头顶的王冠是个负担，并且害怕发表一年一度的国王演说，但他还是尽职尽责。他也理解并接受自己只是一个立宪君主，必须倾听大臣们的意见。他本人的政治观点属于保守党乡绅一类，对任何带社会主义色彩的事物都有一种本能的厌恶，也怀疑许多重要的自由党政客并不是真正的绅士——包括阿斯奎斯，尽管乔治后来逐渐喜欢并尊重他的这位首相。[60]

在英国从和平走向战争时上任的赫伯特·阿斯奎斯，是一个既聪明又有雄心的人，来自英格兰北部一个富裕的制造商家庭。阿斯奎斯原本有一个安定的童年，但父亲的突然离世让这个年轻的家庭只能投靠他的舅舅们。赫伯特与他的一个兄弟先是一起由舅舅收留，后在去伦敦上学的时候，被分给不同的家庭。与病恹恹的兄弟不同，赫伯特·阿斯奎斯茁壮成长，赢得了牛津大学巴利奥尔学院的荣誉奖学金，这座牛津大学最具学术氛围的学院，以培养公共生活中的杰出人物而著称。[61] 在这里，阿斯奎斯以学业上的聪明勤奋和令人生畏的雄辩为人称道，而这些品质也有利于他开始其非常成功的律师生涯。他很年轻时就为爱结婚，从各方面看，他都是一位忠实的父亲和丈夫。但在 1891 年第一任妻子死于伤寒时，阿斯奎斯爱上了玛戈·坦南特，一名活泼任性的富商之女，一位长着势利眼的知识分子，素有直言不讳的名声，常常直率到无礼的地步。她体格勇健，喜欢骑马追猎，性情捉摸不透。妻子罹患绝症的几个月前，阿斯奎斯在下议院的一次晚宴上与玛戈比肩而坐。他后来告诉一位朋友："我想，是那种每个人一生只会经历一次的激情袭来并征服了我。"（但 1914 年的阿斯奎斯还会被这样的激情征服一次。）玛戈则觉得阿斯奎斯让她想起了奥利佛·克伦威尔（他曾带领议会军在内战中反抗国王），并觉得"这个男人可以帮助我，他能理解一切"。[62] 不过，当阿斯奎斯在妻子下葬几周后向她表露爱意，玛戈还是犹豫了两年多。1894 年，在比较了其他追求者之后，玛戈以素有的唐突作风嫁给了阿斯奎斯，此后全部身心都用于照顾继子女（尽管他们并不总是认可她专横的管教），助推阿斯奎斯前途远大的政治生涯。

1886 年，阿斯奎斯以自由党身份当选英国议会议员。此后数年，他在党内和英国社会中的地位稳步攀升，新交了许多有权势的上层朋友，包括玛戈本人。1905 年底自由党重新执政，阿斯奎斯出任财政大臣，并在 1908 年成为首相。他是一位手腕娴熟的领袖，可以将党内不齐的人心收拾到一起，无论是劳合·乔治这样的和平主义者和激进改革派，还是格雷这样的帝国主义者。在和平的最后几年，丘吉尔与劳合·乔治之间就 1914—1915 年海军预算爆发了一场长期争斗，而阿斯奎斯设法予以了遏制。1911 年成为第一海军大臣的丘吉尔否定自己先前的话，要求为海军增加新的预算，而他的老朋友劳合·乔治此时是财政大臣，却决定严守财政纪律。两人的争执直至 1914 年 1 月才告终，丘吉尔的预算案在阿斯奎斯的支持下得以通过。

在议会两院因劳合·乔治 1909 年预算案而陷入长期政治斗争或随之而来的严重危机时，阿斯奎斯有时也能展现可观的政治勇气。然而到了 1914 年，他对政治中那些琐碎但至关重要的细节显然不再那么感兴趣。他的政敌给他起了个外号叫"等等看先生"，他之前为了获得共识会有意拖延决策，但现在变成了为拖延而拖延。老朋友兼自由党同志理查德·霍尔丹在 1905—1912 年间出任战争大臣，他对阿斯奎斯的评价是，"伦敦社交场对他愈来愈有吸引力，他逐渐偏离了我俩长期以来共同拥有的严厉的人生观"。[63] 还有一名老友也发现，阿斯奎斯变得"面色红润，体态臃肿——与以前的那个他大相径庭"。[64]

不幸的是，在阿斯奎斯本人精力消退的同时，他的政府也正面临愈发棘手的国内难题。不仅英国工人与雇主之间的斗争持续在进行，新的冲突也在各个阶级与各个政治立场的女性之间发生，而阿斯奎斯本人便遭到那些要求获得选举权的女性的反对。首相的内阁在这个议题上产生了分歧。虽然女性参政权论者大多平和且相对守法，但令人生畏的潘克赫斯特夫人和她同样强硬的女儿克里斯塔贝尔带领的边缘激进派却不一样，她们大声疾呼，利用各种巧妙的武器投入这场斗争，干扰开会，向反对女性投票权的人吐口水不说，她们还把自己拴在扶栏上，骚扰政府大臣，毁坏美术馆画作，砸窗户，甚至唐宁街的也不例外。"我被吓得差点呕吐。"玛戈·阿斯奎斯抱怨说。[65]1913年，一枚炸弹炸毁了劳合·乔治在伦敦远郊的新房，即使他是女性选举权的支持者。1914年1月到7月间，好战的妇女参政权论者对包括教堂和学校在内的一百多座建筑物纵火，而涉事女性被抓入狱后的回应是以绝食抗争。这场运动在1913年终于收获了第一位烈士，在德比郡，一名抗争者在乔治五世的马前伏地而死，但英国当局似乎一时间决心制造更多的烈士，他们允许警察虐待游行示威的女性并强制绝食者进食。1914年夏天，阿斯奎斯本已准备改变他的反对态度，向议会提交一部女性选举权法案，然而第一次世界大战的爆发干扰了一切，女性投票权只能再等等了。

在那些年里，对英国而言最危险的还是爱尔兰问题。爱尔兰要求实行自治的声音始终在积聚力量，尤其是在爱尔兰南部的天主教地区。自由党的一派以其伟大领袖格莱斯顿为榜样，对爱尔兰人表示同情，但政治的迫切需求也在其中起着影响。1910年选举以后，自由党政府不再拥有多数议席，爱尔兰民族主义者的选票变得更为重要。1912年初，政府提出了一项地方自治法案，将使得爱尔兰可以在联邦式的英国内部拥有自己的议会。不幸的是，爱尔兰有相当一部分人，主要是在北部的阿尔斯特占多数的新教徒，并不希望实行自治。在他们看来，这意味着将他们置于天主教的统治之下。他们的抵抗得到了英国大多数保守党的支持，包括保守党的领导人博纳·劳，此人正是阿尔斯特新教徒出身。

爱尔兰自治问题撕裂了英国社会；老友们彼此割席绝交，不愿在晚宴上比邻就座。然而，这只是凶潮泛起的泡沫。在爱尔兰，自称为阿尔斯特统一党的人们于1911年宣称，一旦地方自治法案通过，他们准备成立自己的政府。1912年初，第一支准军事部队"自愿军"开始训练，并获取武器。很快，爱尔兰南部的自治拥护者也开始效仿。这年9月底，近30万阿尔斯特男子签署了一份盟约，一些人甚至用自己的鲜血签名，发誓要挫败自治。在英国本土，博纳·劳与保守党元老公开支持阿尔斯特人，用语大胆、情绪化且富有煽动性。1912年7月，博纳·劳和许多下院的同事、一些保守党的同道一起参加了在马尔伯勒公爵的布伦海姆宫举行的大型集会。在一篇充满激情的长篇演说里，博纳·劳宣称，政府推动爱尔兰自治乃违宪之举。他还反复威胁说，这将诱发内战的风险。"我无法想象，"他总结说，"阿尔斯特人会进行多长时间的抵抗。我不会去支持这些自治派，他们也休想得到绝大多数英国人的支持。"[66] 就在博纳·劳为自己声称害怕的大火浇油的时候，另一位阿尔斯特人亨利·威尔逊爵士（英国陆军部作战处长，厌恶阿斯奎斯为"醉鬼"，甚至厌恶大多数自由党人）则在鼓动阿尔斯特的狂热支持者一旦自治法案通过就武力夺权。[67]（他这样做很可能让自己被革职，进而对英国在第一次世界大战前的军事部署带来破坏性的影响。）此外，威尔逊还向保守党提供了关于军队计划如何应对危机的机密信息。鉴于不少英国军官与士兵都来自阿尔斯特或南爱尔兰的新教徒家庭，自治危机使他们相当焦虑，担心自己可能不得不把枪口对准反叛的同胞。

1914年3月，这场危机朝更严重的方向发展下去。英国议会下院已经两次通过了《地方自治法案》，但每次都被统一党贵族把持的上院否决。阿斯奎斯提议妥协，即暂时把阿尔斯特的六个郡排除在自治区域之外，但是反对者拒绝考虑这个方案。上院甚至动议以否决准许陆军存在的法案来向政府施压，即便这部法案自1688年以来每一次都是不经辩论直接通过。博纳·劳当然也并未真的考虑过支持这些后来被称为"死硬派"的人。（近年来的美国政治也出现了类似现象，共和党拒绝按照惯例批准政府增加国债上限，不让政府持续借款以维持自身运转。）同月，最令人担忧的一幕还是出现了，驻扎在南爱尔兰的英军军官哗变，史称"卡勒兵变"。由于无能的战争大臣约翰·西利，以及爱尔兰驻军总司令亚瑟·佩吉特的愚蠢、糊涂，或许还有恶意，驻扎在卡勒基地的英军军官接到警告说，恐怕得让他们发动对阿尔斯特自愿军的军事行动，而如果他们不想这么做，可以缺席或辞职。数十名军官明确表示会辞职，这时西利才被说服，他向军官们保证，不会要求他们在阿尔斯特地区推行自治。阿斯奎斯不愿推动这个议题，但他还是将西利解职，自己接过了战争大臣的职位。

1914年春去夏来，自由党与保守党依然在爱尔兰问题上有很大分歧，而在爱尔兰当地，武器继续流入双方，训练也未有停止的迹象。7月，英王做了最后一次争取妥协的尝试，他在白金汉宫召集两派的主要领导人开会。英国统治阶层、公众与新闻界的目光几乎完全被爱尔兰问题占据，没怎么关注欧洲大陆上发生的事情，包括斐迪南大公6月28日在萨拉热窝遇刺的新闻。此时的阿斯奎斯已经爱上年轻得多的维尼夏·斯坦利，直到7月24日他才在给维尼夏的日常信件中第一次提到欧洲大陆愈演愈烈的危机，而这一天的白金汉宫会议仍旧是一场失败。不过，虽说英国人没有注意到他们的欧洲邻国，但欧洲列强则为英国社会在内战边缘颤抖的景象感到吃惊。沙皇告诉英国驻俄大使，他认为英国的局势很难理解，希望不会影响英国的国际地位。[68] 德国和奥匈帝国的看法则不一样：如果英国真的因为内部过度分裂而无法打仗的话，那就太幸运了。[69]

1914年初，对绝大多数欧洲人而言，大战的可能性并不比过去十年多或少。的确，紧张的局势似曾相识：英德仍在进行海军军备竞赛；法德两国关系也没有变得更好；俄国与奥匈帝国仍在巴尔干地区彼此角力。到 1914 年，俄国民族主义者也紧锣密鼓地在加利西亚的鲁塞尼亚人那里挑起事端，这让维也纳方面既恼火又担心。[70]（话说回来，奥匈帝国也没闲着，他们鼓励天主教教士越过边境，向俄国的鲁塞尼亚人传教。）两大阵营内部也闹各种别扭。两次巴尔干战争之后，德国和奥匈帝国之间的关系变差了；德国人认为他们的盟友行事过于鲁莽，不惜冒着与俄国开战的风险，而奥匈帝国则不满于德国作为朋友缺乏应有的担待，更对后者在巴尔干地区和奥斯曼帝国日益增长的投入和影响力耿耿于怀。尽管同处三国同盟，意大利与奥匈帝国仍在阿尔巴尼亚争夺势力范围，意大利公众舆论继续关注二元君主国境内讲意大利语的居民的权利。两国关系在 1914 年夏天陷入低谷，以至于意大利国王没有参加弗朗茨·斐迪南的葬礼，也没有派官方代表出席。[71]1912 年，德国和奥匈帝国提早宣布延续三国同盟条约，也许是为了重申彼此的信用，但也是为了试着把意大利留在同盟内。

俄国驻德大使说："三国协约总是能够在内部达成一致，而三国同盟往往完全相反。如果奥匈帝国想到了什么，他们会连忙把想法付诸实施。意大利有时不见得能站在同一边，而在最后时刻才宣布自己意向的德国则往往被迫支持盟友，无论好坏。"[72]不过在三国协约内部，英俄在中亚与波斯的争夺从未结束。到 1914 年春天，格雷和他的主要顾问们担心，英俄分占波斯南北的协议是否会破裂。

可以预见的奥斯曼帝国的解体，为外部势力提供了争食的诱惑：无论是土耳其海峡和君士坦丁堡，还是讲土耳其语人口居多的小亚细亚，抑或广袤的阿拉伯领土（包括今天的叙利亚、伊拉克、黎巴嫩、约旦、以色列，以及阿拉伯半岛的大部分地区），都让列强按捺不住。俄国政府可能已经意识到自身能力有限，不足以拿下土耳其海峡，但是民族主义者继续鼓动俄国夺取他们认为本应属于自己的遗产。奥匈帝国虽然已经基本退出了争夺殖民地的游戏，但此时也对小亚细亚表现出了兴趣，部分原因是为了弥补其近来在巴尔干地区遭遇的一系列灾难。这一兴趣给两个盟友招来了麻烦：一旦奥斯曼帝国灭亡，德国与意大利都梦想在中东建立殖民地。[73] 然而，虽然奥斯曼帝国已残废，它还是展现出了一些惊人的生命体征。青年土耳其党人如今已牢牢夺回政权，正在试图集中权力革新政府。他们还加强了军备，从英国购买了三艘无畏舰，一旦交付使用，将决定性地改变其相对于俄国海军的力量平衡。俄国的回应则是开始建造自己的无畏舰，不过奥斯曼帝国在 1913—1915 年间仍有优势。[74]

1913 年底，协约国又泛起担忧的涟漪：有新闻透露，德国人正在扩编他们派往奥斯曼帝国的军事使团，并由高级将领奥托·利曼·冯·桑德斯担任指挥官。由于桑德斯将全面掌管奥斯曼帝国军队的训练与晋升，并直接指挥部署在君士坦丁堡的一个军团，这意味着德国在奥斯曼帝国的影响力会大幅上升。威廉二世在与他最亲近的军事顾问秘密制订完各项计划后，戏剧性地向利曼说了一句话："要么德国国旗很快就会飘扬在博斯普鲁斯海峡防御工事的上方，要么我将重演圣赫勒拿岛上的伟大流亡者的悲惨命运。"[75] 但是德国文官高层发现，他们将不得不再次面对这位只管独立行事却不负责任的皇帝给他们酿成的棘手局面。

事实上，直到目前为止，德国与俄国在奥斯曼帝国事务上的合作相当顺利。1910 年 11 月，沙皇尼古拉二世访问波茨坦，与威廉二世会面。两人签署了一份关于奥斯曼帝国的协议，至少消除了一个紧张的根源：俄国承诺不推翻新成立的青年土耳其党人政府，德国则承诺支持奥斯曼帝国的各项改革。德国人还承认俄国在波斯北部的势力范围，并将拟建的柏林-巴格达铁路线向南移，以缓解俄国人的疑虑。贝特曼大为满意："俄国人的来访比预期的效果更好。两位君主彼此开诚布公，轻松相处，甚至呈现一派欢乐气氛。"[76]1912年夏天，就在巴尔干半岛危机爆发前，两位君主在俄国的波罗的海港口（今爱沙尼亚的帕尔迪斯基）的游艇再度会面。根据萨宗诺夫的说法，亚历山德拉皇后"表现出了她在这种场合一贯的焦虑"，但这次会面有"一种和平与友善的基调"。科科夫佐夫与贝特曼也参加了会议，他们互相悄声抱怨要想压制公众要求增加国防开支的呼声有多难。威廉二世没完没了地大声讲着笑话。"我必须承认，"萨宗诺夫表示，"并不是所有笑话都对我的口味。"德皇还建议沙皇转向东方，加大力量对付日本。尼古拉二世以他惯常的矜持聆听着。"谢天谢地！"沙皇在会面结束后告诉科科夫佐夫，"现在你不必再注意自己说的每句话，不用担心它们会被曲解成你做梦都想不到的样子。"不过这次会面还是让沙皇放心不少，因为德皇反复表示他不会让巴尔干地区的局势演变为世界大战。[77]

利曼·冯·桑德斯的任命迅速成为一桩事件，摧毁了德国与俄国在奥斯曼帝国事务上的合作关系，而外界对此的反应也反映出欧洲各国此时已处于极度紧张的状态。大为光火的俄国人敦促英法盟友向青年土耳其党人施压，要他们限制利曼的权力。萨宗诺夫提出干脆夺取奥斯曼帝国的港口以强调俄国的立场，并再次谈到一场全面战争的可能性。俄国首相科科夫佐夫则呼吁克制，英法也不想因为奥斯曼帝国被拖入一场战争。（英国政府后来尴尬地发现，在君士坦丁堡领导英国海军使团的海军上将有着与利曼相同的职权。）不过，与之前一样，他们（尤其是法国）意识到自己需要站在俄国一边。伊兹沃利斯基向圣彼得堡报告说，普恩加莱表现出"冷静的决心，没有逃避结盟带给他们的义务，而法国驻俄大使德尔卡塞也向俄国政府保证会无条件支持"。[78]

幸运的是，欧洲再次得到缓刑：俄国人与德国人不希望把事情闹到必须摊牌的地步，而青年土耳其党人被这场风波搞得很恐慌，同样急于寻求解决之法。1913 年 1 月，为了挽回面子，利曼的军衔获得提升，这样他就会因为级别过高而不能直接指挥军团。(利曼在奥斯曼帝国一直待到 1918 年战败；他在这里留下的持久遗产之一，是提拔了一名大有前途的土耳其军官穆斯塔法·凯末尔·阿塔图克。) 利曼事件加深了协约国阵营对德国的怀疑，使德俄两国关系更加疏远。在俄国政府内部，尤其是 1914 年 1 月科科夫佐夫下台以后，人们越来越相信德国正在谋划一场战争。当月，沙皇在接见德尔卡塞时，平静地与法国大使谈到了即将到来的冲突。"我们不会让他们踩在我们脚上，而且这一回与远东那场战争不一样：民族情绪会帮助我们。"[79]1914 年 2 月，俄军总参谋部向政府提交了两份通过间谍获取的德国秘密备忘录，其中显示，德国人已在讨论两线作战，以及如何事先制造公众舆论。同月，沙皇批准进行各项准备工作，一旦发生全面战争就进攻奥斯曼帝国。[80]

　　然而，利曼·冯·桑德斯事件的成功告结，以及对 1912—1913 年巴尔干危机的国际管理，似乎都表明欧洲仍有维系和平的能力，古老的由大国共同促成并执行解决方案的欧洲协调机制仍在延续。事实上，许多评论家都认为 1914 年欧洲的氛围比之前要好了一些。丘吉尔在回忆第一次世界大战时谈到大战前的最后几个月"异常平静"。爱德华·格雷在回顾历史时也写道："1914 年初的几个月里，国际的天空似乎比以往更为明净了。巴尔干上空的乌云已经消散。在经历了 1911 年、1912 年和 1913 年的阴郁之后，可能会出现，似乎也应该出现一点平静。"[81]1914 年 6 月，牛津大学还向德国驻英大使利希诺夫斯基亲王和作曲家理查德·施特劳斯授予了荣誉学位。

　　欧洲确实分裂成了两大联盟体系，在第一次世界大战结束后，这一点被视为战争爆发的主要原因之一，因为一旦任何两个大国爆发冲突，他们就有可能把各自的盟友拉进来。然而，也可以说，这两大联盟是防御性的，对侵略行为起到了威慑作用，可以成为促进稳定的力量。毕竟，北大西洋公约组织与华沙条约组织为"冷战"时期的欧洲带来了某种平衡，而这种均势最终有助于维持和平。1912 年，爱德华·格雷在下议院就语带肯定地表示，列强分成了"独立但不对立的集团"，包括普恩加莱在内的许多欧洲人也同意格雷的看法。在第一次世界大战后撰写的回忆录里，格雷继续坚持联盟的价值："我们希望协约国与德国的三国同盟可以友好共存，这是切实可行的最佳办法。"[82] 虽然法俄、德奥意已经签署了军事同盟，但英国仍然拒绝这么做。正如格雷所坚持的，英国要保留自由行事的余地。的确，1911 年，时任外交部常务次官亚瑟·尼科尔森就抱怨说，英国仍没有充分投身于三国协约："我认为人们没有意识到，如果要维护和平与现状，我们就必须承认自己的责任，并做好准备，一旦情况需要，就向我们的朋友或盟友提供比我们目前能提供的更多的物质或更有效的援助。"[83]

实际上，尽管两大联盟可以说是防御性的，英国也自认为可以自由地引导自己的方向，但多年来，欧洲的分裂已经成为一个公认的事实。这甚至反映在了那些政治家的言论中，他们总是小心翼翼地避免明确认同某一方。1913 年，萨宗诺夫在圣彼得堡与德国大使交谈时提到了"三国协约"，而仅仅一年前他还拒绝使用这个说法。爱德华·格雷虽然与萨宗诺夫一样犹豫，但到了第二年，他也承认很难避免用到这个说法，甚至比在句子里避开用分裂不定式的表达还难。格雷认为，不管怎样，三国协约都对英国有利："摆在我们面前的选项，要么是采取完全孤立于欧洲的政策，要么是明确与某个欧洲大国集团结盟……"[84]

无可避免地，由于各国外交官和军队之间越来越习惯于共同合作，两个联盟内部对于彼此将相互支持的预期和认知也在不断积累。同伙的列强发现，他们需要互相保证，不然就有失去盟友的风险。

即便自身在巴尔干没什么关键利益，但德国发现自己很难不去支持奥匈帝国。至于法国，法俄同盟对其大国地位至关重要，但法国也一直担心，俄国一旦再度强大起来，便会不再那么需要自己，或许还会倒向其老盟友德国。[85] 这一心态导致法国不得不支持俄国的目标，即使这些目标在他们看来很危险；普恩加莱显然给了俄国人这样的印象，即法国定会参加俄国与奥匈帝国的战争，哪怕战争是为了塞尔维亚。普恩加莱 1912 年在巴黎告诉伊兹沃利斯基："重要的是，所有这些都是同一件事。也就是说，如果俄国卷入一场战争，法国也会参战，因为我们知道，德国势必会站在奥匈帝国一边。"[86] 法国与俄国的条约确实是防御性的，只在任何一方遭遇攻击时才会生效，但普恩加莱超越了条约的条款，暗示法国有义务在德国仅仅进行动员的时候就参战。时至 1914 年，两大联盟非但没有帮助其成员踩住刹车，反而经常是踩了油门。

尽管英国很谨慎，但三国协约的紧密度与深度还是超过了三国同盟，因为将其联系在一起的纽带，无论是金融的（尤其法俄之间），还是军事和外交的，甚至改进过的无线电与电报通信，都要来得更多且更强。法国人不但鼓励英俄之间进行军事会谈，而且向英国施压，要求其给予比本来愿意作出的更清晰的承诺。虽然英国内阁在这个议题上仍然存在分歧，而且格雷本人更倾向于留在模糊地带，既向法国保证支持，又拒绝阐明这种支持包括了什么，但法国有一位热忱的合作者——亨利·威尔逊。此人光是在 1913 年就曾七次来到海峡的另一边，与法国的相应人士进行讨论。[87] 到 1912 年，英法两国海军也开始在地中海、大西洋与远东加强合作。

这不仅仅是法国施压的结果，英国同样面临困境：考虑到意大利、奥匈帝国与奥斯曼帝国都在建造无畏舰以赶超德国公海舰队，他们的海军不再能够同时应对所有的挑战，尤其是捍卫英国在地中海的利益。如果英国无法将英德海军军备竞赛置于掌控之中——看起来不太可能控制，到 1912 年底，双方未能进行更多会谈——那么英国要么把更多的钱花在海军上，要么与友邦的海军合作，分担关键海域的责任。阿斯奎斯面临一大政治难题。尽管保守派大体上支持增加海军军费，他所在的自由党的激进派却不同意这么做。而且许多自由党人也担心，做出进一步的国际承诺势必将英国拖入战争。

英国新任海军大臣是雄心万丈、活力四射又不乏强势的年轻的温斯顿·丘吉尔，当时他是自由党成员。"温斯顿谈来谈去，眼中只有海洋与海军，以及他准备要做的那些美妙的事。"他的海军秘书表示。[88] 丘吉尔以无限的热情和自信走上新岗位，他不仅深入了解了舰船、船坞、码头与武器装备的各个细节，也反复思考英国的战略需求。"那是一段美妙的时光，"丘吉尔在第一次世界大战回忆录里写道，"从凌晨到午夜，一天又一天，我的全部心思都被涌现出来的种种极富魅力和新奇的难题吸引。"[89] 大战前的三年里，丘吉尔有八个月时间都住在皇家海军"女巫"号上，考察地中海和英国国内水域的每一艘重要战舰、每一处海军机构。（威尔逊在提及其中一次巡察时称这就好比"公费假期"。）[90] 他不无夸张地声称："到最后，我可以找到任何想要的东西，并且彻底了解我们海军事务的现状。"[91] 丘吉尔得罪了许多海军高级军官，因为他很泰然地宣称自己可以比他们干得更好，不过他还是推行了许多急需的改革。他创立了皇家海军史上第一个严格意义上的总参谋部，改善了普通水兵的工作条件，并将海军舰船从煤动力改成了更高效也更节省人力的油动力。[92] 虽然这最后一项改革具有长远的战略意义，使得中东油田的开发对英国而言至关重要，不过在当时看来，丘吉尔对地中海舰队进行重组和重新定位的决定，为大战的爆发又添了一根柴火。

如果说地中海作为通往苏伊士运河的通道对英国至关重要，那么大西洋，尤其是英伦诸岛周围的水域，对英国来说则是生死攸关，而德国目前可以在这些水域拿出与之相等数量的战列舰。1912 年初，丘吉尔和他的海军顾问们决定将地中海各大基地的战列舰挪到大西洋的入口直布罗陀，只在马耳他留下一个快速巡洋舰编队，以提高对德战争的胜算。尽管人们没有立即意识到这一决定的影响，但它其实意味着从此将由法国来负责地中海的安全，直面意大利与奥地利舰队的威胁，如果情况不妙，可能还得面对奥斯曼帝国的舰队。为此，法国将不得不把更多的舰船从大西洋港口转移到地中海港口，而他们也很快这么做了，并合理地期待，英国会保证法国大西洋海岸的安全，保护好英吉利海峡这个重要的航道。正如1912年8月丘吉尔提交给格雷的一封备忘录里所说的，即便英国海军不存在，法国也会因为他们的北非殖民地而不得不把力量集中在地中海，但英国人撤走战舰的事实，让法国人在战争到来时处于道德的优位。丘吉尔敦促格雷说，考虑一下"法国手里会有多少筹码迫使我们干预。他们大可以说，'正是多亏了你们海军当局的建议与部署，我们才让我们的北部海岸毫不设防'"。丘吉尔的总结也相当正确："了解事实的人一定会感觉到，我们负有联盟的义务却没有讨到好处，尤其是联盟缺乏精确的定义。"[93]

一个有着精确定义的联盟当然是法国驻英大使保罗·康邦和他的政府想要的，却是格雷与英国政府希望避免的。然而不管格雷如何想要自由行事，英法陆军之间的会谈已经鼓励法国人认为自己可以指望英国军队在陆地上给予支持。英法海军会谈多年来都很随性，也不想取得任何结论，但英国内阁在1912年7月正式批准继续这项会谈，赋予了其更大的重要性。到1913年底，英法海军就战争来临时双方如何进行合作达成了几项谅解：皇家海军负责英吉利海峡最窄处（也就是多佛尔海峡）的防务，海峡余下海域则由两国海军分担。在地中海，法国海军负责巡逻西半边，英国海军则用其马耳他舰队照看东半边。两国海军还会在远东共同对付德国。此外，英法签署了更详尽的作战方案，尤其是针对英吉利海峡的部分。[94]

康邦还敦促格雷发布一份书面声明，阐明英法两国在任何一方担心受到攻击时的合作方案。康邦表示，他不是在寻求正式联盟，或是缔结任何有约束力的条约以保证两国在事实上会联合行动，而仅仅是希望确认届时彼此会进行协商。尽管爱德华·格雷更愿意让事情保持原样，但他也认识到必须做点什么来宽慰法国人，否则"友好协约"会有破裂的风险。1912 年 11 月，在得到内阁批准之后，格雷与康邦通信交换意见，提到了英法陆军和海军专家们的会谈，并强调这些会谈并不构成采取行动的承诺。但他继而承认，两国非常有必要知道在未来的危机中另一方是否会武力来援，如果那样的情形发生，制订的合作计划就有付诸实践的意义了。他写道："如果英法任何一方政府有重大的理由相信第三国会无端发动进攻，或挑起威胁和平的事端，那么两国应当立即商讨决定是否要一致行动阻止侵略、维护和平，而如果是的话，需要共同做什么准备。"[95]

爱德华·格雷与阿斯奎斯首相一直到大战爆发前夕都坚持认为，就法国而言，英国拥有完全的行事自由。这个说法从严格意义上讲是对的，但并不是全部的事实。两国陆海军的会谈让英法军队都确信，一旦战争爆发，对方一定会出现在战场上。英国廷臣爱舍尔爵士既是国防专家，也是个高超的幕后操纵者，1913 年他在致友人的信中说："英法之间当然没有条约或公约，但是我们如何能体面地置总参谋部的承诺于不顾，我无法理解。这对我而言太模棱两可了。"[96] 十年的陆海军会谈，外交上的合作，以及公众对"友好协约"的接受，这一切编织成了一张网，难以在下一次危机到来时被忽视。当爱德华·格雷表示英法之间没有正式协议时，保罗·康邦提醒他："除了一个道义上的'协约'，的确什么都没有，但在适当的场合，如果两国政府愿意，它可以转变为一个正式的'协约'。"[97]

格雷本人一如既往地向法国人发出含混的信号。1914 年，为了彰显自己对英法关系的重视，格雷决定首次正式出国访问（在出任外交大臣九年后），陪同乔治五世前往巴黎。君臣二人都不喜欢国外旅行。再加上刚刚得知自己视力正在下降，格雷的心情很忧郁。他计划这年夏天前往德国找个专家看看。[98] 不过，英国人仍然对这次出访感到满意，巴黎的天气温和煦暖，法国人的欢迎也很热情。格雷甚至设法与普恩加莱做了交谈，要知道这位法国总统并不会讲英文。"圣灵已然降临爱德华·格雷爵士，"保罗·康邦说，"他现在会说法语了！"[99] 尽管格雷向奥地利和德国的大使保证，他此行的绝大部分时间都花在观光上，而且与法国人的会谈"不带任何侵略性"，[100] 但事实上他屈服于法国的压力，同意与俄国人展开海军对话。当相关评论与质疑在各大媒体相继出现时，格雷趁机将会谈时间推迟到了 8 月。虽然英俄之间未达成什么海军协议，但德国人还是害怕自己可能会受到来自大西洋与波罗的海的夹击，并且更加坚信德国被包围了。[101]

给欧洲的分裂带来更大风险的，是愈演愈烈的军备竞赛。1908—1914 年间，除意大利外，没有一个大国打过仗，但他们的国防开支总和已上涨了 50%。（美国也增加了军费，但增幅要小得多。）[102] 1912—1914 年间的巴尔干战争带来了新一轮的军费增长，巴尔干诸国与列强都在扩军，并且投入巨资改进武器，购买日新月异的科技带来的潜水艇、机枪或飞机。在列强中，德俄两国的表现尤其突出：德国的国防预算从 1911 年的 8800 万英镑猛增到了 1913 年的近 1.18 亿，同期的俄国则从 7400 万英镑涨到了近 1.11 亿。[103] 各国财政大臣 / 部长与有识之士都担忧军费太高，增长太快，终究不可持续，且将引发民众骚乱。然而，他们逐渐被陷入一种更大恐惧的政治家与将军们推到了一边，这种恐惧就是，当满世界都在忙着扩充军力的时候，本国落在了敌人的后头。1914 年初，维也纳的陆军情报部门报告说："希腊的军费翻了三倍，塞尔维亚的翻了一倍，罗马尼亚甚至保加利亚和黑山都在大笔增加军费。"[104] 作为回应，奥匈帝国通过了一项新的军费预算案，扩充了武装力量的规模（尽管仍要比德国或俄国少得多）。德国的陆海军法案，法国的"三年法"，俄国的"大计划"，以及英国海军开支的增加，都是在回应各自感知到的威胁，但其他国家并不这样看。一国眼中的防御性举措，在另一国看来就是威胁。再说，国内的游说团体和新闻界经常制造恐慌，让人们以为国家处于危险之中，有时军火商也会在后面煽风点火。蒂尔皮茨在为他的海军争夺更多资源时总是能别出心裁，比如他为1912 年新海军法辩护的理由就很别致：德国决不能浪费之前的投资。"如果在面对英国的攻击时没有足够的防御机会，我们的政策就必须始终考虑到英格兰，同时我们已有的牺牲也将会白费。"[105]

当时的自由派、左派与和平主义者都攻击军备竞赛以及作为"死亡商人"的军火商，而在第一次世界大战结束后，军备竞赛也被挑出来，被视为导致灾难的主要因素，甚或是关键因素之一。这一观点在20 世纪二三十年代的美国尤其能引发共鸣，因为对美国参与大战的幻灭感越来越强烈。1934 年，来自北达科他州的联邦参议员杰拉尔德·奈主持了一个特别委员会，调查军火商在大战爆发中扮演的角色。奈承诺，这次调查将揭示"战争与备战无关国家荣耀和国家防卫，而是为了一小撮人的生意和利润"。特别委员会听取了数十份证词，并不意外的是，他们的预设没有得到验证。大战并非单一原因造就，而是多种因素的共同结果，最后的原因还是人的决策。军备竞赛的作用在于提升了欧洲局势的紧张程度，迫使决策者在敌人之前扣动扳机。

回过头来看，讽刺的是，当时的决策者往往把军事准备视为一种不错的威慑手段。1913 年，英国驻法大使觐见了乔治五世。"我在国王陛下面前表示，列强之间和平的最佳保证就是他们彼此惧怕。"[106] 由于威慑只会在对方认为你准备动武的时候奏效，所以总有可能过火而意外引发冲突，或者因未能把威胁坚持到底而丢失信誉。

当时各国所称的荣耀（我们今天会说"声望"）也是政策考量的一部分。列强像看重利益一样看重自身的地位，过于乐意做出让步或者示弱都会损害国家的地位。1914 年之前的十年间发生的种种事件似乎都证明了威慑有效，无论是英法逼迫德国在摩洛哥问题上让步，还是俄国在巴尔干战争期间利用军事动员施压奥匈帝国不要管塞尔维亚的闲事。一个英语单词在当时屡屡被使用，以至于进入了德语，即"吓唬战术"（der Bluff）。不过，当虚张声势被识破，又该怎么做呢？

　　战前的军备竞赛也让列强考量时机的问题：如果战争要到来，最好是在自己拥有优势的时候作战。除了少数几个例外（意大利、罗马尼亚，或许还有奥斯曼帝国），欧洲各国都知道自己在战争中将会面对谁。而且凭借间谍们的工作，他们通常很了解敌国的兵力与作战计划。比如，德国人就很清楚俄军的增长及现代化程度，也知道俄国铁路建设的情况。根据德军总参谋部的估计，到 1917 年，他们就无法在与俄国的对战中获胜了：俄国动员其大量扩容的军队，只需比德国人多花三天（除非德国在东部领土进行大规模的铁路建设，但这造价高昂）。[107] 在与银行家马克斯·沃伯格的一次悲观的谈话中，德皇表示，与俄国的战争会早在 1916 年就发生："苦于焦虑的德皇甚至考虑过，与其等待，不如先下手为强。"[108] 往西边看，德国人也了解法国目前的弱点，比如缺少重炮，甚至早在 1914 年 7 月一位法国参议员对此进行公开批评之前，德国人就知道了。最后，德国人担心奥匈帝国无法存续太久。所有这些考虑促使德国的关键决策者认定，如果他们不得不打仗，那 1914 年是一个好时机。（日本军方在 1941 年也是这么盘算的，所以才与美国开战。）德国人痛感时间紧迫，俄国人和法国人则认为事情是在朝着对他们有利的方向发展，法国人尤其认为自己等得起。[109] 奥匈帝国就没这么乐观了。1914 年 3 月，总参谋长康拉德向一名同僚抛出一个问题："是应该等着让法俄两国准备就绪后联手入侵我们，还是说，提前发动必将到来的战争更为可取？"[110]

　　太多的欧洲人，尤其是像康拉德这种在军队和政府担任要职的上层人士，都在等待战争的降临。俄国将军布鲁西洛夫在1914年夏天急匆匆地带着妻子前往德国疗养胜地度假："我敢肯定一场世界大战会在1915年爆发。因此我们决定不再推迟这趟疗养度假之旅，以便之后能赶回国内调遣部队。"[111]尽管对进攻力量的信心仍然让许多人确信任何战争都会是一场速决战，但像贝特曼与小毛奇这样的人却对未来十分悲观。1913年4月，也就是俄国与奥匈帝国在第一次巴尔干战争之后相互对峙时，贝特曼警告帝国议会说："没有人能想象一场世界大火的种种面向，以及列国将遭受的苦难与毁灭。"[112]然而，他与小毛奇一样，越来越感到无力避免战争。另一方面，爱德华·格雷直至第一次世界大战爆发前夕仍然相信，既然知道一场全面战争对所有相关方都会是一场大灾难，那么欧洲的政治家势必会更加谨慎行事。"自1905年以来的艰难岁月里，难道不是因为认识到这一点，列强才不敢把事态推到战争的临界点？"[113]

　　由于战争似乎变得越来越有可能，寻找新盟友的任务也就变得比之前更为重要。两大阵营的陆军现在是如此平衡，即便是希腊或比利时这样的小国加入也能轻易打破。虽然希腊人明智地拒绝了德国，但德皇还是相信希腊国王身为霍亨索伦家族的成员，在时机到来时会做出正确的决定。比利时则是另一回事。德皇为争取比利时国王而做出的所有恐吓性努力，只起到了让比利时人决心尽力捍卫其中立地位的作用。1913年比利时推行征兵制，扩充了军队规模。比利时还重整军备，加强了德比边境列日要塞的防守，明确地向外界表明，他们认为在保证比利时中立的国家中，哪个国家最有可能违反条约。不过，德国的军事规划者仍对他们眼中这些"巧克力士兵"的抵抗不屑一顾。

　　其他依然有待争夺的关键目标出现在巴尔干地区。奥斯曼帝国似乎正在偏向德国一方。德皇也寄希望于罗马尼亚，又一个霍亨索伦家族统治的国家。而且，罗马尼亚国王卡罗尔确实与德国、奥匈帝国达成了一项秘密协议。也许两国同盟本该对卡罗尔从未公开承认结盟的行为多一份疑心。贝希托尔德形容这位国王行事就像个"聪明而谨慎的顶级文官"，并不愿意拂逆本国的公共舆论，而因为匈牙利人对待境内罗马尼亚人的方式，罗马尼亚公众对二元君主国的敌意越来越浓。匈牙利首相蒂萨注意到了这个问题，试图安抚主要集中在特兰西瓦尼亚的罗马尼亚民族主义者，为他们提供宗教和教育等领域的自治权，但这对匈牙利境内的罗马尼亚人而言还不够，谈判在 1914 年 2 月破裂。与此同时，俄国竭力向罗马尼亚示好。1914 年 6 月沙皇到访，两国君主讨论了沙皇公主与罗马尼亚王储的婚约问题。陪同沙皇出行的萨宗诺夫跑到罗马尼亚与奥匈帝国的边界，并进入特兰西瓦尼亚数英里远的地方，公然挑衅。

　　贝希托尔德形容自己在保加利亚与罗马尼亚之间如履薄冰，这两国在第二次巴尔干战争之后彼此恨得咬牙，但他也尝试将保加利亚拉进三国同盟。[114] 纵使威廉厌恶保加利亚国王"老狡猾斐迪南"并提出强烈反对，贝希托尔德最终还是说服德国政府在 1914 年 6 月向保加利亚提供了一大笔贷款。贝氏的努力也在将罗马尼亚推向协约国阵营，尽管有不少预警的信号，不过直至大战爆发前夕，他还是继续相信卡罗尔国王。相反，康拉德早在 1913 年底就命令手下制订针对罗马尼亚的作战计划。他还要求小毛奇调动更多的兵力，以预备罗马尼亚可能的反水。小毛奇一如往常地谨慎，避免做出任何承诺，但德国在东线很可能部署了十三四个师。康拉德预计说，最坏的情况就是德国和奥匈帝国的联军（可以在东线投入 48 个师）必须面对俄国的 90 个师、罗马尼亚和塞尔维亚的各 16.5 个师，还有黑山的 5 个师。总计下来，协约国阵营可以拿出 128 个师，而同盟国阵营只有约 62 个师。这就是即将发生的战场态势。[115]

在和平的最后时期，两大阵营仍然设法彼此分化离间。在俄国、德国与奥匈帝国，不乏有声音认为有必要联合三个保守的君主国。1914 年 2 月，俄国保守派、前内政大臣彼得·杜尔诺沃向沙皇呈递了一份长长的备忘录，敦促俄国远离法德或英德之间的各种纠纷。俄国与德国交好可以让自己受益匪浅，否则会失去一切。一场欧洲战争势必比日俄战争更能撼动俄国社会。他预言说，俄国如果输了的话，将面临"一场最为极端的社会革命"。[116] 在奥匈帝国，匈牙利首相蒂萨将老朋友斯蒂芬·冯·布里安男爵作为自己的一只眼睛派往维也纳。布里安提出了实现欧洲谅解、与俄国在土耳其海峡问题上达成一致的可能性。1914 年 6 月，进展寥寥，但他仍然保持了乐观。[117]

在所有为实现缓和而做出的努力中，最重要也最有可能让欧洲远离战争的，来自英德之间。1913 年夏天，英国以令人震惊的无情，将其最有年头的盟友葡萄牙的非洲殖民地转给了德国，以试图满足德国人对帝国的渴望。清算葡萄牙帝国的条款已经达成，但正式签字还要等到 1914 年夏天。英德两国还就柏林—巴格达铁路达成了协议：英国不再反对该铁路的修建，德国人则同意尊重英国对巴格达以南地区（包括海岸）的控制。这些都是令人鼓舞的进展，但要改善两国的关系，关键仍在于海军军备竞赛。

1912 年初，德国人正准备推出一部全新的海军法案，英国人建议双方举行会谈。从英国的角度看，德国扩充海军是对本国水域不可接受的威胁；对阿斯奎斯政府来说，要想让议会批准更多的海军军费可是个棘手的事。在德国人脉广泛的欧内斯特·卡塞尔爵士是英国的金融大鳄，他在内阁的授意下于 1912 年 1 月下旬访问柏林，想向德国方面试探，看有没有可能达成某种形式的协定。他去见了他的好友阿尔伯特·巴林，这位航运大亨也希望结束海军军备竞赛；他还面见了贝特曼与德皇，并捎去了一份简短的备忘录，其中包含三个要点：首先，也是最重要的，德国必须接受英国的海上优势乃这个岛屿帝国不可或缺的，因此德国的海军计划必须冻结或削减；其次，作为回报，英国会尽其所能地帮助德国获得殖民地；最后，两个国家应该承诺不参与针对彼此的进攻性计划或同盟。用卡塞尔的话说，贝特曼读到备忘录后很高兴，威廉则"乐得像个孩子似的"。[118]德国人建议英国派一名内阁大臣到柏林商谈。

1912年2月5日，英国内阁选定战争大臣理查德·霍尔丹出使德国。霍尔丹是个身材矮胖但自视甚高的律师，早年就爱上了德国与德国哲学，德语说得尤其地道（这在大战期间成了他的一个污点）。作为内阁中的鹰派，他与爱德华·格雷走得特别近，两人还合住同一套房子。这次德国之行的官方名义是考察德国教育，但真实目的是试探德国人的意见，并暗示，如果双方能够达成协议，丘吉尔或格雷本人将很乐意亲赴柏林签约。霍尔丹与贝特曼、德皇、蒂尔皮茨进行了为期两天的会谈，得到的印象是：蒂尔皮茨很难相处，德皇很友善（威廉送给他一尊自己的青铜胸像），贝特曼则真诚地企盼和平。[119]

但事实很快证明，英德双方的期待相距甚远。英国希望给海军军备竞赛画上句号；德国则希望英国保证在欧陆的任何战事中保持中立，自己好腾出手来对付法俄两国。为了换取这一保证，德国至多能做的是减缓造舰速度；而英国能给的最大限度的承诺，则是在德国遭遇攻击且是无辜一方时保持中立。威廉觉得英国未免太傲慢，盛怒之下指示道："我必须以德意志帝国皇帝和军队总司令的名义，坚决拒绝这种与我们的荣誉绝不相容的观点。"[120]尽管霍尔丹回到伦敦后，谈判仍在继续，但很明显没有任何进展。[121]3月12日，在痛恨英国的皇后吹过枕边风之后，决心不再向英国屈服的德皇批准了新的海军法案。从一开始就强烈反对谈判的蒂尔皮茨吻了皇后的手，并以德国人民的名义感谢她。[122]贝特曼感到自己没法干下去，如此重大的决定居然不征求他的意见，但德皇怒气冲冲地指责他是个懦夫，并拒绝接受辞呈。贝特曼忠诚地继续履职，后来他伤心地回忆说，自己本可以与英国达成协议，如果威廉不横插一脚的话。[123]

霍尔丹出使失败之后不久，丘吉尔就向议会提交了1912—1913年的海军预算。他公开表示，英国造舰只针对德国，而且必须保持决定性的优势。既是作为一种善意的姿态，也是为了控制开支，丘吉尔提出设立一个海军假期，让双方可以在造舰大赛的间隙缓口气。在此后的两年里，他还会重提这个建议，其动机似乎是想安抚本党反对大幅提升国防开支的成员，但也是因为认识到，这个时候设立海军假期可以固化英国的均势。丘吉尔的提议在德国领导人那里第一时间就吃了闭门羹，也招致了英国保守派的攻击。唯一表示热烈欢迎的是美国：新任总统伍德罗·威尔逊对此充满热情，而众议院也提出召开国际会议，以讨论冻结海军造舰的问题。1914年，威尔逊派智囊爱德华·豪斯上校前往欧洲各大首都，看看美国可以帮着做点什么，以促成一项海军裁军协议。5月，这个谜一样的小个子从柏林发回报告说："这里的局势非同寻常，军国主义如野火蔓延。除非别的代表您行动的人能带来不同的理解，否则终有一日会发生一场可怕的灾难。"[124]

威尔逊的国务卿威廉·詹宁斯·布莱恩也向其他国家的政府去信，建议在1915年秋季召开第三届海牙国际和平会议（这个和平会议始于1899年）。到1914年，已有不少国家开始为与会做准备。[125]国际和平运动同样仍在蓬勃开展。8月2日，由美国慈善家安德鲁·卡内基资助的一场国际和平会议将在德国城市康斯坦茨召开，而国际议会联盟也计划于当月晚些时候在斯德哥尔摩开会。当众多和平主义者依然相信战争正变得越发不可能，一位老兵的心中却满是抑郁。贝尔塔·冯·祖特纳在她的日记中写道："有的只是相互猜疑、指责和鼓动。它们足够组成一支合唱曲，歌咏越来越多的大炮、正在测试投弹性能的飞机和总是不断索取的战争部。"[126] 她去世七天后，斐迪南大公在萨拉热窝遇刺。

随着这一决定性事件的临近，欧洲呈现出一种不安与自满交织的古怪心态。法国伟大的社会主义者饶勒斯对此有所评论："欧洲多年以来已饱受危机困扰，也多次受到危险的考验但终究没有爆发战争，于是欧洲人越来越不相信战争的威胁，对于没完没了的巴尔干战事的进展，不再那么关注和忧虑。"[127] 既然政治家们之前都能应付过去，抵制了本国将军们先发制人的呼吁，那么这一次他们有什么理由不继续这么做呢？

第十八章　萨拉热窝刺杀事件

　　1914 年 6 月 28 日是个星期天，天气温暖，阳光明媚。欧洲的公园和海滩挤满了度假者。法国总统普恩加莱携妻子现身巴黎郊外的隆尚赛马场。后来他在日记中写道，现场的人群快乐无忧，有着大片绿色草坪的赛道看起来很美，穿着优雅的女士们令人心生爱慕。对于许多欧洲人来说，夏天假期已经开始。欧洲各国的内阁、外交部与军方总部空了一半，其成员四处寻乐。奥匈帝国首相贝希托尔德正在摩拉维亚猎鸭，德皇正驾着他的游艇"流星"号参加波罗的海一年一度的夏季赛艇会，德国总参谋长小毛奇则在做水疗。这让即将到来的危机更加严重，因为太多的关键人物都难以联系上，或者干脆就没有把这场危机当回事，直到为时已晚。

　　法国哈瓦斯通讯社发来电报时，普恩加莱正在总统专用包厢与来自各国外交使团的客人享受美好的一天。电报的内容是：弗朗茨·斐迪南大公与他的平民妻子索菲亚刚刚在萨拉热窝遇刺，那里正是奥匈帝国刚刚吞并的波斯尼亚省的首府。普恩加莱随即转告给了奥地利大使，后者闻讯脸色煞白，立即返回大使馆。马赛还在下面继续进行，而消息也在普恩加莱的客人中传开。绝大多数人都不觉得这对欧洲会有什么影响，但罗马尼亚大使却深感悲观。他认为，奥匈帝国现在有了向塞尔维亚开战的借口。[1]

接下来的五周里，欧洲从和平走向了一场全面战争，所有列强都卷入其中，只不过一开始，意大利与奥斯曼帝国还没有参与。数十年来，公众在推动领导人走向战争或和平方面发挥了作用，如今却只能在一旁看着欧洲各大首都的一小撮人决定自己的命运。这些人是他们的出身和所处时代的产物，对声望和荣誉（这类词语在那些像得了肺痨一样狂热的岁月里遭到滥用）有着根深蒂固的信念，会基于他们经常并不言明，甚至压根就说不清楚的假设作出决定。对往昔胜负的记忆，以及对未来的憧憬与恐惧支配了他们的思维。

当大公遇刺的消息迅速传遍欧洲，迎接它的是混杂着冷淡与忧虑的态度，就像普恩加莱包厢里的反应。在维也纳，大公的死并没有为他赢得多一点爱，深受民众欢迎的普拉特公园的游乐设施照旧开放。不过，上层社会对一再失去继承人的君主制的未来感到绝望，并再度对塞尔维亚人萌生敌意，普遍认定塞尔维亚人应当为此负责。在德国的大学城弗莱堡，根据日记材料，大多数市民操心的是自己的事，如夏季的收成或假期的安排。著名学者弗里德里希·迈内克的反应不大一样，也许因为他是一位历史学家："我的眼前立即一片漆黑。我对自己说，这意味着战争。"[2] 遇刺的消息传到基尔时，当地政府连忙派出一艘汽艇去找德皇的游艇。一直把弗朗茨·斐迪南当朋友的威廉，闻讯大惊。"放弃这次比赛会不会更好？"他问道。威廉决定赶紧返回柏林掌控局面，让世人知道自己将致力于维系和平，尽管在此后的几天里，他还是设法抽出时间紧张讨论了他那艘新游艇的内部装饰问题。[3]基尔港的旗帜立即降至半旗，其余的社交活动也随之取消。6月30日，一支英国舰队在礼节性的拜访之后离开，德国人发出"旅途愉快"的信号，英国人则以"昔曾为友，永远为友"回应。[4]仅仅一个多月以后，他们就会处于对战状态。

图 18　奥地利王位继承人弗朗茨·斐迪南大公被刺杀后，奥匈帝国和塞尔维亚之间的对抗有可能吸引其他大国加入。塞尔维亚政府很可能事先知道这个暗杀计划，但由于得到了俄国的支持，它更有勇气站出来对抗奥匈帝国。当代表奥匈帝国的雄鹰准备攻击代表塞尔维亚的鸡时，代表俄国的熊潜伏在岩石后面，准备保卫它的巴尔干小伙伴

将欧洲送上通往大战最后一段路的，是狂热的斯拉夫民族主义者，青年波斯尼亚党以及他们潜藏在塞尔维亚的支持者。刺杀者以及他们近身圈子里的人，大多是年轻的塞族和克族农家子弟，在奥匈帝国与塞尔维亚的城市学习和工作。尽管换下了传统服饰，穿上了西装，并斥责老一辈的保守，但他们在现代世界感受到了太多的惶惑。很难不把他们与一个世纪后的原教旨主义极端团体（如基地组织）相提并论。与后世的狂热分子一样，青年波斯尼亚党有极严格的道德标准，贬斥烈酒与性交。他们之所以憎恨奥匈帝国，部分是因为他们认为帝国腐化了其治下的南斯拉夫人。青年波斯尼亚党人很少有固定工作，往往得靠家里养着，同时经常与家人发生口角。他们会彼此分享不多的财产，互相借宿，花上几个小时在廉价咖啡馆喝一杯咖啡，争论人生与政治问题。[5] 他们秉持理想主义精神，热情地投身从外族统治中解放波斯尼亚的事业，期许建立一个更公平的新世界。受伟大的俄国革命家和无政府主义者的影响，青年波斯尼亚党人认定，要达成目标，只能借助暴力，必要时得牺牲自己。[6]

这起刺杀阴谋的领导者是波斯尼亚塞族人加夫里洛·普林西普，一个勤劳农民的儿子，身材矮小，内向而敏感。他渴望成为一名诗人，然而，辗转求学于多所学校都没有获得明显的成功。"无论我走到哪里，人们都把我当作一个弱者，"他在 6 月 28 日被捕后告诉警方，"于是我就假装自己是个弱者，即便我并不是。"[7]1911 年，普林西普被地下革命政治的世界吸引。他与几个后来成为同谋者的朋友一起，致力于对重要目标发动恐怖活动，无论是老皇帝本人还是皇帝身边的人。塞尔维亚在 1912 年和 1913 年的巴尔干战争中取得的胜利以及随之而来的领土的大幅扩张，再一次激发了这些民族主义者的想法：南斯拉夫人离最终胜利已经不远。[8]

在塞尔维亚国内，青年波斯尼亚党人获得了相当的支持。十余年来，塞尔维亚政府里的一些部门一直在鼓励准军事组织和阴谋组织去敌国（奥斯曼帝国和奥匈帝国）的土地上开展活动。塞尔维亚陆军不仅为马其顿境内的塞族武装团伙提供资金和武器，还将武器走私到波斯尼亚。塞尔维亚人也成立了自己的秘密社团。1903年，一个主要由军官组成的团伙刺杀了不得人心的国王亚历山大·奥布雷诺维奇，当然也没放过他的妻子，然后将彼得扶上王位。在接下来的几年里，新国王发现容忍密谋者的活动是合宜的，毕竟他们在塞尔维亚内部极具影响力，也在国外鼓吹塞尔维亚民族主义。其中的关键人物是德拉古廷·迪米特里耶维奇，他冷酷、阴险而悍勇，富于个人魅力，被人称为"阿庇斯"（古埃及神祇之一，形象是一头公牛）。为了大塞尔维亚的事业，阿庇斯准备随时牺牲自己和亲友的生命。1911年，他与几位同伙成立了"黑手会"，致力于以各种正当或肮脏的手段将所有塞尔维亚人联合起来。[9] 塞尔维亚首相帕西奇知道这个组织的存在，但他想避免与邻国再起冲突，因此试图控制它，譬如让其中一些较危险的民族主义军官退休养老。1914年初夏，帕西奇与阿庇斯的斗争白热化。6月2日，帕西奇辞职，但又在6月11日回任。6月24日斐迪南大公准备访问波斯尼亚时，他宣布解散议会，并在当年夏天晚些时候重新选举。国王彼得也退了位，让儿子亚历山大摄政。当波斯尼亚的密谋者为6月28日刺杀大公的计划做最后的完善时，帕西奇正在为自己的政治生命奋战，他不想激怒奥匈帝国，却也无能铲除"黑手会"，拿下阿庇斯。

　　弗朗茨·斐迪南即将访问波斯尼亚的消息早在春天就已传开，引起密谋者们的杀心，其中的一些人当时在贝尔格莱德。塞尔维亚军队里一位同情他们的少校从军火库为他们搞到了六枚炸弹和四支左轮手枪。5月末，普林西普等三人带着武器以及事成后用于自杀的氰化钾胶囊，在边境官员的默许下潜入波斯尼亚。帕西奇听到了风声，他不是不能，但就是不愿做什么来阻止。无论如何，再做什么大概都已经太晚了；密谋者已经安全抵达萨拉热窝，并与当地恐怖分子接上了头。此后的几周里，有些密谋分子三思后提出推迟行动，但普林西普显然不在其中。"我不同意推迟暗杀，"他在受审时告诉法官，"因为我心中已唤起某种病态的渴望。"[10]

奥匈帝国的无能和傲慢让他们的行动变得更加简单。多年以来，就一直有南斯拉夫民族主义者正密谋反抗奥匈帝国的传言，而且他们已经采取实际行动，试图刺杀高级官员甚至皇帝本人。在维也纳，以及克罗地亚、波斯尼亚的麻烦地区，当局密切关注着民族主义学生、社团与报纸的动向。然而，六年前波黑被吞并的黑色记忆依然令塞族人隐隐作痛，哈布斯堡皇储访问波斯尼亚，势必点燃民族主义情绪。况且，大公此行是为了观看奥匈帝国军队的演习的，这些演习也许有一天会被用来对付塞尔维亚和黑山。让事情变得更糟糕的是访问的时间，6月28日恰好是塞尔维亚人最重要的民族节日：它不仅是塞尔维亚主保圣人圣维图斯的纪念日，也是1389年科索沃战役的纪念日，在这场血战中，奥斯曼人给塞尔维亚带来了其民族史上最大的一次失利。尽管四周情势愈发紧张，访问的安保工作仍然有些漫不经心。波斯尼亚总督波蒂奥雷克是个反动而冥顽的人，好几个方面都向他发出警告，说大公正在将自己置于险境之中，但他却选择无视，并拒绝动用军队在萨拉热窝的大街小巷布防。这位总督希望展现自己在平定和治理波斯尼亚方面的成绩，并以索菲亚在二元君主国的其他地方享受不到的全套皇室礼仪来接待她，借此讨得斐迪南大公的欢心。他还设立了一个特别委员会来负责访问期间的相关事务，但委员会的绝大多数时间和精力都花在了大公应该喝什么酒或者他是否喜欢在用餐时放音乐之类的问题上。[11]

6月23日晚，斐迪南夫妇登上开往的里雅斯特的火车。在离开维也纳前，大公似乎对一名副官的妻子说过这样的话："此行不是什么秘密，如果有几颗塞尔维亚的子弹在等着我，我也不会感到惊讶！"车厢的灯在路上坏了，不得不用蜡烛照明，有人觉得整个车厢看起来像用作墓穴的教堂地窖。周三上午，一行人登上"联合力量"号无畏舰，沿着达尔马提亚海岸航往波斯尼亚。第二天靠岸后，他们前往萨拉热窝附近的度假小镇伊利扎，计划在那里逗留。当天晚上，大公夫妇即兴快速考察了萨拉热窝世所闻名的手工业。当两人进入一家地毯店时，普林西普似乎就在人群之中。

周五与周六两天，大公观看了萨拉热窝城南山区里的军事演习，大公夫人则游览了当地的景点。周六晚间，当地名流出席了在伊利扎举行的晚宴。克罗地亚大政客约西普·苏纳里奇博士被引见给索菲亚，他是曾向大公夫妇发出过刺杀警告的人之一。"您看，"索菲亚喜形于色地对苏纳里奇说，"您犯了个错误。事实真的不是您总挂在嘴边的那样。我们一路走过乡间，置身于塞尔维亚人中间，每个人无一不友善、真诚、热情洋溢地迎接我们，真的让我们很高兴。""殿下，"苏纳里奇回答说，"如果明晚我还能有幸见到您，我向上帝恳求，您可以向我重复一遍刚才的话。那样，我心里的一块巨石就会落地了。"[12] 当天晚上，大公一行人确实讨论了要不要第二天访问萨拉热窝，但最终还是决定照计划进行。

6 月 28 日这个星期日的上午，萨拉热窝天气晴好，大公夫妇走下火车，坐上一辆敞篷旅行车，这是当时欧洲少有的一种交通工具。斐迪南身着奥地利骑兵将军的军礼服，蓝色束衣配羽饰帽子，神采奕奕；索菲亚则一身全白，除了一条红腰带。七名密谋者早已就位，他们散布在大公夫妇行进路线两边聚集的人群中。当车队沿着贯穿萨拉热窝中心的河流行经阿佩尔码头时，年轻的内德利科·查布里诺维奇向大公的汽车投掷了一枚炸弹。如同后世的自杀式炸弹袭击者一样，在行动之前，他已向家人和朋友道别，并分配了他仅有的财产。司机看到飞来的炸弹连忙加速，结果炸弹在第二辆车的下面爆炸，炸伤了车上的乘客以及几名旁观者。大公派一名副官去了解状况，然后下令队列按计划行进。一行人在震惊与愤怒之中来到市政厅,市长已准备好欢迎词在那里等候他们。市长磕磕绊绊地讲完后,斐迪南大公拿出笔记一一回应,这些笔记被他的一名副官的鲜血打湿。匆匆地商量了一番,一行人决定前往陆军医院看望伤者。当车队沿着阿佩尔码头往回走时,两辆打头的汽车载着首席安全侦探与萨拉热窝市长,突然向右拐进一条窄得多的街道,大公的司机正准备跟上去,萨拉热窝总督波蒂奥雷克喊道:"快停车!你们走错了!"正当司机踩下刹车板,早就等候于此的普林西普跳上踏板,开枪平射。大公夫人倒在丈夫腿上,斐迪南喊道:"索菲亚,索菲亚,不要死,为我们的孩子活着。"紧接着他自己也失去了意识。夫妇两人被送到总督的官邸,在那里被宣告死亡。[13] 试图开枪自杀的普林西普被目击者抓住,他的同伙也被姗姗来迟的警方围捕。

一名廷臣将大公遇刺的消息带给了正在巴特伊舍尔的弗朗茨·约瑟夫,这个小型的度假胜地有皇帝最钟爱的别墅。听闻噩耗后他紧闭双眼,沉默了一会儿。之后他带着沉重情绪说出的第一句话,显示了他与皇储的隔阂之深——斐迪南迎娶索菲亚这件事不仅违抗了他的意志,而且在他看来,也损害了哈布斯堡家族的荣誉:"可怕!全能的上帝不允许有人挑战他而不受惩罚……一种更高的力量恢复了我不幸未能维护的古老秩序。"[14] 老皇帝没有说更多,只是下令返回维也纳。他是否在思考自己的帝国要如何向塞尔维亚复仇,不得而知。弗朗茨·约瑟夫一直以来都主张和平,斐迪南大公也站在他这一边。现在,刺杀事件清除了皇帝身边唯一可能在欧洲长期和平的最后几周里劝说他保持克制的人。本来身体就不佳,这年春天还得了重病的八十三岁老皇帝,只能独自面对政府与军方里的鹰派了。

7月3日在维也纳举行的葬礼很低调。德皇表示自己因腰痛无法出席,但真正的理由似乎是德皇与他的政府也听到了有人计划刺杀他的传闻。无论如何,奥匈帝国没有要求外国元首出席,到场的只有各国驻维也纳大使。即便在死亡时，严格的皇室礼仪还是约束着这对不幸的夫妇：大公的棺材要更大一些，安放的石台也更高。葬礼在哈布斯堡家族的小教堂里只进行了短短的十五分钟，棺材就被装上灵车送往火车站。由于早就知道妻子不会被允许与自己一同葬在哈布斯堡家族的墓穴里，斐迪南大公已提前选定他们最喜欢的下奥地利阿尔特施泰滕城堡作为两人百年之后的葬址。今天，他们仍在那里长眠。因为对葬礼安排不满，奥匈帝国的一些大家族的成员自发步行随灵车去火车站。按照俄国大使的说法，普通维也纳人目睹灵车经过时更多的是好奇，而不是悲伤。普拉特公园的旋转木马继续欢快地转动着。棺材装上了火车，随后用驳船运过多瑙河，当时正赶上猛烈的暴风雨，棺木差点掉进河里。[15]

举行葬礼之前，相关讨论就已经开始：奥匈帝国该如何应对塞尔维亚这一被公认为无可容忍的挑衅。正如 2001 年 "9·11" 事件给了强硬派机会敦促布什总统与布莱尔首相推行他们一直以来的主张，即入侵阿富汗和伊拉克，萨拉热窝刺杀事件也为奥匈帝国那些想一劳永逸解决南斯拉夫人问题的人打开了大门。这意味着把消灭塞尔维亚——这个国家被普遍视为刺杀事件的幕后黑手——作为确立帝国在巴尔干地区的霸权，并将帝国境内的南斯拉夫人置于控制之下的第一步。民族主义报纸用了大量社会达尔文主义的术语，将塞尔维亚与南斯拉夫人描绘为奥匈帝国永远的敌人。"现在所有人都应当清楚，"进入政界的保守派知识分子约瑟夫·雷德利希在 6 月 28日的日记里写道，"我们这个一半为德意志民族统治、与德国有着姐妹关系的君主国，与狂暴嗜血的巴尔干民族主义将永远无法和平共存。"[16] 甚至那些为弗朗茨·斐迪南哀悼的统治圈人士也谈到了复仇，而大公的政敌则无情地责怪他先前阻挠对塞尔维亚开战。[17]

总参谋长康拉德自 1908 年波斯尼亚危机以来就一直在鼓吹战争，他在萨格勒布转车时听到了大公遇刺的消息，立即写信给他的爱人吉娜说，塞尔维亚显然是刺杀事件的背后势力，奥匈帝国早就应该收拾它了。康拉德接着说，二元君主国接下来面对的形势很严峻：俄国几乎肯定会支持塞尔维亚，罗马尼亚也应当被视为敌人。尽管如此，康拉德告诉吉娜，战争是势在必行了，"这将是一场无望的战斗，但必须奋起直面，我们古老的君主国与光荣的军队不能就此可耻地沉沦。"第二天，他在维也纳给自己的幕僚和首相传达的信息，正如贝希托尔德指出的，只是"战争，战争，战争"。[18]对康拉德而言，采取任何别的行动是不可能的，譬如以动员军队为施压手段，促成外交解决。他告诉贝希托尔德，两次巴尔干战争期间，奥匈帝国就是这么做的，结果让军队士气严重受损："一匹马三次被带到栏架前，但每次跨之前都被拦住，那么它就再也不会接近栏架了。"[19]7月底，危机进入白热化，康拉德仍然坚定反对出于外交目的针对塞尔维亚或俄国进行部分动员。他也不像格雷等人打算提议的那样，考虑对塞尔维亚展开有限战争，即打到贝尔格莱德为止。[20]康拉德的好战姿态赢得了同僚们的广泛支持，其中就包括战争大臣亚历山大·克罗巴廷将军，以及波蒂奥雷克，这位波斯尼亚总督热切希望报复塞尔维亚，部分是出于自己未能保护大公的窘迫。

外交部也大体支持对刺杀事件作出强硬回应，尤其是年轻的外交官，他们很多都是埃伦塔尔及其积极外交政策的仰慕者。他们认为，奥匈帝国不会想要走上南边邻国奥斯曼的路，逐渐变得无足轻重。将在随后几周扮演关键角色的亚历山大·霍约斯伯爵正是这样告诉雷德利希的："我们仍然有能力解决问题！我们不希望也不应当成为病夫。如果是这样，还不如被快速毁掉。"[21]接下来的几周里，霍约斯伯爵的手下一再敦促贝希托尔德对塞尔维亚采取果断而迅速的行动。确实，俄国可能会自觉有义务进行干预，所以奥匈最好在俄国变得强大之前就行动。又或者，这两个保守君主国的旧谊足以让俄国决定袖手旁观。"时不我待"的说辞同样指向了国内局势：境内的南斯拉夫人也许还会支持帝国政府，但等待是危险的，因为塞尔维亚的宣传已经在这些南斯拉夫人内部引发了涟漪。[22] 外交部还有一种不切实际的乐观，希望罗马尼亚被奥匈帝国与保加利亚的亲密友谊威慑到，因此保持忠诚。[23]

德国大使海因利希·冯·齐尔施基是个刚愎自用、傲慢好战的人，他也发表了自己的意见：奥匈帝国应当为自己挺身而出，告诉塞尔维亚谁才是老大。甚至在柏林的上级定调决策之前，齐尔施基就告诉他在维也纳遇到的每一位官员，无论二元君主国决定做什么，德国都会支持。他还警告说，如果奥匈再次向外示弱，德国可能不得不去别的地方另找盟友。[24] 事实上，贝希托尔德不大需要说服；前几次危机里他都力主远离战争，但从 1913 年第二次巴尔干战争结束以后他就相信，奥匈帝国终有一天要与塞尔维亚在战场上见。现在，时机到了。[25]7 月 1 日，贝希托尔德与颤颤巍巍的弗朗茨·约瑟夫会面，老皇帝同意奥匈必须重新证明自己还是个大国。他说："我们作为欧洲最保守的大国，被意大利与巴尔干诸国的扩张政策逼到了这一步。"[26]

唯一严肃反对那些开战派的是匈牙利人，尤其是他们的首相蒂萨。7 月 1 日他致信皇帝说，奥匈帝国并没有足够的证据指控塞尔维亚，让世界相信这个小国家有罪。此外，二元君主国的国际地位已经很弱了：罗马尼亚尽管和奥匈帝国签订了密约，但不大可能站在它这边，保加利亚可能会支持，但这不足以作为补偿。蒂萨的建议是，奥匈帝国应当继续尝试与塞尔维亚和平解决问题。[27] 在此后的几周里，蒂萨将承受极大的压力并最终加入开战派。如果没有匈牙利的支持，维也纳将无法采取行动。

另一个需要确定的是，盟友德国下一步会怎么做。齐尔施基发出的信号令人鼓舞，再加上 7 月 1 日，德国名记者维克托·瑙曼（众所周知他与德国外交大臣雅戈交往密切）拜访霍约斯，表示德皇会在奥匈"处理得当"的情况下坚定支持盟友,德国公众舆论也会如此。瑙曼接着说:"奥匈帝国如果不能利用好这个时机,那么君主制与大国地位都将完蛋。"[28] 毕竟事关重大,贝希托尔德决定直接与柏林打交道,想看看德国的官方政策到底是什么。他派出的特使是霍约斯,这恐怕并非巧合,此人素以鹰派著称,在德国人脉广泛(他的姐姐嫁给了俾斯麦的儿子)。康拉德听说这次出使之后询问弗朗茨·约瑟夫:"如果德国人的回应是站在我们一边,那我们是不是要对塞尔维亚宣战?"老皇帝回答:"那样的话,是的。"[29]

霍约斯于 7 月 4 日晚间动身前往德国,随身带着一份关于巴尔干局势的长备忘录,以及弗朗茨·约瑟夫给威廉的私人信件。两份文件都没有提到开战的决定,但字里行间透着这样的欲念,例如谈到了奥匈帝国与塞尔维亚之间难以弥合的鸿沟,以及二元君主国需要冲破敌人的罗网。老皇帝在给威廉的信中总结说:"最近在波斯尼亚发生的可怕事件一定也已经让您相信,再也不能考虑调和我们与塞尔维亚之间的对立关系。只要贝尔格莱德继续为犯罪活动煽风点火且不受到惩罚,欧洲各大君主国的长期和平政策就会受到威胁。"[30] 霍约斯也向年老的奥匈帝国驻德大使拉迪斯劳斯·瑟杰尼—马里奇带去了贝希托尔德的口信,说对付塞尔维亚的时候到了。在柏林,霍约斯甚至比指示更进一步,他告诉德国人,奥匈帝国准备占领并瓜分塞尔维亚。[31]

7 月 5 日,德国外交部还在消化来自维也纳方面的信息,瑟杰尼与德皇共进午餐。威廉读过霍约斯带来的文件后,第一反应是拖延应对。此事非同小可,他必须与首相贝特曼商讨。然而,当大使先生向他施压时,威廉放弃了谨慎。他承诺,弗朗茨·约瑟夫大可仰仗德国的全力支持:即便与塞尔维亚和俄国开战,德国也会站在盟友一边。当天下午,德皇才向他的高级官员征求意见:贝特曼同意了他对奥匈帝国的承诺,战争大臣法尔肯海因也言简意赅地表示,陆军已经准备好了战斗。第二天，贝特曼向霍约斯和瑟杰尼重申了德国对盟友的保证。霍约斯带着成功完成任务的喜悦回到维也纳。他在战后评论说："今天没有人可以想象当初我们是多么笃信德国的力量，以及德军的无坚不摧。"于是他的政府开始着手下一步动作，以逼迫塞尔维亚就范。[32]

就这样，在刺杀事件发生一周后，德国开出了一张"空头支票"，使得欧洲朝着全面战争又迈进了一步。这并不像某些人认为的，意味着德国决定为了自身目的而发动战争。毋宁说，德国领导人之所以接受了战争的可能，部分是因为如果战争到来，时机对德国有利；部分是因为德国必须保住奥匈这个盟友。当时的一些人，尤其威廉本人与贝特曼，是有权在战与和之间作出抉择的，而这些人最终被说服，认定战争对德国来说是更好的选项——或者他们只是缺乏勇气，既未能扛住压力，也经受不住那些好战者的论调。也有可能，和许多欧洲人一样，他们只是厌倦了无休无止的紧张局势与危机，想要一个解决。正如贝特曼对其私人秘书库尔特·里茨勒所说的，纵身跃入黑暗的那一瞬间是如此有吸引力。[33]

德国的行动，就像其盟友与敌人在最后的和平时期里的举动一样，必须放在过去几十年的历史背景下理解，并考虑支撑着德国领导人思维的观念预设。最终，区区几个人——特别是贝特曼、小毛奇与德皇——决定了德国的政策。比起机会，影响他们以及那些敦促他们做决策的下属们，更容易看到威胁。是的，他们担心左派在国内生事，但如果把视线投向国外，被围堵的恐惧比以往任何时候都更真切。到1914年，德国军方已经理所当然地接受了必须在陆上双线作战的前景。这年5月，德国陆军军需总监格奥尔格·冯·瓦德西撰写了一份备忘录，认为德国正面临意志坚定的敌人，他们有可能同时发起进攻，而且在加快武装速度。德国的领导层决不能不惜一切代价追求和平，而应当加强武装力量，征募一切可用的年轻人，时刻准备好战斗。[34]同样不妙的是，协约国阵营似乎越来越强大，三国同盟则在日渐衰弱。法俄两国的军事同盟已经深化，英俄两国似乎也在朝着更广的军事合作方向发展。这年夏天的海军会谈尽管并未取得任何成果，但还是助长了德国人的疑惧。萨拉热窝刺杀事件之后的第二天，贝特曼告诉在伦敦的大使卡尔·冯·利希诺夫斯基亲王，他有可靠的情报显示，英俄两国正在达成协议：英国货船将会把俄国军队运到德国的波罗的海海岸。[35]一周后，也就是奥匈帝国拿到"空头支票"时，贝特曼对一名民族主义政客表示："如果与法国开战的话，英格兰将向我们进军，直到最后一人。"[36]更糟糕的是，德国和奥匈帝国无法指望其他盟友：罗马尼亚大概会背盟，意大利则不可靠。没错，意大利总参谋长波利奥似乎很能干，且有强烈的合作意愿，但正如瓦德西在 5 月的发问："他的影响力能持续多久？"瓦德西一语成谶。波利奥在萨拉热窝事件的当天去世，意大利政府直到 7 月底才想好他的继任者。意大利与盟友并肩作战的意愿，仍像以往一样可疑。[37]

　　给德国领导人带来最多噩梦的是其东边的强邻。许多德国人深受时兴的社会达尔文主义影响，认定斯拉夫人，特别是俄国，是条顿民族的天然对手。害怕斯拉夫人一路向西席卷而来的，绝非只有威廉一人。他说话的语气经常很像今天的英国右翼政治家担心东欧人涌入英国港口，或者美国保守派共和党人对墨西哥人感到不安。"我痛恨斯拉夫人，"他告诉奥匈帝国驻德武官，这并非明智之举，考虑到二元君主国的境内生活着大量的斯拉夫人，"我知道这么说不好，但我无法控制自己。"德皇还喜欢称塞尔维亚为"猪主国"。他的高级将领，像瓦德西与小毛奇，则以末日启示般的措辞表示，德国人即将需要为其作为一个民族、一种文化的独特存在而战。同时他们发现，类似论调让他们更容易在 1914 年春夏之交推动政府大幅增加军队预算。[38]

回顾历史时，令人感到奇怪的是，德国领导层在考虑如何打破包围圈时，对战争以外的手段竟如此不屑一顾。贝特曼确实希望与英国重归旧好，但在两年前霍尔丹出使失败以后，和解的前景就越发渺茫了。德皇倒是不时地表示希望恢复德俄两大保守君主国过去的联盟关系，但他是否真的相信这一可能，则要打个问号。1914 年德国大银行家马克思·沃伯格记录了他与德皇之间的一次谈话："俄国的军备、大规模的铁路建设，在他［德皇］看来都是在为 1916 年可能爆发的战争做准备……苦于焦虑的德皇甚至考虑过，与其等待，不如先下手为强。"[39] 与其他德国高层一样，德皇认为与俄国的冲突不可避免，并且严肃考虑过一场预防性战争会不会更好。在外交部，包括雅戈与副手齐默尔曼在内的许多官员都同意并论证，1914 年的外交和军事局势对德国尤其有利。[40] 他们本应想起俾斯麦的名言："预防性战争就像因为害怕死亡而自杀。"

对于战争，军方高层比文官们更有心理准备。基尔运河工程已接近完工，到 7 月 25 日，德国无畏舰就可以安全地往返于北海与波罗的海之间了。的确，德国陆军尚未实现扩军，但俄国的新计划也只是刚刚开始。7 月 3 日在柏林举行的斐迪南大公追悼会上，萨克森的军方代表与瓦德西有过一番交谈，之后他向自己的政府汇报说，他感到战争随时有可能爆发，德军总参谋部已做好准备："我的印象是，他们认为现在就很方便开战，因为对我们来说，战争的条件和前景之后不可能更好了。"[41] 德国军方高层信心满满，还有一个原因是他们已经有了完整的战略计划。"有了施利芬计划，"总参谋部的格勒纳后来写道，"我们相信我们可以平静地等待与邻国不可避免的军事冲突发生……"[42]

萨拉热窝刺杀事件几周前，小毛奇若有所思地对雅戈说，德国在还有机会取胜的时候对付俄国才算合理。这位总参谋长还建议雅戈，外交政策应当以"在不远的将来挑起一场战争"为目标。大概在同一时间，小毛奇还对一名驻英的德国外交官说："只要事态最终能沸腾起来——我们已经准备好了；那一刻越早到来越好。"[43] 对小毛奇而言，战争也是越早爆发越好。1912 年第一次巴尔干战争期间，他曾写信给侄女说："如果战争要来，我希望它赶在我老到不堪重任之前到来。"[44] 到 1914 年，小毛奇的健康状况似乎急剧下降。每年四五月间，他得在卡尔斯巴德的温泉疗养院待上四周，接受据说是支气管炎的治疗。这一年的 6 月 28 日，他再次回到疗养地，做长时间的逗留。[45] 小毛奇也不像他说的那样对德国取胜充满信心。他很清楚一场持久战的危险性。1914 年 5 月，康拉德·冯·赫岑多夫询问他，如果德国不能快速击败法国，他打算怎么办，小毛奇含糊其词："我会尽我所能。我们不比法国人更强。"如果说贝特曼直到最后一刻仍寄希望于英国的中立，小毛奇则当然地认为英国会站在法国一边。尽管如此，他和他的同事们还是向文官们传达了信心，宣称德国可以在一场短期战争中轻松击败法国、俄国和英国。[46]

到 1914 年，德国与奥匈帝国的伙伴关系，对德国来说比以往任何时候都更重要。7 月 18 日，雅戈残酷而诚实地告诉利希诺夫斯基："与多瑙河上一个正在瓦解的散装帝国结盟是否是一项好的投资，这有待商榷：但用一位诗人的话来说，我想应该是出自威廉·布施，'如果你不喜欢你的伙伴，就再找一个，如果能找到的话'。"[47] 这使得奥匈帝国可以反过来牵着其更强盟友的鼻子走，而这种令人意外的现象常常在国际关系中发生。1914 年，德国高层已经认定除了支持盟友，他们别无选择，即便这个盟友正在推行一些危险的政策。这就像今天的美国持续支持以色列或巴基斯坦。关键在于，贝特曼在之前的危机中都是劝说奥匈帝国妥协，现在却接受了这样的态度：不管盟友选择做什么，德国都必须支持。"我们又碰到了每次奥地利在巴尔干行动时都会带来的老难题，"贝特曼告诉里茨勒，这位私人秘书一向是首相倾诉减压的对象，"如果我们建议他们行动，他们就会说是我们赶着他们干的；如果我们建议他们不要轻举妄动，他们就会说我们抛弃了他们。然后他们就会去接近西边那些张开双臂的大国，而我们将失去最后一个强大的盟友。"[48]

在 1914 年 7 月面临危机的几周里，因为爱妻玛莎 5 月 11 日死于一场痛苦的疾病，贝特曼尤其忧郁。他写信给前任比洛说："所有和我们的共同生活有联系的事物，无论是过去的，还是本应拥有未来的，现在都被死亡摧毁了。"[49]里茨勒的日记记录了他与贝特曼在这几周的谈话。7 月 7 日，也就是首相表示支持"空头支票"的第二天，两人来到贝特曼位于柏林东部的霍亨菲诺的老城堡，在夏夜的天空下坐到很晚。里茨勒震惊于老人的悲观，贝特曼对世界与德国的现状连连哀叹，认为德国社会正处于道德与智识的滑坡阶段，现存的政治社会秩序无法自我更新："一切都变得太朽旧了。"未来看上去同样黯淡：俄国，"一个越来越沉重的噩梦"，将会变得更加强大，而奥匈帝国会衰落到不再有能力与德国并肩作战。（前面提过贝特曼曾决定不在他的庄园种树，因为他认为俄国人会在数年之内占领德国东部。）[50]

贝特曼等德国主要领导人，也许并没有像弗里茨·菲舍尔等德国历史学家经常指责的那样，有意开启这场世界大战。然而，因为他们视战争的到来为理所当然，甚至期待战争，因为他们向奥匈帝国开"空头支票"，同时坚持两线作战的计划，战争被允许了。在局势日趋紧张的最后几周里，他们似乎意识到了自己在冒多大的风险，只能通过想象一些不太可能发生的情况而获得慰藉。贝特曼告诉里茨勒，如果奥匈帝国快速处理好了塞尔维亚问题，协约国阵营也许就会接受。又或者，英德两国可以通力合作，就像之前在巴尔干那样，以防止奥匈帝国的战争牵扯到其他国家——雅戈将之归为"虔诚的愿望"。[51]然而，外交大臣本人也沉溺于一厢情愿的想法中，例如他在 7 月 18 日写信给利希诺夫斯基："该说的都说了，该做的都做了，俄国目前还没有做好战争准备。"至于俄国的盟友英国和法国，他们真的想站在俄国一边打仗吗？格雷一直想维持欧洲的均势，但如果俄国击溃了奥匈帝国又打败了德国的话，欧洲就会迎来一个新的霸主。法国或许也没有准备好作战：关于三年兵役制的争论很可能会在秋天再次上演，而且众人皆知的是，法国陆军在装备与训练方面都存在严重不足。7月13日，法国参议院披露的更多细节，例如法国缺少野战火炮，更加促使德国人认为法国近期不大可能会打仗，而俄国人可能也会从中得出盟友不可靠的结论。如果运气好的话，协约国可能会解体。[52]

德国领导层在更乐观的时候曾经希望，即便战争到来，他们也可以在巴尔干地区将战争局部化。又或者，单靠军事威胁他们就能获胜。吓唬战术曾在波斯尼亚危机中见效，当时奥匈帝国不断升级的军事准备与德国的最后通牒让俄国人知难而退；两次巴尔干战争期间这一战术再度奏效，奥匈帝国成功迫使塞尔维亚和黑山退出斯库塔里，而俄国选择了束手旁观。这一次，面对两国同盟的坚定态度，塞尔维亚和它的靠山俄国也许会再度退缩。贝特曼的新闻主管奥托·哈曼在1914年10月表示："我们希望可以不通过战争就羞辱俄国。那将是个不错的胜利。"[53]

德国领导人不太可能坚定地追求和平，原因是他们担心自己会显得软弱，缺乏男子气概，不能为自己的名誉和德国的荣誉挺身而出。"我不想要一场预防性战争，"雅戈表示，"但如果我们被要求作战，我们就绝不能退缩。"[54]德皇固然对是否开战有最终决定权，但他经常摇摆不定，一会儿声称希望维系和平，一会儿发表好战言论。例如，6月30日，他在一个旁注中潦草地写道："必须把塞尔维亚人处理掉，而且要尽快！"[55]就像近一个世纪后的小布什责怪父亲没有利用机会解决萨达姆一样，威廉一直想把自己与他认为软弱犹豫的父亲区分开。威廉素以自己是德国最高军事统帅为豪，但他也清楚，包括陆军军官在内的不少臣民都认为他要为德国在前几次危机中的表现不佳负责。尽管威廉在统治期间都坚称自己为和平而努力，但"和平皇帝"的绰号还是刺痛了他。7月6日，在德国刚刚开出"空头支票"之后，德皇与工业家朋友古斯塔夫·克虏伯进行了一次谈话，称他在做出承诺时已经知道奥匈帝国打算对塞尔维亚采取行动。"这一次我不会退让了。"这句话他连说了三次。克虏伯随后写信给一位同事说："皇帝一再向我保证，这一次没人可以再指责他优柔寡断了，这几乎造成了某种滑稽的效果。"[56] 贝特曼的一句话也许最有揭示性，他说，对德国来说，在敌人面前退缩相当于自我阉割。[57] 德国领导人的这种态度，部分源自他们所在的社会阶层与所处的时代，不过，来自同一个世界的俾斯麦却足够强大，可以在做选择的时候违抗主流的准则。他从不允许战争强加给自己。而他的继任者无一拥有这样的素质，这既是德国的悲剧，也是欧洲的悲剧。

　　一旦德国领导层下定决心支持奥匈帝国，他们就希望自己的盟友能在欧洲舆论还处在震惊与同情的时候快速采取行动。出于国内因素的考虑，德国人也屡屡提醒维也纳，一定要确保塞尔维亚是过错的一方。（战事爆发之前，德国领导层还担心工人阶级及其在工会和社会民主党的领袖，会像他们反复申说的那样，反对战争。）在维也纳向贝尔格莱德发出最后通牒后，如果塞尔维亚不屈从，得紧接着发动一场速胜的战争，这样其他列强要想干预将为时已晚。

　　但德国人发现他们无法敦促维也纳的同伴。就像一只消化不良的巨型水母，二元君主国以其庄重而又复杂的步伐前进。陆军给许多士兵放了"夏收假期"，他们要到7月25日才能穿着军服回来。"我们首先是一个农业国，"康拉德告诉德国武官，"必须依靠一年的收成过活。"如果康拉德试图让士兵提前回归，可能会给铁路运输带来混乱，更糟糕的是，这会让欧洲其他国家意识到有事情要发生。然而，等待还有一个理由，那就是法国总统普恩加莱与总理维维亚尼（也负责外交关系）此时要去俄国进行国事访问，直到 7 月 23 日才会回国。一旦两人上船返航，通信将会不便，他们会有好几天难以与俄国协调该如何应对最后通牒。拖延对奥匈帝国而言代价沉重：从刺杀事件到提出最后通牒的将近四周时间里，欧洲人对帝国的同情已消散大半，本可被视为自然反应的报复，现在看来更像是冷血的强权政治。[58]

奥匈帝国迟疑不决的最大原因是蒂萨，他依然不认为对塞尔维亚采取强硬路线是正确的做法。就像 7 月 1 日他在致皇帝的一封信里所说的，他担心战争无论是输是赢，都会造成毁灭性的后果：战败的话，会丢掉大量领土，没准匈牙利还会灭亡；打赢的话，吞并塞尔维亚之后，二元君主国的南斯拉夫人成分将过高。[59]7 月 7 日，共同大臣会议这个唯一负责帝国全境事务的机构在维也纳召开会议。蒂萨发现自己被孤立了，其他大臣都在讨论如何最好地击溃塞尔维亚，以及一旦战争结束应该做什么。贝希托尔德与战争大臣克罗巴廷驳斥了匈牙利人"先尝试从外交上战胜塞尔维亚"的论调。帝国首相表示，这样的成功他们过去不是没有取得过，但塞尔维亚还是老样子，继续鼓动建立所谓的大塞尔维亚。对付塞尔维亚的唯一方式就是武力。奥地利首相施蒂尔克提出以"刀剑解决问题"，在之前的巴尔干危机中，他一直是强硬派。他说，尽管这个决定是由奥匈帝国独立作出的，但得知德国如此忠实地支持它，很是让人安慰。康拉德虽然不是政府大臣，但也参加了会议，为的是讨论如果俄国援助塞尔维亚该怎么办，他认为这种情况有可能发生。除蒂萨外，与会者都同意，放入最后通牒中的要求应该让塞尔维亚势必会拒绝，这样奥匈帝国就有了开战的理由。蒂萨同意最后通牒必须措辞强硬，但他要求在发出通牒之前先行过目。[60]

在接下来的一周里，蒂萨经受了来自同僚以及间接地来自德国的巨大压力。他认为，与德国的结盟，是"我们一切政策的基石"，对维系奥匈帝国的大国地位至关重要，但对他来说，更重要的是维持匈牙利自身的地位。蒂萨对塞尔维亚的敌意并不比同僚少；他的异议主要在战术方面。他似乎也说服了自己相信罗马尼亚会保持中立（卡罗尔国王刚刚寄来了一封信给弗朗茨·约瑟夫，意在消除皇帝的疑虑），保加利亚可能被拉入三国同盟（柏林已答应向其贷款）。7月14日，在与贝希托尔德的会谈中，蒂萨让了步，同意向塞尔维亚发出措辞严厉的最后通牒，限48小时之内答复。如果塞尔维亚不依从通牒中开出的条件，战争就会爆发。蒂萨唯一成功获得的迁就是，奥匈帝国明确表示自己不打算在战争结束之后占领塞尔维亚领土。[61]

当天下午，蒂萨还与德国大使齐尔斯基会谈，事后齐尔斯基将谈话内容向柏林做了汇报。蒂萨声称，尽管他过去一向主张谨慎行事，但现在每过去一天，他就愈发坚信二元君主国现在必须采取行动，以表明自己仍具活力，"终结东南方向不可容忍的状况"（齐尔斯基特意用斜体字标出）。奥匈帝国不能再忍受塞尔维亚人的无礼。蒂萨至此也觉得，是时候给他们点颜色了。"通牒会写得让塞尔维亚人根本不可能接受。"一旦最后期限到来，奥匈帝国就会针对塞尔维亚进行动员。齐尔斯基离开时，蒂萨紧紧握着他的手说："我们现在将一起平静而坚定地直视未来。"德皇在报告的页边赞许地批注道："好啊，最后我们还是看到了一个真男人！"[62]

最后通牒的要点在7月的第二周拟定，要求塞尔维亚开除军队中的民族主义军官，解散民族主义团体；塞尔维亚国王必须发表公开声明，宣布他的国家不会再追求一个"大塞尔维亚"；而为了确保塞尔维亚满足这些要求，奥匈帝国会在贝尔格莱德设立一个特别机构。这些条款对于一个独立国家而言已经非常难以接受了，而它们将变得更加严格，随着奥匈帝国官员对它们进行细化，并炮制卷宗，以证明塞尔维亚多年以来一直在密谋针对奥匈帝国。为了支持自己的指控，帝国外交部还派出法律顾问前往萨拉热窝调查刺杀事件；不幸的是，这位法律顾问并未找到塞尔维亚政府幕后支持的证据。这份卷宗最终被证明错漏百出，也没有及时完成，未能与最后通牒的副本一起交给列强。结果，俄国仍然相信塞尔维亚政府"完全无辜"，英法也认为奥匈帝国缺乏证据。[63]

维也纳的幕后忙得不可开交，但政府仍然竭力给人以一种一切正常的印象。维也纳与布达佩斯的报纸接到通知，在对塞尔维亚进行评论时要淡化敌意。齐尔斯基向柏林报告说，贝希托尔德已经让康拉德和战争大臣度暑假了，以打消大家的不安。（"幼稚！"德皇在返程的游艇上评论说，浑然不知他自己的政府希望他去度假，部分是出于相同的原因。）[64]然而，还是有传言说奥匈帝国正准备对塞尔维亚不利。德国驻意大使把空头支票的事告诉意大利外交大臣圣朱利亚诺，后者去电提醒意大利驻圣彼得堡与驻贝尔格莱德的大使，却不知道俄国人已经破译了意大利的外电密码。[65]在维也纳，俄国大使询问奥匈帝国政府的下一步动向，得到的回应是待调查完成之后再做决定，于是他就先去度假了，而此时距离奥匈帝国向塞尔维亚发出最后通牒只剩下两天。[66]7月17日，英国大使向伦敦报告说："维也纳的报刊只有一个话题，甚至让他们作痛的阿尔巴尼亚问题也几乎被挤掉了，那就是，奥匈会在什么时候对塞尔维亚提出抗议，又将包含哪些内容？没人怀疑会有抗议，而且大概率会提出一系列意在羞辱塞尔维亚的要求。"外交部保持着"不祥的沉默"，但根据可靠的消息，如果塞尔维亚不在第一时间屈服，奥匈帝国就会动用武力，而且肯定会得到德国的支持。大使在报告最后还加了一句："我刚刚和贝希托尔德谈了谈。他很有魅惑力，又是称下个周日要来我们的使馆，又是邀请我们去布赫劳作客，那里是埃伦塔尔与伊兹沃利斯基会面的著名地点，还告诉我他有一些马最近在打比赛，但只字不提政治或塞尔维亚人。"[67]

德国政府也呈现出一派夏日宁静的景象，这可能是有意的，正如后来的历史学家所指控的，旨在平息外界对德国正在考虑发动战争的怀疑。雅戈在 7 月的第一周结束蜜月回到柏林，但德皇仍在进行一年一度的北海巡游，绝大多数高级文官与将领也在休假之中。总参谋部继续着和平时期的工作规程。7 月 17 日，瓦德西在岳父的庄园里写信给雅戈说："我将留在这里养精蓄锐；总参谋部已准备就绪；在此期间，没什么可做的。"尽管如此，德国领导人仍然确保他们与柏林之间始终保持着联系。事实上，贝特曼有一条电报专线直通霍亨菲诺。[68] 德国政府也在密切注视着维也纳。作风强硬的外交副大臣阿图尔·齐默尔曼认为这正是奥匈帝国向塞尔维亚复仇的好时机，他照常在柏林履职，并反复敦促维也纳加快其缓慢的步伐。他对奥匈帝国打算在 7 月 13 日之前向塞尔维亚提出的条件一清二楚，尽管当时和事后德国政府都宣称自己对通牒内容一无所知。[69]

在塞尔维亚，根据英国临时代办的说法，在更狂热的民族主义报刊急忙为谋杀辩护之前，刺杀新闻一开始迎来的"与其说是遗憾，不如说是惊愕"。据说，选战打得很苦的帕西奇在听到这个消息后说了一句话："这太糟糕了，这将意味着战争。"他命令所有的酒店和咖啡馆在晚上十点前关门以示哀悼，并向维也纳方面发去了慰问。不过，当奥匈帝国施压，要求对刺杀事件进行调查时，他却拒绝配合，并在接受一家德国报纸采访时公然否认他的政府与这起事件有任何关联。[70]

如果说塞尔维亚对奥匈帝国意图的担忧在加剧，那么 7 月 10 日发生在贝尔格莱德的一起离奇事件，更加重了这一情绪。俄国驻塞大使哈特维希多年以来一直鼓动塞尔维亚人的民族主义雄心，非常有影响力，这天晚上他打电话邀请奥匈帝国驻塞大使弗拉迪米尔·吉斯尔·冯·吉斯林根会面。哈特维希体态臃肿，说话行动都气喘吁吁。会面中，他拒绝了奥地利人喝咖啡的提议，却掏出自己最喜欢的俄国香烟。他说他想澄清一个中伤他的传言，即他在刺杀事件当晚举办了一个桥牌聚会，并且拒绝让使馆的旗帜降半旗。吉斯尔说他认为这桩事已经结束了。哈特维希接着便谈到了他此行的主要来意。"我希望您，"他说，"以我们诚挚的友谊之名，尽可能完整地回答：奥匈帝国准备对塞尔维亚做什么？维也纳已经做出的决策是什么？"吉斯尔照本宣科地回答道："我可以肯定地向您保证，塞尔维亚的主权不会遭到侵犯。如果塞尔维亚政府拿出诚意的话，我们就能为这场危机找到一个令双方都满意的解决方案。"哈特维希连声道谢，正吃力地要起身时，突然倒在了地上，片刻之后就死了。哈特维希的家人立即指责吉斯尔毒杀了他，贝尔格莱德周边甚至流传更疯狂的谣言，说奥地利人从维也纳弄来了一把特殊的电椅，可以做到杀人不留痕。这个插曲对于改善已在恶化的奥俄关系毫无帮助。更严重的是，哈特维希的死又剔除了一个也许可以劝服塞尔维亚政府接受最后通牒中哪怕最粗暴的条款的人。[71]

尽管此时的帕西奇非常担心接下来可能发生的事，但他还是在7月18日向所有塞尔维亚驻外使馆发去信息，表示塞尔维亚将抵制奥匈帝国提出的任何侵犯本国主权的要求。[72]

如果他知道第二天在维也纳召开的一场秘密会议，他的忧心会更加沉重。奥匈帝国最有权势的人乘坐没有标记的汽车来到贝希托尔德的宅邸，做出了他们自己也知道可能引发欧洲全面战争的决策。贝希托尔德分发了一份他与外交部官员一同起草的最后通牒的副本。据说那年晚些时候，当欧洲大部分地区已卷入战火，贝希托尔德夫人曾向一名朋友透露："可怜的利奥波德在撰写最后通牒的那天晚上根本睡不着觉，就怕塞尔维亚人会接受它，为了减少风险，半夜几次起来修改或增添一些条款。"[73]与会者都认定塞尔维亚势必拒绝这些条款，所以大部分的讨论都是围绕着奥匈帝国的动员以及其他必要的军事手段。康拉德认为军事行动越早越好，对俄国可能的介入似乎并不担忧；蒂萨则一如既往地坚持说，帝国不应吞并塞尔维亚的领土。会议同意了蒂萨的观点，但康拉德在散会时嘲讽地对战争大臣克罗巴廷说，"我们走着瞧"。[74] 会后不久，蒂萨写信给侄女说，他仍然希望避免战争，但现在他只能指望上帝出手。他还说，他的心情"很沉重，但并不焦虑或不安，因为我就像一个街道转角处的人，头随时可能被撞上，但总是愿意去远行"。[75]

7月20日，也就是秘密会议的第二天，贝希托尔德将最后通牒的副本和一份附函发送给了奥匈帝国分布在欧洲各地的使馆。7月23日（星期四）晚，驻塞尔维亚大使将通牒递交给了塞尔维亚政府；其他驻外使馆则要到翌日早晨才递交给所在国政府。让德国人恼火的是，他们的盟友直到7月22日才将副本送达他们。[76] 尽管如此，德国人还是准备履行援助的承诺。7月19日，被认为代表德国官方立场的《北德意志总汇报》发表了一则短评，大意是奥匈帝国希望理顺与塞尔维亚的关系的需求是合理的，塞尔维亚应当让步，欧洲列强也不应该插手，这样两个敌对者之间的任何冲突就可以只是局部性的。7月21日，贝特曼给驻伦敦、巴黎和圣彼得堡的大使们拍去一封电报，要求他们向所在国政府转述这一观点。7月22日，法国驻德大使朱尔·康邦向雅戈询问最后通牒的细节。雅戈回答说他不知道。"我很吃惊，"康邦在给巴黎的报告中尖刻地说，"因为德国可是特别积极地准备站在奥匈一边。"[77]

贝希托尔德仍然需要从老皇帝那里得到正式批准，于是7月20日上午，他与霍约斯一起前往巴特伊施尔。弗朗茨·约瑟夫通读了最后通牒，认为其中的一些条款太过苛刻。他的想法没错。这份文件指控塞尔维亚政府容忍其领土上的犯罪活动，要求其立即予以取缔，措施包括开除奥匈帝国指名的文武官员，关闭民族主义报纸，以及改革教育课程，清除一切被认为针对奥匈帝国的宣传内容。这份最后通牒还侵犯了塞尔维亚的主权。按照两项最终成了症结之所在的条款，塞尔维亚需要同意二元君主国参与镇压塞尔维亚境内的颠覆行动，并参与调查和审讯任何对刺杀事件负责的塞尔维亚密谋者。塞尔维亚政府有四十八小时做出回应。尽管如此，老皇帝还是批准了，贝希托尔德与霍约斯留下来吃午餐，并于当晚回到维也纳。[78]

7月23日，奥匈帝国驻塞大使吉斯尔大约在当天下午拜会塞尔维亚外交部。帕西奇正在外面竞选，负责接待的是烟不离手的财政大臣拉扎·帕库。当吉斯尔开始宣读最后通牒，这位财政大臣却在他念出第一个句子以后出声打断，表示在帕西奇缺席的情况下，自己无权接收这样一份文件。吉斯尔坚持继续宣读；塞尔维亚要在7月25日傍晚6点之前做出答复。说完，将最后通牒放在桌子上就离开了。待塞尔维亚的官员们回过神来，房间里出现了死一般的寂静。最终，内政大臣开口说话："除了战斗，我们别无选择。"帕库连忙找到俄国的临时代办，向他恳求俄国的支持。摄政王亚历山大亲王表示，奥匈帝国如果攻击塞尔维亚的话，将会遇到"一只铁拳"；塞尔维亚国防大臣也开始着手准备本国的防御体系。不过，尽管嘴上硬得很，塞尔维亚的战斗力确实不行。它还没有完全从两次巴尔干战争中缓过来，一大批军队仍然部署在南边，镇守不甚稳定的新领土。在接下来的两天里，塞尔维亚政府竭力试图摆脱笼罩在头上的厄运。在之前的波斯尼亚危机与和两次巴尔干战争期间，塞尔维亚都曾直面奥匈帝国的愤怒，并成功存活了下来，靠的就是自身的让步，以及依托"欧洲协调"向奥匈帝国施压。[79]

帕西奇第二天凌晨5点回到贝尔格莱德，英国代办形容他"非常焦虑和沮丧"。政府正计划弃守首都，并在萨瓦河的桥梁上布雷，而这条河流是塞尔维亚与奥匈帝国的界河。俄国大使的报告说，塞尔维亚国家银行的资金与政府文件都已经运走，塞尔维亚陆军也开始了动员。塞尔维亚内阁在7月24日举行了长达数小时的会议，起草给最后通牒的答复；最终，他们接受了除那两条允许奥匈帝国干涉内政以外的全部条款。塞尔维亚人还试图要求维也纳方面延长通牒最后期限以争取时间，但贝希托尔德毫不客气地告诉塞尔维亚大使，他希望拿到令人满意的答复，否则后果自负。帕西奇也向欧洲各国首都紧急求助，他似乎希望其他列强，比如法国、英国、意大利、俄国，甚至可能是德国，可以联合起来强行达成一个解决方案，就像在之前的巴尔干危机中一样。然而，收到的答复都令人丧气。邻近的希腊与罗马尼亚都明确表示他们无意施以援手，卷入与奥匈帝国的战争；黑山则一如既往地做了一些空洞的承诺，根本不可信赖。英国、意大利与法国都建议塞尔维亚尽力妥协。在最后通牒下达的最初几天里，他们并没有多少出手调停的意愿。

唯一反应强烈一点的是俄国，但即便是俄国，传达出来的信息也很含混。7 月 24 日，萨宗诺夫告诉塞尔维亚驻俄大使，他认为这份最后通牒令人作呕，并承诺俄国将帮助塞国。不过萨宗诺夫也表示，他必须先咨询沙皇，再与法国商谈，然后才能提供具体的东西。他还出谋划策说，如果塞尔维亚决定打仗的话，采用防守战术并且向南撤退是明智的。7 月 25 日，随着最后期限的临近，萨宗诺夫给塞尔维亚大使带来了一个更有力的信息。俄国的主要大臣已经与沙皇会面，并决定"竭尽全力保卫塞尔维亚"。尽管这仍然不是明确承诺军事支持，但无疑大大鼓励了正在准备回复奥匈帝国的塞尔维亚政府。贝尔格莱德那一天非常炎热，整座城市回响着召集应征入伍者的敲鼓声。[80]

协约国的各国领导人至此还没有真正关注巴尔干危机的进展，对最后通牒的第一反应是震惊与沮丧，一时半会儿拿不准该采取什么立场。普恩加莱与总理维维亚尼正在波罗的海的船上，难以与巴黎或盟友取得联系。伦敦的格雷与俄国的萨宗诺夫分别要求奥匈帝国延长最后通牒的期限，但贝希托尔德拒绝通融。

德国和奥匈帝国的反应不同，民族主义者与军方圈子饱含热情地欢迎这一消息。德国驻维也纳武官报告说："今天，一种亢奋的情绪主宰着战争部。这个君主国终于有了能量觉醒的迹象，即便现在只是在纸面上。"主要的担心是，塞尔维亚这次恐怕又要逃脱惩罚。最后通牒即将到期的那一天，人还在萨拉热窝的军事指挥官在致友人的信中写道："如果可以成功让这个制造刺客的国家屈服，捣毁这个滋生罪犯的温床，我将带着何种欣喜与幸福牺牲我这把老骨头和我的生命啊——上帝保佑，让我们坚定立场，今天傍晚 6 点，贝尔格莱德掷下的骰子将对我们有利！"[81]

帕西奇在截止日期之前交给吉斯尔的答复，让这个许愿得到了满足。虽然答复的语气很缓和，但塞尔维亚政府拒绝在干涉内政的关键问题上让步。"我们寄希望于您作为一名奥地利将军的忠诚与骑士精神。"帕西奇说道，握了握吉斯尔的手，然后离开了。大使只是粗略扫了一眼文件，他很清楚答复不会让政府满意。贝希托尔德给他的指令很清楚：如果塞尔维亚不接受所有的条件，他就必须断绝两国的外交关系。事实上，他已经把照会准备好了。当信使把照会送去给帕西奇的时候，吉斯尔在大使馆花园里焚毁了密码本，然后与妻子、随员带上轻便的手提行李，乘车穿过挤满人群的街道，前往火车站。一大批外交人员前来送行。塞尔维亚军队守卫着火车。就在火车喘着粗气起动的时候，有人向离去的武官喊道："再见，布达佩斯。"火车一到奥匈帝国境内的第一个站，吉斯尔就被叫到月台接蒂萨的电话。"真的一定要这么做吗？"蒂萨问道。"是的。"吉斯尔回答道。远在北边巴特伊施尔的弗朗茨·约瑟夫与贝希托尔德也在焦急地等待消息。傍晚 6 点刚过，维也纳的战争部打来电话，说已与塞尔维亚断交。老皇帝的第一反应是"总算如此！"但一阵沉默之后，皇帝若有所思地说，断绝关系不一定意味着开战。贝希托尔德也短暂地抓住了这根稻草，不过他已经启动了一些他没有骨气加以抵抗的力量。[82]

　　康拉德一直以来都是鹰派领袖，此时却突然要求将正式宣战的时间推迟到8月的第二周，因为他的军队到那时候才会准备好。贝希托尔德担心这样一来，其他列强就会有时间来主张以谈判方式解决危机，再加上德国也在施压，要求盟友快速行动，于是他拒绝了康拉德的提议。7月28日，奥匈帝国向塞尔维亚宣战。不过，真正的战斗要到8月的第二周才正式打响。在塞尔维亚的帮助下，德国和奥匈帝国把欧洲带入了如此危险的地步。现在就看其他列强的反应了。接下来的一周时间里，欧洲将悬在战争与和平之间。

第十九章　欧洲协调的终结

　　7月中旬，西德尼·韦伯和比阿特丽斯·韦伯这对不知疲倦的夫妇在费边社的夏令营里讨论工业与保险的控制问题，抱怨一群不守规矩的牛津学生一边高唱革命歌曲，一边猛灌啤酒。欧洲大陆上的麻烦也不时地吸引着他们的注意力，但正如西德尼所说，认为列强之间会发生战争的想法"未免太疯狂"。[1]的确，这个月引发欧洲各国外交部和新闻界担忧的主要议题并非塞尔维亚，而是阿尔巴尼亚日渐恶化的局势——作为阿尔巴尼亚的新统治者，无能的德意志王子维德的威廉正面临着遍地烽火的叛乱与内战。对大多数欧洲人来说，奥地利人7月23日发给塞尔维亚的最后通牒，是第一个信号，他们这才知道巴尔干还有严重得多的对抗，而当塞尔维亚的答复在7月25日被维也纳拒绝后，欧洲人的担忧才开始变成惊慌。哈里·凯斯勒刚刚在伦敦和巴黎度过了愉快的几周，见了阿斯奎斯、伦道夫·丘吉尔夫人、佳吉列夫和罗丹等友人，而这时他也开始认真考虑返回德国的问题了。[2]

　　尽管如此，许多靠近权力中心的人仍然相信战争可以避免，就像之前许多类似的危机一样。7月27日，德国大报《柏林日报》的编辑特奥多尔·沃尔夫送家人前往荷兰海滨度年假，然后本人回到柏林。德国外交大臣雅戈告诉他，局势还没那么危急，没有任何一个大国想要战争，他可以放心地让家人待在荷兰。即便是那些以打仗为业的人，也难以相信这一回的危机能有那么严重；正如德军总参谋部的一名成员在战争爆发后的日记中写的，"如果当时有人告诉我世界将在一个月以后被烧毁，我只会以怜悯的目光看他。因为过去这些年的种种事件，像摩洛哥—阿尔及利亚危机和吞并波黑危机，已逐渐让人完全丧失了对战争的信念"。[3]

即便是很容易对巴尔干问题有所警觉的俄国，对刺杀新闻的第一反应，也更多是漠不关心而非忧心忡忡。俄国杜马正处于夏季休会期，似乎没必要再喊他们回来。俄国大使从维也纳向他的政府保证说："有理由相信，至少在近期内，奥匈帝国的政策会趋于更加克制和冷静。"[4] 尽管如此，与盟友法国以及对手德国、奥匈帝国一样，1914 年的俄国也对未来感到忧虑。英国似乎并不急于与其缔结海军协议，而波斯仍是两国紧张的一个根源。俄国也在与奥匈帝国争夺对保加利亚的影响力，并在竞争中落后。同时，在奥斯曼帝国问题上，它还面临盟友法国，以及德国的挑战。1913 年底，圣彼得堡一家大报警告说，一个"条顿集团威胁到了俄国与整个斯拉夫世界的安危，可能会带来致命的后果……"[5] 1914 年 5 月，俄国警察部队负责人向俄军总参谋部预警，说他的间谍刚刚传来情报，德国已准备好在仍有机会取胜时找借口发动攻击。[6] 对俄国政府而言，国内形势甚至比国际局势还让人揪心；5 月和 6 月，卢布的价值一路下跌，国内各界都在担心接下来会出现萧条。进入 1914 年以来，俄国各地都有罢工与示威活动发生，而 7 月份的次数会比之前任何一个月都要多。[7]

这年春天的大部分时光，沙皇一家都是在克里米亚度过（部分是为了缓解亚历山德拉皇后的神经过敏），此时他们回到了圣彼得堡郊外的沙皇村。皇后的状况并未改善，因为 7 月初，她那罹患

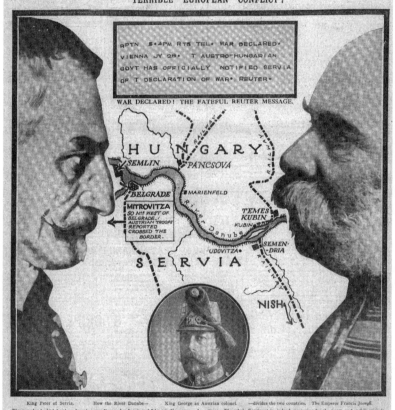

图19　正如标题所说，"我们是否处在一场可怕欧洲战事的前夜？"1914年7月巴尔干地区爆发的这场危机几乎让全欧都大吃一惊。斐迪南大公去世以后，奥匈帝国向塞尔维亚递交了一份最后通牒，从措辞上看就不准备让后者接受。塞尔维亚政府做了很大让步，接受了通牒条款，但在7月28日奥匈帝国还是向塞尔维亚宣战了。这幅图中，塞尔维亚国王彼得一世对上了奥匈皇帝弗朗茨·约瑟夫，而中间的小插图里，英王乔治五世似乎穿着一件奥地利上校军服，这代表了英奥两国间更古老但现已消逝的传统友谊

血友病的儿子在登上一艘皇家游艇时摔倒并血流不止。对她而言更糟糕的是，拉斯普京远在千里之外。就在萨拉热窝事件发生的同一天，拉斯普京被一个疯女人用刀刺伤了肚子。虽然沙皇派了御医前去照顾，但拉斯普京病得很重，需要到这个夏天的晚些时候才能成行。让他远离即将发生的事件的中心，或许是一桩不幸，他可是一个坚定的和平主义者，曾在第一次巴尔干战争期间劝告沙皇不要参战。拉斯普京从病榻上发了一封电报，警告说："一场可怕的风暴正在俄国上空盘旋。灾难，悲痛，浊黑，无光。泪水成海……鲜血成河。我还能说什么呢？我找不到任何词语来形容这种恐怖。"[8]

在欧洲的另一边，英国外交部一开始跟俄国驻奥匈帝国大使一样，对刺杀事件平静以待。常务次官尼科尔森怀疑奥匈帝国是否会对塞尔维亚采取行动。英国公众舆论起初颇为同情二元君主国，乔治五世未打招呼就在刺杀事件的次日早晨去奥匈帝国的大使馆表达哀思，而奥匈帝国驻英大使阿尔伯特·门斯多夫备感欣慰地收到了英国上流社会朋友寄来的数十封慰问信。格雷、阿斯奎斯与保守派领袖也在议会致了悼词，不过另一桩死亡——7月2日约瑟夫·张伯伦的去世——带来了更大的损失感。[9]7月10日，在下议院有关外交事务的辩论中，格雷只是稍稍提了几句巴尔干半岛，把绝大部分时间都留给了欧洲以外的事务。阿斯奎斯此时正被维尼夏·斯坦利迷得神魂颠倒，每天都要给她写情书。他在6月30日顺便提到了萨拉热窝刺杀事件，而下一次则要到7月24日。他的信绝大多数内容都在说爱尔兰问题和她的宠物（其中一只是企鹅），还有就是他多么渴望见到她。[10]

对于英国公众及其领导人而言，比起发生在遥远的欧洲地区的事件，有关爱尔兰地方自治的持续危机以及随之而来的内战威胁要来得更为切身和紧迫。议会正缓慢推进的《自治法案》涉及信奉新教的阿尔斯特的哪些地区应当排除在法案之外，为了在这个问题上取得一致，英王推迟了夏日假期，于7月21日在白金汉宫召集了一次会议。酷热的四天里，阿斯奎斯和爱尔兰民族主义者领袖约翰·雷蒙德，同议会保守派领袖博纳·劳、阿尔斯特新教徒发言人卡森当面交锋，但未能达成协议。7月24日会议结束，随即传来奥匈帝国向塞尔维亚发出最后通牒的消息。乔治五世决定继续留在伦敦，按照惯例他本来应该与里士满公爵一起去赛马。他致信公爵说："爱尔兰问题上的政治危机是如此严重，现在又有可能发生一场欧洲全面战争，我不得不暂时留在伦敦……我希望你能碰上好天气，取得好成绩。"[11]至少在一开始，阿斯奎斯对欧洲日益升级的危机还比较乐观。他对伦敦一位著名的沙龙女主人说："这场危机将转移人们对阿尔斯特的注意力，这是件好事。"[12]法国人对愈发严重的危险同样觉察得很慢。刚刚官复原职的战争部长阿道夫·梅西米就认为，巴尔干地区只是出了点小麻烦，"这场危机将如之前几次一样自行解决"。[13]奥赛码头的外交部则正忙着制订总统普恩加莱与总理维维亚尼访问圣彼得堡的计划。巴黎方面与驻俄大使毛里斯·帕莱奥洛格之间的大多数电报讨论的都是祝酒辞之类的事项，而不是巴尔干半岛。

　　至于法国的政客和公众，他们的注意力放在了激进派政治领袖约瑟夫·卡约之妻的轰动性丑闻上。卡约被政敌指控贪腐，这大概率是真的，再则就是对德国友好，这也无误。他毕竟是个现实主义者，认为德法两国可以合作互利。第二次摩洛哥危机发生时，时任总理的卡约为促成和平解决做了许多工作，因此遭到法国民族主义者憎恨，再加上他反对实行旨在扩大法国陆军规模的三年义务兵役制。（几乎同样糟糕的是，他还提出征收所得税。）1914年的头几个月，巴黎大报《费加罗报》编辑加斯东·卡尔梅特向他发起猛烈攻势，撰写了一些题为"黑心金融家"与"德国人的走狗"之类的文章。此外，卡尔梅特还成功拿到了卡约写给第二任妻子昂里埃特的一些情书并威胁要公开，这些情书写于昂里埃特还是有夫之妇时，内容有些香艳。

3月16日，一如既往打扮光鲜的昂里埃特跑到《费加罗报》编辑部，见到卡尔梅特以后，她从皮手筒里掏出一把勃朗宁手枪，打光了所有的子弹。"法国已经没有正义，这是我唯一可以做的事情。"她对卡尔梅特吓坏了的同事们说道，然后平静地等待警察以谋杀罪逮捕她。庭审在7月20日开始。八天后，也就是奥匈帝国向塞尔维亚宣战之时，陪审团宣判她无罪，理由是她只是激情杀人。昂里埃特自行正义的一大不幸后果是，在欧洲走向战争时，她的丈夫本可以成为法国的一个温和的声音，却不得不从政府辞职。[14]

7月将终的时候，巴尔干地区酝酿的新麻烦，开始登上欧洲各大报纸的头版。由于有传言说奥匈帝国准备强行与塞尔维亚摊牌，而俄国这次决定站在自己的小盟友一边，各大证券交易所都变得紧张不安。不过，人们还是很相信，熟悉的一幕会再次上演。会有一些来来回回的外交照会，奥匈与俄国甚至会进行军事准备，以作为施压的手段，但最终其他列强会插手，促成危机的解决，军队将退回原地。"欧洲协调"机制仍将维系和平，就像它一直以来所做的那样。"虚张声势，一切都是虚张声势。"德国外交大臣基德伦在1912年第一次巴尔干战争危机中写道，"我要在有生之年目睹第三回了：阿尔赫拉西斯、摩洛哥，以及现在这个。只有在今天，一国才会一直试图以吓唬战术来压倒他国。除非有人愚蠢透顶，虚张声势到无法反悔、不得不把子弹打出去，否则战争不会发生。我发自内心认为，现在的这些政客没有一个会是这种蛮牛。"[15]基德伦并没有活着看到自己的错误有多严重，他的死如同斐迪南大公遇刺、拉斯普京遇刺、卡约被迫辞职一样，再度表明了意外在历史中的作用。如果基德伦1914年夏天还在外交大臣任上的话，他或许有足够的力量对抗军方，劝说贝特曼与德皇走上和平之路。

1914年7月的危机是由塞尔维亚的鲁莽冲动、奥匈帝国的复仇心态以及德国的空头支票共同造就的。现在更多地轮到协约国来决定采取什么措施以避免战争，或者如果战争来临，该如何为自己赢得有利的条件。许多史学论争都聚焦在德国或奥匈帝国甚至塞尔维亚的战争罪责上，但也有一些人指出协约国的责任：法国推行的仇德政策；俄国与法国结盟并支持塞尔维亚；英国不承认德国想在分食世界的筵席中获得一个尊位和更多殖民地的"正当"需求；英国没有在危机初期明确表示将站在法俄一边进行干预。虽然这些说法都有吸引力，并将继续引发历史学家和政治学家的思考，但我们必须承认这样一个事实，即永远不可能有一个明确的答案，因为每一个论点都会遇到强有力的反驳。法国真的打算对德国复仇吗？即便是普恩加莱这样的民族主义者也听任失去阿尔萨斯和洛林的事实，不准备冒着战争风险收回这两个省。法俄的条约确实让德国自感遭到了围堵，但从法俄两国的角度看，这只是一个防御性条约，只有在德国发动进攻时才会被触发。（不过，在国际关系中经常出现这类状况，一方觉得是防御性的东西在另一方眼里是威胁，而这也的确是德国人看待这纸条约的方式。）俄国应当为鼓动塞尔维亚民族主义承担多少责任？萨宗诺夫本应做更多的工作来控制他的大使哈特维希，不过从俄国民族主义圈子的泛斯拉夫主义言论来看，并非所有的俄国领导人都想要护着塞尔维亚，如果这意味着俄国要在日俄战争惨败后不久又冒卷入另一场重大冲突的风险。至于英国，它曾在初期宣布自己将毫不犹豫地站在法国一方，这可能对德国起到了威慑作用，但也无从得证。德国军方认定英国远征军可以忽略不计，并希望在海军参战前就在法国早早奠定胜局。无论如何，英国都不可能在内阁批准以前做出声明，而内阁在战争爆发前的最后几周里存在很大的分歧。

纵观协约国阵营，法国在 1914 年的政策最为直截了当——确保战争到来时，法国将作为无辜的一方保持团结一致，并与俄国并肩作战。法国人也希望约束他们的盟友不要采取挑衅的举动，以免让德国和奥匈帝国有机会声称那样做只是在保护自己免受俄国的侵略。7月30日，法国内阁在一次紧急会议中强调，"考虑到公众舆论，得让德国人成为过错方"。[16] 这一点在国内外都很重要。法国领导人被太多的东西困扰：对1870—1871年的战败以及之后法国遭到的长期孤立的记忆，法国的内部分裂，相较于德国的人口劣势，还有对盟友不支持自己的恐惧。法国人希望但从未完全指望英国会介入，即便人们已广泛怀疑德国打算侵犯比利时的中立地位。对法国来说最为重要的，还是在战争爆发之际，俄国能迅速行动攻击东边的德军。在1914年之前的几年里，为了让俄国人明确承诺会尽早进攻德国，以减轻预期中德国对法国的攻击压力，法国人可谓不遗余力，并通过为俄国的铁路建设和工业发展提供巨额贷款，总算让俄国军方点了头。不过，法国人也从未完全确信俄国人会遵守承诺。而且俄国实力的增长对法国来说还是一把双刃剑，因为这意味着法国有可能成为弱势的一方。更糟糕的是，俄国如果变得足够强大，就不再需要法俄同盟了。[17]

还有一种危险也始终萦绕在法国人心头，那就是始终主张与德国达成和解的俄国保守派有可能在俄国国内占上风。法国驻俄大使帕莱奥洛格就曾向巴黎发去报告，并在1914年5月警告英国驻俄大使："沙皇本人善变，他的内阁也不稳定。宫廷一直有一派人主张与德国达成谅解。"[18] 正如德国支持奥匈帝国是出于害怕失去该盟友，1914年夏天当俄国人在巴尔干地区走向对抗时，法国也不愿意遏制这位盟友。社会党领袖饶勒斯对外交事务一向有深刻把握，7月7日，普恩加莱与维维亚尼即将访俄时，他在法国议会说："我们认为，不应允许……法国因为一些条约而卷入疯狂的巴尔干地区的'冒险'，法国对这些条约的文本、意义、界限与后果一无所知。"[19]

尽管遭到社会党人的反对，普恩加莱与维维亚尼还是如期于7月15日出发，前往圣彼得堡。为了避免穿越德国领土，他们搭乘了

"法兰西"号巡洋舰。他们不知道的是，蒂萨在前一天放弃了他的反对意见，维也纳正在最后敲定最后通牒的条款。当法国军舰穿越北海进入波罗的海时，就像当时的欧洲一样，一片阳光灿烂。普恩加莱坐在甲板上阅读易卜生，不时与维维亚尼聊几句。尽管也负责外交事务，但这位法国总理对其知之甚少，不过他倒是个行走的文学宝库，总在同伴面前背诵大段散文和诗歌。普恩加莱的思绪偶尔会转向国内，关注卡约妻子的审判，至于国际局势，他并不担心，至少在后来发表的日记中他是这么说的。他写道，他确信自己正在朝着和平、与其他国家建立良好关系以及重新确认法俄同盟的方向航行。[20] 事实上，普恩加莱对法俄同盟的担心，比他自己承认的要更多；法国议会很有可能在秋天推翻艰难达成的三年兵役法，而这很可能让俄国进一步怀疑法国作为盟友的价值。[21]

7 月 20 日，法国一行人抵达俄国，沙皇亲自到场迎接，之后下榻于圣彼得堡以西的彼得霍夫宫。（圣彼得堡的工人刚刚举行了一场大罢工，街上还发生了战斗；普恩加莱询问了起因，这让东道主感到不快。[22]）接下来的几天里，晚宴、招待会与军事检阅把日程塞得满满的。维维亚尼渴望回到巴黎，卡约妻子的审判已来到最激动人心的时刻，而且他那位任性的情妇正独自快活着，于是他不停向普恩加莱抱怨自己的厌烦与疲惫。他的肝脏也出了问题，不得不匆忙召唤当地的一名法国医生赶来治疗。普恩加莱自觉已无法对他的这位旅伴产生同情心："他暴躁、胆小又粗野，被阴郁的沉默包裹着。"[23]

这趟访问的重头戏发生在幕后的私人会谈中，但不幸的是，我们对于谈话内容知之甚少。相关记录充其量只是梗概，而且很可能有些记录已被销毁。根据已有信息，双方谈到了英俄在波斯问题上的紧张关系，而且法国敦促俄人与英国人达成一项海军协议。[24] 英国驻俄大使说，会谈结束后，萨宗诺夫与法国大使确实告诉他谈话涉及奥匈帝国和塞尔维亚，法俄两国打算联合发出警告，让维也纳不要威胁塞尔维亚的独立。[25]确实，法俄两国的领导人对巴尔干地区的局势很上心。7 月 21 日晚，在圣彼得堡举行的外交使团招待会上，普恩加莱告诉奥匈帝国的大使，任何国家都没法对发生在自己领土上的阴谋负责。塞尔维亚拥有包括俄国在内的"朋友"，奥匈帝国如果采取强硬措施的话，会"惊到"这些朋友。大使将普恩加莱的警告传回维也纳，但贝希托尔德选择了无视。[26]虽然没有证据表明法国人与俄国人密谋挑起一场与德国的战争，但到了 7 月 22 日，他们已经在公开讨论发生冲突的可能性。法国驻俄使馆的一名随员说，"这可是几天之前没人会想到的"。[27]

俄国人越来越关注维也纳传出的诸多传言，他们甚至在法国人到来之前就发出了自己的警告。7 月 8 日，萨宗诺夫告诉奥匈帝国的代办，维也纳方面干涉塞尔维亚内政的任何企图都是危险的，势将给俄国留下"非常糟糕的印象"。[28]一周后的一次夏季聚会上，俄国外交部的一名高级官员要求意大利大使给奥匈帝国捎信，就说俄国不会容忍任何威胁塞尔维亚独立的行径。两天后，萨宗诺夫特意找到奥匈帝国大使弗里德里希·绍帕里，表达了俄国的关切。绍帕里——用萨宗诺夫的话说，"像羔羊一样温柔"——信誓旦旦地表示，他的政府深爱和平，并不希望和塞尔维亚撕破脸。[29]于是俄国政府暂时选择了静观其变。

对俄国乃至世界不幸的是，俄国的领导人在即将进入一场国际大风暴时，是多么不称职。萨宗诺夫和沙皇都倾向于和平，但两人性格很软弱，容易动摇；两人也都执迷于俄国的荣耀与尊严，并对之前俄国在巴尔干危机期间的被迫退让耿耿于怀。俄国首相戈列梅金是个无足轻重的人，主导大臣会议的是农业大臣亚历山大·克里沃申与战争大臣苏霍姆利诺夫，前者在捍卫俄国的国际威望这件事上态度强硬，后者则是个鲁莽的人，傲慢的性格让他坚持认为俄国的武装力量已经准备好应对任何不测。[30]俄军总参谋长尼古拉·亚努什克维奇将军刚上任五个月，除了备受沙皇青睐，没什么特别的资质胜任这一职位。英国驻俄武官说，这个任命"让各方都感到惊讶。他给人的印象，与其说是军人，不如说是廷臣"。[31] 至于其他军方高层，尼古拉·尼克拉耶维奇大公既有军事经验也有常识，但随着危机的加深，他主张提前动员，哪怕冒着引发战争的风险。他的妻子是黑山国王的女儿中嫁得好的，她以不加批判的热情支持塞尔维亚。7 月 21 日，普恩加莱到访期间，她向帕莱奥洛格高声说道："战争会来的，奥地利将被夷为平地……我们的军队会在柏林会师，德国也将被摧毁。"[32]

另一个有影响力的声音来自法国驻俄大使。帕莱奥洛格憎恨德国，且一直坚信与德国的大战无可避免。聪明、狡猾、情绪化和虚荣的他，之所以能在外交部平步青云，靠的是依附有权势的人，其中包括德尔卡塞和普恩加莱，他在学生时代就认识了他们。帕莱奥洛格的抱负是成为一名作家和政治家，他宣称自己来自一个古老的拜占庭贵族家庭，但他的许多政敌都认定，他的父母——父亲是一名从罗马尼亚流亡到法国的希腊人，母亲是一位比利时音乐教师——出身卑微，甚至背景有些可疑。1914 年 1 月，当他被派到圣彼得堡接替德尔卡塞，时任法国总理加斯东·杜梅格告诉他，战争随时可能爆发，法国的安全有赖于盟友参战的速度。帕莱奥洛格自视为独立行动者，而非政府的仆人，他在履职期间巩固了三国协约，并在战争到来之际，将俄国拉拢到法国一方。[33] 7 月 24 日，奥匈帝国发出最后通牒的消息传来，而普恩加莱与维维亚尼已经启程归国，帕莱奥洛格叫上英国大使乔治·布坎南爵士和萨宗诺夫一起共进午餐。俄国外交大臣对奥匈帝国的举动很生气，形容这是"不道德的挑衅之举"。布坎南爵士事后在给伦敦的报告中说，萨宗诺夫希望英国立即宣布与法俄两国站在一起。帕莱奥洛格的表态甚至更为激烈，"从法国大使的用语来看，即便我们拒绝加入他们，法俄两国似乎也已经决心采取强硬立场。相较而言，外交大臣在这个问题上似乎还没那么决绝"。[34] 此后的几天里，帕莱奥洛格一再重申法国将保证支持俄国，他不但在萨宗诺夫面前说，考虑到意大利人也许会将这一立场转达给柏林和维也纳，也在意大利大使那里强调这一点。[35]

帕莱奥洛格也许越出了上头的指示行事，但他与普恩加莱关系密切，而总统曾向俄国人保证，法国会在危机到来之际给予支持。在临别会晤中，普恩加莱告诉沙皇，法俄必须在两国同盟进攻塞尔维亚时密切合作。"局势越困难，我们就越应当紧密团结。"两人似乎还深入谈论了法俄如何在军事上合作。[36] 当然，类似的讨论并不是第一次；十多年来，法俄军方已经共同制订了对德作战的计划，他们之间的联系（包括直接的无线电通信）随着时间的推移日益紧密。[37]1914 年 7 月，对奥匈帝国所作所为感到愤怒的俄国人甚至自行考虑是否参战，而法国人并不想阻止他们。事实上，就像德国的领导层一样，许多法国领导人也认为，如果战争要来，最好现在就来。1914 年 6 月，法军总参谋部的一份报告指出，罗马尼亚现在是奥匈帝国的潜在敌人，而俄国对德国的威胁也加深了。[38]

7 月 24 日早晨，得知最后通牒时，萨宗诺夫的第一反应是，"这意味着一场欧洲战争"。正在圣彼得堡以南的红村出席夏季军事演习的沙皇则只是说了一句"烦人"。起初，沙皇至少相信了威廉所说的，德国对最后通牒一无所知。对于威廉的提醒，即先前的几次危机中，德俄两国总是可以达成协议，沙皇倍感安慰。当天下午，俄国大臣会议在红村紧急召开。尽管萨宗诺夫仍然希望避免战争，但他认为不能允许奥匈帝国通过击溃塞尔维亚来破坏俄国在巴尔干的影响力。私下里，正如萨宗诺夫后来出人意料地对奥匈帝国的大使说的，他其实不满塞尔维亚屡屡对俄国提出要求及其将大国盟友拖入战争的方式，但他看不到支持塞尔维亚以外的选项。俄国的威望和俄国的公众舆论都不允许俄国说不。[39]克里沃申在一次有很大影响的讲话中指出，俄国必须采取坚定立场，即便冒着战争的风险。一向谨慎的同僚彼得·巴尔克也表示同意："如果事关俄国的荣誉与尊严，以及俄国作为大国的地位，财政大臣应该加入内阁的多数派。"大臣会议决定与包括德国在内的其他列强合作，试图说服奥匈帝国延长塞尔维亚答复最后通牒的期限，从而为外交解决留出时间。然而，为了施加压力，会议也授权动员波罗的海舰队和黑海舰队，并对四大军区的陆军进行部分动员。尽管动员对奥匈帝国的威胁要大于对德国，这一行为仍然十分危险，因为它挑战了两国同盟。事实证明，这一决定在军事上也是不切实际的，因为陆军并没有制订单独针对奥匈帝国的动员计划。在会议结束时，戈列梅金如此总结俄国的政策："我们不想要战争，但也不惧怕战争。"当天晚上，萨宗诺夫告诉满脸写着心烦意乱的德国大使，俄国对这份最后通牒极为不满。[40]

第二天，也就是塞尔维亚答复期限将至之日，俄国的态度更加强硬。萨宗诺夫告诉布坎南："俄国绝不允许奥地利践踏塞尔维亚并成为巴尔干地区的霸主。俄国会在法国的支持下直面一切战争风险。"布坎南及时用电报将这一表态告知了伦敦。同时在场的帕莱奥洛格也宣称法国已经准备好了在俄国一方作战，并要求知道英国是否会站在盟友一边。萨宗诺夫补充说，英国人必须作出抉择，要么给予俄国积极支持，要么失去俄国的友谊。[41]当天上午，俄国大臣会议再次开会，批准了进一步的战争举措。所有的要塞都进入战争状态，边境据点兵力待命，并在余下的军区进行初步的动员。俄国的高级将领们此时似乎都已认定这是在通往总动员和战争。[42]尽管俄国人连着好几天都在否认他们做了什么超乎常规之事，苏霍姆利诺夫甚至在7月26日用名誉向德国武官担保，但是，跨越俄国西部边界的观察员注意到军事活动增加的迹象随处可见。[43]

当天晚上，一名退休的俄国外交官在自家的别墅宴请友人，别墅挨着彼得霍夫宫与红村之间的一条路，他们听到了一支军团向圣彼得堡开拔的声音："我们都冲到花园门口，站在那里看着夏日暮色中近卫军的巨大身影沿着尘土飞扬的道路默默地、缓缓地移动着。我永远不会忘记这一幕给我心头留下的不祥印象，那就是末日即将到来。"[44] 在俄国，就像在德国和奥匈帝国一样，末日是否会到来最终取决于一个人。尽管有 1906 年的宪法，沙皇仍然控制着外交政策与军队。正如法国驻德大使朱尔·康邦在奥匈帝国发出最后通牒后告诉一名同僚的："今天，法国的命运与欧洲和平的保守都寄托于一个外国人的意愿，那就是沙皇。他会如何决策，又会听从谁的建议？"[45]

俄国政府一步步通往战争的同时，一如奥匈政府所愿，自 7 月 24 日起，普恩加莱与维维亚尼正在海上，只能断断续续跟巴黎和法国的驻外使馆取得联系。当最后通牒的消息传到正驶向斯德哥尔摩的"法兰西"号时，维维亚尼急忙向圣彼得堡发了一封大概是由普恩加莱撰写的电报，并请求俄国人将电报转发给巴黎和伦敦。电报建议塞尔维亚接受最后通牒中所有不损害其荣誉和独立的条件，同时建议协约国将问题国际化，要求对塞尔维亚可能存在的共谋展开国际调查，而不是让奥匈帝国自己来。[46] 在接下来的几天里，法国人、意大利人，特别是英国人，都希望以某种方式让已经垂死的"欧洲协调"重焕生机，解决又一场欧洲危机。

普恩加莱与维维亚尼还讨论了是否取消原定对斯堪的纳维亚半岛的访问，立即启程回法国。不过他们认为这或许会冒犯到东道主，并在国内制造不必要的恐慌。于是他们继续绕行波罗的海，随着来自巴尔干地区的消息越来越坏，他们的忧心也跟着加重。由于"法兰西"号与巴黎之间（以及法俄之间的）所有无线电信号正被德国人干扰，与外界的通讯十分困难。在巴黎，他们的同事主动决定采取预防措施，将休假的军事参谋召回，派部队前去保卫铁路和其他关键地点。法军总参谋长霞飞将军后来表示，他对局势不抱一丝幻想:"我们正一路通往战争,而俄国人将发现他们与我们同时卷入其中。"霞飞和战争部长向俄国武官保证,法国随时准备履行盟友的义务。到7月底,法国已经在战争准备的道路上迈出了一大步。在法国的大小城镇,男装店开始出售重靴与厚袜。[47]

从7月24日奥匈帝国向塞尔维亚发出最后通牒,到7月29日宣战的这段时间里,法国政府很大程度上扮演着被动的角色,而英国终于将注意力从爱尔兰转向了欧陆,并开始采取行动。格雷很晚,不,是太晚才意识到巴尔干地区迫在眉睫的危险有多严重。他也不愿意向自己承认,英国其实颇为受限于自己协约国成员的身份。7月9日,德国驻英大使卡尔·冯·利希诺夫斯基亲王发现格雷心情很不错,对局势的化解感到乐观。格雷坚称,英国当然会照例自由行动,但他也补充说,英国的立场非常接近法国与俄国。他确实承认,英法在军事问题上有过一些"对话",但他给人的印象是那些对话无足轻重。在一周后的一次会晤中,格雷还警告利希诺夫斯基,如果俄国民意因为塞尔维亚问题而沸腾的话,英国将不得不"照顾俄国人的感受"。[48]不过,格雷没有告诉德国大使,他和他的外交部对英俄关系有多关切。美索不达米亚(今属伊拉克)的石油控制权成了新的紧张之源;英俄还在波斯争夺势力范围;英属印度当局也对俄国人在阿富汗的阴谋活动发出了忧虑之声。1907年签署的《英俄协约》到1915年就要到期,对于能否续签,尼科尔森和他的外交部同僚没有一点信心。"我和您一样感到恐惧,"尼科尔森在这年春天的早些时候给圣彼得堡的布坎南写信说,"——唯恐俄国有朝一日厌倦了我们,然后又与德国讨价还价。"[49]1914年7月,随着危机继续加深,格雷与他的同事们仍然不想对俄国太过强硬,以迫使其在与奥匈帝国的对抗中退让,因为担心这样会将俄国推入德国的怀抱。(德国当然也有同样的顾虑:要么支持奥匈帝国,要么冒着失去这个唯一重要盟友的风险。）7 月 28 日，也就是奥匈帝国向塞尔维亚宣战的那一天，尼科尔森私下写信给布坎南说："我和你一样预见到，俄国可能会利用这场危机来检验我们的友谊。如果我们让他们失望的话，两国达成友好的永久谅解的所有希望都会落空。"[50]

面对恶化的局势，格雷希望英国可以避免做出艰难的抉择，而是由列强再次以"欧洲协调"的名义行动起来，以某种方式强行解决危机，无论是像前两次巴尔干战争期间一样在伦敦召开大使会议，还是向那些直接参与危机的国家施压，让他们开启谈判。格雷提出，俄国或许可以向塞尔维亚施压，而德国或许可以向奥匈帝国施压。当俄国支持塞尔维亚的立场越发明显时，格雷意识到英法德意可能会说服俄国和奥匈帝国进行直接对话。7 月 28 日，欧洲越过奥匈帝国向塞尔维亚宣战这一转折点之后，他又幻想着让奥匈军队在贝尔格莱德停战，以便留出谈判的时间。（在不得不面对战争的现实时，德皇却退缩了，并在同一时间提出了与格雷类似的建议。）在提出一个又一个建议的同时，格雷也告诉法国人与自己的同僚，尽管英法之间的陆海军会谈已开展多年，但英国并不受任何义务或密约的约束，而是将行使自己的判断。至于他和军方对英法合作实际承诺了多少，他从来没有对同僚、英国公众甚至他自己完全坦诚。另一方面，他也使出了他的惯常手法警告德国，英国不会眼睁睁地看着法国被击溃，并将强烈反对比利时的中立遭到任何形式的侵犯。

7 月 23 日，奥匈帝国驻英大使门斯多夫向格雷说明了即将发给塞尔维亚的最后通牒的性质。格雷显然被吓着了。当天晚上，他和战争大臣霍尔丹与德国实业家阿尔伯特·巴林共进晚餐，后者的伦敦之行背负着德国政府给他的非官方任务，即了解如果欧陆爆发战事，英国可能作何反应。战前那些最后的疯狂之日，有许多时刻都是这样，事后的回忆总是不尽相同：据霍尔丹回忆，他与格雷曾警告巴林，如果德国进攻法国，他们就不要指望英国能保持中立；巴林带给柏林的信息则是，在他看来，英国主要关心的是欧洲大陆的均势，只要德国承诺在战后不吞并法国（也许只是吞掉几块法国殖民地），英国就不会干预。[51]

第二天，格雷读到了最后通牒的全文。他告诉门斯多夫："我从未见过有哪个国家给另一个独立国家发出过比这份照会更可怕的文件。"依照贝希托尔德的指示，门斯多夫试图淡化这份文件的严重性，说这并不是最后通牒，而是一份有时限的行动方针（démarche），虽然奥匈帝国会在最后期限过后开始军事准备，但这并不等于军事行动。[52]当天稍晚时候，英国内阁开会讨论在白金汉宫举行的爱尔兰会议的失败，格雷首次提到巴尔干地区的危机，并且说，他敢肯定如果俄国进攻奥匈帝国的话，德国会保卫其盟友。虽然多数内阁成员坚决反对英国卷入战争，但意见的天平会在之后的一周里发生变动，主要原因是德国的行动。格雷语气阴沉地说，这份最后通牒使他们比第一次巴尔干战争以来的任何时候都更接近大决战（Armageddon）。格雷提出的解决方案相对就没那么戏剧化：他打算建议英法德意四国联合敦促奥匈帝国和俄国不要轻举妄动。但在同一天，英国也开始了第一步试探性的战争准备工作。英国国内水域的舰队刚刚在一周前开展了夏季海军演习，现在政府令其维持动员状态。就像法俄两国的准备行动以及德国即将开始的动作一样，英国人的军演也许是出于防御目的，但在外界看来并不一定如此。这样一来，又多了一个因素加剧欧洲本就高度紧张的局势。

7月24日晚，格雷召见利希诺夫斯基，要求大使转告柏林，英国愿与德国共同发声，让奥匈帝国延长最后通牒的期限。这样，其他列强也就有时间来平息奥匈帝国和俄国日益激烈的争斗。第二天德皇在读到利希诺夫斯基的报告之后批示说："这毫无用处，我不会加入，除非奥地利明确要求我这么做，但这是不可能的。在关键性的和事关荣誉的问题上，一国不会征求另一国的意见。"[53]

7月25日是周六，格雷再次召见利希诺夫斯基讨论整个局势。这位德国大使发现自己已经很难捍卫本国政府的立场。作为英国及其制度的大力推崇者，利希诺夫斯基长期以来致力于让伦敦与柏林达成更深的谅解。1912年已经退休的他被德皇找来出任驻英大使，说让他做"一个快乐的好伙计"*。贝特曼与德国外交部都不满意这次任命，他们认为利希诺夫斯基欠缺经验，而且对英国人的看法太过天真。[54]但事实上，面对危机，利希诺夫斯基一直给出了很好的建议：德国在鼓动奥匈帝国的过程中走上了一条危险的道路，如果全面战争爆发的话，英国无疑会被卷入。他告诉上级，如果他们真的认为任何战争都会只局限在巴尔干地区，那他们无异于在做梦。[55]（同时，正如尼科尔森在给布坎南的信中措辞尖锐地写道："我认为，将这场战争局部化的讨论仅仅意味着，列强都保持不干涉的态度，任凭奥地利悄悄扼杀塞尔维亚。"[56]）

当天下午，当紧急电报继续在欧洲的上空飞来飞去，格雷却选择像往常一样前往他在温彻斯特的乡村别墅过周末。[57]虽然借助电报可以联系到他，但在局势瞬息万变的时候，这样的决定未免太奇怪。回到伦敦后，格雷在7月27日，也就是周一得知，德国已经断然拒绝了四国调停的提议，理由是，正如雅戈所说，这相当于组建一个国际仲裁法庭，而这是只有在俄国和奥匈帝国这两个直接相关方提出要求后才能组建的。[58]至此，英国也受到了来自法俄越来越大的压力，两国要求英国明确表示支持。布坎南在周日刚见过萨宗诺夫，他敦促俄国人与奥匈帝国合作稳定局势，并推迟军事动员以稳固和平。周一他给伦敦发电报说，俄国的立场已变得强硬："外交大臣回

---

* "For He's a Jolly Good Fellow"（"因为他是一个快乐的好伙计"）是一首经典的英语歌谣，旋律起源于法语歌曲"Marlbrough s'en va-t-en guerre"（"马尔堡已经离开去打仗"），用于祝贺一个人的重大事件，流行程度仅次于《祝你生日快乐》。

答说，除非我们公开宣布与法俄团结在一起，否则他根本不相信我们能压过德国赢取和平。"[59] 在巴黎的一场晚宴上，伊兹沃利斯基告诉一名英国外交官，战争肯定会到来，而这都是英国人的错。如果英国在危机开始之际就亮明立场，德国和奥匈帝国就会犹豫不决。伊兹沃利斯基还以不祥的语气补充说，这次危机不比波斯尼亚危机，当时俄国比较虚弱，不得不退缩，而这一次，它已经准备好了战斗。[60] 7 月 28 日，周二，从巴黎赶回来的保罗·康邦（在普恩加莱与维维亚尼缺席的情况下，他一直在为政府提供建议）警告格雷："如果人们认定英国肯定会置身于欧洲战争之外，那么维护和平的机会就将陷入极大的危险中。"[61] 康邦在伦敦一心想把"英法协约"变成某种比温和的友谊更具实质性的东西，危机一开始他就担心格雷会"摇摆和犹豫"，而德国将因此更加得寸进尺。"英国最后肯定会加入我们，"康邦向巴黎的一名同僚保证，"但那太晚了。"[62] 在接下来的一周里，试图从格雷那里得到明确承诺的康邦将头疼不已。

关于异常活动的报告在欧洲大陆多了起来。7 月 25 日到 26 日的这个周末，德国间谍报告说，巴黎埃菲尔铁塔与俄国西部一处大型军事基地之间的无线电通信变得密集。据说俄国的边防军已进入全面戒备状态，铁路上运行的全部机车都在驶向靠近东普鲁士边境的俄国城镇。[63] 7 月 26 日，威廉突然下令让德国舰队护送他的游艇回到德国，即便他的政府希望他待在北海以免生乱。他似乎是担心，俄国正计划搞一次突袭，用鱼雷炸毁他的游艇；他还认为，贝特曼不具备必要的军事知识。[64] 第二天，普恩加莱与维维亚尼果断取消了对哥本哈根的访问计划，返航法国。民族主义情感的涟漪开始扰动夏天的宁静。在圣彼得堡的那一周，起初只是一小撮，但随着时间的推移，聚集的人越来越多，他们高举尼古拉沙皇的画像与国旗，一边游行，一边高唱"主啊，救救你的人民"。[65] 沙皇现身红村一家当地剧院时，观众自发起立为他鼓掌，在场的陆军军官也引吭高歌；

在巴黎，人群在奥匈帝国大使馆门外示威；在维也纳，英国大使报告说，"空气中弥漫着狂热"，当地人试图涌到俄国大使馆门前示威，身着制服的军官博得了阵阵欢呼；在柏林，塞尔维亚答复最后通牒的消息传来之时，大批人群聚集在一起，高唱爱国歌曲与奥地利国歌，大学生沿着菩提树下的大街游行，呼喊着爱国口号。[66]

　　在意大利，根据英国大使的报告，这里的街道却很平静。舆论既谴责塞尔维亚在刺杀事件中的角色，也批评了奥匈帝国"过于严苛的反应"。英国大使指出，意大利公众正"以一种带着焦虑的期待态度"等待着，而政府正在寻找一个合理的理由来逃避其作为三国同盟成员的义务。[67]意大利政府的困境在于，一方面，他们不希望看到奥匈帝国摧毁塞尔维亚，从而独霸巴尔干地区，但另一方面，他们也不希望惹恼自己的盟友，尤其是德国。（与其他欧洲人一样，意大利人十分尊崇德国的军事实力，甚至有些夸张。）一场真实的欧洲战争还带来了另一个问题：如果德国和奥匈帝国取胜，意大利将会受到二者更多的摆布，甚至沦为附庸国。站在两国同盟一边作战也不符合民意，公众舆论仍然倾向于把奥匈帝国视为传统的敌人，奥匈曾像今天对待塞尔维亚人一样欺压意大利人。最后还要考虑到意大利自身的孱弱。如果不得不与英法海军对战的话，意大利的海军势必会被摧毁，而陆军在与奥斯曼帝国打完争夺利比亚的战争后，急需一个恢复期。事实上，意大利军队在新获得的北非领土上仍然遭遇了顽强的抵抗。[68]

　　意大利外交部部长圣朱利亚诺睿智而老练，他的7月是在在罗马南部山区的菲乌吉度过的，为的是治愈令他衰弱的痛风。（当地的矿泉水以治疗肾结石而闻名，有米开朗琪罗的说法为证，他说这里的水治好了"我唯一不喜欢的一种石头"。）7月24日，德国驻意大使来拜会他，并告知了最后通牒的详细内容。尽管德国和奥匈帝国施加了很大压力，圣朱利亚诺还是坚持这样的立场：意大利没有义务参加任何明显不是防御性的战争，但可以在特定条件下决定加入战争——尤其是如果可以从奥匈帝国获得讲意大利语人口居住的领土。此外，如果奥匈帝国在巴尔干地区有所斩获的话，意大利也必须得到补偿。8月2日，奥匈帝国政府不情不愿地顺从德国的压力，向他们粗直地称之为狡兔的意大利人，提出了模糊的领土补偿提议，不过并不会用奥匈帝国自身的领土补偿，而且前提是意大利必须参战。第二天，意大利宣布将保持中立。[69]

7月的最后一周，英国的公众舆论仍然存在严重分歧。自由党内势力强大的激进左翼和工党都反对战争。在7月27日周一下午举行的会议上，内阁分裂成旗鼓相当的两派。格雷仍然含糊其词，没有提出明确的行动方案。他说，一方面，如果英国不加入法俄，我们自然会永远失去他们对我们的信任，而德国几乎肯定会在俄国动员的时候进攻法国，但另一方面，如果我们说我们准备与协约国共命运，俄国就会立即攻击奥匈帝国，因此我们对和平的影响力取决于我们表现出来的模糊态度。意大利一如往常地不诚实，以奥地利发出最后通牒前未征求它的意见为由，拒绝履行其对三国同盟的义务。[70]

内阁会议结束后，此时仍属于和平阵营的财政大臣劳合·乔治告诉一位朋友："我们绝无可能在第一时间参加任何战争。他不知道内阁会有大臣赞成这么做。"[71]

在英吉利海峡对岸，某些一度好战的决策者也在短时间内改了主意。7月27日，德皇已回到柏林，他认为塞尔维亚对最后通牒的回复是可以接受的。战争大臣法尔肯海因在日记中写道："他的讲话令人困惑。唯一可以明确的是，他不再想要战争了，即便这意味着让奥地利失望。我认为，他已经不再能掌控局势了。"[72]沙皇交给萨宗诺夫一张手谕，建议俄国与英法，也许还有德意联合起来维护和平，劝说奥匈帝国与塞尔维亚将争端提交给海牙的常设仲裁法院："但愿在致命的事件发生以前，还有时间。"[73]萨宗诺夫也着手与奥匈帝国直接对话，而贝特曼从柏林建议盟友不要回拒，但似乎更多不是为了和平，而是为了有机会在两国同盟的国内舆论面前，把责任推到俄国身上。

尽管德皇（也许还有贝特曼）在落入漩涡激流时还继续抓着稻草，但此时德国领导层的主流情绪是战争不可避免。同时，他们还试图劝服自己相信德国是无辜的一方。7月28日，小毛奇在一份语气阴沉的备忘录中写道，奥匈帝国进攻塞尔维亚的时候，俄国必然会动员起来，而德国也只能以动员来援助盟友。俄国对此的反应一定是进攻德国，而接下来法国也会加入战争。"这样，经常标榜自己纯粹是防御性的、只是为了应对德国的侵略计划而建立的法俄同盟将活跃起来，欧洲文明诸国将开始相互残杀。"[74]俄国与奥匈帝国之间的会谈按时于7月27日开启，但在第二天就中止了——这一天，受到德国要求其迅速采取行动的压力，奥匈帝国向塞尔维亚宣战。[75]

如果没有发生后来的种种悲剧，奥匈帝国的宣战本可以成为一出滑稽戏。贝希托尔德之前已然戏剧性地关闭了帝国在贝尔格莱德的大使馆，这时他发现，自己不知道该如何向塞尔维亚传达宣战书。德国拒绝担任使者，因为他们仍然希望给外界留下他们根本不知道奥匈帝国计划的印象。所以贝希托尔德只得向帕西奇发送了一份明码电报，这是史无前例的宣战方式。一开始，这位塞尔维亚首相还怀疑是维也纳的某个好事者想骗塞尔维亚先开第一枪，因此拒绝相信电报的真实性，直到塞尔维亚驻圣彼得堡、伦敦与巴黎的大使馆来电确认。[76]在布达佩斯，蒂萨面对匈牙利议会发表了一通激情澎湃的演说来支持宣战决定，反对党的领袖喊道："终于！"[77]苏霍姆利诺夫在圣彼得堡的一次晚宴上听说了这个消息，他向邻座说："这回我们要进军了。"[78]7月28日晚，萨瓦河北岸的奥地利大炮向贝尔格莱德倾泻火力。欧洲还剩下一个星期的和平。

第二十章　欧洲和平的最后一周

7月28日，奥匈帝国向塞尔维亚宣战让欧洲日益坚定地迈向了战争，最后在绝壁上奔跑。俄国毫不掩饰自己站在塞尔维亚一边，他们有可能会以威胁奥匈回应。如果俄国发动战争，德国可能会前来援助盟友，从而与俄国处于战争状态。于是，根据两大阵营同盟体系，法国将不得不加入俄国一方。德国的作战计划固然保密，但是法国人已经对此有了比较清晰的认知：德国无意单独发动对俄国的战争，但也会在西线发起攻势。英国、意大利，还有罗马尼亚、保加利亚这样的小国会怎么做，仍然悬而未决。不过，这四个国家都与潜在的交战方存在友谊与联结。

奥地利作家斯蒂芬·茨威格此时正在比利时港口奥斯坦德附近度假，他回忆说，那里的气氛就像之前每一个夏天一样无忧无虑。"度假的人有的躺在沙滩的帐篷里，有的在海水里游泳；孩子们在放风筝；年轻人在咖啡馆前的堤坝上跳舞。各国游客结伴而行，和平相处。"偶尔，报童大声叫卖着报纸上骇人的远在东方的动员威胁新闻，或是人们注意到越来越多的比利时士兵，气氛暗淡下来，但很快，假日的气氛就恢复了。但是，一夜之间，人们已不可能忽略笼罩在欧洲上空的战争乌云了。"一切都是一刹那，"茨威格回忆说，"一股恐惧的冷风吹过海滩，将它一扫而光。"茨威格快速收拾行装，乘火车冲回老家。抵达维也纳的时候，大战已经开始了。就像成千上万的同时代欧洲人一样，茨威格也难以相信欧洲的和平最终会以这种方式迅速终结。[1]

欧洲国际关系的突然恶化也在欧洲各国首都掀起了一轮疯狂的"最后时刻演习"。各国内阁一刻不停地召开紧急会议；各国外交部里灯火通明；甚至各国君主与各国政要都从床上爬起来阅读最新编译的电报；年轻官员干脆睡在办公桌边的行军床上。并非所有主政者都希望避免战争，比如奥地利的康拉德，或者德国的小毛奇，然而疲劳焦虑之下的决策者在厄运面前都危险地感到无助。牵涉其中的政治家都在强调本国是无辜的一方。对内对外这都是有必要的：对内，它将有助于在战事到来时团结国家，对外则有利于赢得其他国家的支持，比如欧洲的罗马尼亚、保加利亚、希腊与奥斯曼帝国，还有更远处的美国，况且美国的加盟会是一大笔奖赏，它有着充沛的人力、丰富的资源与雄厚的工业实力。

7月29日早晨奥匈向塞尔维亚宣战之后，普恩加莱与维维亚尼在敦刻尔克弃舟登岸并迅速启程回到巴黎。他们受到大批热情民众的欢迎，人们高呼"法兰西万岁！共和国万岁！总统万岁！"，有时还能听到"直抵柏林！"。此情此景令普恩加莱大为兴奋。"我从未如此受鼓舞过，"他在日记里写道，"这是一个团结的法兰西。"[2] 普恩加莱很快接管了政府并将维维亚尼降职，他认为此人愚昧无知、不可信赖。[3] 传言称——事实也正如传言一样——俄国政府下达了部分军事动员令。帕莱奥洛格也许希望向本国政府报告既成事实，也许也是担心法国政府会去阻止俄国，于是他没有事先警告巴黎方面或"法兰西"号俄国人的动员。帕莱奥洛格也反复向萨宗诺夫保证，"法国已经做好了在必要时履行盟友义务的全部准备"。[4] 当天稍晚时

BRAVO, BELGIUM!

图 20　德国的作战计划，也就是众所周知的施利芬计划，假定德国会在两线面对法俄两国。为了在西线迅速赢得战争，德国军方制订了一项快速向比利时与法国北部推进的计划。尽管德国要求比利时允许德军和平过境，但是比利时政府仍然决定抵抗。这在一方面延缓了德军的推进，而更重要的是，也说动了英国加入战争，保卫勇敢弱小的比利时

分德国驻法大使约见维维亚尼，警告说除非法国停止军事准备，否则德国将开始军事动员。当天晚上从圣彼得堡传来消息，俄国拒绝了德国人对其停止动员的要求。一名旁观者说，第二天法国内阁召开会议，所有人都表现得平静严肃，他们决定不做出任何劝说俄国与德国妥协的举动。法国战争部长梅西米发布命令将法国军队动员到边境线，但部队将只待在边界以内十公里处，以避免以任何形式与德国挑起争端。在法国领导层看来，法国政府的当务之急是向法国公众以及尚未表态的英国做出姿态，证明法国并非侵略者。[5]

在法国遥远的东面，各国通往战争的步伐则在加速。军事计划里固有的进攻倾向至此成了动员的理由，军方认定要让部队先行部署到位，在敌人准备停当之前发动进攻。无论他们心中有多少保留意见，军方统帅与参谋们都信心满满地向文官政府谈论胜利，文官们的压力也越来越大。俄国人的战线拉得很长，苏霍姆利诺夫与军方认定，针对德奥两国同盟的总动员是当务之急：奥匈帝国已经开始动员，德国也开启了动员的第一步，比如召回正在休假的官兵。7月29日，苏霍姆利诺夫与同僚成功说服了萨宗诺夫，再拖延就危险了。外交大臣同意直接觐见尼古拉二世，这位沙皇无法自己拿定主意。

沙皇担心战争一旦开启就难以停止并将引发灾难，他也依旧相信威廉的初衷是希望维护和平。[6]沙皇顶不住大臣们的压力签署了两项命令，一项是在俄奥边境线上进行部分动员，另一项则是对德奥两国的总动员，但他仍在犹豫要发布哪一条。7月29日，尼古拉给威廉拍去了一封电报（电文是英语，这也是他们之间交流的惯常方式）。"我很高兴你回来了。"尼古拉写道，乞求这位德国表兄帮助他维系和平。不过沙皇也在电报中表达了他与臣民对于奥匈进攻塞尔维亚的愤怒："我预感很快我就会被纷至沓来的压力击倒，不得不采取会导致战争的极端措施。"[7]威廉看后不为所动，并写下了这样的批注："这是他本人的软弱自白书，还企图把责任转嫁到我的头上。"

威廉本人的回电参考了贝特曼的意见，与沙皇做了一番争论。德皇为奥匈帝国的行为辩护，不过他也表示，身为朋友他会尽最大努力促成奥俄之间的谅解。[8] 两国君主之间在 8 月 1 日交换了十封电报，两国之间的裂痕也加深到了难以修复的地步。

7 月 29 日晚上，萨宗诺夫与苏霍姆利诺夫、参谋总长亚努什科维奇一起给尼古拉二世打电话，表示大臣们建议启动军事总动员。当沙皇在这通电话的最后表示同意时，大臣们倍感激动。[9] 但到了当晚晚些时候，一名军官站在圣彼得堡中央电报局正准备发布命令，亚努什科维奇打电话说尼古拉二世改了主意，也许是因为读到了德皇的来信。沙皇只允许针对奥匈帝国的部分动员，还表示，"我不对一场屠杀负责"。[10] 沙皇似乎一直都视动员为一种外交手段而不是战争的前奏。沙皇第二天在给德皇的电报里解释说，俄国的动员纯粹是针对南方邻国的防御性措施，他仍然指望威廉施压奥匈帝国与俄国和谈。"所以他们几乎比我们早了一周，"德皇愤怒地写道，"我不能再接受更多调停了，沙皇一边请求调停一边又在我背后秘密动员。这只是一个花招，意在拖住我们，然后扩大他们已经开始动员的兵力！"[11]

尼古拉二世的政府在一片沮丧情绪中得知了沙皇的决定。奥匈帝国丝毫没有要从塞尔维亚撤退的迹象，德国似乎也在一步步向总动员迈进。如果只是部分动员的话，那将让俄国处于危险的境地。确实正如军需处长尤里·达尼洛夫将军极力声言的那样，部分动员势必会埋下"犹豫不决和混乱的种子，而军需领域中，一切必须基于预先确定的最精确的计算"。[12] 7 月 30 日早晨，苏霍姆利诺夫与亚努什科维奇打电话乞求沙皇，取消部分动员，下达总动员令。尼古拉二世固执地表示他不会改变想法。萨宗诺夫抢过电话，要求当天下午单独觐见沙皇。尼古拉二世回应说他的日程表已满，但他下午三点可以抽出时间接见外交大臣。两人会面谈了近一个小时，沙皇看起来很憔悴，也很焦躁，谈话中途他一度直接撂下话，"决策是我一个人的事"。但萨宗诺夫最终打破了沙皇的坚持，据圣彼得堡上流社会圈子传言，这是因为萨宗诺夫在会谈中提出，考虑到俄国国内风起云涌的公众舆论，与德国开战是尼古拉保住生命与王位并且传位给儿子的唯一方法。第二天早晨，沙皇终于同意签发总动员令。萨宗诺夫随即打电话给亚努什科维奇通知了这个消息，然后说，"砸掉你的电话"。[13]

在柏林，德国政府一直密切关注俄国方面的事态发展。德皇对俄国军事准备的消息大为光火，他认定这是一种背叛，尽管俄国人的动员仅仅针对奥匈帝国。威廉指责英法两国和他已故的舅舅爱德华七世，认为是爱德华诱使沙皇结束与德国的同盟。威廉宣称，他要摧毁大英帝国，并号召他在穆斯林世界的朋友们发动圣战对抗英法霸权。（至少在后一件事上，他没有食言。）"如果我们会流血至死，英格兰至少会失去印度。"[14] 一些德国最高统帅（比如法金汉）施压要求动员，然而在德国，军事动员势必会导致战斗。动员遇到了阻力。小毛奇一开始并不认为局势有多糟糕，贝特曼也有意拖延决策，对外将德国装扮成侵略行为的受害者。7月28日，贝特曼对英国大使说，俄国方面的军事行动越来越成为一道不可逾越的障碍，阻挠奥匈帝国在巴尔干地区达成一套和平解决方案。俄国人的军事动作也是对德国的一大威胁。7月29日，也就是俄国政府举棋不定要不要总动员的时候，贝特曼向圣彼得堡的驻德大使发去了一封电报："请向萨宗诺夫郑重强调，俄国任何进一步的军事动员，都将迫使我们动员。那样的话，欧洲战争就很难避免了。"[15]

7月29日上午11点半，英国内阁开会讨论奥匈帝国向塞尔维亚宣战的问题。英国人也花了相当长的时间讨论英国作为1839年《伦敦条约》的缔约国之一对比利时负有的义务，这部条约保证了比利时这个小国的独立与中立。（其他签署国有法国、奥地利、俄国与普鲁士。1871 年德国统一后也继承了普鲁士对比利时的条约义务。）英国贸易局主席约翰·伯恩斯是激进自由派里最坚定反战的人，他在日记里写道："各派人士严肃评估了当前局势，大家决定先不做决策。"内阁要求格雷告诉康邦与利奇诺夫斯基，"在这个阶段，我们无法做出任何承诺，不管是说在任何情况下都置身事外，还是在任何条件下都加入战争"。[16]不过，英国内阁还是做出了两项决定。第一，丘吉尔获准拍发电报，下令海军初步动员。当天晚上，皇家海军的一支舰队在没有灯的情况下，一路向北通过英吉利海峡，前往北海的作战地点；第二，按照新编《战争手册》里的规定，英国政府下令让不列颠本土的武装力量进入"预警阶段"。这一命令引发了短暂的困惑，因为没人知道到底如何开启这个阶段。当地方自卫队开始动员执勤后，英国各地出现了一阵恐慌，毕竟这是和平时期的异常之举。英国政府迅速在各大报纸上刊登布告，表示英国并不是在军事动员："我们下达的命令纯粹是预警与自卫性质的。"[17]

爱德华·格雷在内阁会议结束之后紧急约见了保罗·康邦与利奇诺夫斯基。格雷向康邦强调了英国的自由行事权；但在利奇诺夫斯基面前，他阐述的比内阁决议所批准的又更进了一步。格雷警告德国人，英国政府仍然寄希望于调停奥匈帝国与塞尔维亚之间的冲突，但若是俄国与德国也介入的话，英国政府会很快做出自己的决策。"假如到了那一步，"格雷接着说，"英国就不会一直站在一边，置身事外了。"威廉当晚稍晚读到驻英大使发来的报告后，在页边愤怒地写下："一群骗子！""一群混蛋！""恶棍！""这就是一群小店主！"[18]

在危机的最后阶段，德皇与贝特曼都在战争面前承受着神经紧张的折磨，他们在之前的数次危机里都站在了和平一边。法国已经开始了军事准备；比利时正在召回预备部队并加强国防，尤其是在关键的列日要塞周围，英国海军也已经抵达战斗地点。最为危险的是，俄国正在快速实现完全总动员。7 月 29 日，贝特曼指示他的表

兄、德国驻俄大使普塔莱斯去警告萨宗诺夫，如果俄国继续动员的话，
德国将别无选择地同样开始动员。普塔莱斯是个和蔼而且富有的德
皇大宠臣，他一直在向柏林发回宽慰人心的报告，表示俄国只是在
恐吓罢了。然而到了这一步，普塔莱斯发现自己处在一个不太舒服
的位置，他需要拆穿俄国的虚张声势。尽管普塔莱斯称自己的话是"纯
粹友善的建议"，萨宗诺夫却认为受到了威胁，听后愤怒地表示："现
在我对奥地利为何如此强硬再没有疑问了。"普塔莱斯对这番伤人的
评论表达了强烈抗议，但萨宗诺夫只是简略地回应称，德国仍然有
机会证明他说的话是错的。[19]

　　也就是在同一天，一直拒绝英俄向奥匈施压以让其妥协的贝特
曼改变了态度，开始敦促奥匈帝国接受调停。贝特曼这一维系和平
的举动究竟有多少诚意，至今仍然备受争议；贝特曼也关注着德国
内外的舆论走向。不少民族主义右翼都公开支持战争，即使只是预
防性的战争，中间派则准备好了支持一场防御性战争。右翼媒体与
自由派媒体都越来越多地谈到"荣誉"与"牺牲"，渲染俄国专制
及其"亚细亚的"蛮风正在席卷德国的恐怖气氛，声称妇女儿童都
要听任野蛮哥萨克的摆布。[20] 不过，反战情绪似乎依然强烈，尤其
是在工人阶级之间。那一周的德国全境都出现了呼吁和平的大型示
威活动，参与的人达到 75 万人左右。单单是在柏林就有十万人走
上街头反战，比爱国主义游行的人数更多。[21] 不过贝特曼仍然希望
工人阶级与社会民主党的领袖可以在德国进攻时站出来游行捍卫祖
国——事实上历史也是这么演进的。于是，贝特曼强烈抵制了德皇
与右翼利用危机之便动用军队镇压社会民主党的动议。[22]

　　不过贝特曼还是要求驻奥大使特斯奇尔斯基向奥匈政府强烈建
议，要求他们接受调停。至此，贝特曼已经看到了利奇诺夫斯基从
英国发来的干涉警告，读到警告的贝特曼神色严峻。然而，贝特曼
对于影响奥匈政府不抱什么希望。7 月 30 日早晨，贝希托尔德淡淡

地表示，奥匈针对塞尔维亚的军事行动已经走得太远了，考虑到奥匈国内的公众舆论与军方普遍的情绪，任何企图让奥匈军队留在原地放弃进攻贝尔格莱德的想法都已完全不可能。[23] 威廉直接呼吁弗朗茨·约瑟夫接受调停，也呼应了贝特曼要求在贝尔格莱德止战调停的建议，但同样收效甚微。德皇与贝特曼有所不知的是，德国军方向奥匈传递的是截然不同的信息。军方敦促奥匈同袍进行总动员，并将兵力部署到奥俄边界。7月30日晚间，小毛奇给康拉德发去了一封声情并茂的电报："奥匈帝国必须保全自身，立即动员起来对付俄国。德国也会随之动员。"[24]

柏林传来的混乱信息也让奥匈政府很是动摇，他们正面临着国际上要求其接受调停的巨大压力，也担心德国会撤回对自己的支持，就像在波斯尼亚危机与最近的两次巴尔干战争中一样。"谁在柏林统领大事？小毛奇还是贝特曼？"心神动荡的贝希托尔德不禁询问他的同僚。贝氏选择相信小毛奇的说法，他表示："我之前感觉德国在努力撤回支持；但我现在从负责的军方领袖那里得到了最宽慰人心的表态。"[25] 7月31日早晨的会议上，奥匈共同部长会议断然拒绝了英国人的各项提议，也拒绝了在贝尔格莱德止步和国际调停的建议。贝希托尔德表示，那样的话只会让俄国成为塞尔维亚的救星；塞尔维亚陆军也会保持完整；奥匈帝国未来再与塞尔维亚打交道时会处于更加虚弱不利的地位。奥地利首相卡尔·冯·施蒂尔克伯爵与共同财政部长比林斯基也语带辛辣地提到了之前两次巴尔干战争中的调停，当时奥匈帝国不得不让步退缩。"全体公众"，比林斯基写道，"都会对这种政治闹剧感到愤怒。"[26] 老皇帝在同一天签署了奥匈帝国武装力量的总动员令，现在再也没有斐迪南大公帮助他抵抗战争的呼声了，尤其是康拉德还告诉皇帝"君主制在危险中"。[27] 贝希托尔德在全世界面前将总动员令形容为"在加利西亚的防御性军事反制措施，我们在俄国动员之下不得不这么做"。贝氏还表示，如果俄国停止动员的话，奥匈也会立即停止。[28] 这是欧洲通往一场战争迈出的又一大步。

七月的最后几天里，贝特曼也许并非真心想要奥匈参与谈判，但他仍然寄希望于可以说服英国保持中立；正如他对法金汉说的（后者记在了日记里）："中立对英国来说是更好的选项，因为在首相看来，如果俄国攻击奥地利并发动一场全面战争的话，英格兰就不会站在俄国一边。"[29] 德国人打心里相信英格兰中立或许可行，因为德皇的哥哥海因利希亲王这周稍早时候刚刚与乔治五世吃过早餐。亲王在发回柏林的报告里表示，乔治五世说"我们应当尽我们所能避免战争，并且保持中立"。[30] 7 月 29 日，贝特曼也向英国人发出了中立呼吁，这可以被看作避免一场全面战争的真诚努力，或者仅仅是德国进一步展示自己是无辜一方的企图。当晚稍晚时分，贝特曼与英国驻德大使高慎爵士会面。会谈结束后，高慎爵士立即将谈话内容传回伦敦。贝特曼在谈话中表示，一方面，俄国与德奥之间的战争也许已无可避免；另一方面，他仍然希望英国可以保持中立。毕竟，鉴于在欧洲大陆的主要利益，英国还是不愿意看到法国被击溃。作为保证英国中立的交换条件，德国愿意承诺不会从法国夺走任何领土，尽管还是要瓜分其一部分殖民地。德国也不会入侵尼德兰地区。"至于比利时，"高慎爵士告诉伦敦方面，"贝特曼首相还无法明确，德国在法国行动的逼迫下会采取何种行动，但他可以表态的是，如果比利时不与德国作对，那么该国的领土完整就会在战争结束之后得到保证。"贝特曼在总结陈词中表示，他希望英德之间达成的这种协定可以带来更友善的两国关系，这个目标也是贝特曼一直以来的夙愿。

第二天早晨伦敦展读这封电报时，贝特曼的提议受到一阵冷嘲热讽。英国外交部已经形成强烈的反德偏见，克劳的发言印证了这一点："德国人的这些提议真是令人吃惊，我唯一需要做的评论就是它们说明了德国政客的信用破产……很明显，德国在事实上已经决定开战，一直以来阻挠他们开战的原因，就是他们对于英格兰协防法国和比利时的恐惧。"[31] 格雷听说贝特曼的示好之后暴怒不已，当天下午晚些时候，他在给英国驻德大使的回信中用了他所能用的最激烈的措辞。德国人指望在侵犯比利时中立时英国可以默许、在击败法国时英国仍然保持中立，而这是"绝对不可接受"的。格雷接着写道："以法国为代价和德国交易，将是大英帝国的耻辱，并且这将使我们国家的声誉永远无法恢复。"[32]

英国面临的压力越来越大，各方都在要求英国人表明立场。在巴黎，普恩加莱告诉英国大使伯蒂，如果欧陆爆发战争的话，英国大概率会卷入战争保护自身利益——但如果英国现在就这么表态，德国几乎肯定会感受到威慑，从而放弃进攻邻国。一天比一天焦虑绝望的保罗·康邦反复游说他在英国外交部的朋友，并在拜访格雷的时候提醒外交大臣，双方曾在1912年11月交换过信件，承诺英法两国会在一场大型危机到来之际彼此磋商，协调如何共同行动。然而，英国内阁仍然无法就其在欧洲大陆爆发战争时将采取的政策做出有力决策。自由党的外交事务委员会一直以来都严辞批评格雷，也对他与法国之间的密约颇有怀疑。自由党人威胁阿斯奎斯说，如果内阁决定干涉大陆战事的话，他们就撤回对首相的支持。其中一名议员写信告诉阿斯奎斯，差不多有十分之九的议员都会起来倒阁。另一方面，格雷与他同党的自由党帝国主义者大概也会拒绝在一个不支持法国的政府中任职。自由党高层有理由担心，内阁可能会倒台，这样就为保守党掌权扫清了障碍。[33]

7月31日是个周五，英国内阁再次开会，但通过的决议仅仅是他们不能给康邦任何承诺。俄国已经在军事动员，尽管内阁议员们还不知道，奥匈帝国也即将宣布总动员，德国也在着手进行自己的第一步动员。在这次会议上，格雷继续坚称，英国会保留完全的自由行事权。[34] 艾尔·克劳不同意格雷的说法。在同一天的一份备忘录里，克劳铿锵有力地写道：

> 所谓"英格兰不能卷入一场大型战争"的说法，无异于英格兰从此放弃了独立国家的权利。英格兰从此俯身屈膝，仰人鼻息，听从任一可以开战的强权或集团的命令，也许还不止一个强权或是集团……如果英格兰不能在一场公正的争执中驰援盟友的话，英法协约的全部政策就毫无意义。外界已有对英格兰高尚的期待，我们不能拒斥这种期待，否则我们的良好名声就将暴露在严苛的批评声中。[35]

在掌控英国命运的这个小圈子之外，英国公众舆论也仍呈现分裂状态，尽管英国公众似乎在向倾向于干涉的方向扭转。比如，《泰晤士报》就认为英国对于法俄两国负有道德义务。不但如此，英国无法容忍欧洲大陆均势格局向有利于德国的方向摆动。[36]

就在英国仍然竭力面对眼前的困境时，德国已做出了最终的决策：开始军事动员。德国的动员对欧洲和平而言是一件尤其危险的事情，因为德国人的动员不同于其他任何一国，协调流畅，步骤紧密相接——从宣布国家进入戒严状态或是面临"紧急战争威胁"开始，到下令完全动员，将士兵与补给运往作战单位，再到将陆军分拨到边界地带——一旦开始就几乎不可能停止。德国陆军也始终整装待命，即便在和平时期也能随时调动；德军总参谋部的通信处会全天值班，他们有自己的电话交换机，线路也直通各大邮局与电报局。[37]对德国来说，动员不仅仅是外交手段，它就是战争本身。尽管贝特曼与德皇素来顶住了军方的多重压力，阻滞动员进程，但军方在7月31日已经开始接管政权。贝特曼心有不甘地接受了这一权力转换；萨克森驻柏林的代表也报告说："控制权已经从负责的君主与政治家手里转到了军方手里，这样这场疯狂的欧洲战争就将在德意志各邦君主与人民不希望的状况下开打了。"[38]

最关键的是，一度同意"动员可以再等等"的小毛奇在一夜之间突然转变了态度。法金汉在日记里写道："小毛奇情绪的种种大变很难解释，或者说根本无法解释。"[39]但事实上小毛奇有充分的理由：德国需要在宣战之前就做好抢占列日要塞的准备，他也接到了比利时人正在抓紧时间加固要塞的报告。（他从未通知文官政府有关夺取列日要塞的作战计划。）[40]小毛奇这么做的原因也许是他无法再忍受犹豫不决带来的紧张情绪。7月30日经过了一场"无尽的谈判"后，贝特曼与法金汉决定在第二天中午宣布德国进入"战争迫在眉睫的状态"，无论俄国是否决定动员。这是德国军事动员必要的第一步。时至午夜，一名副官发现心神激动的小毛奇正忙着为德皇起草一份公告。这位德军参谋总长表示，他担心英国动手干涉，那么战事将演变为一场世界大战。"几乎没有人对这场战争的范围、持续时间和结局有概念。"[41]

7月31日中午，俄国动员的消息得到确认之际，贝特曼给威廉打了个电话，得到了宣布"战争迫在眉睫状态"的许可。在柏林的陆军部，巴伐利亚驻柏林武官在日记里写道："处处可见人们的笑脸，大家在走廊里互相握手致意；人们为自己跨过了一道障碍而庆幸。"巴伐利亚驻柏林大使回电慕尼黑表示："总参谋部满怀信心地展望与法国的战争，他们预期在四个星期里击败法国。"[42]下午四点左右，德国公众以古老的普鲁士方式得知了政府的决策：一队士兵从柏林的宫殿出发，抵达柏林市区的菩提树下大道。鼓手向四面八方擂响了战鼓，一名军官宣读了公告。德国政府也向俄国递交了一份最后通牒，他们知道这份通牒十有八九会被拒绝。德国人在通牒里要求俄国在十二个小时之内停止一切针对德奥两国的战争准备；第二天早晨贝特曼会见德意志各邦代表，要求他们在俄国拒绝通牒的情况下支持战争。贝特曼向各邦表示，他已经为了和平的目标努力到了最后一刻："但是我们无法容忍俄国的挑衅，如果我们不希望从此失去欧洲大国地位的话。"[43] 德国的第二份最后通牒递给了法国，要求法国在十八个小时之内承诺未来会在任何战事里保持中立。为了证明法国履约的诚意，法国需要将图尔与凡尔登的几个关键要塞移交给德国。（德国承诺在对俄战争结束后会有条不紊地归还这些要塞。）德国还向希腊、罗马尼亚与奥斯曼帝国发去照会，询问他们是否要在未来的战争里加入三国同盟阵营。

就在德国紧锣密鼓地准备两线作战的时候，他们最重要的盟友的一系列行为引起了它的关注。奥匈帝国动用了已经动员的军队，将大概五分之二的总兵力调往南方进攻塞尔维亚。尽管从 7 月 27 日以来，一直就有报告说俄国人的军事活动正在增加。[44] 即便是在 7 月 31 日总动员令下达之后，大批奥匈兵力还是向南进入巴尔干地区。康拉德的许多决定都有些一厢情愿，他似乎是希望俄国只是将兵力部署到俄奥边境，然后坐等他在此期间快速击败塞尔维亚。[45] 然而，康拉德的一厢情愿并非德国人的意愿，也不是德国所需要的。

就像军事同盟里经常出现的情况一样，战争将盟友之间的利益分歧点推到了台前。尽管奥匈帝国在和平时期承诺尽快进攻俄国，他们也执意想要彻底消灭塞尔维亚。而在德国这边，在法国被击败以前，他们不打算从西线调兵保护奥匈帝国。在德国人看来，奥匈帝国应当向北调动尽可能多的兵力对付俄国。小毛奇已经在催促奥匈同袍康拉德向北向东调兵，德皇也在 7 月 31 日给弗朗茨·约瑟夫发去了一封措辞强硬的电报："在这场大型战争里，奥地利的首要任务应当是动员主要兵力对付俄国，不要在同一时刻分兵进攻塞尔维亚。"德皇还接着说："我们在这场大战中并肩作战，塞尔维亚扮演着相当次要的角色，只需要投入必要的最低限度的防御手段即可。"[46] 然而，康拉德一直到 8 月 4 日都没有将他的军队从南线重新部署到北线，这一决定终将导致奥匈帝国的军事灾难。

8月1日周六午后，俄国仍然没有答复德国的最后通牒。这周早些时候德国各地的示威活动已经冷却下来，德国公众带着几分怀疑甚至沮丧的情绪观察事态的进展。一名记者在法兰克福报道说："万事万物都严肃紧张起来，一种骇人的和平和宁静。妇人与年轻姑娘在寂寥的室内冥想静思，忖度全新的未来生活。分离，对恐怖的恐慌，对未来的恐惧。"家庭主妇开始贮存粮食，人们取出存款，银行出现挤兑。德皇现在面临极大的压力，他手下的将军眼睁睁看着时间一分一秒流逝，俄国的陆军不停集结，究竟要不要进行总动员，他的妻子告诉他，要像个男人。终于，德皇在下午五点签署了总动员令。[47]没过多久，他就在柏林皇宫的阳台上发表了一通演说："我打心底里感谢你们，感谢你们的爱与信仰。在即将打响的这场战役里，我在我的人民之中看不到什么党派，我们都只是德国人……"威廉情绪激动不已，比他通常时候要更愉悦；在种种政治说辞的推动下，德国人现在已经准备好了保卫他们的祖国，对抗俄国人。至少目前，俄国人被视为最主要的敌人。尽管后来民族主义者编造的神话叙事里描述了火山喷发般的爱国主义热情，但在战争成为现实时，德国公众的情绪似乎不过是一种顺从罢了。[48]

就在德皇签署总动员令后不久，利奇诺夫斯基发来了一封电报。根据这位驻英大使的说法，英国承诺在德国不进攻法国的情况下保持中立。某位评论家描述说，这则新闻"犹如一枚炸弹"，德皇（也许还有贝特曼）听到都松了一口气。威廉振奋地告诉小毛奇："那么我们只需要在东线部署全部军队就可以了！"战情室里群情激奋，但小毛奇拒绝考虑只针对俄国部署军队的选项。西线已有的部署不可能在不干扰已有作战计划的情况下终止，这样一来在未来对法作战时德国就毫无胜算。"除此之外，"小毛奇补充说，"我们的侦察队已经进入卢森堡，特里尔师也即将跟进。"小毛奇对德皇直言相告："如果皇帝陛下执意将全部军队调往东线的话，那么他获得的就不会是一支可战之兵，而是一堆纪律废弛、没有补给的武装人员。"威廉回答说："你的伯父恐怕会给我一个完全不同的答案。"[49]

关于小毛奇的意见是否正确，德国决定单线作战的时机是否已经太晚的相关争论，一直以来就没有停歇。当时德军总参谋部铁路运输处处长格勒纳将军在事后坚持认定单线作战是可行的。[50]结果德国高层达成了一项妥协：西线与东线的兵力部署都将照计划进行，但是西线德军会在法国边界按兵不动，直到法国人的立场更加明确。那一天，小毛奇在心理上备受打击，从此再也没有真正恢复过来。据小毛奇妻子回忆说，当天德皇要求小毛奇部分动员，"（他回家以后）我立即看出，应该发生了前所未见的可怕之事。他的脸色发紫，脉搏几乎不规律，站在我面前的是一个绝望的人"。[51]

当天晚上利奇诺夫斯基发来了第二封电报，表示之前的那封电报是误会了；英国人坚持说，德国不能入侵比利时也不能进攻法国。不但如此，德国人计划用来进攻法国的西线军队不能调往东线对付俄国。小毛奇回到柏林皇宫，申请德皇批准他继续进攻比利时与法国的计划。已经睡下的德皇只是简短地表示："现在随你吧，我不在乎。"然后就继续睡觉了。[52]8月1日是决定命运的一天。这天德皇的大臣们很早起床，争论与俄国开战是否需要正式的宣战书。小毛奇与蒂尔匹茨不认为需要正式宣战，但是贝特曼提出了异议，"不宣战的话我就没法拉拢社会主义者"，这也许是贝特曼最后一次在与军方的较量中取得胜利。[53]德国对俄国的宣战书已经拟订，并通过电报发送给了圣彼得堡的驻俄大使普塔莱斯。随着德国决定军事动员，欧洲五大列强已经有三国开始了总动员，而且这三国里要么有的已经正式进入战争状态（比如奥匈帝国），要么即将进入战争（比如德国与俄国）。至于其他的三国，意大利选择了中立，法国决定无视德国的最后通牒，并从8月2日开始总动员，而英国还没有决定要做什么。

　　8月1日是英国银行假日周末的第一天，不少人都拖家带口去了海边度假。在伦敦，杜莎夫人蜡像馆在向度假者推广新的蜡像展览："欧洲危机。栩栩如生的君主群像：奥地利皇帝，塞尔维亚国王彼得，还有其他欧洲现任君主。自治法案危机。爱德华·卡森爵士，约翰·雷蒙德先生，还有其他名人蜡像。海军与军方造像。悦人耳目的音乐。价格亲民的茶点。"[54] 而在白厅的权力长廊里，几乎没什么假日气氛。这一次，越发闷闷不乐的格雷已经无法离开职守跑到他的乡间小屋了。

　　坏消息接踵而至。伦敦城处在一片恐慌之中。银行利率一夜之间增了一倍，数百人在英格兰银行的院子里排队将纸钞换成黄金。伦敦证券交易所管理层决定闭市，重开时间待定（一直到第二年一月才重开）。财政大臣劳合·乔治和阿斯奎斯召集商界领袖们开会，试图向他们保证，政府会在必要的时候出手稳定经济。欧洲大陆传来的都是各国军队调动的消息，还有德国军队已经越过德法边境的假新闻。英国驻德大使高慎爵士在给外交部尼克尔森的一封私人信件中表示："一切都糟糕极了！我想我的佣人都应该离开，我和我的英国男仆与瑞士厨师留下来。我希望您不会像我一样烦闷。"[55]

　　英国内阁在8月1日周六近午时开会。"我可以诚实地说，我从未如此失望痛心。"阿斯奎斯后来在写给维内蒂娅·斯坦利的信件中这样说——但他谈论的是自己无法在这一周与她约会。阿斯奎斯在信中说，国际局势还远远没有到缓和的时候，内阁仍然举棋不定。有一派人在当天早晨仍然抱持着阿斯奎斯在信中所说的"《曼彻斯特卫报》路数"，即英国应当宣称自己在任何情况下都不会加入一场大陆战争，另一派人则是格雷及其支持者（比如丘吉尔与阿斯奎斯本人），他们拒绝排除战争选项。格雷再次暗示说，如果内阁执意通过不干涉政策的话他就辞职。关键人物劳合·乔治尚未决定，处于中间位置，他在气质上倾向和平，但他也十分清楚英国需要保持自己的大国地位。这次会议最后只通过了一项决议，那就是英国内阁不需要经过议会批准就可以派出英国远征军前往法国作战。[56]

这次会议结束之后，格雷看到了康邦，这位法国大使一直在外交部焦急地等候英国的动向。康邦指出了他的国家正在面临的严重危机：德国陆军可以发动进攻，德国海军也可以威胁到法国疏于防守的大西洋海岸。康邦的话有一些夸大成分，毕竟英国已经同意着手保护法国的大西洋地区。格雷没有给到康邦什么抚慰，只是又一次地在大使面前挥了挥他自由的手。不过，比利时的中立对英国而言很重要，外交大臣打算在周一征询下议院的意见，如果内阁同意，便发出英国不会允许有人破坏这一中立的声明。康邦指出，法国舆论已经对英国的迁延不决极其失望。格雷的会谈纪要显示，康邦还向他发出了警告："如果英国不援助法国的话，英法协约就将消失；而无论是德法或是俄国最后取胜，英国在战争结束后的地位都将非常不利。"[57]会谈结束后，康邦步履蹒跚地走进尼克尔森的办公室，脸色煞白地喃喃低语："他们会抛弃我们，他们会抛弃我们。"[58]在法国使馆接见一名英国亲法记者时，康邦表示："我想知道'荣誉'这个单词是不是应该从英语词典里剔除。"尼克尔森冲上楼去询问格雷，康邦在会谈中是否说了实话，格雷表示肯定后，尼克尔森苦涩地回应说："你这么做会让我们……在国际间落得一个笑柄。"尼克尔森也抗议说，英国外交部总是给康邦带来"如果德国是侵略方，英国就会站在法国一边"的印象。"是的，"格雷回应说，"但是康邦并没有写成书面文件。"[59]当天晚上，素来是外交部里坚定干涉派的克劳写信给妻子说："政府最终决定逃跑，在法国最需要的时候抛弃他们。外交部里几乎每个人都想辞职，不想再供职于一个名声扫地的懦夫政府。"[60]

同一天，在欧洲的另一边，俄国与德国正在断绝外交关系。（奥匈帝国仍然梦想着击溃塞尔维亚，所以他们直至 8 月 6 日才向俄国宣战。）当天下午六点，情绪激动的德国驻俄大使普塔莱斯反复问了三遍萨宗诺夫，俄国是否要接受德国的停止军事动员要求。萨宗诺夫每一次都回应说俄国乐意谈判，但是动员令已经无法撤销。"我没有别的回应可以给你。"萨宗诺夫表示。普塔莱斯于是深吸一口气，然后语带困难地说："如果这样的话，先生，我受命本国政府向您提交这份文件。"普塔莱斯用颤抖的双手递交了宣战书，然后跑到窗户旁边泫然泪下。"我始终不敢相信，"他告诉萨宗诺夫，"我竟会在这种状况下离开圣彼得堡。"两人拥抱告别。第二天早晨，德国使馆全体工作人员与德意志各邦的全体外交代表乘坐专列离开俄国，他们的出发处正是三年以后列宁回国的芬兰车站。[61] 萨宗诺夫打电话告诉沙皇，俄国与德国已经断交宣战。尼古拉二世在电话中说道："我问心无愧——我已经尽了最大努力避免战争。"[62] 沙皇的家人还在焦急地等待他回去吃晚饭。回到家中的尼古拉脸色苍白，他告诉家人俄国与德国已处于战争状态。"听到这个消息时，"沙皇子女的家庭教师回忆说，"皇后开始哭泣，女大公目睹此情此景也不禁落泪。"[63] 当天的欧洲还有许多眼泪，但这些泪水都无法与即将到来的战争相提并论。战争已成事实，应征入伍的士兵一队队加入军团，奔赴疆场。

　　国际和平运动的成员惊恐地看着局势快速滑向战争，欧洲各大城市发生了零星的和平主义示威但收效甚微。法国社会党领袖让·饶勒斯在危机恶化之际不知疲倦地工作，希望促成欧洲工人阶级团结起来反对战争。"只要有人出来阻止这场可怕的灾难，大家的内心必定会受到震动！"7月25日，饶勒斯在法国做了他的最后一次演说。[64] 7月29日，饶勒斯与欧洲各国社会党的代表在布鲁塞尔开会，为第二国际的团结做最后的努力。他们仍然互称彼此为同志，德国社会民主党领袖也拥抱了饶勒斯，但越发明显的是，始终威胁着第二国际团结的民族主义现在就要将他们拆散。各国工人都将转而保卫本国国土，他们的政党也准备投票为政府争取战争信贷。在激烈辩论之后，这次会议只是决定将第二国际大会的会期提前到夏季稍晚的 8 月 9 日，开会地点从原定的维也纳变成巴黎。英国代表抱怨说，澳大利亚人没有足够的时间前往维也纳。饶勒斯对会议结果忧心忡忡，也很难过，头痛得很厉害。尽管如此，他当天晚上还是在皇家歌剧院的大型集会上发表了一篇演说，这里是布鲁塞尔最大的音乐厅。他在演说中再次描述了死亡、毁灭与疾病的可怕前景，除非人们联合起来努力避免战争。第二天早晨饶勒斯的兴致更高了，他对一名比利时社会党朋友表示："世事总有起起伏伏，但是事情不可能总不向好的结果发展。我在上火车之前还有两小时，让我们去博物馆看看，见见您的佛兰德艺术家吧。"[65]

7 月 30 日回到巴黎之后，饶勒斯像以往一样为他的事业奋战。他为左翼报纸《人道报》撰写专栏文章，组织会议，尝试约见政府部长。当晚，饶勒斯在心爱的咖啡馆与朋友喝酒，没有人注意到一个留着胡须的年轻男子已偷偷潜入咖啡馆外的步道。此人名叫拉乌尔·维兰，一个热情狂热的民族主义者，认定饶勒斯是个叛国者，因为他秉承国际主义与和平主义。维兰买了一把左轮手枪，但是那天晚上他并没有使用这把枪。第二天，饶勒斯成功见到了法国外交次长阿贝尔·费里，后者直截了当地回应他：已经没有什么举措可以避免战争。饶勒斯形容说他好像挨了一记重锤，但他还是说他将继续为和平而抗争。"你会在最近的街角被暗杀。"费里警告他说。当天晚上，饶勒斯与几个朋友再次来到咖啡厅吃晚饭并继续工作。夜里很是闷热，他们坐在一处靠窗座位，窗户刚刚被打开以透透气。这时维兰突然出现在窗外并且连开两枪；饶勒斯几乎是当场死亡。在巴黎蒙马特大街的"新月"咖啡馆事发地，至今仍有一块纪念匾额。[66]

7 月 31 日晚，法国内阁再次召开紧急会议时收到了饶勒斯遇刺身亡的消息。参会的各位部长都感到了莫大的压力。德奥两国的总动员已经得到确认，法国参谋总长霞飞也在持续施压各位部长，要求法国开始总动员。霞飞三番五次地警告说，每拖一天就会让法国的处境更多一分危险。普恩加莱在日记里写道，他试图在同僚面前保持强硬形象，但在他的内心深处，自己已经大为烦扰。无休无止的会议让普恩加莱身心俱疲，他唯一的放松时机是在爱丽舍宫的土地上与妻子散步。夫妇养的两只小狗在面前嬉戏，普恩加莱写道："我紧张地自问，欧洲是不是真要受害于一场全面战争，因为奥地利一意孤行，想用威廉二世的刺刀来闹事。"[67] 德国驻法大使刚刚询问法国总理，法国会不会在一场德俄战争中保持中立。维维亚尼表示他会在早晨给出肯定答复。德国大使还询问说，俄国是不是真的下达了总动员令。维维亚尼的回应是他还不知道有关事项。此时的法国领导层究竟对俄国人的动员有几分了解？至今这还是一个备受争议的问题。帕莱奥洛格发来的一封电报报告了俄国最新决策的消息，但这封电报花了大约十二个小时才传回法国（这也标志着整个欧洲通讯正开始中断），因此也许没有及时赶上法国内阁会议。无论如何，法国政府的政策从危机开始以来就没有变过：确保法俄两国在德国的入侵面前维持无辜方的形象。在此前的几天里，普恩加莱与维维亚尼反复敦促俄国谨慎行事，避免挑衅性的行为。[68] 尽管法国内阁当天晚上的讨论并未留下记录，但午夜散会时分，内阁已经决定在第二天进行军事动员。法国内阁也同意向英国保证，法国必将响应英国人的请求，尊重比利时的中立。战争部长梅西米也召见了俄国驻法大使伊兹沃利斯基，保证法国会与俄国并肩作战。[69]

8月1日早晨法国内阁再次开会时，普恩加莱表示不能再拖延总动员了。普恩加莱的同僚同意了，尽管有些不情愿。已经起草好的电报在当天下午发向法国各地，大城小镇的法国人聚在一起，阅读商店窗户贴出的这封蓝色小布告。在巴黎，一大群人聚集在协和广场，有人冲向代表斯特拉斯堡的雕像（这里是丢失省份阿尔萨斯的省会），撕下了1871年以来就披在雕像上的黑色丧服。普恩加莱在面向全国人民的演说中号召国家团结，他告诉法国人民，法国政府仍将继续付出一切努力维系和平。普恩加莱还向法国民众保证，军事动员并不意味着战争。"说实话，"一位敏锐的评论家写道，"没有人相信普恩加莱。哪怕这不算战争，那也肯定是恐怖地接近战争了。"[70] 在此后的几天里，一列列火车奔驰在法国全境，将法国年轻男性集中起来运到边境地带。法国总参谋部担心，恐怕会有多达十分之一的预备役会拒绝动员令，但最后只有百分之一点五的人没有响应。[71]

时至 8 月 2 日，俄国、德国、奥匈与法国都进行了总动员；俄国与德国已经彼此公开宣战；奥匈帝国也与塞尔维亚处于战争状态。这一天俄国骑兵部队越过边界进入德国，德国军队也已经进入比利时以南的卢森堡，尽管这个小公国的中立曾得到了包括德国在内的列强的保证。越来越明显的迹象显示，意大利仍将宣称中立。在大西洋的另一边，美国人半是惊讶半是恐惧地注视欧洲形势的剧变。威尔逊总统把大量时间花在了陪伴病榻上的妻子，但他还是通过各位驻外大使发出了调停的号召。然而他的号召为时已晚，欧洲人也不准备听他的呼声。最后，欧洲迈出了通往大战最后重要的一步：英国参战。

8 月 2 日周日早晨，伤心悲戚的利奇诺夫斯基拜访了阿斯奎斯，他知道自己英德谅解的愿望已经化为泡影了。阿斯奎斯正在吃早餐，利奇诺夫斯基恳请英国不要站在法国一边，但已经为时过晚了。英国公众舆论对德国的强硬态度日甚一日。印度事务大臣莫利爵士是内阁里坚定的反战派，他当天写信给朋友说："德国高调跋扈的举动正在削弱内阁主和派的努力。"[72] 更为严重的是，德国对比利时表露的威胁正在动摇英国内阁的意见，而德国敌对法俄的军事准备却没有。地理因素意味着，过去数百年间当另一个强国占领低地国家时，英国做不到袖手旁观，因为这里有关键的水路，它是商品（往往还有军队）来往欧洲大陆与不列颠的通道。英国保守党此时也向阿斯奎斯施压，该党领袖伯纳·劳认为，"如果犹豫不决是否援助法俄两国的话，那将是对联合王国名誉与安全的致命伤害"。保守党也承诺将全力支持政府。[73]

上午十一点，英国内阁破例在周日开会。这是一次艰难的会议，会议显示出大臣之间存在的分歧是如此之大。不过，议会中还是开始形成多数意见，即德国侵犯比利时的中立将是战争爆发的缘由。英国议会在当天早晨一致同意，格雷可以告诉康邦，英国绝不容许德国舰队攻击法国北海岸。英国内阁也批准了丘吉尔头天夜里起草的动员海军预备力量的动议，大家还同意在当天晚上六点半再召开一次会议。内阁里的一些和平主义者与仍然没有拿定主意的劳合·乔治一起吃了午餐。格雷本人去伦敦动物园看了一小时的鸟，阿斯奎斯则抓紧每一分钟写信给维内蒂娅·斯坦利。"这天早晨我没收到你的来信，"他抱怨说，"这是我一天中最悲伤的空白。"[74]英国议会当天下午六点半如期再次开会。莫利与贸易局主席伯恩斯仍然直截了当地反对战争（他们两人后来都辞职了），劳合·乔治却已经转向了支持比利时的意见阵营，他也非常清楚英国的诸多战略利益在于保证欧洲大陆免于德国的主宰。至此，英国内阁出现了一个潜在的多数派，他们会在认定比利时的中立遭遇"实质性"侵犯之后进行干涉。如果比利时决定抵抗德国并寻求支持的话，这个多数派就会得到巩固。[75]

当天晚上英国时间七点，当英国人还在争论如何应对欧陆危机的时候，德国驻比利时大使约见了比利时外交大臣，递上了一份7月29日就已经送达官邸的最后通牒。通牒由小毛奇而不是贝特曼撰写，这也是军方已主导德国政策的又一标志。最后通牒写道，德国有"可靠信息"证明法国正在准备借道比利时进攻德国。（事实上，法国政府刚刚公开告知霞飞，他不得在德国人入侵之前先行进入比利时。）德国政府不禁担心比利时势必无法自保，那样的话就会让德国暴露在法国人的攻击之下。为了自我保护，德国也许就不得不采取行动抵抗法国的侵略。"因此，"最后通牒接着说，"如果比利时视德国进入比利时土地的行为为敌对行为，如果比利时被敌国的举动所逼迫而要自我保护，这将使德国政府感到深深的遗憾。"德国还在最后通牒中要求比利时"善意中立"，给予德国军队经由比利时领土的自由通行权。作为回报，德国也将在战后保证比利时的领土完整与独立。比利时政府有十二个小时回复这封最后通牒。[76]

　　比利时素来坚定地捍卫自身中立地位。他们拒绝考虑与邻国结成军事同盟，而是做好准备在必要时刻与任何邻国作战。即便在1914 年德国军队开始进入比利时的时候，一些比利时兵力仍然部署在南部边界与沿海地带，以显示该国想要捍卫其中立地位免受任何敌人的侵害，甚至是来自法国或英国的不大可能的侵略。至少在1914 年以前，比利时的公众舆论不会锁定一个单独的假想敌或是盟友。十几年来，比利时人一直深深反感英国人在世纪之交发起的那场国际运动，这场运动意在反对比利时贪婪的国王利奥波德二世在刚果的丑陋暴行。比利时外交部、本国保守派与天主教圈子都倾向于亲德，但是法国毕竟对该国有最大的文化影响力。[77]比利时人颇以自身的独立为荣，他们珍视本国的自由，1913 年比利时的军事改革与军费增加也意在保护他们的独立与自由。就在法国与德国之间爆发战争的可能性越来越大之际，比利时政府在 7 月 29 日征召了更多的兵员，告知列日要塞的军事统帅加强那里的防御，破毁通往东面德国的道路。7 月 31 日，比利时政府下达了军队的总动员令。

　　德国人的最后通牒被从德语译成法语之后，比利时政府在很短时间内就下定了决心。首相查尔斯·德·布罗奎尔男爵与国王阿尔伯特一世迅速做出决策：必须拒绝德国人的所有要求。政府各部大臣在午夜时分紧急开会，大家一致同意拒绝这份通牒。也许连比利时自己都吃惊的是，全国国民也毫不犹豫地认定他们必将尽力抵抗德国人的进攻。"噢！这些可怜的蠢货！"一位人在布鲁塞尔的德国外交官在听说之后表示，"他们为什么不避开压路机呢？"一名法国外交官将比利时拒绝最后通牒的消息透露给了新闻界，这条新闻出现在8月3日早晨的报纸上时，比利时公众都展现了莫大的支持。国旗在各地飘扬，国民纷纷谈论比利时的国家荣耀。正如国王本人在致全国文告里所说："我们拒绝放弃自己的荣誉。"[78] 这一宣言很有帮助，因为阿尔伯特一世备受国民爱戴。他几乎在所有方面都与那位令人憎恶的已故伯父利奥波德国王不同：新国王为人真诚，与他的德国妻子与三个孩子过着朴素、幸福的家庭生活，热爱读书和登山，而不是与年轻情妇厮混。第二天国王夫妇离开宫殿参加议会特别会议的时候，大批人潮都热烈欢迎。在议会厅，王室夫妇博得了议员的起立鼓掌；政府颁行的包括批准作战的一切措施都无异议得到了通过。比利时社会党发表声明表示，该党党员正在保卫自己免于"军事野蛮主义"的侵害，在为自由民主而战。[79]

8月3日周一早晨，英国内阁开会讨论格雷下午在议会的发言内容，同时决定军队动员。尽管相关细节仍不清楚，但可以确信的是，阿尔伯特一世发给乔治五世的电报里附上了德国致比利时的最后通牒，并要求英国帮助。在英国人看来，正如阿斯奎斯致维内蒂娅·斯坦利的信中所说，德国人对比利时的侵略"让事情变得简单了"。[80] 劳合·乔治的支持对于让自由党左翼与政府保持一致非常重要，现在他已经坚定地站在了支持干涉的一方，力主出兵维系比利时的中立并加入法国阵营。格雷下午两点左右回到了外交部，希望能快速吃完午餐然后专心起草演讲稿。格雷在外交部碰到了正在等候的德国大使利奇诺夫斯基，大使询问他内阁会议的决议是什么："这是一则宣战决定吗？"格雷回答说这其实只是"现状声明"罢了。他表示不能告诉德国大使现状是什么，直到他先通知议会。利奇诺夫斯基祈求格雷不要将比利时中立的事项列进现状声明里，格雷只是重复说他无法做出任何表态。[81]

下午四点，一脸倦容的格雷终于站到了下议院的讲台前。"他的嗓音清晰，"一名评论家写道，"没有温暖的语调，用的语言完全是不加修饰的，精确，简单，明晰，坚决。"[82]下议院的坐席与过道挤满了人，旁听席上还有包括坎特伯雷大主教与俄国大使在内的列席者。格雷和往常一样，在演说中声明他维系着英国的自由行事权，然而，英国与法国的友谊（"还有与德国的友谊"，一名议员咆哮说），以及英国尊重比利时中立的誓言都带来了"荣誉与利益的义务"。格雷说，法国是如此信任英国，以至于他们的大西洋海岸都不设防。"让我们看看自己的内心和真实的感受，"格雷接着说，"然后看看我们的义务究竟包括哪些。我正是依照我的真情实感理解这份义务的，但我并不想以此对任何人施压，每个人都应该根据自己的感受来理解这份义务。"格雷知道自己的立场在哪里。他表示，英国已经处在这样一个位置，要么接受荣誉与利益附带的这份义务，要么就临阵脱逃。即便英国得以在战争中置身事外，英国也将面临更糟糕的后果，因为这将危及英国与欧洲大陆之间贸易和商业的生命线，还会让自己的海岸线暴露在一个欧洲新兴霸权的威胁之下。"我相当肯定的是，"格雷总结说，"那样的话，我们的道德立场就会站不住脚，英国势必失去所有的尊重。"格雷最后的这句话赢得了满堂的喝彩。保守党的伯纳·劳与爱尔兰民族主义者的约翰·雷蒙德都保证支持他。拉姆塞·麦克唐纳代表规模仍小的工党表示，英国需要保持中立。当天或者稍晚时候英国议会都没有表决要不要对德宣战，但很明显，如果政府决定干预，它现在已经赢得了压倒性支持。

尼科尔森稍晚时分进入格雷的办公室，祝贺他的演说取得成功，然而神情哀戚的格雷并没有回应他，只是一边双拳砸向办公桌一边喃喃自语："我恨战争……我恨战争。"没过多久，格雷在当天晚上发表的评论也成了许许多多欧洲人对这场大战的意义总结。格雷望向窗外的圣詹姆斯公园，那里的灯夫正在点亮煤气灯。格雷应景地说："全欧洲的灯光即将熄灭，我们有生之年将不会看到它们重新点亮。"[83] 格雷后来谦逊地表示他只不过是"英国的传声筒"，但他还是做了很多让英国卷入战争的事情。[84] 劳合·乔治在促使内阁扭转态度支持参战的过程中起了关键作用，他在写给北威尔士妻子的信中表示："这些天来我在经历一个梦魇般的世界。我曾经为和平艰苦奋战，一直以来也成功使内阁免于战争，但我现在不得不得出结论：如果比利时这个小国遭遇德国进攻的话，那么我的一切传统甚至是偏见都将转向参战一方。我对这一前景充满恐惧。"阿斯奎斯的反应要更平淡一些，他在惯常的桥牌游戏里说："我们即将进入的可恶战争里倒是有一抹亮色，那就是爱尔兰冲突暂时告一段落，爱尔兰各派势力也形成了友好联盟，支持政府维护至高无上的国家利益。"[85] 很可能许多人当时都是这么想——大战可以拯救英国免于一场内战。

　　在周一晚上同一时分的巴黎，德国驻法大使威廉·肖恩艰难地破译着贝特曼发来的一封编码混乱的电报。他辨别出了足够多的部分，认定这是一份宣战书，于是立即递交给法国总理。德国政府在宣战书里声明说，法国军队越界进入了阿尔萨斯，法国飞行员也发动了恶意的攻击，甚至还有一架飞机向一条德国铁路扔下了炸弹，因此德国将被迫有所回应。（希特勒1939年进攻波兰时使用了同样的借口，尽管与事实相去甚远。）肖恩向法国政府提出了最后一项请求和一则抱怨。他希望仍然滞留巴黎的德国人可以获得美国大使的庇护；而在他来开会的路上，有个法国男人对他使用了威胁性语言并跳上了他的车。肖恩与法国总理礼貌地告别，空气中弥漫着阴沉气氛。[86] 普恩加莱后来在日记里写道：

　　　　即便德国人反复侵犯我们的边境，我们也不是宣战方，这要比我们主动宣战好上一百倍。当务之急是让德国负上全部侵略的责任，让他们公开承认自身的利益所系。如果法国率先宣战的话，那么法俄同盟就会充满争议，同时损害法国人的团结与国家精神，意大利恐怕也会在三国同盟的条约义务下参战对抗法国。[87]

第二天，也就是8月4日周二，普恩加莱在法国议会的反复掌声中宣读了他的声明。普恩加莱表示，德国要为这场战争负全责，也终将在历史的审判面前为自己辩护。全体法国人应当联合起来组成一个牢不可破的神圣联盟。议会没有任何异议；法国社会党已经决定支持战争。一名左翼反对派领袖向当天下葬的饶勒斯致敬后表示："这里再也没有反对派了，这里只有法国人。"会场随即响起了"法兰西万岁"的欢呼声。[88]

就在同一天，英国政府向德国递交了一份最后通牒，要求德国人保证尊重比利时的中立，回复期限是英国时间晚上十一点。没有人相信德国人会答应通牒，因此一份已经准备好的宣战书即将递给利奇诺夫斯基。英国外交部已经写好了电报，警告全球各地的英国大使馆与领事馆说，英国即将卷入一场战争。这份起草好的电报已经在英国外交部的文件夹里躺了好多年，只等填上敌国的名称。文职人员花了一整天填上了"德国"。

在同一天的柏林，贝特曼向帝国议会发表演说，解释德国只是在自我防卫。贝特曼承认，德国确实入侵了比利时与卢森堡两个中立国，但这仅仅是因为法国威胁在先。一旦战争结束，德国会很好地补偿比卢两国的任何损失。长期以来一向承诺要率领其数百万成员反对资本主义战争的德国社会民主党，此时也与其他党派一同投票赞成了战争信贷。贝特曼此前曾费尽周章想赢得他们的支持，而他们自己已转向赞成战争。8月3日，在一场冗长痛苦的社会党代表会议上，大多数人决定投票支持战争信贷。这一方面是因为他们不能背叛本国即将出发作战的士兵，另一方面则是他们认定德国是俄国侵略的受害者。为了社会党内部的团结，余下的党员也同意跟进这项决策。[89]

8月4日晚上甚至在英国对德最后通牒的期限到来之前，英国驻德大使高慎爵士就约见贝特曼要求他申请护照。"噢这太恐怖了！"高慎爵士徒劳无功地询问德国是否要尊重比利时的中立。贝特曼滔滔不绝地训斥英国大使说，英国正在迈出危险的一步，而这一切却只是为一个词，"中立"。贝特曼说，与比利时之间的条约只不过是"一张废纸"，这句发言让德国在世界舆论中落入极不利的地位。贝特曼接着说，英国本可以抑制住法国人的复仇欲望与俄国人的泛斯拉夫主义思潮，然而英国的所作所为却是在鼓励法俄两国这么做，战争是英国的过错。高慎流着泪水离开了。[90]贝特曼后来写信给朋友说："我很怀疑，我们可以通过什么合理的举动，来防止英法俄三国结成天然同盟针对我们。"[91]德皇怒斥英国的背叛，并指责沙皇"肆无忌惮的蛮横"无视了德国与威廉本人所有维系和平的努力。小毛奇认为英国自始至终都在计划战争，并畅想德国能否以加拿大为条件说动美国加入本方阵营作战。[92]

在伦敦，英国人一直等待晚上十一点的最后回复期限。英国外交部里出现了短暂的骚动，因为有人意识到他们准备好的对德宣战书出现了一个错误，而且过早地递给了利奇诺夫斯基。外交部匆匆修订了宣战书，一名年轻官员受命前去追回错误的版本。英国内阁大臣在唐宁街集合，人们大都神情焦虑，除了丘吉尔，他嘴里叼着一条雪茄，看上去警惕而自信。各部大臣都在内阁外面紧张等待。"不管怎样，这场战争都持续不了多久。"有人表示。临近晚上十一点，一名年轻官员打电话给外交部，询问那里有什么新的消息，得到的回答是："外交部与德国大使馆都没有消息。"大本钟响了十一声，英国已经处于战争状态。在伦敦街头，大批人潮聚集在白厅前与林荫路上，手拉着手高唱爱国歌曲。丘吉尔给皇家海军舰队拍去了一封电报："开始对德作战。"[93]

那些在 19 世纪一直维系着欧洲和平繁荣的纽带，现在迅速断裂。电报线与电话线被切断；舰船减缓了行进速度；银行预备金被冻结，国际货币兑换终止；贸易灰飞烟灭。普通公民忐忑焦虑地踱步回家，发现自己突然置身于一个剧变的世界。巴黎的德国大使馆出现了一阵混乱，母亲纷纷安抚哭闹的婴儿，数百个衣物箱散乱地躺在地板上。战争爆发时，大概有多达十万美国人逗留欧洲大陆，而且往往因为银行关门而身无分文。许多美国人成功到了英国，美国驻英大使沃尔特·帕吉与使馆随员竭尽全力处理相应事务。"上帝拯救我们！"他写信给伍德罗·威尔逊总统说：

> 这是怎样的一个周末啊！……头两天，我们当然满是困惑。疯狂的男人与流泪的女人都在恳求、咒骂、要求——谁知道这会成为一场疯狂的闹剧。有人称我是处理紧急时刻的天才，有人骂我是个该死的蠢货，也有人用介于两者之间的各种词语形容我。

美国政府派出"田纳西"号带着黄金资助本国留欧的公民；这艘战舰也穿越英吉利海峡将美国人从法国带到了英国。[94] 交战国的大使们得到了更温和的对待，他们坐着专列离开帝国，沿途有敌国士兵的保护。朱尔·康邦与俄国驻德大使在周末就离开了柏林，心神憔悴的利奇诺夫斯基也在 8 月 5 日准备离开伦敦。"我担心他也许真的会疯掉，"帕吉在见过德国大使之后写信给威尔逊，"德国大使是反战派，他完全失败了。这次会面是我一生中最可悲的经历。"[95]

1914 年的欧洲各国领袖失败了，他们抑或刻意求战，抑或是没有找到反对战争的力量。半个多世纪之后，一名年轻而缺乏经验的美国总统也面临着自己的危机和选择。1962 年，苏联在古巴布置重兵，其中包括可以核打击美国东海岸的导弹。约翰·肯尼迪总统，面对美国军方鼓动他采取军事行动的极大压力，即便这会冒着与苏联全面开战的风险，这位年轻的总统还是顶住了压力。一方面，这是因为他从头一年的猪湾事件中学到了军事行动并不总是正确，另一方面也是因为他读了巴巴拉·塔奇曼撰写的《八月炮火》，这本书翔实地描述了欧洲误打误撞卷入世界大战的全过程。肯尼迪总统选择与苏联开启和平谈判，世界从危险的边缘退了回来。

震惊，兴奋，沮丧，不甘，欧洲人以各种方式迎接大战的到来。国家似乎成了一个统一的整体，一些人从中得到安慰，甚至鼓舞。德国大历史学家弗里德里希·梅尼克就形容战争"是我生命中最伟大的时刻之一，它让我的灵魂突然之间充盈着我对我的人民最深切的信心与最深刻的喜悦"。[96] 与之相对，亨利·詹姆斯则在致友人的信中表达了深深的痛苦：

> 我们一直生活在这个时代，认为它是属于我们的时代，好像它是一个高级而精致的文明，而现在抛开所有意识上的不协调，这强烈的不可想象感，如此空白而恶名昭著；我们发现它的血液中流淌着这种可憎的东西，好像它一直以来都在，就像是突然在一群至亲好友或家族成员中认出一伙凶手、一窝骗子、一队恶人——就是这样的震惊。[97]

欧洲本可以走向其他方向，但 1914 年 8 月，人们却将它带到了一条路的尽头。现在，它面临毁灭。

尾声 战争

1914 年 8 月 4 日，一场西奥多·罗斯福口中的"超黑色飓风"席卷全欧洲。[1] 就像一阵突然而至的夏季风暴，这场战争让许多人措手不及，但起初几乎没什么人设法逃离它。对一些欧洲人而言，战争甚至是解脱，因为漫长的等待终于结束了，本国的团结一致也给了他们很大安慰。欧洲和平运动沿着那一直存在的国界线分崩离析，欧洲大陆上的社会党也加入了中产阶级与保守派的党派，以压倒性的优势投票赞成了战争信贷。一名德国社会主义者感到，"可怕的紧张气氛终结了……过了近四分之一个世纪，人们终于可以全心全意、心神明净且毫无叛国感地一起高唱这支席卷而来的风暴之歌：'德意志，德意志，高于世间一切'"。[2] 温斯顿·丘吉尔显然也不是唯一打心底里兴奋激动的人。"我亲爱的，"丘吉尔致信妻子说，"一切都在向大灾难与大崩溃转变。我对此很是憧憬，振奋而且高兴。这样的心理不恐怖吗？"[3] 就当下而言，多数欧洲人都对欧洲长期和平的急速终结惊愕不已。他们带着屈服与义务接受了大战的到来，无不认为本国政府是无辜一方，正在直面敌国的威胁与攻击。

尽管有许多关于大战的传言，但在 1914 年 8 月这个时间点上，各国官兵确实还告诉家人，自己会在圣诞节回家。在英国坎伯利参谋学院，毕业生仍在日常的游园会、板球比赛与野餐会之间等待他们的命令。最终，他们接到的指令是接受任命前去履职，其中绝大多数会跟随英国远征军前往欧洲大陆。参谋学院本身立即关闭，等候下一步通知，教员也被安排到参谋的职位上；当局认为，没有必要为一场短期战争继续培训更多的军官。[4]伊万·布洛赫与小毛奇本人这样的专家也好，贝尔塔·冯·祖特纳与让·饶勒斯这样的和平主义者也好，他们都曾警告说攻击性战争势必以僵局告终，任何一方都不能强大到压倒另一方，而与此同时，各交战国却在消耗他们从人力到弹药的各项资源。然而至少在目前，随着列强开始进入战争，他们都忘了这些警告。从军事指挥官到普通国民，绝大多数欧洲人都认定这场战争会很快结束，就像德意志联军在普法战争中花了两个月时间就迫使法国投降一样。（人们认为后来大战久拖不决是因为法国人坚持作战，但这是另一回事了。）无论是银行家，还是各国财政大臣、财经专家，都理所当然地认定战争必然是短暂的，因为一旦贸易中断、国际资本市场枯竭，政府将无法借钱，那就意味着迫在眉睫的财政破产，各大交战国也就不可能再继续打下去。正如诺曼·安杰尔在《大幻觉》里的警告，即便欧洲愚蠢地开战，由此引发的经济混乱与国内惨状也会迅速迫使交战国进行和平谈判。然而，没几个人意识到的是（尽管布洛赫预料到了），欧洲各国政府还有一种未经试验却强大的能力，那就是从本国社会榨取资源，可以征税、管制经济，还可以让女性进工厂从而释放男性去服役。欧洲人自身的坚忍顽强也让他们得以经年累月地战斗，即便骇人的损失已不断累积。大战中最让人惊异的地方不在于欧洲各国社会与各国人民最终在压力之下屈服了——也不是所有人都屈服了，或者说没有完全屈服——而是俄国、德国与奥匈帝国居然撑了如此之久后才坠入革命、哗变或绝望。

在大战爆发的头几周里，欧洲看似将免于厄运。如果德国快速击败了法国，俄国很可能会决定在东线媾和，英国也会重新考虑他们的作战承诺。即便法国人决定像 1870—1871 年间那样去战斗，他们最终也不得不投降。德国军队攻入比利时与卢森堡、挥军进入法国北部时，德国的作战计划似乎一切顺利。然而，事实并非如此。比利时的抵抗决定延缓了德国的前进步伐。列日要塞在 8 月 7 日沦陷，但德国人还需逐一攻取十二个要塞。比利时人的抵抗也意味着，德国必须在前进时还要留下军队守卫。负责大右翼包抄的德国陆军，原来计划是渡过默兹河向英吉利海峡猛攻，然后挥师南下直攻巴黎，从而促成一场辉煌胜利。然而在实际作战中，德军右翼比计划料想的更弱，速度也更缓慢。8 月 25 日，小毛奇为俄军在东线的行进速度感到吃惊——俄国军队正在蹂躏容克贵族的地产，烧毁德皇在罗明腾森林最爱的狩猎小屋。小毛奇随即下令总兵力多达 88,000 人的两个军团从西线掉头东向援助东普鲁士。[5] 不仅如此，英国远征军也要比预想得来的更早，有力地支援了法军。

德军的进攻在协约国的抵抗下减缓乃至停滞了。到了九月初，战场的天平已经向德国不利的一面倾斜，协约国离战败还远。9 月 9 日，小毛奇下令仍在法国境内的德军向北撤退整编，两天以后，他下达了全线撤退的总命令。尽管在当时他没有意识到，但这已经是施利芬计划的终结，德国失去了快速击败法国的机会。9 月 14 日，德皇以健康问题为由将小毛奇撤职。

那年秋天，德军与协约国军队仍各自绝望地做出了最后的努力，试图快速击败对方。双方的伤亡节节上升，但胜利仍然非常遥远。时至 1914 年末，法国已经有 26.5 万名士兵阵亡，英国也损失了 9 万名士兵。有些德国军团已经承受了 60% 的伤亡；德国陆军光是在 10 月佛兰德的伊佩尔之战中就阵亡了 8 万人。[6] 随着冬季到来，双方挖起了战壕，指望在春天之后继续进攻。很少有人意识到，他们从瑞士边界一直到法国东部北部边境，并一直延伸到比利时境内的临时性战壕，竟会挖得越来越深，也越来越复杂，并将持续挖到1918年夏天。

在东线，这里的战线要长得多，战壕网络从未铺设到与西线相同的规模，也没有发展到不可穿越的地步。然而，在战争开始的头几个月里，防守力量再次明显削弱了进攻。奥匈帝国遭受了巨大挫败，而事实证明，俄国也无法取得决定性胜利。在战争的前四个月，奥匈帝国承受了总计近一百万的伤亡。尽管与施利芬及其后继者所预期的相反，德国在坦能堡之役里漂亮地击败了俄国的两个军，但还是未能结束这场战争。无论是俄国还是敌对的德奥都有足够的资源与决心继续战斗。

有这样一个故事，它也许是真的。伟大的极地探险家恩内斯特·沙克尔顿在1914年秋天启程前往南极，据说，他在1916年春天终于回到南乔治亚岛的捕鲸站，询问是谁赢得了欧洲战争，而后惊讶地被告知战争还在进行。各国产业、国民财富、劳动力、科学技术甚至是艺术，都已被用于战争。欧洲曾在1900年的巴黎世界博览会上以繁荣进步为傲，但正是这份繁荣进步让欧洲人能够最大限度地动员庞大的资源，以自我摧毁。

大战的序幕为此后几年的战事奠定了可怕的模式：进攻一次次被阻挠，因为防守方的枪炮也一次次吐出致命的火力。各国将军反复尝试以大型攻势冲破战争僵局，却迎来了同样巨大的伤亡；在前线，尤其是西线战场，那里的地形被炸药翻起，散落着密密麻麻的炮弹坑，铁丝网纵横交错，而战线却几乎没有移动。随着战争一天天的拖延，战火也带来了难以想象的伤亡规模。光是在1916年，俄国的夏季攻势就造成140万人阵亡；在康拉德发动的多罗米蒂山脉攻势中，意大利士兵有40万人沦为战俘；1916年7月2日索姆河战役打响的第一天，英国远征军有57,000人阵亡。在这年11月战役终于结束时，

一共有 65 万协约国士兵阵亡、负伤或是失踪，德军的伤亡人数则达
40 万人。在法国与德国为了争夺凡尔登要塞的战役里，防守方的法
国承受了超过 50 万人的伤亡，作为进攻方的德国有 40 多万人伤亡。
1918 年 11 月 11 日大战结束时，各交战国已经有 6500 万人参军，
其中 850 万人阵亡，还有 800 万人沦为战俘或者失踪，2100 万人负
伤，而这还只包括了可以测量、统计的伤亡，不会有人知道究竟有
多少人遭受了心理上的崩溃。相较而言，美国在越战中的阵亡人数
是 47,000 人，西方联军入侵占领伊拉克则付出了 4800 人的代价。

　　这场起初只是欧洲的战争，很快演变成了全球的大战。从一开始，
各帝国就已自动参与其中。交战国一刻不停地询问加拿大人、澳大
利亚人、越南人或是阿尔及利亚人是否参战，无论他们是否想要为
殖民帝国而战。公允地说，许多殖民地愿意这么做。在许多"白人"
自治领，那里的人们仍然与英国有着家庭联结，他们单纯地认定要
保卫自己的母国。更令人惊异的是，不少印度民族主义者也团结起
来支持英国。年轻的激进派律师莫罕达斯·甘地帮助英印当局征发
印度人参战。其他列强也逐渐开始选择阵营。日本在 1914 年 8 月
底向德国宣战，并且抓住机会夺取了德国在中国与太平洋的殖民地。
两个月后，奥斯曼帝国把赌注压在了德奥同盟身上，保加利亚也在
1915 年加入了同盟国阵营，但这也是德奥同盟吸收的最后一个盟友
了。罗马尼亚、希腊、意大利，以及一些拉美国家与中国，最终都
加入了协约国阵营。

　　美国一开始没有特别倾向于支持哪一个阵营，因为欧洲战争似
乎与美国的利益毫无关系。"我一次又一次地感谢大西洋。"美国驻
英大使沃尔特·帕吉写道。美国各界精英、自由派和那些与英国有
家庭纽带的东海岸人都倾向协约国，但也有相当一部分人（也许多
达四分之一的美国人）有德国血统。同时，爱尔兰天主教少数派有
很强的理由憎恨英国。战争爆发时，威尔逊匆匆离开妻子的临终病

榻,召开新闻发布会声明美国将会保持中立。"我希望,"他表示,"可以自豪地说,我不知道别国,但至少美国有她的自制力,她将冷静地在一旁观看大局,决心帮助世界各国。"德国的政策或者说尤其是德国最高统帅部的决策,最终刺激美国放弃了中立。1917 年,美国被德国潜艇战和由英国义务性地递来华盛顿的一则消息激怒,消息显示德国正在鼓动墨西哥与日本攻击美国,遂决定加入协约国阵营,参与大战。

时至 1918 年,同盟国阵营面临的敌人已经越来越多,以至于同盟国一个接一个地要求和平,直至德国最终请求停战。1918 年 11 月 11 日,当枪炮声寂静时,这已是远不同于 1914 年的世界了。纵观欧洲大陆,在冲突开始时暂时被掩盖了的各国社会裂痕随着战事的拖延不绝再度浮现,给社会施加了越来越重的负担。社会骚动与政治骚乱蔓延,垂死挣扎的旧制度已无法维系公众的信任,或满足人们的期望。1917 年 2 月,沙皇政权轰然崩塌。随之而起的俄国临时政府孱弱不堪,十个月后就被新革命力量——弗拉基米尔·列宁的布尔什维克颠覆。为了挽救新生的苏维埃政权,保卫布尔什维克政府免受政敌与旧秩序残余力量攻击,列宁在 1918 年初与同盟国阵营签署《布列斯特和约》,割让了俄国西部的大片领土。俄国随即陷入激烈内战,曾降服在沙俄治下的少数民族于是抓住机会纷纷逃离。波兰人、乌克兰人、格鲁吉亚人、阿塞拜疆人、亚美尼亚人、芬兰人、爱沙尼亚人与立陶宛人都享受了独立的果实,尽管有些只是暂时的。

奥匈帝国在 1918 年夏天土崩瓦解,民族问题还是压垮了这个帝国。一个多世纪以来,境内的波兰人与德俄两国分裂出来的同胞第一次建立起了一个波兰国家;捷克人与斯洛伐克人联合组成了不甚稳定的捷克斯洛伐克;同时,二元制帝国境内散落在克罗地亚、斯洛文尼亚与波斯尼亚的南斯拉夫人与塞尔维亚合并成立了一个新的国家——南斯拉夫王国;匈牙利失去了克罗地亚,和平条约也让他们丢失了大量领土，成了一个独立国家，而哈布斯堡王朝剩下的领土则组成了小小的奥地利；其他同盟国中，保加利亚爆发了革命，斐迪南沙皇到最后都很狡猾，退位给了他的儿子；奥斯曼帝国土崩瓦解，胜利的协约国阵营瓜分了帝国的阿拉伯领土与绝大多数欧洲部分领土，只留下了土耳其的核心区。奥斯曼帝国的最后一位苏丹在1922年悄然流亡，新的世俗统治者凯末尔·阿塔图尔克开始创建现代的土耳其共和国。

德国陆军在1918年夏天节节失利，一直以来被兴登堡与鲁登道夫蒙在鼓里的德国公众对整个政权感到愤怒，而这两个军人此时也主导着文官政府。有一段时间，水手与士兵纷纷暴乱，工人联合会控制了地方政府，德国似乎也将步俄国的后尘走上革命之路。百般犹疑的德皇不得不在1918年11月初退位，社会主义者随即宣布成立一个新的共和国，不过结果证明，共和国成功遏制了革命。

尽管战胜国也有动荡，时至1918年，法国、意大利与英国都爆发了暴力罢工与游行示威，但旧秩序至少维系了下来。然而，欧洲在总体上已不再是世界的中心。各国消耗了大量财富，耗尽了自身国力。那些以往很大程度上默许了外部统治的帝国人民开始骚动，他们对宗主国的信心在欧洲战场为期四年的野蛮厮杀后无可救药地动摇了。新兴的民族主义领袖中，有不少人在战场上亲眼见证了欧洲文明的恶果，因此要求立即或在不久之后建立自治政府。英国治下的"白人"自治领满足于继续留在大英帝国之内，但他们的条件是增加更多的自治权。欧洲以外的新兴强国也在国际事务中发挥着更大的作用。在远东，日本无论在国力还是自信心上都显著增长，也顺理成章地支配了邻国。大西洋彼岸的美国现在一跃成为世界大国，其工业与农场在战争的刺激下获得了更大的发展，纽约日渐一日地成为世界金融中心。美国人视欧洲为老旧、腐朽、终结的文明——许多欧洲人也同意他们的观点。

　　这场战争不但摧毁了欧洲的不少遗产，夺走了数百人的生命，而且也摧残着活下来的人。全欧洲人心中燃烧的民族主义激情帮助他们撑过了四年战争，但这一情绪也导致了他们对平民的肆意屠杀，无论是德国人在比利时，俄国人在加利西亚，还是奥地利人在波斯尼亚。占领军将俘获的平民送去做苦力，还驱逐那些"错误"的种族。战后的欧洲政治笼罩在暴力之下，敌对各派屡屡诉诸刺杀与恶斗。法西斯主义的不容忍和极权主义意识形态将从军队中汲取组织和纪律，而且对法西斯主义者来说，他们的灵感就是战争本身。

　　第一次世界大战是欧洲历史上的一道分界线。1914 年以前的欧洲尽管有种种问题，但人们还是认为世界正在变得越来越好，人类文明仍在前进。1918 年以后，欧洲人的这种信念一去不复返。当他们回顾所失去的战前世界时，他们只感到失落和浪费。1918年夏末，也就是德国的败象越来越明显的时候，哈里·凯斯勒伯爵回到了他暌违多年的魏玛老宅。尽管凯斯勒本人也在 1914 年被卷入民族主义的狂潮，但他在开战后不久就开始后悔。凯斯勒年迈的马车夫与他的爱犬在火车站等他归来，向他问好，好像他只离开了几天。凯斯勒回忆说，他的老宅就像"睡美人"一样未曾改变，一直在等着他：

　　　　一幅幅印象派与新印象派的画作，一排排法语、英语、意大利语、希腊语和德语的图书，马约尔的人像雕塑，尤其是他创造的健美的有活力女像，还有根据科林刻的俊俏小生，仿佛一切都停留在 1913 年。仿佛许多曾经在这里的人——现在已经死去，失踪，四散，或成了敌人——可以归来，重新开始在欧洲的生活。这座老宅对我而言就像是《一千零一夜》里的一座小宫殿，这里装满了各式各样的珍宝、褪色的符号和从另一个时代来的人闯进来只能啜饮的回忆。我找到了一页邓南遮的题词；克劳德·阿内买下的伊斯法罕波斯纸烟；莫里斯·德尼幼子受洗时的法国糖果盒；
1911年俄国芭蕾舞团的一张节目单，上面还有尼金斯基的照片；
拜伦之孙洛夫莱斯勋爵撰写的爷爷乱伦秘史，茉莉娅·沃德给了
我这本书；还有奥斯卡·王尔德与阿尔弗雷德·道格拉斯的著作，
一封罗伯特·罗斯的书信；还有——仍没有拆封的——罗伯特·
德·孟德斯鸠在战前写的那部关于卡斯蒂廖内伯爵夫人滑稽而严
肃的杰作，他在夫人死后爱上了她——夫人的睡衣躺在他的一个
接待室的珠宝盒或一个小玻璃棺里。命运多么狂暴无情地从欧洲
人的——恰恰是欧洲人的——生活里崛起，就像历史上第二血腥
的悲剧，从布歇和伏尔泰对牧羊人的演绎和他们轻快的精神中诞
生。这个时代并非通向更坚实的和平，而是走向战争，我们其实
都知道却又没有意识到。这是一种漂浮的感觉，就像一个肥皂泡
突然破了，消失得无影无踪，而此时地狱般的力量已经成熟。[7]

那些带领欧洲走上大战之路的人，有些没能活到大战结束。小
毛奇在病假后再没有康复，也没有重返德国参谋总长的职位。1916
年，小毛奇死于中风，而他的继任者法金汉仍在将德国陆军投入反
复、昂贵又徒劳的凡尔登战役。在萨拉热窝致命地枪杀了斐迪南大
公的普林西普在奥匈法庭上被判有罪，但由于未成年而没有被处决。
1918年春天，普林西普在奥匈的监狱里死于肺结核，一直到临终他
都不后悔自己的作为及其引发的后果；[8]奥匈皇帝弗朗茨·约瑟夫在
1916年去世，他将摇摇欲坠的皇位交给了少不更事的大侄子卡尔，
但卡尔也只坐到了1918年；伊什特万·蒂萨最终批准了奥匈帝国向
塞尔维亚开战的计划，1918年，他在妻子的面前死于匈牙利革命士
兵的枪口；1916年，拉斯普京在圣彼得堡被贵族密谋者刺杀，然而
密谋者清除拉斯普京保住政权的图谋终究落空了；尼古拉二世在第
二年退位，他与皇后和孩子1918年春天在叶卡捷琳堡被布尔什维克

枪杀，尸体埋在了一座没有标记的坟墓，一直到苏联解体后才被发现。通过对包括亚历山德拉皇后的甥孙爱丁堡公爵的 DNA 鉴定，遗体得到证实。俄国东正教会现在将沙皇一家封为圣徒。

　　沙皇手下的一些大臣要幸运一些。伊兹沃利斯基开战以后就再也没有从巴黎回到俄国。他一直待在法国，从法国政府那里拿到了一笔小小的津贴。外交大臣萨宗诺夫则在 1917 年初被解职，后来加入了高尔察克上将领导的反布尔什维克军队，最终流亡法国，于 1927 年死于尼斯。在战争中，苏霍姆利诺夫被指责要为俄国的失败负责，1916 年沙皇解除了他的陆军大臣之职，被以腐败、玩忽职守、为德国和奥匈帝国做间谍等罪名接受审讯。苏霍姆利诺夫的腐败无疑是事实，但政府只能搜集到最为虚弱的证据。1917 年初，新上台的临时政府将苏霍姆利诺夫与他美丽的妻子叶卡特琳娜投入监狱，并在夏末重新审判。最终，叶卡特琳娜被无罪释放，苏霍姆利诺夫被判处终身监禁。1918 年 5 月，执政的布尔什维克颁布大赦令，释放了苏霍姆利诺夫。出狱后的苏氏在当年秋天逃离俄国进入芬兰，随后前往柏林，在那里写下了回忆录，在极端贫困中挣扎生存。叶卡特琳娜找到了一位新的富有的保护者，她选择了留在俄国，在 1921 年被布尔什维克枪杀。1926 年 2 月的一天早晨，柏林警察在公园长凳上发现了一位老人。苏霍姆利诺夫，一度是俄国最有钱有势的男人，一夜之间被冻死了。[9]

　　战争行将结束时，那位曾帮助奥匈拿到德国空头支票的鹰派霍约斯短暂地考虑过自杀，因为他考虑到了自己要为战争和二元制帝国的终结负责，但他改变了想法，活到了 1937 年，平静离世。奥匈首相贝希托尔德在战争爆发之初就辞职了，以抗议老皇帝及其臣僚目光短浅地拒绝了自己为确保意大利的中立，而把一部分它想要的奥地利领地分给它的提议。贝希托尔德一直活到了 1942 年，他在匈牙利的一座庄园里安然辞世，下葬地点是布赫劳城堡，这里也正是他的前任埃伦塔尔与伊兹沃利斯基致命会谈的地点，那场会谈引发了 1908 年的波斯尼亚危机；奥匈帝国参谋总长康拉德最终得到了弗朗茨·约瑟夫皇帝的准许，在 1915 年迎娶了吉娜·冯·赖因豪斯。然而，康拉德却在 1917 年被新皇帝解职。第一次世界大战结束之后，康拉德夫妇在奥地利的群山里过着简单的生活，康拉德消磨时间的办法是学习英语——他的第九门语言，出门与保加利亚前沙皇斐迪南散步，撰写了一部极力为自己辩护的回忆录，共五卷。（这样的回忆录在 1920 年代大量涌现，因为那些关键人物试图以此为自己开脱罪责，将战争责任归咎于其他人。）康拉德死于 1925 年，新的奥地利共和国政府为他举行了国葬。吉娜活着看到了奥地利并入第三帝国，纳粹分子对她很尊重。她于 1961 年去世。

阿斯奎斯因为在战事初期优柔寡断，受到了越来越多的批评，被迫在 1916 年底辞职。继任者劳合·乔治尽管反感战争，但事实证明，他是一位强有力的战时领导人。劳合·乔治与阿斯奎斯的争斗分裂了自由党，这个党派再也未能恢复从前的力量；近乎失明的爱德华·格雷也加入了反对派，但在战争末期，他同意出任英国驻美大使。在回忆录里，格雷仍然否认他曾经给予法国以任何承诺。格雷在去世前不久出版了一本观鸟的小书。亨利·威尔逊爵士曾经为维系英法关系做了很多努力，战争结束时，他是一名陆军元帅。1922 年，威尔逊成为北爱尔兰政府的国防顾问，在南边的爱尔兰从英国独立时，这里还是联合王国的一部分。不久之后，威尔逊被两名爱尔兰民族主义者在伦敦住宅的台阶上刺杀。

普恩加莱待在总统位子上看到了法国的胜利以及阿尔萨斯—洛林两省的收复。他的总统任期在 1920 年结束，但在 1920 年代又两度回任。1929 年夏天，他因重病退休，但活着看到了希特勒与纳粹在 1933 年上台，并于第二年去世；战争爆发时，德雷福斯自愿加入了曾让他受到羞辱的陆军作战。1935 年，德雷福斯去世，他的葬礼在协和广场举行，排满了军队。

在德国，贝特曼在 1917 年被迫辞职。贝特曼试图反对兴登堡与鲁登道夫二人重启无限制潜艇战以针对商船的主张，以及他们想扩张战争的目标，于是被二人逼下了台。贝特曼回到了他在霍亨菲诺心爱的庄园，在生命的最后几年仍试图为自己和自己的政策辩护，否认德国对战争负有责任。贝特曼死于 1920 年，享年六十四岁；他在德皇面前的对头蒂尔皮茨则在战后卷入右翼政治，一直到 1930 年去世之前都坚称自己的海军政策是正确的，并将德国的战败归咎于德皇到德国陆军的其他所有人。

威廉活了很多年，直到最后都还是那么狂暴、专横和自以为是。战争期间的威廉成了所谓的"影子德皇"；他手下的大将以他的名义行事，事实上却不在意他。威廉在西线战线后方的比利时小城斯帕建立了他的最高统帅部，每天早晨骑马，工作几个小时（工作内容大多是授勋仪式，签发给手下军官的祝贺电报），午后则去医院，观光，散步，与将军们共进晚餐，晚上十一点睡觉。威廉喜欢跑到离前线足够近的地方听枪炮的声音，然后自豪地回到斯帕，说他已参加了战争。就像希特勒在"二战"中一样，威廉喜欢畅想战事结束后的计划。他满脑子都是鼓励赛车运动和在柏林主持社会改革。德皇畅想以后的宾馆里不会有更多的烟灰，贵族阶层都要兴建自己的宫殿。[10] 随着战事继续进行，德皇的随从注意到他的面色很差，并且非常容易陷入沮丧情绪。于是对他隐瞒了越来越多的坏消息。[11]

1918 年秋天，德国战败的态势已很明显。德国军方为德皇制订了一个在战场冲锋中英勇赴死的计划。威廉没有采纳任何计划，他徒劳地指望能保住皇位。随着德国国内的形势继续恶化，德皇终于在 11 月 9 日接受劝说登上专列前往荷兰，德国也在同一天成为共和国。当威廉抵达一位愿意收留他的荷兰贵族的庄园时，他提出的第一个要求是，"给我来一杯正宗的英国好茶"。[12] 尽管有协约国的压力，但荷兰人拒绝引渡德皇。威廉在多伦庄园度过了他的余生，他每天都忙着砍树——到 1920 年代末期已经砍了两万棵；撰写他的回忆录。并无悬念的是，德皇在回忆录里对战争毫无悔意，也否认是自己的政策导致了战争；他在随员面前用英语朗读伍德豪斯的作品摘录；指责德国人民让他下台，并仍然相信总有一天德国人会喊他回去复辟。德皇注意到了希特勒与纳粹的崛起，他的感受颇为复杂；威廉认为希特勒出身低贱、粗俗，却同意希特勒的不少观点，尤其是重振德国荣耀的说法。不过威廉还是警告说："德国的荣耀终将远离希特勒，就像它曾远离了我一样。"[13] 威廉对"二战"的爆发和德国战争初期一连串的胜利感到高兴。他死于 1941 年 6 月 4 日，此时距希特勒入侵俄国已经不到三周，并被安葬在多伦庄园。[14]

　　大战是威廉造成的吗？该指责蒂尔皮茨吗？还是格雷？或者小毛奇？贝希托尔德？普恩加莱？或者没有人应当被指责？我们是不是要转而看一看特定的制度或思想观念？权力过大的军事参谋？专制的政府？社会达尔文主义，对进攻的狂热，民族主义？这里有太多的问题，也有太多的答案。也许，我们能做到的最好的就是尽可能地理解每一个当时的个体，他们不得不在战争与和平之间做出抉择，理解他们的长处和短处，他们的爱与恨，还有种种偏见。为了理解这些个体，我们也必须理解他们身处的世界，还有那个世界的各种假设。我们必须记住，这些决策者在 1914 年最后危机之前的所作所为，都参考了之前的历史，他们从两次摩洛哥危机、波斯尼亚危机与第一次巴尔干战争中学到了很多。欧洲成功化解了这些早期危机，自相矛盾地让 1914 年夏天陷入一种危险的自满，人们以为总能在最后一刻到来之前找到解决方案，维系和平。如果从 21 世纪回头看，我们可以在两件事上指责那些将欧洲带入大战的人：第一，他们缺乏想象力，未能看到一场战争冲突竟有如此大的破坏力；第二，他们缺乏勇气，无法站出来直面那些认定除了战争别无选择的人。

选择，总是有的。

致 谢

写作本书时，我再一次特别幸运地得到了许多人的帮助。一切功劳归于他们，一切错误归咎于我。

我要感谢我特别棒的研究助理，他们不知疲倦，做事很有条理，而且乐于助人。在我看来，他们是必不可少的合作者。Dawn Berry、Yulia Naumova、Rebecca Snow、Katharina Uhl 和 Troy Vettese 发掘和分析了好几种语言的绝妙文献材料，而且他们直觉敏锐，常能发现重要和有趣的东西。在最后阶段，Dawn 通读了手稿，整理了注释和参考文献。在多伦多的 Mischa Kaplan 也做了许多有益的工作。

过去几年，我非常高兴并受益于成为牛津大学和圣安东尼学院的一员。虽然有时我觉得自己像巨蟒剧团（Monty Python）素描喜剧中的人物那样大声抱怨自己的大脑受了伤，但我到现在还一直觉得这里的学术和社交生活令人赞叹不已，并无比感恩。我从我的同事和学生那里学到了很多，并一直在学习。能够使用伯德雷恩图书馆和学院图书馆的资源，也使我受益匪浅。

圣安东尼学院的管理机构慷慨地允许我在 2012—2013 学年休

假，我尤其要感谢 Rosemary Foot 教授，她无私地担任了代理院长的职务，不出任何人所料，她以一贯的正直和效率完成了这一职务。我也感谢我的同事们，在我离开期间，他们使学院的管理工作得以顺利进行。他们是辅导员 Alex Pravda、财务主管 Alan Taylor 和之后接任的 Kirsten Gillingham、总务管理 Peter Robinson、发展总监 Ranjit Majumdar、教务主任 Margaret Couling、我的个人助理 Penny Cooke，还有他们的同事。

在牛津大学时，我仍然是另一个伟大的机构多伦多大学的一员，与那里的同事和学生的联系使我继续受益，更有益的是，我还能够使用多伦多大学优秀的图书馆。我特别感谢芒克全球事务中心（Munk Centre of Global Affairs）的创始人 Peter Munk 和主任 Janice Stein，我在多伦多写这本书的那一年，他们给了我一份奖金，让我成为这个充满活力和激情的学术社区的一员。

五年前，我并没有打算写一本关于第一次世界大战如何爆发的书；这条路已经走得太久了，我还有其他的项目正在进行中。当 Profile Books 的 Andrew Franklin 向我提出这个想法时，我拒绝了——然后我花了一个夏天的时间来思考这个问题。所以我欠他一个小小的人情，但更感谢他让我参与到这个迷人的课题中。如果没有他和他出色的团队，包括 Penny Daniel、Daniel Crewe 和已故的备受怀念的 Peter Carson，这本书不可能成型。我同样要感谢美国的兰登书屋和加拿大的企鹅出版社。纽约的 Kate Medina 和多伦多的 Diane Turbide 堪称典范的出版人，他们的建设性意见和建议使这本书比原本的更好。Cecilia Mackay 是一名杰出的图片研究员，Trevor Horwood 是和她一样出色的编辑。我还很幸运，在这段有时看起来很漫长的旅程中，有我的经纪人兼朋友 Caroline Dawnay 作为拉拉队队员，在加拿大，还有热情无限的 Michael Levine。

Alistair Horne、Norman Davies,、Michael Howard,、Eugene

Rogan、Avi Shlaim、Paul Betts、Alan Alexandroff、Hartmut Pogge von Strandmann 和 Liaquat Ahamed 都从他们自己的工作中抽出时间与我讨论我的想法并给出他们的建议。许多朋友和家人，包括 Thomas Barcsay、David Blewett、Robert Bothwell、Gwyneth Daniel、Arthur Sheps 和 Andrew Watson，在整个过程中都给予我鼓励。我一直很感激我有一个友好的大家庭，他们一直关注着我，没让我过上一种完全归隐的生活，只与奥地利大公、俄罗斯王公、德国将军或英国内阁部长的幽灵生活在一起。Ann MacMillan 和 Peter Snow、Thomas and Catharina MacMillan、Margot Finley 和 Daniel Snow 也阅读了部分手稿，并像往常一样，提出了宝贵的意见和批评。我最好、最用心的读者是我的母亲 Eluned MacMillan，她又一次读了每一个字。虽然批评她的孩子让她很痛苦，但她既诚实又乐于助人。我对你们所有人表示最深切的感谢。

注　释

Abbreviations: BD—GOOCH, G. P., AND TEMPERLEY, H., EDS., *British Documents on the Origins of the War;* DDF—France. Ministère des Affaires Etrangères, *Documents diplomatiques français, 1871–1914,* 3rd series; RA—Royal Archives, Windsor Castle, available at http://www. royal.gov.uk/. Full entries for these and all other sources will be found in the Bibliography.

导论　战争还是和平？

1. Kramer, *Dynamic of Destruction*, 8–9. *2. New York Times*, September 29, 1914. *3.* Kramer, *Dynamic of Destruction*, 30. *4.* Lloyd George, *War Memoirs*, vol. I, 52.

第一章　1900 年的欧洲

1. All references to Hachette's guide to the Exposition, *Paris Exposition, 1900: guide pratique du visiteur de Paris et de l'exposition*, are taken from the online version at http://archive. org/details/parisexposition00pari. *2. The Times*, May 24, 1900. *3. New York Observer and Chronicle*, October 25, 1900. *4. The Times*, April 18, 1900. *5.* Lieven, *The Aristocracy in Europe, 1815–1914*, 7. *6.* Zweig, *The World of Yesterday*, 215. *7.* Addison and O'Grady, *Diary of a European Tour, 1900*, 30. *8.* Zweig, *The World of Yesterday*, 26. *9.* Dowler, *Russia in 1913*, ch. 1, passim. *10.* Kennedy, *The Rise and Fall of the Great Powers*, ch. 4, passim. *11.* Tylor, *Primitive Culture*, 2. *12.* Blom, *The Vertigo Years*, 8. *13. New York Observer and Chronicle*, December 27, 1900. *14. New York Observer and Chronicle*, October 11, 1900. *15.* Herring, *From Colony to Superpower*, 345. *16.* Cronin, *Paris on the Eve*, 37. *17.* Zweig, *The World of Yesterday*, 216. *18.* Weber, *France: Fin de Siècle*,

230–31. *19.* Blom, *The Vertigo Years*, 265–8. *20.* *New York Observer and Chronicle*, October 18, 1900. *21.* Kessler, *Journey to the Abyss*, 81. *22.* Hewitson, "Germany and France," 580. *23.* Weber, *France: Fin de Siècle*, 243–4. *24.* Cronin, *Paris on the Eve*, 36. *25.* Weber, *France: Fin de Siècle*, 243. *26.* Andrew, *Théophile Delcassé*, 136; *New York Observer and Chronicle, November 1, 1900. 27.* Ridley, *Bertie*, 338.

第二章　大不列颠与光荣孤立

1. *New York Times, June 24, 1897; Spectator, June 26, 1897. 2.* RA VIC/MAIN/MAIN/ QVJ (W) 22 June 1897 (Princess Beatrice' s copies). *3.* Massie, *Dreadnought*, xviii. *4.* Rüger, *The Great Naval Game*, 200, 74. *5.* Massie, *Dreadnought*, xx. *6.* Roberts, *Salisbury*, 664–5; Rüger, *The Great Naval Game*, 184–5; Massie, *Dreadnought*, xviii–xx. *7.* Kipling and Pinney, *The Letters of Rudyard Kipling*, vol. II, 303. *8.* Massie, *Dreadnought*, xxx; Rüger, *The Great Naval Game*, 191–2; Roberts, *Salisbury*, 661. *9.* Cannadine, *The Decline and Fall of the British Aristocracy*, 9–11; Lieven, *The Aristocracy in Europe, 1815–1914*, 205; Cecil, *Life of Robert, Marquis of Salisbury*, 159. *10.* Roberts, *Salisbury*, 8–12, 28. *11.* Tuchman, *The Proud Tower*, 9. *12.* Roberts, *Salisbury*, 714–15; Tuchman, *The Proud Tower*, 6. *13.* Cecil, *Life of Robert, Marquis of Salisbury*, 176. *14.* Roberts, *Salisbury*, 111. *15.* Cecil, *Life of Robert, Marquis of Salisbury*, 3–4, 6, 8. *16.* Gilmour, *Curzon*, 125. *17.* Massie, *Dreadnought*, 195. *18.* Roberts, *Salisbury*, 6. *19.* Ibid., 34. *20.* Bánffy, *They Were Divided*, Kindle version, loc. 6086. *21.* Cannadine, *The Decline and Fall of the British Aristocracy*, 36–9. *22.* Hamilton, *Parliamentary Reminiscences and Reflections, 1886–1906, 253. 23.* Roberts, *Salisbury*, 624, 651. *24.* Ibid., 626. *25.* Ibid., 65. *26.* Ibid., 647; Gilmour, *Curzon*, 125. *27.* Cecil, *Life of Robert, Marquis of Salisbury*, 247. *28.* Roberts, *Salisbury*, 44. *29.* Ibid., 46–50. *30.* Ibid., 628. *31.* Howard, "The Policy of Isolation," 82. *32.* Cecil, *Life of Robert, Marquis of Salisbury*, 90. *33.* Ibid. *34.* Howard, "The Policy of Isolation," 81. *35.* Ibid., 79–80. *36.* Beesly, *Queen Elizabeth*, 107. *37.* Burrows, *The History of the Foreign Policy of Great Britain*, 34; Otte, "Almost a Law of Nature?," 75–6. *38.* Rüger, *The Great Naval Game*, 179. *39.* Steiner and Neilson, *Britain and the Origins*, 19. *40.* Kennedy, *Rise of the Anglo-German Antagonism*, 229. *41.* Roberts, *Salisbury*, 495–6. *42.* Ibid., 692. *43.* Ibid., 615–16; Herring, *From Colony to Superpower*, 307–8. *44.* Cecil, *Life of Robert, Marquis of Salisbury*, 3, 218. *45.* Gilmour, *Curzon*, 128. *46.* Mansergh, *The Commonwealth Experience*, vol. II, 27. *47.* Tuchman, *The Proud Tower*, 46–7. *48.* Ibid., 56. *49.* Spender, *The Public Life*, 81. *50.* Massie, *Dreadnought*, 233–9. *51.* Spender, *The Public Life*, 89. *52.* Kennedy, *Rise of the Anglo-German Antagonism*, 230–32. *53.* Roberts, *Salisbury*, 748. *54.* Taylor, *The Struggle for Mastery in Europe*, 396. *55.* Neilson, "The Anglo-Japanese Alliance," 52. *56.* Kennedy, *Rise of the Anglo-German Antagonism*, 230–31; Roberts, *Salisbury*, 745. *57.* Bond, *The Victorian Army and* the Staff College, 191. **58.** Taylor, *The Struggle for Mastery in Europe*, 376. **59.** Ibid., 395. **60.** Massie, *Dreadnought*, 306. **61.** Neilson, "The Anglo-Japanese Alliance," 49. **62.** Steiner and Neilson, *Britain and the Origins*, 29. **63.** Massie, *Dreadnought*, 308; Balfour, *The Kaiser and His Times*, 235–6; Eckardstein and Young, *Ten Years at the Court of St. James'*, 227. **64.** Nish, "Origins of the Anglo-Japanese Alliance," 12. **65.** Ibid., 13. **66.** *The Times*, January 4, 1902. **67.** Balfour, *The Kaiser and His Times*, 240.

第三章 "顽童为王，国家之祸！"

1. Benson and Esher, *Letters: A Selection from Her Majesty's Correspondence, vol. III, 414.* **2.** Kennedy, *Rise of the Anglo-German Antagonism*, 119. **3.** Ibid., 104. **4.** *The Times*, January 4, 1896. **5.** Roberts, *Salisbury*, 624. **6.** Balfour, *The Kaiser and His Times*, 195. **7.** Steiner and Neilson, *Britain and the Origins*, 21. **8.** Ibid., 195. **9.** Kennedy, "German World Policy," 614. **10.** Kennedy, *Rise of the Anglo-German Antagonism*, 234. **11.** Massie, *Dreadnought*, 358. **12.** Ibid., 259. **13.** Kröger, "Imperial Germany and the Boer War," 38. **14.** Balfour, *The Kaiser and His Times*, 222–3. **15.** Kennedy, *Rise of the Anglo-German Antagonism*, 246–7. **16.** Ibid., ch. 14. **17.** Steiner and Neilson, *Britain and the Origins*, 22. **18.** Eckardstein and Young, *Ten Years at the Court of St. James'*, 112. **19.** Kennedy, *Rise of the Anglo-German Antagonism*, 238. **20.** Balfour, *The Kaiser and His Times*, 231. **21.** Carter, *The Three Emperors*, 267–71; *The Times*, February 6, 1901. **22.** Lerchenfeld-Koefering, *Kaiser Wilhelm II*, 65, 58, 34. **23.** Beyens, *Germany before the War*, 14–15. **24.** Ibid., 14. **25.** Balfour, *The Kaiser and His Times*, 82, 138–9. **26.** Hopman, *Das ereignisreiche Leben*, 125. **27.** Hull, *The Entourage of Kaiser Wilhelm II*, 17. **28.** Balfour, *The Kaiser and His Times*, 162. **29.** Lerchenfeld-Koefering, *Kaiser Wilhelm II*, 11. **30.** Zedlitz-Trützschler, *Twelve Years at the Imperial German Court*, 58–9. **31.** Hopman, *Das ereignisreiche Leben*, 140. **32.** Epkenhans, "Wilhelm II and 'His' Navy," 12. **33.** Balfour, *The Kaiser and His Times*, 143, 142. **34.** Cecil, *German Diplomatic Service*, 212. **35.** Zedlitz-Trützschler, *Twelve Years at the Imperial German Court*, 36. **36.** Lerchenfeld-Koefering, *Kaiser Wilhelm II*, 33. **37.** Balfour, *The Kaiser and His Times*, 82, 139, 148; Röhl, *The Kaiser and His Court*, 15–16. **38.** Zedlitz-Trützschler, *Twelve Years at the Imperial German Court*, 69. **39.** Röhl, *The Kaiser and His Court*, 15–16; Balfour, *The Kaiser and His Times, 148.* **40.** Beyens, *Germany before the War*, 58–9. **41.** Kessler, *Journey to the Abyss*, 199. **42.** Röhl, *The Kaiser and His Court*, 13. **43.** Wilhelm II, *Reden des Kaisers*, 32–3. **44.** Lerchenfeld-Koefering, *Kaiser Wilhelm II*, 19. **45.** Wilhelm II, *Reden des Kaisers*, 44. **46.** Balfour, *The Kaiser and His Times*, 226–7. **47.** Hull, *The Entourage of Kaiser Wilhelm II*, 15–16. **48.** Schoen, *Memoirs of an Ambassador*, 138. **49.** Röhl, *The Kaiser and His Court*, 23–4. **50.** Ibid., 25–6; Balfour, *The Kaiser and His Times*, 73–4. **51.** Balfour, *The Kaiser and His Times*, 75–6. **52.** Clark, *Kaiser Wilhelm II*, 1–2, 16–18. **53.** Carter, *The Three Emperors*, 22. **54.** Zedlitz-Trützschler, *Twelve Years at the Imperial German Court*,

233. *55.* Bülow, *Memoirs of Prince von Bülow*, vol. II, 22. *56.* See, for example, Zedlitz-Trützschler, *Twelve Years at the Imperial German Court, 184, 235, 272. 57.* Craig, *Germany, 1866–1945*, ch. 2; Clark, *Iron Kingdom*, 558–62. *58.* Wilhelm II, *Reden des Kaisers*, 51. *59.* Balfour, *The Kaiser and His Times*, 126. *60.* Hull, *The Entourage of Kaiser Wilhelm II*, 31–3. *61.* Herwig, *"Luxury" Fleet*, 23. *62.* Zedlitz-Trützschler, *Twelve Years at the Imperial German Court*, 37–8, 67; Clark, *Kaiser Wilhelm II*, 120. *63.* Fesser, *Reichskanzler Fürst von Bülow*, 46–7. *64.* Rüger, *The Great Naval Game*, 93. *65.* Zedlitz-Trützschler, *Twelve Years at the Imperial German Court*, 233. *66.* Balfour, *The Kaiser and His Times*, 119. *67.* Wilhelm II, *Reden des Kaisers*, 56. *68.* Holstein et al., *The Holstein Papers*, 175. *69.* Clark, *Iron Kingdom*, 564. *70.* Craig, *Germany, 1866–1945*, 228; Cecil, *German Diplomatic Service, 211–12. 71.* Lerchenfeld-Koefering, *Kaiser Wilhelm II*, 23. *72.* Herwig, *"Luxury" Fleet*, 17.

第四章　德国的 "世界政策"

1. Hull, *The Entourage of Kaiser Wilhelm II*, 31. *2.* Langsam, "Nationalism and History," 242–3. *3.* Herwig, *"Luxury" Fleet*, 18. *4.* Epkenhans, "Wilhelm II and 'His' Navy," 15. *5.* Ibid., 16. *6.* Balfour, *The Kaiser and His Times*, 232. *7.* Craig, *Germany, 1866–1945*, 244–5. *8.* Ibid., 246. *9.* Cecil, *German Diplomatic Service*, 282. *10.* Lerman, *The Chancellor as Courtier*, 1. *11.* Cecil, *German Diplomatic Service*, 281–2. *12.* Balfour, *The Kaiser and His Times*, 201. *13.* Lerman, *The Chancellor as Courtier*, 86–90. *14.* Cecil, *German Diplomatic Service*, 283. *15.* Berghahn, "War Preparations and National Identity," 315. *16.* Kennedy, "German World Policy," 617. *17.* Kennedy, *Rise of the Anglo-German Antagonism*, 226. *18.* Ibid., 235. *19.* Massie, *Dreadnought*, 126. *20.* Eckardstein and Young, *Ten Years at the Court of St. James'*, 33. *21.* Massie, *Dreadnought*, 129–30; Cecil, *German Diplomatic Service*, 294–5. *22.* Massie, *Dreadnought*, 124; Craig, *Germany, 1866–1945*, 127. *23.* Hewitson, *Germany and the Causes*, 146–7. *24.* Ibid., 147. *25.* Craig, *Germany, 1866–1945*, 249. *26.* Winzen, "Prince Bulow's Weltmachtpolitik," 227–8. *27.* Bülow, *Memoirs of Prince von Bülow*, vol. III, 100. *28.* Winzen, "Treitschke's Influence," 155. *29.* Cecil, *Wilhelm II*, 51. *30.* Epkenhans, "Wilhelm II and 'His' Navy," 17. *31.* Winzen, "Treitschke's Influence," 160–61. *32.* Wilson, *The Policy of the Entente*, 4. *33.* Kennedy, *Rise of the Anglo-German Antagonism*, 209. *34.* Epkenhans, "Wilhelm II and 'His' Navy," 13. *35.* Ritter, *The Sword and the Scepter*, 110. *36.* Kennedy, "German World Policy," 622. *37.* McMeekin, *The Berlin–Baghdad Express*, 14. *38.* Cecil, *Albert Ballin*, 152–3. *39.* Winzen, "Treitschke's Influence," 159. *40.* Kennedy, *Rise of the Anglo German Antagonism*, 241. *41.* Carter, *The Three Emperors*, 105. *42.* Balfour, *The Kaiser and His Times*, 140. *43.* Ibid., 84. *44.* Pless and Chapman-Huston, *Daisy, Princess of Pless*, 263–4. *45.* Balfour, *The Kaiser and His Times*, 180. *46.* Eckardstein and Young, *Ten Years at the Court of St. James'*, 55. *47.* Balfour, *The Kaiser and His Times*, 265.

48. Massie, *Dreadnought*, 106. **49.** Balfour, *The Kaiser and His Times*, 296. **50.** Ibid., 265. **51.** Roberts, *Salisbury*, 485–6. **52.** Massie, *Dreadnought*, 107. **53.** Clark, *Kaiser Wilhelm II*, 184. **54.** Tuchman, *The Proud Tower*, 131–4. **55.** Ibid., 132. **56.** Mahan, *The Influence of Sea Power upon History*, 28. **57.** Rüger, *The Great Naval Game*, 205–6. **58.** Clark, *Kaiser Wilhelm II*, 184. **59.** Bülow, *Memoirs of Prince von Bülow*, vol. II, 36–7. **60.** Epkenhans, *Tirpitz*, Kindle version, loc. 345. **61.** Ibid., loc. 375–6. **62.** Ibid., loc. 391–5. **63.** Beyens, *Germany before the War*, 129. **64.** Massie, *Dreadnought*, 165. **65.** Steinberg, *Yesterday's Deterrent*, 69. **66.** Epkenhans, *Tirpitz*, Kindle version, loc. 93–4. **67.** Balfour, *The Kaiser and His Times*, 203. **68.** Epkenhans, *Tirpitz*, Kindle version, loc. 383–7. **69.** Ibid., loc. 427–31. **70.** Herwig, "From Tirpitz Plan to Schlieffen Plan," 53–5. **71.** Epkenhans, *Tirpitz*, Kindle version, loc. 592–5; Lambi, *The Navy and German Power Politics*, 147. **72.** Kennedy, *Rise of the Anglo-German Antagonism*, 239. **73.** Steinberg, "The Copenhagen Complex," passim. **74.** Tirpitz, *Politische Dokumente*, vol. I, 1. **75.** Herwig, *"Luxury" Fleet*, 35. **76.** Epkenhans, *Tirpitz*, Kindle version, loc. 598–601. **77.** Ibid., loc. 438–43, 465–77; Herwig, *"Luxury" Fleet*, 35; Rüger, *The Great Naval Game, 37–43*. **78.** Epkenhans, *Tirpitz*, Kindle version, loc. 479–83. **79.** Ibid., loc. 529–48. **80.** Zedlitz-Trützschler, *Twelve Years at the Imperial German Court*, 183–4. **81.** Kennedy, "German World Policy," 620. **82.** Fesser, *Der Traum vom Platz*, 184.

第五章　无畏战舰：英德海军竞赛

1. *The Times*, August 16, 1902. *2.* Williams, "Made in Germany," 10. *3.* Ibid., 11. *4.* Geppert, "The Public Challenge to Diplomacy," 134. *5.* Ibid., 143–4. *6.* Thompson, *Northcliffe*, 45. *7.* Steiner and Neilson, *Britain and the Origins*, 178–81. *8.* Roberts, *Salisbury*, 666. *9.* Kennedy, *Rise of the Anglo-German Antagonism*, 247. *10.* Ibid., 237. *11.* Ibid., 248. *12.* Steiner and Neilson, *Britain and the Origins*, 33. *13.* Rüger, *The Great Naval Game*, 12, 98. *14.* Rüger, "Nation, Empire and Navy," 162. *15.* Offer, *The First World War*, 82. *16.* French, "The Edwardian Crisis and the Origins of the First World War," 208–9. *17.* Thompson, *Northcliffe*, 296. *18.* Kennedy, *Rise of the Anglo-German Antagonism*, 416. *19.* Offer, *The First World War*, 222. *20.* Ibid., 223–4. *21.* Ibid., ch. 15. *22.* French, "The Edwardian Crisis and the Origins of the First World War," 211–12. *23.* Thompson, *Northcliffe*, 134. *24.* O'Brien, "The Costs and Benefits of British Imperialism, 1846–1914," 187. *25.* Wilson, *The Policy of the Entente*, 11. *26.* Roberts, *Salisbury*, 109. *27.* Gardiner, *Pillars of Society*, 53. *28.* Massie, *Dreadnought*, 404. *29.* Gardiner, *Pillars of Society*, 54. *30.* Ibid., 56. *31.* Massie, *Dreadnought*, 408. *32.* Marder, *From the Dreadnought to Scapa Flow*, 14. *33.* Gardiner, *Pillars of Society*, 57. *34.* Ibid., 57. *35.* Marder, *From the Dreadnought to Scapa Flow*, 15. *36.* Ibid., 18. *37.* Gardiner, *Pillars of Society*, 55–6. *38.* Massie, *Dreadnought*, 410. *39.* Marder, *From the Dreadnought to Scapa Flow*, 7–9. *40.* Ibid., 33. *41.* Ibid., 36. *42.* Herwig, *"Luxury" Fleet*, 55. *43.* Ibid., 54–5. *44.* Massie, *Dreadnought*, 485. *45.* Herwig,

"The German Reaction to the Dreadnought Revolution," 276. *46.* Marder, *From the Dreadnought to Scapa Flow*, 107. *47.* Herwig, *"Luxury" Fleet*, 50. *48.* O' Brien, "The Titan Refreshed," 153–6. *49.* Rüger, "Nation, Empire and Navy," 174. *50.* Gordon, "The Admiralty and Dominion Navies, 1902–1914," 409–10. *51.* O' Brien, "The Titan Refreshed," 150. *52.* Ibid., 159. *53.* Steiner, "The Last Years," 77. *54.* Ibid., 76, 85. *55.* Otte, "Eyre Crowe and British Foreign Policy," 27. *56.* BD, vol. III, Appendix, 417. *57.* Ibid., 403–4. *58.* Ibid., 415–16. *59.* Ibid., 419. *60.* Stevenson, *Armaments*, 101. *61.* Epkenhans, *Tirpitz*, Kindle version, loc. 695–9. *62.* Herwig, "The German Reaction to the Dreadnought Revolution," 278. *63.* Epkenhans, *Tirpitz*, Kindle version, loc. 831–5. *64.* Herwig, *"Luxury" Fleet*, 8–9. *65.* Ibid., 62. *66.* Herwig, "The German Reaction to the Dreadnought Revolution," 279. *67.* Ibid., 281. *68.* Steinberg, "The Copenhagen Complex," 38. *69.* Steinberg, "The Novelle of 1908," 28. *70.* Marder, *From the Dreadnought to Scapa Flow*, 112–13. *71.* Berghahn, *Germany and the Approach of War*, 57–8. *72.* Herwig, *"Luxury" Fleet*, 62; Epkenhans, *Tirpitz*, Kindle version, loc. 764–7. *73.* Massie, *Dreadnought*, 701. *74.* Epkenhans, *Tirpitz*, Kindle version, loc. 813–17. *75.* Ritter, *The Sword and the Scepter*, 298n76. *76.* Steinberg, "The Novelle of 1908," 26, 36. *77.* Ibid., 39. *78.* Epkenhans, *Tirpitz*, Kindle version, loc. 749–56. *79.* Marder, *From the Dreadnought to Scapa Flow*, 140–42. *80.* Epkenhans, *Tirpitz*, Kindle version, loc. 758–61. *81.* Bülow, *Memoirs of Prince von Bülow*, vol. I, 357. *82.* Thompson, *Northcliffe*, 153. *83.* BD, vol. VI, 117, pp. 184–90; Bülow, *Memoirs of Prince von Bülow, vol. I, 358–60.* *84.* Steinberg, "The Novelle of 1908," 41–2. *85.* Hopman, *Das ereignisreiche Leben*, 152. *86.* Otte, "An Altogether Unfortunate Affair," 297–301. *87.* Ibid., 301–2. *88.* Ibid., 305–7, 314. *89.* Clark, *Kaiser Wilhelm II*, 239–40. *90.* Otte, "An Altogether Unfortunate Affair," 329. *91.* Balfour, *The Kaiser and His Times*, 291. *92.* Einem, *Erinnerungen eines Soldaten*, 122. *93.* Wilson, *The Policy of the Entente*, 7. *94.* Marder, *From the Dreadnought to Scapa Flow*, 156. *95.* Cannadine, *The Decline and Fall of the British Aristocracy*, 48–9; Grigg, *Lloyd George*, 203–8, 223. *96.* Kennedy, *Rise of the Anglo-German Antagonism*, 423.

第六章　不般配的盟友：英法协约

1. Eubank, "The Fashoda Crisis Re-examined," 145–8. *2.* Andrew, *Théophile Delcassé*, 45. *3.* Tombs and Tombs, *That Sweet Enemy*, 126, 428–9; Roberts, *Salisbury, 702; Eubank, "The Fashoda Crisis Re-examined,"* 146–7. *4.* Thompson, *Northcliffe*, 55–7. *5.* Roberts, *Salisbury*, 706–8. *6.* Mayne et al., *Cross Channel Currents*, 5. *7.* BD, vol. I, 300, p. 242. *8.* Mayne et al., *Cross Channel Currents*, 5. *9.* Kennedy, *Rise of the Anglo-German Antagonism*, 234. *10.* Eckardstein and Young, *Ten Years at the Court of St. James'*, 228. *11.* Rich, *The Tsar's Colonels*, 88. *12.* Weber, *France: Fin de Siècle*, 105–6. *13.* Ousby, *The Road to Verdun*, 168–9. *14.* Weber, *France: Fin de Siècle*, 106. *15.* Joly, "La France et la Revanche," passim. *16.* Porch, *The March to the Marne*, 55. *17.* Ousby, *The Road to Verdun*, 169. *18.* Ibid., 122–4.

19. Barclay, *Thirty Years*, 135. *20.* Weber, *France: Fin de Siècle*, 121–4. *21.* Ousby, *The Road to Verdun*, 120. *22.* Hayne, *French Foreign Office*, 28–40; Keiger, *France and the Origins, 25–9. 23.* Hayne, *French Foreign Office*, 38–9. *24.* Porch, *The March to the Marne*, 83, 218–21, 250–52 and passim. *25.* Tombs and Tombs, *That Sweet Enemy*, 426. *26.* Ibid., 426–7. *27.* Barclay, *Thirty Years*, 140–41. *28.* Lincoln, *In War's Dark Shadow*, 17. *29.* Keiger, *France and the Origins*, 11–12; Fuller, *Strategy and Power in Russia*, 353–4. *30.* Sanborn, "Education for War and Peace," 213–14. *31.* BD, vol. II, 35, pp. 285–8. *32.* Andrew, *Théophile Delcassé*, 1–10. *33.* Hayne, "The Quai d' Orsay," 430. *34.* Andrew, *Théophile Delcassé*, 67. *35.* Ibid., 90. *36.* Ibid., 18–19. *37.* Ibid., 54. *38.* Ibid., 24, 91. *39.* Ibid., 191. *40.* Monger, *The End of Isolation*, 104–5. *41.* Andrew, *Théophile Delcassé*, 190, 196–7. *42.* Ibid., 181. *43.* Hayne, *French Foreign Office*, 109. *44.* Eubank, *Paul Cambon*, 65. *45.* Hayne, *French Foreign Office*, 103. *46.* Eubank, *Paul Cambon*, 95. *47.* Ibid., 209. *48.* Ibid., 65, 68; Hayne, *French Foreign Office*, 103. *49.* Andrew, *Théophile Delcassé*, 186–7. *50.* Nicolson, *Portrait of a Diplomatist*, 86. *51.* Ibid., 84. *52.* Andrew, *Théophile Delcassé*, 186. *53.* Monger, *The End of Isolation*, 772. *54.* Andrew, *Théophile Delcassé*, 207–8. *55.* Cronin, *Paris on the Eve*, 63; Tombs and Tombs, *That Sweet Enemy, 439–41; Mayne et al., Cross Channel Currents, 14–16. 56.* Andrew, *Théophile Delcassé*, 209. *57.* Hayne, *French Foreign Office*, 94. *58.* Andrew, *Théophile Delcassé*, 212–14; Williamson, *Politics of Grand Strategy, 10–13. 59.* Eubank, *Paul Cambon*, 87. *60.* Williamson, *Politics of Grand Strategy*, 27; Weinroth, "The British Radicals," 657–8. *61.* Clark, *Kaiser Wilhelm II*, 192. *62.* Fischer, *War of Illusions*, 52–4. *63.* Sharp, *Anglo-French Relations*, 18. *64.* Lloyd George, *War Memoirs*, vol. I, 3.

第七章　熊与鲸

1. Scarborough Evening News, October 24, 1904. *2.* Neilson, *Britain and the Last Tsar*, 255–8. *3.* Herring, *From Colony to Superpower*, 360–61. *4.* McDonald, *United Government*, 70–71. *5.* Kleinmichel, *Memories of a Shipwrecked World*, 176. *6.* Lincoln, *In War's Dark Shadow*, 224. *7.* McDonald, *United Government*, 71; Lincoln, *In War's Dark Shadow, 225. 8.* McDonald, *United Government*, 71, 73. *9.* Lieven, *Nicholas II*, 144. *10.* Figes, *A People's Tragedy*, 179–86. *11.* Lieven, *Nicholas II*, 149. *12.* Airapetov, *Generalui*, 12. *13.* Figes, *A People's Tragedy*, 16. *14.* Lieven, *Nicholas II*, 39. *15.* McDonald, *United Government*, 16n39. *16.* Ibid., 16. *17.* Izvol' skiï and Seeger, *The Memoirs of Alexander Iswolsky*, 270n. *18.* Carter, *The Three Emperors*, 64–71; Lieven, *Nicholas II*, 40–42, 58–9, 166–7. *19.* Carter, *The Three Emperors*, 69. *20.* Steinberg, *All the Tsar's Men*, 29–31. *21.* Ibid., 30. *22.* Lincoln, *In War's Dark Shadow*, 33. *23.* Lieven, *Nicholas II*, 42. *24.* Neklyudov, *Diplomatic Reminiscences*, 4. *25.* McDonald, *United Government*, 65–6. *26.* Neilson, *Britain and the Last Tsar*, 70. *27.* Carter, *The Three Emperors*, 225.

28. Lieven, *Nicholas II*, 64. *29.* Ibid., 71. *30.* Ibid., 141. *31.* Neilson, *Britain and the Last Tsar*, 62. *32.* Lieven, *Nicholas II*, 102. *33.* McDonald, *United Government*, 70. *34.* Ibid., 70. *35.* Ibid., 73 and chs. 2 and 3. *36.* Ibid., 40–41. *37.* Radziwill, *Behind the Veil*, 226. *38.* Lieven, *Nicholas II*, 65–6. *39.* Kleinmichel, *Memories of a Shipwrecked World*, 211–12. *40.* Radziwill, *Behind the Veil*, 230. *41.* Lieven, *Nicholas II*, 227. *42.* Ibid., 55n8. *43.* Carter, *The Three Emperors*, 221. *44.* Neilson, *Britain and the Last Tsar*, 55. *45.* Lieven, *Nicholas II*, 149; Figes, *A People's Tragedy*, 191. *46.* Radziwill, *Behind the Veil*, 357; Lincoln, *In War's Dark Shadow*, 343. *47.* Figes, *A People's Tragedy*, 230; Radziwill, *Behind the Veil*, 361. *48.* Lieven, *Russia and the Origins*, 23–4. *49.* Fuller, *Strategy and Power in Russia*, 415. *50.* Szamuely, *The Russian Tradition*, 19. *51.* Quoted in Robert Chandler, "Searching for a Saviour," *Spectator* (London), March 31, 2012. *52.* Kennan, *Siberia and the Exile System*, 55. *53.* Dowler, *Russia in 1913*, 198. *54.* Vinogradov, "1914 God: Byt' Ili ne Byt' Vojne?," 162. *55.* Fuller, *Strategy and Power in Russia*, 378. *56.* Neilson, *Britain and the Last Tsar*, 86 and ch. 3. *57.* Weinroth, "The British Radicals," 665–70. *58.* Gilmour, *Curzon*, 201. *59.* Hinsley, *British Foreign Policy under Sir Edward Grey*, 135–6. *60.* Fuller, *Strategy and Power in Russia*, 364–5; Neilson, *Britain and the Last Tsar*, 113–15. *61.* Jusserand, *What Me Befell*, 203. *62.* Lieven, *Russia and the Origins*, 6. *63.* Stevenson, *Armaments*, 53. *64.* Lieven, "Pro-Germans and Russian Foreign Policy," 38. *65.* Airapetov, *Generalui*, 10–11. *66.* Fuller, *Strategy and Power in Russia*, 379–82. *67.* Ibid., 404. *68.* Lieven, "Pro-Germans and Russian Foreign Policy," 41–2. *69.* Spring, "Russia and the Franco-Russian Alliance," passim. *70.* Ibid., 569. *71.* Soroka, "Debating Russia' s Choice," 14. *72.* Hantsch, *Leopold Graf Berchtold*, 33. *73.* Taube, *La Politique russe d'avant-guerre*, 15. *74.* Ibid., 43. *75.* Soroka, "Debating Russia' s Choice," 11. *76.* Ibid., 4. *77.* Carter, *The Three Emperors*, 138. *78.* Albertini, *The Origins of the War*, vol. I, 159. *79.* Lieven, "Pro-Germans and Russian Foreign Policy," 43–5. *80.* Levine and Grant, *The Kaiser's Letters to the Tsar*, 118, 120. *81.* Andrew, *Théophile Delcassé*, 250–52. *82.* Carter, *The Three Emperors*, 130. *83.* Cecil, *Wilhelm II*, 14. *84.* Carter, *The Three Emperors*, 185; Bülow, *Memoirs of Prince von Bülow, vol. II, 146.* *85.* Balfour, *The Kaiser and His Times*, 248. *86.* Albertini, *The Origins of the War*, vol. I, 159–60; Bülow, *Memoirs of Prince von Bülow, vol. II, 152–3; McDonald, United Government, 78–9.* *87.* Levine and Grant, *The Kaiser's Letters to the Tsar*, 191–4. *88.* Lerman, *The Chancellor as Courtier*, 128–30. *89.* Bülow, *Memoirs of Prince von Bülow*, vol. I, 161. *90.* Hopman, *Das ereignisreiche Leben*, 144. *91.* Lieven, *Nicholas II*, 192. *92.* BD, vol. IV, 205, pp. 219–20. *93.* Neilson, *Britain and the Last Tsar*, 102–3. *94.* Taube, *La Politique russe d'avant-guerre*, 90. *95.* Ibid., 101. *96.* Soroka, "Debating Russia' s Choice," 15. *97.* Hantsch, *Leopold Graf Berchtold*, 49. *98.* Csáky, *Vom Geachteten zum Geächteten*, 67. *99.* In the original "Je l' ai regretté tous les jours, mais je m' en félicité toutes les nuits." Bülow, *Memoirs of Prince von Bülow*, vol. II, 325. ***100.*** Radziwill, *Behind the Veil*, 380. ***101.*** Taube, *La Politique russe d'avant-guerre*, 105. ***102.*** BD, vol. IV, 219, 235–6. ***103.*** Fuller, *Strategy and Power in Russia*, 416. ***104.*** Soroka, "Debating Russia's Choice," 3. ***105.*** Taube, *La Politique russe d'avant-guerre*, 103. ***106.*** Nicolson, *Portrait of a Diplomatist*, 183–5. ***107.*** Hinsley, *British Foreign Policy under Sir Edward Grey*, 158. ***108.*** Bülow, *Memoirs of Prince von Bülow*, vol. II, 352. ***109.*** Menning and Menning, " 'Baseless Allegations,' " 373. ***110.*** Grey, *Twenty-five Years*, vol. I, 154. ***111.*** Spring, "Russia and the Franco-Russian Alliance," 584. ***112.*** Albertini, *The Origins of the War*, vol. I, 189.

第八章 尼伯龙根的忠诚

1. Geiss, "Deutschland und Österreich-Ungarn," 386. ***2.*** Angelow, "Der Zweibund zwischen Politischer," 58; Snyder, *The Ideology of the Offensive, 107.* ***3.*** Bülow, *Memoirs of Prince von Bülow*, vol. II, 367. ***4.*** Ibid., 362. ***5.*** Stevenson, *Armaments*, 4. ***6.*** Stone, *Europe Transformed*, 315. ***7.*** Redlich, *Emperor Francis Joseph*, 40. ***8.*** Palmer, *Twilight of the Habsburgs*, 23. ***9.*** Margutti, *The Emperor Francis Joseph*, 26–7. ***10.*** Ibid., 50. ***11.*** Palmer, *Twilight of the Habsburgs*, 230–31. ***12.*** Margutti, *The Emperor Francis Joseph*, 35–50; Redlich, *Emperor Francis Joseph, 17–18, 188.* ***13.*** Palmer, *Twilight of the Habsburgs*, 172. ***14.*** Margutti, *The Emperor Francis Joseph*, 45–6. ***15.*** Ibid., 52. ***16.*** Palmer, *Twilight of the Habsburgs*, 265. ***17.*** Ibid. ***18.*** RA VIC/MAIN/MAIN/QVJ (W) 4 August 1874 (Princess Beatrice's copies). ***19.*** Margutti, *The Emperor Francis Joseph*, 48. ***20.*** Leslie, "The Antecedents," 309–10; Williamson, "Influence, Power, and the Policy Process," 419. ***21.*** Lukacs, *Budapest 1900*, 49–50, 108–12. ***22.*** Deák, *Beyond Nationalism*, 69. ***23.*** Vermes, *István Tisza*, 102. ***24.*** Freud, *Civilization and Its Discontents*, 61. ***25.*** Steed, *Through Thirty Years*, vol. I, 196. ***26.*** Wank, "Pessimism in the Austrian Establishment," 299. ***27.*** Ibid.; Johnston, *The Austrian Mind*, 47. ***28.*** Boyer, "The End of an Old Regime," 177–9; Stone, *Europe Transformed*, 304; Johnston, *The Austrian Mind*, 48; Urbas, *Schicksale und Schatten*, 77; Bridge, *From Sadowa to Sarajevo*, 254. ***29.*** Boyer, "The End of an Old Regime," 174–7; Palmer, *Twilight of the Habsburgs*, 291; Stone, *Europe Transformed*, 316; Stevenson, *Armaments*, 4; Williamson, *Austria-Hungary*, 44–6. ***30.*** Palmer, *Twilight of the Habsburgs*, 293. ***31.*** Czernin, *In the World War*, 46; Macartney, *The Habsburg Empire*, 746; Steed, *Through Thirty Years*, 367; Wank, "The Archduke and Aehrenthal," 86. ***32.*** Ibid. ***33.*** Steed, *Through Thirty Years*, Vol. I, 367; Bridge, *The Habsburg Monarchy, 7.* ***34.*** Czernin, *In the World War*, 48. ***35.*** Ibid., 50; Afflerbach, *Der Dreibund*, 596–7. ***36.*** Hantsch, *Leopold Graf Berchtold*, 389. ***37.*** Aehrenthal, *Aus dem Nachlass*, 179–80. ***38.*** Bridge, "Tarde Venientibus Ossa," passim. ***39.*** Sondhaus, *Franz Conrad von Hötzendorf*, 82–4; Ritter, *The Sword and the Sceptre*, 229. ***40.*** Hoetzendorf, *Mein Leben mit Conrad von Hötzendorf*, 174–5. ***41.*** Sondhaus, *Franz Conrad von Hötzendorf*, 73–4. ***42.*** Hoetzendorf, *Mein Leben mit Conrad von Hötzendorf*, 66;

Sondhaus, *Franz Conrad von Hötzendorf*, 89, 104. *43.* Hoetzendorf, *Mein Leben mit Conrad von Hötzendorf*, 30. *44.* Ibid., 210. *45.* Ibid., 31; Sondhaus, *Franz Conrad von Hötzendorf*, 111; Williamson, *Austria-Hungary*, 49–50. *46.* Bridge, *From Sadowa to Sarajevo*, 440. *47.* Ibid., 267. *48.* Bosworth, *Italy and the Approach*, 55–7. *49.* Herwig, "Disjointed Allies," 271; Angelow, "Der Zweibund zwischen Politischer," 34; Margutti, *The Emperor Francis Joseph*, 220–28; Williamson, *Austria-Hungary*, 36. *50.* Bridge, *From Sadowa to Sarajevo*, 254–5, 427–8; Margutti, *The Emperor Francis Joseph, 127, 228. 51.* Musulin, *Das Haus am Ballplatz*, 80; Stevenson, *Armaments*, 38–9; Williamson, *Austria-Hungary*, 114. *52.* Bridge, "Austria-Hungary and the Boer War," 79. *53.* Bridge, *From Sadowa to Sarajevo*, 260; Steiner, *The Foreign Office and Foreign Policy*, 182–3; Williamson, *Austria-Hungary*, 112. *54.* Wank, "Foreign Policy and the Nationality Problem in Austria- Hungary," 45. *55.* Bridge, *From Sadowa to Sarajevo*, 232–4; Jelavich, *Russia's Balkan Entanglements*, 212–13.

第九章　希望、恐惧、观念与未言明的假设

1. Kessler, *Journey to the Abyss*, xxi. *2.* Schorske, *Fin-de-Siècle Vienna*, 213–19. *3.* Ibid., 346–8. *4.* Kessler, *Journey to the Abyss*, 230. *5.* Lukacs, *Budapest 1900*, 129–32. *6.* Offer, *The First World War*, 121–7. *7.* Ibid., 128. *8.* Wank, "The Archduke and Aehrenthal," 83n33. *9.* Sondhaus, *Franz Conrad von Hötzendorf*, 84–5. *10.* Förster, "Der deutschen Generalstab," 95. *11.* Offer, *The First World War*, 129. *12.* Deák, *Beyond Nationalism*, 128–9, 134–6. *13.* Lukacs, *Budapest 1900, 184n. 14.* Weber, *France: Fin de Siècle*, 218–20. *15.* Offer, "Going to War in 1914," 217. *16.* Kronenbitter, *Krieg im Frieden*, 33. *17.* Lieven, *Russia and the Origins*, 22. *18.* Neklyudov, *Diplomatic Reminiscences*, 5. *19.* Bernhardi, *Germany and the Next War*, 28. *20.* Offer, "Going to War in 1914," 216. *21.* Rathenau, *Briefe*, 147. *22.* Rathenau and von Strandmann, *Walther Rathenau*, 142–3. *23.* Stromberg, "The Intellectuals," 115, 119. *24.* Tanner, *Nietzsche*, 4 and passim. *25.* Blom, *The Vertigo Years*, 354. *26.* Kessler, *Journey to the Abyss*, 128. *27.* Cronin, *Paris on the Eve*, 43–6. *28.* Ibid., 47. *29.* Wohl, *The Generation of 1914*, 6–7. *30.* Blom, *The Vertigo Years*, ch. 8. *31.* Tuchman, *The Proud Tower*, 88–97. *32.* Ibid., 106. *33.* De Burgh, *Elizabeth*, 326–7. *34.* Butterworth, *The World that Never Was*, 323. *35.* Barclay, *Thirty Years*, 142. *36.* Gooch, "Attitudes to War," 95; Hynes, *The Edwardian Turn of Mind, 24–7. 37.* Hynes, *The Edwardian Turn of Mind*, 26–7. *38.* Weber, *France: Fin de Siècle*, 224. *39.* Ibid., 12. *40.* Tuchman, *The Proud Tower*, 32; Blom, *The Vertigo Years*, 184–5. *41.* Travers, "Technology, Tactics, and Morale," 279. *42.* Miller et al., *Military Strategy*, 14n28. *43.* Steiner and Neilson, *Britain and the Origins*, 171. *44.* Hull, *The Entourage of Kaiser Wilhelm II*, 133–5. *45.* Hynes, *The Edwardian Turn of Mind*, 201. *46.* Ibid., 199. *47.* Gildea, *Barricades and Borders*, 268–7. *48.* Ousby, *The Road to Verdun*, 155–6. *49.* Bourdon, *The German Enigma*, 170. *50.* Hynes, *The Edwardian Turn of Mind*, 286–7. *51.* Blom, *The Vertigo Years*, 334 and ch. 13. *52.* Leslie, "The Antecedents," 312. *53.* I am grateful to Brigadier David Godsal for his permission to quote this extract from the unpublished diary of Captain Wilmot Caulfeild. *54.* Gooch, "Attitudes to War," 94. *55.* Bernhardi, *Germany and the Next War*, 26. *56.* Joll and Martel, *The Origins of the First World War*, 276–7. *57.* Lukacs, *Budapest 1900*, 130–32. *58.* Schorske, *Fin-de-Siècle Vienna*, 133–46. *59.* Bernhardi, *Germany and the Next War*, 57–8. *60.* Berghahn, "War Preparations and National Identity," 311ff. *61.* Nolan, *The Inverted Mirror*, 25. *62.* Steiner and Neilson, *Britain and the Origins*, 165. *63.* Hewitson, *Germany and the Causes*, 92. *64.* Eby, *The Road to Armageddon*, 6. *65.* Martel, *The Origins of the First World War*, 280–81. *66.* Cannadine et al., *The Right Kind of History*, 19–20, 23–4. *67.* Langsam, "Nationalism and History," 250–51. *68.* Joll and Martel, *The Origins of the First World War*, 274–5. *69.* Bernhardi, *Germany and the Next War*, 57. *70.* Ibid., 20. *71.* Berghahn, "War Preparations and National Identity," 316. *72.* Cannadine et al., *The Right Kind of History*, 53. *73.* Roberts, *Salisbury*, 799. *74.* Kennedy, "German World Policy," 616–18. *75.* Fischer, "The Foreign Policy of Imperial Germany," 26. *76.* Joll, *1914*, 18. *77.* Hewitson, *Germany and the Causes*, 95. *78.* Thompson, *Northcliffe*, 155–6. *79.* Steiner, "The Last Years," 76. *80.* Ousby, *The Road to Verdun*, 154–6. *81.* Hewitson, "Germany and France," 574–5, 580–81. *82.* Nolan, *The Inverted Mirror*, 56. *83.* Herwig, *The Marne*, 32–3. *84.* Nolan, *The Inverted Mirror*, 30. *85.* Bourdon, *The German Enigma*, 163–4. *86.* Nolan, *The Inverted Mirror*, 58. *87.* Ibid., 61. *88.* Gooch, "Attitudes to War," 96. *89.* Förster, "Facing 'People' s War,' " 223–4. *90.* Ritter, *The Sword and the Scepter*, 102. *91.* Joll, *The Second International*, 196. *92.* Stevenson, *Armaments*, 38. *93.* Ferguson, *The Pity of War*, 31–3. *94.* Förster, "Im Reich des Absurden," 213–14; Feldman, "Hugo Stinnes," 84–5. *95.* Steed, *Through Thirty Years*, 359. *96.* Lieven, *Russia and the Origins*, 16–17; Bushnell, "The Tsarist Officer Corps," passim. *97.* Airapetov, *Poslednyaya Voina Imperatorskoi Rossii*, 44–58. *98.* Ritter, *The Sword and the Scepter*, 102–3. *99.* Bourdon, *The German Enigma*, 207. *100.* Eby, *The Road to Armageddon*, 4. *101.* Howard, "Men Against Fire," 17. *102.* Rohkrämer, "Heroes and Would-be Heroes," 192–3. *103.* Steiner and Neilson, *Britain and the Origins*, 169. *104.* Hynes, *The Edwardian Turn of Mind*, 28–9. *105.* Linton, "Preparing German Youth for War," 177–8. *106.* Ibid., 167. *107.* Ibid., 180–83. *108.* Weber, *France: Fin de Siècle*, 215–17; Porch, *The March to the Marne, 207–10*. *109.* Porch, *The March to the Marne*, 92–3. *110.* Ibid., ch. 5, 106–7; Harris, *The Man on Devil's Island*, 365–6. *111.* Porch, *The March to the Marne*, ch. 7. *112.* Ibid., 189. *113.* Clark, *Iron Kingdom*, 596–9. *114.* Balfour, *The Kaiser and His Times*, 333. *115.* Berghahn, *Germany and the Approach of War*, 174–8. *116.* Gooch, "Attitudes to War," 97. *117.* Rohkrämer, "Heroes and Would-be Heroes," 199–203. *118.* Stromberg, "The Intellectuals," 109. *119.* Urbas, *Schicksale und Schatten*, 67–8. *120.* Kessler, *Journey to the Abyss*, 581. *121.* Stromberg, "The Intellectuals," 117–18n37. *122.* Ibid., 120; Weber, *The Nationalist Revival in France*, 108–9.

第十章　和平之梦

1. Laurence, "Bertha von Suttner," 184–5. *2.* Ibid., 196. *3.* Blom, *The Vertigo Years*, 192. *4.* Laurence, "Bertha von Suttner," 186–7; Joll and Martel, *The Origins of the First World War*, 260–61; LaFeber, *The Cambridge History of American Foreign Relations*, 43. *5.* Kennedy, *Rise of the Anglo-German Antagonism*, 293. *6.* Rotte, "Global Warfare," 483–5. *7.* Bloch, *The Future of War*, xxx. *8.* Ibid., lxxi. *9.* Ibid., ix. *10.* Ibid., xix. *11.* Travers, "Technology, Tactics, and Morale," 266. *12.* Bloch, *The Future of War*, xvi. *13.* Ibid., xi. *14.* Dungen, "Preventing Catastrophe," 456–7. *15.* Ceadel, *Living the Great Illusion*, 4, 20–21. *16.* Angell, *The Great Illusion*, Kindle version, loc. 4285. *17.* Ibid., loc. 947–9. *18.* Ibid., loc. 633–4. *19.* Ibid., loc. 1149. *20.* Steiner and Neilson, *Britain and the Origins*, 142; Ceadel, *Living the Great Illusion*, 8–12, 22. *21.* Offer, *The First World War*, 250. *22.* Laity, *The British Peace Movement*, 189. *23.* Cooper, "Pacifism in France," 360–62. *24.* Bülow, *Memoirs of Prince von Bülow*, vol. II, 383. *25.* Chickering, "Problems of a German Peace Movement," 46, 52. *26.* Chickering, *Imperial Germany*, 239–53. *27.* Wank, "The Austrian Peace Movement," 42–3; Dülffer, "Efforts to Reform the International System," 28. *28.* Herring, *From Colony to Superpower*, 358–60. *29.* Patterson, "Citizen Peace Initiatives," 187–92. *30.* Herring, *From Colony to Superpower*, 357–8. *31.* Chickering, *Imperial Germany*, 345. *32.* Cooper, "Pacifism in France," 366–7. *33.* Morris, "The English Radicals' Campaign," passim. *34.* Weinroth, "The British Radicals," 661–2. *35.* Kessler, *Journey to the Abyss*, 336, 368–9. *36.* Zweig, *The World of Yesterday*, 226. *37.* Cooper, "Pacifism in France," 363. *38.* Anderson, *The Rise of Modern Diplomacy*, 253–5. *39.* Ibid., 255. *40.* Morrill, "Nicholas II and the Call," 296–313. *41.* Dülffer, "Chances and Limits of Arms Control," 98. *42.* Dülffer, "Citizens and Diplomats," 30–31. *43.* Joll and Martel, *The Origins of the First World War*, 258. *44.* Massie, *Dreadnought*, 429. *45.* Chickering, *Imperial Germany*, 225. *46.* Dülffer, "Citizens and Diplomats," 25. *47.* Laurence, "The Peace Movement in Austria," 55. *48.* Andrew, *Théophile Delcassé*, 121. *49.* BD, vol. I, 274, pp. 224–5; 276, p. 226. *50.* White, *The First Hague Conference*, 114. *51.* Tuchman, *The Proud Tower*, 252. *52.* BD, vol. I, 282, pp. 229–31. *53.* White, *The First Hague Conference*, 8. *54.* Ibid., 18–19. *55.* Dülffer, "Citizens and Diplomats," 24. *56.* Dülffer, "Chances and Limits of Arms Control," 102. *57.* Chickering, *Imperial Germany*, 227. *58.* Ibid., 228. *59.* Aehrenthal, *Aus dem Nachlass*, 388. *60.* Stevenson, *Armaments*, 109. *61.* Laity, *The British Peace Movement*, 171–2. *62.* Laurence, "The Peace Movement in Austria," 29. *63.* Stevenson, *Armaments*, 109–10. *64.* Ceadel, *Semi-Detached Idealists*, 166. *65.* Charykov, *Glimpses of High Politics*, 261. *66.* Marder, *From the Dreadnought to Scapa Flow*, 133. *67.* Chickering, *Imperial Germany*, 229–30. *68.* Steiner, "Grey, Hardinge and the Foreign Office," 434–5. *69.* Dülffer, "Efforts to Reform the International System," 40. *70.* Howorth, "French Workers and German Workers," 85. *71.* Chickering, *Imperial*

Germany, 269. **72.** Laurence, "Bertha von Suttner," 194. **73.** Joll, *The Second International*, 107. **74.** Craig, *Germany, 1866–1945*, 267–9; Joll, *The Second International, 89–90.* **75.** Groh, "The 'Unpatriotic Socialists,' " 153–5. **76.** Chickering, *Imperial Germany*, 272. **77.** Joll, *The Second International*, 100–105; Goldberg, *Life of Jean Jaurès, 329–30.* **78.** Goldberg, *Life of Jean Jaurès*, 13. **79.** Ibid., 63–5. **80.** Ibid., 15, 375; Heinrich, *Geschichte in Gesprächen*, 327–8. **81.** Goldberg, *Life of Jean Jaurès*, 385. **82.** Porch, *The March to the Marne*, 247–9. **83.** Joll, *The Second International*, 126–43, 197. **84.** Chickering, *Imperial Germany*, 275; Haupt, *Socialism and the Great War, 90–91, 107.* **85.** Haupt, *Socialism and the Great War*, 67–8. **86.** Ibid., 64. **87.** Ibid., 91–2; Joll, *The Second International*, 152–7. **88.** Haupt, *Socialism and the Great War*, 102–3. **89.** Joll, *The Second International*, 70. **90.** Howorth, "French Workers and German Workers," 75; Chickering, "War, Peace, and Social Mobilization," 16–17. **91.** Joll, *The Second International*, 49–54; Howorth, "French Workers and German Workers," 78–81. **92.** Haupt, *Socialism and the Great War*, 68–9. **93.** Ibid., 69–70. **94.** Joll, *The Second International*, 123–4. **95.** Haupt, *Socialism and the Great War*, 64–6. **96.** Ibid., 77. **97.** Ibid., 114; Goldberg, *Life of Jean Jaurès*, 435–8. **98.** Cooper, *Patriotic Pacifism*, 171. **99.** Ibid., 165–7. **100.** Chickering, *Imperial Germany*, 317. **101.** Weinroth, "The British Radicals," 676; Chickering, *Imperial Germany, 118.* **102.** Cooper, "Pacifism in France," 365. **103.** Angell, *The Great Illusion*, Kindle version, loc. 2928–30.

第十一章　考虑战争

1. Howard, "The Armed Forces," 217. **2.** Stevenson, "War by Timetable?," 167–8; Herwig, "Conclusions," 232. **3.** Howard, *The Franco-Prussian War*, 14. **4.** Stevenson, "War by Timetable?," 167. **5.** Bucholz, *Moltke, Schlieffen*, 146–7, 229, 232. **6.** Ibid., 150. **7.** Stevenson, "War by Timetable?," 171. **8.** Craig, *The Politics of the Prussian Army*, 197n3. **9.** Bucholz, *Moltke, Schlieffen*, 64–6. **10.** Craig, *The Politics of the Prussian Army*, 216. **11.** Moltke, *Erinnerungen*, 11. **12.** Herwig, "Conclusions," 231. **13.** Showalter, "Railroads," 40. **14.** Stevenson, "War by Timetable?," 192–3. **15.** Evera, "The Cult of the Offensive," 73–6. **16.** Hamilton, "War Planning," 13. **17.** Herwig, "Imperial Germany," 90. **18.** Herwig, "From Tirpitz Plan to Schlieffen Plan," 57. **19.** Tirpitz, *My Memoirs*, vol. II, 290. **20.** Bond, *The Victorian Army and the Staff College*, 133. **21.** Kronenbitter, *Krieg im Frieden*, 88. **22.** Echevarria, "Heroic History," 573–90. **23.** Echevarria, "On the Brink of the Abyss," 31–3. **24.** Howard, "The Armed Forces," 206–9. **25.** Travers, "Technology, Tactics, and Morale," 268. **26.** Welch, "The Centenary," 273–94. **27.** Bloch, "The Wars of the Future," 307. **28.** Ibid., 314–15. **29.** Cairns, "International Politics," 280–81. **30.** Bloch, "The Wars of the Future," 314. **31.** Travers, "Technology, Tactics, and Morale," 273–4. **32.** Burkhardt, "Kriegsgrund Geschichte?," 72–4. **33.** Mombauer, "German War Plans," 52n10. **34.** Snyder, *The Ideology of the Offensive*, 26–30; Evera, "The Cult of the Offensive," passim.

35. Travers, "Technology, Tactics, and Morale," 271n22. **36.** Doughty, *Pyrrhic Victory*, 25. **37.** Howard, "Men Against Fire," 10–11. **38.** Messimy, *Mes Souvenirs*, 119. **39.** Porch, "The French Army," 120. **40.** Ibid., 118. **41.** Gooch, "Attitudes to War," 95. **42.** Echevarria, "On the Brink of the Abyss," 27–8, 30–31. **43.** Foley, *German Strategy*, 41. **44.** Howard, "Men Against Fire," 8–10. **45.** Cairns, "International Politics," 282. **46.** Foley, *German Strategy*, 28–9. **47.** Kießling, *Gegen den "Großen Krieg"?*, 43–50, 139; McDonald, *United Government, 199–201; Kronenbitter, Krieg im Frieden*, 139. **48.** Kronenbitter, *Krieg im Frieden*, 126–31. **49.** Förster, "Dreams and Nightmares," 345, 360. **50.** Maurer, *The Outbreak of the First World War;* see, for example, ch. 1. **51.** Förster, "Der deutschen Generalstab," 61–95. **52.** Csáky, *Vom Geachteten zum Geächteten*, 137. **53.** Mombauer, "German War Plans," 59.

第十二章　制订计划

1. Steinberg, *Bismarck*, 57–60; Bucholz, *Moltke, Schlieffen*, 110–13. **2.** Bucholz, *Moltke, Schlieffen*, 120–21. **3.** Ibid., 127. **4.** Snyder, *The Ideology of the Offensive*, 134. **5.** Bucholz, *Moltke, Schlieffen*, 130–31. **6.** Ibid., 124, 129–31. **7.** Craig, *The Politics of the Prussian Army*, 277. **8.** Echevarria, "Heroic History," 585; Mombauer, "German War Plans," 52n10. **9.** Snyder, "Civil–Military Relations," 35. **10.** Förster, "Dreams and Nightmares," 359–60. **11.** Craig, *The Politics of the Prussian Army*, 277. **12.** Herwig, *The Marne*, 33. **13.** Mombauer, *Helmuth von Moltke*, 100–105; Snyder, *The Ideology of the Offensive*, 117. **14.** Bucholz, *Moltke, Schlieffen*, 301–2. **15.** Foley, *German Strategy*, 6–7. **16.** Herwig, "From Tirpitz Plan to Schlieffen Plan," 55. **17.** Craig, *Germany, 1866–1945*, 317. **18.** Ritter, *The Sword and the Scepter*, 206. **19.** Ibid. **20.** Mombauer, *Helmuth von Moltke*, 46. **21.** Ibid., 42–6. **22.** Craig, *The Politics of the Prussian Army*, 300. **23.** Bülow, *Memoirs of Prince von Bülow*, vol. II, 201–2. **24.** Maurer, *The Outbreak of the First World War*, 37. **25.** Herwig, "From Tirpitz Plan to Schlieffen Plan," 59. **26.** Mombauer, *Helmuth von Moltke*, 59. **27.** Bucholz, *Moltke, Schlieffen*, 223–5. **28.** Kronenbitter, *Krieg im Frieden*, 311. **29.** Hull, *The Entourage of Kaiser Wilhelm II*, 240. **30.** Kessler, *Journey to the Abyss*, 658; Foley, "Debate—the Real Schlieffen Plan," 222. **31.** Snyder, *The Ideology of the Offensive*, 203. **32.** Groener, *Lebenserinnerungen*, 84. **33.** Fischer, *War of Illusions*, 55. **34.** Hull, *The Entourage of Kaiser Wilhelm II*, 258–9; Afflerbach, *Falkenhayn. Politisches*, 79. **35.** Mombauer, *Helmuth von Moltke*, 165. **36.** Bucholz, *Moltke, Schlieffen*, 263–4. **37.** Mombauer, "German War Plans," 57. **38.** Craig, *The Politics of the Prussian Army*, 280. **39.** Showalter, "From Deterrence to Doomsday Machine," 696. **40.** Snyder, *The Ideology of the Offensive*, 152. **41.** Bülow, *Memoirs of Prince von Bülow*, vol. II, 88–9. **42.** Fischer, *War of Illusions*, 390. **43.** Bülow, *Memoirs of Prince von Bülow*, vol. II, 84–5. **44.** Fischer, *War of Illusions*, 225–9; Beyens, *Germany before the War, 36–8.* **45.** Mombauer,

"German War Plans," 48–79. **46.** Fischer, *War of Illusions*, 390. **47.** Hewitson, *Germany and the Causes*, 118. **48.** Herrmann, *The Arming of Europe*, 96–7. **49.** Mombauer, *Helmuth von Moltke*, 210. **50.** Hewitson, *Germany and the Causes*, 131–3; Hewitson, "Images of the Enemy," passim. **51.** Herrmann, *The Arming of Europe*, 132–3. **52.** Ibid., 84. **53.** Ibid., 91–5. **54.** Mombauer, "German War Plans," 57. **55.** Herwig, "Imperial Germany," 71. **56.** Herwig, "Disjointed Allies," 273. **57.** Herrmann, *The Arming of Europe*, 101. **58.** Gooch, "Italy before 1915," 211–22; Mombauer, *Helmuth von Moltke, 167–9.* **59.** Maurer, *The Outbreak of the First World War*, 33; Herwig, "Disjointed Allies," 271–2; Ritter, "Zusammenarbeit," 535. **60.** Herwig, "Disjointed Allies," 271n9. **61.** Williamson, *Austria-Hungary*, 87–8. **62.** Kronenbitter, *Krieg im Frieden*, 282. **63.** Stone, "V. Moltke–Conrad," 201–2 and passim. **64.** Sondhaus, *Franz Conrad von Hötzendorf*, 85. **65.** Stevenson, "War by Timetable?," 181–2. **66.** Stone, "V. Moltke–Conrad," 204n7. **67.** Kronenbitter, " 'Nur los lassen,' " 39. **68.** Herrmann, *The Arming of Europe*, 234, 237. **69.** Stone, "V. Moltke–Conrad," 213–14. **70.** Herwig, "Disjointed Allies," 278. **71.** Menning, "The Offensive Revisited," 226. **72.** Armour, "Colonel Redl: Fact and Fantasy," 175–6. **73.** Ibid., 179–80; Sondhaus, *Franz Conrad von Hötzendorf*, 124–7. **74.** Stevenson, "War by Timetable?," 177–8; Heywood, "The Most Catastrophic Question," 46, 54. **75.** Menning, "The Offensive Revisited," 224. **76.** Menning, "Pieces of the Puzzle," 782. **77.** Fuller, "The Russian Empire," 109, 122–4. **78.** Shatsillo, *Ot Portsmutskogo*, 199. **79.** Fuller, "The Russian Empire," 110. **80.** Stevenson, *Armaments*, 151–6. **81.** Fuller, *Strategy and Power in Russia*, 427–33. **82.** Brusilov, *A Soldier's Notebook*, 11. **83.** Fuller, *The Foe Within*, 46–8. **84.** Turner, "Role of the General Staffs," 317; Paléologue, *Ambassador's Memoirs, vol. I, 83.* **85.** Rich, *The Tsar's Colonels*, 221. **86.** Fuller, "The Russian Empire," 100–101. **87.** Spring, "Russia and the Franco-Russian Alliance," 568–9, 578–9 and passim. **88.** Menning, "The Offensive Revisited," 219. **89.** Airapetov, *Poslednyaya Voina Imperatorskoi Rossii*, 174–5; Shatsillo, *Ot Portsmutskogo*, 65–7. **90.** Menning, "Pieces of the Puzzle," 788. **91.** Fuller, "The Russian Empire," 111–12, 118–21. **92.** Snyder, *The Ideology of the Offensive*, 178. **93.** Fuller, "The Russian Empire," 111–13; Menning, "The Offensive Revisited," 225. **94.** Fuller, *Strategy and Power in Russia*, 440–41. **95.** Menning, "Pieces of the Puzzle," 796. **96.** Menning, "War Planning," 121. **97.** Airapetov, "K voprosu o prichinah porazheniya russkoi armii" ; Snyder, *The Ideology of the Offensive*, 189–94. **98.** Fuller, "The Russian Empire," 110–11. **99.** Airapetov, "K voprosu o prichinah porazheniya russkoi armii" ; Menning, "War Planning," 122–5. **100.** Andrew, "France and the German Menace," 147. **101.** Ignat' ev, *50 Let v Stroyu*, 390–91. **102.** Schmidt, *Frankreichs Aussenpolitik*, 182–3. **103.** Ignat' ev, *50 Let v Stroyu*, 392. **104.** Messimy, *Mes Souvenirs*, 118n1; Porch, *The March to the Marne*, 184–5. **105.** Porch, *The March to the Marne*, 216–23. **106.** Tanenbaum, "French Estimates," 163. **107.** Doughty, "France," 160. **108.** Doughty, *Pyrrhic Victory*,

26. *109.* Doughty, "France," 159. *110.* Becker, *1914, Comment les Français*, 43n174. *111.* Tanenbaum, "French Estimates," 164. *112.* Porch, *The March to the Marne*, 129–32. *113.* Tanenbaum, "French Estimates," 137. *114.* Doughty, "France," 154. *115.* Ibid., 154; Tanenbaum, "French Estimates," 156. *116.* Doughty, "France," 153. *117.* Herwig, "Imperial Germany," 70. *118.* Schmidt, *Frankreichs Aussenpolitik*, 165–7. *119.* Tanenbaum, "French Estimates," 163. *120.* Ibid., 159. *121.* Ibid., 166. *122.* Snyder, *The Ideology of the Offensive*, 102–3. *123.* Tanenbaum, "French Estimates," 170–71. *124.* Doughty, "France," 163. *125.* Williamson, *Politics of Grand Strategy*, 226. *126.* Doughty, "France," 165–8; Doughty, "French Strategy in 1914," 434. *127.* Doughty, "France," 165. *128.* Porch, *The March to the Marne*, 232–3. *129.* Messimy, *Mes Souvenirs*, 179.

第十三章　危机上演

1. Schoen, *Memoirs of an Ambassador*, 20; Rich, *Friedrich von Holstein, vol. II, 694.* *2.* Schoen, *Memoirs of an Ambassador*, 22–3. *3.* BD, vol. III, 71, p. 62. *4.* Balfour, *The Kaiser and His Times*, 255. *5.* Rich, *Friedrich von Holstein*, vol. II, 695. *6.* Hewitson, "Germany and France," 579. *7.* Rich, *Friedrich von Holstein*, vol. II, 691–3. *8.* Ibid., 702n1. *9.* Hewitson, "Germany and France," 585–6. *10.* Rich, *Friedrich von Holstein*, vol. II, 680–81. *11.* Ibid., 683, 684. *12.* Morris, *Theodore Rex*, 334–5. *13.* Andrew, *Théophile Delcassé*, 269–70. *14.* Ibid., 272. *15.* Kaiser, "Germany and the Origins," 453. *16.* Bülow, *Memoirs of Prince von Bülow*, vol. II, 162. *17.* Kaiser, "Germany and the Origins," 453. *18.* Craig, *The Politics of the Prussian Army*, 285. *19.* Lee, *Edward VII*, vol. II, 340. *20.* *The Times*, March 31, 1905. *21.* Marder, *From the Dreadnought to Scapa Flow*, 116. *22.* Monger, *The End of Isolation*, 192. *23.* Ibid., 187. *24.* Ibid., 190. *25.* Andrew, *Théophile Delcassé*, 287–8. *26.* Ibid., 281, 283, 285. *27.* Ibid., 286. *28.* Balfour, *The Kaiser and His Times*, 265. *29.* Monger, *The End of Isolation*, 224 and n2. *30.* Nicolson, *Portrait of a Diplomatist*, 119. *31.* Andrew, *Théophile Delcassé*, 291–2. *32.* Ibid., 299. *33.* Ibid., 292–3. *34.* Ibid., 296–7. *35.* Ibid., 289. *36.* Ibid., 276–8, 278–9. *37.* Ibid., 296–301. *38.* Weber, *The Nationalist Revival in France*, 31. *39.* Monger, *The End of Isolation*, 202. *40.* Bülow, *Memoirs of Prince von Bülow*, vol. II, 135, 138. *41.* Rich, *Friedrich von Holstein*, vol. II, 707. *42.* Nicolson, *Portrait of a Diplomatist*, 122. *43.* Andrew, *Théophile Delcassé*, 303. *44.* Weber, *The Nationalist Revival in France*, 32. *45.* Williamson, *Politics of Grand Strategy*, 40–41. *46.* Ibid., 42. *47.* Marder, *From the Dreadnought to Scapa Flow*, 117. *48.* Rich, *Friedrich von Holstein*, vol. II, 731. *49.* Grey, *Twenty-five Years*, vol. I; see for example his letter of January 31, 1906, 176–9. *50.* Otte, "Almost a Law of Nature?," 82–3. *51.* Wilson, *The Policy of the Entente*, 13. *52.* Grey, *Twenty-five Years*, vol. I, 128. *53.* Lloyd George, *War Memoirs*, vol. I, 91. *54.* Gilmour, *Curzon*, 26n. *55.* Robbins, *Sir Edward Grey*, 23–4, 29. *56.* Massie, *Dreadnought*, 585. *57.* Steiner and Neilson, *Britain and the*

Origins, 41–2. *58.* Wilson, *The Policy of the Entente*, 35. *59.* Steiner and Neilson, *Britain and the Origins*, 42–3. *60.* Otte, "Almost a Law of Nature?," 79. *61.* BD, vol. III, 200, p. 162. *62.* Grey, *Twenty-Five Years*, vol. I, 98. *63.* Rich, *Friedrich von Holstein*, vol. II, 733. *64.* Oppel, "The Waning of a Traditional Alliance," 324. *65.* Bridge, *From Sadowa to Sarajevo*, 281–2. *66.* Herring, *From Colony to Superpower*, 363. *67.* BD, vol. III, 401, pp. 337–8. *68.* Lerman, *The Chancellor as Courtier*, 147–8. *69.* Balfour, *The Kaiser and His Times*, 262; Lerman, *The Chancellor as Courtier*, 144. *70.* Balfour, *The Kaiser and His Times*, 264. *71.* Otte, "Almost a Law of Nature?," 83. *72.* Foley, "Debate—the Real Schlieffen Plan," 44–5. *73.* Craig, *The Politics of the Prussian Army*, 284–5. *74.* Joll and Martel, *The Origins of the First World War*, 197. *75.* Oppel, "The Waning of a Traditional Alliance," 325–6. *76.* Dumas, *The Franco-British Exhibition*, 4. *77.* Williamson, *Politics of Grand Strategy*, 38–40. *78.* BD, vol. III, 299, pp. 266–8. *79.* Williamson, *Politics of Grand Strategy*, 76. *80.* Lloyd George, *War Memoirs*, vol. I, 49–50. *81.* Wilson, *The Policy of the Entente*, 85–7. *82.* Ibid., 93–6. *83.* Williamson, *Politics of Grand Strategy*, 90–92. *84.* Kennedy, "Great Britain before 1914," 173. *85.* Wilson, *The Policy of the Entente*, 125. *86.* Offer, *The First World War*, 303. *87.* Doughty, *Pyrrhic Victory*, 39. *88.* Marder, *From the Dreadnought to Scapa Flow*, 384–8. *89.* Wilson, *The Policy of the Entente*, 126; Fisher and Marder, *Fear God and Dread Nought, vol. II, 232.* *90.* Marder, *From the Dreadnought to Scapa Flow*, 246–7. *91.* Williamson, *Politics of Grand Strategy*, 106–7. *92.* Steiner and Neilson, *Britain and the Origins*, 213. *93.* Neilson, "Great Britain," 183–5; Williamson, *Politics of Grand Strategy, 187–93.* *94.* Jeffery, *Field Marshal Sir Henry Wilson*, 96–7. *95.* Williamson, *Politics of Grand Strategy*, 196. *96.* Porch, *The March to the Marne*, 228. *97.* Eubank, *Paul Cambon*, 114, 123, 155 and passim. *98.* Doughty, "French Strategy in 1914," 435. *99.* Schmidt, *Frankreichs Aussenpolitik*, 138–41. *100.* Jeffery, *Field Marshal Sir Henry Wilson*, 37. *101.* Williamson, "General Henry Wilson," 91. *102.* Ibid., 94–6. *103.* Callwell, *Field-Marshal Sir Henry Wilson*, vol. I, 89. *104.* Ibid., 78–9. *105.* Andrew, "France and the German Menace," 137. *106.* Callwell, *Field-Marshal Sir Henry Wilson*, vol. I, 105. *107.* Keiger, "Jules Cambon," 642.

第十四章　波斯尼亚危机

1. Aehrenthal, *Aus dem Nachlass*, 196. *2.* Diószegi, *Hungarians in the Ballhausplatz*, 197–200. *3.* Hoetzendorf, *Mein Leben mit Conrad von Hötzendorf*, 63, 237. *4.* Bülow, *Memoirs of Prince von Bülow*, vol. I, 372. *5.* Kronenbitter, *Krieg im Frieden*, 248–51. *6.* Bridge, *From Sadowa to Sarajevo*, 290. *7.* Wank, "Aehrenthal's Programme," 520–22. *8.* Aehrenthal, *Aus dem Nachlass;* see, for example, 385–8. *9.* Bülow, *Memoirs of Prince von Bülow*, vol. II, 371. *10.* Jelavich, *Russia's Balkan Entanglements*, 217. *11.* Musulin, *Das Haus am Ballplatz*, 57. *12.* Williamson, *Austria-Hungary*, 95. *13.* Czernin, *In the World War*, 50.

14. Williamson, "Influence, Power, and the Policy Process," 431. *15.* Williamson, *Austria-Hungary*, 97. *16.* Bridge, *From Sadowa to Sarajevo*, 279; Bridge, *The Habsburg Monarchy, 189–90. 17.* Diószegi, *Hungarians in the Ballhausplatz*, 200. *18.* Macartney, *The Habsburg Empire*, 597–8; Bridge, *From Sadowa to Sarajevo, 149–50. 19.* Stevenson, *Armaments*, 82. *20.* Jelavich, *Russia's Balkan Entanglements*, 240; Jelavich and Jelavich, *The Establishment*, 255–6. *21.* Jelavich, *Russia's Balkan Entanglements*, 239n53. *22.* Macartney, *The Habsburg Empire*, 774. *23.* Williamson, *Austria-Hungary*, 65. *24.* Baernreither and Redlich, *Fragments*, 21–2. *25.* Ibid., 35, 44. *26.* Ibid., 43–4. *27.* Aehrenthal, *Aus dem Nachlass*, 449–52. *28.* Ibid., 599. *29.* Bridge, "Isvolsky, Aehrenthal," 326. *30.* Bridge, "The Entente Cordiale," 341. *31.* Bridge, *From Sadowa to Sarajevo*, 433. *32.* Baernreither and Redlich, *Fragments*, 37. *33.* Bridge, "Isvolsky, Aehrenthal," 326. *34.* Bridge, *From Sadowa to Sarajevo*, 298–9. *35.* Lee, *Europe's Crucial Years*, 326. *36.* McDonald, *United Government*, 127. *37.* Cooper, "British Policy in the Balkans," 262. *38.* Taube, *La Politique russe d'avant-guerre*, 185–7; Nicolson, *Portrait of a Diplomatist, 200; Lee, Europe's Crucial Years, 184–5. 39.* Margutti, *The Emperor Francis Joseph*, 225. *40.* Hopman, *Das ereignisreiche Leben*, 147–8. *41.* Reynolds, *Shattering Empires*, 22. *42.* Schoen, *Memoirs of an Ambassador*, 77; Bridge, "Isvolsky, Aehrenthal," 332–3. *43.* Fuller, *Strategy and Power in Russia*, 419. *44.* Bülow, *Memoirs of Prince von Bülow*, vol. I, 373. *45.* Bridge, "Isvolsky, Aehrenthal," 334; Hantsch, *Leopold Graf Berchtold, 121–2. 46.* Bridge, "Isvolsky, Aehrenthal," 335. *47.* Fuller, *Strategy and Power in Russia*, 419. *48.* Bridge, "Isvolsky, Aehrenthal," 334. *49.* Ibid., 339. *50.* McMeekin, *The Russian Origins*, 225. *51.* Bridge, *From Sadowa to Sarajevo*, 437. *52.* Hantsch, *Leopold Graf Berchtold*, 144. *53.* McDonald, *United Government*, 136–51. *54.* Bridge, *From Sadowa to Sarajevo*, 435–6. *55.* Bülow, *Memoirs of Prince von Bülow*, vol. I, 373, 379–80; Balfour, *The Kaiser and His Times*, 287. *56.* Bridge, *The Habsburg Monarchy*, 296. *57.* Steed, *Through Thirty Years*, 308–14. *58.* Aehrenthal, *Aus dem Nachlass*, 624. *59.* Sweet, "The Bosnian Crisis," 178–9. *60.* Eby, *The Road to Armageddon*, 151. *61.* Otte, "Almost a Law of Nature?," 92. *62.* Marder, *From the Dreadnought to Scapa Flow*, 149–50. *63.* Menning, "Dress Rehearsal for 1914?," 8. *64.* Ibid., 11–15. *65.* Bülow, *Memoirs of Prince von Bülow*, vol. I, 374. *66.* Boghitschewitsch, *Die auswärtige Politik Serbiens*, vol. III, 78. *67.* Stevenson, *Armaments*, 115–16. *68.* Boghitschewitsch, *Die auswärtige Politik Serbiens*, vol. III, 93; Jelavich, *Russia's Balkan Entanglements*, 241–2. *69.* Hantsch, *Leopold Graf Berchtold*, 137. *70.* Herrmann, *The Arming of Europe*, 123–5; Stevenson, *Armaments*, 116. *71.* Heinrich, *Geschichte in Gesprächen*, 124–5, 221–2. *72.* Aehrenthal, *Aus dem Nachlass*, 628. *73.* Musulin, *Das Haus am Ballplatz*, 168. *74.* Stevenson, *Armaments*, 117–18, 125–6. *75.* Turner, "Role of the General Staffs," 306; Aehrenthal, *Aus dem Nachlass, 629. 76.* Bülow, *Memoirs of Prince von Bülow*, vol. II, 439. *77.* Wilson, *The Policy of the Entente*,

91. **78.** Herrmann, *The Arming of Europe*, 118–19. **79.** Hantsch, *Leopold Graf Berchtold*, 142. **80.** McDonald, *United Government*, 141–4; Lee, *Europe's Crucial Years, 193–4*. **81.** Sweet, "The Bosnian Crisis," 183–4; Nicolson, *Portrait of a Diplomatist, 215*. **82.** Sweet, "The Bosnian Crisis," 182–3; Heinrich, *Geschichte in Gesprächen, 169*. **83.** Menning, "Dress Rehearsal for 1914?," 7. **84.** BD, vol. V, 576, p. 603. **85.** Berghahn, *Germany and the Approach of War*, 81. **86.** Zedlitz-Trützschler, *Twelve Years at the Imperial German Court*, 263. **87.** Afflerbach, *Der Dreibund*, 655. **88.** Jelavich, *Russia's Balkan Entanglements*, 224. **89.** Fuller, "The Russian Empire," 99. **90.** Bridge, *From Sadowa to Sarajevo*, 438. **91.** Hantsch, *Leopold Graf Berchtold*, 174. **92.** Carter, *The Three Emperors*, 371. **93.** Palmer, *Twilight of the Habsburgs*, 305. **94.** Epkenhans, *Tirpitz*, Kindle version, loc. 755–64. **95.** Sondhaus, *Franz Conrad von Hötzendorf*, 96. **96.** Stevenson, *Armaments*, 122; Bridge, *The Habsburg Monarchy*, 295. **97.** Aehrenthal, *Aus dem Nachlass*, 726. **98.** Fellner, "Die 'Mission Hoyos,' " 115. **99.** Herrmann, *The Arming of Europe*, 131. **100.** Lieven, *Nicholas II*, 193–4. **101.** Herrmann, *The Arming of Europe*, 131. **102.** Grey, *Twenty-five Years*, vol. I, 182. **103.** Lieven, *Russia and the Origins*, 37. **104.** Goldberg, *Life of Jean Jaurès*, 470. **105.** Stevenson, *Armaments*, 136. **106.** Cooper, "British Policy in the Balkans," 261. **107.** Stevenson, *Armaments*, 131–3; Boghitschewitsch, *Die auswärtige Politik Serbiens, vol. III, 77*. **108.** Jelavich, *Russia's Balkan Entanglements*, 244; Hantsch, *Leopold Graf Berchtold*, 33; Neklyudov, *Diplomatic Reminiscences*, 46–50; Gieslingen, *Zwei Jahrzehnte im Nahen Orient*, 253. **109.** Cooper, "British Policy in the Balkans," 279.

第十五章　纷争不断的 1911 年

1. Barraclough, *From Agadir to Armageddon*, 1–2. **2.** Mortimer, "Commercial Interests and German Diplomacy," 454. **3.** Barraclough, *From Agadir to Armageddon*, 2; Cecil, *Albert Ballin*, 178; Massie, *Dreadnought*, 725–7. **4.** Fesser, *Der Traum vom Platz*, 141; Fischer, *War of Illusions*, 74–5. **5.** Barraclough, *From Agadir to Armageddon*, 31–2. **6.** Keiger, "Jules Cambon," 642–3; Keiger, *France and the Origins*, 31–3. **7.** Hewitson, "Germany and France," 591. **8.** Berghahn, *Germany and the Approach of War*, 94. **9.** Bülow, *Memoirs of Prince von Bülow*, vol. III, 12. **10.** Cecil, *Albert Ballin*, 122–3. **11.** Jarausch, *The Enigmatic Chancellor*, 16. **12.** Ibid., 43. **13.** Ibid., 29n34. **14.** Bülow, *Memoirs of Prince von Bülow*, vol. III, 19. **15.** Cecil, *Albert Ballin*, 122–3. **16.** Jarausch, *The Enigmatic Chancellor*, 68. **17.** Ibid., 25–7. **18.** Ibid., 27–9. **19.** Ibid., 122. **20.** Fuller, *Strategy and Power in Russia*, 422. **21.** Kessler, *Journey to the Abyss*, 509. **22.** Rathenau and von Strandmann, *Walther Rathenau*, 134. **23.** Jarausch, *The Enigmatic Chancellor*, 121. **24.** Spitzemberg, *Das Tagebuch*, 545. **25.** Bülow, *Memoirs of Prince von Bülow*, vol. II, 464. **26.** Cecil, *German Diplomatic Service*, 310–12. **27.** Jarausch, *The Enigmatic Chancellor*, 123. **28.** Herrmann, *The Arming* *of Europe*, 160. **29.** Allain, *Joseph Caillaux*, 371–7. **30.** Hewitson, "Germany and France," 592–4. **31.** Williamson, *Politics of Grand Strategy*, 143. **32.** Barraclough, *From Agadir to Armageddon*, 127–8. **33.** Stevenson, *Armaments*, 183. **34.** Jarausch, *The Enigmatic Chancellor*, 124; Mommsen, "Domestic Factors," 23. **35.** Crampton, "August Bebel and the British," 221–2. **36.** Keiger, *France and the Origins*, 35. **37.** Messimy, *Mes Souvenirs*, 64–5. **38.** Ibid., 60. **39.** Ibid. **40.** Keiger, "Jules Cambon," 646; Keiger, *France and the Origins*, 35. **41.** Herrmann, *The Arming of Europe*, 153. **42.** Steiner and Neilson, *Britain and the Origins*, 75. **43.** Neilson, *Britain and the Last Tsar*, 321. **44.** Rose, *King George V*, 165–6. **45.** Weinroth, "The British Radicals," 664. **46.** Neilson, *Britain and the Last Tsar*, 318. **47.** Wilson, "The Agadir Crisis," 514–15; Dockrill, "British Policy," 274–5. **48.** BD, vol. VII, 392, pp. 371–3. **49.** *The Times*, July 22, 1911. **50.** Redlich, *Schicksalsjahre Österreichs*, 95–6. **51.** Fesser, *Der Traum vom Platz*, 145; Balfour, *The Kaiser and His Times, 313–14.* **52.** Callwell, *Field-Marshal Sir Henry Wilson*, vol. I, 97–8. **53.** Marder, *From the Dreadnought to Scapa Flow*, 244–6. **54.** Eubank, *Paul Cambon*, 139; Messimy, *Mes Souvenirs*, 61. **55.** Jeffery, *Field Marshal Sir Henry Wilson*, 99–100. **56.** Riezler, *Tagebücher, Aufsätze, Dokumente*, 180. **57.** Mombauer, *Helmuth von Moltke*, 124. **58.** Barraclough, *From Agadir to Armageddon*, 135. **59.** Fischer, *War of Illusions*, 83. **60.** Andrew, *Théophile Delcassé*, 70n1. **61.** Rathenau and von Strandmann, *Walther Rathenau*, 157. **62.** Eubank, *Paul Cambon*, 141. **63.** Grey, *Twenty-five Years*, vol. I, 233. **64.** Stieve, *Der diplomatische Schriftwechsel Iswolskis*, 194–5. **65.** Steiner and Neilson, *Britain and the Origins*, 79–80. **66.** Ibid., 80–81. **67.** Messimy, *Mes Souvenirs*, 68. **68.** Krumeich, *Armaments and Politics*, 21–9. **69.** Schmidt, *Frankreichs Aussenpolitik*, 217–21. **70.** Jarausch, *The Enigmatic Chancellor*, 124. **71.** Beyens, *Germany before the War*, 61. **72.** Fesser, *Der Traum vom Platz*, 148. **73.** Craig, *The Politics of the Prussian Army*, 291. **74.** Mombauer, *Helmuth von Moltke*, 125. **75.** Ritter, *The Sword and the Scepter*, 172. **76.** Epkenhans, *Tirpitz*, Kindle version, loc. 852–9. **77.** Röhl, "Admiral von Müller," 656. **78.** Herwig, "Imperial Germany," 81–2; Mombauer, *Helmuth von Moltke, 131.* **79.** Herrmann, *The Arming of Europe*, 161–6. **80.** Bosworth, *Italy and the Approach*, 57. **81.** Albertini, *The Origins of the War*, vol. I, 342. **82.** Bosworth, "Britain and Italy's Acquisition," 683. **83.** Bosworth, *Italy and the Approach*, 10. **84.** Ibid., 38–9. **85.** Gooch, "Italy before 1915," 222. **86.** Ibid., 225–8. **87.** Ibid., 206. **88.** Bosworth, *Italy and the Approach*, 6–8; Gooch, "Italy before 1915," 216–17. **89.** Bosworth, *Italy and the Approach*, 34. **90.** Ibid., 36. **91.** Gooch, "Italy before 1915," 209. **92.** BD, vol. IX, part 1, 257, pp. 289–91. **93.** BD, vol. IX, part 1, 241, pp. 278–9. **94.** Barraclough, *From Agadir to Armageddon*, 143–4. **95.** Haupt, *Socialism and the Great War*, 58–62. **96.** BD, vol. IX, part 1, 250, p. 284. **97.** Rossos, *Russia and the Balkans*, 35. **98.** Albertini, *The Origins of the War*, vol. I, 346; Barraclough, *From Agadir to Armageddon, 144–5.* **99.** BD, vol. VII, 763, pp. 788–9.

第十六章 第一次巴尔干战争

1. Cambon, *Correspondance*, vol. III, 7. *2.* Albertini, *The Origins of the War*, vol. I, 357. *3.* Trotsky, *The Balkan Wars*, 360–61. *4.* Hoetzendorf, *Mein Leben mit Conrad von Hötzendorf*, 105. *5.* Aehrenthal, *Aus dem Nachlass*, 232. *6.* Trotsky, *The Balkan Wars*, 72. *7.* Dedijer, *The Road to Sarajevo*, 179–80. *8.* Jelavich, *History of the Balkans*, 110. *9.* Rossos, *Russia and the Balkans*, 34–5. *10.* Trotsky, *The Balkan Wars*, 80. *11.* BD, vol. IX, part 1, 249, pp. 283–4. *12.* Helmreich, *The Diplomacy*, 29–30. *13.* Ibid., 32–3. *14.* Ibid., 33. *15.* Thaden, *Russia and the Balkan Alliance*, 27–8. *16.* Neklyudov, *Diplomatic Reminiscences*, 38–9. *17.* Ibid., 45. *18.* Ibid., 80–81. *19.* Helmreich, *The Diplomacy*, 62–4, 67. *20.* BD, vol. IX, part 1, 570, p. 568. *21.* Fischer, *War of Illusions*, 150. *22.* BD, vol. IX, part 2, 5, pp. 3–4. *23.* Helmreich, *The Diplomacy*, 141–5. *24.* Trotsky, *The Balkan Wars*, 65–6. *25.* Rossos, *Russia and the Balkans*, 79. *26.* Helmreich, *The Diplomacy*, 203–4. *27.* Wilson, *The Policy of the Entente*, 92. *28.* Thaden, *Russia and the Balkan Alliance*, 116–17; Jelavich, *Russia's Balkan Entanglements*, 231. *29.* Thaden, *Russia and the Balkan Alliance*, 118; Albertini, *The Origins of the War*, vol. I, 412–13. *30.* Ignat'ev, *Vneshniaia Politika Rossii, 1907–1914*, 141. *31.* Neilson, *Britain and the Last Tsar*, 328–9. *32.* Wilson, *The Policy of the Entente*, 92. *33.* Jelavich, *Russia's Balkan Entanglements*, 203. *34.* Bodger, "Russia and the End," 84. *35.* Thaden, *Russia and the Balkan Alliance*, 132. *36.* Bodger, "Russia and the End," 79. *37.* Rossos, *Russia and the Balkans*, 85. *38.* Sazonov, *Fateful Years*, 49–50; Hantsch, *Leopold Graf Berchtold*, 234n. *39.* Taube, *La Politique russe d'avant-guerre*, 225–7. *40.* Sazonov, *Fateful Years*, 54. *41.* BD, vol. IX, part 1, 711, pp. 683–5; Helmreich, *The Diplomacy*, 154–5. *42.* Sazonov, *Fateful Years*, 78. *43.* Ibid., 80. *44.* Rossos, *Russia and the Balkans*, 102. *45.* Hantsch, *Leopold Graf Berchtold*, 119. *46.* Ibid., 484–5. *47.* Musulin, *Das Haus am Ballplatz*, 178. *48.* Vermes, *István Tisza*, 199. *49.* Hantsch, *Leopold Graf Berchtold*, 246. *50.* Csáky, *Vom Geachteten zum Geächteten*, 129; Leslie, "Osterreich- Ungarn," 663. *51.* Albertini, *The Origins of the War*, vol. I, 385. *52.* Ibid., 383–4. *53.* Hantsch, *Leopold Graf Berchtold*, 176. *54.* See for example, Bertie to Grey, 29 August 1912, BD, vol. IX, part 1, 671, pp. 653–5. *55.* BD, vol. IX, part 1, 695, pp. 671–3. *56.* Heinrich, *Geschichte in Gesprächen*, 380. *57.* Helmreich, *The Diplomacy*, 214–15. *58.* Boghitschewitsch, *Die auswärtige Politik Serbiens*, vol. III, 159. *59.* Sondhaus, *Franz Conrad von Hötzendorf*, 124. *60.* Helmreich, *The Diplomacy*, 153. *61.* Williamson, *Austria-Hungary*, 132; Bucholz, *Moltke, Schlieffen*, 276. *62.* Hantsch, *Leopold Graf Berchtold*, 323; Afflerbach, *Der Dreibund*, 731–3; Williamson, *Austria-Hungary*, 127. *63.* Hantsch, *Leopold Graf Berchtold*, 328. *64.* Williamson, *Austria-Hungary*, 132. *65.* Sazonov, *Fateful Years*, 78. *66.* Herrmann, *The Arming of Europe*, 178. *67.* BD, vol. IX, part 2, 303, pp. 227–8. *68.* Ibid. *69.* Rossos, *Russia and the Balkans*, 104–5. *70.* Herrmann, *The Arming of Europe*, 178. *71.* Fischer, *War of Illusions*, 155–6. *72.* Röhl, "Admiral von Müller," 659.

73. Fischer, *War of Illusions*, 157–8. *74.* Röhl, "Admiral von Müller," 664; Bucholz, *Moltke, Schlieffen*, 276–7. *75.* The *Times*, November 22, 1912. *76.* Helmreich, *The Diplomacy*, 216. *77.* Sondhaus, *Franz Conrad von Hötzendorf*, 120–21. *78.* Williamson, *Austria-Hungary*, 130–31. *79.* Fischer, *War of Illusions*, 158–61. *80.* Hantsch, *Leopold Graf Berchtold*, 388. *81.* Williamson, *Austria-Hungary*, 130–31. *82.* Grey, *Twenty-Five Years*, vol. I, 256. *83.* Helmreich, *The Diplomacy*, 250. *84.* Eubank, *Paul Cambon*, 161. *85.* Crampton, "The Decline," 393–4. *86.* BD, vol. IX, part 2, 626, p. 506. *87.* Hantsch, *Leopold Graf Berchtold*, 377. *88.* Ibid., 381. *89.* Williamson, *Austria-Hungary*, 134; Helmreich, *The Diplomacy*, 282–4. *90.* Williamson, *Austria-Hungary*, 136; Helmreich, *The Diplomacy*, 296–7. *91.* Crampton, "The Decline," 395 and fn 12. *92.* Helmreich, *The Diplomacy*, 313–14. *93.* Williamson, *Austria-Hungary*, 139–40. *94.* Sondhaus, *Franz Conrad von Hötzendorf*, 123. *95.* Hantsch, *Leopold Graf Berchtold*, 471. *96.* Cambon, *Correspondance*, vol. III, 27. *97.* Jelavich, *Russia's Balkan Entanglements*, 246–8. *98.* Williamson, *Austria-Hungary*, 151. *99.* Vermes, *István Tisza*, 203. *100.* Ibid., p. 131. *101.* Stone, "Hungary and the July Crisis," 157. *102.* Leslie, "The Antecedents," 323–4. *103.* Hantsch, *Leopold Graf Berchtold*, 498; Williamson, *Austria- Hungary*, 133–4. *104.* Crampton, "The Decline," 417–19. *105.* Albertini, *The Origins of the War*, vol. I, 483–4. *106.* Helmreich, *The Diplomacy*, 428. *107.* Bridge, *From Sadowa to Sarajevo*, 366–7. *108.* Ibid., 442. *109.* Williamson, *Austria-Hungary*, 154–5. *110.* Afflerbach, *Der Dreibund*, 748. *111.* Sondhaus, *Franz Conrad von Hötzendorf*, 129. *112.* Hantsch, *Leopold Graf Berchtold*, 513. *113.* Ibid., 312. *114.* Herrmann, *The Arming of Europe*, 179. *115.* Williamson, *Austria-Hungary*, 135; Leslie, *The Antecedents*, 352–3. *116.* Albertini, *The Origins of the War*, vol. I, 483–4. *117.* Crampton, *The Hollow Detente*, 172. *118.* Haupt, *Socialism and the Great War*, 107. *119.* Cooper, *Patriotic Pacifism*, 159–60. *120.* Kennan, *The Other Balkan Wars*, 271.

第十七章 欧洲最后数月的和平

1. BD, vol. X, part 2, 476, pp. 702–3. *2.* Rose, *King George V*, 166–7. *3.* McLean, *Royalty and Diplomacy*, 197. *4.* Craig, *Germany, 1866–1945*, 295; Herwig, "Imperial Germany," 84. *5.* Kießling, *Gegen den "Großen Krieg"?*, 195–6. *6.* Rosen, *Forty Years of Diplomacy*, 154. *7.* Brusilov, *A Soldier's Notebook*, 3–4. *8.* Gildea, *Barricades and Borders*, 419. *9.* Rogger, "Russia in 1914," 96. *10.* Sazonov, *Fateful Years*, 80. *11.* Miliukov and Mendel, *Political Memoirs*, 284. *12.* Kokovtsov, *Out of My Past*, 296. *13.* Ibid., 361. *14.* Figes, *A People's Tragedy*, 216. *15.* Ibid., 241–5. *16.* Rogger, "Russia in 1914," 95–6. *17.* Ibid., 101–2. *18.* Geyer, *Russian Imperialism*, 249–54. *19.* Ibid., 274–5. *20.* Lieven, *Nicholas II*, 168. *21.* Bridge, *From Sadowa to Sarajevo*, 371. *22.* Hewitson, "Germany and France," 578; Kießling, *Gegen den "Großen Krieg"?*, 196. *23.* Tanenbaum, "French Estimates," 167–8. *24.* Kessler, *Journey to the Abyss*, 609. *25.* Bülow, *Memoirs of Prince von Bülow*, vol.

III, 33; Cecil, *German Diplomatic Service, 317*. **26.** Spitzemberg, *Das Tagebuch*, 563. **27.** Stevenson, *Armaments*, 286–9. **28.** Röhl, *The Kaiser and His Court*, 173–4; Röhl, "Admiral von Müller," 661; Stevenson, *Armaments*, 252–3. **29.** Mombauer, *Helmuth von Moltke*, 145. **30.** Herwig, "Imperial Germany," 84. **31.** Röhl, "Admiral von Müller," 665; Balfour, *The Kaiser and His Times, 339–40; Tanenbaum, "French Estimates,"* 169. **32.** Stevenson, *Armaments*, 316–20. **33.** Krumeich, *Armaments and Politics*, ch. 2. **34.** Stevenson, *Armaments*, 221. **35.** Doughty, "France," 163. **36.** Ibid., 162. **37.** Weber, *The Nationalist Revival in France*, 97. **38.** Ibid., 94–5, 102. **39.** Kessler, *Journey to the Abyss*, 580. **40.** German Foreign Office, *Die grosse Politik*, vol. XXXIX, 292. **41.** Nolan, *The Inverted Mirror*, 40, 82–3. **42.** Stevenson, *Armaments*, 222. **43.** Keiger, *Raymond Poincaré*, 122–3, 130–31. **44.** Ibid., 145. **45.** Williams, *Tiger of France*, 286. **46.** Ibid., 11–14, 24–7, 154. **47.** Ibid., 147. **48.** Adamthwaite, *Grandeur and Misery*, 8; Hughes, *Policies and Potentates, 223–7*. **49.** Hayne, *French Foreign Office*, 274. **50.** Cambon, *Correspondance*, vol. III, 39. **51.** Keiger, *Raymond Poincaré*, 151. **52.** Hayne, *French Foreign Office*, 238. **53.** Keiger, *Raymond Poincaré*, 155–7. **54.** Schmidt, *Frankreichs Aussenpolitik*, 236–7. **55.** Ibid., 238–40. **56.** Williamson, "German Perceptions," 206. **57.** Goldberg, *Life of Jean Jaurès*, 439. **58.** Sazonov, *Fateful Years*, 56. **59.** Rose, *King George V*, 80. **60.** Ibid., 71. **61.** Clifford, *The Asquiths*, 2–3. **62.** Ibid., 13–14. **63.** Haldane, *An Autobiography*, 111. **64.** Clifford, *The Asquiths*, 186. **65.** Ibid., 145. **66.** Adam, *Bonar Law*, 107–9. **67.** Jeffery, *Field Marshal Sir Henry Wilson*, 115–16. **68.** BD, vol. X, part 2, 537, pp. 780–83. **69.** Churchill, *The World Crisis*, vol. I, 185; Dangerfield, *The Strange Death, 366*. **70.** Leslie, "Osterreich-Ungarn," 669–70. **71.** Afflerbach, *Der Dreibund*, 793–4, 806–8, 810–11. **72.** Angelow, *Der Weg in die Katastrophe*, 26. **73.** Wandruszka and Urbanitsch, *Die Habsburgermonarchie*, 331–2; Bridge, *From Sadowa to Sarajevo*, 364–5. **74.** Bodger, "Russia and the End," 88. **75.** Herwig, "Imperial Germany," 87. **76.** Jarausch, *The Enigmatic Chancellor*, 117. **77.** Sazonov, *Fateful Years*, 43–4; Kokovtsov, *Out of My Past*, 321–3. **78.** Stieve, *Der diplomatische Schriftwechsel Iswolskis*, 17–18. **79.** McLean, *Royalty and Diplomacy*, 67–8. **80.** Shatsillo, *Ot Portsmutskogo*, 272–4; Stevenson, *Armaments*, 343–9. **81.** Churchill, *The World Crisis*, vol. I, 178; Grey, *Twenty-Five Years*, vol. I, 269. **82.** Grey, *Twenty-Five Years*, vol. I, 195. **83.** Wilson, *The Policy of the Entente*, 68. **84.** Spring, "Russia and the Franco-Russian Alliance," 584; Robbins, *Sir Edward Grey, 271*. **85.** Schmidt, *Frankreichs Aussenpolitik*, 266–76. **86.** Ibid., 252–3, 258–9. **87.** Jeffery, *Field Marshal Sir Henry Wilson*, 103. **88.** Marder, *From the Dreadnought to Scapa Flow*, 253. **89.** Churchill, *The World Crisis*, vol. I, 118. **90.** Williamson, *Politics of Grand Strategy*, 274. **91.** Churchill, *The World Crisis*, vol. I, 119. **92.** Marder, *From the Dreadnought to Scapa Flow*, 254–6, 265–6. **93.** Churchill, *The World Crisis*, vol. I, 113. **94.** Williamson, *Politics of Grand Strategy*, 320–25. **95.** BD, vol. X, part 2, 416, pp. 614–15. **96.** Esher, *Journals* *and Letters*, vol. III, 331. *97.* BD, vol. X, part 2, 400, pp. 601–2. *98.* Robbins, *Sir Edward Grey*, 285. *99.* Rose, *King George V*, 164. *100.* Bridge, "The Entente Cordiale," 350. *101.* Angelow, *Der Weg in die Katastrophe*, 60–61. *102.* Stevenson, *Armaments*, 2–9. *103.* Ibid., 4. *104.* Herrmann, *The Arming of Europe*, 207. *105.* Epkenhans, *Tirpitz*, Kindle version, loc. 862. *106.* Kießling, *Gegen den "Großen Krieg"?*, 67–8. *107.* Heywood, "The Most Catastrophic Question," 56. *108.* Förster, "Im Reich des Absurden," 233. *109.* Stevenson, *Armaments*, 358–9; Schmidt, *Frankreichs Aussenpolitik, 208–11, 242–4.* *110.* Herwig, "Imperial Germany," 88. *111.* Brusilov, *A Soldier's Notebook*, 1. *112.* Kießling, *Gegen den "Großen Krieg"?*, 43–4. *113.* Grey, *Twenty-Five Years*, vol. I, 292. *114.* Hantsch, *Leopold Graf Berchtold*, 458. *115.* Sondhaus, *Franz Conrad von Hötzendorf*, 134; Hantsch, *Leopold Graf Berchtold, 252–3; Kronenbitter, " 'Nur los lassen,' " 39.* *116.* McDonald, *United Government*, 199–201. *117.* Leslie, "The Antecedents," 334–6, 338–9. *118.* Churchill, *The World Crisis*, vol. I, 95. *119.* Haldane, *Before the War*, 33–6. *120.* Cecil, *Wilhelm II*, 172. *121.* Cecil, *Albert Ballin*, 182–96. *122.* Hopman, *Das ereignisreiche Leben*, 209–10. *123.* Cecil, *Wilhelm II*, 172–3. *124.* House and Seymour, *The Intimate Papers*, vol. I, 249. *125.* Marder, *From the Dreadnought to Scapa Flow*, 283–4; Maurer, "Churchill' s Naval Holiday," 109–10. *126.* Brinker-Gabler, *Kämpferin für den Frieden*, 167. *127.* Haupt, *Socialism and the Great War*, 108.

第十八章　萨拉热窝刺杀事件

1. Poincaré, *Au Service de la France*, vol. IV, 173–4. *2.* Geinitz, *Kriegsfurcht und Kampfbereitschaft*, 50–53. *3.* Cecil, *Wilhelm II*, 198. *4.* Massie, *Dreadnought*, 852–3; Cecil, *Wilhelm II*, 198; Geiss, *July 1914, 69.* *5.* Smith, *One Morning in Sarajevo*, 40. *6.* Dedijer, *The Road to Sarajevo*, 175–8, 208–9, 217 and ch. 10, passim. *7.* Ibid., 197. *8.* Ibid. *9.* Ibid., 373–5; Jelavich, *What the Habsburg Government Knew*, 134–5. *10.* Dedijer, *The Road to Sarajevo*, 294–301, 309; Jelavich, *What the Habsburg Government Knew, 136.* *11.* Leslie, "The Antecedents," 368; Funder, *Vom Gestern ins Heute*, 483; Dedijer, *The Road to Sarajevo*, 405–7, 409–10. *12.* Kronenbitter, *Krieg im Frieden*, 459; Dedijer, *The Road to Sarajevo, 312; Funder, Vom Gestern ins Heute, 484.* *13.* Dedijer, *The Road to Sarajevo*, 11–16, 316. *14.* Margutti, *The Emperor Francis Joseph*, 138–9. *15.* Smith, *One Morning in Sarajevo*, 214; Hopman, *Das ereignisreiche Leben*, 381; Albertini, *The Origins of the War*, vol. II, 117–19; Hoetzsch, *Die internationalen Beziehungen*, 106–7. *16.* Stone, "Hungary and the July Crisis," 159–60. *17.* Kronenbitter, *Krieg im Frieden*, 460–62. *18.* Sondhaus, *Franz Conrad von Hötzendorf*, 140; Hantsch, *Leopold Graf Berchtold, 558–9.* *19.* Musulin, *Das Haus am Ballplatz*, 226. *20.* Leslie, "The Antecedents," 320. *21.* Wank, "Desperate Counsel," 295; Leslie, "Osterreich-Ungarn," 664. *22.* Leslie, "Osterreich-Ungarn," 665. *23.* Stone, "Hungary and the July Crisis," 161. *24.* Albertini, *The Origins of the War*, vol. II, 150–55. **25.** Leslie, "The Antecedents," 375–80. **26.** Hantsch, *Leopold Graf Berchtold*, 559. **27.** Bittner and Ubersberger, *Österreich-Ungarns Aussenpolitik*, 248. **28.** Fellner, "Die 'Mission Hoyos,' " 122; Albertini, *The Origins of the War, vol. II, 129–30.* **29.** Turner, "Role of the General Staffs," 308. **30.** Bittner and Ubersberger, *Österreich-Ungarns Aussenpolitik*, 252; Albertini, *The Origins of the War*, vol. II, 133–5. **31.** Fellner, "Die 'Mission Hoyos,' " 125–6, 137. **32.** See for example: Albertini, *The Origins of the War*, vol. II, 137–48; Geiss, *July 1914*, 70–80; Kronenbitter, " 'Nur los lassen,' " 182. **33.** Sösemann, "Die Tagebücher Kurt Riezlers," 185. **34.** Mombauer, *Helmuth von Moltke*, 168–9, 177. **35.** Jarausch, *The Enigmatic Chancellor*, 153–5. **36.** Mommsen, "The Debate on German War Aims," 60n16. **37.** Mombauer, *Helmuth von Moltke, 168–9.* **38.** Cecil, *Wilhelm II, 172*; Dülffer, "Kriegserwartung und Kriegsbild," 785; Joll and Martel, *The Origins of the First World War*, 274; Förster, "Im Reich des Absurden," 251–2; Mombauer, *Helmuth von Moltke*, 177, 181. **39.** Förster, "Im Reich des Absurden," 233. **40.** Wolff, *Tagebücher 1914–1919*, 63–5. **41.** Bach, *Deutsche Gesandtschaftsberichte*, 63. **42.** Groener, *Lebenseri nnerungen*, 140. **43.** Stevenson, *Armaments*, 363–4; Mombauer, *Helmuth von Moltke*, 182. **44.** Mombauer, *Helmuth von Moltke*, 135. **45.** Ibid., 173. **46.** Herwig, "From Tirpitz Plan to Schlieffen Plan," 58; Mombauer, *Helmuth von Moltke, 159–60, 212–13.* **47.** Lichnowsky and Delmer, *Heading for the Abyss*, 379–80n. **48.** Sösemann, "Die Tagebücher Kurt Riezlers," 183. **49.** Jarausch, *The Enigmatic Chancellor*, 105. **50.** Herwig, "Imperial Germany," 80; Sösemann, "Die Tagebücher Kurt Riezlers," 183–4. **51.** Sösemann, "Die Tagebücher Kurt Riezlers," 184–5; Lichnowsky and Delmer, *Heading for the Abyss*, 392. **52.** Mombauer, *Helmuth von Moltke, 195n44*; Lichnowsky and Delmer, *Heading for the Abyss*, 381; Sösemann, "Die Tagebücher Kurt Riezlers," 184. **53.** Fesser, *Der Traum vom Platz*, 181. **54.** Lichnowsky and Delmer, *Heading for the Abyss*, 381. **55.** Turner, "Role of the General Staffs," 312; Geiss, *July 1914*, 65. **56.** Fischer, *War of Illusions*, 478; Cecil, *Wilhelm II, 193–6.* **57.** Joll, *1914*, 8. **58.** Kronenbitter, "Die Macht der Illusionen," 531; Williamson, *Austria-Hungary, 199–200.* **59.** Bittner and Ubersberger, *Österreich-Ungarns Aussenpolitik*, 248. **60.** Geiss, *July 1914*, 80–87; Sondhaus, *Franz Conrad von Hötzendorf, 141; Williamson, Austria-Hungary, 197–9.* **61.** Stone, "Hungary and the July Crisis," 166–8; Vermes, *István Tisza, 226; Leslie, "The Antecedents," 343.* **62.** Geiss, *July 1914, 114–15.* **63.** Jelavich, *What the Habsburg Government Knew*, 133. **64.** Williamson, *Austria-Hungary*, 200–201; Geiss, *July 1914*, 90–92. **65.** Williamson, *Austria-Hungary*, 201. **66.** Jelavich, *Russia's Balkan Entanglements*, 256. **67.** BD, vol. XI, 56, pp. 44–5. **68.** Turner, "Role of the General Staffs," 312; Fischer, *War of Illusions, 478–9; Geiss, July 1914, 89–90.* **69.** Hoetzsch, *Die internationalen Beziehungen*, vol. IV, 301–2; Jarausch, *The Enigmatic Chancellor*, 161–2; Hertling and Lerchenfeld-Köfering, *Briefwechsel Hertling-Lerchenfeld*, 307. **70.** BD, vol. XI, 27, pp. 19–20; 45, p. 37; Albertini, *The Origins of the War*, vol. II,

272–5. *71.* Gieslingen, *Zwei Jahrzehnte im Nahen Orient*, 257–61; Albertini, *The Origins of the War*, vol. II, 276–9. *72.* Williamson, *Austria-Hungary*, 201. *73.* Macartney, *The Habsburg Empire*, 808n. *74.* Austro-Hungarian Gemeinsamer Ministerrat, *Protokolle des Gemeinsamen Ministerrates, 150–54; Williamson, Austria- Hungary, 203. *75.* Vermes, *István Tisza*, 232–3. *76.* Albertini, *The Origins of the War*, vol. II, 265. *77.* Geiss, *July 1914*, 142, 149–50, 154. *78.* Macartney, *The Habsburg Empire*, 808n; Hantsch, *Leopold Graf Berchtold*, 602–3. Complete text in Albertini, *The Origins of the War*, vol. II, 286–9. *79.* Gieslingen, *Zwei Jahrzehnte im Nahen Orient*, 267–8; Albertini, *The Origins of the War*, vol. II, 346; Bittner and Ubersberger, *Österreich-Ungarns Aussenpolitik*, 659–63; Cornwall, "Serbia," 72–4. *80.* BD, vol. XI, 92, p. 74; 107, p. 85; Stokes, "Serbian Documents from 1914," 71–4; Cornwall, "Serbia," 75–9, 82. *81.* Kronenbitter, "Die Macht der Illusionen," 536; Kronenbitter, " 'Nur los lassen,' " 159. *82.* Albertini, *The Origins of the War*, vol. II, 373–5; Gieslingen, *Zwei Jahrzehnte im Nahen Orient, 268–72.*

第十九章　欧洲协调的终结

1. MacKenzie and MacKenzie, *The Diary of Beatrice Webb*, vol. III, 203–5. *2.* Kessler, *Journey to the Abyss*, 631–40. *3.* Mombauer, "A Reluctant Military Leader?," 422. *4.* Lieven, *Nicholas II*, 198. *5.* Bestuzhev, "Russian Foreign Policy February–June 1914," 100–101. *6.* Lieven, *Russia and the Origins*, 49. *7.* Rogger, "Russia in 1914," 98–9. *8.* Shukman, *Rasputin*, 58. *9.* Bridge, "The British Declaration of War," 403–4. *10.* Brock and Brock, *H. H. Asquith*, 93, 122–3. *11.* Rose, *King George V*, 157–8. *12.* Hazlehurst, *Politicians at War*, 31. *13.* Messimy, *Mes Souvenirs*, 126–7. *14.* Cronin, *Paris on the Eve*, 427–9. *15.* Afflerbach, "The Topos of Improbable War," 179. *16.* Doughty, "France," 149. *17.* Schmidt, *Frankreichs Aussenpolitik*, 271–2, 278–83. *18.* Ibid., 265–8. *19.* Goldberg, *Life of Jean Jaurès*, 460. *20.* Poincaré, *Au service de la France*, 224–6, 230. *21.* Krumeich, *Armaments and Politics*, 217; Schmidt, *Frankreichs Aussenpolitik, 283.* *22.* Figes, *A People's Tragedy*, 232; Ignat' ev, *50 Let v Stroyu*, 423. *23.* Poincaré, *Au service de la France*, 259, 269–70; Krumeich, *Armaments and Politics, 291n153.* *24.* Poincaré, *Au service de la France*, 246–7. *25.* BD, vol. IX, 101, pp. 80–82. *26.* Ibid., 253–5; Williamson, *Austria-Hungary*, 203. *27.* Schmidt, *Frankreichs Aussenpolitik*, 78. *28.* Hoetzsch, *Die internationalen Beziehungen*, vol. IV, 128. *29.* Bridge, *How the War Began*, 27. *30.* Lieven, *Nicholas II*, 201; Lieven, *Russia and the Origins*, 108–9. *31.* Turner, "The Russian Mobilization," 74. *32.* Ibid., 78. *33.* Hayne, *French Foreign Office*, 116–21; Schmidt, *Frankreichs Aussenpolitik, 227–8; Cairns, "International Politics," 285. *34.* BD, vol. IX, 101, pp. 80–2. *35.* Turner, "The Russian Mobilization," 81, 83. *36.* Schmidt, *Frankreichs Aussenpolitik*, 89–91. *37.* Doughty, "France," 146–7. *38.* Schmidt, *Frankreichs Aussenpolitik*, 202–4. *39.* Bittner and Ubersberger, *Österreich-*

Ungarns Aussenpolitik, 805. *40*. Bark, "Iul' skie Dni 1914 Goda," 32–4; Bridge, *How the War Began, 30–32; Ignat'ev, Vneshniaia Politika Rossii, 1907–1914*, 213–14. *41*. BD, vol. IX, 125, pp. 93–4. *42*. Turner, "The Russian Mobilization," 76–7. *43*. Ibid., 77, 80. *44*. Rosen, *Forty Years of Diplomacy, 163*. *45*. Stengers, "Belgium," 158. *46*. Schmidt, *Frankreichs Aussenpolitik*, 335–42; Poincaré, *Au service de la France*, 288; Krumeich, *Armaments and Politics*, 219–20. *47*. Turner, "The Russian Mobilization," 82–3; Poincaré, *Au service de la France*, 302; Doughty, "French Strategy in 1914," 443. *48*. Lichnowsky and Delmer, *Heading for the Abyss*, 375. *49*. Nicolson, *Portrait of a Diplomatist*, 295. *50*. Ibid., 301. *51*. Bridge, "The British Declaration of War," 407; Haldane, *An Autobiography, 288–9; Cecil, Albert Ballin*, 205–9. *52*. Bridge, "The British Declaration of War," 408; Wilson, *The Policy of the Entente, 135–6; BD, vol. XI, 91, pp. 73–4; 104, pp.* 83–4. *53*. Geiss, *July 1914*, 183–4. *54*. Bülow, *Memoirs of Prince Von Bülow*, vol. III, 122–3. *55*. Lichnowsky and Delmer, *Heading for the Abyss*, 368–469. *56*. Nicolson, *Portrait of a Diplomatist*, 301. *57*. Hobhouse, *Inside Asquith's Cabinet, 176–7*; Robbins, *Sir Edward Grey, 289–90. 58.* BD, vol. IX, 185, p. 128. *59*. BD, vol. IX, 170, pp. 120–1. *60*. BD, vol. IX, 216, p. 148. *61*. Eubank, *Paul Cambon*, 171. *62*. Ibid., 169. *63*. Trumpener, "War Premeditated?," 66–7; Bittner and Ubersberger, *Österreich-Ungarns Aussenpolitik*, 739, 741. *64*. Cecil, *Wilhelm II*, 202–3. *65*. Bridge, *Russia*, 52. *66*. BD, vol. IX, 135, p. 99; 147, p. 103; *The Times*, July 27, 1914; Bark, "Iul' skie Dni 1914 Goda," 26; Bittner and Ubersberger, *Österreich-Ungarns Aussenpolitik*, 759; Verhey, *Spirit of 1914*, 28–31. *67*. BD, vol. XI, 162, p. 116; 245, pp. 160–61. *68*. Renzi, "Italy' s Neutrality," 1419–20. *69*. Ibid., 1421–2. *70*. Hobhouse, *Inside Asquith's Cabinet, 177*. *71*. Williamson, *Politics of Grand Strategy*, 345. *72*. Afflerbach, "Wilhelm II as Supreme Warlord," 432. *73*. Ignat'ev, *Vneshniaia politika Rossii, 1907–1914*, 218–19. *74*. Geiss, *July 1914*, 283. *75*. Jarausch, *The Enigmatic Chancellor*, 171. *76*. Albertini, *The Origins of the War*, vol. II, 460–61. *77*. Vermes, *István Tisza*, 234. *78*. Rosen, *Forty Years of Diplomacy, 163*.

第二十章　欧洲和平的最后一周

1. Zweig, *The World of Yesterday*, 243–5. *2*. BD, vol. XI, 270, p. 174; Poincaré, *Au service de la France*, 368. *3*. Keiger, *Raymond Poincaré, 171*. *4*. Schmidt, *Frankreichs Aussenpolitik*, 335–42; Turner, "The Russian Mobilization," 83. *5*. Schmidt, *Frankreichs Aussenpolitik*, 345–7; Herwig, *The Marne*, 17. *6*. Lieven, *Nicholas II*, 199–200. *7*. Geiss, *July 1914*, 260–61. *8*. Ibid. *9*. Bridge, *Russia*, 50; Turner, "The Russian Mobilization," 86. *10*. Ibid., 87–8. *11*. Ibid., 78; Geiss, *July 1914*, 291. *12*. Cimbala, "Steering through Rapids," 387. *13*. Bridge, *How the War Began*, 65–6; Bark, "Iul' skie Dni 1914 Goda," 31–2; Kleinmichel, *Memories of a Shipwrecked World*, 202–3. *14*. Cecil, *Wilhelm II*, 204–5. *15*. Geiss, *July 1914*, 284–5; Fuller, *Strategy and Power in Russia*, 447; Jarausch, *The*

Enigmatic Chancellor, 168–9. *16.* Ekstein and Steiner, "The Sarajevo Crisis," 404; Williamson, *Politics of Grand Strategy, 347. 17.* Hankey, *The Supreme Command*, 154–6. *18.* Geiss, *July 1914*, 288–90. *19.* Albertini, *The Origins of the War*, vol. II, 300–302; Geiss, *July 1914, 296–7; Turner, "The Russian Mobilization," 86. 20.* Verhey, *Spirit of 1914, 17–*20. *21.* Ibid., 53–6. *22.* Jarausch, *The Enigmatic Chancellor*, 151–2, 164, 168–9. *23.* Geiss, *July 1914*, 291–2, 308–9. *24.* Turner, "Role of General Staffs," 315. *25.* Ibid. *26.* Austro-Hungarian Gemeinsamer Ministerrat, *Protokolle des Gemeinsamen Ministerrates, 156–7. 27.* Albertini, *The Origins of the War*, vol. II, 669–70. *28.* Geiss, *July 1914*, 323. *29.* Mombauer, *Helmuth von Moltke*, 199–200; Hewitson, *Germany and the Causes*, 197; Turner, "Role of General Staffs," 314–15. *30.* Cecil, *Wilhelm II*, 204. *31.* BD, vol. XI, 293, pp. 185–6. *32.* BD, vol. XI, 303, p. 193; Robbins, *Sir Edward Grey*, 293–4. *33.* Wilson, *The Policy of the Entente*, 140–3; Hazlehurst, *Politicians at War*, 84–7. *34.* Williamson, *Politics of Grand Strategy*, 349. *35.* BD, vol. XI, 369, pp. 228–9. *36. The Times*, July 29, 30 and 31, 1914. *37.* Bucholz, *Moltke, Schlieffen*, 280–81. *38.* Bach, *Deutsche Gesandtschaftsberichte*, 107. *39.* Mombauer, *Helmuth von Moltke*, 205. *40.* Ibid., 208. *41.* Ibid., 206. *42.* Herwig, "Imperial Germany," 95; Fischer, *War of Illusions*, 502–4. *43.* Jarausch, *The Enigmatic Chancellor*, 174; Verhey, *Spirit of 1914*, 59–60. *44.* Stone, "V. Moltke–Conrad," 216–17. *45.* Albertini, *The Origins of the War*, 670–71; Williamson, *Austria- Hungary*, 206–8. *46.* Stone, "V. Moltke–Conrad," 217. *47.* Afflerbach, "Wilhelm II as Supreme Warlord," 433n22. *48.* Verhey, *Spirit of 1914*, 46–50, 62–4, 68, 71; Stargardt, *The German Idea of Militarism, 145–9. 49.* Mombauer, *Helmuth von Moltke*, 216–20. *50.* Groener, *Lebenseri nnerungen*, 141–2, 145–6. *51.* Mombauer, *Helmuth von Moltke*, 219–24. *52.* Ibid., 223–4. *53.* Jarausch, *The Enigmatic Chancellor*, 174–5. *54. The Times*, August 1, 1914. *55.* BD, vol. XI, 510, pp. 283–5. *56.* Robbins, *Sir Edward Grey*, 295; Wilson, *The Policy of the Entente*, 136–7; Brock and Brock, *H. H. Asquith*, 38. *57.* DDF, 3rd series, 532, pp. 424–5; BD, vol. IX, 447, p. 260. *58.* Nicolson, *Portrait of a Diplomatist*, 304. *59.* Williamson, *Politics of Grand Strategy*, 353n34; Nicolson, *Portrait of a Diplomatist*, 304–5; Hazlehurst, *Politicians at War*, 88. *60.* Bodleian Libraries Oxford, Papers of Sir Eyre Alexander Barby Wichart Crowe, MS. Eng. e.3020, fols. 1–2. *61.* Bridge, *Russia*, 76–9. *62.* Voeikov, *S Tsarem I Bez Tsarya*, 110. *63.* Lieven, *Nicholas II*, 203. *64.* Goldberg, *Life of Jean Jaurès*, 463–4. *65.* Ibid., 465–7; Joll, *The Second International*, 162–6. *66.* Goldberg, *Life of Jean Jaurès*, 469–72. *67.* Poincaré, *Au service de la France*, 432–3. *68.* Keiger, *Raymond Poincaré*, 174–7; Albertini, *The Origins of the War, vol. III, 88–91. 69.* Albertini, *The Origins of the War*, vol. III, 85, 89; Krumeich, *Armaments and Politics, 227. 70.* Albertini, *The Origins of the War*, vol. III, 106–7; Keiger, *Raymond Poincaré, 180–82. 71.* Keiger, *Raymond Poincaré*, 189. *72.* Wilson, *The Policy of the Entente, 147n82*; Lichnowsky and Delmer, *Heading for the Abyss*, 422. *73.* Adam, *Bonar Law*, 170. *74.* Hazlehurst, *Politicians at War*, 96–7; Brock and Brock, *H. H. Asquith, 145; Wilson, The Policy of the Entente, 136ff.* **75.** Hankey, *The Supreme Command,* 161–2; Hazlehurst, *Politicians at War,* 97–100. **76.** Geiss, *July 1914,* 231. **77.** Stengers, "Belgium," 152–5. **78.** Ibid., 161–3. **79.** BD, vol. XI, 670, pp. 349–50; Tuchman, *The Guns of August,* 107–8; *The Times,* August 4, 1914. **80.** Brock and Brock, *H. H. Asquith,* 150. **81.** Grey, *Twenty-Five Years,* vol. II, 12–13. **82.** Robbins, *Sir Edward Grey,* 296. **83.** Grey, *Twenty-Five Years,* vol. II, 20; Nicolson, *Portrait of a Diplomatist, 305–6.* **84.** Grey, *Twenty-Five Years,* vol. II, 321–2; Wilson, *The Policy of the Entente, 145–6; Great Britain, Parliamentary Debates,* Commons, 5th series, vol. LXV, 1914, cols. 1809–34; *The Times,* August 4, 1914. **85.** Hazlehurst, *Politicians at War,* 32; Grigg, *Lloyd George,* 154. **86.** BD, vol. IX, 147, pp. 240–41; Schoen, *Memoirs of an Ambassador, 200–201, 204.* **87.** Krumeich, *Armaments and Politics,* 229. **88.** *The Times,* August 5, 1914. **89.** Joll, *The Second International,* 171–6. **90.** Hollweg, *Reflections on the World War, 1*58n; Jarausch, *The Enigmatic Chancellor, 176–7; BD, vol. XI, 671, pp. 350–54.* **91.** Jarausch, *The Enigmatic Chancellor,* 181. **92.** Cecil, *Wilhelm II,* 208–9. **93.** Williamson, *Politics of Grand Strategy,* 361. **94.** Gregory, *Walter Hines Page,* 51–2. **95.** Ibid., 151. **96.** *Joll, 1914, 15.* **97.** Lubbock, *Letters of Henry James,* 389.

尾声 战争

1. Morison, *Letters of Theodore Roosevelt,* 790. **2.** Bosworth, *Italy and the Approach,* 78. **3.** Brock and Brock, *H. H. Asquith,* 130n2. **4.** Bond, *The Victorian Army and the Staff College,* 294–5, 303. **5.** Strachan, *The First World War,* vol. I, 239–42. **6.** Ibid., 278–9. **7.** Kessler, *Journey to the Abyss,* 857–8. **8.** Smith, *One Morning in Sarajevo,* 264–8. **9.** Fuller, *The Foe Within,* ch. 8, passim. **10.** Craig, *Germany, 1866–1945,* 368. **11.** Cecil, *Wilhelm II,* 210–12. **12.** Ibid., 296. **13.** Joll, *1914,* 6. **14.** For a good description of Wilhelm's last years, see Cecil, *Wilhelm II, chs. 14–16.*

参考文献

Adam, R. J. Q., *Bonar Law* (London, 1999)

Adamthwaite, A., *Grandeur and Misery: France's Bid for Power in Europe 1914–1940* (New York, 1995)

Addison, M. and O' Grady, J., *Diary of a European Tour, 1900* (Montreal, 1999) Aehrenthal, A. L. v., *Aus dem Nachlass Aehrenthal. Briefe und Dokumente zur Österreichisch-Ungarischen Innen- und Aussenpolitik 1885–1912 (Graz, 1994)*

Afflerbach, H., *Der Dreibund. Europäische Großmacht- und Allianzpolitik vor dem Ersten Weltkrieg (Vienna, 2002)*

——, *Falkenhayn. Politisches Denken und Handeln im Kaiserreich* (Munich, 1994)

——, "The Topos of Improbable War in Europe before 1914," in H. Afflerbach and D. Stevenson (eds.), *An Improbable War? The Outbreak of World War I and European Political Culture before 1914 (New York, 2007), 161–82*

——, "Wilhelm II as Supreme Warlord in the First World War," *War in History*, vol. 5, no. 4 (1998), 427–9

Airapetov, O. R. (ed.), *Generalui, Liberalui i Predprinimateli: Rabota Na Front i Na Revolyutsiyu 1907–1917 (Moscow, 2003)*

——, *Poslednyaya Voina Imperatorskoi Rossii: Sbornik Statei* (Moscow, 2002)

——, "K voprosu o prichinah porazheniya russkoi armii v vostochno-prusskoi operatsii," zapadrus.su/rusmir/istf/327–2011–04–26–13–04–00.html Albertini, L., *The Origins of the War of 1914*, 3 vols. (London, 1957) Allain, J., *Joseph Caillaux: Le Défi victorieux, 1863–1914* (Paris, 1978)

Anderson, M. S., *The Rise of Modern Diplomacy, 1450–1919* (London, 1993)

Andrew, C., "France and the German Menace," in E. R. May (ed.), *Knowing One's Enemies: Intelligence Assessments before the Two World Wars* (Princeton, 1986), 127–49

——, *Théophile Delcassé and the Making of the Entente Cordiale: A Reappraisal of French Foreign Policy 1898–1905 (London, 1968) Angell, N., The Great Illusion (Toronto, 1911)*

Angelow, J., *Der Weg in die Katastrophe: Der Zerfall des alten Europa, 1900–1914* (Berlin, 2010)

——, "Der Zweibund zwischen Politischer auf- und militärischer Abwertung," *Mitteilungen des Österreichischen Staatsarchivs*, vol. 44 (1996), 25–74

Armour, I. D., "Colonel Redl: Fact and Fantasy," *Intelligence and National Security*, vol. 2, no. 1 (1987), 170–83

Austro-Hungarian Gemeinsamer Ministerrat, *Protokolle des Gemeinsamen Ministerrates der Österreichisch-Ungarischen Monarchie (1914–1918) (Budapest, 1966)*

Bach, A. (ed.), *Deutsche Gesandtschaftsberichte zum Kriegsausbruch 1914. Berichte und Telegramme der Badischen, Sächsischen und Württembergischen Gesandtschaften in Berlin aus dem Juli und August 1914* (Berlin, 1937)

Baernreither, J. M. and Redlich, J., *Fragments of a Political Diary* (London, 1930) Balfour, M. L. G., *The Kaiser and His Times* (New York, 1972)

Bánffy, M., *They Were Divided: The Writing on the Wall* (Kindle version, 2010) Barclay, T., *Thirty Years: Anglo-French Reminiscences, 1876–1906* (London, 1914)

Bark, P. L., "Iul' skie Dni 1914 Goda: Nachalo Velikoy Voinui. Iz Vospominany P. L. Barka, Poslednego Ministra Finansov Rossiiskogo Imperatorskogo Pravitel' Stva," *Vozrozhdenie*, no. 91 (1959), 17–45

Barraclough, G., *From Agadir to Armageddon: Anatomy of a Crisis* (London, 1982)

Becker, J. J., *1914, Comment les Français sont entrés dans la Guerre: Contribution à l'étude de l'opinion publique printemps-été 1914* (Paris, 1977)

Beesly, E. S., *Queen Elizabeth* (London, 1906)

Berghahn, V., *Germany and the Approach of War in 1914* (London, 1973)

——, "War Preparations and National Identity in Imperial Germany," in M. F. Boemeke, R. Chickering, and S. Förster (eds.), *Anticipating Total War: The German and American Experiences, 1871–1914 (Cambridge, 1999), 307–26*

Bernhardi, F. v., *Germany and the Next War* (London, 1914)

Bestuzhev, I. V., "Russian Foreign Policy February–June 1914," *Journal of Contemporary History, vol. 1, no. 3 (1966), 93–112*

Bethmann Hollweg, T. v., *Reflections on the World War* (London, 1920) Beyens, H., *Germany before the War* (London, 1916)

Bittner, L. and Ubersberger, H. (eds.), *Österreich-Ungarns Aussenpolitik von der Bosnischen Krise 1908 bis zum Kriegsausbruch 1914. Diplomatische Aktenstücke des Österreichisch-*

Ungarischen Ministeriums des Äussern (Vienna, 1930)

Bloch, I. S., *The Future of War in Its Technical Economic and Political Relations: Is War Now Impossible? (Toronto, 1900)*

——., "The Wars of the Future," *Contemporary Review*, vol. 80 (1901), 305–32

Blom, P., *The Vertigo Years: Change and Culture in the West, 1900–1914* (London, 2008)
Bodger, A., "Russia and the End of the Ottoman Empire," in M. Kent (ed.), *The Great Powers and the End of the Ottoman Empire (London, 1996), 76–110*

Boemeke, M. F., Chickering, R., and Förster, S. (eds.), *Anticipating Total War: The German and American Experiences, 1871–1914 (Cambridge, 1999)*

Boghitschewitsch, M. (ed.), *Die auswärtige Politik Serbiens 1903–1914* (Berlin, 1931) Bond, B., *The Victorian Army and the Staff College 1854–1914* (London, 1972)

Bosworth, R., "Britain and Italy's Acquisition of the Dodecanese, 1912–1915," *Historical Journal, vol. 13, no. 4 (1970), 683–705*

——, *Italy and the Approach of the First World War* (London, 1983) Bourdon, G., *The German Enigma* (Paris, 1914)

Boyer, J. W., "The End of an Old Regime: Visions of Political Reform in Late Imperial Austria," *Journal of Modern History*, vol. 58, no. 1 (1986), 159–93

Bridge, F. R., "Austria-Hungary and the Boer War," in K. M. Wilson (ed.), *The International Impact of the Boer War (Chesham, 2001), 79–96*

——, "The British Declaration of War on Austria-Hungary in 1914," *Slavonic and East European Review, vol. 47, no. 109 (1969), 401–22*

——, "The Entente Cordiale, 1904–14: An Austro-Hungarian Perspective," *Mitteilungen des Österreichischen Staatsarchivs, vol. 53 (2009), 335–51*

——, *The Habsburg Monarchy among the Great Powers, 1815–1918* (New York, 1990)

——, "Isvolsky, Aehrenthal, and the End of the Austro-Russian Entente, 1906–8," *Mitteilungen des Österreichischen Staatsarchivs, vol. 20 (1976), 315–62*

——, *From Sadowa to Sarajevo: The Foreign Policy of Austria-Hungary, 1866–1914* (London, 1972)

——, "Tarde Venientibus Ossa: Austro-Hungarian Colonial Aspirations in Asia Minor 1913–14," *Middle Eastern Studies*, vol. 6, no. 3 (1970), 319–30

Bridge, W. C., *How the War Began in 1914* (London, 1925)

Brinker-Gabler, G. (ed.), *Kämpferin für den Frieden: Bertha von Suttner. Lebenserinnerungen, Reden und Schriften: Eine Auswahl* (Frankfurt am Main, 1982)

Brock, Michael and Brock, Eleanor (eds.), *H. H. Asquith: Letters to Venetia Stanley* (Oxford, 1982)

Brusilov, A. A., *A Soldier's Notebook 1914–1918* (London, 1930) Bülow, B., *Memoirs of Prince von Bülow*, 3 vols. (Boston, 1931)

Burkhardt, J., "Kriegsgrund Geschichte? 1870, 1813, 1756—historische Argumente und Orientierungen bei Ausbruch des Ersten Weltkriegs," in J. Burkhardt, J. Becker, S. Förster, and G. Kronenbitter (eds.), *Lange und kurze Wege in den Ersten Weltkrieg: Vier Augsburger Beitraeger zur Kriesursachenforschung* (Munich, 1996), 9–86

Burkhardt, J., Becker, J., Förster, S., and Kronenbitter, G. (eds.), *Lange und kurze Wege in den Ersten Weltkrieg: Vier Augsburger Beitraeger zur Kriesursachenforschung (Munich, 1996) Burrows, M., The History of the Foreign Policy of Great Britain (London, 1895)*

Bushnell, J., "The Tsarist Officer Corps, 1881–1914: Customs, Duties, Inefficiency," *American Historical Review, vol. 86, no. 4 (1981), 753–80*

Butterworth, A., *The World That Never Was: A True Story of Dreamers, Schemers, Anarchists and Secret Agents* (London, 2010)

Cairns, J. C., "International Politics and the Military Mind: The Case of the French Republic, 1911–1914," *Journal of Modern History*, vol. 25, no. 3 (1953), 273–85

Callwell, C. E., *Field-Marshal Sir Henry Wilson: His Life and Diaries*, 2 vols. (London, 1927) Cambon, P., *Correspondance, 1870–1924*, vol. III: *1912–1924* (Paris, 1940–46)

Cannadine, D., *The Decline and Fall of the British Aristocracy* (New Haven, CT, 1990)

Cannadine, D., Keating, J., and Sheldon, N., *The Right Kind of History: Teaching the Past in Twentieth-Century England (New York, 2012)*

Carter, M., *The Three Emperors: Three Cousins, Three Empires and the Road to World War One* (London, 2009)

Ceadel, M., *Living the Great Illusion: Sir Norman Angell, 1872–1967* (Oxford, 2009)

——, *Semi-Detached Idealists: The British Peace Movement and International Relations, 1854–1945 (Oxford, 2000)*

Cecil, G., *Life of Robert Marquis of Salisbury*, 4 vols. (London, 1921–32)

Cecil, L., *Albert Ballin: Business and Politics in Imperial Germany, 1888–1918* (Princeton, 1967)

——, *The German Diplomatic Service, 1871–1914* (Princeton, 1976)

——, *Wilhelm II*, vol. II: *Emperor and Exile, 1900–1941* (Chapel Hill, 1989) Chandler, R., "Searching for a Saviour," *Spectator*, March 31, 2012

Charykov, N. V., *Glimpses of High Politics: Through War & Peace, 1855–1929* (London, 1931) Chickering, R., *Imperial Germany and a World without War: The Peace Movement and German Society, 1892–1914 (Princeton, 1975)*

——, "Problems of a German Peace Movement, 1890–1914," in S. Wank (ed.), *Doves and Diplomats: Foreign Offices and Peace Movements in Europe and America in the Twentieth Century* (London, 1978), 42–54

——, "War, Peace, and Social Mobilization in Imperial Germany," in C. Chatfield and P. Van den Dungen (eds.), *Peace Movements and Political Cultures* (Knoxville, 1988), 3–22

Churchill, W. S., *The World Crisis, 1911–1918*, vol. I: *1911–1914* (London, 1923)

Cimbala, S. J., "Steering through Rapids: Russian Mobilization and World War I," *Journal of Slavic Military Studies, vol. 9, no. 2 (1996), 376–98*

Clark, C., *Iron Kingdom: The Rise and Downfall of Prussia, 1600–1947* (London, 2007)

——, *Kaiser Wilhelm II* (Harlow, 2000)

——, *The Sleepwalkers: How Europe Went to War in 1914* (London, 2012) Clifford, C., *The Asquiths* (London, 2002)

Cooper, M. B., "British Policy in the Balkans, 1908–1909," *Historical Journal*, vol. 7, no. 2 (1964), 258–79

Cooper, S. E., "Pacifism in France, 1889–1914: International Peace as a Human Right," *French Historical Studies, vol. 17, no. 2 (1991), 359–86*

——, *Patriotic Pacifism: Waging War on War in Europe, 1815–1914* (Oxford, 1991) Cornwall, M., "Serbia," in K. M. Wilson (ed.), *Decisions for War, 1914* (London, 1995)

Craig, G. A., *Germany, 1866–1945* (Oxford, 1978)

——, *The Politics of the Prussian Army, 1640–1945* (Oxford, 1964)

Crampton, R. J., "August Bebel and the British Foreign Office," *History*, vol. 58, no. 193 (1973), 218–32

——, "The Balkans as a Factor in German Foreign Policy, 1912–1914," *Slavonic and East European Review, vol. 55, no. 3 (1977), 370–90*

——, "The Decline of the Concert of Europe in the Balkans, 1913–1914, *Slavonic and East European Review, vol. 52, no. 128 (1974), 393–419*

——, *The Hollow Detente: Anglo-German Relations in the Balkans, 1911–1914* (London, 1979)

Cronin, V., *Paris on the Eve, 1900–1914* (London, 1989)

Csáky, I., *Vom Geächteten zum Geächteten: Erinnerungen des k. und k. Diplomaten und k. Ungarischen Aussenministers Emerich Csaky (1882–1961) (Weimar, 1994)* Czernin, C. O., *In the World War (London, 1919)*

Dangerfield, G., *The Strange Death of Liberal England, 1910–1914* (New York, 1961)

De Burgh, E., *Elizabeth, Empress of Austria: A Memoir* (London, 1899)

Deák, I., *Beyond Nationalism: A Social and Political History of the Habsburg Officer Corps, 1848–1918 (Oxford, 1992)*

Dedijer, V., *The Road to Sarajevo* (London, 1967)

Diószegi, I., *Hungarians in the Ballhausplatz: Studies on the Austro-Hungarian Common Foreign Policy (Budapest, 1983)*

Dockrill, M. L., "British Policy during the Agadir Crisis of 1911," in F. H. Hinsley (ed.), *British Foreign Policy under Sir Edward Grey (Cambridge, 1977), 271–87*

Doughty, R., "France," in R. F. Hamilton and H. H. Herwig (eds.), *War Planning, 1914*

(Cambridge, 2010), 143–74

——, "French Strategy in 1914: Joffre's Own," *Journal of Military History*, vol. 67 (2003), 427–54

——, *Pyrrhic Victory: French Strategy and Operations in the Great War* (London, 2005) Dowler, W., *Russia in 1913* (DeKalb, 2010)

Dülffer, J., "Chances and Limits of Arms Control 1898–1914," in H. Afflerbach and D. Stevenson (eds.), *An Improbable War: The Outbreak of World War I and European Political Culture before 1914 (Oxford, 2007), 95–112*

——, "Citizens and Diplomats: The Debate on the First Hague Conference (1899) in Germany," in C. Chatfield and P. Van den Dungen (eds.), *Peace Movements and Political Cultures* (Knoxville, 1988), 23–39

——, "Efforts to Reform the International System and Peace Movements before 1914," *Peace & Change, vol. 14, no. 1 (1989), 24–45*

——, "Kriegserwartung und Kriegsbild in Deutschland vor 1914," in W. Michalka (ed.), *Der Erste Weltkrieg: Wirkung, Wahrnehmung, Analyse (Munich, 1994), 778–98*

Dumas, F. G. (ed.), *The Franco-British Exhibition: Illustrated Review, 1908* (London, 1908) Dungen, P. v. d., "Preventing Catastrophe: The World's First Peace Museum," *Ritsumeikan Journal of International Studies, vol. 18, no. 3 (2006), 449–62*

Eby, C., *The Road to Armageddon: The Martial Spirit in English Popular Literature, 1870–1914* (Durham, NC, 1987)

Echevarria, A. J., "Heroic History and Vicarious War: Nineteenth-Century German Military History Writing," *The Historian*, vol. 59, no. 3 (1997), 573–90

——, "On the Brink of the Abyss: The Warrior Identity and German Military Thought before the Great War," *War & Society*, vol. 13, no. 2 (1995), 23–40

Eckardstein, H. F. v. and Young, G., *Ten Years at the Court of St. James', 1895–1905* (London, 1921)

Einem, K. v., *Erinnerungen eines Soldaten*, 4th edn. (Leipzig, 1933)

Ekstein, M. and Steiner, Z., "The Sarajevo Crisis," in F. H. Hinsley (ed.), *British Foreign Policy under Sir Edward Grey* (Cambridge, 1977), 397–410

Epkenhans, M., *Tirpitz: Architect of the German High Seas Fleet* (Washington, DC, 2008)

——, "Wilhelm II and 'His' Navy, 1888–1918," in A. Mombauer and W. Deist (eds.), *The Kaiser: New Research on Wilhelm II's Role in Imperial Germany (Cambridge, 2003), 12–36*

Esher, R., *Journals and Letters of Reginald, Viscount Esher* (London, 1934–8) Eubank, K., *Paul Cambon: Master Diplomatist* (Norman, OK, 1960)

——, "The Fashoda Crisis Re-Examined," *The Historian*, vol. 22, no. 2 (1960), 145–62

Evera, S. V., "The Cult of the Offensive and the Origins of the First World War," in S. E.

Miller, S. M. Lynn-Jones, and S. Van Evera (eds.), *Military Strategy and the Origins of the First World War (Princeton, 1991), 59–108*

Exposition Universelle Internationale de 1900, *1900 Paris Exposition: Guide pratique de visiteur de Paris et de l'Exposition* ... (Paris, 1900)

Feldman, G. D., "Hugo Stinnes and the Prospect of War before 1914," in M. F. Boemeke, R. Chickering, and S. Förster (eds.), *Anticipating Total War: The German and American Experiences, 1871–1914 (Cambridge, 1999), 77–95*

Fellner, F., "Die 'Mission Hoyos,' " in H. Maschl and B. Mazohl-Wallnig (eds.), *Vom Dreibund zum Völkerbund. Studien zur Geschichte der internationalen Beziehungen, 1882–1919* (Vienna, 1994), 112–41

Ferguson, N., *The Pity of War* (New York, 1999)

Fesser, G., *Reichskanzler Fürst von Bülow. Architekt der Deutschen Weltpolitik* (Leipzig, 2003)

——, *Der Traum vom Platz an der Sonne. Deutsche "Weltpolitik" 1897–1914* (Bremen, 1996) Figes, O., *A People's Tragedy: The Russian Revolution, 1891–1924* (London, 1996)

Fischer, F., "The Foreign Policy of Imperial Germany and the Outbreak of the First World War," in G. Schöllgen (ed.), *Escape into War? The Foreign Policy of Imperial Germany* (New York, 1990), 19–40

——, *Germany's Aims in the First World War* (London, 1967)

——, *War of Illusions: German Policies from 1911 to 1914* (New York, 1975)

Fisher, J. A. F. and Marder, A. J., *Fear God and Dread Nought: The Correspondence of Admiral of the Fleet Lord Fisher of Kilverstone* (London, 1952)

Foley, R. T., "Debate—the Real Schlieffen Plan," *War in History*, vol. 13, no. 1 (2006), 91–115

——, *German Strategy and the Path to Verdun: Erich von Falkenhayn and the Development of Attrition, 1870–1916 (Cambridge, 2005)*

Förster, S., "Der Deutschen Generalstab und die Illusion des kurzen Krieges, 1871–1914," *Militärgeschichtliche Mitteilungen, vol. 54 (1995), 61–95*

——, *Der doppelte Militarismus. Die deutsche Heeresrüstungpolitik zwischen Status-quo-Sicherung und Aggression. 1890–1913* (Stuttgart, 1985)

——, "Dreams and Nightmares: German Military Leadership and Images of Future Warfare, 1871–1914," in M. F. Boemeke, R. Chickering, and S. Förster (eds.), *Anticipating Total War: The German and American Experiences, 1871–1914* (Cambridge, 1999), 343–76

——, "Facing 'People's War' : Moltke the Elder and Germany's Military Options after 1871," *Journal of Strategic Studies*, vol. 10, no. 2 (1987), 209–30

——, "Im Reich des Absurden. Die Ursachen des Ersten Weltkriegs," in B. Wegner (ed.), *Wie Kriege entstehen. Zum historischen Hintergrund von Staatskonflikten (Munich, 2000),*

211–52

France. Ministère des Affaires Étrangères, *Documents diplomatiques français, 1871–1914*, 3rd series

French, D., "The Edwardian Crisis and the Origins of the First World War," *International History Review, vol. 4, no. 2 (1982), 207–21*

Freud, S., *Civilization and Its Discontents* (New York, 1962)

Fuller, W. C., *The Foe Within: Fantasies of Treason and the End of Imperial Russia* (Ithaca, 2006)

——, "The Russian Empire," in E. R. May (ed.), *Knowing One's Enemies: Intelligence Assessment before the Two World Wars (Princeton, 1986), 98–126*

——, *Strategy and Power in Russia, 1600–1914* (New York, 1992)

Funder, F., *Vom Gestern ins Heute. Aus dem Kaiserreich in die Republik* (Vienna, 1953)

Gardiner, A. G., *Pillars of Society* (London, 1916)

Geinitz, C., *Kriegsfurcht und Kampfbereitschaft. Das Augusterlebnis in Freiburg. Eine Studie zum Kriegsbeginn 1914 (Essen, 1998)*

Geiss, I., "Deutschland und Österreich-Ungarn beim Kriegsausbruch 1914. Eine machthistorische Analyse," in M. Gehler (ed.), *Ungleiche Partner? Österreich und Deutschland in ihrer gegenseitigen Wahrnehmung. Historische Analysen und Vergleiche aus dem 19. und 20. Jahrhundert (Stuttgart, 1996), 375–95*

Geiss, I. (ed.), *July 1914: The Outbreak of the First World War: Selected Documents* (London, 1967)

Geppert, D., "The Public Challenge to Diplomacy: German and British Ways of Dealing with the Press, 1890–1914," in M. Mösslang and T. Riotte (eds.), *The Diplomats' World: A Cultural History of Diplomacy, 1815–1914* (Oxford, 2008), 133–64

German Foreign Office, *Die grosse Politik der Europäischen Kabinette 1871–1914. Sammlung der diplomatischen Akten des auswärtigen Amtes*, vol. XXXIX: *Das Nahen des Weltkrieges, 1912–1914 (Berlin, 1926)*

Geyer, D., *Russian Imperialism: The Interaction of Domestic and Foreign Policy, 1860–1914* (Leamington Spa, 1987)

Gieslingen, W. G. v., *Zwei Jahrzehnte im Nahen Orient: Aufzeichnungen des Generals der Kavallerie Baron Wladimir Giesl (Berlin, 1927)*

Gildea, R., *Barricades and Borders: Europe, 1800–1914* (Oxford, 1996) Gilmour, D., *Curzon* (London, 1994)

Goldberg, H., *The Life of Jean Jaurès* (Madison, 1968)

Gooch, G. P. and Temperley, H. W. (eds.), *British Documents on the Origins of the War, 1898–1914, vols. I–XI (London, 1926–38)*

Gooch, J., "Attitudes to War in Late Victorian and Edwardian England," in B. Bond and I.

Roy (eds.), *War and Society: A Yearbook of Military History* (New York, 1975), 88–102

——, "Italy before 1915," in E. R. May (ed.), *Knowing One's Enemies: Intelligence Assessments before the Two World Wars (Princeton, 1986), 205–33*

Gordon, D. C., "The Admiralty and Dominion Navies, 1902–1914," *Journal of Modern History, vol. 33, no. 4 (1961), 407–22*

Gregory, R., *Walter Hines Page: Ambassador to the Court of St. James's* (Lexington, 1970)

Grey, E., *Twenty-Five Years, 1892–1916*, 2 vols. (London, 1925)

Grigg, J., *Lloyd George: The People's Champion, 1902–1911* (Berkeley, 1978)

——, *Lloyd George: From Peace to War, 1912–1916* (London, 1985)

Groener, W., *Lebenserinnerungen. Jugend, Generalstab, Weltkrieg* (Göttingen, 1957)

Groh, D., "The 'Unpatriotic Socialists' and the State," *Journal of Contemporary History*, vol. 1, no. 4 (1966), 151–77

Haldane, R. B. H., *An Autobiography* (London, 1929)

——, *Before the War* (London, 1920)

Hamilton, G. F., *Parliamentary Reminiscences and Reflections, 1886–1906* (London, 1922)

Hamilton, R. F., "War Planning: Obvious Needs, Not so Obvious Solutions," in R. F. Hamilton and H. H. Herwig (eds.), *War Planning: 1914* (Cambridge, 2009)

Hamilton, R. F. and Herwig, H., *Decisions for War, 1914–1917* (Cambridge, 2005)

——, *The Origins of World War I* (Cambridge, 2003)

——, *War Planning 1914* (Cambridge, 2010)

Hankey, M. P. A. H., *The Supreme Command, 1914–1918* (London, 1961) Hantsch, H., *Leopold Graf Berchtold: Grandseigneur und Staatsmann* (Graz, 1963)

Harris, R., *The Man on Devil's Island: Alfred Dreyfus and the Affair that Divided France* (London, 2010)

Haupt, G., *Socialism and the Great War: The Collapse of the Second International* (Oxford, 1972)

Hayne, M. B., *The French Foreign Office and the Origins of the First World War, 1898–1914* (Oxford, 1993)

——, "The Quai d' Orsay and Influences on the Formulation of French Foreign Policy, 1898–1914," *French History*, vol. 2, no. 4 (1988), 427–52

Hazlehurst, C., *Politicians at War, July 1914 to May 1915: A Prologue to the Triumph of Lloyd George (London, 1971)*

Heinrich, F., *Geschichte in Gesprächen. Aufzeichnungen, 1898–1919* (Vienna, 1997)

Helmreich, E., *The Diplomacy of the Balkan Wars, 1912–1913* (London, 1938)

Herring, G., *From Colony to Superpower: US Foreign Relations since 1776* (Oxford, 2008) Herrmann, D. G., *The Arming of Europe and the Making of the First World War* (Princeton, 1997)

Hertling, G., Graf von, and Lerchenfeld-Köfering, H., Graf, *Briefwechsel Hertling-Lerchenfeld 1912–1917. Dienstliche Privatkorrespondenz zwischen dem Bayerischen Ministerpräsidenten Georg Graf von Hertling und dem Bayerischen Gesandten in Berlin Hugo Graf von und zu Lerchenfeld (Boppard am Rhein, 1973)*

Herwig, H., "Conclusions," in R. F. Hamilton and H. Herwig (eds.), *War Planning, 1914* (Cambridge, 2010), 226–56

——, "Disjointed Allies: Coalition Warfare in Berlin and Vienna, 1914," *Journal of Military History, vol. 54, no. 3 (1990), 265–80*

——, "The German Reaction to the Dreadnought Revolution," *International History Review*, vol. 13, no. 2 (1991), 273–83

——, "Imperial Germany," in E. R. May (ed.), *Knowing One's Enemies: Intelligence Assessment before the Two World Wars (Princeton, 1986), 62–97*

——, *"Luxury" Fleet: The Imperial German Navy, 1888–1918* (London, 1987)

——, *The Marne, 1914: The Opening of World War I and the Battle that Changed the World* (New York, 2009)

——, "From Tirpitz Plan to Schlieffen Plan: Some Observations on German Military Planning," *Journal of Strategic Studies*, vol. 9, no. 1 (1986), 53–63

Hewitson, M., *Germany and the Causes of the First World War* (New York, 2004)

——, "Germany and France before the First World War: A Reassessment of Wilhelmine Foreign Policy," *English Historical Review*, vol. 115, no. 462 (2000), 570–606

——, "Images of the Enemy: German Depictions of the French Military, 1890–1914," *War in History*, vol. 11, no. 4 (2004), 4–33

Heywood, A., " 'The Most Catastrophic Question' : Railway Development and Military Strategy in Late Imperial Russia," in T. G. Otte and K. Neilson (eds.), *Railways and International Politics: Paths of Empire, 1848–1945* (New York, 2006), 45–67

Hinsley, F. H. (ed.), *British Foreign Policy under Sir Edward Grey* (Cambridge, 1977)

Hobhouse, C., *Inside Asquith's Cabinet: From the Diaries of Charles Hobhouse* (London, 1977) Hoetzendorf, Gina Agujari-Kárász Conrad von, *Mein Leben mit Conrad von Hötzendorf: Sein geistiges Vermächtnis (Leipzig, 1935)*

Hoetzsch, O. (ed.), *Die Internationalen Beziehungen im Zeitalter des Imperialismus. Dokumente aus den Archiven der Zarischen und der provisorischen Regierung*, vol. IV: *28. Juni Bis 22. Juli 1914 (Berlin, 1932)*

Holstein, F. v., *The Holstein Papers*, ed. N. Rich et al., 4 vols. (Cambridge, 1955)

Hopman, A., *Das ereignisreiche Leben eines "Wilhelminers." Tagebücher, Briefe, Aufzeichnungen 1901 bis 1920 (Munich, 2004)*

House, E. M. and Seymour, C., *The Intimate Papers of Colonel House, 4* vols. (New York, 1926) Howard, C., "The Policy of Isolation," *Historical Journal*, vol. 10, no. 1 (1967),

77–88

Howard, M., "Men against Fire: Expectations of War in 1914," in S. E. Miller, S. M. Lynn-Jones, and S. van Evera (eds.), *Military Strategy and the Origins of the First World War* (Princeton, 1991), 3–19

——, *The Franco-Prussian War: The German Invasion of France, 1870–1871* (London, 1961) Howorth, J., "French Workers and German Workers: The Impossibility of Internationalism, 1900–1914," *European History Quarterly*, vol. 85, no. 1 (1985), 71–97

Hughes, W. M., *Policies and Potentates* (Sydney, 1950)

Hull, I., *The Entourage of Kaiser Wilhelm II, 1888–1918* (Cambridge, 2004) Hynes, S. L., *The Edwardian Turn of Mind* (Princeton, 1968)

Ignat' ev, A. A., *50 Let v Stroyu* (Moscow, 1986)

Ignat' ev, A. V., *Vneshniaia Politika Rossii 1907–1914: Tendentsii, Liudi, Sobytiia* (Moscow, 2000)

Izvol' skiï, A. P. and Seeger, C., *The Memoirs of Alexander Iswolsky, Formerly Russian Minister of Foreign Affairs and Ambassador to France* (London, 1920)

Jarausch, K., *The Enigmatic Chancellor: Bethmann Hollweg and the Hubris of Imperial Germany* (New Haven, CT, 1973)

Jeffery, K., *Field Marshal Sir Henry Wilson: A Political Soldier* (Oxford, 2006)

Jelavich, B., *History of the Balkans*, vol. I: *Eighteenth and Nineteenth Centuries* (Cambridge, 1983)

——, *Russia's Balkan Entanglements 1806–1914* (Cambridge, 1991)

——, "What the Habsburg Government Knew about the Black Hand," *Austrian History Yearbook, vol. XXII (Houston, 1991), 131–50*

Jelavich, C. and Jelavich, B., *The Establishment of the Balkan National States, 1804–1920* (Seattle, 1977)

Johnston, W. M., *The Austrian Mind: An Intellectual and Social History, 1848–1938* (Berkeley, 1972)

Joll, J., *1914: The Unspoken Assumptions: An Inaugural Lecture Delivered 25 April 1968 at the London School of Economics (London, 1968)*

——, *The Second International, 1889–1914* (New York, 1966)

Joll, J. and Martel, G., *The Origins of the First World War* (Harlow, 2007)

Joly, B., "La France et la Revanche (1871–1914)," *Revue d'Histoire Moderne et Contemporaine*, vol. 46, no. 2 (2002), 325–47

Jusserand, J. J., *What Me Befell: The Reminiscences of J. J. Jusserand* (London, 1933)

Kaiser, D. E., "Germany and the Origins of the First World War," *Journal of Modern History*, vol. 55, no. 3 (1983), 442–74

Keiger, J., *France and the Origins of the First World War* (Basingstoke, 1983)

——, "Jules Cambon and Franco-German Detente, 1907–1914," *Historical Journal*, vol. 26, no. 3 (1983), 641–59

——, *Raymond Poincaré* (Cambridge, 1997)

Kennan, G., *Siberia and the Exile System* (New York, 1891)

Kennan, G. F., *The Other Balkan Wars: A 1913 Carnegie Endowment Inquiry in Retrospect* (Washington, DC, 1993)

Kennedy, P. M., "German World Policy and the Alliance Negotiations with England, 1897–1900," *Journal of Modern History*, vol. 45, no. 4 (1973), 605–25

——, "Great Britain before 1914," in E. R. May (ed.), *Knowing One's Enemies: Intelligence Assessment before the Two World Wars (Princeton, 1986), 172–204*

——, *The Rise of the Anglo-German Antagonism, 1860–1914* (London, 1982)

——, *The Rise and Fall of the Great Powers: Economic Change and Military Conflict from 1500 to 2000* (New York, 1987)

——, *The War Plans of the Great Powers, 1860–1914* (London, 1979)

Kennedy, P. M., Nicholls, A. J., *Nationalist and Racialist Movements in Britain and Germany before 1914* (London, 1981)

Kessler, H., *Journey to the Abyss: The Diaries of Count Harry Kessler, 1880–1918* (New York, 2011)

Kießling, F., *Gegen den "Grossen Krieg"?: Entspannung in den internationalen Beziehungen 1911–1914 (Munich, 2002)*

Kipling, R. and Pinney, T., *The Letters of Rudyard Kipling* (Houndmills, 1990) Kissinger, Henry, *Diplomacy* (New York, 1994)

——, "The White Revolutionary: Reflections on Bismarck," *Daedalus*, vol. 97, no. 3 (1968), 888–924

——, *A World Restored: Metternich, Castlereagh and the Problems of Peace, 1812–1822* (Boston, 1957)

Kleinmichel, M., *Memories of a Shipwrecked World: Being the Memoirs of Countess Kleinmichel* (London, 1923)

Kokovtsov, V. N., *Out of My Past: The Memoirs of Count Kokovtsov, Russian Minister of Finance, 1904–1914, Chairman of the Council of Ministers, 1911–1914, ed. H. H. Fisher (London, 1935)*

Kramer, A., *Dynamic of Destruction: Culture and Mass Killing in the First World War* (Oxford, 2008)

Kröger, M., "Imperial Germany and the Boer War," in K. M. Wilson (ed.), *The International Impact of the Boer War (London, 2001), 25–42*

Kronenbitter, G., "Die Macht der Illusionen. Julikrise und Kriegsausbruch 1914 aus der Sicht des Militärattachés in Wien," *Militärgeschichtliche Mitteilungen*, vol. 57 (1998), 519–50

——, " 'Nur los lassen.' Österreich-Ungarn und der Wille zum Krieg," in J. Burkhardt, J. Becker, S. Förster, and G. Kronenbitter (eds.), *Lange und kurze Wege in den Ersten Weltkrieg. Vier Augsburger Beitraeger zur Kriesursachenforschung* (Munich, 1996), 159–87

Krumeich, G., *Armaments and Politics in France on the Eve of the First World War: The Introduction of Three-Year Conscription, 1913–1914 (Leamington Spa, 1984)*

LaFeber, W., *The Cambridge History of American Foreign Relations*, vol. II: *The American Search for Opportunity, 1865–1913* (Cambridge, 1993)

Laity, P., *The British Peace Movement, 1870–1914* (Oxford, 2001)

Lambi, I. N., *The Navy and German Power Politics, 1862–1914* (Boston, 1984)

Langsam, W. C., "Nationalism and History in the Prussian Elementary Schools under William II," in E. M. Earle and C. J. H. Hayes (eds.), *Nationalism and Internationalism: Essays Inscribed to Carlton J. H. Hayes* (New York, 1950)

Laurence, R., "Bertha von Suttner and the Peace Movement in Austria to World War I," *Austrian History Yearbook, vol. 23 (1992), 181–201*

——, "The Peace Movement in Austria, 1867–1914," in S. Wank (ed.), *Doves and Diplomats: Foreign Offices and Peace Movements in Europe and America in the Twentieth Century* (Westport, 1978), 21–41

Lee, D. E., *Europe's Crucial Years: The Diplomatic Background of World War One, 1902–1914* (Hanover, 1974)

Lee, S., *King Edward VII: A Biography*, 2 vols. (London, 1925)

Lerchenfeld-Koefering, Hugo Graf von und zu, *Kaiser Wilhelm II. Als Persönlichkeit und Herrscher (Regensburg, 1985)*

Lerman, K., *The Chancellor as Courtier: Bernhard von Bülow and the Governance of Germany, 1900–1909 (Cambridge, 1990)*

Leslie, J., "The Antecedents of Austria-Hungary' s War Aims: Policies and Policy-Makers in Vienna and Budapest before and during 1914," *Wiener Beiträge zur Geschichte der Neuzeit*, vol. 20 (1993), 307–94

——, "Osterreich-Ungarn vor dem Kriegsausbruch," in R. Melville (ed.), *Deutschland und Europa in der Neuzeit: Festschrift für Karl Otmar Freiherr von Aretin zum 65. Geburtstag* (Stuttgart, 1988), 661–84

Levine, I. D. and Grant, N. F., *The Kaiser's Letters to the Tsar, Copied from the Government Archives in Petrograd, and Brought from Russia by Isaac Don Levine (London, 1920)*

Lichnowsky, K. and Delmer, F. S., *Heading for the Abyss: Reminiscences (London, 1928)*

Lieven, D. C. B., *Nicholas II: Twilight of the Empire (New York, 1993)*

——, "Pro-Germans and Russian Foreign Policy 1890–1914," *International History Review*, vol. 2, no. 1 (1980), 34–54

——, *Russia and the Origins of the First World War* (Basingstoke, 1987)

Lincoln, W. B., *In War's Dark Shadow: The Russians before the Great War* (Oxford, 1994)

Linton, D. S., "Preparing German Youth for War," in M. F. Boemeke, R. Chickering, and S.

Förster (eds.), *Anticipating Total War: The German and American Experiences, 1871–1914* (Cambridge, 1999), 167–88

Lloyd George, D., *War Memoirs of David Lloyd George*, 6 vols. (London, 1933) Lubbock, P. and James, H., *The Letters of Henry James*, 2 vols. (London, 1920)

Lukacs, J., *Budapest 1900: A Historical Portrait of a City and Its Culture* (New York, 1990)

Macartney, C. A., *The Habsburg Empire, 1790–1918* (London, 1968)

MacKenzie, N. and MacKenzie, J. (eds.), *The Diary of Beatrice Webb*, vol. III: *1905–1924* (Cambridge, MA, 1984)

Mahan, A. T., *The Influence of Sea Power upon History, 1660–1805* (Boston, 1890) Mansergh, N., *The Commonwealth Experience: From British to Multiracial Commonwealth* (Toronto, 1983)

Marder, A., *From the Dreadnought to Scapa Flow: The Royal Navy in the Fisher Era, 1904–1919* (Oxford, 1961)

Margutti, A., *The Emperor Francis Joseph and His Times* (London, 1921) Martel, G., *The Origins of the First World War*, 3rd edn. (Harlow, 2003)

Massie, R. K., *Dreadnought: Britain, Germany, and the Coming of the Great War* (New York, 1992)

Maurer, J., "Churchill' s Naval Holiday: Arms Control and the Anglo-German Naval Race, 1912–1914," *Journal of Strategic Studies*, vol. 15, no. 1 (1992), 102–27

——, *The Outbreak of the First World War: Strategic Planning, Crisis Decision Making and Deterrence Failure (Westport, 1995)*

May, E. R. (ed.), *Knowing One's Enemies: Intelligence Assessment before the Two World Wars* (Princeton, 1986)

Mayne, R., Johnson, D., and R. Tombs (eds.), *Cross Channel Currents: 100 Years of the Entente Cordiale (London, 2004)*

McDonald, D. M., *United Government and Foreign Policy in Russia, 1900–1914* (Cambridge, 1992)

McLean, R. R., *Royalty and Diplomacy in Europe, 1890–1914* (Cambridge, 2001)

McMeekin, S., *The Berlin–Baghdad Express: The Ottoman Empire and Germany's Bid for World Power, 1898–1918 (London, 2010)*

——, *The Russian Origins of the First World War* (Cambridge, Mass., 2011)

Menning, B., *Bayonets before Bullets: The Imperial Russian Army, 1861–1914* (Bloomington, Ind., 1992)

——, "The Offensive Revisited: Russian Preparation for Future War, 1906–1914," in David Schimmelpenninck van der Oye, and B. Menning (eds.), *Reforming the Tsar's Army: Military Innovation in Imperial Russia from Peter the Great to the Revolution* (Cambridge, 2004), 215–31

——, "Pieces of the Puzzle: The Role of Lu. N. Danilov and M. V. Alekseev in Russian War Planning before 1914," *International History Review*, vol. 25, no. 4 (2003), 775–98

——, "War Planning and Initial Operations in the Russian Context," in R. F. Hamilton and H. H. Herwig (eds.), *War Planning 1914* (Cambridge, 2010), 80–142

Menning, R., "Dress Rehearsal for 1914? Germany, the Franco-Russian Alliance, and the Bosnian Crisis of 1909," *Journal of the Historical Society*, vol. 12, no. 1 (2012), 1–25

Menning, R. and Menning, C. B., " 'Baseless Allegations' : Wilhelm II and the Hale Interview of 1908," *Central European History*, vol. 16, no. 4 (1983), 368–97

Messimy, A., *Mes Souvenirs: Jeunesse et entrée au Parlement. Ministre des Colonies et de la Guerre en 1911 et 1912: Agadir. Ministre de la Guerre du 16 juin au 16 août 1914: La Guerre. Avec un frontispice et une introduction* (Paris, 1937)

Miliukov, P. N. and Mendel, A. P., *Political Memoirs, 1905–1917* (Ann Arbor, 1967)

Miller, S. E., Lynn-Jones, S. M., and Van Evera, S. (eds.), *Military Strategy and the Origins of the First World War* (Princeton, 1991)

Moltke, H. v., *Erinnerungen, Briefe, Dokumente 1877–1916. Ein Bild vom Kriegsausbruch und Persönlichkeit des ersten militärischen Führers des Krieges*, 2nd edn. (Stuttgart, 1922) Mombauer, A., "German War Plans," in R. F. Hamilton and H. H. Herwig (eds.), *War Planning: 1914* (Cambridge, 2009), 48–79

——, *Helmuth von Moltke and the Origins of the First World War* (Cambridge, 2001)

——, "A Reluctant Military Leader? Helmuth von Moltke and the July Crisis of 1914," *War in History, vol. 6, no. 1 (1999), 417–46*

——, "Of War Plans and War Guilt: the Debacle Surrounding the Schlieffen Plan," *Journal of Strategic Studies*, vol. 28, no. 5 (2008), 857–85

Mommsen, W., "The Debate on German War Aims," *Journal of Contemporary History*, vol. 1, no. 3 (1966), 47–72

——, "Domestic Factors in German Foreign Policy before 1914," *Central European History*, vol. 6, no. 1 (1973), 3–43

Monger, G., *The End of Isolation: British Foreign Policy, 1900–1907* (London, 1963) Morison, E. E. (ed.), *The Letters of Theodore Roosevelt*, 7 vols. (Cambridge, 1954)

Morrill, D. L., "Nicholas II and the Call for the First Hague Conference," *Journal of Modern History, vol. 46, no. 2 (1974), 296–313*

Morris, A. J. A., "The English Radicals' Campaign for Disarmament and the Hague Conference of 1907," *Journal of Modern History*, vol. 43, no. 3 (1971), 367–93

Morris, E., *Theodore Rex* (New York, 2001)

Mortimer, J. S., "Commercial Interests and German Diplomacy in the Agadir Crisis," *Historical Journal, vol. 10, no. 3 (1967), 440–56*

Musulin, A. v., *Das Haus am Ballplatz. Erinnerungen eines Österreich-Ungarischen Diplomaten* (Munich, 1924)

Neilson, K., "The Anglo-Japanese Alliance and British Strategic Foreign Policy, 1902–1914," in P. P. O' Brien (ed.), *The Anglo-Japanese Alliance* (New York, 2004), 48–63

——, *Britain and the Last Tsar: British Policy and Russia, 1894–1917* (Oxford, 1995)

——, "Great Britain," in R. F. Hamilton and H. H. Herwig (eds.), *War Planning, 1914* (Cambridge, 2009), 175–97

Neklyudov, A. V., *Diplomatic Reminiscences before and during the World War, 1911–1917* (London, 1920)

Nicolson, H. G., *Portrait of a Diplomatist: Being the Life of Sir Arthur Nicolson, Bart., First Lord Carnock: A Study in the Old Diplomacy (London, 1930)*

Nish, I., "Origins of the Anglo-Japanese Alliance: In the Shadow of the Dreibund," in P. P. O' Brien (ed.), *The Anglo-Japanese Alliance* (New York, 2004), 8–25

Nolan, M., *The Inverted Mirror: Mythologizing the Enemy in France and Germany, 1898–1914* (New York, 2005)

O' Brien, P. P., "The Costs and Benefits of British Imperialism 1846–1914," *Past and Present*, no. 120 (1988), 163–200

——, "The Titan Refreshed: Imperial Overstretch and the British Navy before the First World War," *Past and Present*, vol. 172, no. 1 (2001), 146–69

O' Brien, P. P. (ed.), *The Anglo-Japanese Alliance* (New York, 2004)

Offer, A., *The First World War: An Agrarian Interpretation* (Oxford, 1991)

——, "Going to War in 1914: A Matter of Honor?," *Politics & Society*, vol. 23, no. 2 (1995), 213–41

Oppel, B., "The Waning of a Traditional Alliance: Russia and Germany after the Portsmouth Peace Conference," *Central European History*, vol. 5, no. 4 (1972), 318–29

Otte, T. G., " 'Almost a Law of Nature?' : Sir Edward Grey, the Foreign Office, and the Balance of Power in Europe, 1905–12," in E. Goldstein and B. J. C. McKercher (eds.), *Power and Stability: British Foreign Policy, 1865–1965* (London, 2003), 75–116

——, " 'An Altogether Unfortunate Affair' : Great Britain and the Daily Telegraph Affair," *Diplomacy and Statecraft, vol. 5, no. 2 (1994), 296–333*

——, "Eyre Crowe and British Foreign Policy: A Cognitive Map," in T. G. Otte and C. A. Pagedas (eds.), *Personalities, War and Diplomacy: Essays in International History* (London, 1997), 14–37

Ousby, I., *The Road to Verdun: France, Nationalism and the First World War* (London,

2003) Paléologue, M. and Holt, F. A., *An Ambassador's Memoirs, 1914–1917* (London, 1973) Palmer, A. W., *Twilight of the Habsburgs: The Life and Times of Emperor Francis Joseph* (London, 1994)

Patterson, D. F., "Citizen Peace Initiatives and American Political Culture, 1865–1920," in C. Chatfield and P. van den Dungen (eds.), *Peace Movements and Political Culture* (Knoxville, 1988), 187–203

Pless, D. F. v. and Chapman-Huston, D., *Daisy, Princess of Pless* (New York, 1929) Poincaré, R., *Au service de la France: Neuf années de souvenirs*, 11 vols. (Paris, 1926–74) Porch, D., "The French Army and the Spirit of the Offensive, 1900–1914," in B. Bond and I.

Roy (eds.), *War and Society: A Yearbook of Military History* (New York, 1975), 117

——, *The March to the Marne: The French Army, 1871–1914* (Cambridge, 1981) Radziwill, C., *Behind the Veil at the Russian Court, by Count Paul Vassili* (London, 1913) Rathenau, W. and Pogge von Strandmann, H., *Walther Rathenau, Industrialist, Banker, Intellectual, and Politician: Notes and Diaries, 1907–1922 (Oxford, 1985)*

Rathenau, W. (ed.), *Briefe* (Dresden, 1926)

Redlich, J., *Emperor Francis Joseph of Austria: A Biography* (New York, 1929)

——, *Schicksalsjahre Österreichs, 1908–1919: Das politische Tagebuch Josef Redlichs* (Graz,1953)

Renzi, W. A., *In the Shadow of the Sword: Italy's Neutrality and Entrance into the Great War, 1914–1915 (New York, 1987)*

Reynolds, M. A., *Shattering Empires: The Clash and Collapse of the Ottoman and Russian Empires, 1908–1918 (Cambridge, 2011)*

Rich, D. A., *The Tsar's Colonels: Professionalism, Strategy, and Subversion in Late Imperial Russia* (Cambridge, 1998)

Rich, N., *Friedrich von Holstein, Politics and Diplomacy in the Era of Bismarck and Wilhelm II*, 4 vols. (Cambridge, 1965)

Ridley, J., *Bertie: A Life of Edward VII* (London, 2012)

Riezler, K., *Tagebücher, Aufsätze, Dokumente* (Göttingen, 1972)

Ritter, G., *The Sword and the Scepter: The Problem of Militarism in Germany*, vol. II: *The European Powers and the Wilhelminian Empire, 1890–1914 (Coral Gables, 1970)*

——, "Zusammenarbeit der Generalstäbe Deutschlands und Österreichs," in C. Hinrichs (ed.), *Zur Geschichte und Problematik der Demokratie. Festgabe für Hans Herzfeld, Professor der Neueren Geschichte an der Freien Universität Berlin, Anlässlich seines fünfundsechzigsten Geburtstages am 22. Juni 1957* (Berlin, 1958), 523–50

Robbins, K., *Sir Edward Grey: A Biography of Lord Grey of Fallodon* (London, 1971) Roberts, A., *Salisbury: Victorian Titan* (London, 1999)

Rogger, H., "Russia in 1914," *Journal of Contemporary History*, vol. 1, no. 4 (1966), 95–119

Rohkrämer, T., "Heroes and Would-be Heroes: Veterans' and Reservists' Associations in Imperial Germany," in M. F. Boemeke, R. Chickering, and S. Förster (eds.), *Anticipating Total War: The German and American Experiences, 1871–1914* (Cambridge, 1999), 189–215

Röhl, J. C. G., "Admiral von Müller and the Approach of War, 1911–1914," *Historical Journal, vol. 12, no. 4 (1969), 651–73*

——, *The Kaiser and His Court: Wilhelm II and the Government of Germany* (Cambridge, 1996)

Rose, K., *King George V* (London, 1983)

Rosen, R. R., *Forty Years of Diplomacy* (London, 1922)

Rossos, A., *Russia and the Balkans: Inter-Balkan Rivalries and Russian Foreign Policy, 1908–1914 (Toronto, 1981)*

Rotte, R., "Global Warfare, Economic Loss and the Outbreak of the Great War," *War in History, vol. 5, no. 4 (1998), 481–93*

Rüger, J., *The Great Naval Game: Britain and Germany in the Age of Empire* (Cambridge, 2007)

——, "Nation, Empire and Navy: Identity Politics in the United Kingdom, 1887–1914," *Past and Present, vol. 185, no. 1 (2004), 159–87*

Sanborn, J., "Education for War, Peace, and Patriotism in Russia on the Eve of World War I," in H. Afflerbach and D. Stevenson (eds.), *An Improbable War? The Outbreak of World War I and European Political Culture before 1914* (New York, 2007), 213–29

Sazonov, S. D., *Fateful Years, 1909–1916: The Reminiscences of Serge Sazonov* (London, 1928) Schmidt, S., *Frankreichs Aussenpolitik in der Julikrise 1914. Ein Beitrag zur Geschichte des Ausbruchs des Ersten Weltkrieges (Munich, 2009)*

Schoen, W., *The Memoirs of an Ambassador: A Contribution to the Political History of Modern Times (London, 1922)*

Schorske, C., *Fin-de-Siècle Vienna: Politics and Culture* (New York, 1981)

Sharp, A., *Anglo-French Relations in the Twentieth Century: Rivalry and Cooperation* (London, 2000)

Shatsillo, K. F., *Ot Portsmutskogo Mira k Pervoi Mirovoi Voine* (Moscow, 2000)

Showalter, D., "From Deterrence to Doomsday Machine: The German Way of War, 1890–1914," *Journal of Military History*, vol. 64, no. 3 (2000), 679–710

——, "Railroads, the Prussian Army, and the German Way of War in the Nineteenth Century," in T. G. Otte and K. Neilson (eds.), *Railways and International Politics: Paths of Empire, 1848–1945* (New York, 2006), 21–44

Shukman, H., *Rasputin* (Stroud, 1997)

Smith, D., *One Morning in Sarajevo: 28 June 1914* (London, 2008)

Snyder, J., "Civil–Military Relations and the Cult of the Offensive, 1914 and 1984," in S. E. Miller, S. M. Lynn-Jones, and S. van Evera (eds.), *Military Strategy and the Origins of the First World War (Princeton, 1991), 20–58*

——, *The Ideology of the Offensive: Military Decision Making and the Disasters of 1914* (Ithaca, 1984)

Sondhaus, L., *Franz Conrad von Hötzendorf: Architect of the Apocalypse* (Boston, 2000)

Soroka, M., "Debating Russia's Choice between Great Britain and Germany: Count Benckendorff versus Count Lamsdorff, 1902–1906," *International History Review*, vol. 32, no. 1 (2010), 1–24

Sösemann, B., "Die Tagebücher Kurt Riezlers. Untersuchungen zu Ihrer Echtheit und Edition," *Historische Zeitschrift*, vol. 236 (1983), 327–69

Spender, J. A., *The Public Life* (London, 1925)

Spitzemberg, H. v., *Das Tagebuch der Baronin Spitzemberg. Aufzeichnungen aus der Hofgesellschaft des Hohenzollernreiches (Göttingen, 1960)*

Spring, D. W., "Russia and the Franco-Russian Alliance, 1905–14: Dependence or Interdependence?," *Slavonic and East European Review*, vol. 66, no. 4 (1988), 564–92

Stargardt, N., *The German Idea of Militarism: Radical and Socialist Critics, 1866–1914* (Cambridge, 1994)

Steed, H. W., *Through Thirty Years, 1892–1922: A Personal Narrative*, 2 vols. (London, 1924) Steinberg, J., *Bismarck: A Life* (Oxford, 2011)

——, "The Copenhagen Complex," *Journal of Contemporary History*, vol. 1, no. 3 (1966), 23–46

——, "The Novelle of 1908: Necessities and Choices in the Anglo-German Naval Arms Race," *Transactions of the Royal Historical Society*, vol. 21 (1971), 25–43

——, *Yesterday's Deterrent: Tirpitz and the Birth of the German Battle Fleet* (New York, 1965) Steinberg, J. W., *All the Tsar's Men: Russia's General Staff and the Fate of the Empire, 1898–1914 (Baltimore, 2010)*

Steiner, Z., *The Foreign Office and Foreign Policy, 1898–1914* (Cambridge, 1969)

——, "Grey, Hardinge and the Foreign Office, 1906–1910," *Historical Journal*, vol. 10, no. 3 (1967), 415–39

——, "The Last Years of the Old Foreign Office, 1898–1905," *Historical Journal*, vol. 6, no. 1 (1963), 59–90

Steiner, Z. and Neilson, K., *Britain and the Origins of the First World War* (London, 2003) Stengers, J., "Belgium," in K. M. Wilson (ed.), *Decisions for War, 1914* (London, 1995), 151–74

Stevenson, D., *Armaments and the Coming of War: Europe, 1904–1914* (Oxford, 1996)

——, "Militarization and Diplomacy in Europe before 1914," *International Security*, vol. 22, no. 1 (1997), 125–61

——, "War by Timetable? The Railway Race before 1914," *Past and Present*, vol. 162, no. 2 (1999), 163–94

Stieve, F. (ed.), *Der diplomatische Schriftwechsel Iswolskis, 1911–1914* (Berlin, 1924) Stone, N., *Europe Transformed, 1878–1919* (Glasgow, 1983)

——, "Hungary and the Crisis of July 1914," *Journal of Contemporary History*, vol. 1, no. 3 (1966), 153–70

——, "V. Moltke–Conrad: Relations between the Austro-Hungarian and German General Staffs, 1909–14," *Historical Journal*, vol. 9, no. 2 (1966), 201–28

Strachan, H., *The First World War*, vol. I: *To Arms* (Oxford, 2001)

Stromberg, R. N., "The Intellectuals and the Coming of War in 1914," *Journal of European Studies, vol. 3, no. 2 (1973), 109–22*

Sweet, D. W., "The Bosnian Crisis," in F. H. Hinsley (ed.), *British Foreign Policy under Sir Edward Grey (Cambridge, 1977), 178–92*

Szamuely, T., *The Russian Tradition* (London, 1988)

Tanenbaum, J. K., "French Estimates of Germany's Operational War Plans," in E. R. May (ed.), *Knowing One's Enemies: Intelligence Assessment before the Two World Wars* (Princeton, 1986), 150–71

Tanner, M., *Nietzsche: A Very Short Introduction* (Oxford, 2000)

Taube, M. d., *La Politique russe d'avant-guerre et la fin de l'empire des tsars (1904–1917): Mémoires du Baron M. de Taube ...* (Paris, 1928)

Taylor, A. J. P., *The Struggle for Mastery in Europe* (London, 1998)

Thaden, E. C., *Russia and the Balkan Alliance of 1912* (University Park, PA, 1965) Thompson, J. L., *Northcliffe: Press Baron in Politics, 1865–1922* (London, 2000) Tirpitz, A. v., *My Memoirs* (London, 1919)

——, *Politische Dokumente*, vol. I: *Der Aufbau der deutschen Weltmacht* (Stuttgart, 1924) Tombs, R. and Tombs, I., *That Sweet Enemy: The French and the British from the Sun King to the Present (New York, 2008)*

Travers, T. H. E., "Technology, Tactics, and Morale: Jean de Bloch, the Boer War, and British

Military Theory, 1900–1914," *Journal of Modern History*, vol. 51, no. 2 (1979), 264–86

Trotsky, L., *The Balkan Wars, 1912–13: The War Correspondence of Leon Trotsky*, ed. G. Weiss- man and D. Williams (New York, 1991)

Trumpener, U., "War Premeditated? German Intelligence Operations in July 1914," *Central European History, vol. 9, no. 1 (1976), 58–85*

Tuchman, B., *The Guns of August* (New York, 1963)

——, *The Proud Tower: A Portrait of the World before the War, 1890–1914* (London, 1967)

Turner, L. C. F., "The Role of the General Staffs in July 1914," *Australian Journal of Politics and History, vol. 11, no. 3 (1965), 305–23*

——, "The Russian Mobilization in 1914," *Journal of Contemporary History*, vol. 3, no. 1 (1968), 65–88

Tylor, E. B., *Primitive Culture: Researches into the Development of Mythology, Philosophy, Religion, Art, and Custom* (London, 1873)

Urbas, Emanuel [Ernest U. Cormons], *Schicksale und Schatten* (Salzburg, 1951)

Verhey, J., *The Spirit of 1914: Militarism, Myth, and Mobilization in Germany* (Cambridge, 2000)

Vermes, G., *István Tisza: The Liberal Vision and Conservative Statecraft of a Magyar Nationalist* (New York, 1985)

Victoria, Queen of Great Britain, *The Letters of Queen Victoria: A Selection from Her Majesty's Correspondence between the Years 1837 and 1861, vol. III: 1854–1861 (London, 1908)*

——, *Queen Victoria's Journals*, www.queenvictoriasjournals.org

Vinogradov, V. N., "1914 God: Byt' Ili Ne Byt' Vojne?," in anon. (ed.), *Poslednjaja Vojna Rossijskoj Imperii: Rossija, Mir Nakanune, v Hode i Posle Pervoj Mirovoj Vojny Po Dokumentam Rossijskih i Zarubezhnyh Arhivov* (Moscow, 2004), 161–4

Voeikov, V. N., *S Tsarem I Bez Tsarya: Vospominaniya Poslednego Dvortsovogo Komendanta Gosudarya Imperatora Nikolaya II (Moscow, 1995)*

Wandruszka, A. and Urbanitsch, P. (eds.), *Die Habsburgermonarchie 1848–1918* (Vienna, 1989)

Wank, S., "Aehrenthal's Programme for the Constitutional Transformation of the Habsburg Monarchy: Three Secret 'Mémoires,' " *Slavonic and East European Review*, vol. 41, no. 97 (1963), 513–36

——, "The Archduke and Aehrenthal: The Origins of a Hatred," *Austrian History Yearbook*, vol. 38 (2002), 77–104

——, "The Austrian Peace Movement and the Habsburg Ruling Elite," in C. Chatfield and P. van den Dungen (eds.), *Peace Movements and Political Cultures* (Knoxville, 1988), 40–63

——, "Desperate Counsel in Vienna in July 1914: Berthold Molden's Unpublished Memorandum," *Central European History*, vol. 26, no. 3 (1993), 281–310

——, "Foreign Policy and the Nationality Problem in Austria-Hungary, 1867–1914," *Austrian History Yearbook, vol. 3, no. 3 (1967), 37–56*

——, "Pessimism in the Austrian Establishment at the Turn of the Century," in S. Wank, H. Maschl, B. Mazohl-Wallnig, and R. Wagnleitner, *The Mirror of History: Essays in Honor of Fritz Fellner* (Santa Barbara, 1988)

Weber, E., *France: Fin de Siècle* (London, 1986)

——, *The Nationalist Revival in France, 1905–1914* (Berkeley, 1968)

Weinroth, H. S., "The British Radicals and the Balance of Power, 1902–1914," *Historical Journal, vol. 13, no. 4 (1970), 653–82*

Welch, M., "The Centenary of the British Publication of Jean de Bloch' s Is War Now Impossible? (1899–1999)," *War in History*, vol. 7 (2000), 273–94

White, A. D., *The First Hague Conference* (Boston, 1912)

Wilhelm II, *Reden des Kaisers. Ansprachen, Predigten und Trinksprüche Wilhelms II* (Munich, 1966)

Williams, E. E., "Made in Germany" (London, 1896)

Williams, W., *The Tiger of France: Conversations with Clemenceau* (Berkeley, 1949) Williamson, S. R. J., *Austria-Hungary and the Origins of the First World War* (Basingstoke, 1991)

——, "General Henry Wilson, Ireland, and the Great War," in W. R. Louis (ed.), *Resurgent Adventures with Britannia: Personalities, Politics and Culture in Britain (London, 2011)*, 91–105

——, "German Perceptions of the Triple Entente After 1911: Their Mounting Apprehensions Reconsidered," *Foreign Policy Analysis*, vol. 7 (2011), 205–14

——, "Influence, Power, and the Policy Process: The Case of Franz Ferdinand, 1906–1914," *Historical Journal*, vol. 17, no. 2 (1974), 417–34

——, *The Politics of Grand Strategy: Britain and France Prepare for War, 1904–1914*(London, 1990)

Williamson, S. and May, E., "An Identity of Opinion: Historians and 1914," *The Journal of Modern History, vol. 79, no. 2 (2007), 335–387*

Wilson, K. M., "The Agadir Crisis, the Mansion House Speech, and the Double-Edgedness of Agreements," *Historical Journal*, vol. 15, no. 3 (1972), 513–32

——, *The Policy of the Entente: Essays on the Determinants of British Foreign Policy, 1904–1914 (Cambridge, 1985)*

Winzen, P., "Prince Bulow' s Weltmachtpolitik," *Australian Journal of Politics and History*, vol.22, no. 2 (1976), 227–42

——, "Treitschke' s Influence on the Rise of Imperialism and Anti-British Nationalism in Germany," in P. M. Kennedy and A. J. Nicholls (eds.), *Nationalist and Racialist Movements in Britain and Germany before 1914* (London, 1981), 154–71

Wohl, R., *The Generation of 1914* (Cambridge, MA, 1979)

Wolff, T., *Tagebücher 1914–1919. Der Erste Weltkrieg und die Entstehung der Weimarer Republik in Tagebüchern, Leitartikeln und Briefen des Chefredakteurs am "Berliner Tagblatt" und Mitbegründer der "Deutschen Demokratischen Partei." Erster Teil* (Boppard am Rhein, 1984)

Zedlitz-Trützschler, R. v., *Twelve Years at the Imperial German Court* (New York, 1924)

ZuberT.*Inventing the Schlieffen Plan: Gennan War Planni* 1871-1914 (Oxford2002)

ZweigS. π Ie *World of Yesterd* α y (London2009)

一頁 folio

始于一页，抵达世界
Humanities · History · Literature · Arts

出 品 人　范　新

品牌总监　恰　恰

特约编辑　王韵沁

　　　　　夏明浩

版权总监　张旖旎

印制总监　吴攀君

营销总监　刘玲玲

封面设计　张　延

内文制作　陈威伸

　　　　　燕　红

Folio (Beijing) Culture & Media Co., Ltd.
Bldg. 16C, Jingyuan Art Center,
Chaoyang, Beijing, China 100124

一页 folio
微信公众号

官方微博：@一页 folio ｜ 官方豆瓣：一页 ｜ 联系我们：rights@foliobook.com.cn